CHRISTIAN ZENTNER

Zentners Illustrierte Weltgeschichte

SÜDWEST VERLAG MÜNCHEN

FARBBILDER AUF SCHUTZUMSCHLAG:
Kaiser Franz Joseph
Gemälde von Franz Matsch
Bombardement von Würzburg
Stich von Adam Bartsch

FARBBILD SEITE 1:
Turmbau zu Babel, nach einer mittelalterlichen Buchillustration.
Der Babylonische Turm, ein Turm, der nach
biblischer Überlieferung bis in den Himmel reichen sollte,
gilt als Symbol der Eitelkeit allen menschlichen Strebens.

FARBBILD SEITE 2:
Terrakottafigur eines phrygischen Kriegers (ca. 800 v. Chr.).

2. überarbeitete und erweiterte Ausgabe 1979

Copyright 1972
by Südwest Verlag GmbH & Co. KG, München
Alle Rechte vorbehalten
ISBN 3 517 00402 2
Layout: Manfred Metzger, München
Umschlag: Design-Team, München
Gesamtherstellung: Welsermühl, Wels

INHALT

FERNER OSTEN, ALTAMERIKA

MITTELALTER

RENAISSANCE, GLAUBENSKÄMPFE, ABSOLUTISMUS

REVOLUTION, NATIONALISMUS, IMPERIALISMUS

DIE WELT NACH 1945

VORWORT

Dem christlichen Historiker des Mittelalters war die Geschichte kein Problem. Sie begann mit der Welt-erschaffung durch Gott und endete mit dem Jüngsten Gericht. Sinn, Ziel und Grund der Geschichte lagen in Gott. Geschichte war »Heilsgeschichte«, angelegt auf das transzendentale Reich Gottes hin. Auch der Aufklärung war die Universalhistorie kein eigentliches Problem. Der die Geschichte len-kende persönliche Gott wurde ersetzt durch die göttliche Weltvernunft, die die Welt nach ewig unab-änderlichen Naturgesetzen regiere, das Endziel der Geschichte aus dem Jenseits ins Diesseits verlagert. Schillers berühmte Antrittsvorlesung von 1789 »Was heißt und zu welchem Ende studiert man Uni-versalgeschichte?« blieb die Antwort nicht schuldig. Selbstbewußt glaubte die Aufklärung an den Fortschritt. Weltgeschichte sei die Geschichte der Menschheit und ihres Fortschreitens zur Wahrheit, Sittlichkeit und Freiheit, die Wandlung des historischen Lebens vom Dunklen zum Hellen, von der Barbarei zur Zivilisation und Humanität.

In Hegels Philosophie der Geschichte fand die geschichtliche Gesamtbetrachtung ihren philosophi-schen Höhepunkt. Davon ausgehend, »daß die Vernunft die Welt beherrscht, daß es also auch in der Weltgeschichte vernünftig zugegangen ist«, erklärte Hegel den gesamten Geschichtsprozeß als die in dialektischen Stufen sich vollziehende Selbstverwirklichung des Weltgeistes im Weltganzen. Ziel der Geschichte sei der »Fortschritt im Bewußtsein der Freiheit«, ein Zustand, der mit den großen histori-schen Persönlichkeiten, den »Geschäftsführern des Weltgeistes«, ohne daß diese sich dessen bewußt seien, erreicht werde und im politischen Bereich im monarchischen Rechtsstaat seine Vollendung finde. Wie Hegel glaubte auch Karl Marx, der die Hegelsche Lehre auf den Kopf stellte, an die »Vernunft« in der Geschichte und die Determiniertheit der geschichtlichen Prozesse. An die Stelle des Weltgeistes als Subjekt der historischen Entwicklung tritt bei ihm die dialektische Bewegung der sozialökonomi-schen Basis: »Die Geschichte aller bisherigen Gesellschaft ist die Geschichte von Klassenkämpfen«; im letzten Kampf zwischen Bourgeoisie und Proletariat werde das Proletariat naturnotwendig siegen und damit der Klassengesellschaft sowie aller Unfreiheit ein für allemal ein Ende setzen.

Gegen diese aprioristischen Konstruktionen, gegen Rationalismus, Aufklärung und theologische Dogmatik, wandte sich der zu Beginn des 19. Jahrhunderts aufkommende Historismus, der alles Gewordene nur aus dessen jeweiligen geschichtlichen Bedingungen zu verstehen suchte. Nicht das Allgemeine, die überzeitliche Natur des Menschen, sondern das Individuelle, der Mensch in seiner Geschichtlichkeit, rückten in den Mittelpunkt der geschichtlichen Betrachtung. »Wir sehen hier alles im Flusse des Werdens, in der endlosen und immer neuen Individualisierung, in der Bestimmtheit durch Vergangenes und in der Richtung auf unerkanntes Zukünftiges. Staat, Recht, Moral, Religion, Kunst sind in dem Flusse des historischen Werdens aufgelöst und uns überall nur als Bestandteil ge-schichtlicher Entwicklungen verständlich« (E. Troeltsch). Deduktiv erzielte Verallgemeinerungen und Spekulationen wurden nicht akzeptiert. Geschichte sollte objektiv dargestellt werden. Man wollte herausfinden, »wie es eigentlich gewesen ist« (Leopold von Ranke). Ein ungeheurer Aufschwung der Geschichtswissenschaft war die Folge der neuen Einstellung des Historismus. Eine unübersehbare Fülle archivarischen Materials wurde erschlossen, die Gewinnung eines Gesamtbildes der Weltgeschichte immer schwieriger. »Man sieht, wie unendlich schwer es mit der Universalgeschichte wird«, klagte schon Leopold von Ranke. »Welch unendliche Masse! Wie differierende Bestrebungen! Welche Schwierigkeit, auch nur das einzelne zu fassen... Die Weltgeschichte weiß Gott allein.«

Neben der nicht mehr zu bewältigenden Materialfülle brachte der Historismus ein weiteres Problem: Wo blieben Sinn und Ziel der Geschichte? »Wir sind nicht eingeweiht in die Zwecke der ewigen Weisheit und kennen sie nicht. Dieses kecke Antizipieren eines Weltplanes führt zu Irrtümern, weil es von irrigen Prämissen ausgeht«, schrieb der Schweizer Jacob Burckhardt in der zweiten Hälfte des 19. Jahrhunderts.

Heute ist sich die Geschichtswissenschaft ihrer Krise allgemein bewußt. Gegenstand, Fragestellung, Methode, Periodisierung – nichts, was nicht umstritten wäre. Hermann Heimpel konstatierte die »Kapitulation vor der Geschichte«. Alfred Heuss beklagt den »Verlust der Geschichte«. Dennoch wird der Geschichte gerade nach den Erschütterungen der jüngsten Vergangenheit ein bedeutsamer Bildungswert beigemessen. Golo Mann weist auf die historische Komponente der heute soviel beklagten menschlichen Entfremdung hin, auf »das völlige Fremdwerden der Vergangenheit«: »Ein Mensch, der seiner Vergangenheit fremd wird, der sie verachtet, oder der sein Gedächtnis verliert, wird sich selber fremd. Mutatis mutandis gilt dasselbe für die Gesellschaft. Wenn man also von Überwindung der Entfremdung spricht, dann, scheint mir, im Gegensatz zu unseren Revolutionären, die Rettung oder Wiederherstellung geschichtlichen Bewußtseins mit dazu zu gehören.«

Zentners Illustrierte Weltgeschichte will das Ihre, das im Rahmen eines Bildbandes Mögliche zur Aktivierung des geschichtlichen Bewußtseins beitragen. Aus der unübersehbaren Fülle der »Weltgeschichte« wurde das Kulturelle im engeren Sinne, Musik, Literatur, Philosophie, Malerei, Plastik und Architektur, ausgeklammert und nur das Politisch-Soziale berücksichtigt, und auch in dieser Beschränkung konnte und wollte Vollständigkeit nicht angestrebt werden. Zentners Illustrierte Weltgeschichte versteht sich als eine Präsentation exemplarischer Bilder und Dokumente zur Weltgeschichte, deren Problematik sie nicht lösen, sondern nur andeuten können. Dient sie dem Wissenden zur Erinnerung und dem Lernenden zur Anregung, sich weiter mit Geschichte zu beschäftigen, hat Zentners Illustrierte Weltgeschichte ihren Zweck erfüllt.

DER VERLAG

VOR- UND FRÜHGESCHICHTE

Die Frage nach ihrem Ursprung und ihrer Herkunft hat die Menschheit schon immer beschäftigt. Zahlreiche Religionen und Mythen haben dem menschlichen Verlangen, sich selbst und die Welt erklärt zu wissen, die unterschiedlichsten Antworten gegeben. Dem Schöpfungsbericht der Bibel entsprechend wurde die Welt und alles, »was da fleugt und kreucht«, einschließlich des Menschen, der Krone der Schöpfung, von Gott in einem einmaligen Schöpfungsakt geschaffen. Bis weit ins 18. Jahrhundert hinein war für den europäischen Menschen die Erde, ihre geologische Ausformung, ihre Tier- und Pflanzenwelt statisch, d. h. alles war in seiner gegenwärtigen Form geschaffen und schon immer so gewesen.

Trotz der beginnenden Zweifel im 17. und 18. Jahrhundert an dieser einmaligen Erschaffung aller Lebewesen kam erst mit Darwins epochalem Werk vom Ursprung der Arten die entscheidende Wende zur Anschauung der allgemeinen Deszendenz der Organismen. Demnach ist die gegenwärtige Vielfalt des Lebendigen die Folge des Wandels von einer Art zur anderen, die Folge der biologischen Evolution. Obwohl Darwins Werk über die Entstehung der Arten den Menschen nicht ausdrücklich in den Evolutionsprozeß einreihte, sondern über den Homo sapiens nur den einen Satz enthielt: »Licht wird auch fallen auf den Menschen und seine Geschichte«, nötigte sich der interessierten Öffentlichkeit doch sogleich die Frage nach der Abstammung des Menschen auf.

»Stammt der Mensch vom Affen ab?« Diese Frage beunruhigte und bewegte die Gemüter. Als der englische Zoologe Thomas Henry Huxley, der als erster Darwins Deszendenz auf den Menschen bezog, 1860 auf einer Gelehrtenzusammenkunft von dem Bischof Samuel Wilberforce ironisch gefragt wurde, ob er denn lieber über seine Großmutter oder über seinen Großvater vom Affen abstammen wolle, antwortete ihm der provozierte Zoologe: »Wenn die Frage an mich gerichtet würde, ob ich lieber einen miserablen Affen zum Großvater haben möchte oder einen durch die Natur hochbegabten Mann von großer Bedeutung und großem Einfluß, der aber diese Fähigkeiten und den Einfluß nur dazu benutzt, um eine Lächerlichkeit in eine ernste wissenschaftliche Diskussion hineinzutragen, dann würde ich ohne Zögern meine Vorliebe für den Affen bekräftigen.« In Deutschland war es insbesondere der Jenaer Zoologe Ernst Haeckel, der mit seinen zahlreichen populären Vorträgen über Darwins Evolutionstheorie beim großen Publikum einen nachhaltigen Eindruck hinterließ. »Nach allem, was wir von den frühesten Zeiten menschlicher Existenz auf der Erde wissen, sind wir zu der Annahme berechtigt, daß auch der Mensch weder als eine gewappnete Minerva aus dem Haupte des Jupiters hervorgesprungen noch als ein erwachsener sündenfreier Adam aus der Hand des Schöpfers hervorgegangen ist, sondern sich nur äußerst langsam und allmählich aus dem primitiven Zustande tierischer Rohheit zu den ersten einfachen Anfängen der Kultur emporgearbeitet hat.« Heute, hundert Jahre später, hat sich das Wissen der Archäologie und Paläoanthropologie so stark vermehrt, daß vom naturwissenschaftlichen Standpunkt aus die Herkunft des Menschen nicht mehr umstritten ist.

LINKE SEITE: Höhlenfriedhof in den Pyrenäen, Fundort menschlicher Skelette aus dem Neolithikum.

EVOLUTION

Wie alt ist unsere Erde? Fünf Milliarden Jahre, zehn Milliarden Jahre oder noch älter? Eine eindeutige Antwort auf diese Frage hat die Wissenschaft bislang nicht finden können. Auch über den allmählichen Wechsel vom Unlebendigen zum Lebendigen, über Zeitraum und Zeitpunkt des »abiotisch-biotischen Übergangsfeldes«, kann nur so viel gesagt werden, daß er lange vor der Zeitmarke drei Milliarden Jahre stattgefunden haben könnte. Die ersten bekannten Zellen wurden in Schichten nachgewiesen, die zwei bis drei Milliarden Jahre zurückliegen. Da die Zelle jedoch bereits ein hochkompliziert strukturierter Organismus ist, muß ihrem Entstehen eine längere evolutionäre Phase vorausgegangen sein. »Vielleicht«, so schreibt Professor Gerhard Heberer, einer der angesehensten Kenner der Abstammungslehre, dem wir uns in dieser Frage anschließen, »war die Vorgeschichte, die ›Präbiohistorie‹, bis zur Erreichung des Zellenstadiums länger als der Weg von der Zelle bis heute.« Ganz gleich aber, wie lange diese evolutionäre Phase gedauert und wann sie historisch stattgefunden hat, vor der Zelle muß bereits ein »langes additives Aufbaugeschehen« stattgefunden haben. Und: »Nach ihr kommt organisatorisch prinzipiell nichts wesentlich Neues mehr. Die Zelle ist, wie Biologen des 19. Jahrhunderts mit Recht gesagt haben und wie es heute wiederum betont wird, der ›Elementarorganismus‹. Die folgenden mehrzelligen Organisationsformen des Lebendigen gehen alle, wenn auch nicht immer auf den ersten Blick klar erkennbar, auf die Zelle zurück. Von ihr aus gewinnt das Leben jene ungeheure Vielfalt, wie sie seit vielen Hunderten von Millionen Jahren die Biosphäre charakterisiert.« (Gerhard Heberer, Propyläen Weltgeschichte, Bd. I) In unvorstellbar langen Zeiträumen hat sich diese ungeheure Vielfalt allmählich herausentwickelt. Von der »Urzeugung«, den ersten Lebewesen, gekennzeichnet durch das Vermögen »identischer Selbstreproduktion«, entwickelte sich über ungezählte Zwischenstufen die Welt der ausgestorbenen und gegenwärtigen Pflanzen, Tiere und Menschen. Die im Erbgang weitergegebene Wandlung und Änderung des Lebendigen, die biologische Evolution, fand und findet dabei ihre Ursache nicht in final zwecktätigen Faktoren, auch nicht in der Vererbung erworbener Eigenschaften, die heute von der Wissenschaft allgemein abgelehnt wird, sondern in direkten Veränderungen des Erbmaterials, den sogenannten Mutationen. Die Gene nämlich, die Träger des Erbgutes, bleiben so lange unverändert, bis sie plötzlich durch eine Mutation umgewandelt werden, um dann wieder so lange identisch zu bleiben, bis sie durch eine erneute Mutation

abermals verändert werden. Diese Mutationen sind dabei blindlings und ungerichtet. Die Fähigkeit, durch gerichtete Mutationen auf die Umwelt zu reagieren und so eine optimale Anpassung und Überlebenschance zu erzielen, ist nicht existent.

Mutationsbedingten Varianten des Lebendigen stehen die umweltbedingten Kräfte der Selektion gegenüber. Im »Kampf ums Dasein«, durch die »natürliche Auslese«, werden die an die jeweiligen Lebensumstände besser angepaßten Mutanten bevorzugt, die weniger begünstigten eliminiert. Das ist der Kern, der von Charles Darwin begründeten Mutations-Selektions-Theorie, des Grundgesetzes des Evolutionsmechanismus. Auf diese Weise haben sich, vom einfachsten Leben ausgehend, alle übrigen Lebewesen bis hinauf zum Menschen entwickelt. Die moderne wissenschaftliche Evolutionsforschung hat die Aussage des Titels von Darwins epochalem, 1859 erschienenem Werk im Grundsätzlichen nur bestätigen können: »Die Entstehung der Arten durch natürliche Auslese oder die Erhaltung der bevorzugten Rassen im Kampf ums Dasein«.

Daß der Mensch, wie er sich heute in seiner rassischen Vielfalt darstellt, ebenfalls ein Produkt der biologischen Evolution ist, daran besteht in der Wissenschaft kein Zweifel mehr. In Frage steht nicht mehr, daß eine Evolution stattgefunden hat, sondern nur mehr das »Wie« und »Wann«. Wann hat sich aus dem Stamm der Säugetiere, die vor 70 Millionen Jahren deutlich hervortraten, die Abspaltung vollzogen, die zur Gruppe der Primaten, der »Herrentiere«, führte, und wann haben sich diese Herrentiere wiederum geteilt in den Zweig der Pongiden, der Menschenaffen, und der Hominiden, der menschenartigen Säugetiere? Das »ancient member«, wie Darwin es nannte, der

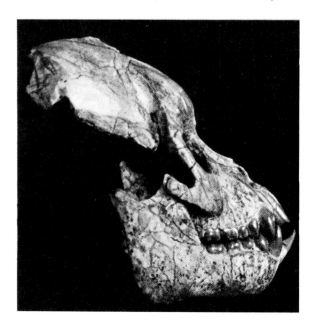

gemeinsame Vorfahre, von dem Mensch und Menschenaffe letztlich abstammen, ist durch fossile Funde nicht bestätigt. Durch entsprechende Knochenfunde belegt, kann jedoch der Hypothese eine große Wahrscheinlichkeit zugebilligt werden, nach der die Trennung in Pongidae und Hominidae vor mehr als 30 Millionen Jahren anzusetzen ist, noch vor der Herausbildung der typischen Menschenaffen.

LINKE SEITE: Seitansicht des Schädels eines Proconsul africanus, einer Tiergruppe, die zwar zur Familie der Pongiden gehört, aber doch dem gemeinsamen Vorfahrenkreis von Menschenaffe und Mensch recht nahestand.

BILD OBEN: Rekonstruktion der Umwelt und des Aussehens eines Proconsul, der vor rund 25 Millionen Jahren in Ostafrika lebte und auf den späteren Menschenaffen hinweist. Er konnte klettern und sich auch auf dem Boden bewegen, beides jedoch nicht so spezialisiert wie spätere Pongiden und Hominiden.

URMENSCHEN

Vom »ancient member« aus entwickelten sich sowohl die heutigen an Urwald und Savannenlandschaft angepaßten Menschenaffen Orang-Utan, Gorilla und Schimpanse als auch über seine verschiedenen Zwischenglieder der heutige Mensch. Wann aber hat der Mensch seine subhumane Phase überschritten? Ab wann sprechen wir von einem menschlichen Hominiden?

»Heute wissen wir«, schreibt Prof. Heberer, »daß diese ersten Menschen jene menschlichen Wesen waren, die nach heutiger Meinung sich von den untermenschlichen, noch tierischen Zuständen durch die Fähigkeit abhoben, nicht nur Werkzeuge zur Sicherung ihres Lebenskampfes zu benutzen, sondern in der Lage waren, solche Werkzeuge auch entsprechend ihrer Vorstellung funktionsgerecht herzustellen. Ein solches auf Tätigkeiten in der Zukunft hergestelltes Instrument nennen wir ein Gerät. So kennzeichnet die Fähigkeit der Geräteherstellung den Urmenschen gegenüber einem Noch-nicht-Urmenschen oder Vormenschen. Diese Geschichtsphase, in der aus einem Noch-nicht-Urmenschen der Gerätehersteller hervorging, nennen wir das Tier-Mensch-Übergangsfeld.«

»Wann etwa«, so fragt Heberer weiter, »dürfen wir damit rechnen, daß der gelegentliche Werkzeuggebrauch in eine gezielte Geräteherstellung übergegangen ist? Dieses Problem der Entstehung der psychi-

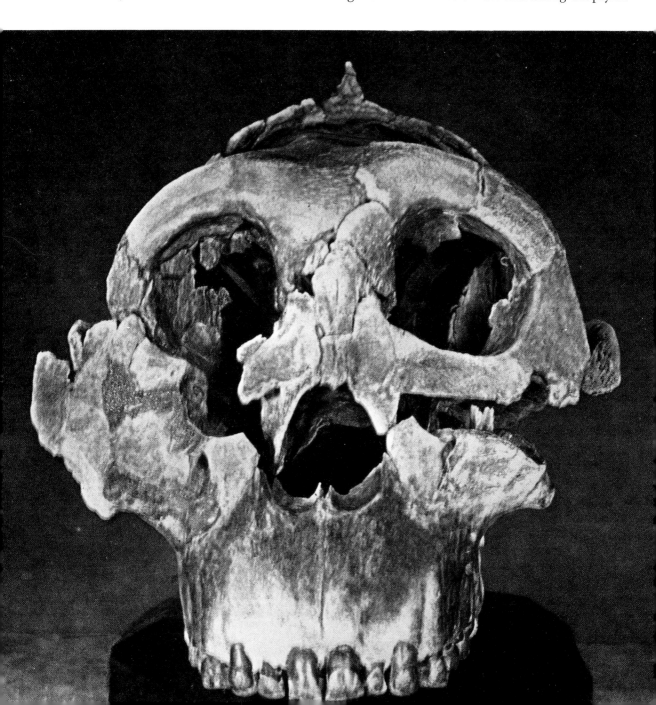

schen Fähigkeiten dazu ist eines der schwierigsten und entscheidendsten unserer Herkunftsgeschichte. Im einzelnen läßt sich dies hier nicht behandeln, aber wir können doch den anthropologischen Typus kennzeichnen, bei dem wir dieses gezielte, zukunftsbezogene Herstellen von Geräten zum erstenmal nachweisen können. Wir finden es bei einer Formengruppe, die uns seit dem Jahr 1924 in immer größerem Umfang bekanntgeworden ist. Die Paläanthropologen sprechen hier von den Australopithecinen und sehen in ihnen heute Vertreter aus dem Tier-Mensch-Übergangsfeld, bei denen diese Geräteherstellung zwar nicht an allen Fundorten, doch an einigen, z. B. in der Oldoway-Schlucht (Ostafrika), eindeutig nachweisbar ist. Die geologische Zeit, in die diese Australo-

pithecinen gehören, ist das untere Pleistozän – etwa ein bis zwei Millionen Jahre vor unserer Zeit.«

LINKE SEITE: Der gut erhaltene Schädel eines Australopithecinen. Der Gehirninhalt dieser Hominiden erreichte mit maximal 600 ccm Fassungsvermögen weniger als die Hälfte des heutigen Menschen. Die Australopithecinen werden der Evolutionsphase des Tier-Mensch-Übergangsfeldes zugeordnet. Dieser von Heberer geprägte Begriff soll die Tatsache zum Ausdruck bringen, daß der Übergang vom Tier zum Menschen nicht ein einziger Schritt war, sondern kontinuierlich vollzogen wurde.

BILD UNTEN: Rekonstruktion einer Australopithecinenfamilie, die mit Knochenwerkzeugen eine Mahlzeit verspeist. Die Schädelformen der 1,20 m bis 1,80 m großen, aufrecht gehenden Australopithecinen waren zwar noch menschenaffenartig, Zähne, Wirbelsäule, Becken und Gliedmaßen jedoch zeigten bereits menschenähnliche Proportionen.

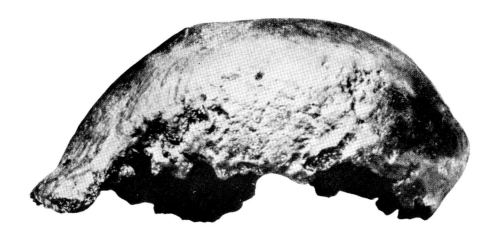

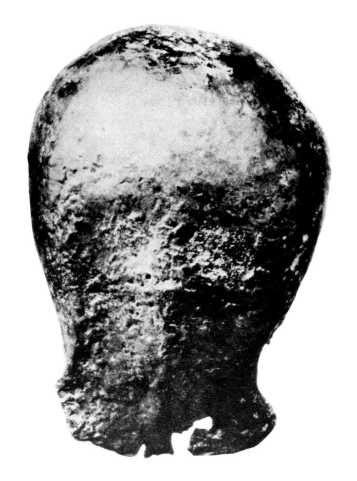

HOMO
ERECTUS

Auf der Basis der Australopithecinen entstand mit dem Homo erectus eine neue Formengruppe der menschlichen Evolutionsgeschichte. Bei der Suche nach dem »missing link«, dem fehlenden Zwischenglied zwischen Mensch und Tier, fand der holländische Wissenschaftler E. Dubois 1891/92 auf Java die ersten fossilen Knochen dieser Frühmenschen, die, lange Zeit umstritten, heute eindeutig zur Gattung »Homo« gerechnet werden. Weitere Funde dieser älteren Stammesgeschichte des Menschen auf Java, in China bei Peking, in Deutschland bei Heidelberg, in Nord- und Ostafrika zeigen, wie weit die Homo-erectus-Gruppe verbreitet war.

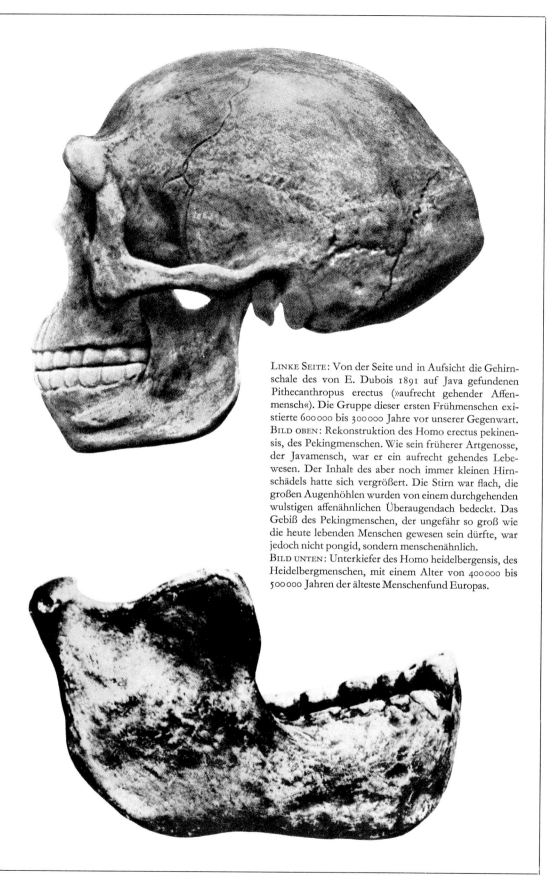

LINKE SEITE: Von der Seite und in Aufsicht die Gehirn-schale des von E. Dubois 1891 auf Java gefundenen Pithecanthropus erectus (»aufrecht gehender Affen-mensch«). Die Gruppe dieser ersten Frühmenschen exi-stierte 600000 bis 300000 Jahre vor unserer Gegenwart.

BILD OBEN: Rekonstruktion des Homo erectus pekinen-sis, des Pekingmenschen. Wie sein früherer Artgenosse, der Javamensch, war er ein aufrecht gehendes Lebe-wesen. Der Inhalt des aber noch immer kleinen Hirn-schädels hatte sich vergrößert. Die Stirn war flach, die großen Augenhöhlen wurden von einem durchgehenden wulstigen affenähnlichen Überaugendach bedeckt. Das Gebiß des Pekingmenschen, der ungefähr so groß wie die heute lebenden Menschen gewesen sein dürfte, war jedoch nicht pongid, sondern menschenähnlich.

BILD UNTEN: Unterkiefer des Homo heidelbergensis, des Heidelbergmenschen, mit einem Alter von 400000 bis 500000 Jahren der älteste Menschenfund Europas.

NEANDERTALER

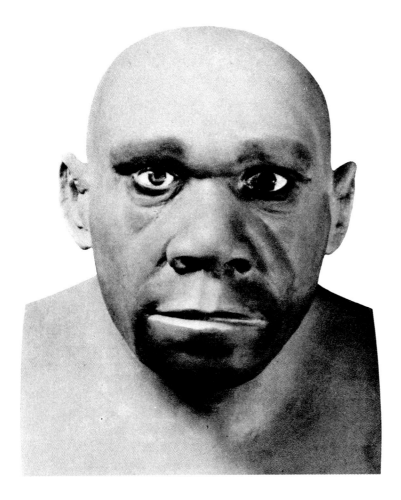

<small>BILD OBEN</small>: Schädeldach des 1856 in einer Höhle des Neandertals bei Düsseldorf gefundenen und nach diesem Tal benannten Homo neandertalensis. Mittlerweile wurden in weit voneinander entfernten Gebieten Europas, Asiens und Nordafrikas Überreste von mehr als hundert Individuen dieses Typs gefunden.

<small>BILD LINKS</small>: Rekonstruktion des Kopfes eines Neandertalmenschen. – Die Neandertaler-Schädel laden weit nach hinten aus und sind durch vorstehende Brauenwülste sowie eine niedrige, fliehende Stirn gekennzeichnet. Männer des Neandertalers erreichten eine Größe von 160 cm, Frauen 154 cm; der Körperbau war gedrungen, die Beine ziemlich kurz mit vorwärts gekrümmten Oberschenkeln. Insgesamt stellt der Neandertaler einen sehr spezialisierten Typ dar, der weniger menschenähnlich war als seine neandertaloiden Vorfahren. Er lebte in Höhlen unter den strengen klimatischen Bedingungen der ersten Stufen der Würmvereisung vor 70000–40000 Jahren. Dann wurde er von einem neuen Menschentyp, dem unmittelbaren Vorfahren des Jetztmenschen, vielleicht sogar in gewalttätigen Auseinandersetzungen verdrängt.

<small>RECHTE SEITE</small>: Allegorische Darstellung der Schöpfungsgeschichte aus dem Mittelalter. Bis weit in das 18. Jahrhundert glaubte man im abendländischen Kulturbereich, die Welt sei von Gott in einem einmaligen Schöpfungsakt geschaffen worden.

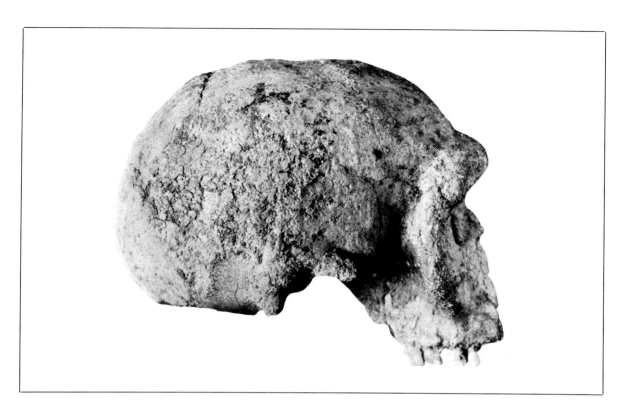

BILD OBEN: Schädel des etwa 300000 Jahre alten, bei Steinheim gefundenen Homo steinheimensis. Er zeigt mit den Überaugenwülsten neandertaloide, mit der Hinterhauptwölbung und Einbiegung des Oberkiefers aber auch sapiensähnliche Merkmale. Ob dieser Präneandertaler – in Swanscombe (England), Fontéchevade (Frankreich) sowie in Vorderasien und Nordafrika wurden ähnliche Funde geborgen – als unmittelbarer Ahne des Neandertalers und des Homo sapiens anzusehen ist, darüber herrscht bei den Fachleuten keine einheitliche Meinung. Fest hingegen steht, daß die Neandertaler nicht die direkten Vorfahren des heutigen Menschen waren. Vielmehr muß es schon längere Zeit vor ihnen eine gemeinsame, sich vom Homo erectus herleitende präneandertaloide Hominidengruppe gegeben haben, aus der sich die Zweige, der klassische Neandertaler und der typische Homo sapiens, entwickelt haben.

BILDER UNTEN: Seiten- und Vorderansicht eines Cromagnonmenschen mit hoher Gehirnkapsel und steiler Stirn, der erste zweifelsfreie Repräsentant des Homo sapiens, so genannt nach dem französischen Ort Crô-Magnon in der Dordogne, wo 1868 die ersten Skelettreste dieses ganz unvermittelt auftretenden Menschentyps gefunden wurden.

LINKE SEITE: Steinwerkzeug eines Altsteinzeitjägers. Dieser ca. 25 cm lange Mylonit konnte auch zur Ausschlachtung erlegter Tiere benutzt werden.

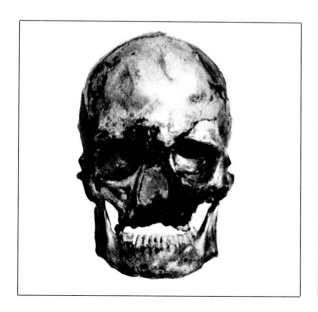

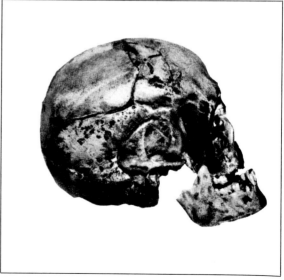

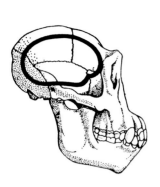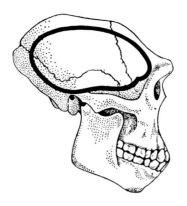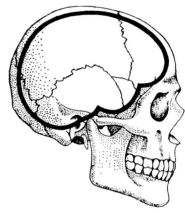

BILD OBEN: Das Verhältnis von Gehirnraum zu Gesichtsschädel, von links nach rechts: Schimpanse, Frühmensch (Homo erectus) und Gegenwartsmensch (Homo sapiens). Entsprechend der Vergrößerung des Gehirns verkleinerte sich das Gesicht. Beim Homo sapiens waren die starken menschenaffenähnlichen Überaugenwülste endgültig verschwunden. »In rasantem Tempo, im Laufe weniger Jahrhunderttausende, wird von einem Gehirnvolumen von maximal etwa 600 ccm, vielleicht auch ein wenig darüber (Australopithecinen), über 1000, 1100, 1200 (Frühmenschen), 1600 (Neandertaler) bis 2000 ccm (extremer Wert von Homo sapiens) das heutige Volumen erreicht, das in der Lage ist, die logisch-technischen Großtaten zu vollbringen, die unser heutiges Weltbild bestimmen.« (Gerhard Heberer: Homo – unsere Ab- und Zukunft)

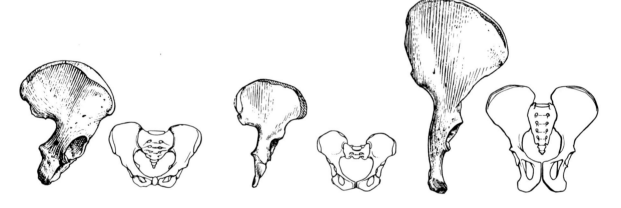

BILD OBEN: Entwicklung des Darmbeins und des Beckens, von links nach rechts: Gorilla, Australopithecus und Homo sapiens. Beim Gorilla ist das Becken groß und extrem lang und hindert das Tier daran, gerade zu stehen. Der Vergleich der Becken des Homo sapiens und des Australopithecus lieferte den eindeutigen Beweis, daß letzterer ein zweifüßiger Aufrechtgeher war.

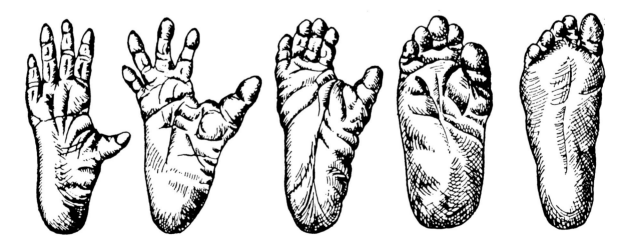

BILD OBEN: VON LINKS NACH RECHTS: Ansichten der Fußsohlen von Orang, Schimpanse, Gorilla, Berggorilla und Mensch. Sie zeigen den Übergang von Fingern und Daumen zu Zehen, vom Greiffuß zum Lauf- und Standfuß.

BILD OBEN: Anordnung und Proportionen von Darmbein und Oberschenkel bei einem Menschenaffen und einem Australopithecus. – Durch den aufrechten Gang wurden die Hände von ihrer Funktion der Lokomotion, der Fortbewegung, befreit. Im Zusammenspiel mit dem vergrößerten Hirn wurde die feinfühlige, bewegliche Hand beim Menschen zum »Kulturorgan«.

AUFRECHTGEHER

Über die Bedingungen der menschlichen Evolution, über den Mutations-Selektions-Mechanismus, der zu einem Hominiden-Typ führte, lassen sich nur Vermutungen äußern.

»Am wahrscheinlichsten«, schreibt Prof. H. Querner, »ist die Annahme, daß sich diese Population in einem Gebiet aufhielt, das einer Versteppung ausgesetzt war. Die quadrumanen Baumtiere, diese proconsuliden Pongiden, waren immer häufiger gezwungen, ihren ursprünglichen Lebensraum, einen geschlossenen Baumbestand, zu verlassen und sich am Boden zu bewegen. Ihr Bau besaß bereits wesentliche Strukturmerkmale des aufrechten Körpers. Umweltbedingungen, wie sie eine Versteppung bietet, werden die Aufrichtung gefördert haben. Da die Vorfahren dieser frühesten Hominiden seit langem Augentiere waren, konnte z. B. hohes Steppengras sie zu einer bipeden Fortbewegungsweise am Boden veranlassen. Diese Bewegung am Boden war für sie gewiß mit Gefahren verbunden, so daß nur solche Populationen Überlebenschancen hatten, die schnell eine möglichst vollkommene Bewegung am Boden erreichten, eine Bewegungsweise, die zunächst nur das Ziel hatte, wieder den Lebensraum ›Baum‹ zu erlangen. Man hat die paradoxe, aber sinnvolle Formulierung geprägt, daß der frühe Hominide auf den Bäumen bleiben wollte und deswegen zum bipeden Bodentier wurde; denn das rasche aufrechte Laufen setzte einen Selektionsdruck auf die Ausbildung einer entsprechend fähigen Fußstruktur. Damit haben wir die wichtigste Neuerwerbung des Hominiden berührt. Trends zur beweglichen Hand und zur Vergrößerung des Gehirns sind, wie schon erwähnt, alte Merkmale der Primaten. In der Vervollkommnung der arboricolen Lebensweise hatten auch die Füße Greiffunktionen übernommen. Noch war aber die Hinterextremität generalisiert genug, um eine Fortbewegung am Boden zu ermöglichen und strukturell zu vervollkommnen. Es sei hier betont, daß die Entwicklung des Standfußes des Menschen die erste wichtige Erwerbung der selbständig gewordenen Hominiden war...

Die Entstehung des menschlichen Fußes kann in ihrer Bedeutung für die Menschwerdung gar nicht hoch genug eingeschätzt werden, weil erst durch die Beschränkung der Fortbewegungsfunktion auf das hintere Extremitätenpaar das vordere frei wurde und erst dadurch die Hand die Funktion des Manipulierens bis zur Vollkommenheit der Herstellung von Geräten entwickeln konnte; der Hominide wurde zum ›handelnden‹ Wesen. Diese Entwicklung steht in engem Zusammenhang mit der Förderung des vorhandenen Trends zur Vergrößerung der corticalen Teile des Gehirns.« (H. Querner: Stammesgeschichte des Menschen)

LINKS OBEN: Aus prähistorischen Funden läßt sich mit Sicherheit schließen, daß der Pekingmensch das Feuer kannte und verwendete. Bis heute ist dieser Nachweis der Feuerverwendung – zum Wärmen und wahrscheinlich auch zur Aufbereitung der Nahrung – der älteste geblieben. Der Pekingmensch erbeutete Wild, schlug Steinwerkzeuge und frönte, was Knochenfunde vermuten lassen, dem Kannibalismus. Vom Rumpf getrennt und entsprechend aufgebrochene Schädelfunde weisen den Pekingmenschen als Kopfjäger aus, der – mutmaßlich aus rituellen Gründen – mit besonderer Vorliebe das Gehirn seiner Artgenossen verspeiste.

LINKS UNTEN: Swanscombemenschen in England, mit Holzspeeren bewaffnet, bei der Treibjagd auf ein hirschähnliches Wildtier. Im Vordergrund der Schädel eines Auerochsen, der damals, vor rund 300 000 Jahren, lebte und eine Schulterhöhe von über 1,80 m erreichte.

BILD OBEN: Eine Neandertalerfamilie vor ihrer Höhle. Der Vater hängt sich ein Fell über die Schultern, ein weiteres wird von der Mutter mit einem Steinwerkzeug bearbeitet, während im Hintergrund die Kinder in Streit geraten sind.

BILD RECHTS: Vier Cromagnonmenschen kehren mit ihrer Jagdbeute zum Lagerplatz zurück. Am heimischen Feuer werden Fische geräuchert. – Der Cromagnonmensch, der selbst in verschiedenen Varianten auftrat, gilt heute allgemein, auch wenn das Problem der Entstehung der menschlichen Großrassen im einzelnen noch ungeklärt ist, als Ausgangstyp der rassischen Vielfalt des heutigen Menschen.

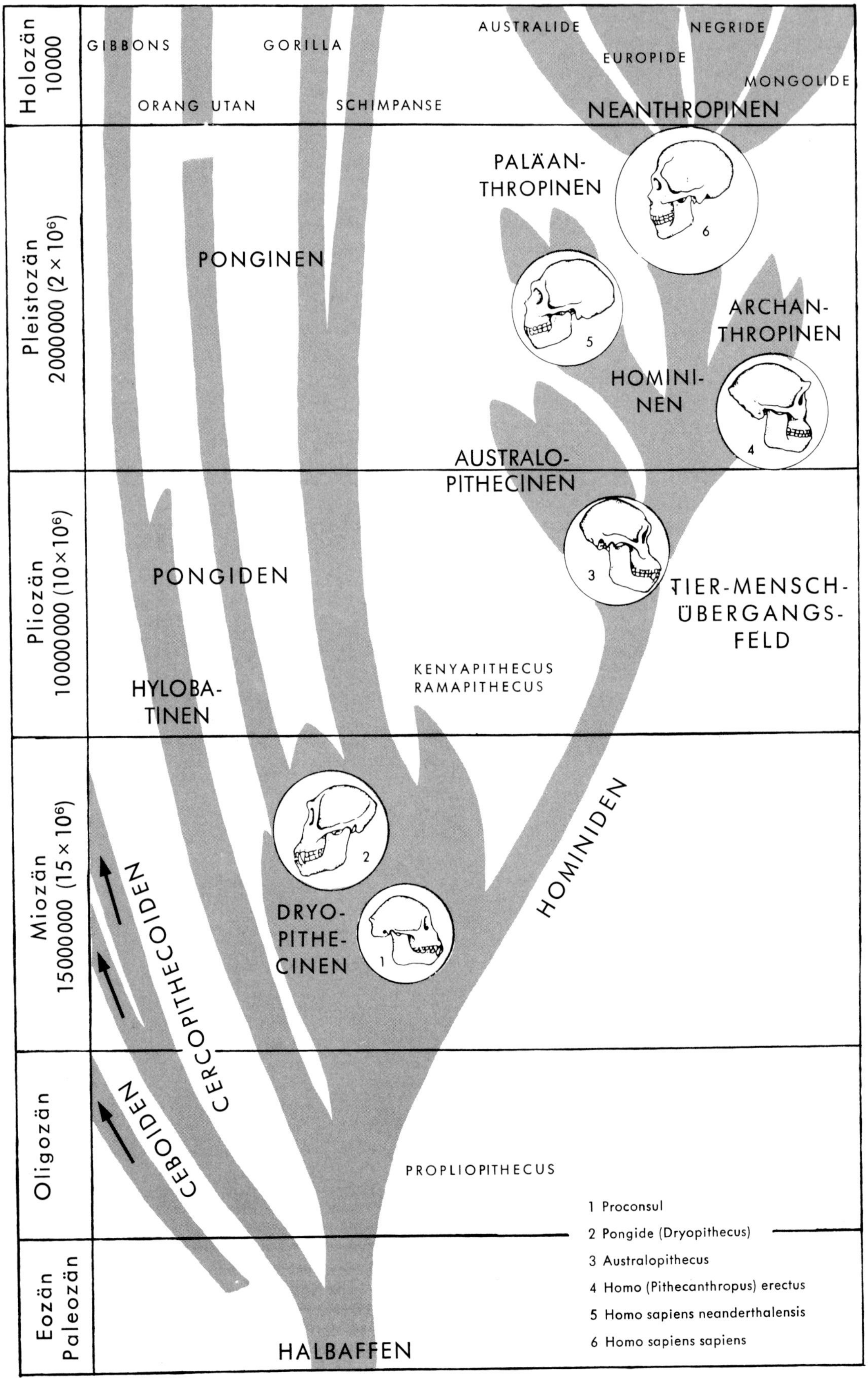

Holozän 10000	GIBBONS	GORILLA	AUSTRALIDE NEGRIDE

GIBBONS GORILLA

AUSTRALIDE NEGRIDE

EUROPIDE

MONGOLIDE

ORANG UTAN SCHIMPANSE NEANTHROPINEN

PALÄAN-
THROPINEN

6

Pleistozän 2000000 (2 × 10⁶)

PONGINEN

ARCHAN-
THROPINEN

5

HOMINI-
NEN

4

AUSTRALO-
PITHECINEN

Pliozän 10000000 (10×10⁶)

PONGIDEN

3

TIER-MENSCH-
ÜBERGANGS-
FELD

KENYAPITHECUS
RAMAPITHECUS

HYLOBA-
TINEN

Miozän 15000000 (15×10⁶)

HOMINIDEN

2

DRYO-
PITHE-
CINEN

1

CERCOPITHECOIDEN

Oligozän

CEBOIDEN

PROPLIOPITHECUS

1 Proconsul

2 Pongide (Dryopithecus)

Eozän
Paleozän

3 Australopithecus

4 Homo (Pithecanthropus) erectus

5 Homo sapiens neanderthalensis

HALBAFFEN

6 Homo sapiens sapiens

26

LINKE SEITE: Stammesge-schichtliches Beziehungsschema nach Gerhard Heberer. Die Umrißbilder zeigen für die Menschwerdung kennzeichnende Schädelformen (aus: Großer Brockhaus, 18. Auflage, Bd. I). Nach Überschreiten des Tier-Mensch-Übergangsfeldes werden die nun auftretenden Hominiden in drei Gruppen gegliedert, in Frühmenschen (Archanthropinen), Altmenschen (Paläanthropinen) und Jetztmenschen (Neanthropinen). Erst jetzt, in dieser humanen Phase, vermag der Mensch als eigener zielsetzender Evolutionsfaktor kausal in seine eigene Geschichte einzugreifen. »Die geistig-technische Beherrschung der Umwelt wird zum entscheidenden Evolutionsfaktor. Das ›Psychozoikum‹ hat begonnen. Die erfolgreichen Populationen der Hominiden sind nun durch Intensivierung der Lernfähigkeit und der Kommunikationsmöglichkeitensowie durch die Bildung kultureller Traditionen gekennzeichnet.« (Hans Querner)

BILD RECHTS: Übersicht der geologischen und der archäologischen Gliederung des europäischen Quartärs. Die Wissenschaft der Geologie, der Erdgeschichte, unterscheidet vier Eiszeiten, benannt nach den voralpinen Flüssen Günz, Mindel, Riß und Würm, die von längeren Warmzeiten, den Zwischeneiszeiten (Interglaziale), unterbrochen wurden. Die Archäologie untergliedert die Vorgeschichte nach dem charakteristischen Material der jeweiligen Werkzeuge in Stein-, Bronze- und Eisenzeit, die Steinzeit wiederum wird untergliedert in Alt-, Mittel- und Jungsteinzeit, wobei die Altsteinzeit nochmals unterteilt wird in Alt-, Mittel- und Jungaltsteinzeit. Die hier genannten Steinwerkzeugkulturen erhielten ihre Namen nach Ortschaften in Frankreich, aus denen die ersten Funde des jeweiligen Typs stammen.

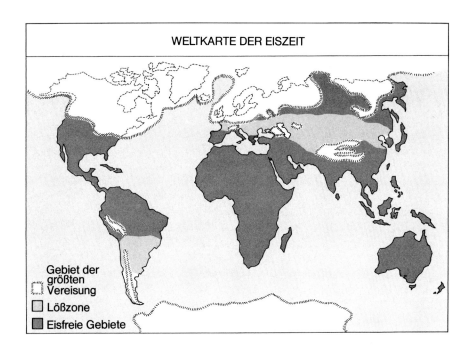

WELTKARTE DER EISZEIT

Gebiet der größten Vereisung
Lößzone
Eisfreie Gebiete

Geologische Gliederung		Jahr-tausende	Archäologische Gliederung		
Holozän (Alluvium)	Postglazial	4	Eisenzeit Bronzezeit } Metallzeiten		
		5	Jungsteinzeit = Neolithikum		
		10	Mittelsteinzeit = Mesolithikum		
Pleistozän (Diluvium) — Jung-	Würm 2 u. 3-Kaltzeit Warme Schwankung Würm 1-Kaltzeit	120	Magdalenium Solutrium Aurignacium	Jung-	Paläolithikum = Altsteinzeit
	U-Warmzeit = letztes Interglazial		Moustium Jung-Acheulium	Mittel-	
Mittel-	Riß-Kaltzeit	240			
	O-Warmzeit = vorletztes Interglazial		Mittel-Acheulium Alt-Acheulium (Chellium)	Alt-	
Alt-	Mindel-Kaltzeit	480			
	J-Warmzeit = erstes Interglazial		Abbevillium (Prächellium)		
	Günz-Kaltzeit	600	Älteste Kulturen (?)		

STEINE, HOLZ
UND KNOCHEN

BILD OBEN: Zweiseitig bearbeiteter Faustkeil aus dem Aurignacium. Die durch Abschläge erzielten scharfen Kanten standen der Schärfe eines heutigen Rasiermessers nicht nach. Der Faustkeil war der erste gelungene Versuch des Menschen, eine Art Universalwerkzeug herzustellen, mit dem er schaben, kratzen, schneiden und bohren konnte. In auffällig gleicher Form finden wir Faustkeile im ganzen Raum von England bis Südafrika, Portugal bis Indien und Java. Setzt man die Entwicklung der Faustkeilkultur vor 500000 Jahren an, so genügte sie mit ihren verschiedenen Varianten über 400000 Jahre lang, den Bedürfnissen des Altmenschen gerecht zu werden.

BILD RECHTS: Quarzit-Nasenschaber der Heidelberger Kulturstufe, ein vom Homo heidelbergensis vor 500000 bis 400000 Jahren hergestellter Artefakt.

RECHTE SEITE UNTEN: Nasenschaber im Primitivgriff, nach A. Rust, dem Entdecker der Heidelberger Kultur.

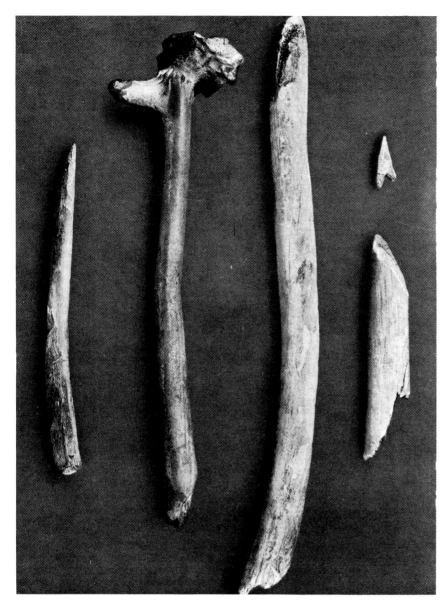

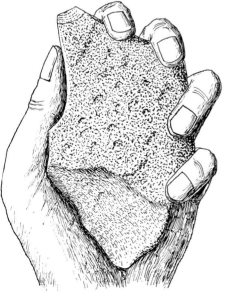

OBEN LINKS: Neben den Steinwerkzeugen, die wegen der Festigkeit des Materials am besten erhalten blieben, gebrauchte der eiszeitliche Altmensch auch Holz und Knochen zur Herstellung von Waffen und Geräten.

OBEN RECHTS: Da Holz im Vergleich zu Knochen und Stein weitaus schneller dem Verwitterungsprozeß ausgesetzt ist, sind die hölzernen Artefakte des Altmenschen meist längst zerfallen. Eine der seltenen Ausnahmen ist diese fast 40 cm lange in einer mittelpleistozänen Torfschicht gefundene Lanzenspitze aus Eibenholz (hier zusammen mit einem steinernen Buchtschaber abgebildet). Eine weitere Ausnahme ist der zwischen den Rippen eines Waldelefanten gefundene Speer von Lehringen bei Verden aus dem letzten Interglazial. Die aus Eibenholz gefertigte, zweieinhalb Meter lange Jagdwaffe, deren Spitze im Feuer gehärtet war, wurde dem Waldelefanten – er war doppelt so groß wie unsere heutigen Elefanten – aus allernächster Nähe in den Leib gestoßen.

BILD OBEN: Wurde das Alt- und Mittelpaläolithikum durch die Faustkeilkulturen geprägt, so begann mit dem plötzlichen Auftauchen des jungpaläolithischen Cromagnonmenschen vor 40 000 Jahren und dessen Klingenkulturen eine neue Technik der Werkzeuggestaltung und Steinbearbeitung. Die meist fingerlangen, schmalen, messerscharfen Späne wurden von Kernsteinen abgeschlagen. Mit diesen zerbrechlichen Klingen, die im Gegensatz zu den gröberen Werkzeugen älterer Steinzeitkulturen nicht mit der Faust, sondern mit einzelnen Fingern angefaßt wurden, konnten feinere und präziser gearbeitete Waffen und Werkzeuge hergestellt werden. Gefundene Knochennadeln und Pfrieme lassen vermuten, daß sich der Jungpaläolithiker mit genähter Fellkleidung gegen widrige Witterung schützte. Als Behausung dienten ihm Höhlen, Wohngruben, Hütten und Zelte, seine Hauptjagdtiere waren Mammut, Ren, Wildpferd und Moschusochse.

TÖTUNGSHEMMUNG

»Was sich wohl abgespielt haben mag, als zum erstenmal ein Mensch einen Faustkeil in der Hand hatte?« fragt der Verhaltensforscher Konrad Lorenz. »Sehr wahrscheinlich etwas Ähnliches, wie man es an zwei- und selbst drei- und mehrjährigen Kindern beobachten kann, die durch keinerlei instinktive oder moralische Hemmung daran gehindert werden, einander schwere Gegenstände, die sie kaum zu heben vermögen, mit aller Kraft auf den Kopf zu hauen. Ebensowenig hat wahrscheinlich der Erfinder des ersten Faustkeiles gezögert, damit nach einem Genossen zu schlagen, der eben seinen Zorn erregte. Gefühlsmäßig wußte er ja nichts von der furchtbaren Wirkung seiner Erfindung, die angeborenen Tötungshemmungen des Menschen waren damals wie heute auf seine natürliche Bewaffnung abgestimmt. Ob er betreten war, als der Stammesbruder tot vor ihm lag? Wir dürfen es mit Sicherheit annehmen. Soziale höhere Tiere reagieren oft in höchst dramatischer Weise auf den plötzlichen Tod eines Artgenossen. Graugänse stehen zischend, in äußerster Verteidigungsbereitschaft über dem toten Freund, wie Heinroth berichtet, der einst eine Gans im Beisein ihrer Familie totschoß. Ich erlebte dasselbe, als eine Nilgans ein Graugansjunges auf den Kopf geschlagen hatte, das taumelnd zu seinen Eltern lief und dort alsbald an Hirnblutung starb.

Die Eltern hatten den Totschlag nicht sehen können und reagierten dennoch in der beschriebenen Weise auf das Hinstürzen und Sterben ihres Kindes. Der Münchner Elefant Wastl, der ohne jede aggressive Absicht im Spiel seinen Wärter schwer verletzt hatte, geriet in die größte Erregung, stellte sich schützend über den Verwundeten und verhinderte dadurch leider, daß diesem rechtzeitig ärztliche Hilfe gebracht werden konnte. Bernhard Grzimek erzählte mir, daß ein Schimpansenmann, der ihn gebissen und erheblich verletzt hatte, sofort nach Abklingen seines Zornes versuchte, die Wundränder mit den Fingern zusammenzudrücken.

Der erste Kain hat sehr wahrscheinlich das Entsetzliche seiner Tat sofort erkannt. Es hat sich nicht erst langsam herumsprechen müssen, daß eine unerwünschte Schwächung des Kampfpotentials der eigenen Horde entsteht, wenn man allzu viele Mitglieder totschlägt. Was immer aber die abdressierende Strafe gewesen sein mag, die den hemmungslosen Gebrauch der neuen Waffe verhinderte, auf alle Fälle entstand eine wenn auch primitive Form von Verantwortlichkeit, die schon damals die Menschheit vor der Selbstvernichtung bewahrte.

Die erste Leistung, die verantwortliche Moral in der Menschheitsgeschichte vollbrachte, bestand also darin, das verlorengegangene Gleichgewicht zwischen Bewaffnung und angeborener Tötungshemmung wiederherzustellen.« (Konrad Lorenz: Das sogenannte Böse)

 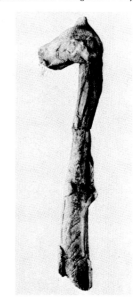

OBEN LINKS: Rentierschulterblätter mit Einschußlöchern aus dem endeiszeitlichen Opferteich von Meiendorf in Holstein. Neben Holzpfeilen mit und ohne Flintspitzen wurden auch Zackenharpunen zur Hochwildjagd verwendet. – Seit wann der Mensch über die ferntragende Waffe Pfeil und Bogen verfügt, ist ungewiß. Ob schon neandertaloide Jäger damit ihr Wildbret erlegten, läßt sich nicht nachweisen. Erst die endeiszeitlichen Funde aus Stellmoor bei Ahrensburg lieferten den sicheren Beweis, daß dem paläolithischen Jäger die Bogenwaffe tatsächlich bekannt war.

OBEN RECHTS: Jungpaläolithische Speerschleuder mit geschnitztem Rentierkopf. Mit diesen Wurfstäben konnten die Speere und Lanzen zielsicherer und mit mehr Wucht gegen die Opfer geschleudert werden als mit der bloßen Hand. Bei der Jagd auf schweres Hochwild, Rind, Pferd, Bär, Elch, Ren und Hirsch, waren die Speerschleudern eine wertvolle Waffe.

BILD OBEN: Zauberer, geritzt und gemalt, aus der Höhle Trois Frères in Frankreich. Die malerische Komposition aus Menschenbeinen und Menschenbart, Eulengesicht, Ohren und Geweih eines Rentiers sowie einem Wolfsschwanz, diese Kombination naturalistischer Elemente zu einem Wesen, das in der Natur nicht existiert, wird von Anthropologen auch als Indiz für den Sprachbesitz jungpaläolithischer Menschen herangezogen.

LINKE SEITE: Die sogenannte Venus von Willendorf, in Niederösterreich in einer Schicht des Aurignacium gefunden, ungefähr 30 000 Jahre alt. Sie gehört zu einem Typ meist weiblicher Kleinplastiken, der von der atlantischen Küste bis nach Asien verbreitet war. Die Bedeutung dieser »Venusstatuetten« ist umstritten. Mit ihren fetten Hüften und vollen Brüsten könnten sie vor allem als Fruchtbarkeitssymbole gedeutet werden.

Im Jungpaläolithikum finden sich in kleinen Statuetten und bildlichen Darstellungen die ersten Zeugnisse einer geistigen Kultur des Menschen. Im Magdalenium vor 20 000 bis 10 000 Jahren erreichte das malerische Kultschaffen des Eiszeitmenschen seinen Höhepunkt. Die Darstellungen der eiszeitlichen Tierwelt hatten sakralen Charakter. Im Rahmen eines Analogiezaubers sollten sie Fruchtbarkeit und Jagdglück heraufbeschwören. Das gemalte Tier wurde dem lebenden gleichgestellt und durch Pfeile und Lanzen magisch getötet. Die jungpaläolithischen Felsenbilder sind eine sichere Quelle für das geistige Erleben des damaligen Menschen.

Was Fähigkeit, Lebendigkeit und Naturnähe anbetrifft, so ragen die vor 20000 Jahren angefertigten bunten Tierdarstellungen

in der dunklen Höhle von Lascaux bei Montignac in Frankreich, auch »Louvre« der Altsteinzeit genannt, besonders hervor.

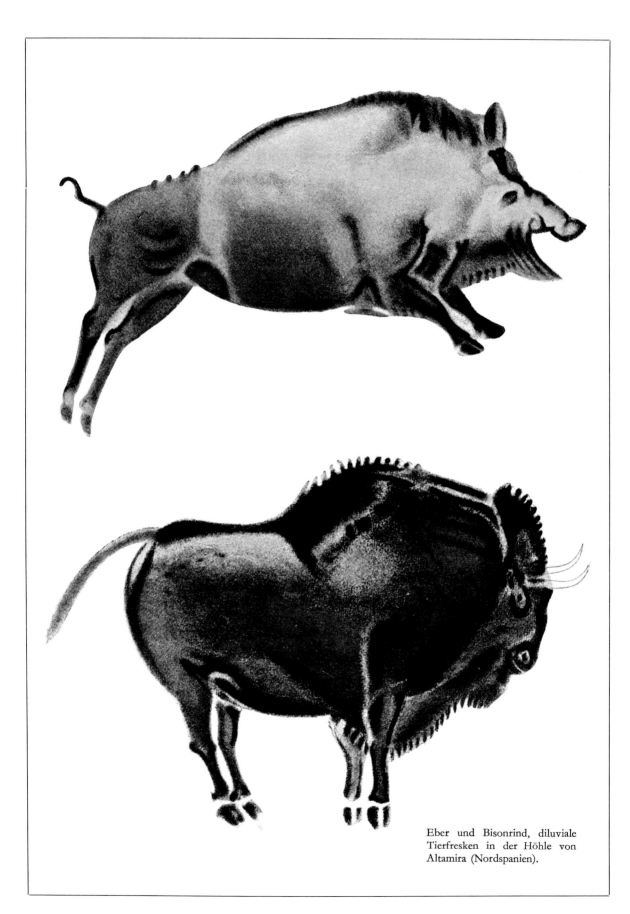

Eber und Bisonrind, diluviale
Tierfresken in der Höhle von
Altamira (Nordspanien).

NEOLITHIKUM

Die Menschen des Paläolithikums und des Mesolithikums lebten als herumschweifende Jäger vom erlegten Wildbret, vom Fischfang und vom Sammeln wilder Früchte. Der Übergang von dieser aneignenden Wirtschaft zur produzierenden Wirtschaft, von der Jägerkultur zur Bauernkultur, markiert den Beginn des Neolithikums. Dieser epochale Wandel der Menschheitsgeschichte führte zur Seßhaftigkeit, zu Ackerbau und Viehzucht und damit zur wesentlichen Grundlage für die Herausbildung einer berufsständisch und sozial differenzierten Gesellschaft.

Vom Vorderen Orient ausgehend – die älteste, dem 8. Jahrtausend angehörige neolithische Siedlung wurde in Jericho am Jordan ausgegraben –, drang die neue Wirtschaftsform auf zwei Wegen nach Europa vor: auf dem Landweg über den Balkan und über das Mittelmeer. Die älteste bäuerliche Kultur Mitteleuropas, die »Bandkeramik«, so benannt nach den Spiral- und Mäanderornamenten ihrer halbkugeligen Tongefäße, verbreitete sich in der ersten Hälfte des 5. Jahrtausends von Mähren bis zu den südlichen Niederlanden.

»An Kulturpflanzen sind im Bereich der Bandkeramik nachgewiesen: mehrere Weizenarten (Einkorn, Emmer, Zwergweizen), zwei Gerstenarten (zweizeilige und mehrzeilige Gerste), Rispenhirse, Saaterbse, Linse, Ackerbohne, Lein, wohl in erster Linie als Öllieferant und in einem unsicheren Fall angeblich auch Hanf. Bei den Getreiden handelt es sich zumeist um Wintergetreide. Die Betriebsform des Anbaus bleibt unbekannt...

An Haustieren sind in der älteren Bandkeramik folgende Arten nachgewiesen: Rind, Schwein, Schaf/Ziege, Hund. Daß Schafe und Ziegen aus dem im Südosten liegenden Gebiet der Wildformen und ihrer ältesten Inzuchtnahme eingeführt sein müssen, ist sicher. Für Rind und Schwein wird ein sekundäres Domestikationszentrum in Mitteleuropa angenommen, so daß nicht der Import von hausbar gemachten Tieren, sondern die Übernahme der Domestikationsidee vorliegen würde, wenn diese Annahme zutrifft.«

(Herbert Jankuhn: Vor- und Frühgeschichte)

BILD OBEN: Bandkeramisches Tongefäß. – Die Töpferei, ein konstitutives Element des Neolithikums, zeigte eine Vielfalt in Form und Verzierung. Je nach Gestaltung ihrer Tongefäße wurden einzelne neolithische Kulturen benannt und unterschieden.

BILD OBEN: Geschliffenes Steinbeil (das Neolithikum ist die Zeit des »geschliffenen Steins«, im Unterschied zum Paläolithikum und Mesolithikum, den Zeiten des »geschlagenen Steins«). Mit diesen Flintsteinbeilen war der Neolithiker in der Lage, zur Gewinnung von Ackerland sogar größere Rodungen auszuführen.

BILD UNTEN: Hornzapfen bandkeramischer Hausrinder.

BILD LINKS: Rekonstruktion eines bandkeramischen Dorfes. Die großen Häuser dieser ausgedehnten Dörfer waren aus Holz gebaut, 6–7 m breit und zum Teil 30–40 m lang. Aus den bandkeramischen Ansiedlungen läßt sich auf eine größere soziale Differenzierung im Sinne der Ausbildung von Häuptlingsgewalt nicht schließen.

PFAHLBAUERN

Vom Westen kommende neolithische Bauern schufen an den Ufern der Schweizer Seen mit ihren Pfahlbauten eine eigentümliche Ansiedlungsform. Schon im vorigen Jahrhundert beschrieb der Schweizer Archäologe Ferdinand Keller, wie Scharen von Pionieren durch die Wälder an die Ufer der Seen vorstießen, Gruppen von vielleicht 200 oder 300 Menschen, die ein paar Beutel Saatkörner bei sich trugen und einige Stück Vieh und Schafe vor sich her trieben. Getreide wurde gepflanzt, Weideland abgesteckt. Man verankerte die Fundamente der Pfahlbauten und verband die Querbalken mit den senkrechten Pfählen. Quer über dieses Pfahlfundament wurde der Rost geflochten. Die ersten Häuser konnten errichtet werden: einfache Hütten mit einem oder zwei Räumen; die Wände bestanden aus Rundhölzern und Reisiggeflecht, das mit Schlamm beworfen war.

Beim Herannahen des Winters verwahrten die Bewohner sorgfältig Saatkörner und Getreide in Tongefäßen bis zum nächsten Frühjahr. Die Gemeinde

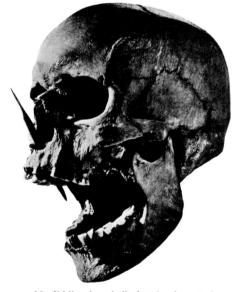

BILD OBEN: Neolithiker innerhalb der einzelnen Kulturen und auch die Kulturen untereinander lebten nicht immer friedlich zusammen. Eingeschlagene Schädel in den Grabfunden oder, wie hier, die Pfeilspitze im Gesicht eines getöteten Feindes weisen eindeutig auf gewalttätige Auseinandersetzungen hin.

BILD LINKS: Rekonstruktion einer Pfahlbausiedlung. Irreführend daran ist, daß sich die Pfahlbauten im Wasser befinden, während sie zur Zeit ihrer Entstehung nicht in, sondern an den Seen errichtet wurden. Zur Stabilisierung der Bauten waren die Pfähle durch den weichen Grund der Seeufer bis ins Kiesbett vorgetrieben worden. Erst mit dem Ansteigen des Wasserspiegels wurden sie überflutet.

BILD UNTEN: Das Innere eines neolithischen Grabes von Locmariaquer in der Bretagne. – In ganz Westeuropa sowie in Südskandinavien sind auch heute noch neolithische Megalithdenkmäler (griechisch: megas = groß, lithos = Stein) zu finden. Diese Großsteingräber und -kultplätze in ihren verschiedenen Ausformungen entspringen keinem einheitlichen Ausgangszentrum. Die Vorstellung einer eigenen Megalithkultur und eines Megalithvolkes wird allgemein abgelehnt. Ein besonderes Verhältnis des Neolithikers zu seinen Toten muß jedoch aus den Megalithgräbern gefolgert werden.

hatte Wurzeln geschlagen, ihr eigentliches Wachstum konnte jetzt beginnen. Die Herden vermehrten sich, denn die Pfahlbauern schlachteten nur die Tiere, die für die Fortpflanzung nicht benötigt wurden. Die Felder brachten vielfältigen Ertrag: Weizen und Roggen, Erbsen, Bohnen und Linsen, Pflaumen und Äpfel. Frauen waren mit der Feldarbeit beschäftigt, jäteten, hackten und schnitten die Ernte mit Feuersteinsicheln. Es war eine bäuerliche Gemeinschaft, in der es für jeden genügend Arbeit gab: Korn war zu mahlen, Brot zu backen, Kleider waren zu weben, Werkzeuge herzustellen und Kühe zu melken.

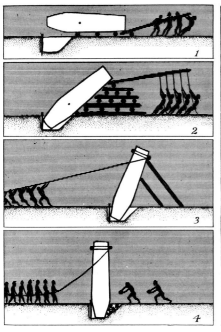

BILD OBEN: Englands berühmteste prähistorische Kultstätte Stonehenge. Mit dem Bau dieses inmitten der Ebene von Salisbury, 110 km westlich von London liegenden Freilufttempels wurde im Neolithikum um 1900 v. Chr. begonnen. Seine heutige Grundform wurde 500 Jahre später, schon in der Bronzezeit, vollendet. Der äußere Ring aus riesigen Sandsteinblöcken, von denen einige mit waagrechten Blöcken überdeckt sind, hat einen Durchmesser von 30 m.

BILD LINKS: Das Aufrichten der gewaltigen, bis zu 45 Tonnen schweren steinernen Stützpfeiler und das Auflegen der 7 Tonnen schweren Decksteine in der Rekonstruktion des britischen Archäologen R. J. C. Atkinson.

INDOGERMANEN

»Ich nenne«, schreibt Franz Bopp, der Begründer der vergleichenden Sprachwissenschaft und Entdecker der indoeuropäischen Sprachgemeinschaft, »diesen Sprachstamm den indo-europäischen, wozu der Umstand berechtigt, daß mit Ausnahme des finnischen Sprachzweiges, so wie des ganz vereinzelt stehenden Baskischen und des von den Arabern uns hinterlassenen semitischen Idioms der Insel Malta alle übrigen europäischen Sprachen, die klassischen, altitalienischen, germanischen, slawischen, keltischen und das Albanesische, ihm angehören. Die häufig gebrauchte Benennung ›indo-germanisch‹ kann ich nicht billigen, weil ich keinen Grund kenne, warum in dem Namen des umfassendsten Sprachstammes gerade die Germanen als Vertreter der übrigen urverwandten Völker unseres Erdteils, sowohl der Vorzeit als der Gegenwart, hervorzuheben seien. Ich würde die Bezeichnung ›indo-klassisch‹ vorziehen, weil das Griechische und Lateinische, besonders das erstere, den Grundtypus unserer Sprache treuer als irgendein anderes europäisches Idiom bewahrt haben. Darum meidet wohl auch Wilhelm von Humboldt die Benennung indogermanisch... Er nennt unseren Stamm den sanskritischen, und diese Benennung ist darum sehr passend, weil sie keine Nationalität, sondern eine Eigenschaft hervorhebt, woran alle Glieder des vollkommensten Sprachstamms mehr oder weniger teilnehmen; diese Benennung dürfte darum vielleicht, auch wegen ihrer Kürze, in der Folge über alle anderen den Sieg davontragen.«

»Bei allen Indogermanen, welche uns am frühesten in der Geschichte begegnen, spielt das Pferd eine ausschlaggebende Rolle. Sicher hat es neben ihnen noch Völker gegeben, die Pferdezucht kannten. Aber wenn Reitervölker irgendwo im Vorderen Orient auftreten, handelt es sich stets und allein um Indogermanen. Daß sie das Pferd nicht etwa als Fleisch- oder Zugtier hielten, sondern es in erster Linie als Reittier verwendeten, machte ihre Überlegenheit über die Bauernvölker aus, die sie auf ihren Zügen mit Hilfe ihrer neuen Kampfesart überrannten und unter ihre Oberhoheit brachten.

Von allen europäischen Kreisen gleicht allein der schnurkeramische dem Bilde am ehesten, das die ersten historischen Nachrichten vom Indogermanentum geben. Er besaß das Pferd, er hatte zur Unterstützung im Kampfe die Streitaxt, ... er setzte sich innerhalb kürzester Zeit über weite Gebiete Mittel- und Nordeuropas als führend durch, in denen später indogermanisch gesprochen wurde.

Die Schnurkeramiker können nicht die einzigen Indogermanen gewesen sein. Die Indogermanisierung des Balkans oder Griechenlands ist nicht von ihnen ausgegangen... Und die in Kleinasien einbrechenden Indogermanen waren auch keine Schnurkeramiker. Das Auseinanderfallen des Urvolkes ist nach diesen Beispielen offenbar recht früh in der Jungsteinzeit erfolgt. Nur so viel kann man als sicher aussagen, daß die Schnurkeramiker einen wesentlichen Anteil an der Indogermanisierung Europas gehabt haben.«

(Historia Mundi, Bd. II)

Im späten Neolithikum (ca. 2200 bis 1800 v. Chr.) drangen zwei dominante Kulturkreise – vom Osten her die »Schnurkeramiker« oder »Streitaxtleute« und von Spanien aus die »Glockenbecherleute« – nach Mitteleuropa vor.

Oben links: Für die Glockenbecherkultur charakteristische glockenförmige, feinverzierte Keramikbecher.

Oben rechts: Für die Schnurkeramik charakteristische hochhalsige Keramikbecher mit ihrem typischen, durch Abdruck gedrehter Schnüre hergestellten Muster. Davor geschliffene Steinstreitäxte.

Entwicklungsgang eines einzelnen Einbaues

Maßstab
`10 5 0   10   20   30   40   50m`

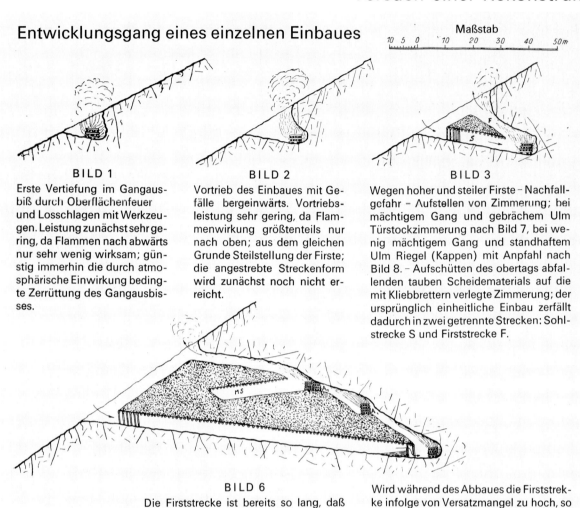

BILD 1

Erste Vertiefung im Gangausbiß durch Oberflächenfeuer und Losschlagen mit Werkzeugen. Leistung zunächst sehr gering, da Flammen nach abwärts nur sehr wenig wirksam; günstig immerhin die durch atmosphärische Einwirkung bedingte Zerrüttung des Gangausbisses.

BILD 2

Vortrieb des Einbaues mit Gefälle bergeinwärts. Vortriebsleistung sehr gering, da Flammenwirkung größtenteils nur nach oben; aus dem gleichen Grunde Steilstellung der Firste; die angestrebte Streckenform wird zunächst noch nicht erreicht.

BILD 3

Wegen hoher und steiler Firste – Nachfallgefahr – Aufstellen von Zimmerung; bei mächtigem Gang und gebrächem Ulm Türstockzimmerung nach Bild 7, bei wenig mächtigem Gang und standhaftem Ulm Riegel (Kappen) mit Anpfahl nach Bild 8. – Aufschütten des obertags abfallenden tauben Scheidematerials auf die mit Kliebbrettern verlegte Zimmerung; der ursprünglich einheitliche Einbau zerfällt dadurch in zwei getrennte Strecken: Sohlstrecke S und Firststrecke F.

BILD 6

Die Firststrecke ist bereits so lang, daß je nach der erforderlichen Abbauleistung auch zwei Abbaufeuer A_1 und A_2 angeordnet werden können; der Einbau hat damit seine größte Produktion erreicht. –

Wird während des Abbaues die Firststrecke infolge von Versatzmangel zu hoch, so daß die Feuer nicht mehr günstig genug wirken könnten, so wird eine Mittelstrecke MS ausgespart und mit dem vorrückenden Abbau mitgeführt.

BRONZEZEIT

Mit dem Ende des europäischen Neolithikums um etwa 2000 v. Chr. begann eine neue prähistorische Epoche, die Bronzezeit. Geräte aus Bronze – eine Legierung aus Kupfer und Zinn, am günstigsten im Verhältnis 9:1 – prägten das äußere Erscheinungsbild der unterschiedlichen europäischen Bronzezeitkulturen. »Die Kupfergewinnung erfolgte am Südrande Mitteleuropas im Ostalpengebiet, in der Slowakei und in Ungarn. Sonst ist sie noch in Rumänien, England und Spanien anzunehmen. Wirklich bekannt ist der Kupferbergbau und die Kupferverhüttung nur im Ostalpengebiet. Die Kenntnis des Kupfers und der Kupfergewinnung gelangte anscheinend auf zwei Wegen nach Mitteleuropa, einmal vom Südosten her über den Balkan, zum anderen vom Südwesten aus Spanien. Während Gediegenkupfer schon im Spätneolithikum in Ungarn und Rumänien gesammelt

und gelegentlich verarbeitet wurde, begann der Bergbau im Alpengebiet erst in der Bronzezeit. Abgebaut wurden Kupferkiese in der Grauwackenzone. Die Gewinnung erfolgte bergmännisch, durch schräg abwärts in den Berg getriebene Gänge, die Tiefen bis zu 100 Meter erreichen konnten. Die Lockerung des Gesteins erfolgte durch ›Feuersetzen‹, wobei der verschiedene Ausdehnungskoeffizient des Erzes und des Nebengesteins ausgenutzt und das Material so weit gelockert wurde, daß es mit Pickeln und Schlägeln losgeschlagen werden konnte. Die so ausgearbeiteten Stollen wurden verzimmert und ermöglichten eine sichere Bewetterung. Das gewonnene Material wurde unterhalb der Einbaue mechanisch zerkleinert und zum Schluß unter Verwendung von Wasser im Stauchsieb als Feinkonzentrat abgeschieden. Die Verhüttung erfolgte noch weiter unterhalb der Bergwerke offenbar in der Waldzone, wohl wegen des dafür benötigten Brennmaterials, und lieferte

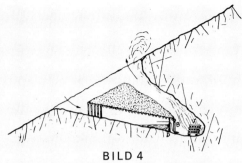

BILD 4

Bei tiefer werdendem Einbau muß das Vortriebsfeuer V vor den sich ansammelnden Grubenwässern durch einen Damm D geschützt werden; von hier aus Wasser in Gefäßen zu Tage gefördert. – Der beim Damm D in der Firste durchgehende Wetterstrom wird durch die Blende B wieder zum Feuer niedergelenkt; Gebläsewirkung regelbar durch Variation des Abstandes D–B und der Durchgangsquerschnitte von D und B.

BILD 5

Bei zunehmender Länge der Firststrecke kann ein Abbaufeuer A angeordnet werden; damit tritt der Einbau von der Vorrichtungsperiode in die Abbauperiode.

Streckenzimmerung   Hohlraumaussparung

Maßstab

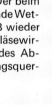

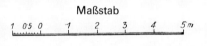

S Stempel
R Riegel (Kappe)
A Absperrholz (Sprenger)
PK Anpfahl und Keil
H Kliebbretter als
   Verleghölzer
G Anstehender Gang
N Nebengestein
V Versatz

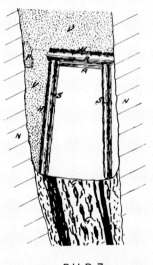

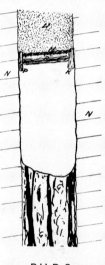

BILD 7   **BILD 8**

über sog. Schwarzkupfer in mehreren Schmelzprozessen verhältnismäßig reines Kupfer.

Berechnungen über den Personalbedarf und die tägliche Förderleistung ergeben für den Mitterberg bei drei Einbauen eine Zahl von 180 Mann, die täglich 72 t Gangmaterial produzierten, aus dem 325 kg Erz gewonnen wurden. Im Salzburgischen nimmt Pittioni 500–600, in Tirol 300–400 Arbeiter an. Diese Zahlen sind unsicher, aber sie bieten eine Vorstellung von den Größenordnungen der im Bergbau und in der Erzverhüttung des Ostalpengebietes tätigen Spezialarbeiter. Nimmt man hinzu, daß diese Menschen in Höhenlagen arbeiteten, die sich für den Anbau nicht und höchstens für Viehhaltung eigneten, so wird daraus ersichtlich, welche Probleme sich für die Ernährung und für den Transport ergaben. Leider sind die Siedlungen und Friedhöfe der Kupfererz-Bergleute nicht bekannt. Auf jeden Fall setzte diese intensive Rohstoffproduktion eine leistungsfähige Landwirtschaft in den Tälern und eine Organisation für die Versorgung so großer Menschengruppen voraus, wie auch die geregelte Durchführung des Abbaus und der Verhüttung mit den verschiedenen Spezialaufgaben ohne eine sehr gute Organisation nicht vorstellbar ist.«   (Herbert Jankuhn: Vor- und Frühgeschichte)

BILD OBEN: Rekonstruktion der urzeitlichen Kupferabbaumethode auf dem Mitterberg bei Bischofshofen durch die Bergbauhistoriker K. Zschocke und E. Preuschen. Mit diesen rein physikalisch-mechanischen Mitteln wurden ungeheuere Erzmengen gefördert und im Mitterberger Gebiet dabei in rund 1000 jähriger Abbauarbeit 20 000 t Reinkupfer gewonnen. Die Erzeugung an Reinkupfer aus österreichischen Lagerstätten während der Bronzezeit wird auf insgesamt 50 000–60 000 t geschätzt. Förderung und Aufbereitung des Kupfers verlangten nach spezialisierten Arbeitskräften. Bergmännische Berufe – Steiger, Hauer, Zimmerer, Holzfäller, Erzträger, Aufbereiter, Schmelzer und Gießer – bildeten sich heraus. Der sich ebenfalls entwickelnde Handelsstand sorgte für die Verbreitung der begehrten Kupferbarren.

BILD OBEN: Bronzewaffen und Bronzeschmuck aus Schweden. – Die Beile, Schwerter, Lanzenspitzen, halbmondförmigen Halsgehänge, Fibeln, Klingen, Dolche, Broschen und Gürtelscheiben der in Südskandinavien, Dänemark, Schweden und Schleswig-Holstein verbreiteten Kultur der nordischen Bronzezeit übertrafen an Schönheit die der übrigen Kulturen dieser Zeit.

BRONZEGUSS

BILD LINKS: Eine aus einzeln gegossenen Bronzeteilen zusammengesetzte, geschwungene Lure aus Dänemark. Diese Blasinstrumente, wahre Meisterleistungen des Bronzegusses, wurden stets paarweise gefunden. Als Signalhörner dienten sie kultischen Zwecken.

BILD UNTEN: Gießen der Geräte in der Methode des »cire perdue«, des »verlorenen Wachses«: Die gewünschte Form wurde in Wachs um einen Tonkern modelliert und mit einer weiteren Tonschicht umgeben. Dann wurde das Wachs durch Löcher in der äußeren Form herausgeschmolzen. In den so entstandenen Hohlraum goß man nun die flüssige Bronze und schlug oder schnitt nach dem Abkühlungsprozeß die Gußformen von der Bronze ab. Man nennt diese Technik daher auch »Bronzeguß der verlorenen Form«.

BILD LINKS: Männertracht (links) und die Tracht eines jungen Mädchens (rechts) aus den Gräberfunden auf Jütland in Dänemark. Da hier die Toten in großen Eichensärgen, in denen sich die organische Substanzen konservierende Gerb- und Huminsäure bildete, bestattet wurden, sind uns auch die Kleider dieser Bronzezeitbewohner recht gut erhalten geblieben. Die Männer trugen unter großen Umhängemänteln bis zum Knie reichende Leibröcke mit Schulterträgern und quastenverzierten Gürteln, als Kopfbedeckung eine halbkugelförmige Filzkappe, die Frauen Wolljacken im Kimonoschnitt, lange Faltenröcke, ebenfalls aus Wolle, und aus einem Stück gefertigte Blusen; ihre langen Haare wurden durch ein Haarnetz zusammengehalten. Junge Mädchen trugen kurze Fransenröcke. Als Schuhwerk dienten geflochtene Ledersandalen.

BILD LINKS: Der berühmte griechische Bronzekrater aus dem Frauengrab von Vix / Côte d'Or in Frankreich, um 520 v. Chr. Dieser Riesenkrater – Hinweis für den Handel zwischen Griechenland und dem eisenzeitlichen Mitteleuropa sowie imposantes Indiz für dessen soziale Differenzierung –, der über 200 kg wiegt, war bestimmt nicht leicht zu transportieren und muß darüber hinaus auch recht teuer gewesen sein. Da die Côte d'Or über eine ausgiebige Menge an Eisenerz verfügte, ist die Vermutung nicht abwegig, daß die Eisengewinnung als Grundlage des Reichtums der dortigen Bevölkerung zu gelten hatte und daß dieses Frauengrab als Beerdigungsstätte der Tochter oder Ehefrau eines wohlhabenden Bergherren angesehen werden kann.

RECHTE SEITE: Das Gräberfeld von Hallstatt enthielt ungefähr 2000 Bestattungen. Nahezu die Hälfte der Toten wurde vor der Grablegung verbrannt. Bei den Körperbestattungen ist die vorherrschende Lage die gestreckte Rückenlage mit seitlich an den Körper angelegten Armen.

BILD RECHTS: Zwischen 1200 und 800 v.Chr. breiteten sich die Urnenfelderkulturen über weite Teile Europas aus. Von Süddeutschland nach Norddeutschland, an die Rheinmündung, nach Ostengland, Südfrankreich, Nordspanien, Italien, Ungarn, Jugoslawien bis nach Kreta und Kleinasien. Die Körperbestattung wurde weitgehend abgelöst von der Leichenverbrennung, die Asche der Toten in Urnen auf groß angelegten Friedhöfen beigesetzt. Bronzeschild, Kappenhelm und Streitwagen verliehen den Urnenfelderleuten ihre große militärische Stoßkraft.

EISENZEIT

Aus den bronzezeitlichen Urnenfelderkulturen entwickelten sich um 750–700 v.Chr. die Kulturen der
Eisenzeit. Der aufkommende neue Rohstoff verdrängte dabei, allerdings nicht rasch und automatisch,
die ältere Bronze. Beide Metalle bestanden vielmehr
nebeneinander. Die sich in der Bronzezeit abzeich-
nende soziale Differenzierung schritt weiter fort. Die
insbesondere im österreichischen Hallstatt erforsch-
ten Gräber sowie andere Funde und Ausgrabungen
vermitteln uns das klare Bild einer verbreiteten sozial
strukturierten Fürstenkultur.
»Das Gräberfeld von Hallstatt«, schreibt F. Berg,
»wurde zu der Zeit angelegt, zu der in Mitteleuropa
das Eisen als neuer Werkstoff auftritt ... Neben

BILDER OBEN: Arbeitsgeräte aus Holz: Schaufeln und Schlägel,
Filzzipfelmütze als Schutzhelm gegen herabfallendes Gestein,
Leuchtspanreste und Leuchtspanbündel, hölzernes Traggerät –
Ausgrabungsfunde des Hallstätter Salzbergbaus. Der urzeit-
liche Salzbergbau von Hallstatt und seine Kultur der älteren
Eisenzeit haben einer ganzen europäischen Kulturepoche den
Namen Hallstattzeit gegeben.

Daß sich der Salzbergbau ebenso wie die Förderung des Eisens
in der Hand höhergestellter Bergherrn befand, für die der größere Teil der Bevölkerung fronen mußte, ist nicht unwahr-
scheinlich. Fest jedenfalls steht, daß sich die im 6. Jahrhundert
v. Chr. herausgebildete Schicht von Fürsten in großem Umfang
am Handel mit Salz und Eisen beteiligte und bereicherte. Ebenfalls wissen wir, daß Fürsten, berittener Kriegeradel, Bergbau-
knappen, Metallhandwerker und andere »Spezialisten« von der
bäuerlichen Bevölkerung ernährt werden mußten.

Hausrinder, Schweine, Ziegen und Schafe waren die hauptsäch-
lichen Fleischlieferanten der Hallstätter Bergarbeiter. Nachgewiesen ist hier auch die Almwirtschaft, so daß neben Fleisch
und Getreide auch Milch, Butter und Käse zur Verfügung standen. Hingegen wurden Wildtiere zur Deckung des Nahrungs-
bedarfs nur selten herangezogen. Allem Anschein nach wurde
die Jagd nicht als Nutzjagd, sondern lediglich als fürstliches
Weidwerk betrieben.

den eisernen geschmiedeten Waffen gehörten zur Ausrüstung des Kriegers auch Werkzeuge, wie Feilen aus Bronze, kleine Amboßstöckchen, Bratspieße und geschwungene eiserne Messer. Ringe mit eingezogenen Zwingen dienten zur Befestigung von Zubehör aller Art, mitunter auch von Wetzsteinen. Scheiben aus Bronze mit eingesetztem Mittelbuckel und einer kräftigen Öse an der Unterseite waren Schildbuckel. Unter den Schmucksachen dominieren die Mehrkopfnadeln, die fast in keinem Kriegergrab fehlen. An Fibeln finden sich Tierfibeln, Brillenfibeln, Bogenfibeln und Schlangenfibeln. Die Armreifen sind gerippt oder kugelig gegliedert. Auch der Gehängeschmuck ist reich vertreten durch große, radförmige Zierstücke, Gehänge aus stäbchenförmigen Gliedern mit waageförmigen Zwischenstücken, daneben auch schlichte Bronzeröllchen...

Man hat die so reich ausgestatteten Kriegergräber oft

mit der Bevölkerungsgruppe verbunden, die den Bergbau leitete und dem Gemeinwesen vorstand. Mit Recht hat man von ›Bergherren‹ gesprochen. Verfolgt man diesen Gedanken weiter, so ergibt sich, daß die Macht ursprünglich (in der Zeit von ca. 800 bis 600 v. Chr.) in der Hand von einigen wenigen Männern lag. (Nur 19 Schwertgräber!) Im folgenden (600 bis 500 v. Chr.) jedoch wird der ›Adel‹ zahlenmäßig stärker, denn wir kennen 38 Dolchgräber aus dem Gräberfeld. Das ergibt, daß die Macht in jüngerer Zeit sich auf mehr Köpfe verteilte. Der zahlenmäßige Unterschied zwischen Schwert- und Dolchgräbern ist um so beachtlicher, als die Zeitstufe der Gräber mit Schwertern länger (ca. 200 Jahre) als jene der Gräber mit Dolchen (nur ca. 100 Jahre) währte. Es ist auffallend, daß nur 26% der Bestatteten im Gräberfeld von Hallstatt Waffen in das Grab mitbekommen haben. Der weitaus überwiegende Teil der

Bevölkerung (74%) wurde waffenlos bestattet, und es wäre möglich, daß sie auch zu Lebzeiten keine Waffen getragen haben...

Zahlenmäßig die stärkste Gruppe im Gräberfeld sind die einfach ausgestatteten Gräber, die keine Waffen, wohl aber Schmuck enthielten. Es dürften die Gräber der Knappen sein, die die Bergwerksarbeit leisteten. Ihre Aufgabe war das Losbrechen und Zutageschaffen des Holzes, Waldarbeit zur Erstellung und Bearbeitung des Verzimmerungsmaterials und die Zubringerdienste für die Ansiedlung. Auch diese Gräber wiesen einen gewissen Reichtum auf: Gürtelhaken, Fibelschmuck, Armreifen, Bernstein, in der jüngeren Stufe auch Glas zeigen den mittleren Wohlstand dieser Leute. Die Zahl der Gräber, die überhaupt keine Beigaben oder nur Keramik enthielten, ist sehr gering; es sind insgesamt nur 27.«

(F. Berg: Das Flächengräberfeld der Hallstattkultur)

BILD OBEN: Darstellungen auf einer Situla aus dem Friedhof bei der Certosa von Bologna, frühes 5. Jahrhundert v. Chr. Fries 1: Zug von Kriegern: zwei Reiter; vier verschiedene Gruppen von Fußsoldaten. Fries 2: Prozession: an der Spitze ein Mann, einen Stier führend; es folgen drei Männer mit einem Henkelgefäß, einem Schöpfer und einem unbestimmbaren Gegenstand; drei lastentragende Frauen; zwei Männer, ein großes Gefäß an einer Stange tragend; zwei Diener mit einem Eimer; ein Diener, einen Widder führend; drei Männer; drei gefäßetragende Frauen; zwei Männer mit Gefäßen, Bratspießen und einem Beil von einem Hund gefolgt. Fries 3: Festszenen, Jagd und Landleben: Pflüger mit Rindern; Mann mit erlegtem Wildschwein; Syrinx- und Leierspieler mit Zuhörer, dabei Faustkampf; Schöpfszene; Männer mit einem erlegten Hirsch und Hund; Hasenjagd. Tierfries: ein Hirsch, zwei Raubtiere, vier geflügelte Raubtiere und eine Sphinx.

Die Situlenkunst (lateinisch: situla = Eimer) vermittelt uns Bilder eisenzeitlichen Alltagslebens, bäuerliche Szenen, Kriegeraufmärsche, Trinkgelage, Wettkämpfe, Faustkämpfe, Opferzüge und Jagderlebnisse.

KELTEN

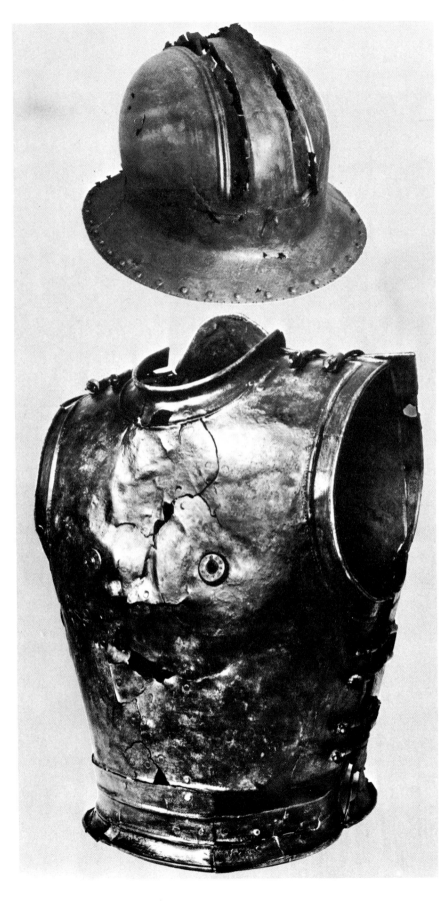

Von 800 bis 500 v. Chr. behauptete sich die Hallstattkultur, die ältere Eisenzeit. Ihr folgte von 500 v. Chr. bis zu Christi Geburt die von den Kelten getragene La-Tène-Kultur, die nach der Fundstelle La Tène am Neuenburger See in der Schweiz benannte jüngere Eisenzeit.

Woher die Kelten letztlich kamen, ist ungewiß, ebenso das auslösende Motiv ihres plötzlichen Aufbruchs. Übervölkerung und damit verbundene Raum- und Nahrungsmittelknappheit dürften zumindest einer der Gründe gewesen sein. Nach Auffassung des Prähistorikers Professor Richard Pittioni ist der Ausgangspunkt der Kelten und ihrer Kultur im Bereich der Hunsrück-Eifel-Kultur zu suchen. Als kriegerisches Volk, zunächst mit einem kurzen Stichschwert, später mit dem langen Hiebschwert bewaffnet, mit Schild und Helm, mit Streitwagen und Pferd, zogen die keltischen Stämme aus, um weite Gebiete Europas zu erobern. Ihre Expansion erstreckte sich von Ostengland bis zum Balkan, über Frankreich bis Ostspanien und Mittelitalien.

Die Etrusker in Oberitalien wurden vollständig

BILD LINKS: Bronzehelm und Bronzepanzer eines Fürsten der Späthallstattzeit. Sozialgeschichtlich gehörten solche Rüstungen zu einem Kriegeradel, der auch Burgen und Fürstensitze angelegt hatte.
RECHTE SEITE: Keltische Kopfplastik (3./2. Jahrhundert v. Chr.).

BILD LINKS: Der berühmte, in einem Moor auf Jütland gefundene Kessel von Gundestrup, aus dem 3., 2., 1. Jahrhundert v. Chr. – oder erst aus der Zeit um Christi Geburt? Zweifelsfrei handelt es sich um ein vom Süden, wahrscheinlich von Oberitalien aus nach Norden exportiertes keltisches Kultgefäß. Der große, aus zahlreichen Platten zusammengesetzte Silberkessel zeigt in seinen getriebenen, teilweise vergoldeten figürlichen Darstellungen auf der Außenseite Brustbilder männlicher und weiblicher Gottheiten, auf der Innenseite Opferszenen, darunter auch ein Menschenopfer.

BILD UNTEN: Ausschnitt aus dem Kessel von Gundestrup: Darstellung des gehörnten keltischen Gottes Kernunnos mit einem für die La-Tène-Kultur typischen Reif in der Rechten und einer widderköpfigen Schlange in der Linken, flankiert von einem Hirsch und einem Wolf.

RECHTE SEITE: Schnabelkanne von Bouzonville. Bronzegefäß, frühes 4. Jahrhundert v. Chr.

unterworfen, im 4. Jahrhundert v. Chr. gar Rom erobert und geplündert. Doch konnten sich die zwei Jahrhunderte lang Europa eindeutig dominierenden Kelten auf die Dauer nicht behaupten. Eine feste politische Ordnung, ein keltisches Reich, brachten sie nicht zustande. »Die Tragik der keltischen Wanderung beruht auf zwei Tatsachen: daß auf den ersten Ansturm kein nennenswerter Nachschub aus dem Heimatgebiet folgte und daß die keltischen Wanderer nicht über jene innere Spannkraft verfügten, die es ihnen gestattet hätte, den unterworfenen Völkern in geschlossener Form zu widerstehen.« (R. Pittioni, in: Propyläen Weltgeschichte.) Erst mit dem Zusammenstoß germanischer Stämme mit Rom beginnt die Geschichte des mittelalterlichen und modernen Europas.

ALTERTUM

Das Fortschreiten der Steppen- und Wüstenbildung in den Jahrtausenden nach der Eiszeit führte nomadische Stämme an die zunächst recht unwirtlichen Ufer der großen Flüsse Euphrat, Tigris und Nil. Gemeinsam ausgeführter, organisierter Arbeit gelang es, allmählich durch die Künste des Wasserbaus, der Anlage von Kanälen und Dämmen, das Land zu kultivieren und dem Ackerbau nutzbar zu machen. Dieser Übergang von der aneignenden Lebensweise eiszeitlicher Jäger und Sammler zur produzierenden Wirtschaftsweise nacheiszeitlicher Bauern war die entscheidende Voraussetzung für die Entstehung der Hochkulturen. Erst jetzt konnten sich größere Menschengruppen auf engem Raum zusammenschließen. Erst jetzt konnte sich eine differenzierte, arbeitsteilige, staatlich organisierte Gesellschaft entfalten. Die »Überschüsse« der Landwirtschaft ernährten die Stadt, das Zentrum der staatlichen Organisation, und die nichtbäuerliche Bevölkerung, Priester, Beamte, Soldaten, Handwerker und Händler.

Im Bemühen, die großen Flüsse des »fruchtbaren Halbmondes« nutzbar zu machen, entstanden die ägyptische und die vorderasiatischen Hochkulturen, die sich von den Kulturen der Vor- und Frühgeschichte neben ihrer sozialen Organisation vor allem dadurch unterschieden, daß sie die Schrift erfanden und gebrauchten, womit sie eine neue Epoche der Menschheitsgeschichte einleiteten. »Schriftliche Zeugnisse sind für die Geschichtswissenschaft nicht nur deshalb grundlegend, weil erst mit ihrem Auftreten die Menschen der Vergangenheit zu uns Historikern zu sprechen beginnen, sondern weil sie jetzt erst mit sich selber zu sprechen beginnen, weil sie jetzt eine neue Stufe des Bewußtseins erlangt haben« (J. Vogt).

Die für den Alten Orient typische Staatsform war das religiös sanktionierte Königtum, dessen Herrschern göttliche Verehrung entgegengebracht wurde. In bewußtem Gegensatz zur orientalischen Despotie stellten die Griechen, die Begründer der ersten spezifisch europäischen Hochkultur, die menschliche Freiheit in den Mittelpunkt ihrer Betrachtungen. Die Vorherrschaft des Religiösen wurde gebrochen, magisches Denken trat in den Hintergrund, die Vernunft hatte zur Erkenntnis des Wesens der Dinge vorzudringen; Staat und Kultur »verweltlichten«. Politische Freiheitsliebe ließ nicht zu, daß sich die einzelnen griechischen Städte zu einem Großgriechenland zusammenschlossen. Erst mit den Eroberungen Alexanders des Großen wurde die griechische Kultur zur antiken Weltkultur, deren Schüler die Erben Griechenlands, die Römer, immer geblieben sind, auch wenn sie im Bereich der Politik und des Rechts eine dauerhaftere, straffere Ordnung schufen als sie irgendeine der griechischen Städte jemals verwirklichen konnte.

Linke Seite: Goldmaske des Königs Tutanchamun mit Einlegearbeiten aus Steinen und Glasfluß aus seinem Grab im Tal der Königsgräber zu Theben.

ÄGYPTEN —
EIN GESCHENK
DES NILS

Ein riesiger Wüstengürtel durchzieht Nordafrika und verläuft hinweg über die Senke des Roten Meeres bis ins Innere Asiens. Zwei Flußtäler durchschneiden ihn: in Asien das Tal des Euphrat und Tigris, in Afrika das Niltal. Hier entstanden die 2 ältesten Hochkulturen der Menschheit.

Bereits in der Jungsteinzeit des 5. Jahrtausends v. Chr. müssen Stämme, die bis dahin in der nun immer trockener werdenden Sahara als Nomaden gelebt hatten, an den Ufern des Nils seßhaft geworden sein. Ihre Dörfer lagen vor allem in der weiten Ebene des Deltas, einer vorgeschichtlichen Meeresbucht, die der Nil mit fruchtbarem Schwemmland aufgefüllt hatte. Der Nil bestimmte den Lebensrhythmus seiner Anwohner, ihre Vorstellungswelt. Die »schwarze Erde« war ihre Heimat, die »rote Erde«, die Wüste, blieb ihnen immer fremd und feindlich. Der Strom gab ihnen die Richtung, für südlich sagten sie »stromauf«, für nördlich »stromab«. Als sie in der kurzen Zeit der Herrschaft über Asien den Euphrat kennenlernten,

war dieser das »verkehrte Wasser, das stromauf (= südlich) geht, während es stromab fließt«.

Alljährlich kam die große Nilflut, setzte das Land unter Wasser und überzog es mit einer Schicht dunklen, fruchtbaren Schlammes. Der Ägypter bemühte sich nie, die Ursachen der Flut zu erforschen. Wichtiger war für ihn die Feststellung, daß der Beginn der Überschwemmungszeit mit dem Aufgang des Hundsgestirns, des Sirius, zusammenfiel. »Nach dem Ursprung des Nils fragen« galt in römischer Zeit noch als Inbegriff fruchtlosen Bemühens.

Erst seit dem 19. Jahrhundert wissen wir, daß der Nil mit über 6000 km Länge zu den größten Flüssen der Welt zählt, daß er aus dem in Zentralafrika entspringenden Weißen und dem im abessinischen Hochland entspringenden Blauen Nil besteht. Nur mühsam konnte er auf seinem Weg 6 starke Granitriegel, die Katarakte, überwinden. Die Monsunregen, besonders Abessiniens, lassen ihn von Juli bis Oktober um über 7 m anschwellen. Die Flut zwang den Ägypter, Deiche und Dämme zu errichten, um das Wasser gerecht verteilen zu können. Er mußte das Land jedes Jahr neu vermessen, die Steuern je nach Höhe der Flut neu berechnen. Technik und Verwaltung wurden so zu Grundlagen seines Lebens. Die Ägypter verehrten den Nil als den Gott Hapi, den sie als Mann mit den schwellenden, nährenden Brüsten einer Frau darstellten. Am ersten Katarakt, 1000 km vom Mittelmeer entfernt, war ihre Welt zu Ende. Die Strudel des

Kataraktes galten ihnen als die Quellöcher, aus denen der Vater Nil entsprang. Diesen Glauben, geboren aus der eng begrenzten bäuerlichen Vorstellungswelt, behielten sie auch bei, als sie, dem Lauf des Nils folgend, ihre Herrschaft bis zum 4. Katarakt ausgedehnt hatten.

Das Niltal bis zum ersten Katarakt bildete für die Ägypter eine magische Grenze. Diese überschritten sie zwar politisch, doch nie geistig.

LINKE SEITE: Der Grabherr Mereruka fährt durch das Papyrusdickicht des Deltas. Das Boot, das aus Schilfstengeln gebunden ist, wird von vier Männern vorwärtsgestakt. Er packt eine Ichneumonratte beim Schwanz, die den auf Papyrusdolden brütenden Vögeln nachstellt. Im Wasser tummeln sich Nilpferde, von denen das vordere ein Krokodil zermalmt. Feine Naturbeobachtung zeichnen die Reliefs des Alten Reiches aus.
BILD UNTEN: Karte des Niltals bis zum 4. Katarakt. Mitte des 2. Jahrtausends v. Chr. gelang es Ägypten, seine Herrschaft bis zum 4. Katarakt auszudehnen, Palästina und Syrien unter seine Macht zu bringen und zum Oberlauf des Euphrats vorzustoßen.

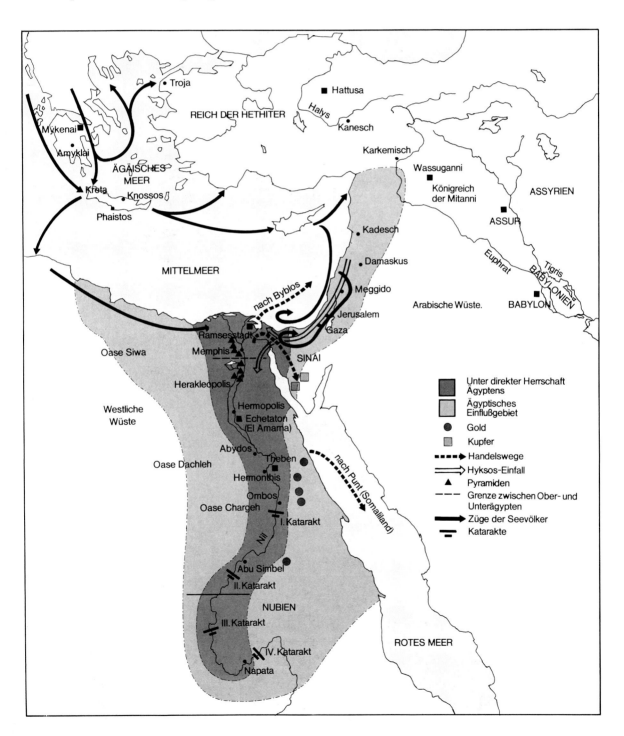

BILD LINKS: Über dem rechts im Bildhintergrund sichtbaren Niltal stehen die Pyramiden von Cheops, Chefren und Mykerinos (von r. nach l.), den bedeutendsten Herrschern der 4. Dynastie. Die Chefrenpyramide zeigt an ihrer Spitze noch die Verkleidung aus feinstem, poliertem Kalkstein. Vor der Mykerinospyramide sind die zu jeder Pyramide gehörigen »Nebenpyramiden« sichtbar, die Grabstätten der königlichen Familie.

PYRAMIDEN

Majestätisch erheben sich am Rand der westlichen Wüste die Pyramiden und begleiten das Niltal auf einer Strecke von über 100 km. 80 Pyramiden sind bekannt, erbaut in dem Zeitraum von etwa 1000 Jahren.

Um 2700 v. Chr. hatte man über dem Grab des toten Königs erstmalig eine in 6 Stufen ansteigende Pyramide getürmt – der älteste uns bekannte freistehende Steinbau der Menschheitsgeschichte war damit errichtet. Bereits 100 Jahre später entstand die größte Pyramide, die Cheopspyramide. Über einer Seitenlänge von 230 m erhob sie sich in stereometrischer Klarheit zu einer Höhe von 146 m. 2,3 Mill. Blöcke mit einem Durchschnittsgewicht von 2,5 t wurden zu ihrem Bau verwandt. Englische Forscher errechneten, daß in der Pyramide der Petersdom von Rom und zugleich die St.-Pauls-Kathedrale von London Platz finden könnten. Während der Überschwemmungszeit arbeiteten 100000 beschäftigungslose Bauern an ihrer Vollendung, 4000 Steinmetze waren ganzjährig tätig. Für den Kern der Pyramide nahm man das Baumaterial aus den Steinbrüchen der Umgebung, für die Verkleidung holte man feinsten Turrakalk vom gegenüberliegenden Nilufer.

Die Beobachtung des Sternenhimmels erlaubte eine von modernen Instrumenten kaum übertroffene Genauigkeit in der Einnordung der Pyramide. Mit Hilfe von Wassergräben wurde die exakte Planierung des Geländes und der einzelnen Steinlagen kontrolliert. Auf einer riesigen Rampe, die rechtwinklig zur Pyramide verlief, ihre ganze Breite einnahm und mit ihr laufend erhöht wurde, zogen Arbeitergruppen von 15 bis 20 Mann die schweren Blöcke auf Schlitten an ihren Platz.

Die Griechen zählten die Cheopspyramide zu den 7 Weltwundern; die staunende Nachwelt konnte die Leistung der Pyramidenerbauer nicht fassen, vermu-

tete Sklavenarbeit und erging sich in mystischem Zahlenspiel.

Wir müssen den Bau der Pyramiden vergleichen mit dem Bau unserer mittelalterlichen Kathedralen: Ausdruck des Leistungswillens und der Leistungsfähigkeit eines gläubigen Volkes. Der Pharao war in dieser Zeit zum leibhaftigen Sohn des Sonnengottes Rê geworden. Der Sinn der Pyramide war, den mumifizierten Körper des Pharao in Ewigkeit zu erhalten, zugleich aber die Aufstiegsrampe bei seinem Weg ins Jenseits zu sein. »Der Himmel hat für dich die Strahlen der Sonne gestärkt, damit du dich auf ihnen in den Himmel erheben mögest als das Auge des Rê«, heißt es in den Pyramidentexten.

BILD UNTEN: Die rätselhafte Sphinx ist zusammen mit den Pyramiden zum Symbol Ägyptens geworden. Der ruhende Leib eines Löwen, Ausdruck überlegener Kraft, verbindet sich mit dem menschlichen Antlitz, das mit den Königsinsignien, der Stirnschlange (nur noch schwach kenntlich) und der Königshaube, geschmückt ist. Spuren der Bemalung sind noch erhalten. Die Sphinx wurde aus einem Felsriegel geschlagen, der im Steinbruch der Cheopspyramide stehengeblieben war. Sie ist 70 m lang und 20 m hoch und stellt wohl König Chefren, den Sohn des Cheops, in der Gestalt des Sonnengottes dar.

Viereinhalb Jahrtausende haben ihre Spuren hinterlassen. Doch immer noch bewacht die Sphinx hoheitsvoll den Eingang zu Chefrens Pyramidenbezirk. Dieser bestand aus einem granitenen Taltempel am Rand des Fruchtlandes und einem Verehrungstempel, der unmittelbar an der Pyramide lag. Beide Tempel waren durch einen überdeckten Aufweg (Rampe in Bildmitte sichtbar) verbunden.

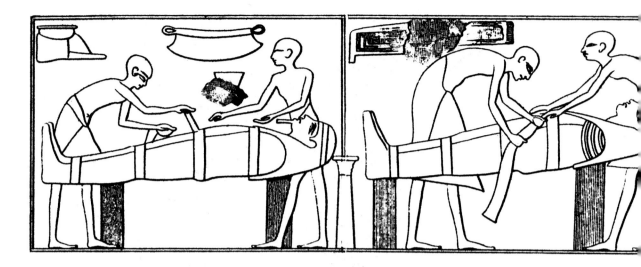

JENSEITSGLAUBE

Kein Volk der Geschichte lebte so jenseitsbezogen wie das der Ägypter. Der griechische Geschichtsschreiber Diodor sagt: »Sie halten die Zeit des Lebens für kurz, die Zeit nach dem Tode für sehr lang. Deshalb nennen sie die Stätten der Lebenden Herbergen, die Gräber der Verstorbenen ewige Häuser... Der Tote geht ins Leben ein. Das Totenreich heißt Lebensland, der Selige Lebensherr.«

Das Lebensland stellte sich der Ägypter als das »Jalufeld« vor, wo er wie auf Erden pflügt, sät und erntet, das Korn jedoch zu doppelter Höhe heranwächst. Neben dieser bäuerlichen Vorstellung konnte der Tote auch Begleiter des Sonnengottes Rê werden, wenn die Sonnenbarke unter Tags über den Himmel fuhr oder nachts von den Toten auf einem unterirdisch gedachten Nil an die Stelle des Sonnenaufgangs gezogen wurde. Oder der Tote konnte gar selbst zum Osiris, dem Herrn der Unterwelt, werden. Diese so verschiedenartigen Vorstellungen hatten, auch wenn sie nacheinander entstanden waren, gleichzeitig Gültigkeit. Das zähe Festhalten an einmal gewonnenen Vorstellungen, die nebeneinander existieren können oder miteinander verschmelzen, ist bezeichnend für das Beharrungsvermögen dieses Volkes. Das Leben im Jenseits ist jedoch nur möglich, wenn die Existenz des immateriellen Teils des Menschen gesichert ist. Der Ägypter glaubte, daß sich die Seele mit dem Tode vom Körper löse, daß ihre jenseitige Existenz aber der dauernden Verbindung zum Körper bedürfe. Durch die Mumifizierung suchte man diesen Körper unvergänglich zu machen. An die

BILD OBEN: Bei der Mumifizierung nahmen die »Balsamierer« unter vielerlei Riten die Eingeweide aus der Bauchhöhle und entfernten das Gehirn mit Hilfe von Metallhäkchen. Das darauffolgende 70tägige »Bad« in Natronsalz entzog dem Körper jegliche Flüssigkeit. Dann wurde die Mumie mit feinsten Leinenbinden, die mit Duftstoffen getränkt waren, umwickelt. Amulette an bestimmten Stellen des Körpers verliehen Schutz, porträtähnliche Gesichtsmasken sollten die Züge des Toten unzerstörbar machen. Die Einbalsamierungstechnik verfeinerte sich im Laufe der Jahrhunderte, Glasaugen wurden eingesetzt, die Wangen mit Stoff oder Sandkissen ausgestopft, die Körper rot oder gelb bemalt. Es gab Einbalsamierungsarten verschiedener Preisklassen. Das einfache Volk aber konnte sich auch die billigste nicht leisten und begrub seine Toten in der Wüste.

BILD RECHTS: Im Mumiensaal des Kairoer Museums wird Geschichte zu lebendiger Gegenwart. Menschen, die vor Jahrtausenden Epochen geprägt haben, liegen leibhaftig vor uns. Zu den beeindruckendsten Mumien zählt Ramses II., dessen scharfgeschnittenes Profil asiatischen Einschlag verrät.

RECHTE SEITE: Holzmodelle mit lebhaften Gruppenszenen sind typisch für Grabbeigaben des Mittleren Reiches. Der Verstorbene, gegen die Sonne durch ein mit einer Matte abgedecktes Gitterhäuschen geschützt, fährt hier auf einer Barke, die von vier Bootsleuten gerudert wird. Zwei Diener und ein Matrose, der die Wassertiefe mißt, vervollständigen die Besatzung.

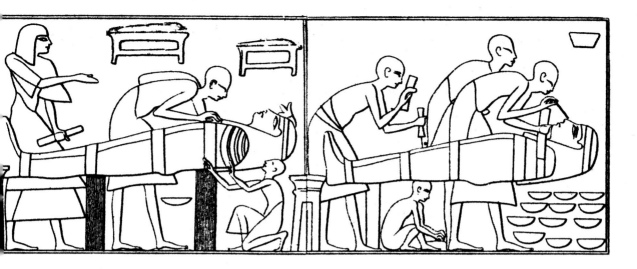

Stelle des Körpers konnte notfalls auch die Statue, das Bild oder auch nur der geschriebene Name des Toten treten. Wollte ein Feind auch die jenseitige Existenz seines einstigen Widersachers auslöschen, so vernichtete er die Mumie und die Statuen des Verstorbenen und meißelte alle seine Darstellungen aus. Vor der Bestattung erfolgte an der Mumie in feierlichem Ritus die Zeremonie der Mundöffnung, durch welche die Seele wieder die Möglichkeit erhielt, in den Körper zurückzukehren. Die Existenz des Toten wurde nun auch im Grab leibhaftig gedacht, Totenopfer und reiche Grabausstattung durften deshalb nicht fehlen. Auf den Innenwänden der Gräber wird im Relief oder Gemälde dargestellt, wie der Tote vor dem überreich gedeckten Tisch sitzt, wie er auf seinen Landgütern die Feldarbeiten, das Keltern des Weines und die Viehzucht beaufsichtigt oder sich in den Marschen des Deltas bei der Jagd oder beim Fischfang vergnügt. Die Magie des Bildes ließ all dies Wirklichkeit werden; das vergängliche Diesseits sollte im Jenseits ewige Fortsetzung finden.

Die »Herbergen der Lebenden« baute der Ägypter aus luftgetrockneten Ziegeln, für die Gräber seiner Toten aber, »die ewigen Häuser«, verwandte er den unzerstörbaren Stein. Um die Mumie seines toten Königs zu schützen, türmte er gigantische Pyramiden auf oder trieb Felsengräber bis zu 100 m tief in den Berg. Doch fast alle Grabstätten wurden erbrochen, die Mumien geschändet, die wertvollen Grabbeigaben geraubt. Der Stein aber überdauerte alle Zerstörungen und die Magie des Bildes ist, wenn auch in einem anderen Sinn, als der Ägypter dachte, Wirklichkeit geworden. Keine Kultur der Frühzeit steht lebendiger vor uns.

BILD OBEN: In der Osirishalle thront der Herr der Unterwelt in vollem Herrscherornat. Von rechts wird die Tote in den Saal geleitet. Mâat, als Göttin der Gerechtigkeit mit der Feder geschmückt, empfängt sie. Auf einer Waage wird das Herz der Toten gegen die Feder der Wahrheit gewogen. Der ibisköpfige Gott der Weisheit führt Buch (r.). Sprach die Verstorbene un-

wahr, so senkt sich die Schale unter der Last des Herzens, welches nun von der Totenfresserin (l.), einem Mischwesen aus Krokodil, Nilpferd und Löwen, verschlungen wird. Sprach sie jedoch wahr, konnte sie vor dem Gericht bestehen, bringen die auf einer geöffneten Lotosblüte stehenden vier guten Geister sie zu den Seligen.

GÖTTER

In verwirrender Vielzahl begegnen uns die Götter Ägyptens auf den Wänden der Tempel. Sie sind mit Vorliebe tierköpfig dargestellt, eine Erinnerung wohl an die Stammesgötter der fernen Vorzeit.

Über ihnen allen herrschte der Sonnengott Rê, dessen Hauptkultort in der Deltastadt On lag, die die Griechen Sonnenstadt, Heliopolis, nannten. Nach der heliopolitanischen Weltschöpfungslehre war der Sonnengott zuerst auf einem Hügel im weiten Meer erschienen und hatte aus sich selbst die Erde und den Himmel, Geb und Nut, gezeugt. Dieser Urhügel wurde in Form eines konisch zulaufenden Kultsteines, des Benben, im Tempel von Heliopolis verehrt. Die Pyramiden kann man als ins Monumentale umgesetzte Urhügel auffassen. Der Sonnengott Rê war der höchste Gott des Alten Reiches, die Pharaonen seine leiblichen Söhne. Als später Fürsten aus anderen Landesteilen zur Macht kamen, entdeckten sie in ihrem Lokalgott nur eine andere Erscheinungsform des Rê. So wurde im Mittleren Reich Sobek-Rê, ein krokodilköpfiger Gott, im Neuen Reich Amûn-Rê, der widderköpfige Gott Thebens, verehrt.

Menschliche Züge aber trug immer Ptah, der Gott der alten Hauptstadt Memphis, der von jeher in einem gewissen Gegensatz zum Sonnengott stand. Nach der memphitischen Theologie entstand die Welt zuerst

als Gedanke in seinem Geist; durch seine Zunge, das gesprochene Wort, wurde sie Wirklichkeit. Das war der Kern der Logoslehre, die auf die Griechen so nachhaltig wirkte.

Das einfache Volk wußte mit diesen Staatsgöttern wenig anzufangen, es wandte sich in seinen Gebeten mehr an kleinere Lokalgötter, Geister und Dämonen. Doch mit dem 2. Jahrtausend entwickelte sich der Osiriskult zur Religion des Volkes, das in ihm den Gedanken der Wiederauferstehung und der Gerechtigkeit im Jenseits fand: Osiris, einst göttlicher Herrscher auf Erden, war von seinem Bruder Seth getötet worden. Zu neuem Leben erweckt, wurde er König und Richter in der Unterwelt. Vor ihm mußte der Tote seine Sünden bekennen. Nur der »Wahrsprechende« konnte ins Jenseits eingehen, wer gefehlt hatte, wurde eine Beute der »Totenfresserin« oder ewig von Licht und Sonne ausgeschlossen. Der Gedanke der Sühne und Erhöhung im Jenseits wurde von den Ägyptern bereits 1000 Jahre vor anderen Völkern hervorgebracht. Ohne die Göttin Mâat, deren Symbol die Straußenfeder ist, aber würde die Welt vom Chaos regiert. Vom Tag der Schöpfung an war sie das göttliche Ordnungsprinzip, das den Dingen wesenhaft innewohnt. In der Harmonie des Alls, der Gesetzmäßigkeit der Natur, in den ethischen Grundlagen menschlichen Zusammenlebens und der »guten« Herrschaft wurde das Wirken der Mâat, der Tochter des Rê, sichtbar.

BILD OBEN: Der heilige Vogel Phönix galt als Symbol der Weltentstehung und des Lebens. Er wurde in Heliopolis als Abbild des Sonnengottes verehrt. In diesem Grabgemälde des späten Neuen Reiches trägt er die Osiriskrone und verheißt dem Grabherrn, der anbetend vor ihm steht, Weiterleben im Jenseits.

DIE FRAU

Leben und Fruchtbarkeit sah der Ägypter vor dem Hintergrund der Wüste als ein sich immer wieder neu vollziehendes Wunder. Dies mag die hohe Stellung der Frau begründet haben.

In der Kunst wird sie schlank und anmutig, stets von hoher Würde ausgezeichnet, dargestellt. Sie begleitete ihren Mann in der Öffentlichkeit, sie tanzte als »Sängerin« oder »Musikantin« vor dem Gott. Die Gemahlin des Pharao war die »Gottesgemahlin« Amûns. Sogar die Pharaonenwürde war den Frauen nicht verschlossen, Hatschepsut ist als Friedensfürstin in die Geschichte eingegangen.

Die eigentliche Aufgabe der Frau aber bestand darin, »Herrin des Hauses« zu sein. Als solche legte sie viel Wert auf Körperpflege, trug Kleider aus feinstem Linnen, das den Körper durchscheinen ließ, und gab sich modisch sehr bewußt, so daß in den Weisheitslehren vor den Fallen der Frau gewarnt wird, die in dem Glanz eines schönen Körpers bestünden.

LINKE SEITE: Die Gräber des Neuen Reiches überraschen mit anmutigen Grabgemälden, die Ausdruck des Wohlstandes und der Lebensfreude sind. Eine nur mit einem Gürtel bekleidete Dienerin legt einer Dame ein Ohrgehänge an.

RECHTS OBEN: Mädchen beim Ballspiel. Sie haben ein Trägerkleid aus feinem, durchsichtigem Stoff an. Hand- und Fußgelenke sind mit Zierreifen geschmückt.

RECHTS MITTE: Auf einem Kalksteinsarkophag des Mittleren Reiches erleben wir die Königin bei der Toilette. Die Dienerin legt sorgfältig die Locken, die Königin hat den Bronzespiegel sinken lassen und führt eine Schale Milch zum Mund.

RECHTS UNTEN: Bei keinem Festgelage fehlte die Musik, deren Melodie uns leider nicht überliefert ist.

66

DIE GESELLSCHAFT

Ein Land, das sich über 1000 km erstreckte, im Delta zwar zusammenhängendes Fruchtland besaß, in Oberägypten aber nur oasenhaft besiedelt war, bedurfte einer festen staatlichen Ordnung. Ägypten besaß diese in der religiös fundierten Zentralgewalt des Pharaos. Dieser übte zugleich die oberste Gerichtsbarkeit aus. Der Gesetzeskodex ist uns leider nicht erhalten, da er mit den aus vergänglichem Material gebauten öffentlichen Gebäuden zugrunde ging. Wir wissen aber, daß die Rechtsprechung auf einer sehr hohen Stufe stand.

Der König konnte auf eine straff geordnete Beamtenschaft vertrauen. Der oberste Minister war der Wesir, der den König in der Rechtsprechung unterstützte, die Verwaltung lenkte und die öffentlichen Arbeiten beaufsichtigte. Eine besondere Bedeutung kam dem »Oberaufseher des Schatzhauses« zu, der einem Finanzminister gleichkam. Das Schatzhaus war das einigende Band. Hierhin hatten die einzelnen Gaufürsten oder Gaugouverneure die Naturalsteuern abzuliefern. Von hier wurden die Gehälter der Beamten gezahlt, wurde die Versorgung des Volkes in Dürrezeiten sichergestellt. Zahllose Beamte waren damit beschäftigt, mit Hilfe von Nilmessern die Höhe der Flut, von der die Bewässerung der Felder abhing, zu berechnen, die Felder zu vermessen, die Steuern festzusetzen und einzutreiben. Die Kenntnis der Schrift verschaffte Zugang zur Beamtenlaufbahn, »Schreiber« genossen höchstes Ansehen.

Mit wachsendem Wohlstand bildete sich in den Städten eine starke bürgerliche Mittelschicht, die aus Handwerkern und Kaufleuten bestand. Die Bauern besaßen eigenen Grund und Boden oder arbeiteten, oft in einer Art Leibeigenschaft, auf den Gütern der Reichen. Die Leibeigenen verfügten über alle Rechte eines freien Bürgers, durften auch ihren Besitz vererben, waren aber an den Ort ihrer Tätigkeit gebunden. Auf den Tempelgütern und den königlichen Besitzungen verwandte man seit der Zeit der großen Kriegszüge besonders Kriegsgefangene, »die lebendigen Erschlagenen«, die als Sklaven jedoch gewisse Grundrechte genossen.

Das Leben und Wirken der herrschenden Schicht ist uns aus ihren Grabstätten gut bekannt. Die Gräber des einfachen Volkes dagegen sind nicht erhalten. Verstehen wir aber in dem Bilderbuch der Grabkammern der Edlen zu lesen, so bekommen wir einen erstaunlich lebendigen Einblick in die Arbeit und Mentalität des einfachen Volkes. In allen Einzelheiten wird uns das bäuerliche Leben geschildert. Wir beobachten die Handwerker bei der Herstellung von Statuen, Schmuck, Möbeln und Papyrusbooten, erleben das Feilschen auf dem Markt, Tanzspiele und Wettkämpfe, aber ebenso die Verprügelung der Bauern durch die Steuereintreiber. In Beischriften erhalten diese Bilder Leben, wenn z. B. beim Milchdiebstahl ein Dieb zum anderen sagt: »Eile dich, ehe der Hirt kommt«, oder ein Arbeiter dem anderen zuruft: »Mach' nicht so viel Geschrei!« Zufrieden und genügsam steht der einfache Ägypter vor uns.

BILD LINKS: Die herben, doch sehr erzählfreudigen Reliefs in Gräbern des Alten Reiches beschäftigen sich gern mit Themen der Landwirtschaft. Im Gleichklang zur Langflöte sicheln die Schnitter das Korn in halber Höhe und legen die Ähren so gegeneinander, daß die Garben ineinander haften. Auf den nächsten beiden Streifen werden unter viel Geschrei und Streit (Beischriften) die Esel herangetrieben und mit großen Tragkörben, auf die noch eine Garbe aufgebunden ist, beladen. Eine Eselin folgt bereits ihrem Füllen, während links zwei Arbeiter gegen einen störrischen Esel vorgehen. In der vorletzten Reihe treten Ochsen und Esel in einer ummauerten Tenne das Getreide aus. Unten wird durch Worfeln die Spreu vom Weizen getrennt und das Stroh mit langen, dreizinkigen Gabeln gestapelt.

GESCHICHTE

Inschriften auf Gedenksteinen, an Tempelwänden und in den Gräbern sowie einige wenige Urkunden auf Papyrus sind die spärlichen Zeitdokumente, auf die sich unsere Kenntnis altägyptischer Geschichte stützt. Erst im 3. Jh. v. Chr. findet sich ein ägyptisches Geschichtswerk, das der Priester Manetho mit vielen märchenhaften Zügen verfaßte. Er teilte die Herrscherhäuser der Pharaonen vor Alexander dem Großen in 30 Dynastien ein. Die Ägyptologie hat diese Einteilung übernommen.

Bis zum Ende des 4. Jahrtausends v. Chr. stand Ägypten unter der Herrschaft lokaler Stammesfürsten, die im Lauf der Zeit sich zusammenschlossen, so daß sich im Delta ein unterägyptisches Reich bildete, dem das oberägyptische gegenüberstand. Um 3000 gelang es dem mächtigen Fürsten Menes-Narmer, die beiden Reiche zu einen. An der Nahtstelle beider Länder errichtete er die Hauptstadt Memphis, die er »Waage der Länder« nannte.

Der Dualismus Ober- und Unterägyptens blieb dem Ägypter zeit seiner Geschichte bewußt. Bei Amtsantritt eines neuen Pharaos und bei Jubiläumsfesten wurde die Vereinigung beider Länder kultisch immer wieder neu vollzogen. Zum Königsornat gehörte die Doppelkrone, die aus der Krone Ober- und Unterägyptens bestand.

Politische Wirren blieben Ägypten nicht erspart. Die eigentliche Geschichte Altägyptens steht so als eine Aufeinanderfolge von drei Reichen vor uns, die durch chaotische Zwischenzeiten getrennt sind.

Altes Reich	ca. 2750–2250 v. Chr.
3.–6. Dynastie	
Mittleres Reich	ca. 2030–1785 v. Chr.
11./12. Dynastie	
Neues Reich	ca. 1570–1085 v. Chr.

Die Folgezeit, in der das Land bald unter Fremdherrschaft geriet, wird als Spätzeit bezeichnet. Die ersten zwei Jahrhunderte nach der Reichseinigung gelten als Frühzeit.

Das Alte Reich erstreckte sich bis zum 1. Katarakt, brachte aber bereits die Stämme Nubiens, wie das südlich vom 1. Katarakt gelegene Land genannt wurde, in eine gewisse Abhängigkeit. Die Kupferminen des Sinai wurden ausgebeutet, Expeditionen ins Rote Meer entsandt, ägyptische Schiffe fuhren über das östliche Mittelmeer. Der Pharao stand in der

BILD RECHTS: Auch im Jenseits wollte ein Fürst der 1. Zwischenzeit nicht auf seine Söldnertruppe verzichten. Er läßt sich buntbemalte Holzfiguren von 40 nubischen Bogenschützen mit ins Grab geben.

4. Dynastie auf dem Gipfel seiner Macht, das gesamte Volksvermögen floß in den Bau seiner Pyramide. In der 5. und 6. Dynastie aber erweiterten die Beamten des Hofes ihre Rechte, die Gaufürsten, die sich nun »große Herren« nennen konnten, erlangten weitgehende Selbständigkeit. Nach 500jährigem Bestehen zerfiel das Reich in die Grafschaften früherer Zeit.

Es folgte die 1. Zwischenzeit, eine Zeit völliger Ordnungs- und Rechtlosigkeit. Nichts war vor Zerstörung sicher, die Pyramiden wurden erbrochen. Die Gaufürsten kämpften untereinander um die Vorherrschaft. Als 7.–10. Dynastie konnten einige für kurze Zeit an die Macht kommen.

Nach 200 Jahren gelang es Fürsten aus dem oberägyptischen Theben, das Mittlere Reich zu gründen. Die unumschränkte Königsmacht des Alten Reiches war jedoch verschwunden, es war ein Lehnsstaat entstanden. Die einzelnen Gaugrafen walteten wie Pharaonen in ihren Gauen, ein schwacher Herrscher mußte das Ende des Reiches bedeuten. Mit der 12.Dynastie aber bestiegen außerordentlich fähige Könige den Thron. Sesostris III. schob die Grenze des Reiches bis zum 2. Katarakt hinaus, betrat in Kriegszügen asiatischen Boden und vermochte auch die Macht der Gaugrafen zu brechen. So war sein Nachfolger Amenemhet III. in der Lage, seine ganze Kraft einem gigantischen Friedenswerk zuzuwenden: Durch riesige Dammbauten schuf er an der Spitze des Deltas einen Stausee, der den Ernteertrag Ägyptens um ein Drittel erhöhte. Mit ihm aber erlosch die Kraft dieses Geschlechtes. Das Reich löste sich auf, und in der 2. Zwischenzeit erfolgte ein Niedergang von größter Tragweite: aus Asien heranstürmende Horden, die Hyksos, konnten Ägypten überfluten. Zerstörungen unvorstellbaren Ausmaßes waren die Folge.

Wieder aber erwies sich der Süden des Landes als der stärkere, lebenskräftigere Teil. Oberägyptische Fürsten aus Theben vertrieben die Hyksos und begründeten mit der 18. Dynastie das Neue Reich. Die folgenden Seiten sind diesem gewidmet, ein kurzer Überblick mag deshalb genügen.

Verlockt durch die Schätze des Ostens eroberte der Ägypter Palästina und Syrien. Die unruhigen Fürsten des Landes und die Völker des Nordens machten ihm diesen Besitz jedoch bald wieder streitig. Mehr Erfolg war der Ausdehnung nach Süden beschieden. Die Reichsgrenze verlief nun für 800 Jahre am 4. Katarakt, 600 km südlich der Grenze des Mittleren Reiches. Ungeheurer Reichtum floß ins Land, das »hunderttorige« Theben, wie Homer es nannte, wurde zur Weltstadt. Die Pharaonen der 20. Dynastie aber hatten schon nicht mehr die Kraft, dieses Reich zu regieren.

KRIEGSWESEN

Die Außenwände der Tempel des Neuen Reiches schildern eindrucksvoll die Kriegstaten der Pharaonen. In riesenhafter Gestalt beherrscht der König das Schlachtengeschehen, er »erscheint wie die Sonne«. Auf dem Kampfwagen stehend, sprengt er in das chaotische Durcheinander hinsinkender und fliehender Feinde. Überlegene Kraft zeichnet den König aus. Die Festungen, die der König erstürmt, reichen ihm nur bis zur Schulter.

Diese Szenen sind religiös begründet. Der Schöpfergott hat Ägypten als das Land der Ordnung erschaffen. Dies haben alle anderen Völker anzuerkennen. Jeder Krieg des Pharao ist deshalb ein Krieg gegen Mächte, die diese Ordnung bedrohen.

Im Grund war der Ägypter das unkriegerischste Volk des Altertums. Im Alten und Mittleren Reich sicherte

er nur die Grenzen seines Niltales, ohne Mühe konnte er die unorganisierten libyschen und nubischen Stämme bezwingen. Über den Aufbau des Heeres in dieser Zeit erfahren wir nur wenig. Die Grundlage der militärischen Macht war jedenfalls die Leibgarde des Königs, die im Bedarfsfalle durch die Volksmilizen der einzelnen Gaue verstärkt wurde. Neben den mili-

BILD OBEN: Die entscheidende Waffe des Neuen Reiches war der Streitwagen, der von zwei Pferden gezogen wurde und mit einem Wagenlenker und einem Bogenschützen besetzt war. Die aus Holz, Metall und Leder verfertigten Wagen konnten dank einer weit zurückgesetzten Achse auch in schwierigem Gelände operieren.

RECHTE SEITE: Die Infanterie bestand zum Großteil aus Bogenschützen, die einen Bogen aus Holz, Horn und Tiersehnen benutzten und den Köcher mit Pfeilen auf dem Rücken trugen. Im Nahkampf wurde ein Sichelschwert oder ein gerades Kurzschwert verwandt. Kavallerie kannte der Ägypter nicht.

tärischen Aufgaben oblag diesen Truppen auch die Arbeit in den Steinbrüchen und die Durchführung von Handelsexpeditionen. Schon früh fanden nubische Söldner Verwendung. Lanzenträger und Bogenschützen bildeten die Hauptstreitmacht, das Pferd war noch unbekannt.

Mit den Hyksos aber traten erstmals die kriegerischen Völker des Ostens auf den Plan. Ihre Vertreibung führte den Ägypter tief nach Vorderasien hinein. Er überschritt damit die Grenzen seiner angestammten Welt. Macht und Reichtum erschienen als neue Ideale. Die Berufsarmee entstand, die Offizierslaufbahn eröffnete bislang ungeahnte Möglichkeiten. Der Ägypter lernte Pferd und Kampfwagen kennen, eine fast modern anmutende Kriegführung mit Flankenangriffen und Zangenbewegungen war nun möglich. Im Schutz der Streitwagen, die den Feind mit einem Pfeilhagel überschütteten, brach die Infanterie in die gegnerischen Reihen ein.

Die Eroberung Vorderasiens setzte eine starke Flotte voraus, welche die Häfen Palästinas zu kontrollieren, für Nachschub zu sorgen hatte. Sie war es auch, die in der Endzeit des Neuen Reiches den Ansturm der Völker des Nordens abwehren konnte.

Die stark befestigten Städte Palästinas und Syriens machten die Entwicklung der Belagerungstechnik nötig. Mit langen Leitern erstürmten die ägyptischen Soldaten die Mauern.

Ihren Höhepunkt erreichte die militärische Macht Ägyptens in der 19. Dynastie, als ein ebenbürtiger Gegner, die Hethiter, das Reich bedrohte. Die Armee bestand jetzt aus 4 Divisionen zu je 5000 Mann. Jede Division war in 20 Kompanien zu je 250 Kämpfern eingeteilt und verfügte über etwa 50 Streitwagen. Oberster Befehlshaber war der König, der sich jedoch vor der Schlacht mit seinem Generalstab beriet. Die Darstellung des Kriegsrates, zu dem die Divisionsgenerale und Höflinge im Generalsrang beigezogen wurden, ist ein beliebtes Motiv.

Die Vorbereitung eines Kriegszuges, die Ausbildung und der Einsatz großer Menschenmengen und die Bewältigung der Nachschubprobleme stellten eine beachtliche organisatorische Leistung dar. Sie wurde ermöglicht durch eine straff aufgebaute militärische Verwaltung, zu der nur der Gebildete Zugang hatte. Zahlreiche Söldner, besonders aus Nubien, Libyen, Asien und Sardinien, dienten im ägyptischen Heer. Kriegsgefangene konnten durch einen Dienst in der Armee ihre Freiheit wiedererlangen. Seit der 19. Dynastie fanden Söldner immer mehr Verwendung, eine unheilvolle Entwicklung bahnte sich damit an: Kriegerische Völker begehrten die Schätze des Niltals, aus den Angriffskriegen waren Verteidigungskriege geworden. Das Schicksal Ägyptens aber lag in der Hand unzuverlässiger Söldner.

WISSENSCHAFT

Die praktische, nüchterne Lebensauffassung des Ägypters – ein Kennzeichen bäuerlichen Denkens – äußert sich besonders in seinem Verhältnis zur Wissenschaft. Er besaß erstaunliche Kenntnisse in der Mathematik, Astronomie und Medizin, doch er strebte nie danach, Theorien aufzustellen oder Gesetzmäßigkeiten zu erforschen. Die Verwendbarkeit galt als oberster Maßstab.

Schon in sehr früher Zeit vermochte der Ägypter den Flächeninhalt eines Vierecks, eines Dreiecks, ja sogar eines Kreises anzugeben. Mit einem Wert von 3,16 kam er der Zahl π sehr nahe. Er verstand auch den Inhalt eines Würfels, einer Halbkugel und eines Zylinders zu berechnen. Diese mathematischen Fähigkeiten verdankten ihre Entwicklung aber besonders den Erfordernissen der Steuererhebung: Nach der Größe eines Grundstückes, dem Inhalt eines Kornhaufens oder einer runden Strohmiete wurden die Steuern festgesetzt.

Die größten Leistungen vollbrachte der Ägypter wohl in der Astronomie. Er stellte genaue Himmels-karten her, bestimmte Fixsterne und zeichnete die Bahnen von Planeten auf. Die Beobachtung der Gestirne führte zu einer höchst präzisen Festlegung der Himmelsrichtungen. Tag und Nacht wurden in je 12 Stunden eingeteilt, das alte Mondjahr ersetzte man schon sehr früh durch das Sonnenjahr. Caesar übernahm diesen Kalender für das römische Weltreich, der mit geringfügigen Änderungen bis zu uns gekommen ist. Ägyptische Medizin war im Altertum sehr berühmt. Da Krankheiten weitgehend auf die Anwesenheit böser Geister im Körper zurückgeführt wurden, war sie allerdings nicht frei von Zaubermitteln und Beschwörungsformeln. Die »Reinigung« des Körpers erzielte man häufig durch sehr starke Brechmittel. Die Griechen brachten Rezepte ägyptischer Kräutermedizinen nach Europa, wo sie bis ins Mittelalter Verwendung fanden. Auf einer sehr hohen Stufe stand die Chirurgie. Ägyptische Handschriften geben uns hier einen interessanten Einblick. Hohe anatomische Kenntnisse ermöglichten eine genaue Diagnose. Offene Wunden verschloß man mit einer Art Heftpflaster, nähte oder klammerte sie, Brüche wurden eingerenkt und geschient. Mumienfunde mit gut verheilten Knochenbrüchen bestätigen dies.

BILD UNTEN: Die Einteilung des Tages und der Nacht in je 12 Stunden ging von Sonnenaufgang bis Sonnenuntergang, die Länge der Stunden variierte also je nach Jahreszeit. In der 18. Dynastie erfand der Hofbeamte Amenemhet eine Wasser-uhr, die noch bis ins Mittelalter, bis zur Erfindung der mechanischen Uhr, gebräuchlich war. Aus einer Öffnung im Boden einer Steinschüssel lief mit vorberechneter Geschwindigkeit Wasser ab, Markierungen zeigten die Stunden an.

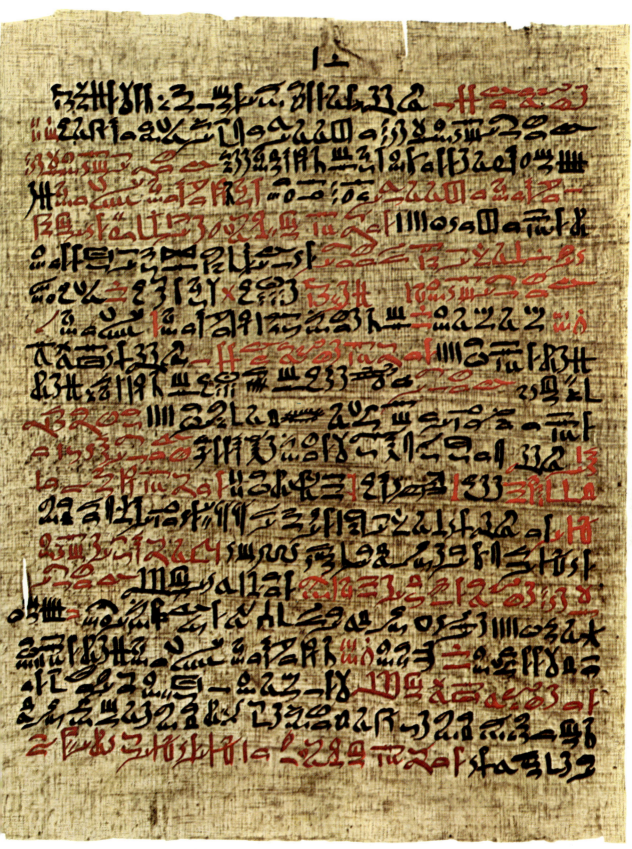

BILD OBEN: Ein hieratisch geschriebener Papyrus der 18. Dynastie überliefert uns ein Handbuch für den praktischen Arzt.

Es umfaßt ein Kapitel über Chirurgie, eines über Herz und Kreislauf und eines über die Herstellung von Heilmitteln.

BILD OBEN: Tiersymbole für seine Götter kannte der Ägypter schon seit frühester Zeit. Bei dem Tierkult der Spätzeit sieht er in Tieren Inkarnationen von Gottheiten und verehrt sie daher göttlich. Nach ihrem Tod werden diese Tiere mumifiziert und feierlich beigesetzt. Häufig ahmen die farbig bemalten Mumiensärge den Körper der Tiere nach.

BILD UNTEN: Der Tierplastik, die bis in die Vorzeit zurückreicht, verdanken wir Werke von realistischer Ausdruckskraft. In einer leuchtendblauen Fayencefigur des Mittleren Reiches wird die plumpe Gestalt des Nilpferdes, des »Flußschweins«, treffend wiedergegeben. Die schwarz aufgemalten Lotosblüten und -blätter bezeichnen den Sumpf, in dem das Tier lebt.

SCHRIFT

Um 3000 v. Chr., etwa gleichzeitig mit den Sumerern, erfanden die Ägypter die Schrift. Zuerst setzten sie das Bild für den Gegenstand, doch bald hatten sie Zeichen für Konsonanten und Konsonantenverbindungen gefunden und waren in der Lage, auch abstrakte Begriffe zu schreiben. Die Griechen sprachen von »heiligen Zeichen«, Hieroglyphen. Als religiöskultische Schrift in Gräbern und Tempeln behielt der Ägypter die Hieroglyphen bis in die Endzeit bei. Als Schreibschrift auf Leder und Papyrus aber bildete sich früh aus den Hieroglyphen die hieratische Schrift, die in der Spätzeit von der demotischen Schrift abgelöst wurde, einer Kursivschrift, die in ihren stilisierten Zeichen nur noch entfernt an die Hieroglyphen erinnert.

BILD UNTEN: Trotz der auffallenden Ähnlichkeit vieler Buchstaben gilt es nicht als sicher, daß die Entwicklung der Schrift ihren Weg von Ägypten zum Sinai und von dort zu den Phönikern und Griechen nahm. Unbestritten aber bleibt der starke Einfluß, den die ägyptische Schrift ausgeübt hat.

Ägypt. Hieroglyphen	Sinai-Hieroglyphen	Sinai-Semitisch	Byblos 13. Jh.	Byblos 10. Jh.	Moab 9. Jh.	Samaria 9. Jh.	Süd-semitisch	Ältestes Griech.	Name im Hebräischen	Bedeutung	Name im Griechischen	Laut
									aleph	Stier	alpha	A
									beth	Haus?	beta	B
									gimel	Kamel o. Bumerang?	gamma	C, G
									daleth	Tor Verschluß	delta	D
									he (harm)	sehen	e (psilón)	E
									vau waw	Haken	vau digamma	F, U, V, W, Y
									zayin	Sichel	zeta	Z
									cheth	Gehege	eta	H
									teth	Korb?	th'eta	(Th)
									yod	Hand	iota	I, J
									kaph	Handfläche	kappa	K
									lamed	Stachelstock	lambda	L
									mem	Wasser	my	M
									nun (nabasch)	Fisch (Schlange)	ny	N
									samekh	Stütze	xi	(X)
									ayin	Auge	o (mikrón)	O
									pe	Mund	pi	P
									tsade	Körperseite?	(san)	(S)
									qoph	Knoten	koppa	Q
									resch	Kopf	rho	R
									schin	Zähne	sigma	S
									tau, taw	Zeichen	tau	T

WELTMACHT

Mit der Verfolgung der Hyksos bis nach Asien trat der Ägypter aus seinem engen Niltal heraus. In den folgenden 100 Jahren erweiterten die Pharaonen der 18. Dynastie ihre Herrschaft im Süden bis zum 4. Katarakt, sie unterwarfen im Norden Palästina und Syrien und stießen bis zum Oberlauf des Euphrats vor. Eine Zeit unvorstellbaren Glanzes brach an. Ägypten stand an der Spitze der Völker der damaligen Welt, empfing die Goldlieferungen Nubiens, die Tribute Asiens. Sogar der babylonische Königshof bemühte sich um die Gunst Ägyptens.

Die Hauptstadt Theben wurde zu einer internationalen Metropole: Die bunten Gesandtschaften der Fremdländer zogen durch die Straßen der Stadt, exotische Tiere und Pflanzen wurden eingeführt, Ausländer stiegen zu höchsten Staatsstellungen empor, Pharaonen heirateten asiatische Prinzessinnen.

Durch riesige Schenkungen aus der Kriegsbeute und durch prachtvolle Tempelbauten suchten die Pharaonen sich die Gunst Amûns, des thebanischen Reichsgottes, zu sichern. Die einzelnen Tempel, die frei von Abgaben waren, verfügten über ausgedehnte Güter, sie besaßen Ländereien in den eroberten Gebieten, eigene Schiffe und Soldaten. Ihre Priester übten einen mächtigen Einfluß auf die Entscheidungen des Königs, ja sogar auf die Thronfolge aus. Die Priesterschaft begann sich als Staat im Staat zu entwickeln. Da die Armee in gleichem Maße an Bedeutung ge-

BILD LINKS: König Tutanchamûn, der Nachfolger Echnatons, empfängt die Tributleistungen der durch einen Spitzbart typisierten syrischen Fürsten, die reichbestickte, farbenprächtige Gewänder angelegt haben. Der König, dessen zwei Namen (r. von seinem Kopf) von ovalen Ringen umgeben sind, sitzt unter einem Baldachin. In der linken Hand hält er die Herrschaftssymbole, das Szepter und den Wedel, auf dem Haupte trägt er den blauen Kriegshelm des Neuen Reiches mit der Stirnschlange. Die Szene ist bezeichnend für ägyptische Denkungsart: Mit Echnaton war das asiatische Reich verlorengegangen, im Bild aber erscheint Tutanchamûn weiterhin als Herr Asiens. Die Fiktion tritt an die Stelle der Realität.

BILD UNTEN: Unter der Regierung der Königin Hatschepsut blühte der lang vernachlässigte Außenhandel wieder auf. Besonders stolz war die Königin auf eine Expedition ins Weihrauchland Punt am Roten Meer, dem heutigen Somaliland. Sehr sorgfältig ausgeführte Reliefs in ihrem Terrassentempel überliefern uns den ganzen Verlauf der Expedition von der Ankunft in Punt, dem Empfang der Gesandtschaft, dem Tausch und Verladen der Waren bis zur Rückkehr nach Theben. Wie in einem Lehrbuch werden die verschiedenen Arten der Fische des Roten Meeres unterschieden, wird die Takelage der Schiffe in allen Einzelheiten wiedergegeben. In der oberen Reihe unseres Bildes erleben wir die Schiffe bei ihrer Ankunft in Punt. Das erste hat bereits an einem Baum festgemacht, das zweite nähert sich mit angelegten Rudern dem Landeplatz. Beide haben die Segel gerefft. In voller Fahrt aber befinden sich noch die folgenden drei Schiffe. Die Segel sind gebläht, hart arbeiten die 15 Ruderer. In der unteren Reihe bringen Diener die Waren des Landes, besonders Myrrhenbäume und Weihrauchsäcke, an Bord zweier Schiffe.

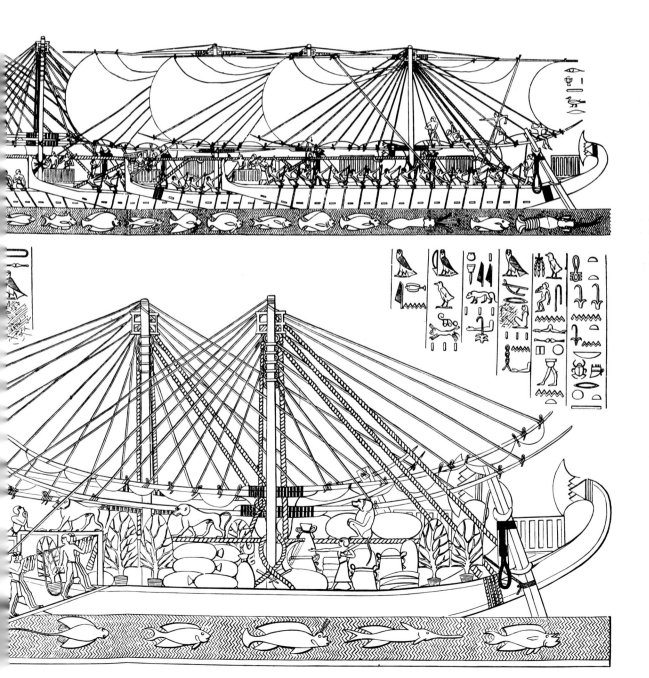

wann, hatte der König fortan mit zwei Machtfaktoren zu rechnen: der Armee und der Priesterschaft. Kraftvolle, eigenwillige Persönlichkeiten kennzeichnen die 18. Dynastie. In einer Zeit größten Expansionsstrebens gelang es der Königin Hatschepsut, den Thron zu besteigen und eine so vitale Persönlichkeit wie Thutmosis III. für 20 Jahre zurückzudrängen.

Hatschepsut sah ihr Ziel in Werken des Friedens, ihr Nachfolger Thutmosis III. aber wurde zum großen Kriegshelden des Neuen Reiches. In 17 Feldzügen eroberte er Vorderasien und festigte die Herrschaft so, daß sie für 100 Jahre ungefährdet blieb. Doch dann bedrohte von Norden her das junge Volk der Hethiter die asiatischen Besitzungen.

LINKE SEITE: Kein Bauwerk Ägyptens kann sich an Anmut mit dem Terrassentempel der Königin Hatschepsut vergleichen. Die oberste Terrasse barg das tief in den Fels geschlagene Allerheiligste. Pfeilerhallen mit bunten Reliefs waren den einzelnen Terrassen vorgelagert. Sphinxe, Statuen und Myrrhenbäume schmückten das Heiligtum Amûns, das »ein Punt in seinem thebanischen Garten« sein sollte. Die Expedition der Königin ins Land Punt diente vor allem der Beschaffung dieser Myrrhenbäume.

BILD OBEN: Thutmosis III., der die thronartige Krone Unterägyptens trägt, erschlägt gefangene Asiaten, die er gebündelt am Schopf hält. Das Motiv der kultischen Opferung der Feinde vor Amûn, das erstmals um das Jahr 3000 v. Chr. auftaucht, fehlt in keinem Tempel des Neuen Reiches. Hier erreicht es in der gespannten Haltung des Königs und der stilisierten Staffelung der um Gnade flehenden Feinde seinen künstlerischen Höhepunkt. Die Opferung ist nur symbolisch, menschliche Blutopfer gab es nicht.

DIE RELIGIÖSE REVOLUTION ECHNATONS

Die asiatischen Länder Ägyptens waren in höchster Gefahr, verlorenzugehen. Den Thron aber bestieg eine der merkwürdigsten Persönlichkeiten der Weltgeschichte. Erfüllt von einem tiefen Berufungserlebnis sah Amenophis IV. nicht die Gefahren, die außenpolitisch dem Reich drohten, sondern bäumte sich auf gegen die übermächtige religiöse Tradition und den verderblichen Einfluß der Priesterschaften.

An die Stelle der verwirrenden Vielfalt ägyptischer Götterwelt setzte er den monotheistischen Kult des Aton, der lebenspendenden Sonne. Die Sonnenscheibe, deren Strahlen in segnende Hände endigten, sollte das allgemeinverständliche Symbol für den neuen Glauben sein, die Verehrung des einen Gottes die Völker ohne Waffengewalt verbinden.

Die unnachgiebige Haltung der Priesterschaften führte zum offenen Bruch. Der König ließ alle Tempel des Landes schließen, änderte seinen Namen in Echnaton, »der Aton gefällt«, und erbaute die neue Hauptstadt Achet-Aton, »Horizont der Sonnenscheibe«. Aton wurde auf offenen Altären verehrt, die Götterbilder verschwanden, der Jenseitsglaube wurde von Dämonen befreit. Echnaton selbst besang die lichte Welt Atons in einem Hymnus von erhabener Größe:

»Du erscheinst in Schönheit am Horizont des Him-
    mels,
Lebendige Sonnenscheibe, Ursprung des Lebens…
Wie viele Dinge hast du erschaffen,
Obwohl sie unseren Augen verborgen sind,
O einziger Gott, der nicht seinesgleichen hat!
Du hast die Welt nach deinem Wunsch erschaffen,
Während du allein bliebst:
Menschen, Herden, wilde Tiere,…
Die Länder der Berge: Syrien und den Sudan,
Und die Ebene Ägyptens.«

LINKE SEITE: Echnaton und seine Gemahlin Nofretete opfern
dem Aton mit Spendengefäßen, hinter ihnen steht eine königliche Prinzessin, die ein Musikinstrument schwingt. Der Herrscher trägt die spitze Krone Oberägyptens. Die segnenden
Strahlen Atons halten dort, wo sie auf den König und die Königin treffen, das Henkelkreuz, das Symbol für Leben. Auf den
Opferständern liegen Sträuße von Lotosblumen, die sich unter
den Strahlen Atons aufrichten. »Sie (die Blumen) wenden sich
seinem Sonnenauge zu«, heißt es im Sonnenhymnus.
Dieses Relief ist ein typisches Beispiel für die höchst sensible
Kunst dieser Zeit, die nach dem Willen des Königs naturalisti-
sche Züge bis zur Manie überbetonte. Das weit vorspringende
Kinn des Königs, die fliehende Kopfform, der schmale, über-
längte Hals, die dünnen Arme und Beine, der vorquellende,
durch den Schurz noch besonders herausgehobene Bauch sind
eine deutliche Absage an die höfische Kunst der Vorgänger. Die
religiöse Revolution Echnatons brachte auch eine künstlerische
mit sich, die ihre Spuren noch lange hinterließ.

BILD LINKS: Die bemalte Kalksteinbüste der Nofretete ist das
wohl berühmteste Werk, das in Amarna gefunden wurde. Das
fein geschnittene Gesicht vereint Schönheit und Ebenmaß mit
nervöser Spannung, die weitausladende Kronenhaube bildet
einen wirksamen Kontrast zum zarten Gesicht. Haube und
Schulterkragen lassen Hals und Gesicht wie aus einem kost-
baren Rahmen lebendig hervortreten.

BILD OBEN: In seinen ersten Regierungsjahren errichtete Echnaton hinter dem Heiligtum des Amûn in Theben einen Tempel für Aton. Bruchstücke von 4 m hohen Statuen sind aus ihm
erhalten. Sie stellen den König mit asketischen Zügen, mandel-
förmigen Augen und wulstigen Lippen dar. Auf seinem Arm
findet sich, in Königsringe eingeschlossen, der Name Atons.

ÄUSSERE BEDROHUNG

Die genialen Ideen Echnatons eilten ihrer Zeit weit voraus. Sie scheiterten nicht zuletzt daran, daß Echnaton als Herrscher versagte. Tatenlos sah er zu, wie die Hethiter Nordsyrien in ihre Gewalt brachten, die Fürsten Palästinas abfielen, wie in Ägypten sich Unordnung und Korruption ausbreiteten. Die Gegenreaktion konnte nicht ausbleiben. Bereits sein Nachfolger Tutanchaton wurde gezwungen, nach Theben zurückzukehren, die alten Götterkulte wieder einzusetzen und seinen Namen in Tutanchamûn zu ändern. Die endgültige Restauration aber ging vom Heer aus: Etwa 15 Jahre nach Echnatons Tod übernahm der General Haremhab die Königsherrschaft, stellte die Ordnung im Land wieder her und schuf alle Voraussetzungen dafür, daß die nun folgende 19. Dynastie der Hethitergefahr erfolgreich begegnen konnte.

Die Auseinandersetzung mit den Hethitern ist verbunden mit dem Namen der Schlacht von Kadesch. Ramses II., dessen Vater sich schon die Fürsten Palästinas und Südsyriens wieder untertan gemacht hatte, griff nun die Hethiter in Nordsyrien an. Bei Kadesch erwartete ihn der Hethiterkönig Muwatalli. Zwei ebenbürtige Gegner trafen aufeinander. Doch Ramses ließ sich in eine Falle locken, und nur seiner persönlichen Tapferkeit war es zu verdanken, daß eine vernichtende Niederlage abgewandt wurde. Ramses mußte sich zurückziehen.

Beide Könige sahen wohl ein, daß auf dem Schlachtfeld ein Dauererfolg nicht zu erringen war. Thronstreitigkeiten schwächten in der Folgezeit das Hethiterreich, mit Assyrien aber erstand ihm ein immer mächtiger werdender Nachbar. 15 Jahre nach der Schlacht von Kadesch war die Zeit reif für einen gegenseitigen Beistandspakt. Freundschaft herrschte nun zwischen beiden Völkern, die noch durch eine Heirat Ramses' II. mit einer hethitischen Prinzessin besiegelt wurde.

Ramses II., der Große, regierte 67 Jahre. Ägypten kannte größere Herrscher. Doch keiner verstand es, in zahllosen Statuen vom Delta bis nach Nubien eine so suggestive Selbstdarstellung zu betreiben, seine Taten so ruhmvoll darzustellen wie er. Großsprecherisch bezeichnete sich Ramses als der eigentliche Sieger von Kadesch, sprach verächtlich von dem »elenden Chatti«, dem Hethiterreich, das seither in Not und Elend lebe.

Die Hethitergefahr war gebannt. Doch neue, unberechenbarere Gefahren drohten durch Völkerverschiebungen im Mittelmeerraum. Indo-europäische Stämme, die hauptsächlich über das Meer kamen und die der Ägypter deshalb »Seevölker« nannte, überfluteten die Inseln und Küsten des Mittelmeeres, ergossen sich nach Kleinasien und Libyen. Unter ihrem Druck verstärkten sich die Wanderbewegungen libyscher Stämme, die sich mit ihnen vermischten und ins Delta drängten. Bereits Merenptah, der Sohn und Nachfolger Ramses' II., mußte der Invasion libyscher Stämme im Delta entgegentreten. Die Schlacht endete mit der Vernichtung der Feinde.

LINKE SEITE: Der Felsentempel von Abu Simbel, erst jüngst vor den Wassern des Assuanstausees gerettet, macht deutlich, wie das Königsbild der 19. Dynastie zum Ideal früherer Zeit zurückkehrt. In vier 20 m hohen Sitzstatuen (hier die linke) thront Ramses II. in jugendlicher Schönheit, ungezeichnet von Spuren menschlicher Hinfälligkeit, vor der Fassade seines Tempels, herrscherliche Würde und göttliche Macht ausstrahlend. Zu seinen Füßen stehen Mitglieder der königlichen Familie, über der Königshaube züngelt hoch die göttliche Stirnschlange auf.

OBEN LINKS: Der Friedensvertrag mit den Hethitern ist uns in ägyptischer und babylonischer Sprache, der alten Diplomatensprache des Vorderen Orients, erhalten. Die beiden Mächte versicherten sich gegenseitiger Hilfe im Falle eines äußeren Angriffs oder innerer Wirren, regelten ihre Einflußgrenzen und verpflichteten sich zur Auslieferung aller Flüchtlinge. Ein Eid vor den »tausend Göttern Chattis« und den »tausend Göttern Ägyptens« bekräftigte den Vertrag.

OBEN RECHTS: Nach der Schlacht von Kadesch werden die abgeschnittenen Hände gefallener Feinde gezählt und notiert.

BILD OBEN: Ramses III. umgab seinen thebanischen Tempel mit einer 17 m hohen Mauer, deren Tore mit Festungstürmen nach syrischem Vorbild gesichert waren. Die unsicheren Verhältnisse des Landes veranlaßten den König wohl, Tempel- und Festungsbau erstmals miteinander zu verbinden.

Die Kriegsreliefs dieses Tempels haben sehr zu unserer Kenntnis der Abwehrkämpfe gegen die Libyer und Seevölker beigetragen. Wir erleben mit, wie Ramses III. die Libyer schlägt, wie er zu Wasser und zu Land über die Seevölker siegt.

Der Wanderzug der Völker des Nordens hatte seinen Ausgang im Schwarzmeerraum genommen. Ein Teil war auf dem Landweg nach Süden gezogen, hatte das Reich der Hethiter zerstört und näherte sich über Vorderasien dem Niltal. Einen Ausschnitt aus der Landschlacht zeigt die Reliefzeichnung. Ägyptische Krieger, verstärkt durch sardinische Söldner, die durch runde Helme mit Aufsatz gekennzeichnet sind, greifen mit Speeren und Schwertern den Treck der Seevölker an. Tapfer verteidigen die mit der Federhaube geschmückten Feinde ihre

Frauen und Kinder, die in schwerfälligen Ochsenkarren mitgeführt werden.

BILD UNTEN: Ein ägyptisches Schiff mit Bogenschützen kämpft in der Seeschlacht an der Nilmündung gegen drei feindliche. Eines ist bereits gekentert, tote Feinde treiben im Wasser, Gefangene sind an Bord des ägyptischen Schiffes. Vom Ufer aus überschütten Bogenschützen den Gegner mit einem Hagel von Pfeilen. An Land schwimmende Feinde werden niedergemacht oder gefangengenommen.

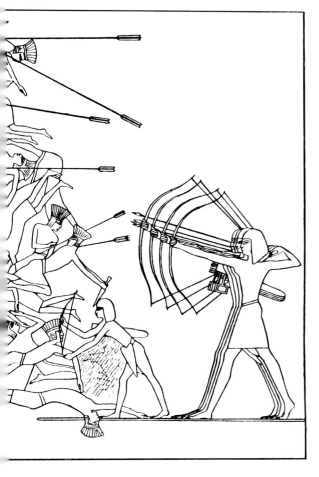

ZEIT DES VERFALLS

Ägypten wurde immer mehr in die Defensive gedrängt. Das Neue Reich aber verlor zusehends an innerer Substanz. Die Dynastie des großen Ramses endete in Wirren, die ihr folgende 20. Dynastie brachte nur einen großen Herrscher hervor, Ramses III. Dieser wehrte zwar den erneuten Ansturm der Libyer und der Seevölker ab. Doch mit ihm war die ägyptische Widerstandskraft erschöpft. Es war nur noch eine Frage der Zeit, wann fremde Völker sich des Niltales bemächtigen würden.

Gesetzlosigkeit und Verbrechen breiteten sich aus. Die Könige der 20. Dynastie vermochten nicht einmal mehr die Gräber ihrer Vorfahren zu schützen. Sie selbst waren nur noch Puppen in der Hand der mächtigen Priesterschaft. Als diese sich mit dem Heer verband, war das Ende des Neuen Reiches gekommen. Um 1080 schob der General Herihor, der mit der Würde des Oberpriesters des Amûn betraut worden war, den König beiseite und gründete die 21. Dynastie, die Dynastie der Priesterkönige.

Damit begann die Spätzeit, in der Ägypten bald unter die Macht fremder Herrscherhäuser geriet. 200 Jahre nach den großen Abwehrkämpfen Ramses' III. bestiegen libysche Söldnerfürsten des Deltas kampflos den Pharaonenthron. Auf sie folgten Äthiopier, Assyrer, Perser, Makedonen und Römer. Ihr Hauptziel war die Ausbeutung des Landes.

Doch auch jetzt fehlte es nicht an Lichtpunkten: Im 7. und 6. Jahrhundert v. Chr. führte eine einheimische Dynastie nochmals eine glanzvolle Erneuerung herbei. Seit dem 3. Jahrhundert v. Chr. löste Alexandria Athen als Kulturzentrum ab und wurde Mittelpunkt griechisch-hellenistischer Bildung. Am beeindruckendsten aber in der Geschichte der Spätzeit ist das Phänomen der ägyptischen Kultur. Fremde Könige kamen und gingen, griechisches Kunstverständnis und griechische Bildung traten ihren Siegeszug an. Die kulturelle Tradition des Ägypters aber blieb von allen Entwicklungen unberührt. Kein Herrscher wagte es, sie anzutasten. Auch Makedonen und Römer bezogen nüchtern den Wert altüberlieferten Glaubens in ihre politischen Erwägungen ein, erbauten Tempel im altägyptischen Stil und stellten sich auf deren Wänden als Pharaonen dar.

Das unvergleichlich zähe Beharren des Ägypters auf einmal gewonnenen Erkenntnissen hatte seine Früchte getragen: fast eineinhalb Jahrtausende überdauerte die ägyptische Kultur den politischen Niedergang. Erst als Ende des 4. Jahrhunderts n. Chr. das Christentum zur Staatsreligion des Römischen Reiches erklärt wurde, brach auch in Ägypten ein neues Zeitalter an.

SUMER

»Mesilim, König von Kisch, Erbauer des Ningirsu-
tempels, hat (dies für) Ningirsu aufgestellt. Lugal-
schagengur (war damals) Ensi (Priesterfürst) von
Adab«, lautet die älteste uns bekannte, um 2600 v.
Chr. entstandene Inschrift eines sumerischen Macht-
habers. Noch früher als in Ägypten war es hier in
Mesopotamien (griech.: Land zwischen den Flüssen)
unter ähnlichen Voraussetzungen über eine frühe
Ackerbaukultur im Schwemmland der mächtigen
Ströme Euphrat und Tigris zur Ausbildung einer –
der ersten – Hochkultur gekommen. Die dörflichen
Gemeinden entwickelten sich zu Städten, in denen
Tempel und Priesterschaft die beherrschende Rolle
spielten. Aus den Verwaltungsbedürfnissen der
Tempelwirtschaft, der Registrierung, Einteilung und
Kontrolle der Abgaben und Vorräte entstand in ihren
ersten Anfängen um 3000 v. Chr. die Keilschrift. Sie
wurde dann vereinfacht, flüssiger und in Schreib-
schulen systematisch unterrichtet. Aufgrund der
genauen Beobachtung der Gestirne erfolgte die bis
heute gültig gebliebene Einteilung des sumerischen
Kalenders in 365 Tage und 12 Monate.

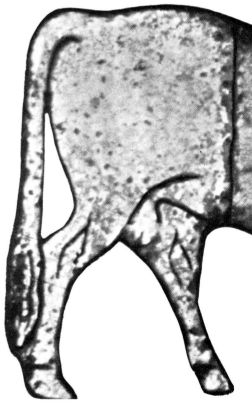

BILD OBEN: Bäuerliche Szenen, Ausschnitt aus der »Friedens-
seite« der sog. »Standarte von Ur« (um 2600 v. Chr.). Die Rückseite dieser Mosaikarbeit, die »Kriegsseite«, schildert den erfolgreichen Feldzug eines sumerischen Fürsten. – Anzahl und
Anordnung der Bestatteten in den Königsgräbern von Ur
(2700–2300 v. Chr.) lassen den eindeutigen Schluß des Men-

schenopfers zu. Manchmal folgten dabei nur wenige, gelegentlich aber bis zu achtzig Männer und Frauen ihrem herrschaftlichen Gebieter ins Grab. Leibgardisten, Kammerdiener, Hofdamen mit prächtigem Kopfschmuck aus Lapislazuli, Silber und Gold, Musikanten mit Harfen und Leiern, alle, so schreibt Leonard Woolley, der Entdecker des Königsfriedhofs von Ur, »führten bei ihrem Gang in die Grube einen kleinen Becher mit sich, das einzige, was sie benötigten für die grausame Zeremonie. Die Musiker spielten. Dann nahm jeder seinen giftigen Trank – inmitten der Todesgrube stand ein großer Kessel, aus dem jedermann schöpfen konnte –, und dann legten sie sich nieder und erwarteten den Tod.«

BILD OBEN: Gefangene Feinde im Netz von Ningirsu, dem Stadtgott von Lagasch, Ausschnitt aus der »Geierstele«, so genannt, weil auf einem Bruchstück der Stele Geier abgebildet sind, die erschlagene Gegner in ihren Fängen davontragen.

BILD RECHTS: König Eannatum führt seine Krieger gegen den Feind, ein weiterer Ausschnitt aus der Geierstele. In Königstracht gekleidet und mit einem Wurfholz bewaffnet, marschiert er an der Spitze seiner mit Helm, Schild und Speer ausgerüsteten Kriegerschar über am Boden liegende, getötete Feinde hinweg. Auch andere sumerische Stadtstaaten, darunter Uruk, Ur und Kisch, fielen der Expansionspolitik Eannatums zum Opfer.

LINKE SEITE: Die »Göttin« von Uruk. Marmorkopf (3. Jahrtausend v. Chr.).

SOZIALREFORMER

Der früheste Sozialreformer, den wir aus schriftlichen Quellen kennen, war Stadtkönig Urukagina von Lagasch. Auf dem Hintergrund der Auseinandersetzungen anmaßender Priester und weltlicher Herren um wirtschaftliche Vorteile zu Lasten der ärmeren Bevölkerung erklärte er in seinen Inschriften, von Ningirsu, dem Stadtgott von Lagasch, damit beauftragt zu sein, die früheren Verhältnisse wiederherzustellen. Zu Unrecht erworbener Besitz wurde zurückerstattet, priesterliche und staatliche Gebühren für Amtshandlungen reduziert, in Verschuldung geratene ärmere Bürger durften nicht mehr dazu gezwungen werden, ihr letztes Hab und Gut zu Schleuderpreisen zu verkaufen.

»Die Esel... und die schönen Rinder, die Priester nahmen sie weg. Das Korn verteilten die Priester den eigenen Leuten... Der Priester irgendeines Ortes im Garten der Mutter des Armen riß er an sich die Bäume, nahm weg die Früchte. Wenn ein Toter in das Grab gelegt wurde, nahm der Priester sieben Urnen Bier als sein Getränk, 420 Brote und 120 Sila (0,4 l) Korn als seine Speise, ein Kleid, ein Lamm und ein Bett für sich...

Als Ningirsu dem Urukagina das Königtum von Lagasch verliehen hatte... hat er die alten Bestimmungen wiederhergestellt, und das Wort, das sein König Ningirsu ausgesprochen hatte, ließ er im Lande wohnen... Wenn ein Toter in das Grab gelegt wurde, so hat der Priester drei Urnen Bier als sein Getränk, 80 Brote als seine Speise, ein Bett und ein Lamm für sich genommen... Der Priester keines Ortes drang in den Garten der Mutter des Armen ein. Wenn einem Untertanen des Königs ein guter Esel geboren wird und sein Oberer ihm sagt: ›Ich will ihn dir abkaufen‹, wenn er ihn kauft, so möge jener ihm sagen: ›Zahle mit gutem Gelde‹... Wenn das Haus eines Großen neben dem Haus eines Untertanen des Königs gelegen ist und dieser Große sagt: ›Ich will es kaufen‹, wenn er es kauft, so möge jener ihm sagen: ›Zahle in gutem Gelde‹... Er sprach und die Kinder von Lagasch befreite er von Dürre, von Diebstahl, von Mord, ... er setzte ein die Freiheit. Der Waise und der Witwe tat der Mächtige kein Unrecht an.«

BILD RECHTS: Gilgamesch, dargestellt mit einem Löwenjungen als Förderer seiner Kraft. Das Epos des babylonischen Nationalhelden Gilgamesch, des halbgöttlichen Königs von Uruk aus der frühen Sumererzeit, wurde, durch immer neue Episoden erweitert, um 650 v. Chr. aufgezeichnet. Auf der Suche nach dem ewigen Leben muß Gilgamesch nach zahlreichen läuternden Abenteuern von seinen unsterblich gewordenen Ahnen erfahren: »Gilgamesch, wohin schweifst du? Das Leben, das du suchst, wirst du nicht finden. Als die Götter die Menschheit schufen, haben sie für die Menschen den Tod bestimmt, das

Leben haben sie in ihrer Hand behalten.« Das Leben nach dem Tode stellten sich die Babylonier dabei recht pessimistisch vor, als ein Dahinvegetieren kraftloser Schatten im »Land ohne Wiederkehr«. So wird der göttliche Rat für Gilgamesch verständlich, sich bereits im Diesseits schadlos zu halten: »Alle Tage mache dir ein Freudenfest, und vergnüge dich mit dem Weibe deiner Jugend.«

RECHTE SEITE: Vergoldeter Stierkopf aus den sumerischen Königsgräbern in Ur (um 2600 v. Chr.).

AKKAD

Trotz der Eroberungen Eannatums von Lagasch, zu einer Reichsbildung war es in Sumer nicht gekommen. Vielmehr existierten die einzelnen Stadtstaaten mal friedlich und mal feindlich in politischer Selbständigkeit so lange nebeneinander, bis König Sargon I. von Akkad, dessen semitische Stammesgenossen aus der syrisch-arabischen Wüste schon seit längerem das sumerische Volk unterwandert und sich in Mesopotamien festgesetzt hatten, das erste vorderasiatische Großreich schuf.

Die Herkunft des akkadischen Herrschers Sargon liegt im dunkeln. Nur die Legende berichtet uns darüber. Demnach soll ihn eine zur Ehelosigkeit verpflichtete Priesterin insgeheim zur Welt gebracht und dann in einem wasserdichten Kästchen aus Schilf und Pech auf dem Euphrat ausgesetzt haben. Der Fluß trug ihn zum Bewässerer Akki, der ihn adoptierte und aufzog. Die Gunst der Göttin Ischtar, der Göttin der Liebe und des Krieges, soll ihm dann zur Herrschaft verholfen haben.

Von Akkad aus regierte Sargon die sumerischen Städte. »Er vernichtete Uruk und schleifte seine Mauer.« Er führte den gefangenen König von Uruk, Lugalzaggesi, an einer Hundekette zu einem Göttertempel und stellte ihn dort zur Schau. »Gott Enlil gab ihm die Gegend von der Oberen See bis zur Unteren See«, d. h. das Gebiet zwischen Persischem Golf und Mittelmeer. Als absoluter »Gottkönig« herrschte Sargon schließlich über ein Weltreich, das Mesopotamien, Südostkleinasien, Armenien, Syrien-Palästina und Teile des Iran umfaßte.

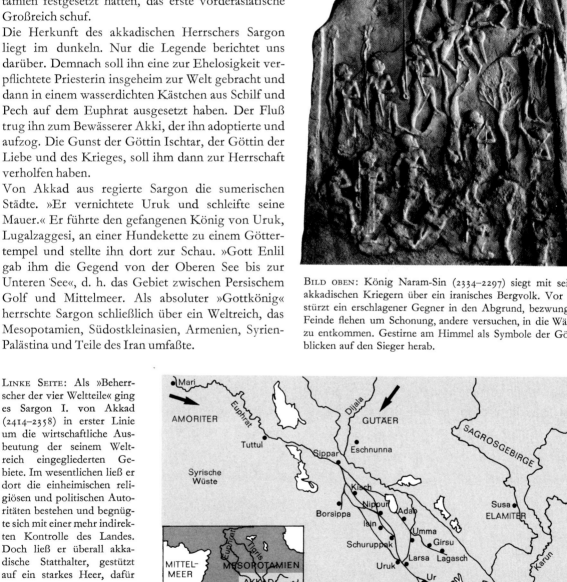

BILD OBEN: König Naram-Sin (2334–2297) siegt mit seinen akkadischen Kriegern über ein iranisches Bergvolk. Vor ihm stürzt ein erschlagener Gegner in den Abgrund, bezwungene Feinde fliehen um Schonung, andere versuchen, in die Wälder zu entkommen. Gestirne am Himmel als Symbole der Götter blicken auf den Sieger herab.

LINKE SEITE: Als »Beherrscher der vier Weltteile« ging es Sargon I. von Akkad (2414–2358) in erster Linie um die wirtschaftliche Ausbeutung der seinem Weltreich eingegliederten Gebiete. Im wesentlichen ließ er dort die einheimischen religiösen und politischen Autoritäten bestehen und begnügte sich mit einer mehr indirekten Kontrolle des Landes. Doch ließ er überall akkadische Statthalter, gestützt auf ein starkes Heer, dafür sorgen, daß seine Anordnungen respektiert und Tributleistungen ordnungsgemäß entrichtet wurden. Sargon selbst verfügte über ein für damals großes stehendes Heer von 5400 Mann.

SUMER UND AKKAD
3. Jahrtausend v. Chr.

Der Vertreibung der Gutäer folgte noch einmal eine sumerische Renaissance. Dann aber zerfiel Sumer in machtlose Kleinstaaten. Erst Hammurabi (1793–1750 v. Chr.) vom semitischen Stamm der Amoriter gründete in Untermesopotamien ein neues Reich mit der Hauptstadt Babylon. Damit »Gerechtigkeit sichtbar werde, der Ruchlose und Bösewicht vernichtet würde und der Starke den Schwachen nicht entrechten könne«, ließ er überkommene und neue Rechtsvorschriften kodifizieren. Dieser Kodex Hammurabi mit seinen 282 Paragraphen, eine der frühesten Rechtssammlungen der Weltgeschichte, vertrat nach dem Grundsatz »Auge um Auge, Zahn um Zahn« ein hartes Vergeltungsrecht, wies aber auch sozialpolitische Züge auf: »Um Waisen und Witwen ihr Recht zu schaffen... schreibe ich meine so köstlichen Worte auf meinen Denkstein.«

KODEX HAMMURABI

§ 1: Wenn ein Bürger einen Bürger bezichtigt und Mord(schuld) auf ihn geworfen hat, (es) ihm aber nicht beweist, so wird, der ihn bezichtigt hat, getötet.

§ 53: Wenn ein Bürger bei der Befestigung seines Felddeiches die Hände in den Schoß legt und seinen Deich nicht befestigt, in seinem Deiche eine Öffnung entsteht, er gar die Flur vom Wasser wegschwemmen läßt, so ersetzt der Bürger das Getreide, das er (dadurch) vernichtet hat.

§ 195: Wenn ein Sohn seinen Vater schlägt, so schneidet man seine Hand ab. § 196: Wenn ein Bürger das Auge eines Bürgersohnes zerstört, so zerstört man sein Auge; § 197: wenn er den Knochen eines Bürgers bricht, so bricht man seinen Knochen; § 198: wenn er das Auge eines Untergebenen zerstört oder den Knochen eines Untergebenen bricht, so zahlt er eine Mine Silber; § 199: wenn er das Auge des Knechts eines Bürgers zerstört oder diesem die Knochen bricht, so zahlt er die Hälfte von dessen Kaufpreis.

§ 215: Wenn ein Arzt einem Bürger mit einem bronzenen Skalpell eine schwere Wunde macht und (dadurch) den Bürger gesund werden läßt oder mit dem bronzenen Skalpell den Augenbrauenbogen eines Bürgers öffnet und dadurch das Auge des Bürgers heilt, so nimmt er dafür zehn Sekel Silber.

§ 218: Wenn ein Arzt einem Bürger mit dem bronzenen Skalpell eine schwere Wunde macht und den Bürger (daran) sterben läßt oder mit dem bronzenen Skalpell den Augenbrauenbogen eines Bürgers öffnet und das Auge des Bürgers (dabei) zerstört, so schneidet man seine Hand ab.

§ 282: Wenn ein Knecht zu seinem Herrn »du bist nicht mein Herr« sagt, dann weist (dies)er ihn als seinen Knecht nach und schneidet sein Ohr ab.

BILD OBEN: Als das Reich der Sargoniden um 2200 v. Chr. unter dem Ansturm der Gutäer aus den nördlichen Bergen zusammenbrach und seine Städte fürchterlich verwüstet wurden – Spuren des völlig zerstörten Akkad sind bis heute nicht gefunden worden –, konnte sich Lagasch behaupten. Vielleicht hatte es mit den Gutäern gegen die Akkader gemeinsame Sache gemacht. Unter seinem bedeutendsten Fürsten Gudea errang Lagasch die Vormachtstellung in Sumer. Seine Herrschaft war gekennzeichnet durch allgemeine Friedfertigkeit, Wohlstand und die Errichtung prachtvoller Tempelbauten.
RECHTE SEITE: Oberteil der Gesetzesstele Hammurabis (18. Jh. v. Chr.). König Hammurabi steht in betender Haltung vor dem Sonnengott Schamasch, dem Garanten seiner Gesetze.

HETHITER

Mit den indogermanischen Hethitern betrat ein neuer Volksstamm die politische Szene des Alten Orients. Um 2000 v. Chr. waren sie, wahrscheinlich über den Kaukasus, nach Anatolien eingewandert und hatten hier um ihre Hauptstadt Hattusa ein Reich gegründet. Die Hethiter liebten den Krieg und freuten sich an großer Beute. Sie eroberten und zerstörten Nordsyrien. Auf einem Raubzug plünderten sie Babylon, beendeten die Herrschaft der Hammurabi-Dynastie und ermöglichten so die Festsetzung der Kassiten in Babylonien.

Im Gegensatz zu den mehr oder minder theokratischen Despoten des Orients hatten die Hethiter eine feudalistische Adelsverfassung, in der zunächst das Königtum nicht erblich war. Daher kam es immer wieder zu Thronstreitigkeiten und blutigen Familienmetzeleien. Um hier Abhilfe zu schaffen, verfügte König Telipinu (1520–1500) eine Staatsreform. Als Preis für die Aufgabe des Wahlrechts und die Erblichkeit der Königsherrschaft gestand Telipinu dem Adel die Blutgerichtsbarkeit auch über den König zu, falls dieser erneut Morde in seiner Familie begehe: »Als König soll nur ein Kind von der ersten (Frau), (und zwar) ein Sohn, eingesetzt werden. Wenn ein Prinz ersten (Ranges) nicht vorhanden ist, so soll ein Sohn zweiten Ranges König werden. Wenn aber ein Königssohn nicht vorhanden ist, so soll man einer Tochter ersten (Ranges) einen Gemahl nehmen, und der soll König werden... Wer unter Brüdern und Schwestern Böses ausführt, steht mit seinem königlichen Haupt ein.«

BILD OBEN: Ein hethitischer Gott als Krieger mit Axt, Schwert und Spitzhelm, Steinrelief an der Stadtmauer von Hattusa (14. Jh. v. Chr.).

BILD RECHTS: Rekonstruktion einer hethitischen Festung. Der äußere Verteidigungsring, mit starken Halbtürmen besetzt, hatte eine Gesamtlänge von über 2000 Metern. Während die Hethiter die Schrift und andere kulturelle Elemente von Babylon übernahmen, waren ihre mächtigen Festungs- und Tempelbauten originäre Meisterleistungen.

RECHTE SEITE: Ausfalltunnel unter der Festungsmauer von Hattusa (14./ 13. Jh. v. Chr.). Im jüngeren Hethiterreich (1400–1200) stiegen die Hethiter zur führenden Weltmacht auf. In ihrer Kriegführung ebenfalls hart, waren die Hethiter doch nicht so brutal wie die Assyrer, die Begründer des folgenden orientalischen Großreiches.

ASSYRER

»Ich kämpfte mit ihren 20000 Kriegern und ihren 5 Königen ... und ich vernichtete sie ... Ihr Blut ließ ich in den Tälern und auf den Hochebenen der Gebirge fließen. Ich schnitt ihnen die Köpfe ab, die ich vor ihren Städten wie Korn anhäufte ... Ich brannte ihre Städte nieder, ich legte sie in Schutt und Asche, ich löschte sie aus«, heißt es in einer Inschrift des Assyrerkönigs Tiglatpilesar (1117–1078 v. Chr.), unter dem die semitischen Assyrer erstmals zur vorderasiatischen Großmacht aufstiegen. Diese Inschrift zeigt auch, was die Assyrer in erster Linie auszeichnete: eine äußerst harte und grausame Kriegführung.

Die Kriegsberichte Assurnasirpals II. (884–859 v. Chr.), des ersten großen assyrischen Herrschers, lesen sich noch schauerlicher: »Ich errichtete eine Säule gegenüber dem Stadttor und ließ allen Anführern die Haut abziehen ... ich bedeckte die Säule mit ihren Häuten ... einige mauerte ich in der Säule ein, andere ließ ich darauf pfählen ... und ich schnitt den Hauptleuten Arme und Beine ab ... Viele Gefangene ließ ich verbrennen ... den einen Hände oder Finger abschneiden, den anderen Nasen oder Ohren ... vielen wurden die Augen ausgebohrt.« Die Scheußlichkeiten entsprangen dabei nicht reiner Blutgier, sondern dem Kalkül, durch Terror potentielle Feinde in Angst und Schrecken zu versetzen und unterworfenen Völkern es ratsam erscheinen zu lassen, sich der assyrischen Herrschaft zu beugen.

BILD OBEN: Porträtskulptur König Assurnasirpals II. aus dem Königspalast von Kalach, heute Nimrud. In den Händen hält er als Zerschmetterer der Feinde die Keule und als Schützer des Ackerbaus die Sichel. Bei den zehntägigen Feierlichkeiten zur Einweihung der von ihm erbauten prachtvollen Residenz Kalach sollen 69574 Gäste u. a. 2200 Ochsen und 16000 Schafe verspeist haben.

BILD LINKS: Auf Knien flehen ein ägyptischer Prinz und sein Leidensgefährte den assyrischen König Assurhaddon an. In der Linken hält dieser zwei Seile, die man den Gefangenen durch die Lippen gezogen hatte. – Mit der Eroberung Ägyptens durch Assurhaddon (671) erreichte der assyrische Militärstaat seine größte Ausdehnung. Die Residenz des ägyptischen Königs, Memphis, heißt es auf einer Siegesstele, »eroberte ich in einem halben Tag mittels Untergrabung, Breschen und (Sturm-)leitern; ich verwüstete, zerstörte es und verbrannte es mit Feuer. Seine Frau, seine Nebenfrauen ... seinen Kronprinzen und seine übrigen Söhne und Töchter, seinen Besitz, seine Habe, seine Pferde, seine Rinder und sein Kleinvieh führte ich in unzähligen Mengen nach Assyrien ... Über ganz Ägypten setzte ich Könige, Statthalter, Verwalter, Hafeninspektoren, Vorsteher und Führer von neuem ein. Tribut und Abgaben an meine Herrschaft legte ich ihnen Jahr für Jahr, nie endend, auf.«

RECHTE SEITE: Der Sohn und Nachfolger Assurhaddons, König Assurbanipal (669–627 v. Chr.), auf einem Prunkwagen. Relief vom Palast des Königs in Ninive (um 640 v. Chr.).

ASSURBANIPAL

Wesentlicher Integrationsfaktor des Assyrer-Reiches war die Loyalität der eigenen Leute und der Vasallen dem König gegenüber, dem sie durch einen Treueid verpflichtet waren. Als jedoch Assurhaddon auf seinem zweiten Feldzug gegen Ägypten überraschend starb, gelangte der von ihm als Nachfolger vorgesehene Assurbanipal nur durch die tatkräftige Unterstützung der allseits respektierten Königinmutter auf den assyrischen Königsthron. Eindrücklich mahnte sie die »Brüder Assurbanipals, die übrigen Abkommen des Königshauses, die Großen, Statthalter, Präfekten, Offiziere, Scheichs, Lehnsträger und Verwaltungsbeamten des ganzen Reiches sowie alle Bürger Assyriens, Männer wie Frauen«, ihren Treueid nicht zu brechen. Sie beschwor ein grausames göttliches Strafgericht und forderte jedermann auf, jeden ohne Rücksicht auf die Würde seines Amtes anzuzeigen, der einen Mordanschlag oder irgendein Komplott gegen ihren Enkel im Schilde führe. Die Aufrührer, die sich schon formiert hatten, mußten daraufhin ihre Umsturzpläne aufgeben und Assurbanipal als König akzeptieren. Noch einmal entfaltete sich unter seiner Herrschaft die ganze Pracht des Assyrer-Reiches.

BILD OBEN: Nach seinen Feldzügen gegen Elam genießt Assurbanipal in
Gesellschaft seiner Gattin in einer von Weinreben umrankten Laube des
königlichen Lustgartens den Sieg. Der König liegt, halb aufgerichtet, auf
einem erhöhten Diwan. Ihm gegenüber sitzt seine Gattin. Beide halten eine
Weinschale in der Hand. Zwischen ihnen ein kleiner Speisetisch, hinter
ihnen Palasteunuchen, die mit ihren Fliegenwedeln Kühlung fächeln.
Diener tragen erlesene Speisen auf, die Harfenspieler sorgen für musi-
kalische Unterhaltung. An einem Baum hängt als grauenhafte Kriegs-
trophäe der abgeschlagene Kopf des Elamiterkönigs Teumman.
BILD RECHTS: In seiner berühmten Tontafelbibliothek ließ Assurbanipal
das gesamte Wissen Babyloniens aufzeichnen. In den Ruinen seines Pala-
stes in Ninive wurden über 25000 Tafeln und Fragmente gefunden, die
nicht nur Dokumente seiner Zeit, sondern auch Überlieferungen aus längst
vergangener Zeit festhielten. Die hier abgebildete Keilschrifttontafel enthält einen Teil der frühbabylonischen Erzählung von der Sintflut, entstanden etwa zwei Jahrtausende vor dem biblischen Sintflutbericht.

BILD OBEN: »Ich bin Assurbanipal, der König der Welt, der König von Assyrien. In meiner fürstlichen Lust packte ich einen Löwen der Wüste bei seinem Schweife, und auf Geheiß des Ninib und Nergal, der Götter, meinen Herren, spaltete ich mit der Doppelaxt meiner Hände seinen Schädel.« Obwohl Assurbanipal bestimmt ein leidenschaftlicher und auch guter Jäger

war, sind seine diesbezüglichen Inschriften ebenso wie die über seine zweifellos vorhandene Gelehrsamkeit sichtlich übertrieben. »Ich löse die kompliziertesten Divisions- und Multiplikationsaufgaben. Ich las die kunstvolle Schrifttafel von Sumer und das dunkle Akkadisch, das schwer zu bemeistern ist. Ich verstehe den Wortlaut vorsintflutlicher Steine...«

Folgt man der Quelleninterpretation des Orientalisten W. v. Soden über den schnellen Untergang des assyrischen Militärstaates – vom Höhepunkt seiner Macht bis zur völligen Zerstörung des Reiches vergingen nur dreißig Jahre – so muß es noch zu Lebzeiten Assurbanipals zwischen ihm und seinen beiden Söhnen zu heftigen inneren Auseinandersetzungen gekommen sein. Als Assurbanipal starb, herrschte er nur noch über den westlichen Teil des Reiches. Doch auch seine Söhne waren sich nicht einig und bekämpften einander. »Jedenfalls muß Assyrien durch die jahrelangen Auseinandersetzungen der drei rivalisierenden Könige sehr geschwächt, und mindestens Teile der Armee dürften demoralisiert worden sein. Dadurch war es für die kommenden Auseinandersetzungen denkbar schlecht gerüstet.«

Gefahr kam zunächst aus dem Süden des Reiches. Hier war Nabopolasser (625–605 v. Chr.) aus dem Stamm der Chaldäer, die um 850 v. Chr. nach Südmesopotamien eingewandert waren, zum König von Babylonien aufgestiegen. Gestützt auf die Zustimmung des Volkes, das sich nichts sehnlicher wünschte, als die drückende, ausbeuterische assyrische Oberherrschaft loszuwerden, zog er von Babylon stromabwärts und plünderte Uruk. Als auch Nippur bedroht war, schickten die Assyrer ein Heer nach Babylonien. Zwei Jahre dauerten die Kämpfe. Dann mußten sich die assyrischen Truppen zurückziehen. Ägypten, von jeher mit

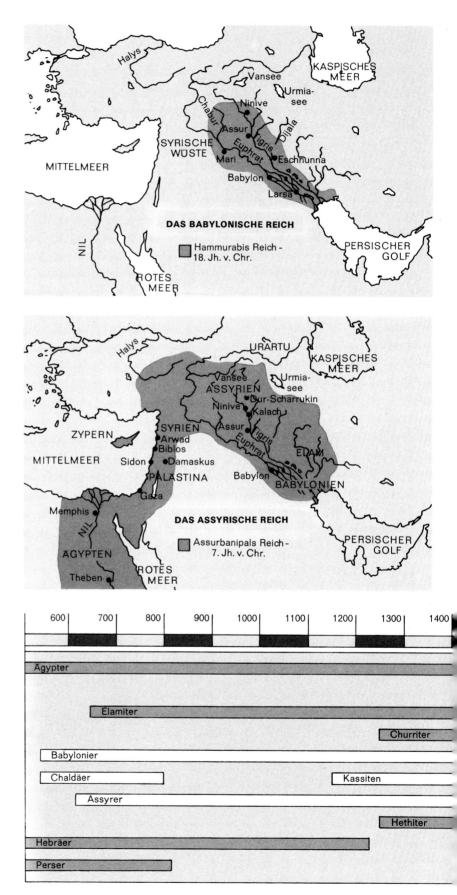

DAS BABYLONISCHE REICH

Hammurabis Reich – 18. Jh. v. Chr.

DAS ASSYRISCHE REICH

Assurbanipals Reich – 7. Jh. v. Chr.

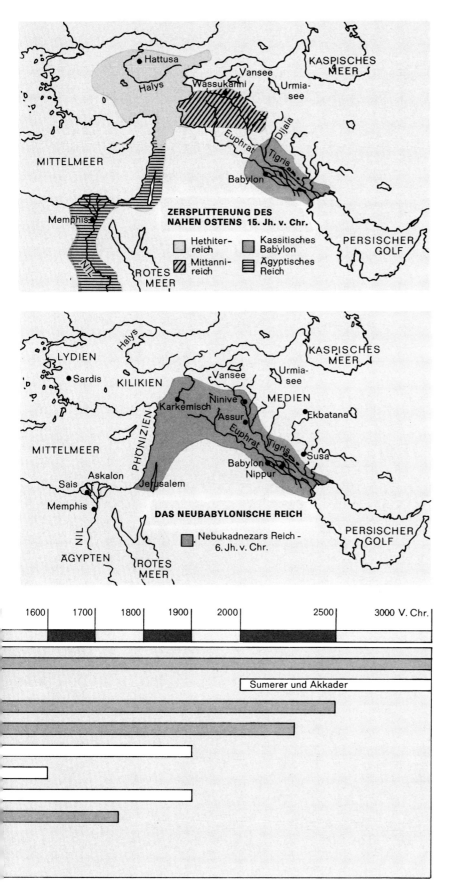

ZERSPLITTERUNG DES NAHEN OSTENS 15. Jh. v. Chr.

- Hethiterreich
- Mittannireich
- Kassitisches Babylon
- Ägyptisches Reich

DAS NEUBABYLONISCHE REICH

- Nebukadnezars Reich – 6. Jh. v. Chr.

| 1600 | 1700 | 1800 | 1900 | 2000 | 2500 | 3000 V. Chr. |

Sumerer und Akkader

Assyrien verfeindet, stellte sich nun auf dessen Seite, um einen zu großen Machtzuwachs Nabopolassers zu verhindern. Doch auch diese Unterstützung konnte den Niedergang Assyriens nicht aufhalten. In den indogermanischen Medern im iranischen Hochland war dem Reich ein zweiter Feind erstanden. Unter ihrem König Kyaxares eroberten und plünderten sie 614 v. Chr. Assur. Die Bevölkerung wurde deportiert oder erschlagen. Als die Meder dann mit den Chaldäern ein förmliches Bündnis eingingen, war das Schicksal Assyriens besiegelt. Einer rücksichtslosen Eroberungspolitik, die es einst großgemacht hatte, fiel es nun selbst zum Opfer. Alle assyrischen Städte wurden dem Erdboden gleichgemacht, die Bewohner ermordet. Während sich Meder und Chaldäer nach der Vernichtung Assyriens über die beiderseitigen Einflußgebiete einigten, wollte Ägypten den Herrschaftsanspruch der Neubabylonier über Syrien und Palästina nicht anerkennen. Nebukadnezar II. (605–562 v. Chr.), Sohn und Nachfolger Nabopolassers, schlug die ägyptischen Truppen und festigte das Reich, das nun im Westen bis zur ägyptischen Grenze reichte. Um Tribute einzuziehen und Widersetzlichkeiten zu brechen, zog er des öfteren nach Syrien-Palästina. Am bekanntesten sind seine Auseinandersetzungen mit Jerusalem. Zweimal, 598 und 587 v. Chr., wurde die Stadt erobert und geplündert, ihre Bevölkerung in die »Babylonische Gefangenschaft« deportiert.

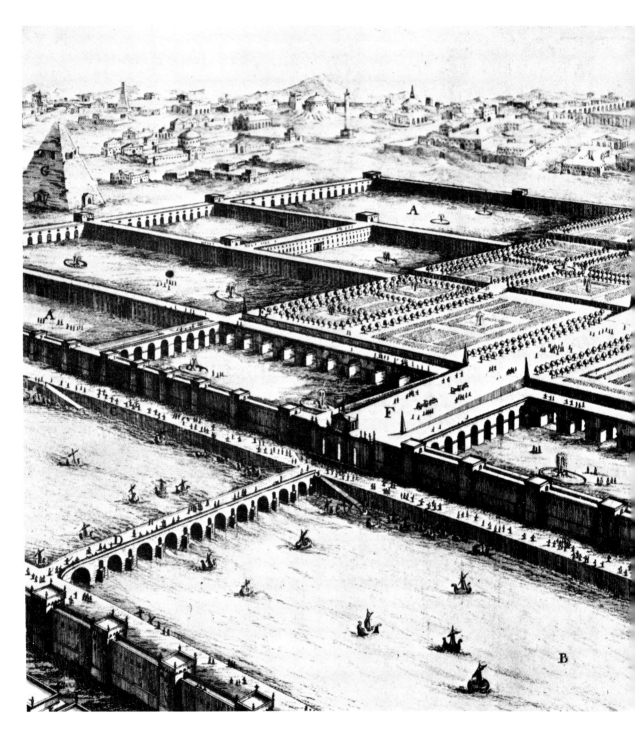

Wie seinen »Vorgängern«, den Assyrern, ging es auch Nebukadnezar ganz allgemein um die Behauptung seiner Macht und die Ausbeutung der unterworfenen Gebiete. »Mit ihrem erhabenen Beistande (dem Beistand der Götter) habe ich ferne Lande, entlegene Gebirge vom oberen bis zum unteren Meere, arge Wege, versperrte Pfade, wo der Tritt gehemmt wurde, der Fuß nicht rasten konnte, Straßen voll Beschwerlichkeit, Wege voll Durst durchzogen. Die Rebellen habe ich geschlagen, gefangengenom-

men die Feinde. Das Land habe ich in Ordnung gehalten, das Volk gedeihlich gefördert. Die Schlechten und die Bösen unter dem Volk hielt ich fern. Silber, Gold, Edelsteine, alles, was kostbar, herrlich ist, funkelnde Fülle, Erzeugnisse der Berge, Schätze des Meeres, eine schwere Menge, überreiche Gaben brachte ich nach meiner Stadt Babylon.«

Mit diesen Reichtümern machte er »sein« Babylon zur glanzvollen Metropole, zum kulturellen und politischen Mittelpunkt Mesopotamiens.

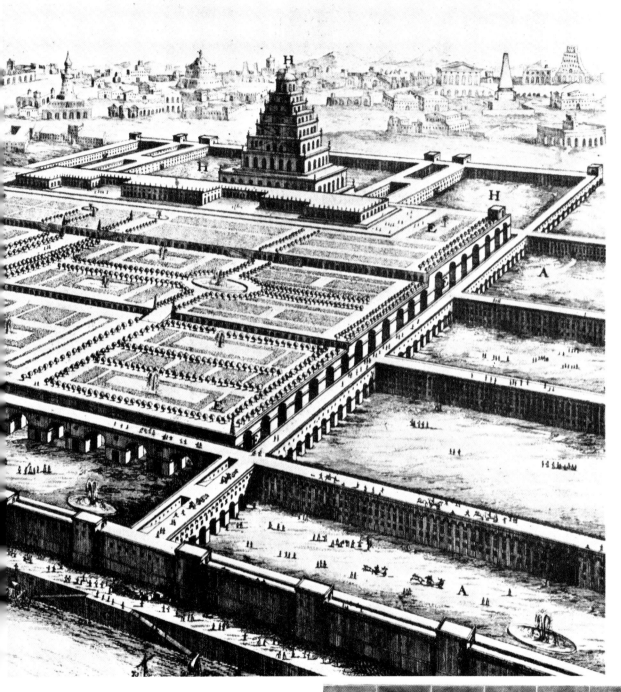

BILD OBEN: Rekonstruktion Babylons zur Zeit Nebukadnezars. Da Nebukadnezar ahnte, daß einst die Auseinandersetzung mit den Medern bzw. den Persern unvermeidlich sein würde, ließ er die Stadt mit »uneinnehmbaren« Mauern befestigen. Neben der Errichtung großer Tempel und Paläste vollendete er auch den Bau des Turms von Babel. Der Kultbau zu Ehren des babylonischen Hauptgottes Marduk war mit 90 m Höhe eines der meistbestaunten architektonischen Wunderwerke des Altertums.

BILD RECHTS: Emailliertes Ziegelrelief von der großen Prozessionsstraße Babylons. Löwen, Stiere, Drachen, Schlangen und andere Tiere an Stadttoren, Mauern, Tempeln und Palästen dienten dem Zweck, böse Mächte abzuwehren.

PERSER

Nebukadnezar hatte die Gefahr für sein Reich richtig vorausgeahnt. Persiens König Kyros II. (559–530 v. Chr.) aus dem Stamm der Achaimeniden unterwarf zunächst Medien, dann Lydien, die griechischen Städte Kleinasiens und besetzte schließlich auch Babylon. »Ich bin Kyros, der König des Alls, König von Babylon, König von Sumer und Akkad, König der vier Weltgegenden.« Die Perser, die um 700 v. Chr. noch ein halbnomadisches Leben auf der Hochebene des Iran geführt hatten, hatten als erstes indoeuropäisches Volk ein Weltreich begründet. Kyros' Sohn Kambyses II. (530–522 v. Chr.) eroberte Ägypten. Während seiner Abwesenheit gab sich Gaumata aus dem Stamm der Mager als Kambyses' Bruder aus und beanspruchte für sich den Königsthron. Unter Führung des Achaimeniden Dareios (521–486 v. Chr.) erhoben sich sieben Stammesfürsten der Perser gegen den Usurpator und stürzten ihn.

LINKE SEITE: 100 m über dem Erdboden in einer künstlichen Nische des 500 m aus der iranischen Ebene herausragenden Felsens von Behistun ließ sich Dareios in voller Lebensgröße als Sieger über seine Widersacher unter Gott Ahuramazda darstellen. Die Inschriften, in drei Sprachen – altpersisch, elamitisch und altbabylonisch – ins harte Gestein gemeißelt, sollten im ganzen Reich verständlich sein: »Niemand wagte etwas zu sagen in betreff Gaumatas des Magers, bis ich kam. Da flehte ich zu Ahuramazda; Ahuramazda brachte mir Hilfe... Ich tötete mit wenigen Männern jenen Gaumata den Mager und die Männer, die seine vornehmsten Anhänger gewesen waren, und entriß ihm die Herrschaft.

Nach dem Willen Ahuramazdas war ich König. Ahuramazda übertrug mir die Herrschaft. Es spricht der König Dareios: Die Herrschaft, die von unserem Geschlechte genommen war, brachte ich zurück, stellte es an seinen Platz so wie vordem. Ich baute die Tempel auf, die Gaumata der Mager zerstört hatte... Ich stellte das Volk an seinen Platz so wie vordem, Persien, Medien und die übrigen Länder; ich brachte wieder, was weggeschafft worden war. Nach dem Willen Ahuramazdas tat ich dies.« Ahuramazda war der oberste gute Gott der von Zarathustra im 6. Jh. v. Chr. begründeten neuen persischen Religion.
BILD OBEN: Iranisches Streitwagenmodell mit Lenker und Krieger aus dem 6. Jh. v. Chr.

ZARATHUSTRA

»Zarathustras Predigt hat ihren Erfolg dem gleichen
Mittel zu verdanken, das auch Christus und Mohammed angewandt haben, nämlich der Ankündigung
des unmittelbar bevorstehenden Gerichts über Lebende und Tote. Freilich wird dieses Gericht schon
beim Tode jedes einzelnen Mazdagläubigen vorweg-
genommen, denn am Morgen des vierten Tages nach
seinem Tode geht seine Seele ins Jenseits ein. Er muß
die große Cinvat-Brücke (Brücke der Trennung) betreten, die vom Diesseits ins Jenseits führt und von
der der Gottlose in die Seligkeit des Himmels hin-
übergeführt wird. Die Mitte der Brücke ist wie die
Klinge eines Schwertes, überschreitet ein Frommer
sie, ist sie waagerecht hingebreitet, 15 Speerlängen
breit. Will aber die Seele eines Übeltäters hinüber,
dann steht die Schwertbrücke senkrecht mit messer-
scharfer Schneide nach oben, und der Gottlose stürzt
hinab in den Abgrund, der ihn in der Tiefe erwartet,
während der Fromme in das ewige Licht gelangt.
Zarathustra lehrt auch ein kommendes universales
Weltgericht, da nach 9000 Jahren die Macht Ahri-
mans endgültig gebrochen sein wird und das Reich
der Wahrheit und der richtigen Ordnung errichtet
wird, wenn Sraosha, der Geist des Gehorsams, trium-
phiert. Das Gericht wird sich durch Feuer und geschmolzenes Metall vollziehen, in dem die alte Feuerprobe des Gottesurteils (Ordal) die Wahrheit ans
Licht bringen wird. Yasna 57, 9: ›Die Prüfung, die
du, o Mazda, über Schuld und Verdienst durch das
rote Feuer anstellen wirst, wird durch geschmolzenes
Metall den Seelen ein Zeichen aufdrücken, zum Schaden den Falschgläubigen, zum Gewinn den Rechtgläubigen.‹ Mazda spricht also das Urteil mittels des
flüssigen, glänzenden Metalls.« (Hans-Joachim
Schoeps: Religionen.) Bis zur Auferstehung der Toten und ihre endgültige Verdammung oder Belohnung, bis zum kommenden Weltgericht bekämpfen
sich Mazda, der gute, und Ahriman, der böse Gott,
mit ihren Engels- bzw. Teufelshelfern. Der Zara-
thustrismus mit seiner Lehre vom Weltende, von der
Auferstehung, von Engeln und Teufeln hat Judentum, Christentum und Islam maßgebend beeinflußt.

BILD RECHTS: In der Geschichte des Nahen Ostens war die Familie patriarchalisch organisiert. Die Rolle der Frau beschränkte
sich im wesentlichen auf die Geburt der Nachkommen, wobei
hier Töchter weitaus weniger zählten als Söhne. »Gesetzt, eine
Frau hat aus eigenem Antrieb ihre Leibesfrucht ›hingeworfen‹,
man hat (es) ihr bewiesen, sie überführt, so soll man sie an Höl-
zern pfählen, sie nicht begraben«, hieß es in einer assyrischen
Gesetzesvorschrift. Zeigte eine Ehefrau Widersetzlichkeit, so
durfte sie der Mann zur Strafe »prügeln und ihr die Ohren
durchbohren«.
LINKE SEITE: Kriegsprozession. Stück eines Frieses aus gla-
sierten Ziegeln des Dareiospalastes in Susa.

ISRAELITEN

Stammvater des Volkes Israel, so heißt es im biblischen Bericht, war Abraham, ein kleinerer Nomadenfürst, der zur Zeit Hammurabis in der Gegend von Ur in Mesopotamien lebte. Von Gott erhielt er den Auftrag, mit seiner Verwandtschaft die Heimat zu verlassen und nach Kanaan, nach Palästina, zu ziehen. Von hier aus gelangte dann ein Teil der Israeliten nach Ägypten. Mit dem Anwachsen ihrer Bevölkerungszahl wurden sie dort als Gefahr empfunden und unterdrückt. Zwangsweise wurden sie zur Ziegelherstellung herangezogen. Mit Stöcken bewaffnete Aufseher überwachten ihre Arbeit. Als weitere Unterdrückungsmaßnahme der Ägypter erging der Befehl, alle Kinder männlichen Geschlechts, die von israelitischen Frauen geboren würden, zu töten. Das völkische Wachstum der Israeliten sollte im Keime erstickt werden. Verständlicherweise »seufzten die Israeliten unter ihrer Fron und riefen laut um Hilfe. Ihr Notschrei stieg von der Fronarbeit zu Gott empor.« In Moses schickte Gott den Retter.

Moses, um der Tötung zu entgehen von seiner Mutter als Baby auf dem Nil ausgesetzt, von der Pharaonentochter gefunden und am Pharaonenhof aufgewachsen, empörte sich über die Behandlung seines Volkes, erschlug einen Aufseher und mußte fliehen. In einem brennenden Dornbusch erschien ihm Jahwe, der Gott Israels: »Ich habe das Elend meines Volkes gesehen und sein Schreien gehört. Ich will es aus den Händen der Ägypter erretten und (durch dich) in ein gutes und weites Land führen, wo Milch und Honig fließt.« Moses war zweifellos eine historische Gestalt. Er führte sein Volk aus Ägypten, und unter seinem Nachfolger Josua durchdrangen die Israeliten Kanaan, das Gelobte Land. Zu dieser Zeit gab es hier keine kraftvolle Oberherrschaft. Lokale Kleinkönige und Fürsten bekämpften einander, so daß es für die Israeliten nicht allzu schwierig war, in Palästina Fuß zu fassen.

BILD OBEN: Ausschnitt aus dem Relief des »Schwarzen Obelisken« Salamanassars III. König Jehu wirft sich vor dem Assyrerkönig nieder (einzige zeitgenössische Darstellung eines israelitischen Königs). Während Jehu (847–818 v. Chr.) sein Heil darin suchte, sich mit der Großmacht Assyrien zu arrangieren und freiwillig Tribut leistete, vertrat der Prophet Jesaja die Ansicht, Israel dürfe sich weder mit Assyrien noch mit Ägypten noch mit irgendeinem anderen Land verbünden, sondern müsse allein auf Jahwe vertrauen: »Wehe den widerspenstigen Söhnen, spricht Jahwe, die einen Plan durchführen, der nicht von mir kommt, und ein Bündnis schließen, doch nicht durch meinen Geist, um Schuld auf Schuld zu häufen!«
RECHTE SEITE: Jesaja-Text aus den Funden in Qumran am Toten Meer.

Ankunft israelitischer Familien in Ägypten

Unter dem Druck der feindlichen Kanaanäer und Philister schlossen sich die israelitischen Stämme zum Königtum zusammen. Nach langen und grausamen Kämpfen begründete David ein palästinensisches Großreich, dessen Herrschaftsgebiet sich vom Negeb bis zum Libanon erstreckte. Es war die größte Machtausdehnung, die Israel in seiner Geschichte je verwirklichen konnte. Jerusalem wurde zur sakralen Hauptstadt des Reiches. Davids Nachfolger Salomon konnte die Einheit des Reiches zwar noch behaupten, nach seinem Tode aber zerfiel es in das Nordreich Israel und in das Südreich Juda.

Im Spannungsfeld Ägyptens und der assyrischen wie babylonischen Großreiche war Palästina mehr Objekt als Subjekt der Geschichte. Von besonderer Bedeutung war die Eroberung Jerusalems durch Nebukadnezar und die Verschleppung insbesondere der Stadtbewohner in die »Babylonische Gefangenschaft« (586–538 v. Chr.). »Erst durch das babylonische Exil«, schreibt Veit Valentin, »hat sich die Kultgemein-

schaft des Judentums gebildet, als Ersatz für die verlorene staatliche Selbständigkeit. Sie war erfüllt von dem Glauben an Jahwe, den strengen, durch kein Bildnis zu versinnbildlichenden Weltgott, der einst durch den Messias, den Bringer des Heils, für das auserwählte Volk das Reich Davids als das oberste Reich der Welt wiederherstellen soll.« Als ethnisch-kultische Einheit hat sich das Judentum von seiner Frühzeit bis heute auch in der weltweiten Diaspora behaupten können.

Nach der Eroberung des Neubabylonischen Reiches durch Kyros II. profitierten auch die ins Exil verschleppten Juden von der religiösen Toleranzpolitik des Perserkönigs. Schubweise konnten sie nach Palästina zurückkehren. Der Tempel in Jerusalem durfte wieder aufgebaut werden. Doch erlangten die Juden im persischen Satrapiensystem die volle politische Selbständigkeit ebensowenig wie im Reich Alexanders des Großen, unter der Herrschaft der Diadochen, der Seleukiden und der Römer.

BILD OBEN: Auf dem Weg von Ägypten ins Gelobte Land wurden Moses auf dem Gipfel des Berges Sinai die zehn Gebote offenbart. Am Fuße des Gebirges wurde dann der Bund geschlossen zwischen Jahwe und seinem auserwählten Volk. Das Volk Israel versprach, Jahwe als einzigen Gott zu verehren und sein Gesetz zu befolgen (»Du sollst keine anderen Götter neben mir haben«). Jahwe seinerseits versprach den Israeliten den Besitz des Landes Kanaan.

RECHTE SEITE: Nach ihrer vierzigjährigen Wanderung kamen die Israeliten endlich an die Grenzen des Landes Kanaan und lagerten am Fluß Jordan. Moses versammelte das ganze Volk und sprach zu ihm: »Ich bin heute 120 Jahre alt, und Gott hat zu mir gesagt: Du sollst nicht über diesen Jordan gehen; Josua soll das Volk hinüberführen.« Und Gott sprach nach dem Tode Moses' zu Josua: »Machet euch auf und ziehet durch den Jordan in das Land, das ich euch geben will.«

BILD OBEN: Blick auf die von Herodes (39–4 v. Chr.) erbaute Fluchtburg Masada. Auch nach der Zerstörung Jerusalems durch den römischen Feldherrn Titus (70 n. Chr.) setzten die fanatischen Zeloten ihren Freiheitskampf fort. Sie zogen sich auf die Verteidigungsanlagen Herodeion, Masada und Machaerus zurück, um hier bis zum letzten Mann zu kämpfen.

ZERSTÖRUNG VON JERUSALEM

Als sich unter Führung der Zeloten (»Eiferer«) Judäa gegen die römische Fremdherrschaft auflehnte, befriedeten die römischen Legionen mit rücksichtsloser Gewalt das Land. Nur das mit starken Mauern befestigte Jerusalem konnte sich etwas länger halten, um dann aber doch, von Hunger und Seuchen erschöpft, kapitulieren zu müssen.

»Aber auch als die Mauer mit Hilfe von Belagerungsmaschinen durchbrochen war, waren sie immer noch nicht bezwungen, sondern töteten gar viele von denen, die mit Gewalt einzudringen versuchten«, schrieb Cassius Dio über den heldenhaften jüdischen Abwehrkampf. »Obwohl sie als Minderheit gegen eine weitaus überlegene Zahl kämpften, wurden sie nicht eher besiegt, als bis ein Teil des Tempels in Brand geriet. Da stürzten sich die einen freiwillig in die Schwerter der Römer, die anderen erschlugen sich gegenseitig, andere brachten sich selbst um, wieder andere sprangen in die Flammen. Und es schien für alle... nicht so sehr Verderben, sondern eher Sieg und Heil und Gnade zu bedeuten, mit dem Tempel zusammen unterzugehen... So wurde denn Jerusalem gerade am Tage des Saturn (Sabbat), den die Juden noch heute am meisten verehren, völlig zerstört.«

Mit der Zerstörung Jerusalems war den Juden ihr Kultzentrum genommen. Die leidvolle Geschichte des nachbiblischen Judentums nahm ihren Anfang.

BILD RECHTS: Relief am Titusbogen in Rom: Der siebenarmige Leuchter, die kostbarste Beute aus dem Tempel in Jerusalem, wird von Legionären im Triumphzug des Titus mitgetragen.

GRIECHENLAND

Im Rahmen der »indoeuropäischen Völkerwanderung« im 2. Jahrtausend v. Chr. besiedelten indogermanische Stämme von der nördlichen Balkanhalbinsel aus das heutige Griechenland. Aus der Verbindung dieser »Urgriechen« oder »Protogriechen« mit der ortsansässigen Bevölkerung entwickelte sich, beeinflußt von der noch älteren minoischen Kultur Kretas, um 1600 v. Chr. das mykenische Griechentum. Während die Minoer ein friedliches, hochzivilisiertes Leben führten, während ihre Herrscher, offensichtlich gestützt auf eine starke Seemacht, in großen, unbefestigten Palästen residierten, waren die Mykener Träger einer streitbaren Kriegerkultur. Mit gewaltigen Festungsmauern versehene Herrenburgen sowie prunkvolle, überreiche Grabbeilagen, Schmuck und Gebrauchsgegenstände aus Gold und Silber, vermitteln uns das Bild einer hierarchisch gegliederten, von einer Kriegerklasse von Fürsten und Königen regierten Gesellschaft, wie sie zuvor in Griechenland unbekannt war.

BILD OBEN: Die beiden »enthaupteten« Löwinnen über dem »Löwentor«, dem Haupteingang der Burg von Mykene. Von dieser monumentalen Festungsanlage erhielt die von 1600 bis 1200 v. Chr. dauernde mykenische Epoche Griechenlands ihren Namen, da hier die bedeutendsten Reste dieser Kultur gefunden worden sind.

BILD LINKS: Ausschnitt aus einem silbernen Trinkhorn, einer Grabbeilage um 1560 v. Chr.: Mykenische Bogenschützen und Schleuderer im Angriff auf eine befestigte Stadt.

HELLENEN

Das Vordringen der Illyrer aus Mitteleuropa führte
um 1200 v. Chr. in Griechenland und Kleinasien zu
einer Zeit schwerster Unruhen, zu Invasionen und
Völkerwanderungen. Bedrängte Dorer und Nord-
westgriechen der nördlichen Balkanhalbinsel stießen
nach Süden vor und vernichteten die mykenische
Kultur. Für immer fielen ihre Burgen und Städte der
gewaltigen Zerstörungswelle zum Opfer.
Von 1200 bis 800 v. Chr., dem »dunklen Zeitalter«,
ist wenig bekannt. Doch wurden hier die Fundamente der eigentlichen griechischen Geschichte gelegt. Nicht ein mächtiger Eroberer bildete ein zentra-
lisiertes Großreich, sondern von einzelnen Gemeinwesen aus entwickelte sich mit der Herausbildung
der Polis die für Griechenland typische Staatsform.
Die Polis, eine Stadt mit dem sie umgebenden Land,
war eine sowohl nach außen wie nach innen souveräne politische Einheit. In ihr lebten die Vollbürger, die minderberechtigten Freien und die Sklaven.
In der Polis fand der einzelne Schutz und Sicherheit.
In ihr, nicht in einem größeren Griechenland, sah der
jeweilige Bewohner einer Polis sein Vaterland.
Trotz dieser politischen Zersplitterung empfanden
sich die Griechen oder Hellenen, wie sie sich in be-
wußter Abgrenzung zu den Nichtgriechen, den »Barbaren«, seit dem 8. Jahrhundert nannten, als kulturelle Einheit. Die Gemeinsamkeit der Sprache, die
Homerischen Epen, die zahlreichen Mythen, Götter-
und Heldensagen, die großen Wettspiele sowie der
Stolz auf die gemeinsame Abstammung kennzeichneten und erhielten das Gemeinschaftsbewußtsein
der Hellenen.

BILD LINKS: Historische Mauern des ehemaligen Troja. Nach antiker Überlieferung kämpften die mykenischen Griechen im Trojanischen Krieg von 1194 bis 1184 v. Chr. zehn Jahre lang um die Stadt. Ursache dieses Krieges, so berichtet Homer, war der griechische Wille, die von dem Trojaner Paris geraubte Gattin des Griechen Menelaos, Helena, zurückzugewinnen. In der Ilias schildert Homer in dichterischer Form die großen Taten einer heroischen Vergangenheit. Aus den Worten des Griechen Glaukos über den Auftrag seines Vaters spricht die Ehrauffassung des Homerischen Helden: »Dieser sandte nach Troja mich her und mahnte mich sorgsam, immer der erste zu sein und ausgezeichnet vor anderen, daß ich der Väter Geschlecht nicht schändete.«

BILD UNTEN: Das Anwachsen der Bevölkerung, der karge Boden der gebirgigen Landschaft, die damit verbundene soziale Not sowie politische Streitigkeiten und kommerzielle Interessen führten zwischen 750 und 550 v. Chr. zur großen griechischen Kolonisationsbewegung. Vom Schwarzen Meer über Unteritalien bis nach Spanien erstreckte sich das griechische Einflußgebiet. Ein weiteres Vordringen verhinderten in Afrika die Phönizier, in Italien die Etrusker. Träger der Kolonisation waren die einzelnen Städte. Zu ihren überseeischen selbständigen und freiheitsliebenden Kolonien unterhielten sie nur lose Beziehungen.

BILD OBEN: Über Homer, hier auf einer Münze aus dem 4. Jahrhundert v. Chr., ist nur wenig bekannt. Doch soll er im 8. Jahrhundert v. Chr. gelebt haben. Seine Bedeutung für das traditionelle und sakrale Gemeinschaftsbewußtsein der Griechen ist jedoch unbestritten. »Der Glaube an die Olympischen Götter einte alle Hellenen, und es ist das geschichtliche Verdienst Homers und seiner Epen, wenn neben den ungezählten lokalen Gottheiten die Gestalten der Olympier überall in Hellas Anerkennung und kultische Verehrung gefunden haben.« (Hermann Bengtson, Fischer-Weltgeschichte, Bd. 5: Griechen und Perser.)

Von Homer sind uns zwei umfangreiche Epen, die Ilias und die Odyssee, überliefert. Während die Ilias von den Kämpfen um Troja handelt, beschreibt die Odyssee die Heimkehr des griechischen Helden Odysseus, seine langen abenteuerlichen Irrfahrten und das treue Ausharren seiner Gattin Penelope, die allen Versuchungen der Freier standhielt.

BILD LINKS: Höhepunkt der Ilias, der Kampf zwischen dem griechischen und dem trojanischen Helden, Achilleus und Hektor, in dem Hektor, der Sohn des trojanischen Königs Priamos, getötet wurde. »Also strahlte die Schärfe des Speeres, welchen Achilleus / Schwang mit der Rechten, Verderben ersinnend dem göttlichen Hektor, / Spähend, wo er könnte den Körper des Schönen verwunden.«

BILD OBEN: Als die Griechen auch nach dem Tod Hektors Troja noch immer nicht einnehmen konnten, hörten sie auf den Rat des ebenso mutigen wie listig-schlauen Odysseus, das Trojanische Pferd zu bauen. Durch eine Bresche in der Stadtmauer – die Tore waren zu klein – wurde das überdimensionale hölzerne Pferd, in dem sich die tapfersten griechischen Kämpfer versteckt hatten, von den Trojanern in die Stadt gezogen, um es der Göttin Athene zu weihen. Mit dieser List gelangten die Griechen in die Stadt, ihre Mitkämpfer konnten folgen. Das Schicksal Trojas war besiegelt.

Von den großen panhellenischen Wettspielen zu Ehren der Götter gewannen die 776 v. Chr. erstmals registrierten Spiele zu Olympia in Elis beim Heiligtum des Zeus ein so großes Ansehen, daß später die Zeit nach ihnen berechnet wurde. Eine Olympiade umfaßte vier Jahre. In diesem regelmäßigen Turnus trafen Athleten und Zuschauer aus ganz Griechenland im Stadion von Olympia zusammen. Während der Spiele herrschte allgemeiner Gottesfriede. Die Waffen ruhten, Rechtsstreitigkeiten wurden aufgeschoben, Todesurteile blieben unvollstreckt. Jeder Olympiapilger konnte in völliger Sicherheit nach Olympia und nach den Spielen wieder zurück in seine Heimat reisen.

Die aktiven Teilnehmer mußten sich in der klassischen Zeit einer Reihe strenger religiöser und sport-licher Prüfungen unterwerfen und angesichts des mit Blitzen drohenden Göttervaters Zeus einen heiligen Schwur leisten, sich vorschriftsmäßig auf die Spiele vorbereitet zu haben und die olympischen Kampfregeln einhalten zu wollen. Dem Sieger, dem Olympioniken, winkte als Preis ein schlichter Zweig vom wilden Olivenbaum und großer Ruhm. Er durfte seine Statue in Olympia aufstellen, in seiner Heimatstadt wurde er mit Triumph empfangen und als Held gefeiert.

Als die Spiele im Jahr 394 n. Chr. durch den oströmischen Kaiser verboten wurden, hatten sie ihren kultischen Charakter und moralischen Anspruch längst verloren. Die Kämpfer zu Ehren der Götter waren zu Berufsathleten, die edlen Wettkämpfe zum Showsport herabgesunken.

Jahr v. Chr.	Kampfart
776	Stadionlauf
724	Doppellauf
720	Langlauf; erstmalig Nacktkampf
708	Fünfkampf und Ringkampf (Am ehesten dem catch as catch can vergleichbar; gesiegt hatte, wer seinen Gegner dreimal zu Boden warf.)
688	Faustkampf
680	Wagenrennen mit Viergespann
648	Pankration (Ring- und Faustkampf) und Reiten
632	Wettlauf und Ringen der Knaben
628	Fünfkampf der Knaben (sofort wieder abgeschafft)
616	Faustkampf der Knaben
520	Waffenlauf (Anfangs liefen die Wettkämpfer in voller Ausrüstung mit Helm, Beinschienen, Schild und Speer, später nur noch mit Helm und Schild.)
500	Wagenrennen mit Maultieren (Apene)
496	Reiten auf Stuten (Kalpe)
444	Apene und Kalpe abgeschafft
408	Wagenrennen mit Zweigespann
396	Wettkampf der Herolde und Trompeter
384	Wagenrennen mit Fohlen im Viergespann
268	Wagenrennen mit Fohlen im Zweigespann
256	Reiten auf Fohlen
200	Pankration der Knaben

Im Laufe der Entwicklung der Olympischen Spiele wurden immer wieder neue Disziplinen eingeführt und auch bereits eingeführte Sportwettbewerbe wieder abgesetzt.

BILD OBEN: Als »Boxhandschuhe« wurden zum Zweck, die Faust zu schützen, lange Riemen um die Hände gewickelt. Die harten Riemen konnten schwere Verletzungen beim Gegner hervorrufen. Auf die empfindlichen Körperteile, gegen Kopf, Ohren, Nase, Kinn und Zähne wurden die Schläge im olympischen Faustkampf gerichtet.

BILD LINKS: Wagenrennen mit Viergespann. Nicht die Wagenlenker, sondern die Eigentümer der Gespanne erhielten den Siegeskranz. Daher schickten reiche Bürger oft mehrere Berufsfahrer ins Rennen, um die Ehre für sich einzuheimsen.

LINKE SEITE: Fünfkämpfer beim Diskuswerfen, dargestellt als Sieger im Diskuswerfen, Speerwerfen und Ringen. Zum Fünfkampf gehörten noch das Laufen und das Springen. »Wer seine Füße rasch nach vorn zu werfen vermag und ausdauernd läuft, ist ein Läufer. Wer fest und mit Kraft den Gegner zu pressen versteht und auch selbst den Druck aushält, ist Ringkämpfer. Wer sich mit Schlägen einen Gegner vom Leibe hält, ist Faustkämpfer, wer beides kann, ist Pankratiast. Aber wer in allem Meister ist, ist Pentathlos.« (Aristoteles)

BILD OBEN: Im Pantheon der zahlreichen olympischen Götter und Göttinnen war Zeus der höchste unter den griechischen Gottheiten. Auf dem Olymp, einem Berg in Thessalien, führte er im hierarchischen Götterhimmel das Regiment. Zeus war der Vater der Menschen und der Götter. Er sandte Regen, sprach im Donner und schmiedete den Blitz. Die ganze Ordnung der Natur ruhte in seiner Hand. Er kannte Gegenwart und Zukunft, er wachte über die Heiligkeit des Eides, die Rechte des Gastes und der Flüchtlinge, er war Schirmherr von Haus, Familie und Staat. Bei den zahlreichen Eifersüchteleien und Streitigkeiten der übrigen Götter war es letzlich immer sein Wille, der sich durchsetzte. Zeus war und blieb der Herr des Schicksals.

RECHTE SEITE: Pallas Athene, die jungfräuliche Stadtgöttin Athens, Göttin der Weisheit und der klugen Kriegführung, Erfinderin des Schiffbaus und der Flöte, Schützerin des Ölbaumes und der weiblichen Handarbeiten. Trotz ihrer Bedeutung als Stadtgöttin wurde sie überall in Griechenland in eigenen Tempeln verehrt. Als Lieblingstochter des Zeus – den Griechen galt Pallas Athene als dessem Haupt entsprungen – hatte sie Anteil an der Macht ihres Vaters, dem sie als stets engstens verbunden betrachtet wurde.

Als Ebenbild des Menschen, nur stärker, schöner und unsterblich, waren die homerischen Götter mit allen menschlichen Tugenden und auch Lastern ausgezeichnet.

LINKE SEITE: Dionysos, der Gott des Weines und der Festlich-keiten. Mit seinen Dämonen, Satyrn, Waldgeistern mit Bock-schwänzen, Mänaden, rasenden Frauen, und Silenen, stumpf-nasigen Lüstlingen mit wulstigen Lippen, verkörperte er nicht wie Apollon Maß und Mitte, sondern das Gegenteil, Schwel-gerei und orgiastische Ekstase. Mit lärmender Musik und wilden Tänzen zogen seine Anhänger über das Land, um sich ihrer berauschten Besessenheit hinzugeben.

BILD OBEN: Ursprünglich ein grausamer und furchterregender Gott, entwickelte sich Apollon zur vielverehrten Gottheit des Lichtes, der Gesundheit und der Harmonie. Er verkörperte die griechischen Tugenden »Erkenne dich selbst« und »Nichts im Übermaß«. Mit seiner ausgeprägten körperlichen Schönheit war er auch der Gott der Jünglinge. Bei ihrer Aufnahme als Män-ner weihten sie ihm ihr langes Haar. Hauptkultstätte Apollons war sein Orakel in Delphi.

BILD OBEN: Ödipus vor der Sphinx. Wegen des Orakelspruchs, er werde einst seinen Vater töten, wurde Ödipus, der Sohn des thebanischen Königs Laios, nach seiner Geburt mit durchbohrten Füßen im Gebirge ausgesetzt. Ein Hirte fand den hilflosen Knaben und brachte ihn an den Hof des Königs Polybos von Korinth, wo er als dessen eigener Sohn aufgezogen wurde. Als Ödipus nun selbst den Orakelspruch zu hören bekam, er

werde seinen Vater töten und seine Mutter ehelichen, mied er Korinth, um nicht mehr in der Nähe seiner vermeintlichen Eltern zu verweilen. Ahnungslos erschlug er auf der Reise seinen Vater Laios und befreite daraufhin durch die Lösung des Rätsels der Sphinx die Stadt Theben von diesem Ungeheuer. Als Dank erhielt er die thebanische Königswürde und, ohne es zu ahnen, die eigene Mutter zur Gemahlin, die ihm vier Kinder

gebar: Eteokles, Polyneikes, Antigone und Ismene. Als unter seiner Herrschaft die Stadt von der Pest befallen wurde, verkündete das Delphische Orakel, die Seuche würde erst weichen, wenn der Mörder des Laios bestraft sei. Als die Wahrheit, die der Seher Teiresias schon längst erkannt hatte, herauskam, blendete sich der verzweifelte Ödipus und irrte in der Fremde umher, um dann doch noch ein friedliches Ende zu finden.

BILD OBEN: Die berühmten Löwen aus Naxosmarmor auf der Insel Delos. Neben Delphi war Delos, die Geburtsstätte Apollons, die wichtigste Stätte des Apollonkultes. »Der Herr (Apollon), dem das Orakel in Delphi eigen ist, spricht nichts aus und verbirgt nichts, sondern er macht nur Andeutungen.« (Heraklit) Von Delphi aus fanden von Beginn des 7. Jahrhunderts v. Chr. an die moralischen Grundgebote ihren Weg ins Volk.

DAREIOS I.

Mit den Eroberungen des Königs Kyros (558? bis 529 v. Chr.) begann die große Geschichte der Perser. Unter seiner Führung wurde das persische Weltreich errichtet. Unter Dareios I. (521–486 v. Chr.), der dem Reich eine feste Ordnung gab, mußten sich auch die ionischen Kolonien Kleinasiens der persischen Oberherrschaft beugen. Den Ioniern wurde jede Autonomie genommen, sie hatten Tribute zu zahlen und Militärdienst zu leisten. Ihre örtlichen Tyrannen waren persischen Provinzialgouverneuren unterstellt. Nur widerwillig unterwarfen sich die Ionier dem persischen Joch, bis sie im Ionischen Aufstand (500 bis 494 v. Chr.) im offenen Kampf gegen die Fremdherrschaft revoltierten. Von Athen und Eretria nur ungenügend unterstützt, scheiterten die griechischen Ionier nach anfänglichen Erfolgen und hartnäckigen Kämpfen an der persischen Übermacht. Zur Strafe wurde Milet, die reichste und prächtigste aller ionischen Städte, das Ausgangszentrum des Aufstandes, völlig vernichtet. Die Unterstützung des Ionischen Aufstandes nahm Dareios zum Anlaß, im Krieg gegen Griechenland sein Herrschaftsgebiet auszuweiten.

BILD OBEN: Der Perserkönig Dareios mit Lanze und Bogen auf einem »Dareikos«, einer persischen Goldmünze. Erstmals in der Geschichte des Münzwesens ist nicht nur das Portrait, sondern das ganze Bild des Herrschers auf einem Geldstück abgebildet. Unter Dareios und seinem Sohn Xerxes (486–465 v. Chr.) suchten die Perser den Entscheidungskampf mit Griechenland.
BILD LINKS: Leibwächter am östlichen Aufgang zum Königspalast in Persepolis. Die monumentale Palastanlage war ganz darauf angelegt, die Machtfülle der persischen Großkönige zum Ausdruck zu bringen. Die von ihnen vertretene Weltreichsidee kannte praktisch keine Grenzen der Expansion. Die gesamte damals bekannte Welt, alle Völker der vom Okeanos (Ozean) umströmten Erdteile, hatten sich ihrem Herrschaftsanspruch zu unterwerfen.

PERSERKRIEGE

Im Sommer des Jahres 490 v. Chr. lief die persische Flotte aus, um Griechenland zu unterwerfen. Insgesamt 25000 gut ausgerüstete persische Soldaten gingen an Land. 10000 Athener, verstärkt durch einige Hilfstruppen, verließen daraufhin in einem kühnen Entschluß unter Führung des Strategen Miltiades die Stadt und zogen dem Feind entgegen, um sich in offener Feldschlacht bei Marathon dem Gegner zu stellen. Obwohl die Perser zahlenmäßig überlegen waren, behielten die besser bewaffneten und besser trainierten griechischen Hopliten die Oberhand. Einen vernichtenden Sieg errangen sie jedoch nicht, da es den Persern gelang, einen Großteil ihres Heeres auf die Flotte zu bringen und in die Heimat zu retten. Auch ließen sie sich durch diese Niederlage nicht davon abhalten, weiterhin ihre Weltherrschaftspläne zu verfolgen. Unter der persönlichen Führung ihres Königs Xerxes, des Nachfolgers von Dareios, rüsteten sie zum zweiten Perserzug.

Das gewaltige persische Heer, das im Frühjahr 480 v. Chr. auf zwei Schiffsbrücken den Hellespont überschritt, wird auf 50000–100000 Mann geschätzt.

An den Thermopylen, dem Einfallstor nach Mittelgriechenland, einem Engpaß, der sich auch mit zahlenmäßig unterlegenen Streitkräften verteidigen ließ, sollte der Vormarsch der Perser aufgehalten werden. Nicht mehr als 6000 Griechen, darunter nur 300 Spartaner, standen zum Abwehrkampf bereit. Drei Tage lang versuchten die Perser vergeblich, den Engpaß im Sturmangriff zu nehmen. Erst als ihnen ein Umgehungsweg verraten wurde, standen die Griechen auf verlorenem Posten. Die sichere Niederlage vor Augen, ließ nun ihr Anführer, der Spartanerkönig Leonidas, den Großteil seiner Soldaten vom Schlachtfeld abziehen, um mit einer verbleibenden Resttruppe den Vormarsch der Perser noch möglichst lange aufzuhalten. Als die Griechen schließlich kapitulieren mußten, hatten sie den Landkrieg gegen die Perser verloren.

BILD LINKS: Die berühmte Aristionstele, ein von Aristokles um 510 v. Chr. gemeißeltes Grabrelief des Kriegers Aristion. – 20 Jahre später konnten die griechischen Hopliten, die schwerbewaffnete, für den Nahkampf trainierte Infanterie, in der Schlacht bei Marathon 490 v. Chr. die persischen Streitkräfte besiegen. Der Läufer von Marathon, der den Sieg nach Athen gemeldet haben und dann mit den Worten »Wir haben gesiegt« tot zusammengebrochen sein soll, gehört allerdings in den Bereich der Legende.

RECHTE SEITE: Der Spartanerkönig Leonidas. An der Stätte seines Verzweiflungskampfes bis zum Tod des letzten Mannes in der Schlacht an den Thermopylen verewigten die Spartaner auf einem Denkmal die Inschrift: »Wanderer, kommst du nach Sparta, verkündige dorten, du habest / Uns hier liegen gesehen, wie das Gesetz es befahl.«

THEMISTOKLES —
SIEGER VON SALAMIS

Schon nach dem Sieg von Marathon war der Athener Themistokles davon überzeugt, daß die Auseinandersetzung mit den Persern noch nicht vorüber sei. Gegen den Widerstand seiner Mitbürger gelang es ihm, den verstärkten Ausbau der athenischen Flotte durchzusetzen.

»Von nun an«, schrieb Plutarch, »führte Themistokles seine Vaterstadt Schritt für Schritt dem Meer zu. Er ließ sich dabei von der Überzeugung leiten, daß das Landheer nicht einmal den Grenznachbarn gewachsen sei, während Athen mit einer Seemacht die Barbaren im Schach halten und die Herrschaft über Griechenland erringen könnte. So machte er, wie Platon sagte, aus standfesten Hopliten Matrosen und Seeleute, was ihm den Vorwurf eintrug, er habe seinen Mitbürgern Schild und Speer aus der Hand genommen und das Athenervolk an die Ruderbank gefesselt... Daß aber das Meer den Griechen die Ret-

BILD OBEN: Themistokles, der Sieger von Salamis. Er deutete den Orakelspruch, sich hinter »hölzernen Mauern« zu verteidigen, dahingehend, die Entscheidung mit den Persern auf »hölzernen« Schiffen zur See zu suchen.
BILD UNTEN: Griechisches Kriegsschiff mit Rammsporn.

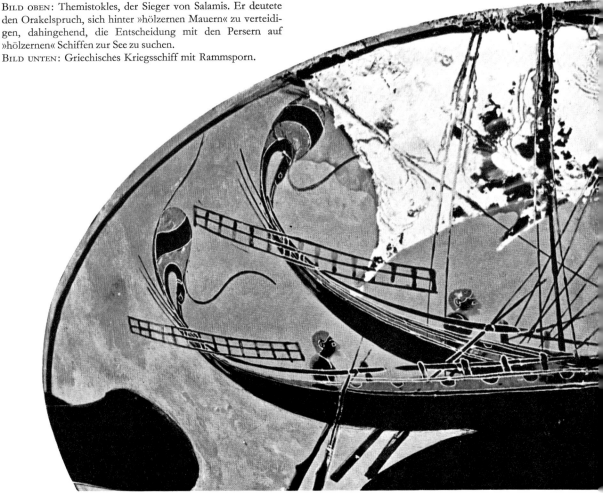

tung brachte, daß jene Trieren Athen aus Schutt und
Asche wieder aufrichteten, dafür ist Xerxes der beste
Zeuge. Nach der Niederlage zur See machte er sich
eilig davon, obwohl sein Landheer die volle Schlag-
kraft bewahrt hatte, denn er fühlte sich den Griechen
nicht mehr gewachsen.« (Plutarch: Themistokles.)
Diese Niederlage zur See erlitten die Perser in der
Schlacht bei Salamis (September 480 v. Chr.). Die
kleineren, beweglicheren Schiffe der Griechen fügten
den großen, weniger manövrierfähigen persischen
Kriegsschiffen so starke Verluste zu, daß sich Xerxes
dazu gezwungen sah, den Kampf abzubrechen. Die
Taktik des Themistokles, dem Feind zu Lande defen-
siv und zu Wasser offensiv zu begegnen, hatte sich
glänzend bewährt. Die zahlenmäßig unterlegenen
Griechen hatten im Kampf um Sein oder Nichtsein
dem persischen Expansionsdrang die entscheidende
Niederlage bereitet.

Ein Jahr später wurde bei Plataä auch das in Griechenland verbliebene persische Landheer geschlagen, die
Entwicklungsfreiheit der griechischen Kultur vor
dem Anspruch des theokratischen Despotismus des
Orients endgültig gesichert.

BILD OBEN: Befehl des Themistokles zur Mobilmachung der
Athener Bürger und zur Evakuierung der Frauen und Kinder
vor dem Ansturm der Perser. »Volk und Rat haben beschlossen,
die Athener in Thrazien und auf der Insel Salamis unterzubrin-
gen.«

PERIKLES

Unter der dreißigjährigen Führung des Perikles (461–429 v. Chr.) erlebte Athen sein »goldenes Zeitalter«. Der 477 gegründete attisch-delische Seebund, dem mehr als 200 Küstenstädte des Ägäischen Meeres angehörten, wurde zum Attischen Reich, zu einem einheitlichen Wirtschafts-, Münz- und Rechtsgebiet umgebildet. Die Bündner hatten Tribute an die herrschende und schützende Seemacht zu zahlen. Die Bundeskasse wurde von Delos nach Athen verlegt, das Geld zum großzügigen Ausbau der Stadt verwendet. Den Kritikern dieser Politik antwortete Perikles mit der Stimme des selbstbewußten athenischen Imperialismus: »Die Bundesgenossen stellen uns kein einziges Pferd, kein Schiff, keinen Soldaten zur Verfügung, sie geben uns nichts als ihr Geld. Das Geld aber gehört nicht denen, die es zahlen, sondern denen, die es bekommen, sofern sie für den erhaltenen Betrag die vereinbarte Gegenleistung erstatten.« (Plutarch.) Innenpolitisch vollendete Perikles für Athen die Staatsform der direkten Demokratie. Die höchste Autorität des Staates verkörperte sich in der Volksversammlung, zu der alle Vollbürger der Stadt zugelassen waren. Ausgeschlossen blieben neben den Frauen die Metöken, zugewanderte »Mitbewohner«, und die Sklaven.

BILD OBEN: Harmodias und Aristogeiton. Obwohl sie den Tyrannen Hipparchos 514 v. Chr. aus persönlichen Gründen umgebracht hatten, wurden sie von der Athener Bevölkerung als »Tyrannenmörder« hoch geehrt. Als Symbol des athenischen Freiheitswillens wurde ihnen ein Denkmal gesetzt.

BILD LINKS: Die Rednertribüne auf der Pnyx, einem Hügel in Athen. Auf einer künstlich angelegten Terrasse, die ungefähr 18000 Leute fassen konnte, wurden hier zur Zeit des Perikles die Volksversammlungen abgehalten.

LINKE SEITE: Perikles, der große Demokrat unter den Politikern Athens. Unter ihm war die Demokratie in Athen, so Thukydides, »in Wahrheit die Herrschaft des ersten Mannes«.

SPARTA:
GEHORCHEN,
KÄMPFEN,
SIEGEN

»Das zur Welt Gekommene aufzuziehen, unterlag nicht der Entscheidung des Erzeugers, sondern er hatte es an einen Ort zu bringen, Lesche (Sprechhalle) genannt, wo die Ältesten der Gemeindegenossen saßen und das Kind untersuchten und, wenn es wohlgebaut und kräftig war, seine Aufzucht anordneten; war es aber schwächlich und mißgestaltet, so ließen sie es zu den sogenannten Apothetai (Ablage) bringen, einem Felsabgrund am Taygetos. Denn sie meinten, für ein Wesen, das von Anfang an nicht fähig sei, gesund und kräftig heranzuwachsen, sei es besser, nicht zu leben, sowohl um seiner selbst wie um des Staates willen... Die Ammen erzogen die Säuglinge dazu, nicht eklig und wählerisch bei Essen zu sein, keine Angst zu haben im Dunkeln, oder wenn sie allein waren, und frei zu sein von häßlicher Übellaunigkeit und Weinerlichkeit... Die Knaben der Spartaner aber wurden nicht in die Hände von gekauften oder gemieteten Pädagogen gegeben, noch durfte jeder seinen Sohn halten und aufziehen, wie er wollte... Sobald sie sieben Jahre alt waren, teilte man sie in ›Horden‹, in denen sie miteinander aufwuchsen, erzogen und gewöhnt wurden, beim Spiel wie bei ernster Beschäftigung immer beisammen zu sein. Als Führer der ›Horde‹ wählten sie sich denjenigen, der sich durch Klugheit und Kampfesmut auszeichnete. Auf ihn blickten sie, hörten auf seine Befehle und unterwarfen sich seinen Strafen, so daß die Erziehung wesentlich in der Übung im Gehorsam bestand. Bei ihren Spielen pflegten die Älteren zuzusehen und öfters Streitigkeiten und Händel unter ihnen zu erregen, um so gründlich zu erproben, wie der Charakter eines jeden Jungen beschaffen war, zu wagen und im Kampf nicht auszureißen. Lesen und Schreiben lernten sie nur soviel, wie sie brauchten; die ganze übrige Erziehung war darauf gerichtet, daß sie pünktlich gehorchen, Strapazen ertragen und im Kampf siegen lernten.«

(Plutarch: Lykurgos)

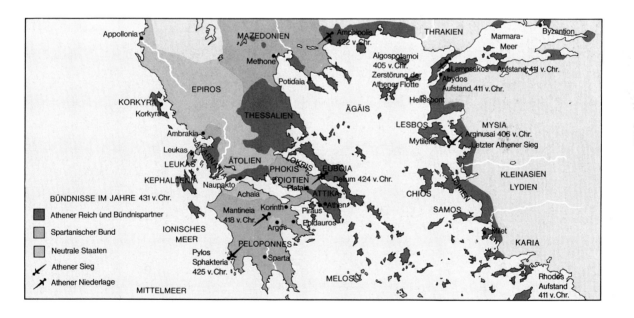

BÜNDNISSE IM JAHRE 431 v.Chr.

- Athener Reich und Bündnispartner
- Spartanischer Bund
- Neutrale Staaten
- Athener Sieg
- Athener Niederlage

BILD OBEN: Griechenland vor Ausbruch des Peloponnesischen Krieges zwischen Athen und Sparta. – Während sich in Athen die Staatsform der Demokratie entwickelt hatte, hatten die Spartaner ihre kriegerische Lebensform der Wanderzeit beibehalten. Die Urbewohner mußten als Heloten, als Staats-

LINKE SEITE: Korenhalle des Erechtheion auf der Akropolis in Athen. Eine Urkunde über den Bau dieses Tempels nennt uns die Namen 71 dabei beschäftigter Arbeiter: 20 Bürger, 35 Metöken (ortsansässige Fremde) und 16 Sklaven. Metöken und Sklaven spielten im Wirtschaftsleben Griechenlands eine be-

sklaven, das Land bearbeiten. Die Periöken (»Umwohner«) betrieben Handel und Gewerbe. Insgesamt 150000 Heloten und 40000 Periöken wurden von nur 4000–5000 Spartiaten regiert. Die Periöken wurden zwar zum Kriegsdienst herangezogen, hatten aber keinen Zutritt zur Volksversammlung.

deutende Rolle. Die Zahl der Einwohner von Athen wird im perikleischen Zeitalter auf ca. 120000 geschätzt, wovon nur etwa 35000 Vollbürger waren. Die Sklaverei ermöglichte es den Athenern, sich den öffentlichen Aufgaben zu widmen, während Alltags- und Routinearbeiten von Sklaven besorgt wurden.

GRIECHEN GEGEN GRIECHEN

Nach den Perserkriegen standen sich in Griechenland die merkantile, auf ständige Expansion bedachte See- macht Athen und die konservative Landmacht Sparta gegenüber. Im Peloponnesischen Krieg (431–404 v. Chr.) kämpften die beiden Mächte mit ihren Verbün- deten um die Hegemonie in Hellas. Hinter den »lan- gen Mauern«, die Athen mit seinem Hafen Piräus ver- banden, waren die Athener vor den Spartanern in Sicherheit. Diese konnten die Stadt weder einneh- men noch sie von ihrem Handel abschneiden. Die Athener ihrerseits konnten an eine Entscheidungs- schlacht zu Lande ebenfalls nicht denken. Je länger der Krieg dauerte, desto mehr entartete die athenische Demokratie. Nach dem Tod des Perikles wetteiferten ehrgeizige Demagogen um die Gunst des Volkes. Einer von ihnen, Alkibiades, begeisterte die Massen für eine Expedition nach Sizilien, um Syrakus zu erobern (415–413 v. Chr.). Doch auch als dieses Abenteuer mit der völligen Niederlage des griechi- schen Expeditionsheeres endete, konnte Athen noch immer nicht bezwungen werden. Erst als Sparta ein Bündnis mit den Persern einging und selbst eine Flot- te baute, wurde der Krieg entschieden. Bei Ägospo- tamoi am Hellespont gelang es dem Spartaner Lysan- dros, die auf den Strand gezogene athenische Flotte zu überrumpeln und zu vernichten. Als Vergeltung für erlittene Grausamkeiten ließ Lysandros alle 3000 gefangenen Athener hinrichten.

BILD LINKS: Gedenkmünze zum Sieg von Syrakus über das griechische Expeditionskorps. Die Siegesgöttin krönt den Len- ker eines vierspännigen Streitwagens; darunter in der Schlacht zurückgelassene athenische Rüstungsteile.
BILD OBEN: Blick in die berüchtigten Steinbrüche von Syrakus. Nach der Niederlage des griechischen Expeditionsheeres (414 v. Chr.) wurden, so berichtet Thukydides, »... sämtliche Athe- ner und Verbündeten, die man ergriffen hatte, in die Steinbrü- che gebracht, die man für den sichersten Gewahrsam hielt; nur die Führer Nikias und Demosthenes wurden hingerichtet. Die Gefangenen in den Steinbrüchen wurden von den Syrakusanern

in der ersten Zeit sehr hart behandelt. In Massen in dem tief ein-
gehöhlten engen Raume zusammengedrängt, litten sie zuerst
unter den Sonnenstrahlen und der erstickenden Hitze, weil eine
Unterkunft fehlte; die Nächte waren im Gegensatz dazu herbst-
lich und kühl und Krankheiten waren die Folge. Wegen der
Enge mußten alle Verrichtungen an demselben Ort geschehen,
und die Leichen lagen gehäuft übereinander. Die Gerüche waren unerträglich; Hunger und Durst quälten sie; es gab acht
Monate lang nur eine Kotyle Wasser und zwei Kotylen Brot für
den Mann. So hatten die an einem solchen Ort Eingeschlosse-
nen schwer zu leiden, und alles denkbare Elend kam über sie.

Siebzig Tage ungefähr mußten sie so miteinander zubringen,
dann wurden sie mit Ausnahme der Athener und etwaiger
sizilischer und italischer Griechen, die auf ihrer Seite gekämpft
hatten, verkauft. Die Gesamtzahl der Gefangenen ist schwer anzugeben, jedoch waren es mindestens 7000 Mann. Dieses Unternehmen war das größte hellenische in dem ganzen Krieg, das
glänzendste für die Sieger, das unheilvollste für die Vernichteten. Denn in jeder Beziehung waren sie unterlegen. Landheer
und Schiffe waren total vernichtet und nur wenige von vielen
kehrten in die Heimat zurück.« (Thukydides: Der Peloponne-
sische Krieg.)

»Was Athen am meisten zum Schmuck und zur Zierde gereichte, was den anderen Völkern die größte Bewunderung abnötigte und heute allein noch dafür Zeugnis ablegt, daß Griechenlands einstiges Glück, daß der Ruhm seiner früheren Größe nicht leeres Gerede sei, das waren seine prachtvollen Tempel und öffentlichen Bauten«, schrieb Plutarch über die Bautätigkeit des Perikles.

LINKE SEITE: Blick von der Pnyx, dem Ort der Volksversammlung, auf die Akropolis von Athen. Rechts der Parthenon (gr.
parthenos, Jungfrau), der Jungfrauentempel der Göttin Athene.
In den Jahren 448–432 v. Chr. erbaut und schon im Altertum
bewundert, gilt der Parthenon als Höhepunkt der griechischen
Baukunst. Die Akropolis, die bereits um 3000 v. Chr. als Fluchtburg diente, erfuhr ihren glänzenden Ausbau unter Perikles. Aus
der Burg war ein Heiligtum geworden.

BILD OBEN: Zur gleichen Zeit wie der Parthenon erbaut, das
Theseion, der Tempel des Hephaistos, des Gottes des Feuers
und der Handwerker. Jede Gottheit hatte ihren eigenen Kult
und forderte ihren Altar.
UNTEN RECHTS: Der im ionischen Stil erbaute, der Göttin
Athena Nike, der Siegesgöttin, geweihte Niketempel auf der
Akropolis. UNTEN LINKS: Die heute ausgeblichenen griechi-
schen Tempel waren ursprünglich farbig und bunt ausgemalt.

THEATER

In der Komödie »Die Ritter« (424 v. Chr.) nimmt sich Aristophanes den Lederfabrikanten Kleon aufs Korn, der nach des Perikles Tod der führende Staatsmann in Athen geworden war. H. Bengtson schreibt: »Von der Komödie aufs grimmigste angegriffen, von Thukydides ein Menschenalter später mit überlegener Ironie charakterisiert, erscheint Kleon als der echte Totengräber attischer Größe – trotz aller Tatkraft, die ihm niemand abstreiten kann.«
Die ersten Szenen spielen vor dem Haus des Herrn Demos (= Volk), einer Personifikation des athenischen Volkes: »Heißblütig toll, auf Bohnen sehr erpicht. Ein brummig alter Kauz, ein bißchen taub. Herr Demos von der Pnyx«. Dieser hat dem Paphlagonier (Kleon), einem listigen Gauner, der sich bei ihm eingeschlichen hat, alle Gewalt in seinem Hause übergeben. Die beiden Sklaven des Demos – mit ihnen sind die beiden attischen Feldherren Demosthenes und Nikias gemeint – beraten, wie sie den lästigen Kleon loswerden könnten. Kleon schläft gerade einen Rausch aus, Nikias benützt die Gelegenheit, ihm die Orakel zu rauben, durch die er den alten Demos betört hat. Das Orakel sagt: Zuerst wird ein Flachshändler, dann ein Schafhändler, darauf ein Lederhändler die Stadt regieren, und dieser wird durch einen noch größeren Schuft, einen Wursthändler, gestürzt werden. Dieser letzte Teil der Prophezeiung soll sich gleich erfüllen, denn gerade kommt ein Wursthändler die Straße entlang. Die Sklaven rufen ihn an und begrüßen ihn als Herrscher Athens. Der Wursthändler Agorakritos weiß nicht, wie ihm geschieht, und erklärt offen, er sei ein ungebildeter Mensch, könne kaum lesen und schreiben. Aber gerade deshalb hält ihn Demosthenes für geeignet:
»Regieren ist kein Ding für Leute von
Charakter und Erziehung. Niederträchtig,
Unwissend muß man sein! – –
Du hast ja, was
Ein Demagog nur immer braucht: die schönste
Brüllstimme, bist ein Lump von Haus aus, Krämer,
Kurzum, ein ganzer Staatsmann!«
Da erscheint wutschnaubend Kleon, zwischen ihm und Agorakritos beginnt eine Redeschlacht. Der Wursthändler siegt; denn er ist der gemeinere und kann besser brüllen. Am Schluß der Komödie wird aus dem Schurken Agorakritos plötzlich ein Ehrenmann und aus dem schwachköpfigen alten Demos durch Umkochen ein edler Jüngling, der sich seiner dummen Streiche schämt und dem Lande ein besseres Regiment und die gute alte Zeit wieder heraufzuführen verspricht.

BILD OBEN: Aus den religiösen Feiern des Dionysoskultes entwickelte sich das griechische Schauspiel. Einer Tragödie, die nach Aristoteles »Mitleid und Furcht« erwecken sollte, folgte meist eine Komödie, die ihre Zuschauer zu belustigen, aber auch zu belehren hatte. Die Schauspieler trugen Masken, die den Charakter der jeweiligen Rolle zum Ausdruck brachten.
BILD UNTEN: Zwei betrunkene Alte einer griechischen Komödie.
LINKE SEITE: Das große Theater in Epidauros, das am besten erhaltene Theater der Antike. Insgesamt 55 steil ansteigende Sitzreihen umgeben hufeisenförmig den kreisrunden Tanzplatz des Chores.

SOKRATES

PLATON

Dem Satz des Sophisten Protagoras »Der Mensch ist das Maß aller Dinge«, der die in der zweiten Hälfte des 5. Jahrhunderts v. Chr. aufkommende Auffassung der sophistischen Geistesbewegung zum Ausdruck brachte, es gebe keine absolute Wahrheit und daher auch keine absolute Ethik, die sittlichen Begriffe von Gut und Böse entstammten nur der jeweiligen gesellschaftlichen Konvention, diesem ethischen Nihilismus setzte Sokrates (469–399 v. Chr.) seinen ethischen Optimismus entgegen. Durch geistiges Bemühen könne die Tugend erkannt werden. Und wer die Tugend erkannt hat, muß folglich auch tugendhaft handeln. Die einzige Ursache für das Fehlverhalten der Menschen ist ihre Unwissenheit. Deshalb bestand sein Wirken auf den Plätzen, Märkten und Straßen Athens immer wieder darin, seine Mitbürger zur Selbstbesinnung und zur sittlichen Erneuerung aufzurufen.

Als man den unbequemen Kritiker wegen Gottlosigkeit und Verführung der Jugend zum Tode verurteilte, schlug Sokrates die Möglichkeit zur Flucht aus und trank in Konsequenz seiner Rechtsauffassung tapfer den Schierlingsbecher. Da der Staat zerrüttet würde, »indem die einmal gefällten gerichtlichen Urteile keine Kraft haben und durch Privatleute außer Kraft gesetzt und vernichtet werden können«, verwarf Sokrates jeden aktiven Widerstand: »Anwendung von Gewalt ist schon gegen Vater und Mutter ein Unrecht, um wieviel mehr erst gegen das Vaterland.«

Wie bei seinem Lehrer Sokrates, standen auch bei Platon (427–347 v. Chr.) die Probleme der Ethik im Mittelpunkt seiner philosophischen Betrachtungen. Von der menschlichen Natur ausgehend, entwarf er in seiner »Politeia«, einem seiner zahlreichen Werke, einen Idealstaat, in dem die Gerechtigkeit am besten verwirklicht sei. Je nach ihrer unterschiedlichen Veranlagung hätten sich die Menschen der ständischen Gliederung des Staates einzuordnen. Die unterste Stufe bilde der Nährstand, bei ihm dominiere das sinnlich-begehrliche Vermögen, der Nahrungs- und der Geschlechtstrieb. Auf der zweiten Stufe hüteten die »Wächter« den Staat nach innen und nach außen. Ihre Mitglieder prägten Mut und Ehrgeiz. Um sich ganz ihren Aufgaben zu widmen, durften sie kein Eigentum und keine Familie besitzen. Kinder und Frauen waren Gemeineigentum. Dem höchsten Stand, den Philosophen, vor allen anderen ausgezeichnet durch Vernunft und geistige Interessen, müsse es vorbehalten bleiben, das Staatswesen zu beherrschen. Nur die Weisen könnten das Gute und Wahre erkennen und dem Staat die entsprechenden Gesetze geben, wobei sie immer das Gemeinwohl anzustreben hätten. Zwar dürfe man dem Vaterland, »um die Verfassung zu ändern, keine Gewalt antun«, gegen schlechte Anordnungen aber sei die Gehorsamsverweigerung geradezu als Pflicht zu betrachten, »wenn die Staatsordnung... darauf ausgeht, die Menschen sittlich herunterzubringen«.

ARISTOTELES

Im Gegensatz zu seinem Lehrer Platon war Aristoteles (384–322 v. Chr.) kein Idealist, sondern ein Realist. Die Transzendenz, die Überweltlichkeit der Ideen, wurde von Aristoteles abgelehnt und nur ihre Immanenz, ihre Innerweltlichkeit, anerkannt. Alle Dinge bestünden aus Stoff und Form und nur diese Dinge seien real, während Platon gerade umgekehrt nur in der Idee die wahre Realität sah. Aus einer sorgfältigen empirischen Materialsammlung, aus einer Fülle registrierter Einzelerscheinungen suchte Aristoteles mit logischen Schlüssen zu allgemeingültigen Erkenntnissen zu gelangen. Insgesamt 158 Verfassungen griechischer Staaten hatte er untersucht, bevor er seine Staatslehre formulierte. Je nachdem, ob die Staatsgewalt von einem einzelnen, von wenigen oder der großen Menge ausgeübt wurde, unterschied er drei gute und drei entartete Staatsformen: Königtum, Aristokratie und Politeia auf der einen Seite, Tyrannis, Oligarchie (Herrschaft von wenigen) und Ochlokratie (Herrschaft der Masse) auf der anderen. Aristoteles selbst befürwortete als beste Staatsform die Politeia, die Herrschaft der »rechten Mitte«, eine an den mittleren Besitz gebundene Art der gemäßigten Demokratie. Für ihn war der Mensch ein »zoon politikon«, ein auf den Staat hin angelegtes Wesen. Nur im Staat könne sich der einzelne Mensch zur Vollkommenheit entwickeln. Der Zweck des Staates bestehe darin, den Bürger zur Sittlichkeit zu erziehen.

EID DES HIPPOKRATES

»Ich werde die Grundsätze der Lebensweise nach bestem Wissen und Können zum Heil der Kranken anwenden, nie zu ihrem Verderben und Schaden.
Ich werde auch niemandem eine Arznei geben, die den Tod herbeiführt, auch nicht, wenn ich darum gebeten werde, auch nie einen Rat in dieser Richtung erteilen. Ich werde auch keiner Frau ein Mittel zur Vernichtung keimenden Lebens geben.
Ich werde mein Leben und meine Kunst stets lauter und rein bewahren.
Ich werde auch nicht Steinleidende operieren und Männern, die solche Praktiken ausüben, aus dem Wege gehen. In welche Häuser ich auch gehe, die werde ich nur zum Heil der Kranken betreten, unter Meidung jedes wissentlichen Unrechts und Verderbens und insbesondere jeder geschlechtlichen Handlung gegenüber weiblichen Personen wie auch gegenüber Männern, Freien und Sklaven.
Was ich in meiner Praxis sehe oder höre oder außerhalb dieser im Verkehr mit Menschen erfahre, was niemals anderen Menschen mitgeteilt werden darf, darüber werde ich schweigen, in der Überzeugung, daß man solche Dinge geheimhalten muß.«

BILD OBEN: Ein griechischer Arzt untersucht einen magenkranken Patienten. Mit dem Arzt Hippokrates wurde im 5. Jahrhundert v. Chr. die wissenschaftliche Medizin begründet. Nicht mit magischen Kräften, sondern durch eine sich auf sorgfältige empirische Beobachtungen stützende, von einer verantwortungsbewußten Ärzteschaft praktizierten Heilkunde sollte den Kranken geholfen werden.

Nach der Niederlage Athens im Peloponnesischen Krieg gelang es den Spartanern nicht, ihre Vormachtstellung zu nutzen, um ein geeintes Griechenland zu schaffen. Nur die gemeinsame Gefahr im Perserkrieg hatte die Griechen vorübergehend zusammengeführt. Ansonsten triumphierten immer wieder Separatismus und Egoismus der sich gegenseitig bekämpfenden Stadtstaaten. Der Kompromiß, die Verbindung zwischen Freiheit und Macht, ist den Griechen nicht gelungen. Der eigene Machtwille erwies sich immer als zu stark, um andere selbständig neben sich zu dulden. Im Rahmen der Polisverfassung zeigte sich Griechenland nicht in der Lage, aus eigener Kraft eine großräumige staatliche Organisation zu bilden. Der Zusammenschluß erfolgte gewaltsam und von außen durch Makedonien.

Die Makedonen, ein den Griechen verwandtes Bauern- und Hirtenvolk mit Königtum, adligen Geschlechtern und Gemeinfreien, hatten sich die Gesellschaftsstruktur des frühen Griechentums bewahrt. Unter ihrem König Philipp II. (359–336 v. Chr.) stiegen sie zur ersten Macht Europas auf. Philipp verstärkte neben der adligen Reiterei das Fußvolk der freien Bauern, besiegte die griechischen Städte und faßte im Korinthischen Bund bis auf Sparta alle Hellenen unter seiner Führung zusammen. Den einzelnen Gemeinden wurde zwar ihre politische Selbstverwaltung zugestanden, doch waren sie verpflichtet, dem Makedonenkönig Heeresfolge zu leisten. Als Oberbefehlshaber der gesamthellenischen Streitkräfte plante Philipp den Krieg gegen Persien, um die kleinasiatischen Griechen seinem Reich einzugliedern. Da er jedoch einem Mordanschlag makedonischer Verschwörer zum Opfer fiel, blieb dieses Vorhaben seinem Sohn und Nachfolger, Alexander dem Großen, vorbehalten.

BILD OBEN: Vergeblich warnte Demosthenes, der große Redner und Staatsmann Athens, seine Mitbürger vor der makedonischen Gefahr. Seine Reden gegen Philipp (»Philippika«) sind gekennzeichnet durch eine glänzende Dialektik und einen leidenschaftlichen Patriotismus. In Athen gab es aber auch Stimmen, die Philipp dazu aufforderten, Griechenland zu einigen und gegen die Perser zu führen: »Glaube mir: Dein Ruhm wird erst dann unübertrefflich und deiner Taten würdig sein, wenn du die Barbaren gezwungen hast, den Hellenen als Heloten zu dienen ... und wenn du den Mann, der heute noch Großkönig genannt wird, dazu bringst, alle deine Befehle auszuführen. Dann bleibt dir nichts mehr übrig als ein Gott zu werden.«

BILD RECHTS: Philipp II. schuf die Voraussetzungen für Alexander den Großen, das Perserreich zu vernichten und an dessen Stelle sein eigenes Weltreich zu setzen.

PHILIPPIKA

»Daß Philipp aus dem unbedeutenden
und armseligen Anfang seiner Herrschaft zu so gewaltiger Macht empor-
stieg und die Griechen nur Mißtrauen
und Zwietracht untereinander wach-
halten, daß weiter sein Aufstieg weit
ungewöhnlicher ist, als wenn er jetzt,
da er schon so vieles vorweggenom-
men hat, auch das übrige unterwirft,
diese und alle anderen möglichen
Überlegungen solcher Art will ich
übergehen. Aber ich sehe, daß alle
Menschen, an der Spitze ihr Athener,
ihm etwas zugestehen, um dessent-
willen die ganze vergangene Zeit alle
hellenischen Kriege entstanden sind.

Was meine ich damit? Das ist, daß er
tut, was er will, und daß er den Hellenen, einem nach dem anderen, von
ihrem Lande etwas abzwackt, sie aus-
plündert und einfach hingeht und
ihre Städte knechtet...
Und dies sehen wir Griechen alle mit
an, hören die Kunde davon und
schicken einander keine Gesandten
wegen dieser Vorgänge und erheben
keinen Widerspruch. In einer derart
schlimmen Verfassung sind wir und
wie durch Gräben in den einzelnen
Städten voneinander abgesperrt, daß
wir es bis zum heutigen Tage noch
nicht fertigbringen, für unser Interesse und für unsere Pflicht einzutreten, uns zusammenzuschließen und
eine Gemeinschaft der Hilfe und der
Freundschaft zu begründen. Nein,
wir sehen ruhig zu, wie dieser Mensch
mächtiger wird, und jeder einzelne
glaubt, wie mir scheint, die Zeit, in
der ein anderer zugrunde geht, gewonnen zu haben, und er plant und
tut nichts für die Rettung der hellenischen Sache...«   (Demosthenes: Reden.)

BILD RECHTS: Das »Gesetz gegen die Tyrannis« aus dem Jahr 336 v. Chr. Auch unter der
Oberherrschaft Makedoniens wollte Athen
auf seine innenpolitische Freiheit nicht verzichten: »Sollte sich irgend jemand in dem
Versuch, zur absoluten Macht zu gelangen,
gegen das Volk erheben oder versuchen, die
Demokratie Athens zu stürzen, so soll, wer
immer ihn tötet, straflos bleiben.«

BILD OBEN: Philipp II. und Alexander schufen die berühmte makedonische Phalanx (Walze). Bis zu 16 Mann tief gestaffelt, war die geschlossene Masse der Schwerbewaffneten mit Schildern und über 5 Meter langen Stoßlanzen ausgerüstet. Das taktisch kluge Zusammenspiel von Schwerbewaffneten, Leichtbewaffneten und einer hervorragend geschulten Reiterei machte das makedonische Heer unüberwindlich.

BILD UNTEN: Griechen und Perser in der Schlacht am Granikos in Nordwestanatolien (334 v. Chr.). Mit 30000 Makedonen zu Fuß und 5000 Reitern, unterstützt von 7600 griechischen Soldaten, hatte Alexander den Hellespont überschritten. Am Granikos, in seinem ersten Kampf auf asiatischem Boden, wurde der persische Gegner niedergezwungen. Die Griechen Kleinasiens wurden befreit. »Alexander, Sohn des Philipp, und die Griechen – ausgenommen die Spartaner – haben den Barbaren diese Beute abgewonnen«, lautete die Siegesbotschaft nach Athen.

BILD OBEN: Die Alexanderschlacht, der Kampf zwischen Alexander (links) und dem persischen König Dareios III. (rechts) in einer Mosaikkopie Augusteischer Zeit aus Pompei. In dieser Schlacht bei Issos (333 v. Chr.) sah sich Dareios zur Flucht gezwungen. Alexander, der sich nun »König von Asien« nannte, eilte von Sieg zu Sieg. Ägypten wurde erobert, die persischen Königsstädte Susa und Persepolis besetzt. Mit unverminderter Energie drängte er auf weitere Expansion; die ganze Welt sollte unterworfen werden. 327 v. Chr. zog er nach Indien, überquerte den Indus und besiegte den mächtigen Inderkönig Poros. Doch jetzt weigerten sich seine abgekämpften und erschöpften Truppen, ihm beim weiteren Vorstoß über den Hyphasis zu folgen. Alexander mußte sich zum Rückzug entschließen.

UMKEHR IN INDIEN

»Er selber zog mit dem Heer weiter zum Hyphasis, um auch die Inder jenseits des Stromes zu unterwerfen. Er dachte überhaupt noch gar nicht an ein Ende des Krieges, solange es noch irgendwo einen Feind gab... Aber bei den Makedonen war der Mut zu neuen Unternehmungen schon stark gesunken. Sahen sie doch, daß der König Strapazen auf Strapazen und Gefahren auf Gefahren heraufführte; es fanden auch Versammlungen von Soldaten im Lager statt; die einen, die noch die beste Gesinnung hatten, jammerten über ihre Lage, die anderen dagegen erklärten mit stärkstem Nachdruck, sie würden dem König nicht weiter folgen, auch dann nicht, wenn er sie führte! Als dies Alexander erfuhr, rief er, bevor die Aufregung unter den Truppen und ihre Entmutigung weiter um sich griff, die Kommandeure der einzelnen Heeresteile zusammen und hielt an sie folgende Ansprache: ›Ich sehe, ihr makedonischen Männer und ihr Bundesgenossen, daß ihr mir nicht mehr mit derselben Gesinnung in die Gefahren folgt wie bisher. Darum habe ich euch zusammengerufen, um euch zu überreden und weiterzuführen oder, falls ihr mich überredet, mit euch umzukehren. Wenn euch nämlich die bisher überstandenen Strapazen und ich selber als euer Führer zuwider sind, dann hat für mich jedes weitere Wort an euch keinen Zweck mehr. Wenn aber Ionien infolge dieser Strapazen in unserem Besitz ist und der Hellespont und beide Phrygien, Kappadokien, Paphlagonien, Lydien, Karien, Lykien, Pamphylien, Phönikien, Ägypten mit dem griechischen Libyen und Teile von Arabien und das Hohle Syrien und das Land zwischen den beiden Strömen und Babylon und das Volk der Susier und Persien und Medien und alles Land, was Perser und Meder beherrschten, wie auch die Völker, über die sie nicht herrschten, die jenseits der Kaspischen Tore, die jenseits des Kaukasus, die am Tanais, die Völker noch jenseits desselben, die Baktrier, Hyrkaner, das Hyrkanische (Kaspische) Meer, und wenn wir die

Skythen bis in die Wüste zurückgescheucht haben und, bei Gott!, außer allem diesen der Indusstrom durch unser Land fließt und der Hydaspes, der Akesines, der Hydraotes – was zaudert ihr da, den Hyphasis und die Völker jenseits des Stromes unserm makedonischen Reich einzuverleiben?‹ ...

Diese Worte Alexanders wurden mit tiefem Schweigen aufgenommen. Keiner wagte dem König offen zu widersprechen, und keiner wollte ihm zustimmen. Daher forderte Alexander sie zu wiederholten Malen auf, es sollte einer sprechen, der etwa das Gegenteil von dem meine, was er gesagt hätte. Trotzdem hielt noch lange Zeit das Schweigen an. Schließlich faßte sich Koinos, der Sohn des Polemokrates, ein Herz und sprach folgendes: ›... Je mehr und je größere Taten von dir als unserem Führer und von denen, die zusammen mit dir aus der Heimat ausgezogen sind, vollbracht worden sind, um so mehr scheint es mir

WELTHERRSCHAFT

BILD OBEN: Die sog. Azera-Herme, die wertvollste Darstellung Alexanders des Großen. Die Inschrift lautet: »Alexandros Sohn Philipps der Make(done).« Als kluger Staatsmann wußte Alexander, daß er sein riesiges Weltreich nicht einfach als Kolonie verwalten konnte. Sollte das Reich von Dauer sein, mußten die einzelnen Elemente zusammengeschmolzen werden. Im Rahmen dieser Verschmelzungspolitik heiratete er die baktrische Prinzessin Rhoxane und später noch die Tochter Dareios' III. Zur Verbindung von 10 000 Makedonen mit Asiatinnen stiftete er in Susa ein fünftägiges Vermählungsfest. Perser, Griechen und Makedonen wurden zu gleichberechtigten Untertanen, das Reich, das jedem Volk seine eigene Kultur beließ, auf föderativer Grundlage zusammengefaßt, durch ein großes Söldnerheer beschützt und ein Berufsbeamtentum verwaltet. Die Verschmelzung der griechischen Kultur mit der Gedankenwelt Asiens führte zum Hellenismus.

Noch bevor Alexander darangehen konnte, auch den westlichen Mittelmeerraum zu erobern, erkrankte er an Fieber und starb, erst 33 Jahre alt, in Babylon. Unter seinen Nachfolgern, auf griechisch Diadochen, zerfiel in mörderischen Diadochenkämpfen das Reich. Der Weltherrschaftsgedanke aber blieb bestehen. Er wurde von Rom aufgenommen und verwirklicht.

BILD RECHTS: Nach dem erzwungenen Rückzug aus Indien kehrte des makedonische Heer, nachdem es zu Schiff an den Indischen Ozean gelangt war, auf zwei Wegen nach Babylon zurück. Auf dem Landweg unter Alexander und auf dem Seeweg unter der Führung des makedonischen Feldherrn Nearch.

geboten zu sein, den Strapazen und Gefahren ein Ende zu machen! Du siehst ja selber, wie viele Makedonen und Griechen zusammen mit dir ausgezogen und wie wenige von uns noch übrig sind. Von denen hast du die Thessaler gleich, als du merktest, daß sie nicht mehr geneigt wären, Strapazen auszustehen, aus Baktrien nach Hause entlassen, und du hast gut daran getan. Von den übrigen Griechen sind die einen in den von dir gegründeten Städten angesiedelt, und nicht einmal diese bleiben alle gern dort. Die anderen aber, die noch mit dir Strapazen und Gefahren bestehen, sie und das makedonische Heer haben die einen in den Schlachten verloren; die anderen von ihnen, durch ihre Verwundungen zu Invaliden geworden, sind hier und da in Asien übriggeblieben. Aber die Mehrzahl ist durch Krankheit umgekommen. Wenige von vielen sind noch da, aber die sind in körperlicher Hinsicht durchaus nicht

mehr voller Kraft wie einst, und in seelischer Hinsicht sind sie noch viel mehr vor der Zeit alt geworden. Und alle diese haben Heimweh nach ihren Eltern, wenn sie noch welche haben, und Heimweh nach Frau und Kindern, ja, Heimweh nach der Heimaterde selber! ... Du darfst sie jetzt nicht gegen ihren Willen weiterführen!...‹

Als die Truppen gegen den Willen ihres Königs hart blieben und sich weigerten weiterzumarschieren, rief Alexander die ältesten seiner Getreuen und insbesondere seine intimen Vertrauten zusammen ... und verkündete dem Heer, daß er sich entschlossen hätte, umzukehren.

Da erhoben die Truppen ein Freudengeschrei, so laut und durchdringend, wie es nur ein bunt zusammengewürfelter Haufen in wilder Freude tut; ja, viele weinten vor Freude.«

(Arrian: Anabasis.)

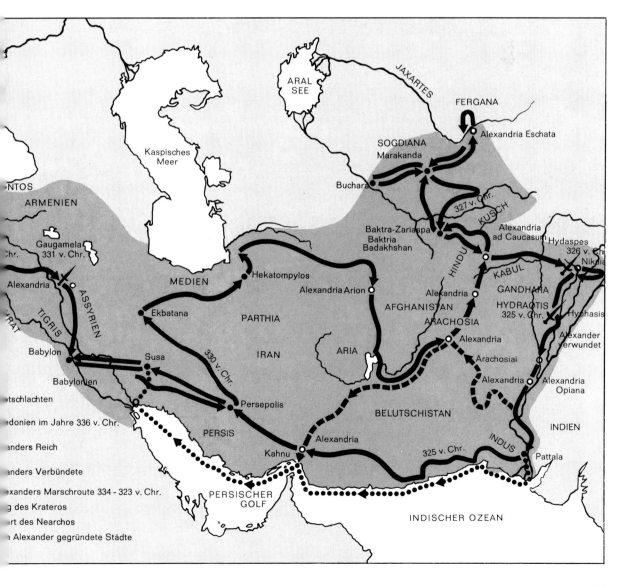

ROM

Im Jahr 510 v. Chr. sollen die Römer ihren letzten etruskischen König vertrieben haben. In der Stadt auf den sieben Hügeln übernahmen die adligen Geschlechter, die Patrizier, die Herrschaft. Unter ihrer politischen Führung lebte, durch Eheverbot streng von ihnen getrennt, die Masse des Volkes (lat. plebs), die Plebejer, Kleinbauern, Händler und Handwerker. Da sich die junge Republik nur im Kampf gegen äußere Feinde behaupten konnte, mußten schließlich auch die Plebejer zum Waffendienst – zuvor ein Privileg der grundbesitzenden Oberschicht – herangezogen werden. Nun zur Verteidigung der Heimatstadt verpflichtet, drängten sie energisch nach politischer Mitbestimmung. 100 Jahre lang währte der Ständekampf. Erst mit der vollen politischen und rechtlichen Gleichberechtigung ging die erbittert geführte Auseinandersetzung zu Ende.

Einen großen Erfolg im Kampf gegen die herrschende Klasse erzielten die Plebejer unter ihren Anführern, den Volkstribunen, mit den Zwölftafelgesetzen (451 v. Chr.). Das Gewohnheitsrecht, das nur die Patrizier kannten und das sie willkürlich zu ihrem eigenen Vorteil auslegten, wurde auf zwölf Bronzetafeln schriftlich fixiert. Die Rechtssicherheit für jeden Bürger erfuhr damit eine feste Verankerung. Später verschmolzen Patrizier und reiche Plebejer in der Nobilität zu einer neuen Oberschicht, die in der Regel die führenden Politiker Roms stellte.

Rechts oben: Als Rom um 500 v. Chr. die etruskische Fremdherrschaft abschütteln konnte, war Italien von zahlreichen Völkerschaften bewohnt. Schritt um Schritt erweiterte die Tiber-Republik ihren Herrschaftsbereich. Um 270 v. Chr. war ganz Italien bis auf Sizilien unterworfen.
Bild rechts: Der Sage nach wurde Rom 753 v. Chr. von den Zwillingsbrüdern Romulus und Remus gegründet.
Linke Seite: Als mythischer Ahnherr der beiden Gründer Roms war der Kriegsgott Mars von Anfang an mit der Stadt verbunden.

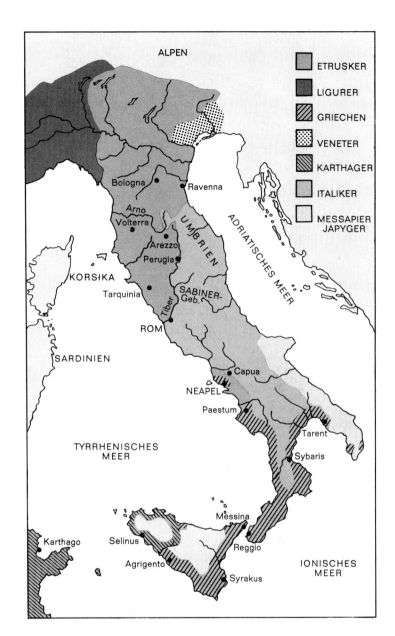

BILDER OBEN: Vorder- und Rückseite einer Münze mit dem Porträt Hannibals und dem Abbild eines Kriegselefanten. – Bei Hannibals kühner, von den Römern nicht für möglich gehaltenen Alpenüberquerung leisteten ihm die Elefanten große Dienste, »denn dort, wo diese sich in der Marschkolonne befanden, wagten sich die Feinde nicht nahe heran, aus Angst vor der ungewohnten Erscheinung dieser Tiere«. (Polybios.) Im Kampf selbst erwiesen sich die Elefanten, die Panzer des Altertums, häufig als zu schwerfällig. In Panik geraten, trampelten sie Freund und Feind gleichermaßen nieder.

BILD UNTEN: Rekonstruktion der entscheidenden Phasen der Schlacht von Cannae am 2. August 216 v. Chr. Es gehörte zu Hannibals Offensivstrategie, alle Waffengattungen einzusetzen.

RECHTE SEITE: Um die Seemacht Karthago besiegen zu können, mußte Rom selbst zur Seemacht werden und eine Flotte bauen. Schon im 1. Punischen Krieg bewährte sich die römische Taktik des Enterkampfes. Mit großen beweglichen Enterbrücken gelangten die Römer auf die Schiffe der Gegner, um sie Mann gegen Mann niederzuringen.

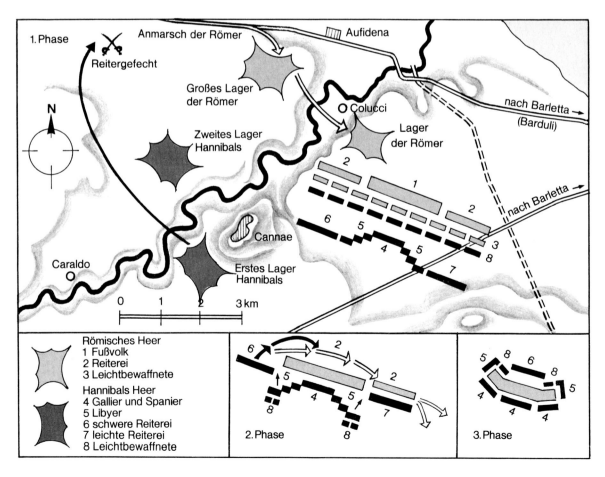

KARTHAGO

Um die Herrschaft über Sizilien ging es im 1. Punischen Krieg (264–241) zwischen Rom und Karthago. In den vorausgegangenen drei Jahrhunderten hatte Karthago – mit Rom war es ursprünglich freundschaftlich verbunden – ein großes Handelsreich aufgebaut. Im Zug der römischen Expansion aber wurde die nordafrikanische Handelsrepublik zum politischen und wirtschaftlichen Konkurrenten. Von vornherein waren die römischen Legionen den karthagischen Söldnerheeren zu Land überlegen. Doch mußte Rom erstmals auch zur See kämpfen. In der entscheidenden Seeschlacht bei den Ägatischen Inseln (241 v. Chr.) wurde die punische Flotte vernichtet, Sizilien als erste Provinz dem Römischen Reich eingegliedert.

Unter Hannibal rüsteten die Phönizier zum 2. Punischen Krieg (218–201). Von Spanien aus zog der karthagische Feldherr mit seinem Landheer, mit Kriegselefanten, mit Gepäck und Troß über die Pyrenäen und Alpen nach Italien. In mehreren Schlachten unterlagen die römischen Heere. Durch Rom hallte der entsetzte Schrei: »Hannibal vor den Toren!« In der Umfassungsschlacht von Cannae (216 v. Chr.) zeigte Hannibal sein ganzes strategisches Genie. Obwohl die Römer zahlenmäßig überlegen waren, wurden sie vernichtend geschlagen. Erst 202 v. Chr. wurde Hannibal besiegt: In der Schlacht von Zama erlitt er durch P. C. Scipio seine erste und einzige Niederlage.

Im 3. Punischen Krieg (149–146) erhoben sich die Phönizier noch einmal. Karthago wurde daraufhin dem Erdboden gleichgemacht.

BILD OBEN: Ein römischer Bauer auf dem Weg zum städtischen Markt. – 15 Jahre lang verwüsteten Hannibals Truppen im 2. Punischen Krieg den fruchtbaren Süden Italiens. Die freien Bauern und ihre Söhne dienten im Krieg. Auf den zurückgebliebenen Frauen, Greisen und Kindern, die die Felder bestellen mußten, lastete der Steuerdruck. Heimkehrende Soldaten waren ihrem Beruf entfremdet und fügten sich nicht mehr in die bäuerliche Ordnung. Mit Roms Sieg über Makedonien und Griechenland strömten ungeheure Kapitalien ins Land und ließ die Reichen immer reicher werden, während es die Bauern immer schwieriger fanden, ihren Lebensunterhalt zu erarbeiten. Verarmt und verschuldet, verkauften sie ihren Besitz an finanz-

kräftige Grundherren, die ihre Latifundien mit billigen Sklaven bewirtschafteten.

Scharenweise zogen die verarmten Kleinbauern in die Stadt. Dadurch vergrößerte sich dort die Klasse des besitzlosen Proletariats immer mehr. Leidenschaftlich wandte sich der Volkstribun Tiberius Gracchus (162–133 v. Chr.) gegen die unwürdige Lage der Proletarier:

»Die wilden Tiere, die Italien bevölkern, haben ihre Höhlen und kennen ihre Lagerstätte, ihren Schlupfwinkel. Die Männer aber, die für Italien kämpfen und sterben, haben nichts als Luft und Licht; unstet, ohne Haus und Heim, ziehen sie mit Weib und Kind im Land umher. Die Feldherrn lügen, wenn sie in der

OPTIMATEN UND POPULAREN

»Es ist für das Verständnis der römischen Geschichte von großer Bedeutung, sich immer vor Augen zu halten, daß die ganze Geschichte des republikanischen Roms ausschließlich von einem ganz kleinen Kreis hochgestellter Familien getragen wurde und stets die gleichen Namen es sind, die in ihr eine Rolle spielen. Auch die ewigen Emporkömmlinge, denen das Eindringen in den Kreis der Nobilität gelang, stammten nicht etwa aus den breiteren Kreisen des Volkes, sondern aus den sozial gleichen Schichten, denen der Hochadel entstammte. Am deutlichsten wird das etwa an Marius, der geflissentlich und ostentativ als ›Mann aus dem Volke‹ auftrat im betonten Gegensatz zu den ›vornehmen Herren‹ und über dessen ›niedere und schmutzige Herkunft‹ aus den tiefsten Tiefen des Volkes seine Gegner sich nicht genügend entrüsten konnten.

Nun, auch Marius stammte aus den Kreisen des ritterlichen Großkapitals ... Vor allem aber gab es in Rom nichts, was man als eine echte demokratische Bewegung bezeichnen dürfte. Wohl pflegten alle unsere Darstellungen in der Geschichte Roms und die Römer selber stets von einer Optimatenpartei und einer Popularenpartei zu sprechen, die sich vor allem in dem hundertjährigen Bürgerkrieg seit den Gracchen aufs heftigste bekämpften und deren Gegensatz sich als roter Faden durch die Geschichte Roms ziehe, einer Gruppe, die starr an der Alleinherrschaft und Monopolstellung der Nobilität im Staat mit all ihren Folgen festhielt, und ihren Gegnern, die bemüht waren, den Forderungen und Interessen anderer Kreise und des Volkes Verständnis entgegenzubringen, die politischen Rechte des Volkes zu erweitern und seine materielle Lage zu verbessern. Aber einmal handelte es sich nicht um eine geschlossene und ständige Partei, sondern immer nur um einzelne Politiker, die sich, sei es aus echter Einsicht in die Notwendigkeit einer liberaleren Politik, sei es aus rein taktischen und persönlichen Beweggründen, zu Befürwortern der Volksinteressen machten, und vor allem entstammten diese ›popularen‹ Politiker durchaus nicht etwa selber den Schichten, deren Interesse sie begünstigten; sie waren in gar keiner Weise Vorkämpfer neuer breiterer Kreise, die empordrängten, sondern genauso Nobiles wie ihre Gegner, die Optimaten.«

(Ernst Meyer: Römischer Staat und Staatsgedanke.)

MARIUS	SULLA	POMPEIUS

Schlacht ihre Soldaten aufrufen, Gräber und Heiligtümer gegen die Feinde zu verteidigen. Denn keiner von diesen armen Römern hat einen Altar von seinen Vätern geerbt, kein Grabmal seiner Ahnen. Für Wohlleben und Reichtum anderer setzen sie im Krieg ihr Leben ein. Herren der Welt werden sie genannt: in Wirklichkeit nennen sie kein Krümchen Erde ihr Eigen.«
(Plutarch: Tiberius Gracchus.)

Die sozialreformerischen Bemühungen des Tiberius Gracchus und seines Bruders Gaius (153–121 v. Chr.), einen selbständigen Bauernstand wiederherzustellen und das materielle Los der Proletarier zu verbessern, zeitigten zwar einige Erfolge, ließen aber den Einfluß des reichen Bürgertums ungebrochen. Doch gab es seit dem Wirken der beiden Gracchen wiederum zwei Parteien in Rom: Die Optimaten, die extrem-konservativen, vom Großgrundbesitz profitierenden Vertreter der Senatspartei, und die Popularen, die nach griechischem Vorbild die Rechte der Volksversammlung und die Interessen der ärmeren Schichten vertraten. Zwischen Anhängern des Popularen Marius und des Optimaten Sulla kam es schließlich zum blutigen Bürgerkrieg (88–82 v. Chr.). Fürs erste sicherte Sulla noch einmal den Sieg des aristokratischen Senats. Pompeius, der sich bei Sulla sehr verdient gemacht hatte, bildete nach dessen Tod zusammen mit Crassus und Caesar das 1. Triumvirat (60 v. Chr.).

BILD OBEN: Während Caesar Gallien unterwarf und sich ein ihm treu ergebenes Heer schuf, herrschten in Rom chaotische Zustände. Nachdem Crassus (53 v. Chr.) im Kampf gegen die Parther gefallen war, trat die Rivalität zwischen Caesar und Pompeius offen zutage. Pompeius, der sich politisch wieder den Optimaten genähert hatte, überredete den Senat, Caesar die Entlassung seines Heeres zu befehlen. Daraufhin überschritt Caesar den Rubikon, den Grenzfluß nach Italien, und marschierte mit einer Legion auf Rom. Caesar: »Die Würfel sind gefallen.« In Griechenland, bei Pharsalus, kam es zur entscheidenden Schlacht. Pompeius floh nach Ägypten und wurde bei seiner Landung ermordet (48 v. Chr.). Mit Caesars unbefristeter Diktatur war praktisch das Ende der Republik gekommen. Als unbestrittener Alleinherrscher kümmerte er sich intensiv um die

innere Konsolidierung des Staatswesens. Rechtsprechung und Verwaltung wurden reorganisiert. In den Provinzen errichtete er neue Kolonien und Städte.

Obwohl Caesar nach innen eine Politik der Versöhnung betrieb, bildete sich unter den Senatoren, die argwöhnten, er wolle die traditionelle Staatsform der Republik durch das Königtum ersetzen, eine Verschwörung, angeführt von Brutus und Cassius. An den Iden des März (15. März), 44 v. Chr., fiel er im Senat den Dolchen der Verschwörer zum Opfer.

RECHTE SEITE: Römischer Adler mit Siegeszeichen. Unter Marius wurde der Adler zum berühmten und gefürchteten Feldzeichen der römischen Legionen. Von Britannien bis Palästina galt er den unterworfenen Völkern als Sinnbild der Herrschaft Roms.

KAISER AUGUSTUS

Nach der Ermordung Caesars konnten Brutus und Cassius die Republik nicht wieder herstellen. Anspruch auf die Macht erhoben Octavian, der Großneffe und offizielle Erbe Caesars, Marcus Antonius und ein weiterer Caesarianer, Lepidus. Angesichts des feindlichen Senats schlossen sie sich im 2. Triumvirat zusammen. Brutus und Cassius wurden in der Schlacht bei Philippi in Thrakien (42 v. Chr.) geschlagen und stürzten sich nach der Niederlage in ihre Schwerter. Die Sache der Republikaner war verloren. Octavian gelang es, Lepidus zu verdrängen. Die beiden alten Rivalen Antonius und Octavian standen sich zum Endkampf gegenüber. Der eine regierte von Alexandria aus den Osten, der andere von Rom aus den Westen des Reiches. In der Seeschlacht von Actium (31 v. Chr.) errang Octavians Feldherr Agrippa den entscheidenden Sieg. Antonius und seine Gemahlin, die Kaiserin Kleopatra, verübten Selbstmord.

Unter Octavian war der gesamte Mittelmeerraum im Imperium Romanum zusammengeschlossen. Er verkündete den Weltfrieden, die Pax Romana. Mit Recht konnte Octavian als 75jähriger stolz auf seine Leistungen zurückblicken:

»Ich erweiterte das Gebiet aller Provinzen des römischen Volkes, das an Völkerschaften grenzte, die unserer Herrschaft nicht gehorchten. In den gallischen und spanischen Provinzen ebenso wie in Germanien – in dem ganzen Land, das der Ozean von Gades bis zur Elbemündung umschließt – habe ich Frieden geschaffen. Die Alpen habe ich von der dem adriatischen Meer zunächst liegenden Gegend bis zum toskanischen Meer befrieden lassen. Dabei habe ich gegen kein Volk ungerechterweise Krieg geführt. Meine Flotte segelte durch den Ozean von der Mündung des Rheins nach Osten bis zum Land der Kimbern, wohin vordem kein Römer weder zu Land noch zur See gekommen war. Die Kimbern, Haruden, Semnonen und andere germanische Völker in derselben Gegend baten durch Abgesandte um meine Freundschaft und um die des römischen Volkes...«

LINKE SEITE: Diese Gemme (Brustplakette) zeigt ganz oben mit der Tiara, göttlich verehrt, Augustus, den ersten der römischen Kaiser (31 v. Chr. bis 14 n. Chr.). Wegen seiner Verdienste erhielt Octavian diesen Ehrennamen von dem Senat verliehen: Augustus, der »Erhabene«.

BILD OBEN: Augustus als Meeresgott Neptun, dargestellt auf einer Gemme zum Gedenken an den Sieg von Actium. »Die Soldaten«, schrieb Tacitus, »gewann er durch Schenkungen, das Volk durch Getreidespenden, jedermann durch den allgemeinen Frieden.«

CAESAR UND
SEINE SOLDATEN

»Seine Soldaten beurteilte er weder nach ihrer Moral noch nach ihrer äußeren Stellung, sondern nur nach ihren militärischen Fähigkeiten, und behandelte sie mit gleich viel Strenge wie Nachsicht; er hielt sie nämlich nicht überall und zu jeder Zeit fest in der Hand, aber immer dann, wenn der Feind in der Nähe war: in einem solchen Moment forderte er allerdings strengste Disziplin, gab weder den Zeitpunkt des Abmarsches noch des Kampfes bekannt, alles mußte immer alarmbereit sein, und plötzlich ließ er das Heer ausrücken, wohin er wollte. Öfters machte er dies auch ohne besonderen Grund; mit Vorliebe, wenn es regnete, oder an Feiertagen.

Weder nahm er alle Vergehen zur Kenntnis noch bestrafte er sie ihrer Schwere entsprechend, war aber gegenüber Deserteuren und Meuterern ein sehr strenger Richter und Rächer; im übrigen drückte er ein Auge zu. Manchmal nach einer großen siegreichen Schlacht befreite er seine Leute von jeder Dienstleistung und erlaubte ihnen, herumzustreifen und sich jedem Vergnügen hinzugeben, indem er sich zu brüsten pflegte, seine Soldaten könnten auch gut kämpfen, wenn sie parfümiert seien. Bei Ansprachen redete er sie nicht mit ›Soldaten‹, sondern mit dem schmeichelhaften ›Kameraden‹ an, und er hielt auch auf ihr Äußeres: so stattete er sie mit silber- und goldverzierten Waffen aus, einmal des Aussehens wegen, dann auch, damit sie im Kampf eher darauf achteten und Angst hätten, sie zu verlieren.«

(Sueton: Gaius Julius Caesar.)

LINKE SEITE: Prätorianer, Angehörige der kaiserlichen Garde. Als Schutztruppe des Kaisers nahmen sie eine bevorzugte Stelle ein. Sie erhielten hohen Sold und prunkvolle Rüstungen. Ihre Helme zierte ein hoher Federbusch. Selbstbewußte Prätorianerführer mißbrauchten bei Thronstreitigkeiten des öfteren ihre Macht. Der Kandidat, der von ihnen unterstützt wurde, hatte die besten Chancen, Kaiser zu werden. Der Satiriker Juvenal schreibt von einem Opfer ihrer Gewalttätigkeiten, das aus Angst vor erneuter Mißhandlung ihren Vorgesetzten nicht zu zeigen wagte, »daß er alle seine Zähne verlor, und im Gesicht die bläuliche Beule mit schwellenden Flecken, dazu das Auge, das ihm noch verblieb, das der Arzt schon fast aufgegeben hatte«.

BILD OBEN: Kämpfende Legionäre, Ausschnitt aus dem Bildfries der Traianssäule. – Unter Gaius Marius wurde aus der römischen Wehrpflichtigenarmee ein langdienendes Berufsheer, in dem auch früher ausgeschlossene, besitzlose Bürger dienen konnten. Sie wurden auf Staatskosten ausgerüstet und bewaffnet. Sold und Beute lockten zum Dienst in den Legionen. Eine Legion umfaßte insgesamt 6000 Mann. Sie untergliederte sich in zehn Kohorten und diese wiederum jeweils in sechs Centurien (Hundertschaften). Zu jeder Legion gehörten noch 300 Reiter. Die Heeresreform durch Marius führte zu dem Typ des für den Staat gefährlichen Berufssoldaten, der sich oft mehr seinem Feldherrn als seiner Regierung verbunden fühlte.

LINKE SEITE: Die ersten vier Reihen des insgesamt 200 m langen Reliefbandes der Traianssäule in Rom. Die mit Basis und
Statuenpostament 40 m hohe Säule schildert in zahlreichen Szenen mit rund 2500 Figuren Ereignisse aus den beiden Kriegszügen Traians gegen die Daker an der unteren Donau (101/102,
105–107 n. Chr.): Aufbruch, religiöse Zeremonien, Ansprache
an die Truppen, Straßen- und Festungsbau, Belagerung,
Schlacht, Unterwerfung der besiegten Feinde sowie Plünderun-
gen und grausamen Völkermord.

BILD UNTEN: Ausschnitt aus der Traianssäule: Von seinen Soldaten werden dem Kaiser die Köpfe erschlagener Dakerhäupt-
linge als Zeichen des Sieges dargebracht. Um den Feind zu strafen und abzuschrecken, war jede Roheit erlaubt. Die Strategie
des Vernichtungskrieges gegen die Barbaren war Rom nicht
fremd und wurde ohne Skrupel praktiziert. Das »Vae victis!«,
das »Wehe den Besiegten!«, das der Gallierkönig Brennus, der
im 4. Jahrhundert v. Chr. Rom eroberte, ausgesprochen haben
soll, galt ebenso für die Besiegten der römischen Legionen.

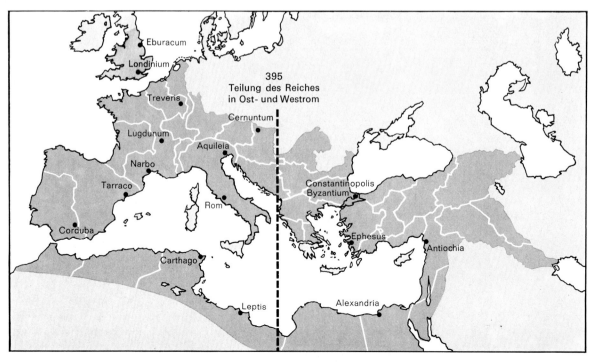

395
Teilung des Reiches
in Ost- und Westrom

Eburacum

Londinium

Treveris

Cernuntum

Lugdunum

Aquileia

Narbo

Tarraco

Rom

Constantinopolis
Byzantium

Corduba

Ephesus

Antiochia

Carthago

Leptis

Alexandria

BILD LINKS: Unter Kaiser Traian (98–117 n. Chr.) erreichte das römische Imperium seine größte Ausdehnung. Es erstreckte sich vom Norden der britischen Inseln bis nach Ägypten, vom Persischen Golf bis an die spanische Atlantikküste. Das Reich zählte 43 Provinzen mit einer Fläche von über 5 Millionen Quadratkilometern. Ein Straßennetz von insgesamt 80 000 Kilometer Länge durchzog das Imperium. Truppen konnten schnell verlagert, Handel und Verkehr beschleunigt werden. Besonders gefährdete Grenzen wurden durch starke Befestigungsanlagen mit Wall und Graben gesichert.

BILD OBEN: Traians Nachfolger Kaiser Hadrian (117–138 n. Chr.) beschränkte sich darauf, das von seinem Vorgänger übernommene Reich zu erhalten und die Grenzen zu festigen. Um die nördlichste Provinz, Britannien, gegen die Pikteneinfälle zu schützen, ließ er den nach ihm benannten, mit Kastellen, Türmen und Toren versehenen Hadrianswall errichten, eine 5 Meter hohe und bis zu 3 Meter dicke Festungsmauer, die sich an der schmalsten Stelle der Insel 120 Kilometer lang über das Land zog. Der Limes, die Grenzbefestigung zum freien Germanien, wurde unter Hadrian durch Palisaden verstärkt.

TRAIAN

»Die Grenzen des Römischen Reiches, das seit Augustus' Tod eher verteidigt als bemerkenswert erweitert war, dehnte er in allen Richtungen aus. Die Städte auf der anderen Seite des Rheines ließ er wieder aufbauen. Nach dem Sieg über Decebalus unterwarf er Dakien und gewann jenseits der Donau eine Provinz... Armenien, das die Parther besetzt hatten, gewann er wieder... Den Albanern gab er einen König. Die Könige der Iberer und Sauromaten, Bosporaner, Araber, Osdroener (im westl. Mesopotamien) und Kolchier mußten sich ihm unterwerfen. Er besetzte das Land der Karduener (Kurdistan) und Markomeder, dazu Anthemusia, ein ausgedehntes Gebiet in Persien, Seleukia, Ktesiphon, Babylon...«

(Eutropius: Abriß der römischen Geschichte.)

RÄUBER
DES ERDKREISES

»Die Römer haben ein einziges und uraltes Motiv dafür, mit allen Nationen und Völkern und Königen Krieg anzufangen: unermeßliche Gier nach Herrschaft und Reichtum«, überliefert uns der Geschichtsschreiber Sallust die Klagen eines von Rom bedrängten Königs. »Alles, was sie von Anfang an besitzen, ist nur durch Raub gewonnen: ihre Häuser, ihre Gattinnen, ihre Äcker, ihr Reich: zusammengelaufenes Volk in alter Zeit, das sie sind, ohne Heimat, ohne Ahnen, geschaffen zum Verderben des Erdkreises: Nichts Menschliches, nichts Göttliches hindert sie daran, Bundesgenossen und Freunde, ob nah oder fern, ob schwach oder mächtig, an sich zu ziehen und zu vernichten und alles, was ihnen noch nicht versklavt ist, vor allem die Königreiche, als ihre Feinde anzusehen... Die Römer führen ihre Waffen gegen alle Völker, die schärfsten gegen die, deren Niederlage die meiste Waffenbeute einbringt: durch Wagen und Täuschen und dadurch, daß sie Krieg an Krieg reihen, sind sie groß geworden. Und so werden sie alles vernichten oder selbst zugrunde gehen...«

(Sallust: Historien.)

BILD OBEN: Die wahrscheinlich im 4. Jh. entstandene Porta Nigra von Augusta Treverorum, dem heutigen Trier. Trier wurde unter dem römischen Kaiser Claudius zur Kolonie erhoben und bezeichnet sich heute als die älteste Stadt Deutschlands.
BILD LINKS: Blick auf die Ruinen von Timgad. Die Stadt, an einem Kreuzungspunkt uralter Handels- und Karawanenwege, 300 km südwestlich von Tunis von Traian für Veteranen der III. Augusteischen Legion gegründet, hatte sich als »Rom Afrikas« im 3. Jahrhundert zur bedeutendsten Stadt Nubiens entwickelt. Die Luftaufnahme läßt die von Säulen gesäumte Hauptstraße, den Triumphbogen, dahinter das Forum und ein großes Theater deutlich erkennen. Mehrere Tempel und Bäder sowie die Bibliothek der einst wohlhabenden Stadt sind erhalten geblieben. Die fruchtbaren Felder Nordafrikas und Ägyptens waren die Kornkammern des Römischen Reiches. Große künstliche Bewässerungsanlagen sorgten für reiche Ernten und gute Geschäfte.

DE RE PUBLICA

»Das Gemeinwesen ist also die Sache des Volkes, Volk aber ist nicht jede Vereinigung von Menschen, die auf jede nur erdenkbare Weise sich wie eine Herde zusammengeschart hat, sondern der Zusammenschluß einer größeren Menschenzahl, der auf der Grundlage einer Rechtsvereinbarung und einer Interessengemeinschaft erfolgt ist. Der erste Anlaß, einen solchen Zusammenschluß zu vollziehen, ist weniger das Gefühl der Schwäche als vielmehr eine Art naturbedingten Triebes, gleichsam ein Herdentrieb. Denn bei diesem Menschengeschlecht handelt es sich nicht um Einzelindividuen und Einzelgänger, sondern es ist von Haus aus so veranlagt, daß der Mensch, mag er in noch so reichem, allseitigem Überfluß leben, in seiner Vereinzelung nicht bestehen kann, sondern so ge-

BILD OBEN: Cicero (106–43), der bedeutendste Redner Roms, war ein entschiedener Vertreter der traditionellen römischen Freiheiten und damit ein Gegner Caesars und seiner Nachfolger, die ihn ermorden ließen. In seiner einflußreichen Schrift »De re publica« – »Über den Staat« suchte er die Frage nach der besten Staatsform zu klären.

BILD LINKS: An dicken Seilen, die über eine Rolle laufen, wird das Baumaterial nach oben befördert. In der »Energietrommel« verrichten Sklaven mühselige Schwerstarbeit. Zur Errichtung großer Prachtbauten und mehrstökkiger Wohnhäuser waren diese Kräne unentbehrlich.

RECHTE SEITE: Der besonders eindrucksvolle, zwischen 312 und 315 n. Chr. erbaute Konstantinbogen in Rom: »Dem Imperator Caesar Flavius Constantinus Maximus, dem Frommen und Glücklichen, Augustus, hat der Senat und das römische Volk... zum Zeichen seiner Triumphe diesen Triumphbogen geweiht.«

Mit diesen Ehrenbögen, die zur Zeit Konstantins schon eine mehrere hundert Jahre alte Tradition hinter sich hatten, wurde besonders verdienten Männern ein Denkmal gesetzt. Sie verherrlichten große Taten und waren ein Symbol des römischen Imperiums.

schaffen ist, daß nicht einmal bei einem Überfluß an allen Dingen er die Mithilfe und Anteilnahme seiner Umwelt entbehren könnte... Jedes Gemeinwesen aber muß, um Bestand zu haben, einer bestimmten planvollen Leitung unterstellt sein... Wenn die gesamte oberste Staatsführung in der Hand eines einzigen Mannes liegt, nennen wir diesen einen König und die Verfassung eines solchen Gemeinwesens Königtum. Liegt sie aber in der Hand eines Kreises von Auserwählten, dann, sagt man, wird diese Bürgergemeinde auf Grund der ungebundenen Entscheidung der Optimaten regiert. Ein Volksstaat liegt vor, wenn in ihm alle Gewalt vom Volk ausgeht...

Vor die monarchische (Regierungsform) selbst wird noch die zu stellen sein, die eine gleichmäßige Mischung aus den drei besten Staatsformen darstellt. Drei Voraussetzungen sind dabei zu erfüllen: erstens, es muß in dem Staatswesen eine gewisse monarchische Spitze vorhanden sein, ferner, eine zweite Kraft muß der Einfluß darstellen, der der politischen Führungsschicht zugemessen und zugewiesen ist, drittens, gewisse Aufgabengebiete müssen dem Urteil und der Willensäußerung der großen Masse des Volkes vorbehalten bleiben. Eine solche Verfassung gewährleistet einmal ein hohes Maß von Ausgeglichenheit, auf das freie Menschen auf die Dauer kaum verzichten können, zum zweiten eine Sicherheit, weil jene drei Grundformen leicht in die gegenteiligen Mißformen umschlagen können, so daß aus dem König ein Gewaltherrscher, aus den Optimaten ein Parteiklüngel, aus der geordneten Demokratie ein durcheinandergewürfelter Haufe entsteht, und sodann weil selbst diese Formen oft wieder mit neuen Formen wechseln. Dies kommt in einer maßvoll gemischten Verfassung in der Regel nur dann vor, wenn die leitenden Männer schwere Charakterfehler aufweisen...« (Cicero: De re publica.)

FORUM ROMANUM

Von einem bescheidenen Marktplatz entwickelte sich das Forum Romanum mit seinen Plätzen, Tempeln, Verkaufsläden und öffentlichen Gebäuden zum glanzvollen Mittelpunkt Roms.

Hier sprach Cicero 63 v. Chr. zum Volk, nachdem er die Verschwörung des Catilina aufgedeckt und vereitelt hatte: »Ich war es, der die gegen den Staat gezückten Schwerter zurückstieß und ihre Spitzen von euren Kehlen ablenkte.«

Hier hielt Marcus Antonius die Leichenrede auf Caesar. Hier zeigte er dem Volk dessen von den Dolchen seiner Mörder durchlöchertes, blutiges Gewand und brachte die Menge zur Raserei: »Tötet die Mörder! Tötet die Mörder!«

Über das Forum führte Jahrhunderte hindurch das größte römische Spektakel, der Triumphzug: Er wurde als höchste Ehre dem siegreichen Feldherrn, der eine entscheidende Schlacht gewonnen hatte, in der mindestens 5000 Feinde gefallen waren, vom Senat bewilligt. Schon in den großen Tagen der Republik war ein Tag zu kurz, das prunkvolle Fest zu feiern.

»Der festliche Umzug«, so schildert Plutarch den Triumph des Aemilius Paullus, nach dessen Sieg von Pydna über die Makedonen (168 v. Chr.), »war auf drei Tage verteilt, von denen der erste kaum für die erbeuteten Bildsäulen, Gemälde und Kolossalstatuen

ausreichte, die auf 250 Wagen vorbeigefahren und zur Schau gestellt wurden. Am nächsten Tag wurden die schönsten und kostbarsten der makedonischen Waffen auf vielen Wagen vorgeführt, die an sich schon vom Schimmer neupolierten Erzes und Eisens glänzten... Hinter den Wagen mit den Waffen marschierten 3000 Männer mit Silbergeld in 750 Gefäßen von je drei Talenten Gewicht, deren jedes von vier Mann getragen wurde. Andere trugen silberne Mischkrüge, Trinkkrüge, Schalen und Becher, wohlgeordnet für die Betrachtung und alle von außerordentlicher Größe und Schönheit der getriebenen Arbeit. Am dritten Tag gleich frühmorgens zogen Trompeter auf, die aber nicht eine friedliche Festweise anstimmten, sondern diejenige, mit der die Römer sich zum Kampfe

anspornen lassen. Hinter diesen wurden 120 gemästete Ochsen mit vergoldeten Hörnern geführt, geschmückt mit Bändern und Kränzen... Und endlich kam er selber, auf einem prachtvollen Wagen stehend, ein Mann, auch ohne eine solche Machtfülle ansehenswert, angetan mit einem goldgestickten Purpurgewand und einem Lorbeerzweig in der Rechten haltend. Lorbeerkränze trug auch das ganze Heer, während es dem Wagen des Feldherrn in Centurien und Kohorten geordnet folgte und dazu teils in althergebrachter Weise Spottlieder sang, teils Siegesgesänge und Loblieder auf die Taten des Aemilius, der von allen bewundert und glücklich gepriesen wurde.«

(Plutarch: Aemilius Paullus.)

BILD OBEN: Der Pont du Gard, Aquädukt in der Nähe von Nimes. – Fast überall, wo die Römer siedelten, findet man Überreste ihrer berühmten Aquädukte. In diesen steinernen Wasserleitungen mit ihrem sanften Gefälle wurde Wasser von den Quellen in die Städte geleitet. »Man soll das Mauerwerk so dauerhaft wie möglich machen und dafür sorgen, daß die Sohle des Wassers ein Gefälle von wenigstens einem halben Fuß auf 100 Fuß Länge erhalte; zugleich sollen die gemauerten Rinnen eine durchgehende Wölbung erhalten, damit die Sonne sowenig wie möglich einwirken kann.« (Vitruvius: Über die Baukunst.)

BILD UNTEN: Zum Transport der Güter aus ihren Provinzen schufen sich die Römer eine große Handelsflotte. Die von Ägypten nach Rom gebrachten, aus einem Stück bestehenden, 30 m hohen Obelisken, die auch heute noch schwierig zu transportieren sind, veranschaulichen die Leistungsfähigkeit der römischen Schiffahrt. So wurde der Obelisk auf der Piazza del Populo auf einem Schiff nach Rom gebracht, das außerdem noch 3500 Hektoliter Weizen und 1200 Passagiere an Bord hatte. Neben Weizen gehörten für das bauwütige Rom Granit, Marmor, Ziegel und Holz zu den wichtigsten Importgütern.

SPARTACUS

»Der Aufstand der Gladiatoren (berufsmäßige Fechter, meist Sklaven) und die Verheerung Italiens, die bei den meisten Autoren den Namen Spartacuskrieg führt, entwickelte sich aus folgendem Anlaß: Ein gewisser Lentulus Vatia unterhielt in Capua Gladiatoren, von denen die meisten Gallier und Thraker waren, welche nicht wegen schwerer Vergehen, sondern durch die Ungerechtigkeit ihres Herrn, der sie gekauft hatte, zwangsweise eingesperrt worden waren, um als Gladiatoren verwendet zu werden. Von ihnen beschlossen 200 zu fliehen, aber da die Sache verraten wurde, gelang es nur 78..., aus einer Küche Messer und Bratspieße an sich zu nehmen und auszubrechen. Unterwegs begegneten sie Wagen, die Fechterwaffen nach einer anderen Stadt beförderten; diese rissen sie an sich und bewaffneten sich. Hierauf besetzten sie einen festen Platz und wählten drei Anführer, von denen der erste Spartacus war, ein Thraker...
Zuerst schlugen sie die Soldaten, die von Capua aus gegen sie ausgesandt wurden, in die Flucht, bekamen

BILD OBEN: Demetrius und Philonicus, zwei freigelassene Sklaven. – Als Eigentum des Staates oder eines Privatmannes, ohne personale Rechte hatten die römischen Sklaven oft ein hartes Los zu ertragen. Der Sklavenaufstand unter Führung des Gladiators Spartacus (73–71) konnte erst nach schweren römischen Niederlagen von Crassus niedergeschlagen werden. Die Aufständischen, die nicht gefallen waren, starben unter Martern den Kreuzestod.
BILDER RECHTS: Das Colosseum in Rom von innen und außen. Der monumentale elliptische Bau war mit 50000 Sitzplätzen, mit einer äußeren Längsachse von 188 m, einer Querachse von 156 m und einer Höhe von 48 m das größte Amphitheater der antiken Welt und wurde 80 n. Chr. fertiggestellt. Der jetzt offene, ursprünglich bedeckte Innenraum zeigt die unterirdischen Tierkäfige und Gerätekammern. Bei den Einweihungsspielen, die hundert Tage dauerten, wurden 5000 wilde Tiere getötet.

dadurch viele Kriegswaffen in die Hand und wechselten diese mit Freuden gegen die Gladiatorenwaffen aus, die sie als entehrend empfanden und wegwarfen. Jetzt liefen ihnen viele Rinder- und Schafhirten aus der ganzen Gegend zu, handfeste, schnellfüßige Leute, die sie teils mit schweren Waffen versahen, teils als Vorposten und leichte Truppen verwendeten.

Als das der Senat erfuhr, befahl er den Konsuln voll Zorn, das Kommando niederzulegen, und ernannte zur weiteren Bekämpfung des Aufstandes den Prätor Marcus Licinius Crassus zum Feldherrn. ...Sein Unterfeldherr Mummius wurde jedoch geschlagen und viele seiner Soldaten fanden den Tod, viele warfen ihre Waffen weg und retteten sich durch Flucht.

Crassus empfing Mummius mit harten Vorwürfen und ließ den Soldaten neue Waffen geben, doch so, daß er Bürgen dafür verlangte, daß sie sie hüten würden. Fünfhundert Mann aber, die zuerst am schimpflichsten geflohen waren, ließ er in 50 Abteilungen zu je zehn teilen und aus jeder Abteilung einen Mann, den das Los traf, hinrichten, womit er eine alte militärische Strafe, die lange Zeit nicht ausgeführt wurde, wieder aufnahm. Die Art der Hinrichtung ist mit besonderer Schande verbunden, und schreckliche Bräuche werden bei der Hinrichtung vor den Augen des ganzen Heeres vollzogen. So brachte er die Leute wieder zur Zucht und führte sie dann gegen die Feinde...« (Plutarch: Crassus.)

BROT UND SPIELE — PANEM ET CIRCENSES

Verächtlich wandte sich der römische Dichter Iuvenal gegen »die entartete Schar der Kinder des Remus«: »Seit es keine Stimme mehr zu verkaufen hat, wünscht das Volk, das früher Macht, Ämter, Legionen, kurz alles verlieh, nur mehr ängstlich zwei Dinge: Brot und Spiele.«

Schon der erste römische Kaiser, Augustus, gewann mit Brot und Spielen die Gunst der Massen. Seitdem war es Aufgabe aller Caesaren, das Volk zu nähren und zu unterhalten. 150000 römische Bürger wurden durch die monatlichen Getreideverteilungen aus öffentlichen Mitteln versorgt und gingen keiner Arbeit nach. Dazu kamen noch annähernd ebenso viele Arbeiter, die nur vormittags beschäftigt waren und am Nachmittag und Abend nach Unterhaltung Ausschau hielten. Um die Energien dieser Müßiggänger zu binden, um sie von revolutionären Ideen abzulenken, waren die großen Festveranstaltungen ein geeignetes Mittel.

BILD RECHTS: Zu den beliebtesten Vergnügungen gehörten die Wagenrennen, die im Zirkus abgehalten wurden. Es gab Zweigespanne, Dreigespanne, Viergespanne, manchmal sogar Gespanne mit sechs, acht und zehn Pferden. Meist kämpften zwei Parteien, bestehend aus jeweils zwei Gespannen, um den Sieg; beispielsweise die »Grünen« und die »Weißen« auf der einen und die »Blauen« und die »Roten« auf der anderen Seite. Leidenschaftlich und mit Wetteinsätzen beteiligte sich das Publikum am Renngeschehen. »Ich beschwöre dich, Dämon, wer du auch bist, von dieser Stunde, diesem Moment ab, quäle und töte die Pferde der Grünen und Weißen, töte und zerschmettere die Lenker... laß ihnen keinen Hauch«, heißt es in einer Fluchtafel gegen die Grüne und Weiße Rennpartei. Die Wagenlenker standen, die Zügel um den Leib geschlungen, aufrecht in ihrem Wagen. Im Falle einer Karambolage oder eines Sturzes mußten sie diese blitzschnell mit einem Messer durchschlagen, um nicht von ihren Pferden durch die Arena geschleift zu werden.

BILDER OBEN: Gladiatorenkämpfe und Hetzjagden auf Tiere in Rom. Noch beliebter als die Wagenrennen waren die barbarischen Kämpfe der Gladiatoren (lat. gladius, Schwert). In speziellen Schulen ausgebildet, kämpften sie entweder Mann gegen Mann oder gegen wilde Tiere, Löwen, Panther und Bären, um Leben und Tod. »Ave Imperator, morituri te salutant!« — »Heil Dir, Caesar, die Todgeweihten grüßen dich!« riefen die Gladiatoren beim Eintritt in die Arena dem Kaiser zu. Wurde ein Gladiator nicht getötet, sondern nur kampfunfähig geschlagen, war er der Gnade des Kaisers und der Zuschauer ausgeliefert. Zeigten die Daumen nach oben, war er fürs erste gerettet, zeigten sie nach unten, war sein Schicksal besiegelt. Die Massen schrien: »Jugula!« – »Erstich ihn!«

»Durch die Vorführungen, die die Kaiser dem Volk in fast ununterbrochener Folge an den verschiedenen heiligen und profanen Örtlichkeiten boten, im Forum, in den Theatern, im Stadion, im Amphitheater und in den Naumachien, füllten und regelten sie seine Mußezeit und hielten es ständig in Atem. Selbst in den mageren Jahren, in denen die Ebbe im Staatsschatz die Kaiser zwang, ihre Freigebigkeit einzuschränken, bemühten sie sich, ihm mehr Feste zu verschaffen als jemals ein Volk zu irgendeiner Zeit in irgendeinem Land genossen hat...

Ein Volk, das gähnt, ist reif für die Revolution. Die Caesaren haben das römische Volk weder vor Hunger noch vor Langeweile gähnen lassen. Die Spiele waren für ihre Untertanen die große Ablenkung vom Müßiggang und dadurch das zuverlässigste Werkzeug des Absolutismus. Indem die Kaiser ihnen ihre besondere Aufmerksamkeit widmeten und fabelhafte Summen darauf verwendeten, sorgten sie bewußt für die Sicherheit ihrer Macht.« (Jérôme Carcopino: Alltagsleben im alten Rom.) Besonders scheußlich war das Schauspiel im Amphitheater am Morgen und in den Mittagspausen. Verurteilte Verbrecher, Räuber, Mörder und Brandstifter hatten sich gegenseitig umzubringen oder wurden von wilden Tieren zerrissen.

»Zufällig«, schrieb Seneca, »geriet ich in ein Schauspiel in der Mittagszeit, ich erwartete Kurzweil, Witz und etwas Erholung, was die Augen der Menschen ausruhen läßt vom Blut ihrer Mitmenschen: das Gegenteil ist der Fall. Alle Kämpfe vorher waren barmherzig im Vergleich hierzu: jetzt werden alle Spielereien weggelassen, es ist reiner Mord: sie haben nichts, womit sie sich schützen könnten. Den Wunden mit ganzem Leibe preisgegeben, führen sie Hieb und Stich niemals vergebens... Am Morgen werden die Menschen Löwen und Bären vorgeworfen, am Mittag ihren Zuschauern. Die Zuschauer fordern, die siegreichen Mörder denen aufs neue vorzuwerfen, die sie morden sollen, und halten die Sieger zurück für neuen Mord: das Ende für die Kämpfenden ist der Tod; mit Feuer und Schwert wird der Kampf ausgetragen, und das geschieht, während die Arena Kampfpause hat... ›Schlag ihn tot, peitsche ihn, verbrenn ihn! Warum geht er so furchtsam dem Schwert entgegen? Warum schlägt er nicht kühn zu? Warum stirbt er nicht freudig?‹... Das ist die Pause im Schauspiel: man schlachtet unterdes Menschen, damit sie nicht ungenützt verfließt.« (Seneca: Moralische Briefe.)

CHRISTENVERFOLGUNG

Rom hatte Platz für viele Götter und zahlreiche Kulte. In religiösen Dingen tolerant, verlangte es jedoch von seinen Bürgern, dem Kaiserkult nachzukommen. Vor dem Bild des Kaisers mußte geopfert werden. Durch den Kaiserkult wurde die geistige und politische Einheit des Reiches gefestigt. Die Praktizierung des Kultes galt als Zeichen staatsbürgerlicher Loyalität. Wer ihn vernachlässigte, machte sich des Hochverrats schuldig. Die Christen nun behaupteten, daß sie allein im Besitz der Wahrheit seien und daher keine anderen Religionen, auch nicht den Staatskult, anerkennen könnten. Dieser Totalitätsanspruch brachte sie in Konflikt mit den herrschenden Kräften und stempelte sie zu Außenseitern, die man nach Belieben diffamieren konnte.

»Die Weihe neuer Mitglieder«, schrieb Minucius Felix, »ist ebenso abscheulich wie bekannt. Ein Kind, mit Teigmasse bedeckt, um die Arglosen zu täuschen, wird dem Einzuweihenden vorgesetzt. Dieses Kind wird von dem Neuling durch Wunden getötet, die sich dem Auge völlig entziehen; er selbst hält, durch die Teighülle getäuscht, die Stiche für unschädlich. Das Blut des Kindes – welch ein Greuel! – schlürfen sie gierig, seine Gliedmaßen verteilen sie mit wahrem Wetteifer. Durch diese Opfer verbrüdern sie sich, durch die Mitwisserschaft um ein solches Verbrechen verbürgen sie sich gegenseitiges Stillschweigen.«

LINKE SEITE: Felswohnungen der Christen von Kappodokien im Tal von Koroma im Innern des östlichen Kleinasien. – Mit der Geburt Jesus' von Nazareth im Jahr 0 (historisch wird seine Geburt zwischen 7 und 4 v. Chr. datiert) beginnt die abendländische Zeitrechnung. Von den jüdischen Hohenpriestern wurde er als »Sohn Gottes« abgelehnt und beim römischen Statthalter Pontius Pilatus als politischer Agitator verklagt. Zum Tod verurteilt, starb er im Jahr 30 n. Chr. den Kreuzestod.

BILD UNTEN: Katakomben in Rom. In Zeiten der Not und der Gefahr zogen sich die verfolgten Christen oft in ihre unterirdischen Grabstätten zurück, um sich zu verbergen und heimliche Gottesdienste abzuhalten. Von Jesus hatten seine Jünger den Auftrag erhalten, seine Lehre in der ganzen Welt zu verbreiten. Von dieser Lehre, die Gottes- und Nächstenliebe, Menschenwürde und Gleichberechtigung predigte, fühlten sich besonders die Besitzlosen, Ausgebeuteten und Geknechteten angezogen.

Entrüstet verwahrten sich die Christen gegen solche Anschuldigungen: »Man sagt, wir seien die größten Verbrecher wegen des rituellen Kindermordes und des Fraßes von den Gemordeten und wegen der auf das Mahl folgenden Blutschande... Man *sagt* es jedoch immer nur, ohne daß ihr euch angelegen sein ließet, dem, was man schon so lange sagt, einmal auf den Grund zu gehen... Täglich werden wir umlauert, täglich verraten, sehr häufig mitten in unseren Ver-

sammlungen und Zusammenkünften überfallen. Wer wäre dabei je auf ein wimmerndes Kind gestoßen?« Dennoch blieben die Christen als verleumdete Minderheit ein ideales Objekt des Sündenbocksyndroms: »Wenn der Tiber die Mauer überflutet, wenn der Nil die Felder nicht überflutet, wenn der Himmel sich nicht rührt, wenn die Erde sich bewegt, wenn eine Hungersnot, wenn eine Seuche wütet, gleich schreit man: Die Christen vor die Löwen!« (Tertullian.)

Als 63 n. Chr. Rom in Flammen stand und Nero verdächtigt wurde, den Brand selbst gestiftet zu haben, schob er, »um dieses Gerede aus der Welt zu schaffen, die Schuld auf andere (die Christen) und bestrafte sie mit den ausgesuchtesten Martern... In Tierfelle eingenäht wurden die willkürlich Verhafteten von den Hunden zerrissen und nach Einbruch der Dunkelheit als nächtliche Fackeln abgebrannt.«

(Tacitus: Annalen)

Unter den Kaisern Decius und Valerianus Mitte des dritten Jahrhunderts sowie unter Diokletian zu Beginn des vierten kam es zu systematischen Christenverfolgungen im ganzen Reich mit dem Ziel, diese Glaubensgemeinschaft gänzlich auszurotten. Die Christen hatten nur die Wahl, ihrem Glauben abzuschwören und zum Zeichen dafür dem Kaiser zu opfern oder nach fürchterlichen Folterqualen den Märtyrertod zu erleiden.

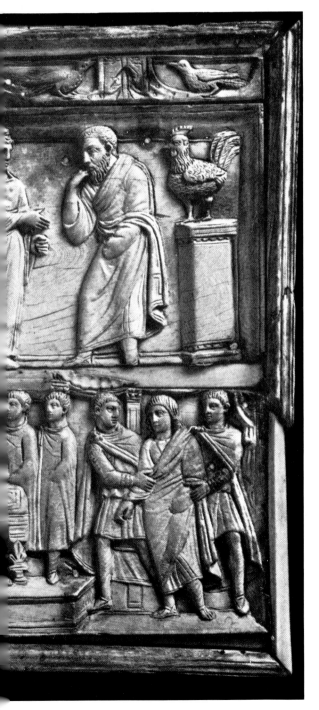

BILD OBEN: Kaiser Constantin der Große (306–337) verwarf die Politik der Christenverfolgung seines Vorgängers Diokletian zur inneren Festigung des Reiches. Vielmehr wollte er die Christen als einigende Kraft zur Stabilisierung des Imperiums für sich gewinnen. Vor der Schlacht gegen seinen Nebenbuhler Maxentius an der Milvischen Brücke nördlich von Rom (312), so berichtet die Legende, soll ihm beim Anflehen der Götter das Siegeszeichen des Kreuzes erschienen sein und daneben die Inschrift »In hoc signo vinces!« – »In diesem Zeichen wirst du siegen!«. Constantin ließ die Initialen Christi in griechischen Buchstaben (XP) an den Standarten seiner Legionen anbringen. Mit dem Toleranzedikt von Mailand (313) erhielten die Christen die Möglichkeit, mit ihrem Glauben das Reich zu durchdringen. Kurz vor seinem Tod nahm Constantin die Taufe an. Er starb als erster christlicher Kaiser. Von Kaiser Theodosius dem Großen (379–395) wurde das Christentum zur Staatsreligion erhoben und alle heidnischen Kulte verboten.

BILD LINKS: Szenen der Passionsgeschichte, Holzschnitzerei um 360. Von Judas durch einen Kuß verraten, wird Jesus im Garten Gethsemane gefangengenommen. »In dieser Nacht, ehe der Hahn kräht, wirst du mich dreimal verleugnen«, hatte er sich zuvor an Petrus gewandt. Dann wird Jesus zunächst dem Hohenpriester und schließlich Pontius Pilatus vorgeführt, der »seine Hände in Unschuld wäscht«.

UNTERGANG

KriegerischeErfolge hattenRom zurWeltmacht empor-
geführt. Auch derWohlstand des Reiches folgte daraus.
Eine Provinz nach der anderen wurde erobert und
römischer Wirtschafts- und Finanzhoheit unterstellt.
Wirtschaftlich lebte Rom in erster Linie von den Tri-
buten und der Beute seiner Provinzen. Manche Kriege
waren reine Plünderungszüge, um sich Gold und
Silber zu beschaffen. In großen Mengen kamen Edel-
metalle nach Rom. Ohne weitere Bemühungen, ohne
die eigene Produktivität zu steigern, ließen sich die
hohen Importüberschüsse aus Beute und Tribut bezahlen. Auch der Produktionsfaktor Arbeit erfuhr
durch den Krieg seine entscheidende Vermehrung.
Unterworfene Völker und Kriegsgefangene wurden
in die Sklaverei verkauft. Auf den Latifundien der
Großgrundbesitzer, in den Bergwerken, in den Haus-
halten und im Gewerbe gingen die Sklaven ihrer Arbeit nach, während sich der römische Plebs dem
»dolce far niente«, dem süßen Nichtstun, hingab und
auf Staatskosten nach Brot und Spielen verlangte.
In dieser Hinsicht ist Rom zu Recht ein »Raubstaat«
genannt worden. Diesen »Räubern« ging es solang
gut, solang es noch etwas zu rauben gab. Sobald weitere Eroberungen jedoch nicht mehr möglich und die
eroberten Provinzen ausgesogen waren, als keine
billigen Gelder und keine billigen Sklaven mehr zur
Verfügung standen, mußte das System zusammenbrechen. Nur die Intensivierung der eigenen wirtschaftlichen Produktivität, eine vermehrte eigene Ar-
beitsleistung hätte die strukturbedingte Wirtschaftskrise überwinden können.
Im verstärkten Einsatz der staatlichen Zwangsver-
waltung glaubte man in Rom, das geeignete Rezept
zur Sanierung der Wirtschaft gefunden zu haben.

»Wir sind die Bewohner eines Eurer Güter, allerhei-
ligster Kaiser, eine ganze Gemeinde, und als solche
begeben wir uns hilfeflehend in den Schutz Eurer
Majestät. Wir werden in unerhörter Weise geplagt
und ausgesogen von denen, deren Pflicht es ist, das
Volk zu schützen... Diese Leute – Offiziere, Soldaten, städtische Machthaber und Eure Funktionäre –
kommen in unser Dorf... und hindern uns an der
Arbeit, und indem sie unsere Pflugochsen requirie-
ren, ...erfahren wir ungewöhnlich große Unbilden
und Erpressungen«, hieß es in einer Beschwerde kaiserlicher Kleinpächter aus Kleinasien.
»Werde ich gepfändet werden? – Wird mein Eigentum versteigert werden? – Werde ich ein Bettler? –
Soll ich mich auf die Flucht begeben? – Wird meine
Flucht vereitelt?« Diese Fragen an ein Orakel zeigen
die Befürchtungen der geplagten Landbevölkerung.

Um die rasch ansteigende Inflation zu bekämpfen, wurden unter Diokletian (284–305) für ungefähr 1000 Waren und Arbeitsleistungen verbindliche Höchstpreise festgelegt: »Wer sich gegen die Ordnung dieses Statutes in frecher Verwegenheit stellt, soll – so ist es mein Wille – einem Gerichtsverfahren auf Leben und Tod unterworfen werden.« Das gewünschte Ziel wurde jedoch nicht erreicht: »Aus Furcht brachte man nichts mehr auf den Markt und die Teuerung nahm einen immer größeren Umfang an.«

Je mißlicher die Lage wurde, desto mehr verstärkte man den staatlichen Zwang. Mit der Verteuerung der Sklavenarbeit war man dazu übergegangen, Sklaven auf bäuerlichen Kleinbetrieben als halbfreie Kolonen sowie freie Kolonen gegen Pachtzahlungen anzusiedeln. Die Grundherren, von denen immer höhere Abgaben verlangt wurden, wälzten die Lasten auf ihre Bauern ab und setzten zur Verhinderung der Landflucht die Schollenpflichtigkeit durch. »Bei wem auch immer ein Kolone, der einem anderen gehört, aufgefunden wird, der soll diesen nicht nur an seinen alten Platz, woher er stammt, zurückbringen, sondern soll auch für ihn Kopfsteuer für die entsprechende Zeit (die er bei ihm war) erstatten. Die Kolonen selbst, die auf Flucht sinnen, soll man, wie es Sklaven zukommt, mit eisernen Fesseln binden, damit sie gezwungen werden, die Pflichten, die ihnen als Freien zukommen, infolge ihrer Verurteilung zum Sklavenstand zu erfüllen.«

Damit wurde der Kolone praktisch zum Leibeigenen, ein erbliches Mitglied einer geschlossenen Kaste. Das gleiche galt von dem freien Kleinbesitzer, der an sein Heimatdorf und seinen Beruf gebunden war. Auch die Gruppen der Stadtbevölkerung – die Schiffseigentümer, die Kaufleute, die Handwerker, die Arbeiter – wurden nach und nach an Beruf und Wohnsitz gefesselt. Die Staatsbeamten, die den aufgeblähten Zwangsapparat verwalteten, waren korrupt und bestechlich und hatten nur eines im Sinn, sich auf Kosten derer, die sie kontrollierten, zu bereichern.

BILD LINKS: Die Tetrarchen, zweiter von links Diokletian. Zur besseren Verwaltung des Reiches und zur Sicherung der Thronfolge schuf Diokletian die Tetrarchie, die »Herrschaft der Vier«: Zwei gleichberechtigten Kaisern, die sich die Verwaltung des Reiches teilten, standen zwei zur Nachfolge bestimmte Stellvertreter zur Seite. Doch nach dem Tode Diokletians bewährte sich diese Regelung nicht. Vier rivalisierende Konkurrenten standen sich im Kampf um die Macht gegenüber, aus dem schließlich Constantin der Große als Alleinherrscher hervorging. Er verstärkte die bürokratischen Zwangsmaßnahmen Diokletians, ohne den wirtschaftlichen Verfall des Reiches damit aufhalten zu können.
Constantin erkannte die günstige Lage von Byzanz auf der Grenze zweier Erdteile. Als Konstantinopel wurde es von ihm in den Jahren 326 bis 330 neu begründet. Nachdem der Westen dem Ansturm der Germanen erlegen war, konnten hier im Osten römische Kaiser noch über 1000 Jahre ihre Macht behaupten.

Schlacht zwischen Römern und Germanen, Relief eines Marmorsarkophages vom Ende des 2. Jahrhunderts n. Chr.

Kein Wunder, daß dieses totalitäre, geknechtete, ausgebeutete Rom keinen Willen zum Widerstand gegen den Ansturm der germanischen Eindringlinge mehr aufbrachte. Kein freier Bauer kämpfte um seinen Besitz. Die Masse der Bürger hatte keine politischen Freiheiten mehr zu verlieren, sondern nur das Joch der eigenen Zwangsbürokratie. Dieses innere Erlöschen des Gemeingeistes und des Staatsgefühls ist eine der wesentlichen Ursachen für den äußeren Zusammenbruch des Römischen Reiches. Dazu kommt die nicht minder wichtige Entwicklung des Heeres.

Mit der Verkündung der Pax Romana war das Heer auf 300000 Mann festgesetzt und entlang der ausgedehnten Grenzen stationiert worden. Als die freiwilligen Söldner nicht mehr ausreichten, den Mannschaftsbestand zu sichern, griff man auch hier wie im Bereich

der Wirtschaft zu Zwangsmaßnahmen. Dem Grundherren wurde eine Art »Blutsteuer« auferlegt, d. h. er war verpflichtet, aus den Reihen seiner Knechte und Kolonen dem Staat eine bestimmte Anzahl von Soldaten zu stellen. Natürlich lag den Grundbesitzern wenig daran, ihre besten Kräfte zu verlieren. Sie entledigten sich nach Möglichkeit der faulsten und aufsässigsten Arbeiter, was die Qualität des Heeres nicht verbesserte. Außerdem ging Rom dazu über, mehr und mehr Landesfremde, Söldner, anzuwerben und sie mit dem Schutz der Reichsgrenzen zu betrauen.

»Ganze Germanenstämme wurden zum römischen Heeresdienst herangezogen, so daß der römische Soldat und der römische Bürger schließlich von verschiedenen Völkern abstammten und der Begriff

BILD OBEN: Germanen auf der Wanderung, Relief aus dem 2. Jahrhundert n. Chr. Das Vordringen der Hunnen nach Europa löste die sog. Völkerwanderung aus, die schließlich den Untergang Roms herbeiführte. Als erstes Volk machten sich die Westgoten auf die Wanderschaft. Unter ihrem Anführer Alarich wurde Rom erobert und geplündert (410). Als der letzte römische Westkaiser Romulus 476 abgesetzt wurde, war die Macht schon längst auf die germanischen Heerführer übergegangen.

›miles‹, römischer Soldat, war identisch mit ›barbarus‹, dem Fremden. Das Heer des römischen Weltreiches, ursprünglich römisch, dann italisch, dann provinzial, war vorwiegend ein germanisches geworden; es kam immer häufiger vor, daß die Truppen mit den germanischen Angreifern gemeinsame Sache machten, daß germanische Generäle ins Reich einmar-

Wege der Völkerwanderung 4. bis 6. Jahrhundert n. Chr.

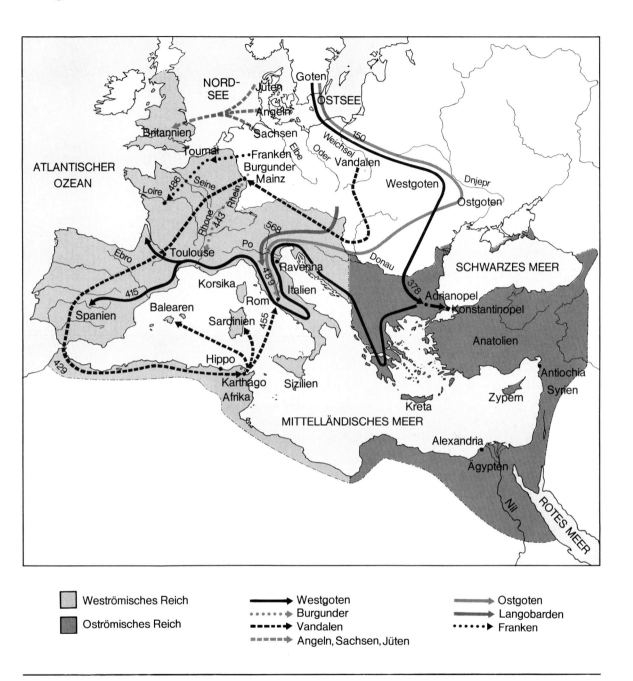

▢ Weströmisches Reich	━━➤ Westgoten	━━➤ Ostgoten	
	•••••➤ Burgunder	━━➤ Langobarden	
▩ Oströmisches Reich	┅┅➤ Vandalen	•••••➤ Franken	
	═══➤ Angeln, Sachsen, Jüten		

schierten, sich im Grenzgebiet ›einquartierten‹ und dann, auf die germanischen Söldner gestützt, sich zu Königen proklamierten. So sind die ost- und westgotischen Königreiche entstanden – der Vater des Kaisers Chlodwig, Odoaker, war noch ein römischer Söldner gewesen. Zu Beginn des 5. Jahrhunderts war das vergermanisierte römische Heer so stark geworden, daß es von Rom nichts mehr zu fürchten hatte und sich selbständig machen konnte...

Als die Barbaren nach verschleiertem Aufmarsch überraschend die Grenzwehr durchbrachen, konnten sie ungehindert bis ins Herz des Reiches vordringen, denn das römische Volk selbst war militärisch wehrlos und demilitarisiert.«   (Karl Meyer: Weltgeschichte im Überblick.)

CORPUS IURIS

Vom Zwölftafelgesetz ausgehend, durch Neuschöpfung und Interpretation entwickelte sich das klare und präzise römische Recht. Durch Iustinians Kodifizierung im Corpus Iuris ist es uns in den wesentlichsten Teilen erhalten geblieben. Seine grundsätzlichen Normen haben die abendländische Rechtsentwicklung maßgeblich beeinflußt und bis auf den heutigen Tag entscheidend geprägt:

»Gerechtigkeit ist der beständige und dauernde Wille, jedem das ihm Gebührende zuzuteilen.

Die Rechtswissenschaft ist die Kenntnis der göttlichen und menschlichen Dinge, die Wissenschaft dessen, was Recht und was Unrecht ist. Die Gebote des Rechts sind folgende: ehrenhaft leben, den Nächsten nicht schädigen und jedem das Seine zukommen lassen.

Gesetze kennen bedeutet nicht, sich ihre Worte aneignen, sondern ihren Sinn und ihre Tragweite.

Bei unklarem Wortlaut des Gesetzes muß man lieber den Sinn wählen, der nichts Unzuträgliches ergibt, zumal wenn daraus auch ein Schluß auf die Absicht des Gesetzgebers gezogen werden kann.

Gegen das Gesetz handelt, wer tut, was das Gesetz verbietet. Es umgeht aber das Gesetz der, der zwar genau den Wortlaut des Gesetzes beachtet, sich um seinen Sinn aber herumdrückt.

In den Fällen, wo wir kein geschriebenes Recht besitzen, muß man beachten, was durch Sitte und lange Gewohnheit eingeführt ist.

Demjenigen obliegt es, den Beweis zu erbringen, der (etwas Rechtserhebliches) behauptet, nicht dem, der leugnet.

In Zweifelsfällen ist immer die wohlwollendere Auslegung vorzuziehen.

Nicht alles, was das Recht erlaubt, ist auch moralisch einwandfrei.

Das ergangene Urteil muß als Wahrheit angenommen werden.

Jemanden zu verurteilen, ohne ihn gehört zu haben, verbietet die Rücksicht auf die Billigkeit.

Wegen bloßer Gedanken wird niemand bestraft.

Eine Strafe wird nicht verhängt, außer wenn sie im Gesetz oder in irgendeiner Rechtsvorschrift für diese Strafart besonders angedroht ist.

Auf bloße Verdachtsmomente hin jemanden zu verurteilen, geht nicht an, wie der göttliche Traian... im Reskript anwies: Es sei besser, wenn einmal die Tat eines Schuldigen ungesühnt bleibt, als wenn man einen Unschuldigen verurteilt.

... sie bestraften sie; und dies muß man tun, damit sie, durch das Beispiel abgeschreckt, sich künftig weniger verfehlen.« (Allgemeine Rechtsgrundsätze des Corpus Iuris.)

BYZANZ

Während das Weströmische Reich im 5. Jahrhundert den Kriegszügen der Völkerwanderung zum Opfer fiel und Rom geplündert wurde, blieb Byzanz von dem Ansturm der Barbaren verschont. Das römische Kaisertum in seiner spätantiken Form des bürokratischen Zwangsstaates konnte sich behaupten und unter Iustinian (527–565) sogar weite Teile des Westens zurückerobern. Gestützt auf ein starkes Söldnerheer und eine mächtige Flotte und begünstigt durch seine Lage am Meer konnte es auch dem vehementen Ansturm der Araber im 7. Jahrhundert widerstehen. Zwar gingen die nordafrikanischen und vorderasiatischen Provinzen verloren, zwar schrumpfte das Oströmische auf das Byzantinische Reich zusammen, doch blieb Byzanz als Bollwerk stark genug, um das werdende Abendland vor dem Vordringen des Ostens zu schützen.

Die oströmischen Kaiser betrachteten sich als Nachfahren der Caesaren und als Beschützer der Kirche. Zu einem Konflikt zwischen Kirche und Staat, wie er das abendländische Mittelalter prägte, konnte es in Byzanz nicht kommen. Immer sorgte die kaiserliche Gewalt in Konstantinopel dafür, daß der Patriarch, das geistliche Kirchenhaupt, ihr untergeordnet blieb. Von Byzanz aus wurde der Osten christianisiert, zunächst Bulgarien, Serbien und Kroatien und schließlich auch das riesige Rußland. Von Byzanz aus führte der Weg zum Caesaropapismus der russischen Zaren.

BILD LINKS: Ein byzantinischer Kaiser als Sieger über die Barbaren und als Schirmherr der Zirkusspiele (um 500). Als Stellvertreter des Allmächtigen lebten die byzantinischen Kaiser streng vom Volk abgesondert. Zeigten sie sich bei feierlichen Anlässen der Öffentlichkeit, entfalteten sie den ganzen Prunk des östlichen Despotismus. Als Feldherrn kannten sie mit ihren Feinden kein Erbarmen. So soll Basilios II., der »Bulgarentöter«, im Feldzug gegen die Bulgaren beispielsweise 14000 Gefangene geblendet haben.

UMSEITIG: Gewaltige Bauleistungen machten Byzanz zur »Königin unter den Städten«, die ihresgleichen in Europa nicht hatte. Die von Iustinian erbaute Hagia Sophia, eine monumentale Kuppelkirche, war der architektonische Glanzpunkt Konstantinopels. »Die gewaltige kugelförmige Kuppel gewährt einen vorzüglich schönen Anblick. Sie scheint gar nicht auf einem festen Unterbau aufzusitzen, sondern an goldener Kette vom Himmel herabhängend den Raum zu überdecken«, begeisterte sich der zeitgenössische byzantinische Geschichtsschreiber Prokop. Dem aufmerksamen Beobachter entging inmitten der Prachtentfaltung aber auch nicht das Elend der Armen. »Die Reichen nehmen mit ihren Bauten allen Platz an der Straße in Anspruch und überlassen den Armen und den Fremden die Kloaken und die dunklen Winkel. Dort geschehen Mord, Raub und alle Verbrechen, die das Licht scheuen«, vermerkte ein französischer Besucher.

RECHTE SEITE: Mosaikportrait Kaiser Iustinians in der Kirche von San Vitale in Ravennna (um 545).

Belagerung Konstantinopels durch die Truppen Scheich Mohammeds III. Schon ab 1300 waren die islamischen Türken in stetem Vordringen. Mit dem Fall Konstantinopels ging das Byzantinische Reich 1453 endgültig zugrunde.

FERNER OSTEN
ALTAMERIKA

Was für das vorliegende Werk im allgemeinen gilt, eine Präsentation ausgewählter, beispielhafter Bilder zur Weltgeschichte zu sein, gilt in besonderem Maß für das folgende Kapitel. Die gerafften Stichworte zur Chronologie und die wenigen Bilder zu den Hochkulturen des Fernen Ostens und Altamerikas können nicht mehr sein als ein andeutender Hinweis auf die vielgestaltige Entwicklung außerhalb der altorientalisch-ägyptischen und europäischen Kulturtradition. Von den gleichen, allgemein menschlichen Grundbedürfnissen und Wurzeln der die gesellschaftliche Differenzierung einleitenden Welt des Neolithikums ausgehend, hat hier in Indien, China und Japan, bei den Mayas, Azteken und Inkas das schöpferische menschliche Kulturschaffen seinen jeweils spezifischen Ausdruck erhalten.

Trotz aller politischen Wirren hat sich in China eine im wesentlichen und in dieser Art einmalige historische Kontinuität behauptet, die drei Jahrtausende bis in unsere unmittelbare Gegenwart andauerte. Noch stabiler als das chinesische Mandarinsystem erwies sich die indische Kastenordnung mit ihrer festgefügten, religiös fundierten Sozialstruktur. Die nachchristlichen, kurzlebigen Hochkulturen Altamerikas hingegen wurden von den weißen Eroberern vollständig vernichtet.

In all diesen Kulturen spielte die Religion eine überragende Rolle. Dem indischen religiösen Denken haben wir dabei im Buddhismus und Hinduismus zwei Religionen zu verdanken, die trotz aller inhaltlichen Unterschiede zu den anderen Hochreligionen ebenso wie diese einen universellen Anspruch erheben.

»Die höheren Religionen«, schreibt Arnold Toynbee, »bringen ein neues Element, indem sie ihre Angehörigen in unmittelbare Berührung mit der Realität des Geistes hineinführen wollen, statt diese Beziehung indirekt, durch Vermittlung des organisierten menschlichen Gemeinwesens herzustellen. Mehr noch: Diese Realität des Geistes ist in der Blickweise der höheren Religionen keine ortsgebundene nationale Gottheit, sondern etwas Universales und Absolutes. In der indischen Religionsfamilie wird sie noch nicht einmal persönlich gefaßt: weder das Brahman der Hindus noch das Nirwana der Buddhisten ist eine Gottheit. Gewiß unterscheiden sich bei den einzelnen höheren Religionen die Vorstellungen von der absoluten Realität des Geistes nicht unerheblich; aber das den höheren Religionen Gemeinsame liegt darin, daß sie sich weder an einzelne Völker noch kollektiv an alle Völker der Welt wenden. Sie wenden sich an die Einzelmenschen, an alle Männer und Frauen in der ganzen Welt; das Menschengeschlecht selbst wird nicht als Vielzahl von Nationen, sondern als eine Familie begriffen... Das, worum sich die höheren Religionen kümmern, sind nicht die Kollektivinteressen der menschlichen Gemeinwesen, sondern die persönlichen Interessen der Individuen: ihre Wünsche und Versuchungen, ihre Hoffnungen und Ängste, ihre Schmerzen und Kümmernisse.«

BILD OBEN: Der Legende nach soll Kaiser Yü die erste Dynastie in China 2200 v. Chr. begründet haben. Als »Söhne des Himmels« bzw. als deren Nachkommen beanspruchten die chinesischen Kaiser höchste staatliche und priesterliche Autorität.

RECHTE SEITE: Streitwagenbestattung aus der Shang-Zeit um 1500 v. Chr. Von der Steppe aus vordringend, unterwarfen sich die Shang, ein kriegerisches Nomadenvolk, die chinesischen Bauernkulturen. Mit der Shang-Dynastie beginnt die historisch nachweisbare Geschichte der chinesischen Hochkultur. Ihre mit Priesterfunktionen ausgestatteten Großkönige, denen zahlreiche Lehnsleute zur Gefolgschaft verpflichtet waren, entfalteten in großen Palästen, denen in Babylonien und Kreta vergleichbar, ein prächtiges Hofleben.

CHINA

v. Chr.

2200 Die Zeit der legendären Hsia-Dynastie beginnt. Töpferscheibe. Haustiere.

1500 Shang-Dynastie: Ackerbau. Stadtkultur (Paläste, Lagerhäuser, Kornspeicher). Bronze. Pferde und Streitwagen. Pfeil und Bogen. Schrift.

1000 Sturz des Shang-Reiches durch die Chou-Dynastie. Das Imperium wächst und zerfällt in separate Feudalstaaten. Eisenpflüge und Eisenschwerter. Lao-tse begründet den Taoismus. Konfuzius (551–479) predigt Respekt vor Tradition, Moral und Pflichttreue. Bürgerkriege (480–249), bekannt als Periode der »kämpfenden Reiche«.

221 Ch'in-Dynastie: Die Herrscher des Nordweststaates Ch'in einigen das Reich von der Mandschurei bis nach Vietnam. Zentralisierung. Kaiserlicher Absolutismus (bleibt Staatsform bis 1911). Feudalverwaltung wird durch Beamtentum ersetzt. Bücherverbrennung zur Ausrottung der feudalen Tradition. Staatliche Eisen- und Salzmonopole. Bau der Großen Mauer.

206 Bei einem Aufstand gegen die Ch'in kommt die Han-Dynastie an die Macht. Besiegung der Hunnen. Theokratischer Beamtenstaat auf der Grundlage des zur Staatsreligion erhobenen Konfuzianismus. Land- und Seeverbindungen mit Indien und Rom. Seidenhandel. Buddhismus wird Volksreligion.

n. Chr.

220 Nach dem Sturz der Han-Dynastie erneute Nomadeneinfälle: Tibeter aus dem Westen, Tungusen und Mongolen aus dem Norden. Fortschreitende Auflösung.

Teilweise Herrschaft fremder Dynastien. Nahezu vier Jahrhunderte keine feste Regierung.

618 T'ang-Dynastie: Dauerhafte Einheit. System der Beamtenexamen wird entwickelt. Weite Verbreitung der chinesisch-konfuzianischen Kultur. Erste Drucke von Holzblöcken. Erfindung des Schießpulvers (nur zu Feuerwerkszwecken verwendet). Söldnerheere aus Moslems und Bergvölkern.

907 Im Streit verschiedener Militärkommandeure zerbricht das Reich. In raschem Wechsel Herrschaft der »fünf Dynastien«.

960 Wiedervereinigung des Landes unter der Sung-Dynastie. Zentralisierung des Staatsausbaus. Entmachtung der Militärkommandeure (drei Ministerien für Wirtschaft, Militär und Verwaltung). Verlust ganz Nordchinas an die Mongolen. Dschingis-Khan erobert Peking.

1279 Mongolenherrschaft. Kriegszüge nach Birma, Java und Japan. Trotz Absonderungsmaßnahmen (Verbot der Mischehe) Assimilierung der Sieger an die chinesische Kultur. Intensivierung der Kontakte mit dem Westen. Marco Polo in China.

1368 Auf dem Hintergrund einer religiösen und wirtschaftlichen Krise wird von einem ehemaligen buddhistischen Bettelmönch die Ming-Dynastie begründet. Beschränkung der Interessen auf das Reich der Mitte. Peking Hauptstadt.

1644 Mandschu-Dynastie: Größte Ausdehnung des Reiches. Opiumkrieg (1839–1842) gegen England. Erschließung Chinas für die Europäer. Boxeraufstand (1900/1901).

1911 Republikanische Revolution Sun Yat-sens in Südchina. Ende des konfuzianischen Staates nach über 2000jährigem Bestehen.

1949 Kommunistische Revolution durch Mao Tse-tung. China wird Volksrepublik.

Während der Herrschaft der Shang- und Chou-Dynastie war China ein reiner Feudalstaat, der später zersplittert und in verfeindete Teilstaaten zerfallen ist. Erst durch die Ch'in-Dynastie wurde das Reich gewaltsam geeint und in einen von Beamten verwalteten, zentralisierten Einheitsstaat umgewandelt. Alle im Land befindlichen Waffen wurden eingezogen, das Land selbst in Kommanderien und Präfekturen als Haupt- und Untergliederungen der zentralen Staatsverwaltung eingeteilt, Gesetze, Maße, Gewichte und auch die Schrift vereinheitlicht. Rücksichtslos brachen die Ch'in-Kaiser die Macht der Feudalgewalten. Schriften, die die »gute alte Zeit« verherrlichten und damit direkt oder indirekt die Vereinheitlichungspolitik der Ch'in kritisierten, wurden eingezogen und verbrannt: »Wer sich herausnimmt, über diese Texte zu diskutieren, wird auf dem Marktplatz geköpft; wer unter Berufung auf das Altertum die Gegenwart kritisiert, ist mit seinen Angehörigen zu töten«, heißt es in einem entsprechenden kaiserlichen Erlaß.

»Die ersten Chou-Könige hatten recht viele ihrer Brüder und Söhne und Clangefährten belehnt, aber die Familienbande lockerten sich mit der Zeit immer mehr, und sie alle bekämpften einander, als seien sie Feinde. Und als die Lehnsfürsten einander immer mehr bekriegten, vermochte der Chou-Himmelssohn ihnen nicht Einhalt zu gebieten«, erinnerte Kanzler Li Ssu den ersten Kaiser der Ch'in-Dynastie, Shih Huang-ti, an die unselige Zeit der feudalen Vergangenheit. »Jetzt ist alles, was zwischen den vier Weltmeeren liegt, vereinigt und in Kommanderien und Präfekturen eingeteilt. Verwandte und verdienstvolle Diener werden mit öffentlichen Steuereinkünften reichlich belohnt.«

Der Kaiser konnte seinem Kanzler nur beipflichten: »Daß alle im Reich litten und daß die Kriege kein Ende nahmen, lag daran, daß es Lehnsfürsten gab. Jetzt, da das Reich gerade erst befriedet ist, wieder Lehnsländer zu errichten, hieße Krieg säen.«

Der Ch'in-Dynastie war es gelungen, China zu einigen und den Regionalismus zu überwinden. »Aber diese Einheit«, schreibt der Sinologe Prof. Hulsewé, »ist nicht stabil: die mehr als zweitausendjährige Geschichte des Kaiserreichs ist von Spannungen zwischen zentrifugalen und zentripetalen Kräften, die gelegentlich das Reich sprengen, angefüllt – von den drei Königreichen des 3. Jahrtausends bis zu den War Lords, den regionalen Militärmachthabern unserer Zeit.« Nie war China in seiner Vergangenheit ein monolithisches Staatsgebilde. Immer mußte es sich mit den politischen und kulturellen Autonomiebestrebungen einzelner Gebiete auseinandersetzen. Dennoch, auch in Zeiten größter Zersplitterung, wurde die Einheit des Reiches als Ideal niemals in Frage gestellt.

BILD OBEN: Eine Darstellung aus einem europäischen Reisebuch des 16. Jahrhunderts zeigt zwei Mandarine, chinesische Staatsbeamte. Der eine steht auf einem von seinen Dienern gehaltenen Podest, der andere speist unter einem Baldachin mit Gästen auf seinem Boot. – Das einheitlich ausgebildete, vom Staat be-

zahlte Beamtentum war Rückgrat und entscheidendes Stabilisierungselement der chinesischen Kaiserreiche. Strenge Prüfungen sorgten für ein hochqualifiziertes, dem Staat verpflichtetes Verwaltungspersonal. Die Literaten-Beamten, deren Laufbahn theoretisch jedermann offenstand, bildeten bald eine privilegierte Kaste, die sich in der Regel aus den eigenen Reihen ergänzte und scharf von den untergeordneten Schichten des Volkes absonderte. Mit Hilfe der Beamten, die die komplizierte chinesische Schrift beherrschten, konnten die weiten Gebiete einheitlich verwaltet werden.

BILD OBEN: Terrakottafigur eines Kriegers der späteren Han-
Zeit. – Die durch zahlreiche Einbrüche ins Land gedrungenen
innerasiatischen Hirtenvölker sowie die durch eigene Expansion unterworfenen Völker wurden wie alles Fremde vom Chi-
nesentum assimiliert. Ob unter mächtigen Dynastien vereint, in
sich bekriegende Teilstaaten zerfallen oder von fremdländi-
schen Herrschern unterworfen, immer hat sich China als kulturelle Einheit behaupten können.

BILD RECHTS: Während Chinas Grenzen im Osten durch seine
lange Meeresküste und im Süden und Westen durch Dschungel-
wälder und hohe Gebirgsketten ziemlich sicher waren, bedeutete die offene Grenze im Norden eine Bedrohung des Reiches.
Zur Abwehr der Hunnen wurde hier gegen Ende des 3. Jahrhunderts v. Chr. während der Ch'in-Zeit die Große Mauer gebaut. Bei der Errichtung dieser rund 2500 km langen Befesti-
gungsanlage sollen u. a. auch 300000 Zwangsarbeiter beschäftigt gewesen sein.
Zwar konnten die berittenen Nomadenkrieger versuchen, die
Mauer zu überklettern, doch mußten sie zu diesem Zweck von
ihren Pferden absteigen. Für die Armbrustschützen der chinesischen Verteidiger waren sie dann ein leichtes Opfer. Die Mauer
allein jedoch war nicht in der Lage, Invasionen aufzuhalten.
Einen militärischen Wert hatte sie nur, wenn genügend Grenz-
truppen zur Verfügung standen, die dem angreifenden Feind
direkt entgegentraten. Erschlaffte der chinesische Verteidigungs-
wille, waren die Große Mauer sowie die anderen nördlichen
Verteidigungsanlagen keine Barriere für die Einfälle aus der
mongolischen Steppe.

In die Zeit des zerfallenden Chou-Staates, in die »Zeit der Wirren«, wie die Chinesen diese Epoche ihrer Geschichte nennen, fiel das Wirken der bedeutendsten chinesischen Denker, Konfuzius und Lao-tse.

KONFUZIUS

Das Reich war in eine Reihe sich bekämpfender Adelsstaaten zerfallen. Kleinere und größere Fürsten fielen übereinander her, raubten sich gegenseitig aus, zerstörten die Dörfer, töteten die Männer und verschleppten Frauen und Kinder in die Sklaverei. Recht und Sitte verfielen, die alten Autoritäten galten nichts mehr. »Die Welt begann aus den Fugen zu gehen«, klagte Mencius, ein Schüler des Konfuzius, »und Gesetz und Recht wurden mit Füßen getreten. Gottlose Reden und Greueltat hatten die Oberhand. Der Sohn mordete den Vater, und selbst das Blut des höchsten Gebieters wurde vergossen.« Kein Wunder, wenn es überall gärte im Volk,

BILD LINKS: Die Anlage des Konfuziustempels an der Grabstätte des Philosophen in Shantung.

RECHTE SEITE: Konfuzius in der Tracht des Gelehrten, ein Steindruck aus dem 19. Jahrhundert n. Chr. K'ung fu-tzu, Meister K'ung, von den Jesuiten zu Konfuzius latinisiert, soll von 551–479 v. Chr. gelebt haben. Er war kein Neuerer und Revolutionär: »Ich bin ein Überlieferer und kein Schöpfer.« Zu seinen Lebzeiten erzielte er keine große Wirkung. Doch wurden die Gedanken des Meisters, von seinen Schülern ergänzt und weiterentwickelt, dreihundert Jahre später zur Staatsideologie erhoben. Unter der Han-Dynastie wurde die Beamtenbürokratie mit der konfuzianischen Lehre verbunden. Eine in der Folgezeit immer weiter ausgebaute Studien- und Prüfungsordnung sicherte die Kontinuität der Reichsverwaltung, die trotz aller Wirren, Teilungen und Fremdherrschaft zum eigentlichen Träger der chinesischen Gesellschaftsordnung wurde.

wenn es »mißmutig und gekränkt war und Männer und Weiber ihre Bedrücker verfluchten«.

In dieser Zeit der Unordnung ging es Konfuzius darum, die aus den Fugen geratene Gesellschaft wieder zur Ordnung zurückzuführen. Seiner verderbten Zeit hielt er die Sittenstrenge und das Brauchtum der frühen Herrscher entgegen. Grundlage einer geordneten Gesellschaft sei die Vollkommenheit des einzelnen. Der von Natur aus gute Mensch könne durch intensives Bemühen zum Idealmenschen, zum »Edelmann« werden: »Der höhere Mensch macht Redlichkeit zur Grundlage seines Seins. Er bringt sie zur Geltung mit Schicklichkeit und Rücksicht. Er spricht von ihr mit Bescheidenheit und führt sie mit Aufrichtigkeit und Treue durch.« Ethische Vorschriften hätten die Leidenschaften der Menschen zu bändigen, nicht aber um des einzelnen, des Individuums, willen, sondern zum Wohl des Staates, dem Endzweck aller Konfuzianischen Betrachtungen. Der vollkommene Mensch erfülle die erforderlichen Grundpflichten als Voraussetzung eines gedeihlichen Zusammenlebens: Respekt den Eltern, Vorgesetzten und Fürsten gegenüber sowie Pflichterfüllung gegen Freund und Gattin. Konfuzius legte außerordentlichen Wert auf die Einhaltung der Riten, »auf die peinlichste Regelung einer jeden Bewegung nach dem Zeremoniell«. Alle, Herrscher und Beherrschte, hätten ihren Verpflichtungen nachzukommen. Einer guten Regierung würden die Untertanen auf Grund sittlicher Einsichten und nicht auf Grund staatlicher Strafandrohungen gehorchen. Sich der Obrigkeit zu widersetzen, sei frevelhaft. »Pietät und Gehorsam, das sind die Wurzeln des Menschentums.«

関 來 隱 几 枕 書 眠 夢 入
壺 中 別 有 天 彷 彿 若
夷 親 面 目 大 還 真 訣 得
親 傳 晉 昌 唐 寅 為
東 原 先 生 寫 圖

Während Konfuzius und seine Schüler somit in der Wiederbelebung der Kultur der alten Chou-Könige ihre vornehmste Aufgabe zur Verwirklichung der idealen Gesellschaft sahen, vertrat Lao-tse, der Begründer des Taoismus, eine ganz andere, entgegengesetzte Auffassung. Auch er war mit den herrschenden Zuständen der »wirren Zeit« unzufrieden. Auch er schaute zurück in eine idealisierte Vergangenheit, allerdings viel weiter als bis zu den Herrschern der Chou-Dynastie, bis in die legendäre Zeit des gelben Kaisers, in die seligen Tage paradiesischer Unschuld unverdorbener Naturkinder. Höchstes Ziel der Menschen müsse es sein, eins zu werden mit dem »tao«, dem Seinsgrund allen Geschehens. Der Weg dahin: Wu-wei, Nichtstun. Das Wesen des tao sei die Leere. Als die Menschen von ihr abfielen und ihre eigenen Tugenden in Kraft setzten, sei das Unheil über die Welt gekommen. »Verbot zeugt Zwang, Befehl zeugt Störung, Geschick zeugt Niedertracht, Gesetz zeugt Verbrechen.« Darum »zieht man jetzt bunte Kleider an und gürtet sich mit scharfen Schwertern, darum sind die Paläste prächtig und die Felder verwüstet, darum hungert das Volk und leidet unter dem Steuerdruck.«

Aus dieser Situation gabe es nur einen Ausweg, den Weg »zurück zur Natur«. Nicht ein aktives Eingreifen in die Geschichte könne die Rettung bringen, sondern nur ein passives Hinnehmen der Entwicklung. In der Politik gehe es nicht darum, bestimmte Ideale oder positive Zwecke zu verfolgen, sondern um die Wiederherstellung »der großen Einfachheit«. Die Herrscher hätten die Aufgabe, das Volk zu dieser Einfachheit zu bringen.

Das Volk selber müsse alle Begierden abtöten und so leer werden wie das tao, um sich mit ihm vereinen zu können.

BILD OBEN: In seiner Hütte schläft ein taoistischer Gelehrter. Er träumt, das ewige Leben erlangt zu haben und über die Berge ins Land der Unsterblichkeit zu schweben. – Die komplizierten abstrakten Gedanken Lao-tses und seiner Schüler sind als solche nie in die Vorstellungen des chinesischen Volkes eingedrungen. Bei den unteren Volksschichten sank der Taoismus zum Aberglauben herab, wurde die taoistische Frömmigkeit zu einer Lehre der Dämonenbeschwörung.

BILD UNTEN: Gemälde aus der späten Ming-Dynastie. – Nicht das Individuum, sondern die gemeinsam wirtschaftende Familie war das Fundament der chinesischen Gesellschaft. Dem Vater waren alle Familienangehörigen der patriarchalischen Großfamilie, die mit Kindern und Kindeskindern über hundert Mitglieder zählen konnte, zum strikten Gehorsam verpflichtet.

DIE BAUERN

Im Vergleich zur Oberschicht, den Adligen, höheren Beamten und reichen Grundbesitzern, und den unteren Schichten, den Handwerkern, Kaufleuten, Soldaten und Sklaven, bildeten die Bauern die große Masse des chinesischen Volkes. Sie mußten Steuern zahlen, der Wehrpflicht nachkommen und dem Staat gegenüber Arbeitsleistungen verrichten. Die Bauern trugen die große Last der chinesischen Wirtschaft. Sie fronten beim Straßen- und Städtebau, bei der Arbeit an Deichen, Kanälen und Brücken sowie bei der Errichtung und Instandsetzung von öffentlichen Gebäuden und Palästen. Ihre Arbeitskraft lag dem Wohlstand und dem Überfluß des kaiserlichen Hofes zugrunde, während sie selbst trotz harter Arbeit über das Existenzminimum nicht hinauskamen. Eine Throneingabe aus dem Jahr 178 v. Chr. mag die über Jahrtausende gleichbleibenden Sorgen der Bauern veranschaulichen: »In einer Bauernfamilie von fünf Personen müssen nicht weniger als zwei Arbeitsdienst verrichten; das Land, das sie pflügen können, ist nicht mehr als hundert Mu (weniger als zwei Hektar), und es trägt nicht mehr als hundert Scheffel (etwa dreißig Doppelzentner). Im Frühjahr pflügen sie, im Sommer jäten sie, im Herbst ernten sie, und im Winter bringen sie die Ernte in die Scheune. Sonst sammeln sie Brennholz, reparieren Amtsgebäude und verrichten Arbeitsdienst. Im Frühling sind sie Stürmen und Staubwolken ausgesetzt, im Sommer der Hitze, im Herbst dem Nebel und Regen, im Winter der Kälte und dem Frost. Keine der vier Jahreszeiten bringt ihnen einen Ruhetag.«

BILD LINKS: Ochsenkarren mit Bauern, Tonplastik aus der ersten Hälfte der T'ang-Dynastie um 750 n. Chr. – Obwohl die chinesischen Bauern sich unzählige Male erhoben, griffen sie doch niemals unmittelbar in die Geschichte ein. »Sie waren immer nur die mächtige Waffe, mit der sich alle politischen Gegner, welcher Partei sie auch jeweils angehören mochten, gegenseitig bekriegten.« (Wolfgang Bauer)

BILD OBEN: Kaiserlicher Platz der »verbotenen Stadt« in Peking (Ming-Dynastie).

BILD RECHTS: Zucht der Maulbeerseidenspinner und Abwiegen des Kokons, Malerei auf einer Porzellanschale aus dem 18. Jahrhundert. Aus den taubeneigroßen Kokons – in ihnen ist die Puppe der Seidenraupe mit Seidenfäden eingesponnen – wird durch Abschälen der Seidenfäden gewonnen. Schon zur Shang-Zeit gab es mehrere Arten von Seide und hochentwickelte Webetechniken. Auf der Seidenstraße, einer Karawanenstraße von China durch Zentralasien nach Westasien, gelangte Seide schon in vorchristlicher Zeit nach Europa.

FREMDENHASS

Die vielen fremden Einflüsse und die zahlreichen inneren Erschütterungen hatten die politische und soziale Grundordnung Chinas über 2000 Jahre hinweg im wesentlichen nie zu ändern vermocht. Die Kontinuität des Reiches blieb so lange gesichert, bis sich die westlichen Ideen in Verbindung mit den Fortschritten in Wissenschaft und Technik als stärker erwiesen.

Im »Opiumkrieg« gegen England (1839–1842) mußte China eine militärische Niederlage hinnehmen und den ersten der »ungleichen Verträge« abschließen.

England erhielt »für ewige Zeiten« die Insel Hongkong; die Häfen Amoy, Futschou, Kanton, Ningpo und Schanghai mußten dem britischen Handel geöffnet werden. Unter dem Schlagwort von der Politik der »offenen Tür« verlangten auch Frankreich und Amerika Einflußsphären in China. Deutschland und Japan folgten. Dem Ansturm des Imperialismus zeigte sich China nicht gewachsen. Es wurde gewaltsam geöffnet und sank schließlich auf einen halbkolonialen Status herab.

Die als demütigend empfundene eigene Ohnmacht und fremde Willkür könnten nur überwunden werden durch Übernahme westlicher Erkenntnisse und

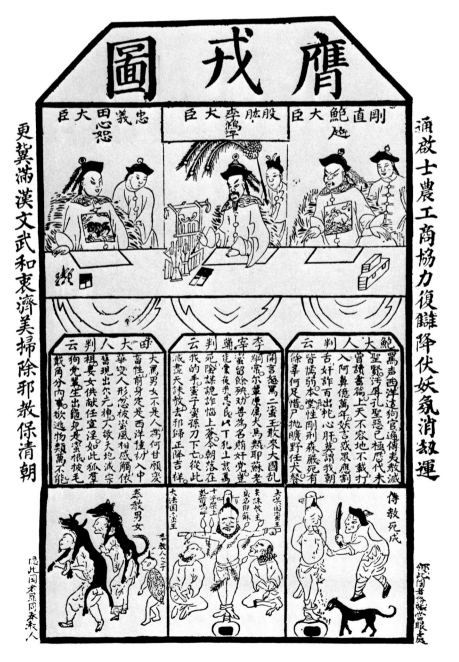

BILD LINKS: Chinesisches, antichristliches Propagandaplakat. Unten links: Eine mit Tierfellen bekleidete christliche Familie, »untauglich, der Spezies Mensch anzugehören«. Mitte: »Jesus, der alte Barbar, die Ursache allen Übels«. Rechts: Einem gefesselten Missionar wird die herausgezogene Zunge abgeschnitten. – In den »ungleichen Verträgen« hatte China auch den christlichen Kirchen besondere Vorrechte einräumen müssen. Sie, wie alles Ausländische, traf gleichermaßen der chinesische Fremdenhaß, der 1900 im »Boxeraufstand«, einer Geheimgesellschaft derer, »die mit der Faust kämpfen«, seinen blutigen Höhepunkt fand. Überfallene Missionare mußten entsetzliche Martern erdulden. Sie wurden mit glühenden Zangen gepeinigt, ihre Bäuche mit Dolchen aufgeschlitzt. Peking wurde besetzt und das Ausländerviertel belagert. Die Hauptstadt sollte »von den Fremden gesäubert werden wie ein Pelz von Läusen«. Erst durch Eingreifen eines internationalen Expeditionskorps konnte der Boxeraufstand niedergeschlagen werden.

RECHTE SEITE: Kaiserin Tsu Hsi, der »alte Buddha«, die letzte bedeutende Herrscherpersönlichkeit des chinesischen Kaisertums. Ihre Dynastie, die Mandschu-Dynastie, hatte 1644 von der Mandschurei aus den chinesischen Kaiserthron usurpiert und wurde von chinesischen Nationalisten als Fremdherrschaft empfunden. Kaiserin Tsu Hsi regierte von 1862 bis 1908, fast ein halbes Jahrhundert, das Reich der Mitte.

durch eine Reform der gesamten Gesellschaft. Diesen Ansichten der jungen chinesischen Intelligenz konnte sich auch die Kaiserin Tsu Hsi nicht ganz verschließen.

1905 wurde das konfuzianische Prüfungssystem für die Beamtenlaufbahn beseitigt. Was bislang verpönt und verboten war – die Grenze des Reiches zu überschreiten –, dazu ermunterte jetzt die Kaiserin die jungen Chinesen. Sie sollten ins Ausland gehen, um dort zu studieren. Tief beeindruckt von der abendländischen Kultur und Zivilisation kehrten sie mit revolutionären Ideen ins Reich der Mitte zurück. Die Ohnmacht Chinas war ihnen noch deutlicher geworden. Ihr nationalistischer Leitsatz lautete: China den Chinesen. Zunächst müsse die Fremdherrschaft der Mandschus und dann die der Imperialisten gebrochen werden. Unter der Führung Sun Yat-sens (1866–1925) forderte der »chinesische Revolutionsbund« die Errichtung der Republik: Alle Einwohner Chinas sollen einander gleichgestellt, Präsident und Parlament vom ganzen Volk gewählt werden. Am 10. Oktober 1911 kam es anläßlich einer Truppenmeuterei zum Aufstand. Mit Hilfe sympathisierender Militärs brachten die Revolutionäre das Land in ihre Gewalt. Am 12. Februar 1912 mußte die kaiserliche Regierung ihre Abdankung erklären. Die 2000jährige Epoche des konfuzianischen Weltstaates hatte ihr Ende gefunden.

BILD LINKS: Dr. Sun Yat-sen, »Vater der chinesischen Revolution«. »Vierzig Jahre lang«, schrieb er in seinem Testament, »habe ich meine Kraft für die nationale Revolution eingesetzt. Ihr Ziel ist die Erlangung der Freiheit und Gleichberechtigung für China. Aus meiner vierzigjährigen Erfahrung weiß ich zutiefst, daß zur Erreichung dieses Zieles die Volksmassen aufgeweckt werden und sich mit den Völkern der Welt verbinden müssen, die uns gleichberechtigt behandeln.«

Neben der nationalen hatte Sun Yat-sen schon frühzeitig die soziale, d. h. für China die Agrarfrage erkannt. »Das Glück der Zivilisation soll von allen Staatsbürgern gleichmäßig genossen werden. Der Wertzuwachs (des Bodens) durch Verbesserungen und Fortschritte der sozialen Verhältnisse nach der Revolution gehört dem Staate; alle Staatsbürger sollen in den Genuß davon kommen und so mit der Begründung eines sozialen Staates begonnen werden.«

An dieser Aufgabe aber scheiterte Sun Yat-sens Nachfolger Marschall Tschiang Kai-schek. Während dieser glaubte, von oben her mit den regulären Streitkräften das Land beherrschen zu können, widmete sich sein Gegenspieler Mao Tse-tung der bäuerlichen Basis der chinesischen Gesellschaft. Gestützt auf die Masse der Bauern, von unten her, vom Lande aus, brachte Mao Tse-tung mit seiner Partisanenarmee ganz China unter Kontrolle. Die demokratische Revolution Sun Yat-sens endete am 21. September 1949 mit der kommunistischen Machtübernahme.

BILD UNTEN: Bei Ausbruch der Revolution von 1911 galt die von der Mandschu-Dynastie zwangsweise eingeführte Zopfmode als verhaßtes Symbol der Fremdherrschaft. Manch einem mußte der Zopf mit Gewalt abgeschnitten werden.

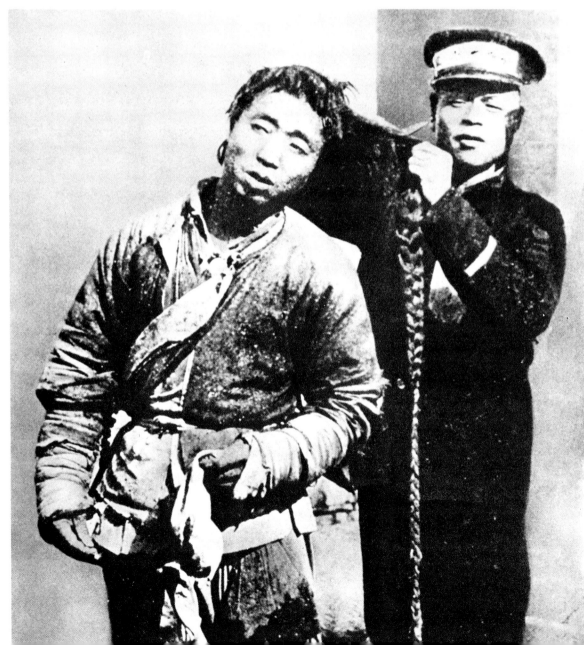

Bild oben: Chinesische Zeichnung zum Boxeraufstand. Mit Bajonetten, Kanonen, Säbeln und Dynamit versuchen chinesische Truppen die verhaßten Fremden aus dem Land zu treiben.

JAPAN

v. Chr.

660 Mythisches Datum der Thronbesteigung von Jimmu Tenno (Abkömmling der Sonnengöttin), dem Begründer der kaiserlichen Familie. Gotteskaisertum (Tenno = Himmelsherrscher, bzw. Mikado = Erhabene Pforte).

n. Chr.

300–645 Yamato-Zeit: Von China über Korea Einführung des Buddhismus (552). Erste Gesandtschaft nach China (607).

645–702 Taikwa-Reform: Übernahme der chinesischen Staatsorganisation und Kultur der T'ang-Periode.

710–785 Nara-Zeit: Nara erste Hauptstadt Japans. Prachtbauten. Zentralistischer Beamtenstaat. Einführung des Tees.

794–1185 Heian-Zeit: Neue Hauptstadt Heian-kyo (»Friedensstadt«), heute Kioto. Umwandlung in dezentralisierten Lehnsstaat (um 850). Vormachtstellung der Fujiwara-Sippe (866–1160). Steigende Macht der Territorialfürsten (Daimios). »Die Geschichte vom Prinzen Genji«, erster Roman der östlichen Welt (um 1020). Machtkampf und Krieg zwischen den Adelsgeschlechtern der Minamoto und der Taira. Taira-Sippe unterliegt.

1185–1333 Kamakura-Zeit: Minamoto Yoritomo errichtet, gestützt auf den Kriegerstand (Samurei), das Shogunat: Abschließung und Entmachtung des Tenno. Hauptstadt Kamakura. Vorherrschaft des Militäradels. Abwehr mongolischer Invasionstruppen (1274 und 1281).

1338–1573 Ashikaga-Zeit: Ohnmacht der Zentralgewalt. Innere Auflösung. Bürgerkrieg zwischen den militärischen Machthabern der Provinzen (»Zeitalter der fahrenden Ritter und Helden«). Portugiesen in Tanegashima. Einführung der westlichen Feuerwaffen (1542). Japanische Piraten errichten Handelsniederlassungen in Südostasien. St. Francisco Xavier landet in Japan (1549). Jesuitenmission. Beendigung der chaotischen Zustände im letzten Viertel des 16. Jahrhunderts durch Nobunaga, Toyotomi Hideyoshi und Tokugawa Ieyasu.

1590 Hideyoshi Alleinherrscher über ein geeintes Japan. Strikte Feudalordnung. Angriff auf Korea. Maßnahmen gegen christliche Missionare. Sechs Franziskaner und einige ihrer Anhänger werden hingerichtet und mehrere Kirchen zerstört. Der Nachfolger Hideyoshis, Tokugawa Ieyasu, verlegt den Sitz der Shogunats von Kioto nach Edo, dem heutigen Tokio.

1600–1868 Tokugawa-Zeit: Feindseligkeiten gegen religiöse und weltliche ausländische Einflüsse. Schwere Christenverfolgung: Tausende japanischer Christen sterben den Märtyrertod (1622/1623). Verbot für alle Japaner, das Land zu verlassen. Verordnung zur Landesabschließung (1639). Ausweisung der Portugiesen. Aufrechterhaltung der ständisch-feudalistischen Gesellschaftsstruktur. Vier Stände: 1. Schwertertragende und einem Lehnsverband angehörende Samurei, Träger des gesamten Staats- und Kriegsdienstes; zu ihnen gehörten auch die Priester, Gelehrte, Ärzte und Künstler; 2. Bauern, die ihr Land pachteten und beträchtliche Abgaben zu bezahlen hatten; 3. Handwerker; 4. Kaufleute.

1853 Der Amerikaner Kommodore Perry, mit einem Geschwader nach Japan gesandt, öffnet das Land dem Weltverkehr.

1867 Abdankung des letzten Shoguns. Politische Gewalt wieder in der Hand des Kaisers.

1868–1912 Meiji-Zeit (Meiji = »aufgeklärte Regierung«): Mit der Aufhebung der Territorialherrschaften (1871) entsteht an Stelle des alten Feudalsystems eine moderne absolute Monarchie. Rasche Europäisierung des Landes bei Wahrung seiner Eigenart.

1894–1895 Siegreicher Krieg gegen China. Erwerbung Formosas. Aufstieg zur Großmacht.

1904–1905 Siegreicher Krieg gegen Rußland.

1914 Japan, im Ersten Weltkrieg auf Seite der Alliierten, erklärt Deutschland den Krieg.

1925 Annahme des Gesetzes über das allgemeine Männerwahlrecht.

1937 Angriff auf China. Weltreichspläne.

1941 Überfall auf die amerikanische Flotte in Pearl Harbor.

1945 Nach der japanischen Kapitulation widerruft Kaiser Hirohito den göttlichen Anspruch seines Amtes.

LINKE SEITE: Berittener Samurei. Die Samurei (»Dienende«), die Angehörigen der japanischen Kriegerkaste, waren ursprünglich dem Shogun und ihren Lehnsherren als Vasallen unmittelbar zur Kriegsfolge verpflichtet. Später verdrängten sie den Hofadel aus seinen politischen Positionen. Ihre Symbole waren das Schwert, die Seele des Samurei, und die Kirschblüte: So wie die Blütenblätter des Kirschbaumes beim ersten Hauch des Windes fallen, so habe sich der Samurei ohne zu Zaudern für seinen Herrn hinzugeben. Absoluter Gehorsam, eine spartanische Lebensführung, unbedingte Treue, Selbstdisziplin, Waffentüchtigkeit und Todesverachtung gehörten zum Ehrenkodex der Samurei. Ihre Lebenshaltung wurde zur ethischen Idee der gesamten Nation. Um eine Ehrensache zu bereinigen oder der Kriegsgefangenschaft zu entgehen, verübten sie durch Bauchaufschlitzen Harakiri. Diese dem Samurei vorbehaltene Art des Selbstmordes konnte bis 1868 auch von der Regierung befohlen werden.

BILD RECHTS: Aus niedrigem Stand im Kriegsdienst emporgestiegen, wurde Hideyoshi zum großen Einiger Japans (1590). – Bis zur Mitte des 19. Jahrhunderts stand Japan ganz im kulturellen Bannkreis Chinas. Während dieser Zeit hat Japan, ebenso wie später, als es westliche Kultureinflüsse assimilierte, seine spezifische Eigenart bewahren können.

Hic ferr caput eiusta duas hena fily sce hedwis i lancea a thartis an

Hic uidit in sompnis bta hedwigis a nuna fily sui duas henra ducenten

MONGOLEN

Unter Dschingis-Khan wurden die mongolischen Viehzüchter- und Jägernomaden der zentralasiatischen Steppe zu einem einheitlich regierten Staat zusammengeschlossen. Nach einer erfolgreichen Einigungs- und Unterwerfungspolitik, mit der er sich – wie die älteste mongolische Chronik berichtet – die »Völker, die in Filzzelten lebten, botmäßig gemacht hatte«, sammelten sich diese »im Jahr des Tigers (1206) an der Quelle des Ononflusses und pflanzten die neunzipflige weiße Fahne auf. Danach gaben sie dort dem Dschingis-Khan den Kaisertitel.« Als erstes

Ziel der mongolischen Expansion lockten die Nahrungsmittel und Reichtümer der chinesischen Hochkultur. Die mongolischen Reiter zeigten sich den chinesischen Verteidigern weit überlegen. Ihr Land wurde geplündert und ihre Städte zerstört. Die erschlagenen Feinde lagen da »wie vermoderte Bäume«. Die Überlebenden »starben vor Erschöpfung. Viele aßen Menschenfleisch und fraßen sich gegenseitig auf.« Feinden und wortbrüchigen Verbündeten gegenüber kannten die Mongolen kein Pardon.
Die Beweglichkeit des Nomadentums ermöglichte es Dschingis-Khan und seinen Nachfolgern, das mongolische Weltreich zu erobern. (Siehe Karte S. 514.)

»Schweigend, ohne das übliche Feldgeschrei, ohne den damals üblichen Trompetenlärm, stürmten die Mongolen auf ihren struppigen, zähen Pferden an, nur durch Fähnchen dirigiert. Mann und Pferd hatten Monturen aus festem, im mehreren Schichten fest aufeinandergepreßtem Rindleder; die Reiter trugen krumme Säbel, Lanzen, Streitkeulen, aber ihre gefährlichste Waffe waren Pfeil und Bogen, mit denen sie unfehlbar trafen. Bevor noch die Heere zusammenstießen, hatte der mörderische Pfeilregen der Mongolen bereits den ersten der vier Schlachthaufen Heinrichs in die Flucht getrieben. Als aber dann die schwerbewaffnete, eisengepanzerte Ritterschaft angriff, schien das Schlachtglück sich zu wenden: Nach kurzem, doch hartem Kampf flohen die Feinde. Unter Siegesjubel stürmten die Ritter ihnen nach – und erfuhren am eigenen Leib die alte Kriegslist der Mongolen: die langgestreckte, auseinandergesprengte Linie der Ritter wurde plötzlich von einem Hinterhalt aus von zahlreichen Nomadenkriegern auf ihren schnellen Pferden umschwärmt. Sie hieben, stießen, schossen sie nieder, und wenn die Pfeile an der Eisenrüstung abprallten, trafen sie um so sicherer die weniger geschützten Pferde. Ohne sein Roß konnte der schwergepanzerte Ritter nicht mehr viel Widerstand leisten.«

(Michael Prawdin: Dschingis-Khan und sein Erbe.)

BILD OBEN: Bei ihrem Vormarsch nach Westen drangen die Mongolen über Rußland und Polen auch bis nach Deutschland vor. In der Schlacht bei Liegnitz (1241) mußte ein deutsch-polnisches Ritterheer unter Führung Herzog Heinrichs von Schlesien eine vernichtende Niederlage hinnehmen. Dem in der Schlacht getöteten Herzog wurde der Kopf abgeschnitten und auf einer Lanze vor die Tore von Liegnitz getragen. BILD RECHTS: Dschingis-Khan (1155 bis 1227) als Herrscher über Chinesen und Vorderasiaten, persische Miniatur.

219

LINKE SEITE: Skulptur aus Mohendscho-Daro (3. Jtsd. v. Chr.). Wie im Nil-, Euphrat- und Huangho-Tal (China) waren auch im Industal mit seinem breiten Strom und seinem fruchtbaren Ackerland die natürlichen Voraussetzungen gegeben für die Entwicklung einer eigenständigen Hochkultur. Ob und inwieweit hier die Entstehung der Induskulturen mit ihren hochentwickelten Städten in der Mitte des 3. Jahrtausends von der frühsumerischen Kultur Mesopotamiens beeinflußt wurde, muß dahingestellt bleiben.

BILD RECHTS: Indra, der arische Kriegsgott. Auf einem Elefanten reitend, hat er zwei spitze Dolche gezückt. – Als die »Arier« – die »Edlen«, wie sie sich selber nannten – um 1400 in mehreren Wellen über die afghanischen Berge ins Industal eindrangen, waren sie mit ihren härteren Bronzewaffen, mit Pfeil und Bogen sowie mit ihren leichten, von Pferden gezogenen Streitwagen den mit Kupferschwertern und -lanzen bewaffneten Soldaten der Induskultur militärisch überlegen.

INDIEN

v. Chr.

2500 Blüte der vorarischen Induskulturen mit den Hauptstädten Mohendscho-Daro und Harappa. Hochentwickeltes Städtewesen. Ausgebildete Kanalisationssysteme. Ausgedehnter Handel mit Flußschiffahrt. Schrift.

1500 Invasion der vedischen Arier. Sammlung von religiösen Liedern und Opfersprüchen (»Veden«). Sprache: Sanskrit. Seit 1000 Schwerpunkt im Gangestal. Kastengliederung.

563–483 Gautama Buddha (Begründer des Buddhismus).

327–325 Alexander der Große in Indien.

250 Höhepunkt des Maurja-Reiches unter König Aschoka. Erstes indisches Großreich. Aschoka tritt zum Buddhismus über und läßt seine toleranten Edikte durch Inschriften im ganzen Maurja-Reich bekanntmachen. Nach Zerfall des Maurja-Reiches gründen Griechen aus Baktrien Fürstentümer im Pandschab und Industal (um 170). Einfälle der Shaka aus Ostiran, Parther aus Persien. Römischer Handel mit Südindien (50 v. Chr. bis 100 n. Chr.).

n. Chr.

320 Aufrichtung des Großreichs der Gupta-Dynastie unter Candragupta I. (310–335). Eroberungen im Norden und Süden. Unter Candragupta II. (375–414) kulturelle und politische Blüte. Goldenes Zeitalter der Sanskritliteratur. Indiens Mathematiker erfinden das Dezimalsystem. Ausbreitung indischer Religion und Zivilisation nach Südostasien. Durch Einfall »weißer Hunnen« Untergang des Gupta-Reiches (510). Zersplitterung in Teilstaaten. Soldatenkaiser.

700 Sieg der brahmanischen Reaktion gegen den Buddhismus. Herausbildung des Hinduismus.

998–1030 Sultan Mahmud; 17 Raubzüge nach Indien.

1192 Mohammed von Ghur besiegt die Hindu-Konföderation an der Pforte von Delhi. Eroberung Indiens durch die von Nordwesten eingedrungenen Mohammedaner (Mohammedanische Dynastien bis zu den englischen Eroberungen im 18. Jh.).

1221 Dschingis-Khan, Herrscher der Mongolen, am Indus.

1398 Der Mongolenherrscher Timur plündert Delhi.

1498 Vasco da Gama landet an der Malabarküste.

1526–1857 Mogul-Dynastie, Babur, der Gründer der mohammedanischen Mogul-Dynastie, erobert Indien vom Pandschab bis zur Grenze Bengalens.

1556–1605 Akbar, der größte Mogul-Kaiser, eint und befreit Nordindien und erobert Teile des Hochlandes von Dekkhan. Toleranz gegenüber den Hindus.

1600 Englische und holländische Handelskompanien.

1757 Entscheidender englischer Sieg bei Plassey. Warren Hastings erster Generalgouverneur (1774–1785).

1818 Englische Ostindienkompanie entscheidende Vormacht.

1858–1947 Herrschaft der englischen Krone (ab 1877 britisches Kaisertum).

1919 Beginn der Wirksamkeit Mahatma Gandhis im Kampf um eine selbständige Stellung Indiens im Britischen Commonwealth.

1947 15. Aug.: Indien als Dominion im Britischen Reich.

BUDDHISMUS

Nach den Eroberungen der Arier beherrschten ihre Priester und Gelehrten, die Brahmanen, das öffentliche Leben der indischen Gesellschaft. Sie allein kannten die heiligen Bücher der Veden (»Wissen«), und nur sie waren zu ihrer Interpretation berufen. Gegen Ende des »Vedischen Zeitalters« (1500–600 v. Chr.) traten mehrere religiöse Reformbewegungen auf. Asketen und Weise durchzogen das Land, kritisierten das im äußerlichen erstarrte überlieferte religiöse Leben und wiesen neue Wege. Der bedeutendste von ihnen war Gautama Buddha (563–483 v. Chr.).

»Ich«, heißt es in der legendären Geschichte des Prinzen Siddharta Gautama, der ein Buddha, ein »Erleuchteter«, wurde, »war verwöhnt, sehr verwöhnt. Ich salbte mich nur mit Benaressandel und kleidete mich nur in Benarestuch. Bei Tag und Nacht wurde ein weißer Sonnenschirm über mich gehalten. Ich hatte einen Palast für den Winter, einen für den Sommer und einen für die Regenzeit. In den vier Monaten der Regenzeit verließ ich den Palast überhaupt nicht und war von weiblichen Musikanten umgeben.«

Trotz dieses Wohllebens in Reichtum und Verschwendung machte sich der junge Prinz quälende Gedanken über die unabwendbaren Leiden des Alters, der Krankheiten und des Todes. »Als ich dies bedachte, schwand mir alle Freude an Jugend, Gesundheit und Leben ... Ein Jüngling mit schwarzen Haaren, schor ich mir Haar und Bart, obwohl meine Eltern darüber weinten, legte die Gewänder des Asketen an und zog aus der Heimat in die Heimatlosigkeit.«

Nach langem Ringen überkam Gautama dann unter einem Feigenbaum die »Erleuchtung«, und er beschloß nach anfänglichem Zögern, seine Lehre, den »Weg des Wissens«, der irrenden Menschheit zu verkünden. In seiner berühmten Predigt von Benares, der »Bergpredigt des Buddhismus«, heißt es:

»Dies, ihr Mönche, ist die heilige Wahrheit vom Leiden: Geburt ist Leiden, Alter ist Leiden, Krankheit ist Leiden,

Tod ist Leiden, mit Unliebem vereint zu sein ist Leiden, von Liebem getrennt zu sein ist Leiden, nicht erlangen, was man begehrt, ist Leiden, kurz, die fünferlei Objekte des Ergreifens (das heißt die fünf Gruppen von Elementen, aus denen das leiblich-geistige Dasein des Menschen besteht) sind Leiden. – Dies, ihr Mönche, ist die heilige Wahrheit von der Entstehung des Leidens: Es ist der Durst, der von Wiedergeburt zu Wiedergeburt führt, samt Freude und Begier, der hier und dort seine Freude findet: der Lüstedurst, der Werdedurst, der Vergänglichkeitsdurst. – Dies, ihr Mönche, ist die heilige Wahrheit von der Aufhebung des Leidens: Die Aufhebung dieses Durstes durch gänzliche Vernichtung des Begehrens, ihn fahren lassen, sich seiner entäußern, sich von ihm lösen, ihm keine Stätte gewähren. Dies, ihr Mönche, ist die heilige Wahrheit von dem Wege zur Aufhebung des Leidens: es ist dieser heilige achtteilige Pfad, der da heißt: rechter Glauben, rechtes Entschließen, rechtes Wort, rechte Tat, rechtes Leben, rechtes Sterben, rechtes Gedenken, rechtes Sichversenken.«

Ausgangspunkt der buddhistischen Lehre war einerseits die gemeinindische Vorstellung des Zwanges zur Wiedergeburt und andrerseits die Erkenntnis, daß jede Geburt nur zum Leiden und Sterben führe. Einen Ausweg aus dieser endlosen Kette des Leidens könne nur die innere und äußere Abkehr von allen Begierden bringen. Die Abkehr von den Leidenschaften der Welt, die Erkenntnis, daß der »Durst der Sinne« zum Erlöschen gebracht werden muß, führt zum höchsten Ziel des Buddhismus, zur Erlösung von der Wiedergeburt, zum Eingehen ins Nirwana.

BILD LINKS: Ein Stupa, buddhistischer Reliquienschrein – hier auf einem Steinrelief dargestellt –, wird von Gläubigen als Symbol des ins Nirwana eingehenden Buddhas verehrt. – Von seinem Ursprungsland aus verbreitete sich der Buddhismus nach Nepal, China, Korea, Japan, Tibet, in die Mongolei, nach Ceylon, Burma, Siam, Kambodscha, Laos und Vietnam. Und auch da, wo er sich, wie beispielsweise in Indien, nicht behaupten konnte – hier mußte er dem Hinduismus das Feld überlassen –, übte die Weltreligion des Buddhismus einen gewaltigen geistigen Einfluß aus.

HINDUISMUS

»Der Hinduismus ist keine gestiftete, sondern eine
historisch gewordene Religion, ohne festumrissene
Glaubenslehre, wie das Christentum sie hat, oder
einen klar beschriebenen Erlösungsweg wie der
Buddhismus, sondern er umschließt die verschieden-
artigsten Formen und Höhenlagen religiösen Lebens,
wie Fetischismus, Tierkult (zum Beispiel gilt die Kuh
im Gangesland als heilig), Polytheismus, Pantheis-
mus, Henotheismus (Anrufung eines einzelnen Gottes als des einzigen), die alle nebeneinander in seinem
Rahmen vorkommen. Der Hinduismus wirkt daher
eher wie ein Bündel übereinandergeschichteter Re-
ligionsformen denn als ein einheitliches Religions-
system mit klaren Gesichtszügen.«
Zentralbegriff des Hinduismus ist die Ganzheitsord-
nung des Kosmos, die von einem ewigen Weltgesetz
beherrscht wird: dem Karma.
»Karma ist die indische Form des Glaubens an eine
sittliche Weltordnung, die besagt, daß jede in diesem
Leben ausgeführte Handlung von moralischer Bedeutung das Schicksal des Lebewesens in seiner nächsten Wiederverkörperung bedingen wird. Infolge-
dessen befinden sich alle Lebewesen in den Zuständen, die sie durch ihre Taten verdient haben. Wenn
es dem Guten schlecht geht, dann hat er Missetaten
einer früheren Seinsform zu sühnen, und im umge-
kehrten Falle hat der Böse, dem es gut geht, noch
Vorteile durch frühere Verdienste zu genießen. Das
Karma wirkt automatisch und erbarmungslos als
Vergeltungsordnung, indem es Verdienste und Straf-
folgen früherer Daseinsformen in Anrechnung bringt.
So hat es das Weltgesetz bestimmt, durch das alles
Schicksal auf Erden verschieden gestaltet wird, ohne
daß jedoch der freie Wille des Menschen ausgeschaltet würde. Er kann sich für Handlungen entscheiden,
die günstiges oder ungünstiges Karma bewirken
Karma ist also das Gesamtergebnis einer jeden Da-
seinsform auf Erden. Der Lebensprozeß selber ist
ohne Anfang und ohne Ende, denn der Mensch wan-
dert durch eine Kette von Inkarnationen, die kein
Ende hat. Der Tod als Übergang hat daher keine
Schrecken. Mithin ist Karma als der große Lenker
irdischer Geschicke, ausgeprägt seit der Upanischa-
denzeit, an den Seelenwanderungsglauben geknüpft.

BILD RECHTS: Als Inkarnation des freundlichen Hindu-Gottes
Wischnu hatte Krischna die Aufgabe, die Welt von dem Übel-
täter Kansa zu befreien. Bewundert von seinen Begleitern, den
halbnackten Rinderhirten, schleift er den getöteten Feind an den
Haaren von der Kampfstätte, während sein Gefährte Balarma
noch damit beschäftigt ist, die acht Brüder des Kansa zu erschlagen. Heldenjüngling Krischna galt auch als besonderer
Freund der Frauen. Später, so berichtet die Legende, war er mit
16000 Frauen verheiratet und zeugte 180000 Söhne.

Jeder Hindu ist seither bestrebt, sich durch gute Taten eine gute Wiederverkörperung für das nächste Mal zu sichern. Seine Kasteneinstufung hängt davon ab, falls er nicht gar seine jetzt begangenen Sünden bei der nächsten Wiedergeburt als Pflanze oder als Tier sühnen muß.

Einen Endpunkt des Daseins kennt der Hinduismus nicht, mithin auch keine Welterlösung. Dies ist auch der Grund, weshalb die historischen Ereignisse den Hindus nur von geringer, weil vorübergehender Bedeutung sein können. Geschichte ist für den Hinduismus nicht Staffelung der Vergangenheit, sondern Abspiegelung und Darstellung ewiger Gegenwart. Das Rad der Sansara, des Strudels der Wiedergeburten, wird ja nie aufhören, sich zu drehen.«

(Hans-Joachim Schoeps: Religionen.)

KASTENORDNUNG

»Die Lehre von Karma gilt dem Inder als die Ursache für die Verschiedenheit aller Lebewesen, die von Urbeginn an unter einem gebundenen Schicksal stehen. Denn das ewige Weltgesetz, an das alle hinduistischen Richtungen und Schulen glauben, drückt sich in einer gewaltigen Stufenleiter der Lebewesen aus, die bei den Göttern beginnt und bei den Pflanzen endet. Diesem Weltgesetz ist nun auch die indische Kastenordnung entsprungen, auf welcher sich das ganze hinduistische Religions- und Gesellschaftssystem aufbaut. H. v. Glasenapp hat folgende Begriffsbestimmungen gegeben: ›Eine Kaste ist eine Gruppe von Personen, welche die gleiche traditionelle Beschäftigung ausüben und durch festvererbte Rechte, Pflichten und Bräuche miteinander verbunden sind; eine Genossenschaft, in die man hineingeboren wird und die streng darüber wacht, daß ihre Mitglieder nur Frauen aus derselben Kaste heiraten und nur mit Leuten aus der gleichen Kaste speisen.‹

Da die Kastenzugehörigkeit des einzelnen eine Auswirkung des Karma und der Wiedergeburt darstellt, ist sie also für den gläubigen Hindu nicht nur eine soziale oder wirtschaftliche Gegebenheit. Dies ist sie aber auch, denn die Kasten stellen gleichzeitig Berufseinteilungen dar und sind als Körperschaften organisiert, die von einem Ausschuß – zumeist fünf Personen – geleitet werden. Besondere Vorrechte haben freilich nur die drei obersten, die sogenannten ›reinen‹ Kasten: Priester, Krieger und Bauern oder Lehrstand, Wehrstand und Nährstand. Die Priester, Brahmanas, sind die vornehmsten, ihre Hauptfunktionen sind Opfer und Lehre. Die Kastenfarbe der Brahmanen ist weiß, ihre Himmelsrichtung der Osten. Zahlreiche Gebote über Nahrung, Bäder und Umgang sind ihnen zur Abwehr ritueller Verunreinigung vorgeschrieben. Die Kaste der Krieger, Kschatryas,

zu der auch die Könige gehörten, hat auf die Erhaltung und Steigerung der physischen Kräfte zu achten; diese Kaste stellt viele Staatsbeamte. Ihre Farbe ist rot, die Himmelsrichtung der Norden. Die Bauern und Gewerbetreibenden, Vaischyas, haben Viehzucht, Ackerbau, Handel und Gewerbe als Betätigungsfeld; die Kastenfarbe ist gelb, die Himmelsrichtung der Süden.

Diese drei oberen Kasten haben durch einen besonderen Einweihungsritus eine Art zweiter Geburt erlebt und werden deshalb auch ›Zweimalgeborene‹ genannt. Ihnen steht die Masse aller übrigen Inder, die Schudras, gegenüber, die sehr verschiedenartige Tätigkeiten ausüben und den Zweimalgeborenen zu dienen haben. Ihre Farbe ist schwarz und die Himmelsrichtung der Westen. Untereinander sind sie wieder sehr verschieden, je nach dem Reinheitsgrad der von ihnen ausgeübten Berufe; rituelle Unreine werden zu ›Unberührbaren‹ (Parias) erklärt.«

(Hans-Joachim Schoeps: Religionen.)

ARTHASCHASTRA

»Der König möge so handeln, so oder so, je nachdem wie es zweckmäßig ist«, heißt es im Arthaschastra, dem bedeutendsten Werk der altindischen Staatstheorie. Es wurde während der Maurja-Epoche verfaßt und gilt als eines der großen Werke der politischen Weltliteratur. Einige Beispiele mögen die machiavellistische Skrupellosigkeit der im Arthaschastra vertretenen »Realpolitik« veranschaulichen: »Was die das Reich schädigenden Günstlinge, die sich zusammengeschlossen haben und öffentlich nicht zurückgeworfen werden können, die Verräter, betrifft, so soll gegen diese der König, der am Guten sein Wohlgefallen hat, die ›stille Strafgewalt‹ üben. Den Bruder eines verräterischen höheren Würdenträgers, den dieser nicht geehrt (also gekränkt) hat, möge ein Hinterhaltsmann aufstacheln und vor den König führen. Ihn soll der König durch das Mittel und um den Preis, daß er ihm das Eigentum des Verräters zum Besitze übergibt, veranlassen, gegen den Verräter feindselig vorzugehen. Wenn er nun mit Schwert oder Gift gegen ihn vorgegangen ist, soll er ihn mit der Angabe: ›Dieser ist ein Brudermörder‹ auf der Stelle hinrichten lassen...

BILD LINKS: Löwenkapitell einer Aschoka-Säule der Maurja-Zeit (3. Jahrhundert v. Chr.). Nach dem Mord an seinem Bruder errichtete Kaiser Aschoka (268–232) das erste indische Großreich. Das gewaltsame Vorgehen gegen die Stadt Kalinga mit 100000 Toten und 150000 Deportierten erschütterte ihn dermaßen, daß er zum Buddhismus übertrat und weitere Gewalttätigkeiten ablehnte. In großen Felsinschriften mahnte er seine Untertanen, sich von den Tugenden des Mitleids, der Milde, der Freigebigkeit und der Wahrheit leiten zu lassen.

Oder dem eingebildeten Sohn eines verräterischen Würdenträgers soll ein Hinterhältiger einflüstern: ›Du bist ein Sohn des Königs, aus Angst vor Feinden hier heimlich untergebracht!‹ Wenn er darauf eingeht, soll ihm der König unter vier Augen die Ehre erweisen und sprechen: ›Obwohl du das Alter erreicht hast, wo du zum Mitregenten geweiht werden solltest, weihe ich dich doch nicht aus Furcht vor dem Würdenträger (deinem Vater).‹ Der Hinterhältler soll ihn nun dazu anstiften, den Vater zu töten. Ist er dann auf diesen losgegangen, dann soll der König ihn auf der Stelle hinrichten lassen mit der Begründung: ›Er ist ein Vatermörder.‹

Ist auf diese Arten dem verräterischen hohen Würdenträger nicht beizukommen, dann soll der König ihn zusammen mit einem schwachen Heere und mit Bravi (gedungenen Meuchelmördern) zum Einsatz gegen Reichsfeinde abordnen. Wenn sich dann bei Tage oder bei Nacht ein Kampf entspinnt, sollen ihn die Bravi oder auch als Räuber Getarnte töten und sagen: ›Er ist beim Angriff gefallen.‹«

GROSSMOGULN

Nach dem Einfall der Mohammedaner im 13. und 14. Jahrhundert etablierten sich in Indien zahlreiche untereinander verfeindete Moslem- und Hindustaaten. Es war das Verdienst der Großmoguln, aus diesem Nebeneinander der Staaten und Kulturen ein indisches Großreich mit einer einheitlichen Reichskultur geschaffen zu haben. Die militärischen Eroberungen Kaiser Baburs schufen die Voraussetzung für die Herrschaft der Großmoguln. Sein Enkel Akbar machte den ersten ernsthaften Versuch, den Konflikt zwischen Hindus und Moslems zu überwinden. Er zwang die Radschputen-Fürsten der unterworfenen Hindustaaten, ihre Töchter in seinen Harem zu schicken. Die nächste Generation kaiserlicher Prinzen hatte damit radschputisches Blut in ihren Adern, und da den Radschputen blutsverwandtschaftliche Beziehungen über alles galten, wurden sie zu den loyalsten Gefolgsleuten der Großmoguln. Rechtlich und religiös wurden Hindus und Mohammedaner gleichgestellt. Die Hindus konnten ihren Glauben unbeschränkt ausüben und durften wieder eigene Tempel bauen. Das Ziel Akbars war es, ein dauerhaftes Großindien zu schaffen, in dem alle Völker und Religionen friedlich nebeneinander leben sollten. Doch zeigten sich seine Nachfolger dieser Aufgabe nicht gewachsen. Sie kehrten zu einer Politik religiöser Intoleranz zurück und frönten an ihren Höfen dem Laster und der Trunksucht, während das Volk durch korrupte Steuerverwalter unerträglich ausgebeutet wurde.

»Obwohl das Großmogul-Reich im 16. Jahrhundert allgemeinen Frieden und Sicherheit brachte«, schreibt der Indologe Prof. Hermann Goetz, »wurde es im Verlauf des 18. Jahrhunderts eine von Raubheeren verwüstete Einöde, deren apathische Bevölkerung schließlich für den Frieden unter britischer Herrschaft dankbar war. Die Großmogul-Kaiser, einst der Inbegriff von Macht und Glanz, endeten als jämmerliche Bettler, noch ein halbes Jahrhundert lang ein Schattendasein von Englands Gnaden führend. Aber trotz dieses Scheiterns hat das Großmogul-Reich den Boden für das moderne Indien vorbereitet.«

RECHTE SEITE: Kaiser Babur (1526–1530), Gründer des Großmogul-Reiches, umgeben von seinen Gefolgsleuten. Die Angehörigen dieser ursprünglich türkischen Dynastie aus dem heutigen Turkestan wurden deshalb Großmoguln genannt, weil sie stolz darauf waren, direkt von den Mongolenherrschern Timur und Dschingis-Khan abzustammen.
BILD LINKS: Kaiser Akbar (1556–1605) beaufsichtigt Bauarbeiten. Hindus und Moslems arbeiten zusammen beim Ausbau seiner neuen Residenz Sikri (160 km südlich des heutigen Neu-Delhi). Akbars Regierungssitz war eine glanzvolle Hauptstadt mit Schulen, Regierungsgebäuden, Bädern, Palästen und Gotteshäusern. Heute erinnern nur mehr Ruinen an die einstige Pracht der Moguln-Herrschaft.

ALTAMERIKA

Die lange Zeit umstrittene Frage nach der Herkunft der Indianer gilt heute als beantwortet. Zehntausende von Jahren, bevor Europäer Amerika entdeckten, kamen ihre Vorfahren, noch bevor die jungmongoloiden Züge in Asien sich voll ausprägten, in einer längeren Periode des Wanderns über die Beringstraße und durchdrangen von Norden nach Süden den amerikanischen Kontinent. Die Gesamtzahl der Indianer, die ihren Namen einem historischen Irrtum verdanken, dürfte zur Zeit von Christoph Kolumbus etwa zwischen 40 und 45 Millionen gewesen sein. Der französische Ethnologe P. Rivet wies 123 verschiedene Sprachfamilien nach, die nicht durch verwandtschaftliche Beziehungen verknüpft sind. Wie die Sprachen der »Neuen Welt«, so zeigen auch die indianischen Kulturen zahlreiche Unterschiede im Niveau, unzählige Aus-

BILD LINKS: Eine der fast fünf Meter hohen Steinskulpturen, die das Dach des »Quetzalcóatl-Palastes« in Tula trugen. Sie repräsentieren den Priester-König Quetzalcóatl als Morgenstern-Gott. Tula (Tollan) war die Metropole der toltekischen Kultur, die nach dem Zusammenbruch der theokratischen Zentren der klassischen Zeit (ca. 300–900) erstarkte. Teils als Händler, teils als Söldner und auch als Eroberer verbreiteten die Tolteken ihre neuen Ideen. Auf der Halbinsel Yucatán kam es in einigen Gebieten zu einer Verschmelzung zwischen der toltekischen und der Maya-Kultur. Tula wurde Ende des 12. Jahrhunderts zerstört. Andere kriegerische Stämme traten ihr Erbe an. Am erfolgreichsten die Azteken, die sich bei der Ankunft der Spanier auf dem Höhepunkt ihrer Macht befanden.

RECHTE SEITE: Unter vielen Fundplätzen des älteren Präklassikums (etwa 1500–600 v. Chr.) in Mesoamerika bestechen einige durch die Qualität ihrer Grabbeigaben. In der figürlichen Keramik unterscheiden sich zwei Grundtypen: kleine Statuetten aus kompaktem Ton und größere, hohl gearbeitete Figurengefäße. Für einen Zeitraum von 8 Jahrhunderten gewähren sie uns einen kleinen Einblick in Kleidung und einige Sitten, wie etwa das Gefäß in Form eines »Akrobaten«. Sein Haupt ist verschnürt, und das Gesicht verbirgt sich hinter einer kleinen Maske.

drucksformen im soziopolitischen Bereich, eine Viel-
falt an Gesichtern sowie Formen und Techniken in
Kunst und Architektur. Im Laufe der indianischen
Geschichte kam es neben dem Gebiet der Zentral-
Anden (Ekuador, Peru, Bolivien), wo die spanischen
Eroberer 1532 auf das Imperium der Inka stießen,
in Mesoamerika (Mexiko, Guatemala, Honduras und
El Salvador) zur Ausbildung altamerikanischer Hoch-
kulturen.

Im Norden des Bereiches waren die Azteken dabei,
ähnlich wie die Inka, aufbauend auf zahlreiche ältere
Kulturen, die Macht zu übernehmen und die anderen
Völkerschaften tributpflichtig zu machen. Im Süden
war die klassische Zeit der Maya-Kultur, als die ersten
Europäer an den Küsten der Halbinsel Yucatáns lan-
deten, seit Jahrhunderten vorüber, und die rivalisierenden Stadtstaaten der nachklassischen Zeit stritten
sich um die Vorherrschaft. Diesen indianischen
Hochkulturen ist ein langwieriger Entwicklungs-
prozeß gemeinsam: die Ablösung der egalitären Kulturstufe des Wildbeutertums, bedingt durch ertrag-
reiche Anbaupflanzen, wie Mais, Bohnen, Kartoffeln
u. v. a.; eine streng differenzierte, arbeitsteilige Klassengesellschaft mit Priestern, Adeligen, Königen und,
wie im Fall der Inka, mit einem absoluten Herrscher,
dem »Sohn des Sonnengottes«, an der Spitze. Die
Maya entwickelten eine Hieroglyphenschrift, die
Azteken bedienten sich einer Bilderschrift, während
das Reich der Inka nur über ein System von Knoten-
schnüren *(Quipu)* als Schriftersatz verfügte.

Bei der Rekonstruktion nach den Ursprüngen wie
dem weiteren Verlauf der Entwicklungsstufen der
indianischen Hochkulturen – die sich unabhängig
von denen der Alten Welt heranbildeten – ist die Wissenschaft fast ausschließlich auf archäologisches
Fundmaterial angewiesen. Das Bild, das die Funde
aus Mesoamerika und dem Zentralen Andenraum re-
flektieren, ist in seinen Grundzügen ähnlich. Auf der
Basis agrarischer Dorfgemeinschaften entstand in
Mexiko an der südlichen Golfküste und im nördlichen
Hochland von Peru eine Elite, der es gelang, mit
Hilfe eines eindrucksvollen Kunststils ein »Götter-
bild« zu schaffen, das zugleich sowohl Furcht als auch
Hoffnung zu erwecken verstand. In beiden Fällen, sowohl in der Kultur der Olmeken wie der von Chavín,
steht am Anfang der religiösen göttlichen Verehrung
der »Felide«, die vermenschlichte Raubkatze, und es
entstehen Zeremonialstätten wie San Lorenzo (etwa
1200–800 v. Chr.), La Venta (800–400 v. Chr.) in
Mexiko und Chavín de Huántar (ca. 800–400 v. Chr.)
in Peru. Es sind keine urbanen Zentren mit großer Bevölkerungszahl, jedoch ein ungeheures Potential von
Arbeitskräften und die Erstellung von ausreichender
Nahrung ist durch verbesserte Anbaupflanzen und

BILD OBEN: »Tafel des Schriftgelehrten« *(Lápida del Escriba).*
Sie wurde im »Palast« von Palenque in Chiapas (Mexiko)
gefunden und zeigt einen Knienden, der in seiner linken Hand
eine Schriftrolle hält und in der rechten einen Gegenstand,
der vermutlich zum Schreiben diente. Links oben befinden sich
vier Hieroglyphen. Es war noch nicht möglich, das Weihedatum
zu entziffern, da die rechte obere Ecke der Tafel fehlt.

RECHTE SEITE: Detail einer Bilderschrift, die hohé Würden-
träger bei der Ausübung von Kulthandlungen zeigt. Sie ent-
stammt dem mixtekisch-aztekischen Kulturkreis und dürfte
Ende des 15. oder Anfang des 16. Jahrhunderts entstanden sein.
Von diesen, meist auf Hirschleder oder *amatl* (Papier aus
Pflanzenfasern) bestehenden Büchern sind noch mehr als zwei
Dutzend erhalten. Diese Bilderhandschriften unterscheiden sich
grundlegend von denen der Maya-Kultur und tragen ihre
Bezeichnung zu Recht, denn im Gegensatz zu den Hieroglyphen
der Maya konnten die Mixteken – und in späterer Zeit die
Azteken, die Stil und Form übernommen hatten – sich nicht
vom gegenständlichen Vorbild lösen.

Bewässerungsmethoden in großen benachbarten Gebieten gesichert. Religion, Kunst und Fernhandel liegen in der Hand einer Elite, die die Umverteilung der Güter vornimmt und mit der Verbreitung ihres religiösen Weltbildes Macht und Einflußbereich zu vergrößern versucht. In Peru standen durch die geographischen Gegebenheiten – an der Küste zwischen fruchtbaren Flußtälern endlose Wüsten und im Gebirge Hochplateaus, getrennt durch die über 6000 Meter hohen Bergketten der Zentral-Anden – stets schwer zu überwindende Barrieren für die Ausbreitung einer weltlichen Macht im Weg. Dazu kamen die unvergleichlich stärkeren Wesensunterschiede zwischen den mehr lebensfreudig veranlagten Menschen des Hochlandes, so daß sich immer wieder separatistische Strömungen zeigen, die sowohl in den gesellschaftlichen Strukturen als auch in einer Vielfalt von Kunststilen zum Ausdruck kommen. Erst

LINKE SEITE: Sitzender »Priester« oder Würdenträger mit einem sogen. »Jaguar-Kind«, der ersten konkreten Götterfigur im alten Mexiko, die aus der Vereinigung einer Frau mit einem Jaguar, dem göttlich verehrten Wesen, entsprungen ist. In San Lorenzo Tenochtitlán hat man eine stark beschädigte Steinskulptur, die eine Kopulationsszene einer Frau mit einem Jaguar darstellt, gefunden.
Fundort: Las Limas, Vera Cruz. Grünlicher, polierter Stein (Jadeit?), Höhe: 55 cm, Gewicht: 60 kg.
Olmekische Kultur, etwa 1200–400 v. Chr., Südliche Golfküste, Mexiko.

BILD RECHTS: Auf den südamerikanischen Teil des Doppelkontinents setzt die Chavín-Kultur (etwa 1000–400 v. Chr.) vom nördlichen Hochland von Peru ausgehend, mit ihren eindrucksvollen »Götterbildern«, die Zeichen für den Beginn der Hochkulturen im zentralen Andenraum. Im Mittelpunkt dieser religiösen Ideen, die von einem großen Kunststil getragen werden, steht ebenfalls eine vermenschlichte Raubkatze. Die hier abgebildete »Raimondi-Stele« – benannt nach dem italienischen Naturforscher, der sie im Tempel von Chavín de Huántar entdeckte – zeigt uns nicht nur ein göttlich verehrtes Wesen, sie gibt auch Einblick in die tief religiöse Kunst. Die Ikonographie ist so durchdacht, der Stil so vollendet, daß für den Zufall nicht der geringste Raum bleibt. Die vielen Elemente, die Attribute einer Raubkatze, aber auch die von Schlangen, Kaimanen und Raubvögeln, in realistischer wie stark stilisierter Form, die zu einem mythischen Wesen verschmelzen, sind so gesetzt, daß sie von mehreren Seiten betrachtet werden können und immer wieder neue Varianten sichtbar werden. Das gilt besonders für das Haupt der »Gottheit«, das, wenn man es auf dem Kopf stehend betrachtet, uns andere Gesichter offenbart.

Flachrelief auf bearbeitetem Stein. Höhe: 1,95 m, Breite: 74 cm, Dicke: 17 cm. Fundort: Chavín de Huántar, nördliches Hochland von Peru. Früher Horizont, Chavín-Stil, etwa 900 bis 400 v. Chr. Museo Nacional de Arqueología, Lima, Peru.

wenige Generationen vor der Ankunft der Spanier gelang es einem kleinen Stamm der Quetchua-Indianer, die im Hochtal in Cuzco siedelten, mit Hilfe einer militärischen Macht die Vielzahl der Stämme zu unterjochen, ihre Sprache, das Quetchua, als die offizielle Amtssprache einzuführen und mit Hilfe eines gewaltigen Beamtenapparates das »Imperium der Inka« zu errichten und zu erhalten. Der Begriff »Mutterkultur« ist im Zusammenhang mit der von Chavín, die am Anfang der kulturellen Entfaltung im Zentralen Andenraum steht, nicht so zutreffend wie etwa für die »Olmeken« in Mesoamerika. Das Wort *olméca* ist aztekischen Ursprungs und bedeutet in freier Übersetzung etwa »die Leute aus dem Gummiland«. Damit wurden im vorspanischen Mexiko die Bewohner der südlichen Golf küste, der Heimat der Chico Zapote-Bäume bezeichnet. Hier lag das Kernland der noch immer rätselhaften »Olmeken« mit ihren großen Zeremonialzentren wie San Lorenzo, La Venta und Tres Zapotes. Anders als die Träger der Chavín-Kultur hinterließen sie neben der ersten zentralen Götterfigur, dem vermenschlichten Jaguar, auch eine Art »Ahnengalerie«. Unübersehbar sind die Monumentalköpfe, von denen ein Dutzend bisher bekannt ist und die nach dem Urteil des englischen Bildhauers Henry Moore »das großartigste Werk an Geist und Gestaltung« sind, das er »auf dieser Erde kenne«. Die Steinplastik, zu denen auch Stelen, Flachreliefs und kleine Jadearbeiten zählen und deren gekonnte und materialgerechte Bearbeitung offensichtlich von Berufskünstlern ausgeführt wurde, ist das bedeutendste Kennzeichen dieser Kultur. Die Kolossalköpfe sind ohne Nachfolge geblieben, während die Stelen am Anfang einer langen Entwicklungsreihe stehen, die bis zu den Großskulpturen der Tolteken und Azteken führen. Neben den religiösen Ideen, die das Fundament für alle weiteren Entwicklungen innerhalb des mesoamerikanischen Kulturkreises bilden, gehören noch das rituelle Ballspiel, die Entwicklung einer Kalenderwissenschaft und eines Schriftsystems zu den wesentlichen Merkmalen der Olmeken. (Eine Stele in Tres Zapotes verzeichnet ein Datum, das nach unse-

BILD RECHTS: Kolossalkopf Nr. 1 aus La Venta, dem vermutlich bedeutendsten Zeremonialzentrum der olmekischen Kultur. Mit seinem Umfang von etwas über 6 m ist es der größte von einem Dutzend bisher bekannter Häupter, die alle einen ähnlichen Menschentyp darstellen. La Venta liegt inmitten von Mangrovesümpfen. Der Basalt für diese viele Tonnen schwere Skulptur stammt – wie der Rohstoff für die anderen Monumente – aus einem Steinbruch in den etwa 100 km entfernten Tuxtla-Bergen.

rem Kalender 31 v. Chr. entspricht.) Sie sind nach ihrem schweigenden Abgang bei den vielen Kulturen, die teils neben-, teils nacheinander die Bühne des alten Mexiko beherrschten, noch lange wirksam.

Den größten Teil vom Leib dieser »Mutterkultur« schnitten sich die Maya ab. Von dieser intellektuellsten Kultur des alten Amerika zu sprechen, ohne ihren Kalender zu erwähnen, ist nicht möglich. Lange vor den Indern »erfanden« sie die abstrakte Ziffer Null. Sie kannten den Stellenwert, entwickelten als einzige Kultur eine Hieroglyphenschrift mit über 4000 verschiedenen Schriftzeichen, die aus mehr als 400 Grundelementen bestand, perfektionierten die Kalenderwissenschaft wie kein anderes Volk bis zum »technischen Zeitalter« und errechneten bis zu Millionen von Jahren zurückliegende fiktive Daten. Auf Stelen, Treppen und Mauern von Bauwerken sind Weihedaten in Stein gemeißelt oder in Stuck geformt. Hieroglyphen sind in Jadeplatten geschnitten, auf Fresken oder Keramiken der klassischen Zeit gemalt. Nur ein Teil, vorwiegend die auf den Kalender bezogenen Schriftzeichen, sind bis heute entziffert. Der

BILD LINKS: Darstellung eines Priesters oder hohen Würdenträgers. Kompakter Ton mit Resten ehemaliger Bemalung. Höhe: 19,5 cm. Skulpturen dieses Typs stammen meist aus Gräbern der »Toteninsel« Jaina, die im Golf von Campeche der Halbinsel Yucatán vorgelagert ist. Nach dorthin brachten die Maya während der spät-klassischen Zeit (600–900) ihre Verstorbenen, um sie »Jenseits« des Wassers zu bestatten. Diese anmutigen Grabbeigaben sagen uns viel über Wesen, Schmuck, Frisuren, Narbentätowierung, Kleidung und anderes aus. Manche wurden, wie in anderen Regionen,.als die »Begleiter in die Totenwelt« zum Teil rituell »getötet«, d. h. mit einem gezielten Schlag auf Arm, Bein oder in der Mitte zerbrochen.

RECHTE SEITE: Stele A in Copán, Honduras, mit dem Weihedatum 9.15.0.0.0. 4 Ahau. 13 Yax, das unserem Jahr 731 entspricht. Diese »Meilensteine der Zeit« wurden in vielen kultischen »Städten« während der klassischen Periode zunächst alle 20 Jahre, später alle 10 und in manchen Zentren sogar alle 5 Jahre errichtet. Stele A von Copán ist eines der sensibelsten Meisterwerke aus der Blütezeit der klassischen Periode. Auf der Vorderseite ist ein prunkvoll gekleideter Würdenträger dargestellt. In die beiden Seiten sowie in die Rückseite sind Hieroglyphen in Tiefrelief eingemeißelt. Aber bis auf die sich auf den Kalender beziehenden Schriftzeichen konnten nur wenige andere Hieroglyphen eindeutig entschlüsselt werden. So sind weder Namen noch Taten der dargestellten Personen bekannt.

Rest hüllt sich in Schweigen. So kennen wir eine lückenlose Folge von Weihedaten an Bauwerken, auf Stelen, von Grabbeigaben, beginnend vom Jahr 292 bis zum Jahr 909 n. Chr. Die Namen der Würdenträger, die sie umgeben, kennen wir jedoch nicht, ebensowenig die Namen von den kultischen Städten mit ihren bis zu 70 Meter hohen Tempelpyramiden, die zwischen dem 8. und 9. Jahrhundert ihre Bedeutung verloren und vom tropischen Dschungel in den Tiefländern des südlichen Mexiko und des nördlichen Guatemala zurückerobert wurden und erst im letzten und in diesem Jahrhundert ihre Wiederentdeckung meist dem Zufall verdanken. Die beredteste Kultur des alten Amerika schweigt. Über die Ursachen für das Verlassen der kultischen Zentren im Maya-Tiefland sind viele, auch überzeugende Gründe angeführt worden: Erschöpfung des Bodens, Überforderung der Menschen durch die Priester-Elite und schließlich Revolten gegen die Machthaber, die sich mehr um die Gestirne als um den Menschen kümmerten und dadurch ihr eigenes Schicksal herausforderten.

Ein Blick auf die mexikanischen Kulturen zeigt, daß sich der Zusammenbruch der Theokratien, und damit das Ende der »klassischen Zeit«, zwischen dem 8. und 9. Jahrhundert, nicht nur auf die Kultur der Maya beschränkt. Teotihuacán, im Hochtal von Mexiko, das größer war als das antike Athen oder das alte Rom, ging in Flammen auf; der heilige Berg der Zapoteken, der Monte Albán in Oaxaca, verlor seine religiöse Funktion und wurde von den Mixteken, den nördlichen Nachbarn, als Begräbnisplatz ihrer Würdenträger benutzt. Auch das prächtige El Tajín an der mittleren Golfküste verwaiste. Archäologische Funde zeigen überall ein ähnliches Bild, eine Verlagerung der Machtverhältnisse von Priester-Fürsten auf eine mehr weltlich orientierte, militante Führungsschicht. Ausgelöst wurde dieses vermutliche Ende der Theokratien durch das Eindringen wilder, kriegerischer Stämme von Norden her. Tula, die neue Hauptstadt der Tolteken, wurde zur Metropole im zentralen Hochland von Mexiko. An den fast 5 Meter hohen Steinskulpturen der Krieger, die das Dach des »Quetzalcóatl-Tempels« trugen, läßt sich der neue Zeitgeist fast so gut ablesen, als wenn schriftliche Quellen vorhanden wären. Dieses Antlitz der ins Leere starrenden Kriegerfiguren – die ganz im Gegensatz zu den abstrakten wie zu den menschlichen Formen der Vegetationsgötter von Teotihuacán stehen – ist unverkennbar und findet sich neben dem Symbol ihres zum Gott erhobenen Kriegerfürsten *Quetzalcóatl*, der »gefiederten Schlange«, auch in den 1200 Kilometer entfernten »Städten« der nachklassischen Maya-Kultur auf der Halbinsel Yucantán, wohin sich der Schwerpunkt in der nachklassischen Periode

(etwa 900–1540) verlagerte. Neben den unverkennbaren und übereinstimmenden Merkmalen in der Architektur zwischen Tula und Chichén Itzá geben uns die mündlichen Überlieferungen der *Chilam Balam*, der »Jaguar-Priester«, Auskunft, die zur Zeit der spanischen Eroberung noch lebendig waren und in lateinischen Lettern aufgezeichnet wurden. Sie berichteten von Hurrikans, von Seuchen, von entsetzlichen Bruderkriegen und davon, daß man fremde Söldner ins Land rief. Es waren die Tolteken, sie kamen und blieben. So trägt die letzte Phase der wohl blühendsten Hochkultur des alten Amerika zwei Gesichter, die der Maya und die einer toltekischen Gruppe, die aus dem Hochtal von Mexiko kam.

Diese Zeit der Unruhe, der »Vökerwanderung«, begann vermutlich mit den Tolteken und fand erst mit der spanischen Eroberung ihr Ende. Denn auch Tula wurde von »Barbaren«, die aus dem Norden kamen, im 12. Jahrhundert zerstört. Einer dieser kriegerischen Stämme nannte sich *México* oder *Azteca*. Sie brachten ihren Stammesgott *Huitzilopochtli* mit sich. So wird es in einer Bilderschrift gezeigt, der auch zu entnehmen ist, daß sie sich auf Geheiß dort niederlassen sollten. Auf einer sumpfigen Insel im Texcoco-

BILD LINKS: Im Vordergrund das Haupt der »gefiederten Schlange« (Kukulkan in der Sprache der Maya von Yucatán; Sinnbild und Symbol des toltekischen Kultheros: Quetzalcóatl). Acht Skulpturen dieser Art bilden den Abschluß der auslaufenden Treppenbalustraden am sogen. »Castillo« in Chichén Itzá. Im Hintergrund der »Jaguar-Tempel« am großen Ballspielplatz. Chichén Itzá war vermutlich die größte Wallfahrtsstätte auf Yucatán während der nachklassischen Zeit.
Die ältere Architektur ist im Puuc-Stil der Maya errichtet, während bei den jüngeren, etwa nach dem Jahr 1000 entstandenen Bauwerken die toltekischen Einflüsse, die ihren Ursprungsort Tula, im etwa 1200 km entfernten Hochtal von Mexiko, nicht verleugnen können.

BILD UNTEN: Bügelhenkelgefäß aus poliertem, schwarz gebranntem Ton, ursprünglich mit Perlmutteinlagen verziert. Ein Priester oder Dämon mit der Maske oder den Zügen einer Raubkatze im Kampf mit dem »Feliden«, der Raubkatzengottheit. Ähnlich wie in der olmekischen Kultur in Mesoamerika, so steht auch im alten Peru ein vermenschlichter Jaguar am Anfang der religiösen Verehrung. In der Kultur von Chavín ist der Felide noch sehr stark stilisiert. In der darauffolgenden Mochica-Kultur der nördlichen Küste sind die Darstellungen – vorwiegend Tongefäße, die als Grabbeigaben dienten – weitaus realistischer gehalten.
Schwarz gebrannter und steinpolierter Ton.

See erfüllte sich die Weissagung. Dort gründeten sie ihre Hauptstadt Tenochtitlán. Das war 1340 oder 1375.
In kurzer Zeit gelang es den Azteken, teils durch Bündnisse, teils durch Kriege, zur führenden Macht aufzusteigen, Tenochtitlán wurde zur Metropole unter zahlreichen Stadtstaaten. Im Gegensatz zu den Inka in Peru, mit denen sie nicht nur die kurze Geschichte gemeinsam haben, führten sie keine Eroberungskriege, um ein »Imperium« zu errichten, sondern waren darauf bedacht, andere Völkerschaften zu unterwerfen, um von ihnen hohe Tributabgaben zu

fordern oder auch um ihrem Gott Gefangene opfern zu können. Dem Aufstieg der Azteken und ihre Metropole schienen keine Grenzen gesetzt, zumindest bis 1519 Hernán Cortés mit 400 Spaniern dort erschien. Zwei Jahre später erhoben sich die Azteken gegen die europäischen Eindringlinge. Der Zeitpunkt war zu spät. Cortés und seine Leute, unterstützt von Hunderttausenden, den Azteken überdrüssig gewordenen indianischen Hilfstruppen, vernichteten das aztekische Tenochtitlán. Auf seinen Trümmern errichteten die Spanier die heutige Hauptstadt der Vereinigten Staaten von Mexiko. (Ferdinand Anton)

BILD OBEN: In wenigen Jahren eroberten die spanischen Konquistadoren weite Teile Süd- und Mittelamerikas. Cortez vernichtete die Kultur der Azteken in Mexiko (1519–1521), und Pizarro zerstörte das Inka-Reich (1532–1535). Wohin die Spanier auch kamen, gab es Raub, Mord und Plünderung. Unter fadenscheinigen Anschuldigungen wurde dem letzten Inka-König der Prozeß gemacht. »Als er sein Urteil vernahm«, berichtet ein spanischer Chronist und Augenzeuge, »beklagte er sich bitter über Don Pizarro, der erst versprach, ihn gegen ein Lösegeld freizulassen, und ihn dann tötete. Als er zum Richtplatz geführt wurde, bat er um die Taufe, da er sonst lebendig verbrannt worden wäre. Er empfing sie und wurde an einen Pfahl gebunden und erdrosselt. Man begrub ihn nach christlicher Weise und unter königlichen Ehren. Seither waren die Spanier unbestritten Herren des ganzen Landes.«

RECHTE SEITE: Als eindrucksvolles Werk der Menschen, das sich harmonisch der Natur unterordnet, so zeigen sich die Ruinen von Machu Picchu, am Osthang der peruanischen Anden, dem heutigen Beschauer. Gewaltig und schön ist die Anlage aus der Inka-Zeit in die tropische Bergwelt hineingebettet. Um das Inka-Reich gegen die Angriffe der Urwaldindianer im Osten zu schützen wurde die Festung erbaut. Als der Feind völlig unerwartet und im Westen auftauchte, immer größere Gebiete des gewaltigen Imperiums eroberte, wurde Machu Picchu zum letzten Zufluchtsort der Inka-Adeligen, die vor den spanischen Eroberern fliehen konnten. Auch als jene unrühmliche Schicksalsstätte war es von der Geschichte ausersehen, in der sich lautlos und von der Welt gänzlich unbemerkt das Ende der einst so glanzvollen Inka-Kultur abspielte. Keiner der spanischen Eroberer und nicht einer der späteren Kolonialherren hat je ein Wort von Machu Picchu gehört. Erst im Jahr 1912 entdeckte der nordamerikanische Forscher Hiram Bingham jene verlassene Bergfeste, die nur 70 km von Cuzco, dem Nabel der Welt, wie die Inka ihre Hauptstadt bezeichneten, entfernt liegt. Wie lange Machu Picchu nach der spanischen Eroberung noch bewohnt war, entzieht sich unserer Kenntnis.

MITTELALTER

Als das weströmische Reich dem Ansturm germanischer Stämme unterlag und sich germanische Königreiche auf weströmischem Boden bildeten, ergab sich die Frage, wie sich die barbarischen Eroberer der vorgefundenen höheren Kultur gegenüber verhalten würden. Würden sie diese zerschlagen und vernichten oder würde das antike Erbe – wie zuvor das griechische im römischen – eine Kontinuität erfahren?

Diese Frage weltgeschichtlicher Bedeutung im Sinne der Kontinuität entschieden zu haben, ist das Verdienst der Franken, insbesondere ihres Königs Chlodwig. Chlodwig übernahm die antike Weltreichsidee und betrieb bewußt eine Politik des germanisch-romanischen Ausgleichs. Die Unterworfenen sollten nicht Feinde bleiben, sondern Garanten und Mitträger der fränkischen Herrschaft werden. Politische Vorteile brachte auch Chlodwigs für die abendländische Entwicklung entscheidender Entschluß, nicht wie die anderen germanischen Könige zum arianischen, sondern zum römisch-katholischen Glauben überzutreten. Damit gewann er die Unterstützung der einflußreichen römischen Bischöfe, machte sich zu deren Beschützer und zum Verfechter des rechten Glaubens. Fortan waren fränkische Kriege keine willkürlichen Eroberungskriege mehr, sondern heiliger Kampf für die gerechte Sache Gottes.

Als das fränkische Universalreich Karls des Großen unter seinen Nachfolgern zerbrach, war die Kirche bereits so weit gefestigt, daß sie sich als übergreifende Macht behaupten konnte. Die Einheit des Glaubens, eine Religion als höchster Wert, dem alles zu dienen hatte, auch Wissenschaft und künstlerisches Schaffen, sowie Glaubenssicherheit und Frömmigkeit prägten als umfassender Grundzug die mittelalterliche Welt. An dieser Einheit des Glaubens, der Vorherrschaft des Religiösen, konnte auch der das hohe Mittelalter überschattende, erbittert ausgetragene große Konflikt zwischen Papst und Kaiser nichts ändern. Denn in diesem Kampf ging es nicht um den eigentlichen Inhalt und die Bedeutung der christlichen Lehre – darin blieben sich Papst und Kaiser einig –, sondern um das Maß der beiderseitigen Rechte, um Rang und Kompetenzen weltlicher und geistlicher Gewalt. Der Streit, der sich an der Investiturfrage entzündete, endete zunächst zwar mit dem Triumph des Papsttums, doch konnte schließlich keine der beiden Universalmächte den Sieg davontragen. Der letzte Stauferherrscher wurde in Neapel hingerichtet, die Päpste gerieten in französische Abhängigkeit. Damit, durch den Zusammenbruch des staufischen Kaisertums und die politische Entmachtung des Papsttums, war die mittelalterliche Ordnung des Abendlandes in ihrer Substanz getroffen. Dem Sturz des Papsttums folgte die Säkularisation, die religiöse Vorherrschaft wurde zurückgedrängt. Das Aufblühen der Städte, des Handwerks und des Handels, verbunden mit der Entfaltung der Geldwirtschaft und dem Aufstieg des Bürgertums, brachten ein neues, in die Zukunft weisendes dynamisches Element in die Entwicklung.

Während des Ringens der beiden höchsten Gewalten der westlichen Christenheit war die vom Machtanspruch des Herrschers ausgehende Idee des autonomen, sich selbst bestimmenden Staates entstanden. An die Stelle des Lehnsstaates, der auf dem gegenseitigen Treueverhältnis von Lehnsherrn und Lehnsträger beruhte, trat der Beamtenstaat, womit der mittelalterliche Feudalismus überwunden wurde. Das christliche Universalreich löste sich auf in zahlreiche Nationalstaaten, Territorien und Stadtstaaten. Das Mittelalter, das sich vom Religiösen her als »Endzeit« verstand, hatte von innen heraus die Ansätze des Wandels hervorgebracht, die in die Zukunft führten.

Linke Seite: Gott als Baumeister des Universums, französische Miniatur aus dem 13. Jahrhundert.

KRIEG UND TAUFE

Als Chlodwig (481–511) aus dem Geschlecht der Merowinger sein Erbe antrat, war er nur einer unter etwa einem Dutzend fränkischer Gaukönige. Ehrgeizig und skrupellos, mit allen Mitteln der List und der Gewalt einigte er die Franken, schuf er in 30 Jahren in zahlreichen Kriegen auf germanischem und gallischem Boden das Frankenreich.

Es soll im Krieg gegen die Alemannen gewesen sein, daß der heidnische König Chlodwig den für die abendländische Entwicklung bedeutsamen Entschluß faßte, zum katholischen Glauben überzutreten. Gregor von Tours, Historiker der Frankenzeit, berichtet:

»Als die beiden Heere zusammenstießen, kam es zu einem gewaltigen Blutbad, und Chlodwigs Heer war nahe daran, völlig vernichtet zu werden. Als er das sah, erhob er seine Augen zum Himmel, sein Herz wurde gerührt, seine Augen füllten sich mit Tränen und er sprach: ›Jesus Christ, Chrodichilde (katholische Ehefrau Chlodwigs) verkündet, du seiest der Sohn des lebendigen Gottes; Hilfe, sagt man, gebest du den Bedrängten, Sieg denen, die auf dich hoffen – ich flehe dich demütig an um deinen mächtigen Beistand: Gewährst du mir jetzt den Sieg über diese meine Feinde und erfahre ich so jene Macht, die das Volk, das deinem Namen sich weiht, an dir erprobt zu haben rühmt, so will ich an dich glauben und mich taufen lassen auf deinen Namen. Denn ich habe meine Götter angerufen, aber, wie ich erfahre, sind sie weit davon entfernt, mir zu helfen. Ich meine daher, ohnmächtig sind sie, da sie denen nicht helfen, die ihnen

BILD OBEN: Taufe Chlodwigs, dargestellt auf einem Gobelin des 16. Jahrhunderts. Eine Taube bringt vom Himmel das heilige Salbgefäß, ein Engel das für Frankreichs Dynastien symbolische Lilienwappen.

BILD RECHTS: Berittener Krieger der Merowingerzeit. Während die Heere der freien germanischen Stämme bis zum Ende der Völkerwanderungszeit Aufgebot und Gefolgschaft der Freien und Adligen waren, verlagerte sich in der Merowingerzeit das Schwergewicht in der Gefolgschaft des Königs auf ein Berufskriegertum. Mit Grundbesitz versehene königliche Vasallen waren verpflichtet, die Krieger zu stellen und auszustatten und bei Strafe des Banns dem königlichen Aufgebot Folge zu leisten.

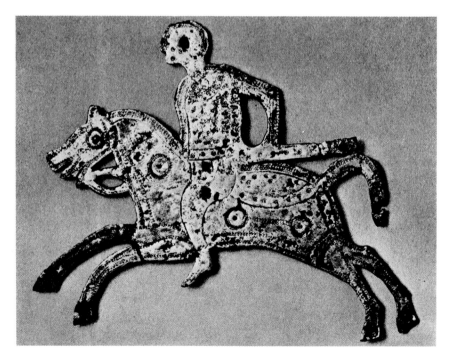

dienen. Dich nun rufe ich an, und ich verlange, an dich zu glauben; nur entreiße mich aus der Hand meiner Widersacher.‹ Und da er solches gesprochen hatte, wandten die Alemannen sich und begannen zu fliehen. Als sie aber ihren König getötet sahen, unterwarfen sie sich Chlodwig... Der Königin aber erzählte er, wie er Christi Namen angerufen und so den Sieg gewonnen habe.« Daraufhin »bekannte der König den allmächtigen Gott als den dreieinigen und ließ sich taufen im Namen des Vaters, des Sohnes und des Heiligen Geistes und wurde gesalbt mit dem heiligen Öl unter dem Zeichen des Kreuzes Christi«.

MORD UND TOTSCHLAG

Die letzten Jahre vor seinem Tod verbrachte Chlodwig damit, sämtliche noch lebenden fränkischen Teilkönige zu beseitigen. Als Ragnachar, einer dieser Teilkönige, von Chlodwig im Kampf besiegt, fliehen wollte, »ergriffen ihn die Seinigen (von Chlodwig zuvor mit falschem Goldschmuck bestochen), banden ihm die Hände auf den Rücken und führten ihn mit seinem Bruder Richar vor Chlodwig. ›Wie konntest du‹, sprach dieser, ›so unser königliches Geschlecht erniedrigen, daß du dich binden ließest? Ruhmvoller wäre für dich der Tod gewesen!‹ Und er erhob seine Axt und schlug sie ihm in den Schädel; darauf wandte er sich zum Bruder desselben und sprach: ›Wenn du deinem Bruder beigestanden hättest, er wäre nicht gebunden worden‹, so hieb er auch ihn mit der Axt nieder...

Die genannten Könige waren aber Chlodwigs nahe Blutsverwandte; ihr Bruder namens Rignomer wurde bei Le Mans auf Chlodwigs Befehl ermordet. Als sie so alle getötet, gewann Chlodwig ihr ganzes Reich und alle ihre Schätze. Auch viele andere Könige ließ er töten, sogar seine nächsten Verwandten, von denen er fürchtete, sie möchten ihm das Reich nehmen, und breitete so seine Herrschaft über ganz Gallien aus. Als er aber eines Tages seine Leute versammelt hatte, soll er zu ihnen von seinen Blutsverwandten, die er ermordet hatte, so geredet haben: ›Weh mir, daß ich nun wie ein Fremdling unter Fremden stehe und keine Verwandten mehr habe, die mir, wenn das Unglück über mich kommen sollte, Hilfe gewähren können!‹ Aber er sprach dies nicht aus Schmerz um den Tod derselben, sondern aus List, ob sich vielleicht noch einer fände, den er töten könnte.«

(Gregor von Tours)

BILDER RECHTS: Mordszenen aus der Zeit der Merowinger. OBEN: Chilperich I., König der Franken zu Soissons, erdrosselt seine Gemahlin Galsuintha. MITTE: Siegbert I., König der Franken zu Metz, wird in Vitry von Sendboten der Fredegunde ermordet. UNTEN: Nach dreitägiger Folter wird Brunhilde, die Witwe Siegberts I., im Alter von über achtzig Jahren getötet.

Mit dem Islam stiftete Mohammed zwischen 610 und
632 die – nach Juden- und Christentum – dritte
monotheistische Weltreligion, dem jüdischen und
christlichen Glauben näher verwandt als alle anderen
Religionen. »Islam« heißt »Hingabe an Gott«. »Es
gibt keinen Gott außer Allah, und Mohammed ist
sein Prophet«, so lautet das Glaubensbekenntnis der
Mohammedaner.

Dieser absolute Monotheismus, verbunden mit der
Lehre von der absoluten Allmacht Allahs, führte
zum absoluten Fatalismus der orthodoxen Moslems.
Alles, was geschieht, geschieht, weil Allah es so will.
Auch Mangel, Krankheit, Not und Elend sind als von
Gott gewolltes Schicksal hinzunehmen. Allerdings
darf der Rechtgläubige nach seinem Tode, nach Auferstehung und Jüngstem Gericht auf die Barmherzig-
keit Allahs hoffen, auf die ewigen sinnlichen Freuden

im Islam-Paradies. Das Paradies, im Koran als
schattiger Lustgarten beschrieben, ist mit »jungen
Knaben«, die Becher »reinen Trankes« kredenzen,
vorzüglichen Speisen und »großäugigen Huris (jungen Frauen), behütet wie Perlen, ein Lohn für gute
Taten«. Die Bösen hingegen fahren zur Hölle.

Ein Moslem jedoch, der im Kampf für den Islam
stirbt, braucht das Jüngste Gericht nicht abzuwarten;
er kommt direkt ins Paradies. Nicht Friedfertigkeit
ist Tugend Nummer eins, sondern Kampf, nicht
Toleranz, sondern politischer, religiöser Fanatismus.
Fanatische Kampfbereitschaft – verbunden mit fata-
listischer Todesverachtung – erfüllte die Araber, als
sie aufbrachen, um den Islam in der Welt zu verbreiten. Auf der Höhe seiner Macht erstreckte sich das
Imperium der Moslems von Spanien bis Indien. Es
war damit größer als das Römerreich in seiner Blüte-

zeit (Karte S. 473). Wenn auch die religiöse Einheit des Islams im Laufe seiner Entwicklung in einer Vielzahl von Sekten zerbrochen ist, gibt es heute doch über 450 Millionen Anhänger des Propheten Mohammed.

DER HEILIGE KRIEG

»Und tötet sie, wo ihr sie zu fassen bekommt, und vertreibt sie, von wo sie euch vertrieben haben! Jedoch kämpft nicht bei der heiligen Kultstätte (von Mekka) gegen sie, solange sie nicht (ihrerseits) dort gegen euch kämpfen! Aber wenn sie (dort) gegen euch kämpfen, dann tötet sie! Derart ist der Lohn der Ungläubigen. Wenn sie jedoch (mit ihrem gottlosen Treiben) aufhören (und sich bekehren), so ist Gott barmherzig und bereit, zu vergeben.

Und kämpft gegen sie, bis niemand (mehr) versucht, (Gläubige zum Abfall vom Islam) zu verführen!

Diejenigen aber, die das diesseitige Leben um den Preis des Jenseits verkaufen, sollen um Gottes willen kämpfen. Und wenn einer um Gottes willen kämpft, und er wird getötet – oder er siegt –, werden wir ihm (im Jenseits) gewaltigen Lohn geben. Gott hat diejenigen, die mit ihrem Vermögen und mit ihrer eigenen Person Krieg führen gegenüber denjenigen, die daheim bleiben, um eine Stufe höher bewertet.

Wenn ihr mit den Ungläubigen zusammentrefft, dann haut (ihnen mit dem Schwert) auf den Nacken! Wenn ihr sie schließlich vollständig niedergekämpft habt, dann legt (sie) in Fesseln, (um sie) später entweder auf dem Gnadenweg oder gegen Lösegeld (freizugeben)! (Haut mit dem Schwert drein) bis der Krieg (euch) von seinen Lasten befreit (und vom Frieden abgelöst wird)! Und denen, die um Gottes willen getötet werden, wird er ihre Werke nicht fehlgehen

lassen. Er wird sie rechtleiten, alles für sie in Ordnung bringen, und sie ins Paradies eingehen lassen, das er ihnen zu erkennen gegeben hat.«

(Auszüge aus der 2., 4. und 47. Sure des Korans)

LINKE SEITE: Höhle am Berg Hira bei Mekka, der Stätte der Berufung Mohammeds. Die ihm offenbarte Religion erhob ihn und seine Nachfolger, die Kalifen, zu den Inhabern der höchsten geistlichen und weltlichen Gewalt islamischer Staaten.
BILD LINKS: Pergamentfragment der ältesten zwischen 869 und 877 datierten Koranhandschrift. Der Koran, die »Bibel« des Islams, in 114 Kapitel oder Suren unterschiedlicher Länge eingeteilt, ist mit rund 78000 Worten fast ebenso lang wie das Neue Testament.
BILD OBEN: Arabischer Reiter. Durch unbedingten Gehorsam und strenge Zucht zusammengehalten, von ihrer dynamisch-aggressiven Religion vorangetrieben, erweiterten die Moslems ihren Herrschaftsbereich. Die Expansion des Islams war ein einzigartiger Siegeszug. Überraschung und Beweglichkeit kennzeichneten die Offensivtaktik der Streiter Mohammeds.

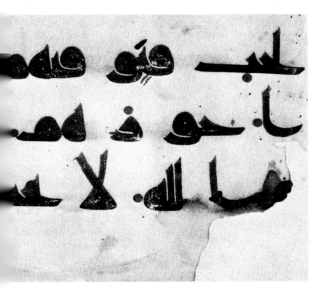

TOURS UND POITIERS

Nach dem Tode Chlodwigs zerfiel das Frankenreich, herrschten Zwist und Fehde zwischen den Merowingern. Mehr und mehr übernahmen ihre Hausmeier in den Teilreichen die oberste Staatsgewalt. Einer von ihnen, Karl Martell, stellte nach jahrelangen Kämpfen das Frankenreich in seinem alten Umfang wieder her.

Als sich die Araber zu Beginn des 8. Jahrhunderts anschickten, Europa zu erobern, war es Byzanz im Osten, das ihnen Einhalt gebot, und war es Karl Martell, der sie im Westen stoppte. 732, zwischen Tours und Poitiers, wurden die Araber vom Gesamtaufgebot der Franken unter seiner Führung insbesondere von seinen Panzerreitern geschlagen und zum Rückzug gezwungen. Das werdende Abendland hatte eine entscheidende Schlacht gewonnen.

Nachfolger Karl Martells wurde sein Sohn Pippin der Kurze. Im Besitz der realen Macht im Frankenreich strebte er danach, die geblütsrechtlich-legitime Herrschaft der Merowinger zu beenden und sich selbst zum König der Franken zu erheben. Auf eine höhere Weihe, auf die Billigung des Papstes, wollte der Usurpator dabei nicht verzichten.

»Bischof Burkhard von Würzburg und der Kaplan Folrad wurden zu Papst Zacharias gesandt, um wegen der Könige in Franzien zu fragen, die damals keine Macht als Könige hatten, ob das gut sei oder nicht. Und Papst Zacharias gab Pippin den Bescheid, es sei besser, den als König zu bezeichnen, der die Macht habe, als den, der ohne königliche Macht blieb. Um die Ordnung nicht zu stören, ließ er kraft seiner apostolischen Autorität den Pippin zum König machen. Pippin wurde nach der Sitte der Franken zum König gewählt... Childerich aber, der merowingische Schattenkönig, wurde geschoren und ins Kloster geschickt.« (Annales Regni Francorum.)

Die Belohnung des Papstes blieb nicht aus. König Pippin eilte dem von den Langobarden bedrängten Papst zu Hilfe. Mit der »Pippinschen Schenkung«, der Übergabe mittelitalienischer Gebiete an den »römischen Stuhl für ewige Zeiten«, wurden die Grundlagen des päpstlichen Kirchenstaates gelegt. Der Anspruch des Papstes auf diese Gebiete wurde mit der gefälschten »Konstantinischen Schenkung« begründet. Zwei Usurpatoren blieben einander nichts schuldig.

LINKE SEITE: An babylonisch-assyrische Tempel, die Zikkurats, erinnert das spiralförmige Minarett vor den Ruinen der größten Moschee des Islams in Samarra, einer Stadt des 9. Jahrhunderts am Tigris. – »Die Expansion des Arabertums brachte als politische Folge: Gründung eines Weltreiches, darüber hinaus die Ausbreitung der arabischen Sprache und den Siegeszug der mohammedanischen Lehre, die noch heute die wichtigste Konkurrentin des Christentums ist.« (Karl Meyer: Weltgeschichte.)

BILD OBEN: Karl »Martell«, der »Hammer«, so genannt wegen seines Sieges über die Araber.
BILD UNTEN: Pippin der Kurze wagte den Staatsstreich gegen die Merowinger und brachte so sein eigenes Geschlecht, die Karolinger, auf den fränkischen Königsthron.

KARL
DER GROSSE

In seiner 46 Jahre während
Regierungszeit (768–814) unternahm Karl der Große nicht
weniger als 53 Feldzüge. Acht-
zehn gegen die Sachsen, sieben
gegen die Araber in Südfrankreich und Spanien, einen gegen
die Basken, fünf gegen die Langobarden, fünf gegen die Araber in Italien, zwei gegen die
Byzantiner, vier gegen die Ava-
ren, vier gegen die Slawen, zwei
gegen die Bretonen, einen gegen die Thüringer, einen gegen
die Bayern und drei gegen die
Skandinavier. Außer England
und Irland waren im fränkischen Universalreich Karls des
Großen alle damals christlichen
Länder Europas vereint, vom
Ebro bis zur Elbe, vom Tiber
bis zum Kanal. Markgrafen sicherten die Grenzen des Reiches. Das Reich selbst wurde in
Grafschaften, in Gerichts- und
Verwaltungsbezirke untergliedert, die Grafen wiederum von
Königsboten, den »missi domi-
nici«, kontrolliert.
Germanischen Rechtsvorstel-
lungen entsprechend war der
König beim Erlaß von Reichs-
gesetzen, sog. Kapitularien, an
die Zustimmung der Großen
seines Reiches gebunden. Auf
Reichsversammlungen, den
Hoftagen, wurden sie beraten
und verabschiedet. Ein allgemeines Reichsrecht wurde von
Karl dem Großen nicht eingeführt. Die verschiedenen Volks-
rechte, auch der Unterworfenen, blieben weiterhin in Geltung.
Mit der Krönung Karls des
Großen durch Papst Leo III.
zum Kaiser im Jahre 800 sollte
bewußt die römische Tradition
wieder aufgenommen und wei-
tergeführt werden.

HEERBANN

Die Herrschaft Karls des Großen beruhte auf der Treue seiner Gefolgsleute sowie der hiermit verbundenen Stärke seiner Streitkräfte. Weltliche und geistliche Herren, durch ihren Treueid gebunden, hatten dem Heerbann zu folgen. Sprache und Inhalt des Heerbanns, des Kernrechts der Königs- und Kaisergewalt, veranschaulicht ein Brief Karls des Großen an Abt Fulrad von Altaich:

»Wir teilen dir mit, daß wir in diesem Jahre den großen Reichstag nach Ostsachsen zusammengerufen haben, und zwar nach Staßfurt an der Bode. Deshalb befehlen wir dir, am 17. Juni mit allen deinen wohlbewaffneten und ausgerüsteten Leuten an dem genannten Platze dich einzustellen, also sieben Tage vor der Messe des heiligen Johannes des Täufers. Du wirst also wohlvorbereitet mit deinen Leuten an dem genannten Platze erscheinen, um von hier aus, wohin dich auch unser Befehl schicken mag, eine militärische Expedition durchzuführen; das heißt mit Waffen und Gerät und aller anderen kriegerischen Ausrüstung, mit Proviant und Bekleidung. Jeder Berittene soll Schild, Lanze, Schwert und Hirschfänger haben, dazu Bogen, Köcher mit Pfeilen, und eure Packwagen sollen Vorräte aller Art mitführen, Spitzhacken und Äxte, Bohrer, Beile, Spaten, eiserne Grabscheite und alle anderen Werkzeuge, die man bei einem Feldzug braucht. Die Lebensmittel müssen vom Reichstage an gerechnet drei Monate reichen, Waffen und Bekleidung ein halbes Jahr. Wir befehlen dir, streng darauf zu achten, daß du in Ruhe und Frieden den genannten Ort erreichst, durch welche Teile unseres Reiches dein Marsch dich auch führen mag, daß außer Grünfutter, Holz und Wasser nichts angerührt wird.«

BILD RECHTS: Der Sachse Edeling Widukind, Abtei in Enger, Westfalen. Unter seiner Führung empörten sich die Sachsen nach der Eingliederung ihres Herzogtums ins Frankenreich. Die Aufständischen wurden blutig niedergerungen. Karl der Große hielt strenges Gericht. Hinrichtungen und Deportation sollten den Widerstand brechen. Das »Ausnahmerecht« des Kaisers, das harte Sachsenkapitular, verhängte schon für kleine Verstöße die Todesstrafe.

»Wer hinfort im Stamm der Sachsen ungetauft sich verbergen will und zur Taufe zu kommen unterläßt und Heide bleiben will, der soll des Todes sterben.« Mit Feuer und Schwert wurden die Sachsen gewaltsam christianisiert. Widukind mußte die Waffen strecken, er unterwarf sich Karl und nahm die Taufe an. Obwohl sich die alten Sachsen (nicht zu verwechseln mit den späteren Kursachsen und den sächsischen Landen der jüngeren Zeit) – sie siedelten in den Gebieten des späteren Deutschlands von Westfalen bis Holstein – den Franken am hartnäckigsten widersetzten, wurden sie in recht kurzer Zeit in Reich und Kirche integriert. Dem Geschlecht Widukinds entstammt die große Kaiserfolge der sächsischen Kaiser.

LINKE SEITE: Karl der Große, Sohn und Nachfolger Pippins des Kurzen. Das Schwert in der Rechten, die Weltkugel in der Linken, auf dem Haupt die Lilienkrone.

Die Bronzefigur des Kaisers entstammt dem 9., das Pferd dem 15. oder 16. Jahrhundert.

SCS
PE
TR
VS

· IOSITV
DNI
LE
O
PP

·OR·CARVLO
REGI

BEATE·PETRE·DONAS
VITA·LEON·PP·E·BICTO

LINKE SEITE: Papst Leo III. und Karl der Große als Getreue des Apostels Petrus, Leo wird mit dem Pallium, Karl mit der Standarte ausgezeichnet. – Es war das bedrohte Papsttum, das den mächtigen Frankenkönig zum Schutz gegen seine Widersacher brauchte. Und dieser Stärke dem Papst gegenüber war sich Karl der Große immer bewußt. Auch und gerade als Kaiser vertrat er den Anspruch: Unmittelbar von Gott strömt das Heil auf den König und Kaiser herab, blieb er Herr über Kirche und Reich. Ohne Mitwirkung des Papstes krönte er seinen Sohn Ludwig zum Kaiser. Politisch gesehen sollte das Kaisertum zur ewigen Klammer der Reichseinheit werden.

BILD OBEN: Blick in die Pfalzkapelle zu Aachen. In der Mitte der Marmorthron Karls des Großen. Ein halbes Jahrtausend lang, bis 1531, wurden hier deutsche Könige und Kaiser gekrönt. Während seiner Herrschaft von Pfalz zu Pfalz ziehend, verbrachte Karl der Große seine letzten Lebensjahre ununterbrochen hier auf seiner Lieblingspfalz in Aachen. Erst kurz vor seinem Tode war es ihm, dem mächtigen Herrscher des Westens, gelungen, nach langwierigen Bemühungen vom oströmischen Kaiser als »Bruder« anerkannt zu werden. Dennoch wurde das Zweikaiserproblem erst 1453 mit der Eroberung Konstantinopels durch die Türken endgültig gelöst.

ZERFALL

»Die Tragik des Fränkischen Reiches und seines
Rechtsnachfolgers, des Deutschen Reiches, lag darin,
daß ein großräumiger Staat auf Naturalwirtschaft aufgebaut war.

Zunächst wiederholte sich die gleiche Erscheinung
wie in Rom: Es erwies sich, daß ein so gewaltiges
Gebiet nicht mit einem bäuerlichen Milizaufgebot
verteidigt und erweitert werden konnte. Man
brauchte auch im großfränkischen Staat Menschen,
die sich zu dauernden Leistungen verpflichteten . . .
Aber womit sollten diese Berufssoldaten, die Söldner,
entschädigt werden? Man konnte weder einen aus-
gebildeten Beamtenapparat und ein Steuerwesen wie
in der römischen Republik noch den Dienstzwang
wie in der Kaiserzeit einsetzen. Seit der Spätantike
und besonders seit der Zeit der Völkerwanderung
bestand Naturalwirtschaft. Daher baute der fränkische König zunächst das altgermanische Gefolg-
schaftswesen aus, das einerseits auf der unbedingten
Treueverpflichtung des Gefolges zum Kriegsdienst
und andererseits auf der Unterhaltspflicht des Ge-
folgsherrn, des Königs, beruhte. Aber bald genügte
das nicht mehr. Der König mußte eine neue Entschä-
digungsform suchen. Er begann den Vasallen Land
zu geben. Als das eigene königliche Gebiet nicht mehr
ausreichte, verteilte der Herrscher kraft seiner kirchlichen Oberhoheit auch Kirchengut und in der Folge
auch öffentliche Hoheitsrechte, Reichsämter, Provin-
zialstatthalterschaften – allerdings zunächst nur zu
zeitlichem Besitz, auf lebenslängliche Nutznießung
oder, wie es hieß, als ›beneficium‹. Das Benefizial-
system wurde die Anstellungsform des Berufskrieger-
tums. Statt Sold erhielten die Soldaten Benefizien.
Dies barg die Gefahr, daß der Vasall – oder später sein
Sohn – das ihm verliehene öffentliche Amt als ein
wohlerworbenes erbliches Recht und im weiteren
Verlauf als Privatbesitz betrachtete. Die Nachkommen der Belehnten entwickelten sich immer mehr zu
selbständigen Großen, die verliehenen Ämter zu
Herrschaften, die zu Staaten im Staat und schließlich
zu Fürstentümern wurden…

Zwar vermochte die Dynastie nach den Merowingern
– das selber aus dem Adel emporgestiegene Geschlecht der Karolinger mit seinen bedeutenden Vertretern – das Unheil noch hinauszuzögern. Karl der
Große trat dem Zerfall auf dem Gesetzgebungsweg
offen entgegen. Aber die allgemeinen sozialen Verhältnisse erwiesen sich stärker als die Persönlichkeit: Das
Reich war schneller gewachsen, als es seine natural-
wirtschaftliche Basis ertrug. Die innere Auflösung
war der Preis der äußeren Weltherrschaft.«

(Karl Meyer: Weltgeschichte im Überblick)

Nach dem Tode Karls des Großen zerfiel sein Reich. Die von seiner überragenden Persönlichkeit gewaltsam unifizierten und zusammengehaltenen heterogenen Elemente machten ihr Eigenrecht geltend. Zwar versuchte sein Nachfolger Ludwig der Fromme, unterstützt von der Kirche, das Universalreich zu retten, doch seine eigenen Söhne wandten sich gegen ihn und bekämpften sich auch untereinander (Straßburger Eide). Im Vertrag von Verdun (843) teilten Lothar, Ludwig der Deutsche und Karl der Kahle das väterliche Erbe: »Ludwig erhielt alles Gebiet jenseits des Rheines, auf der linken Seite des Stromes die Städte Speyer, Worms und Mainz mit den dazu gehörigen Gauen; Lothar das Gebiet der Rhein- und Scheldemündung, das Gebiet von Cambrai, Hennegau, die Lomensische und Castricische Grafschaft sowie die Grafschaften, welche an das Ufer der Maas stoßen bis zur Mündung der Saône in die Rhone, und dann die Rhone entlang rechts und links die Grafschaften bis zur Mündung dieses Stromes. Außerdem erhielt er durch das Entgegenkommen seines Bruders Karl noch das Gebiet von Arras. Alles übrige bis nach Spanien hin fiel an Karl.« (Annales Bertiniani) Verdun bedeutete die Abkehr von der Idee des Universalreiches und war eines der folgenschwersten Ereignisse der europäischen Geschichte. Das alte Geblütsrecht aller Königserben setzte sich durch gegen den Einheits- und Kaisergedanken. Für französische Historiker beginnt mit diesem Vertrag die Geschichte Frankreichs. Die Herausbildung selbständiger Staaten und Nationen, Kriegsbündnisse, Gegenbündnisse, Zusammenschlüsse und Teilungen, Konflikte zwischen Papst und Kaiser, Kaiser und Adel, der einzelnen Herrscher untereinander, dynastischer Drang nach Expansion und Hegemonie kennzeichneten die weitere Entwicklung.

BILD MITTE: Text der Straßburger Eide in einer Abschrift aus dem 10. Jahrhundert. – Die Straßburger Eide, von Karl dem Kahlen und Ludwig dem Deutschen 842 gegen ihren Bruder Lothar in Althochdeutsch und Altfranzösisch geschworen, sind ein bedeutsames Dokument auch der sprachlichen Differenzierung des Frankenreiches. Althochdeutsch: »In Godes minna ind in thes Christianes folches ind unser bedhero gealtnissi, fon thesemo dage frammordes, so fram so mir Got geuuizci indi mahd furgibit, so haldih thesan minan bruodher, soso man mit rehtu sinan bruodher scal, in thiu thaz er mig sosoma duo; indi mit Ludheren in nohheiniu thing ne gegango, zhe minan uuillon imo ce scandhen uuerhen.« Neuhochdeutsche Umschrift: »Aus Liebe zu Gott und zu des christlichen Volkes und unser beider Heil von diesem Tage an in Zukunft, soweit Gott mir Wissen und Macht gibt, will ich diesen meinen Bruder sowohl in Hilfeleistung als auch in anderer Sache so halten, wie man von Rechts wegen seinen Bruder halten soll, unter der Voraussetzung, daß er mir dasselbe tut; und mit Lothar will ich auf keine Abmachung eingehen, die mit meinem Willen diesem meinem Bruder schaden könnte.«

257

WIKINGER — BARBAREN AUS DEM NORDEN

Während das Abendland im 9. Jahrhundert von inneren Wirren und ununterbrochenen Thronstreitigkeiten erschüttert wurde, plagten es von außen die Raub- und Kriegszüge der Wikinger. Überbevölkerung, Abenteuerlust und Beutegier ließen die gewalttätigen Heiden aus ihrer nordischen Heimat aufbrechen. Mit ihren Langschiffen machten sie Europas Küsten unsicher und drangen auf den Flüssen bis weit in das Landesinnere vor. London, Pisa, Bordeaux, Paris, Reims, Rouen, Köln und Aachen blieben nicht verschont. Die Heimsuchung Nantes' veranschaulicht, was die Betroffenen zu leiden hatten:

»Es war Johannistag (24. Juni). Eine Menge Volkes war von nah und fern zu diesem Feste nach Nantes geströmt, die Stadt also ungewöhnlich belebt. Desto größer scheint der Schrecken gewesen zu sein, als Flüchtlinge... die Nachricht von dem Herannahen der furchtbaren Flotte brachten. Ein bleierner Schrecken legte sich auf die Leute, niemand regte die Hand zur Verteidigung; nur die Tore wurden eiligst geschlossen. Da waren aber auch schon die Normannen da. Mit Leitern überstiegen sie die Mauern, die Tore wurden erbrochen. Ein Schrei des Entsetzens ging durch die Stadt, alles drängte sich hilfesuchend in der prachtvollen Peter-Pauls-Kirche zusammen, wo der Bischof Gunthard mit seinen Geistlichen, unbeirrt durch den Tumult, am Altar des heiligen Ferreolus im linken Seitenschiff die Messe zelebrierte. Rasch wurden die Türen verrammelt, aber durch Fenster und Türen brachen die Normannen ein, und ein grausiges Würgen begann unter der wehrlosen, zusammengepreßten Menge. Zu den Worten: ›Sursum corda!‹ war der Bischof gelangt, als er am Altar in sein Blut sank; mit ihm fielen alle Priester, Kleriker, Mönche unter den Streichen der Feinde, die prachtvolle Kathedrale ging in Flammen auf, und Mord, Brand und Raub wüteten in der ganzen Stadt. Bei Einbruch der Nacht brachten die Wikinger ihre gewaltige Beute und ihre Gefangenen auf die Schiffe. Langsam näherten sie sich in den nächsten Tagen wieder dem Meere, indem sie weit und breit die Umgebung der Stadt verwüsteten.« (Walter Vogel: Die Normannen und das fränkische Reich)

Wollte eine Stadt oder ein Kloster der Verwüstung durch die Wikinger entgehen, so verblieb ihnen meist nur der bittere Weg der Tributzahlung. Insbesondere im Westfrankenreich stand keine effektive Schutzmacht zur Verfügung. Und wenn einmal ein Heer heranrückte, waren die Wikinger auf ihren leichten, sehr beweglichen Langschiffen längst auf und davon.

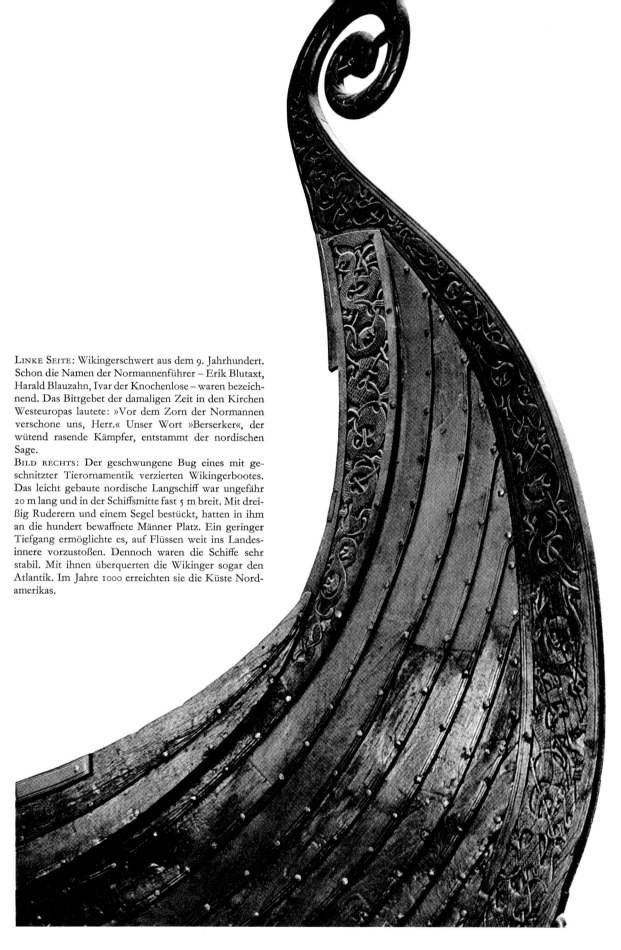

LINKE SEITE: Wikingerschwert aus dem 9. Jahrhundert. Schon die Namen der Normannenführer – Erik Blutaxt, Harald Blauzahn, Ivar der Knochenlose – waren bezeichnend. Das Bittgebet der damaligen Zeit in den Kirchen Westeuropas lautete: »Vor dem Zorn der Normannen verschone uns, Herr.« Unser Wort »Berserker«, der wütend rasende Kämpfer, entstammt der nordischen Sage.

BILD RECHTS: Der geschwungene Bug eines mit geschnitzter Tierornamentik verzierten Wikingerbootes. Das leicht gebaute nordische Langschiff war ungefähr 20 m lang und in der Schiffsmitte fast 5 m breit. Mit dreißig Ruderern und einem Segel bestückt, hatten in ihm an die hundert bewaffnete Männer Platz. Ein geringer Tiefgang ermöglichte es, auf Flüssen weit ins Landesinnere vorzustoßen. Dennoch waren die Schiffe sehr stabil. Mit ihnen überquerten die Wikinger sogar den Atlantik. Im Jahre 1000 erreichten sie die Küste Nordamerikas.

DAS HEILIGE RÖMISCHE REICH

Mit dem Zerfall des Karolingerreiches, im Kampf gegen Ungarn, Slawen und Normannen, bildeten sich in Deutschland die Stammesherzogtümer Bayern, Sachsen, Franken, Schwaben und Lothringen heraus. Als Territorialfürsten schoben sie sich zwischen das ohnmächtig gewordene Königtum und die kleineren Grafen und Herren. Erst Heinrich I. aus dem Geschlecht der Sachsen gelang es, die Königsgewalt gegen die Herzogtümer durchzusetzen. Lothringen wurde zurückerobert, die Schelde-Maas-Linie blieb über 600 Jahre die Westgrenze des Reiches. Sein Sohn Otto I. der Große (936–973) wurde von allen Stämmen zum König gewählt und in der Pfalzkirche Karls des Großen – Ottos Vorbild von Anfang an – zu Aachen gekrönt. Erzbischof Hildebert von Mainz übergab ihm Schwert, Wehrgehenk, Mantel und Spangen, Zepter, Stab und Diadem.

Innenpolitisch stützte sich Otto I. vor allem auf die Reichskirche. Die Verleihung von Königsgut und Regalien stärkte ihre Position. Gräfliche Rechte für die Städte der Bischöfe sicherten diesen eine ähnliche Stellung wie den weltlichen Fürsten.

Vom Papst um Hilfe gebeten, zog Otto I. mit seinem Heer nach Rom, wo er am 2. Februar 962 zum Kaiser gekrönt wurde. Das bedeutete die Gründung des »Heiligen Römischen Reiches«, das formal bis 1806 bestand. Die Vormachtstellung im Abendland war auf Deutschland übergegangen.

BILD LINKS: Magyarengefecht. In wiederholten Kriegszügen drangen seit dem Ende des 9. Jahrhunderts die heidnischen Reiterhorden der Ungarn durch Deutschland, Frankreich und Italien. In Erwartung eines erneuten Raubzuges gelang es Otto dem Großen, Franken, Schwaben, Bayern und Böhmen in seinem Heerbann zu vereinen. Mit dem Sieg über die Ungarn in der Schlacht auf dem Lechfeld (955) wurde die Ungarngefahr für Europa endgültig gebannt. Das bis dahin nomadisierende Reitervolk wurde in der Donaugegend zum seßhaften Bauernvolk. Innenpolitisch hatte die Bedrohung von außen die Macht des Königs entscheidend gestärkt.

»Mit dem Sieg Ottos I. in der Schlacht auf dem Lechfeld ist die Begründung seines Kaisertums und die endgültige Konstituierung der deutschen Reichskrone als einer politischen Macht ersten Ranges ebenso verbunden wie die Neubegründung der bayerischen Ostmark, Österreichs, die Errichtung des ungarischen Reiches, der Stephanskrone und eine deutsche Ostpolitik von 955 bis 1945.« (Friedrich Heer)

RECHTE SEITE: Illustration aus einem Brevier des 15. Jahrhunderts. Auf dem großen Bild wird eine Messe zelebriert, auf dem Tisch sind Reliquien ausgestellt.

mic. ... Justi in perpetui. ... Scd
ments. ...
Letamini in dno. ... fulgebut iusti
+ tanqin scintille in arundineto discur
rent iudicabunt naciones + domina
bunt in eternum. ... ragmfitur.

Ista quesumus
omnipotens deus
ut sancte dei geni
tricis semper virginis marie
+ sanctor. tuor. quor. reliqe
in hac continentur ecclesia
nos protegant merita quietin

LINKE SEITE: Ein sterbender befiehlt seine Seele – symbolisiert durch eine kleine nackte Gestalt – in die Hand Gottes. Vom Teufel schon gepackt, befreit sie der heilige Michael mit dem Schwert aus den Klauen des Bösen. Gott spricht: »Tu Buße für deine Sünden, und du wirst bei mir sein am Tage des Gerichts.«

BILD OBEN: Stammtafel der deutschen Könige und Kaiser aus sächsischem, salischem und staufischem Geblüt. Angeführt vom ersten Sachsenherzog Liudolf, dem Großvater König Heinrichs I., endet sie mit dem Sohn Friedrichs II., dem letzten Stauferkönig Konrad IV.

REX ROGAT ABBATEM. MATHILDIM SUPPLICAT ATQ.

BILD OBEN: Canossa 1077: König Heinrich IV. bittet den Abt von Cluny und die Markgräfin Mathilde von Tuszien um Fürsprache bei Gregor VII. Zuvor hatte er in einem Schreiben an den Papst dessen anmaßende Machtansprüche energisch zurückgewiesen:

»Steige herab und verlasse den apostolischen Stuhl. Ein anderer besteige den Thron des heiligen Petrus, der nicht Gewalt hinter angeblicher Frömmigkeit verstecke, sondern die reine Lehre des heiligen Petrus verkünde. Ich, Heinrich, von Gottes Gnaden König, mit allen meinen Bischöfen sage Dir: Steige herab, steige herab, Du durch die Jahrhunderte zu Verdammender.« Der taktisch bedingten Unterwerfung in Canossa in Büßertracht mit nackten Füßen folgte doch noch ein Sieg des Königs. Vertrieben und verbittert starb Gregor im normannischen Exil: »Ich habe die Gerechtigkeit geliebt und gottloses Wesen gehaßt. Darum sterbe ich in der Verbannung.«

BILD OBEN: Relief an der Bronzetür des Domes in Gnesen. Investitur: Adalbert von Prag empfängt den Bischofsstab aus der Hand des Kaisers Otto II. Das Verbot der Laieninvestitur durch Gregor VII., der Konflikt zwischen Eigenkirchenrecht und kanonischem Recht, führte zum offenen Kampf zwischen Papst und Kaiser. Der Streit um die Investitur, um die Macht über die Kirche, war einer der großen, die ganze abendländische Christenheit erschütternden Konflikte des Mittelalters.

INVESTITUR

Seit Otto I. stützten sich die deutschen Könige in erster Linie auf die Reichskirche. Dem traditionellen Eigenkirchenrecht entsprechend stand es dem weltlichen Herrscher innerhalb seines Machtbereiches zu, Bischöfe und Äbte zu ernennen. Da der Klerus, durch das Zölibat zur Ehelosigkeit verpflichtet, keine legitimen Erben hatte, konnte sein entlehnter Besitz nicht wie bei weltlichen Lehnsträgern zu einer vererbbaren Hausmacht werden. Frei werdende Kirchensitze fielen immer wieder an den König zurück, der sie dann mit Männern seiner Wahl neu besetzen konnte. Da die von ihm berufenen Bischöfe und Äbte sich wirtschaftlich und militärisch zum Nutzen des investitierenden Herrschers einzusetzen hatten, hing die Macht des Königs ganz beträchtlich mit dem Recht der Investitur zusammen.

Papst Gregor VII. (1073–1085), der dieses überlieferte Recht nicht mehr respektieren wollte, verlangte die absolute Unterordnung der Kirche unter den päpstlichen Willen. Machtpolitisch abgesichert durch die Fürstenopposition im Reich gegen den König und ein Bündnis mit den Normannen Süditaliens, tat er seinen Anspruch im »Dictatus Papae« kund.

Der Absetzung des Papstes durch den König auf der Wormser Reichssynode folgte der Bann des Papstes gegen den König, womit diesem das Recht der Reichsleitung aberkannt wurde. Die Drohung der Fürstenopposition im Rücken, abgesetzt zu werden, falls er sich binnen Jahresfrist nicht vom Bann gelöst habe, bewog Heinrich IV. zum Gang nach Canossa. Seine bußfertige Haltung und das Versprechen, den Papst als Schiedsrichter zwischen sich und den Fürsten anzuerkennen, zwangen Gregor VII., den König vom Bann zu lösen. Doch wollte Heinrich mit diesem Schachzug nur Zeit gewinnen.

Sobald er genügend Unterstützung im Reich gefunden hatte, erklärte er Gregor für abgesetzt, zog nach Rom und ließ sich von dem von ihm ernannten Gegenpapst zum Kaiser krönen.

Unter seinem Nachfolger Heinrich V. konnte der Investiturstreit mit dem Wormser Konkordat 1122 ähnlich wie vorher schon in Frankreich und England mit einem Kompromiß beendet werden. Der Papst sollte den Bischöfen die geistliche Gewalt mit den kirchlichen Symbolen Ring und Stab, der König die weltliche Macht, die Regalien, mit dem Zepter übertragen. In Deutschland sollte die Investitur in die weltliche Pfründe der kirchlichen Weihe vorausgehen, in Burgund und Reichsitalien die umgekehrte Reihenfolge gelten. Damit konnte der Kaiser im engeren deutschen Reichsraum die Herrschaft über die Reichskirche behaupten, während seine Macht in Burgund und Reichsitalien stark gemindert wurde.

KAISER UND REICH

»War das alte Reich in seiner Spätzeit nach Hegels Worten ›ein Staat in Gedanken und kein Staat in der Wirklichkeit‹ (Die Verfassung Deutschlands, 1801/1802), so galt das ähnlich schon für das mittelalterliche Kaisertum: Mehr gedacht als verwirklicht, war es nie, was es sein und scheinen wollte, wie es sich darstellte und dargestellt wurde. Es war nicht der allein legitime Nachfolger und Fortsetzer römischer Kaiser seit Augustus, sondern rivalisierte darin mit Byzanz. Es galt und wirkte nicht einmal im Abendland ›universal‹ wie das Papsttum. Die Könige Frankreichs, Englands, Spaniens haben dem Kaiser höchstens eine Art Vorrang zugestanden, eine höhere Würde, die sie manchmal selbst begehrten, aber keinerlei Herrschaftsrechte über ihr Land, geschweige denn eine ›Weltherrschaft‹, von der antikisierende Poeten und Chronisten, Juristen und Theologen reden mochten. Dänemark, Polen, Ungarn wurden zeitweise, Böhmen für immer dem deutschen König lehnspflichtig, nicht weil er Kaiser war, und nicht deshalb war er auch König (Nord-)Italiens und Burgunds geworden. Die Personalunion dieser Königreiche mit dem deutschen wurde wohl zur Machtgrundlage der Kaiser; sie öffnete und sicherte ihnen die Wege nach Rom zur Krönung, zum Eingreifen als Schützer und Vögte der römischen Kirche gemäß karolingischer Tradition und Kaiserpflicht. Auf Deutschland, Italien, Burgund, die man dann zusammenfassend ›das Imperium‹ nannte, blieb jedoch die wirkliche Herrschaft dieser Kaiser beschränkt.«

(Herbert Grundmann: Über die Welt des Mittelalters, in: Propyläen Weltgeschichte, Summa Historica)

LINKE SEITE UND OBEN: Reichenauer Schule. Kaiser Otto III. empfängt thronend die Huldigung der Nationen. Die Slawenländer, Germanien, Gallien und Rom bringen dem Erben der Cäsaren – »Kaiser« ist ein lateinisches Lehnwort, das sich von »Cäsar« ableitet – ihre Geschenke. Von geistlichen und weltlichen Großen umgeben, die seine Waffen tragen, thront er auf dem kurulischen Stuhl. – Während der 500 Jahre zwischen der Kaiserkrönung Ottos I. (962) und der des Habsburgers Friedrich II. (1452) gab es insgesamt 300 Jahre, in denen kein rechtmäßig gekrönter Kaiser im Abendland herrschte.

267

STAUFER

Unter den Staufern erreichte das Kaisertum den Höhepunkt seiner Macht. Friedrich I. Barbarossa (1152 bis 1190) festigte seine Hausmacht in Deutschland, erweiterte sein Königsgut, das er durch Reichsministeriale – königliche Beamte – verwalten ließ, und festigte den Einfluß der Königsgewalt in der deutschen Reichskirche.

In Reichsitalien hatten die großen Städte die kaiserlichen Regalien usurpiert. Weitgehend autonom, lebten sie in kommunaler Selbständigkeit. Nicht zuletzt ihres wirtschaftlichen Reichtums wegen zog Barbarossa nach Italien. Auf dem Reichstag zu Roncaglia (1158) ließ er sich durch eine Kommission von Rechtsgelehrten aus Bologna seine Herrschaftsrechte bestätigen. Alle vom Reich entfremdeten Regalien wurden zurückgefordert, eine unmittelbare Reichsverwaltung zu ihrer wirtschaftlichen Nutzung eingesetzt. Städten, die sich dem kaiserlichen Willen nicht fügten, drohten Krieg und Zerstörung.

BILD OBEN: Friedrich I. Barbarossa mit seinen Söhnen Heinrich VI. und Friedrich von Schwaben. Heinrich, damals schon zum römischen König gewählt, trägt eine Krone, sein Bruder nur eine einfache Kappe.

BILD RECHTS: Deutsches Ritterheer; der Kaiser kniet im Gebet; aus dem Himmel deutet Gottes Schwurhand auf ihn als Zeichen dafür, daß er zum Kaisertum direkt durch Gott berufen sei. Der Streit zwischen Papst und Kaiser über Rang bzw. Vorrang der beiden Gewalten dauerte bis über die Stauferzeit hinaus an.

RECHTE SEITE: Papst Innozenz III. (1198–1216), einer der bedeutendsten Päpste des Mittelalters.

+IN NOCENTIVS EPS SERVVS SERVORV DI. DILECTIS FILI
SPECV BEATI BENEDICTI REGLARE VITA SERVANTIBVS IN.
VIRTVTV NVLLV MAGIS EST MEDVLLATV QVA TD OFFER
CARITATIS. HOC IGIT ATTENDENTES. CV OLI CAVSA DEVOTIONI
VRE QVE BEATVS BENEDICT SVE CONVERSIONIS PRIMORDIO COSECR
IN STITVTIONE IPIVS LAVDABILITER DNO FAMVLANTES. NE PRO
SPIRITVALIS OBSERVANTIE DISCIPLINA TORPERET. APOSTOLICÍ
IMPENDENDV. SPERANTES TD IDE BEATISSIM BENEDICT NRE DE
ET PRECIB. APVD PIISSIMV PATRE ET IVSTISSIMV IVDICE COMI
NECESSITATIB PVIDERE. SEX LIBRAS VSVALIS MONETE VO
CAMERA BEATI PETRI SINGVLIS ANNIS PCIPIENDAS CONCESS
VOBIS ESSENT VTILITER ASSIGNATE. STATVENTES VT EA QVE
SVEVISTIS PCIPERE DE MONASTERIO SVBLACEN. VOBIS F
MINIME NEGARENTVR. POSTMODV AVTE CV REVERSI TV
VRIS AD NRAM PRESENTIA DESTINASTIS HVMILITER I
IPSA INALIQVO CERTO LOCO DIGNAREMVR PPETVO STA

REGALIEN

»Dies sind die Regalien: Arimanniae, öffentliche Wege, schiffbare Flüsse und wodurch sie schiffbar werden, Häfen, Uferzölle, die Abgaben, die im Volk Tholonea heißen, Münzstätten, Buß- und Strafgelder, herrenlose Güter, alles, was den Übeltätern vom Gesetz auferlegt wird, falls wir dies nicht ausdrücklich an jemanden abgetreten haben, die Güter solcher Menschen, die eine unerlaubte Ehe geschlossen haben, der Besitz Verurteilter und Verbannter, nach dem Inhalte der neuen Gesetze Abgaben von Fron- und ähnlichen Diensten und von Wagen und Schiffen, dazu Sonderabgaben bei königlichen Feldzügen, die Gewalt, Behörden zur Rechtsprechung einzusetzen, Wechselbänke, die Pfalzen in den Städten, Fischereirechte und Salzzoll, der Besitz von Majestätsverbrechern, die Hälfte der Schätze, die auf kaiserlichem Boden gefunden werden, und zwar dann, wenn es sich um einen Auftrag handelt, auch auf kirchlichem Boden; liegt kein Auftrag vor, dann gehört ihm alles.«

(Aus der Gesetzgebung von Roncaglia, 1158)

DIE NIEDERLAGE MAILANDS 1161/1162

Mailand wurde von Friedrich Barbarossa vollständig besiegt und unterworfen. Wie das geschah, berichtet die Chronica regia Coloniensis:

»Als infolge des Winters die Straßen ungangbar und die Mailänder mit ihren Lebensmitteln schon recht knapp waren, suchten sie die Fürsten mit schlauen Vorschlägen zu täuschen, damit sie, wenn sich diese, als wäre schon alles erledigt, sicher fühlten, inzwischen aus Brescia oder Piacenza mit vereinten Kräften Zufuhr herbeischaffen könnten. Die Mailänder erreichten indes nichts und büßten nun ihren Mut und ihre Kräfte vollständig ein. Nach vielen Vorladungen und nachdem sie es noch mit zahlreichen Ränken versucht hatten und ihnen als letzter Termin Fastenanfang bestimmt worden war, erklärten sie sich, von Hunger und Entbehrungen völlig bezwungen, bereit, sich auf Gnade und Ungnade ohne jede Bedingung zu unterwerfen oder durch einen Vertrag die Gunst des Kaisers zu gewinnen...

Am ersten Tage des Monats März (1162) erschienen die Konsuln von Mailand mit noch ungefähr zwanzig Edelleuten, warfen sich, blanke Schwerter auf dem Nacken, vor dem Hofe nieder, ergaben sich selbst und ihre ganze Stadt ohne jede Bedingung mit allen Personen und all ihrer Habe ihrem Herrn, dem Kaiser, und schworen jeden Eid, der von ihnen verlangt wurde, für sich und alle Mailänder.«

Die Vermählung seines Sohnes Heinrich mit der Erbin des sizilischen Normannenreiches bedeutete einen gewaltigen Machtgewinn. Kaiser Heinrich VI. versuchte, zur Sicherung einer dauernden Verbindung der beiden Reiche ein deutsches Erbkaisertum durchzusetzen, scheiterte mit diesem Vorhaben jedoch am Widerstand des Papstes und der deutschen Fürsten. Erst 32 Jahre alt, starb Heinrich überraschend und hinterließ seinen dreijährigen Sohn Friedrich Roger als Erben.

Papst Innozenz III. nutzte die Chance und erweiterte durch Ausdehnung des Kirchenstaates in Mittelitalien die weltliche Macht des Papstes. Auch die Gleichberechtigung des Kaisers wollte er nicht mehr gelten lassen. Für ihn war der Kaiser ein Lehnsträger des heiligen Petrus, das heißt des Papstes, der ihn einsetzen und unter Umständen auch absetzen konnte:

»Wie der Mond, der nach Größe und Art hinter der Sonne zurücksteht, von dieser sein Licht empfängt, so erhält die königliche Macht den Glanz ihrer Würde von der priesterlichen Gewalt.«

Zunächst unterstützte Papst Innozenz III., der bei Thronstreitigkeiten das Recht des Wahlentscheids für sich beanspruchte, den Welfen Otto IV. Als dieser jedoch den Plan faßte, Sizilien zu erobern – der Kirchenstaat wäre, im Norden und Süden eingekreist, in die kaiserliche Zange geraten –, bannte er den Kaiser und stimmte der Wahl seines Mündels Friedrich von Sizilien zum Gegenkönig zu. In der Schlacht von Bouvines (1214) fiel die Entscheidung. Die mit dem Papst verbündeten Franzosen besiegten das welfisch-englische Heer. Der Kaiserkrönung Friedrichs II. (1215–1250) stand nichts mehr im Wege.

Friedrich, mehr Italiener als Deutscher, konzentrierte sich ganz auf Reichsitalien und sein sizilianisches Erbe, wodurch er unweigerlich mit Rom in Konflikt geriet. Deutschland wurde zum Nebenland. Um die Unterstützung der geistlichen Fürsten zu erlangen, wurden ihnen wesentliche Herrschaftsrechte preisgegeben. Daraufhin folgte 1232 als Preis für ihre Unterstützung der kaiserlichen Italienpolitik das »Statut zugunsten der Fürsten«. Auch aus den Territorien der Laienfürsten wurden die Hoheitsrechte der Krone zurückgezogen:

»Jeder einzelne unter den Fürsten soll der Freiheiten, Gerichtsbarkeiten, Grafschaften und Zehnten, seien sie ihm eigen oder zu Lehen gegeben, gemäß der Gewohnheit seines Landes ruhig genießen.

Die Zentgrafen sollen die Zehnten vom Landesherrn (dominus terrae) oder von dem empfangen, der vom Landesherrn damit belehnt worden ist.«

Nicht mehr der König herrschte im Reich. Geistliche und weltliche Fürsten stiegen zur Landeshoheit auf. Im Zweifrontenkrieg gegen Papst und Fürsten, in jahrhundertelangen Kämpfen war das Reich unterlegen.

LINKE SEITE: Lieblingssitz Friedrichs II., das von ihm 1240 erbaute Castello del Monte bei Bari in Apulien. Mitten im Kampf um Italien und gegen den Papst starb Friedrich an der Ruhr. Das staufische Kaisertum wurde zerschlagen, Sizilien vom Papst als Lehen an Frankreich vergeben, der letzte Staufer Konradin im nun französischen Neapel hingerichtet.

BILD OBEN: Die sieben Kurfürsten: die drei geistlichen Erzbischöfe von Mainz, Köln und Trier und die vier weltlichen Fürsten, der König von Böhmen, der Pfalzgraf bei Rhein, der Herzog von Sachsen und der Markgraf von Brandenburg. Das Recht der Königswahl und ihre landeshoheitliche Stellung ließen sich die sieben Kurfürsten in der »Goldenen Bulle« 1356 vom König endgültig bestätigen. »Wir bestimmen, daß der, welcher zum König der Römer erwählt worden ist, sogleich nach der Wahl, bevor er kraft der Reichsgewalt in irgendwelchen Angelegenheiten und Geschäften die Regierung ausübt... allen einzelnen Kurfürsten... alle Privilegien, Urkunden, Rechte, Freiheiten und Schenkungen, Gewohnheiten und Würden... durch Brief und Siegel bestätigen und ihnen nach der Kaiserkrönung all dieses erneuern soll.« Die Macht des Königs hing allein von seiner eigenen Hausmacht ab.

271

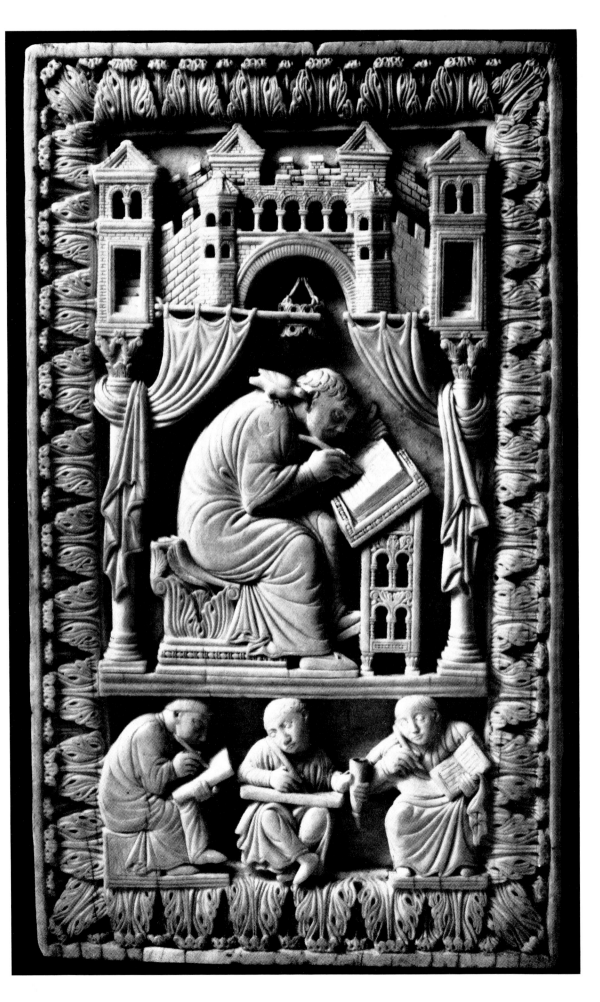

KIRCHE

529 gründete Benedikt von Nursia, der Vater des abendländischen Mönchtums, das Kloster Monte Cassino, das Mutterkloster des Benediktinerordens. Seine strengen Regeln wandten sich gegen das mönchische Vagabundentum; ein Mönch hatte ohne persönliches Eigentum, gehorsam und zuchtvoll zu leben, »militans sub regula vel abbate« – »im Kriegsdienst Gottes unter Regel und Abt«.

»Will ein Neuankommender ins Kloster eintreten, so werde ihm die Aufnahme nicht leichthin gewährt; man handle vielmehr nach dem Worte des Apostels: ›Prüfet die Geister, ob sie aus Gott sind.‹ Wird aber der Angekommene nicht müde, anzuklopfen, und zeigt es sich während vier bis fünf Tagen, daß er Unbilden und die Erschwerung des Eintritts geduldig erträgt und auf seiner Bitte beharrt, dann gewähre man ihm den Eintritt. Es werde ein älterer Bruder über ihn gesetzt, der es versteht, Seelen zu gewinnen. Dieser widme sich ihm mit großer Sorgfalt. Er habe ein wachsames Auge darauf, ob der Novize wahrhaft Gott sucht ... Es werde ihm alles Rauhe und Harte vorgehalten, wodurch man zu Gott gelangt.

Bleibt er dann auch noch seinem Vorsatz treu, so führe man ihn in die Zelle für die Novizen, und wieder prüfe man ihn in aller Geduld. Und nach sechs Monaten lese man ihm die Regel wieder vor, damit er weiß, was seiner nach dem Eintritt wartet. Besteht er auch jetzt noch auf seinem Entschluß, so soll ihm nach vier Monaten die Regel nochmals vorgelesen werden. Wenn er dann nach reiflicher Überlegung verspricht, alles zu beachten und jedem Befehl nachzukommen, nehme man ihn in die Klostergemeinde auf.«

(Aus den Regeln Benedikts von Nursia, um 530)

LINKE SEITE: Gregor der Große (590–604), erster Mönchspapst auf dem Stuhle Petri, beim Aufzeichnen der Inspiration des Heiligen Geistes. Der Legende nach soll ihm eine Taube auf seiner Schulter sitzend das Wort Gottes verkündet haben. Unter ihm drei Mönche bei der Schreibarbeit. – Ein Brief des Papstes – mit ihm begann die christliche Missionierung der Germanen – an einen der von ihm nach England entsandten Missionare zeigt, wie geschickt die Kirche bei ihrer Missionstätigkeit voranging:

»Die Göttertempel (der Heiden) braucht man nicht zu zerstören, nur die Götzenbilder darin. Man besprenge die Tempel mit Weihwasser, dann errichte man in ihnen christliche Altäre und lege Reliquien in diese. Denn sind die Tempel gut gebaut, dann empfiehlt es sich, sie anstatt für den Dämonenkult für den Dienst des wahren Gottes zu verwenden. Sieht nämlich das Volk, daß man seine heiligen Stätten nicht vernichtet, so wird es um so leichter den Irrtum aus seinem Herzen verbannen und in der Erkenntnis und Anbetung an dem gewohnten Ort zusammenkommen. Und nachdem es viele Stiere als Opfer für die Dämonen schlachtet, mag man ihm auch darin mit Festlichkeiten entgegenkommen und nur die Form ändern. Am Kirchweihtage und am Feste von heiligen Märtyrern, deren Reliquien dorthin gebracht werden, können sich die Leute um die Kirchen, zu denen die heidnischen Tempel verwandelt sind, Zelte aus Baumzweigen herstellen und fromm vereint ein Festmahl bereiten. Dabei dürfen sie die Tiere nicht dem Teufel opfern, sondern sollen sie zur Ehre Gottes verspeisen und dann dem Spender aller Gaben danken. Läßt man ihnen auf diese Weise einige äußere Freuden, dann werden sie sich um so leichter den inneren hingeben. Man kann ja harten Herzen nicht alles auf einmal abschneiden, und wer auf den Gipfel eines hohen Berges kommen will, kommt nur langsam Schritt für Schritt, nicht mit Sprüngen hinauf.«

BILD OBEN: Bronzerelief an der Tür des Domes Gnesen. Heidnische Preußen verkaufen den Leichnam des heiligen Adalbert. Von Otto II. mit der Ostmission beauftragt, war er von ihnen erschlagen worden. Gleich seinem Vorbild Bonifatius, dem Bekehrer der Deutschen, der 754 von den Friesen getötet wurde, starb er den Märtyrertod.

ria. Tunc papa int sacndo nuf
sasq; agendo. p̃ alia salutis ho=
tanita. cora epif q cardmalibuf
multo2q; psonif. huiecmodi
habutt ad pplin.

auo2 numero uel o2d
me dignatio licet ind
sociauit: me olim mo
p2io2enq; monasteru
domno ac uenerabili

Mit dem Verfall mönchischer und kirchlicher Moral
regten sich die Kräfte der Erneuerung. Die Reformer
erstrebten die Rückkehr des klösterlichen Lebens zur
strengen Benediktinerregel. Insbesondere forderten
sie die strikte Einhaltung des Zölibats und verwarfen
die Simonie, den Kauf kirchlicher Würden.

Die Klöster Gorze und Cluny waren Zentren der sich
im 10. Jahrhundert ausbreitenden kirchlichen Re-
formbewegung. Neben der sittlich-religiösen Erneuerung ging es ihr, nur dem Papst unterstellt, um
die Freiheit ihrer Kongregationen von allen weltlichen und geistlichen Zwischengewalten. Als Papst
Gregor VII., der einige Zeit in Cluny gelebt haben
soll, versuchte, seine aus cluniazensischen Ideen ge-
borenen Reformgedanken auch im Kampf mit der
kaiserlichen Gewalt zu verwirklichen, kam es im
Investiturstreit zur offenen Auseinandersetzung.

Der Aufstieg der Kirche im Abendland war eng mit
der Bereitschaft der Könige und des Adels verbunden, sie großzügig und freiwillig mit Land und Leuten auszustatten – für das eigene Seelenheil und zur
fachkundigen Verwaltung und Bewirtschaftung ihres
Grundbesitzes. Die volle Verfügbarkeit über ihre
Hoheitsgebiete blieb dabei für sie nur so lange selbstverständlich, bis die erstarkte Kirche dem überkommenen Recht ihr eigenes kanonisches Recht entgegen-
hielt. Bischöfe wurden danach nicht von Laien investiert, sondern kanonisch gewählt und vom Papst
bestätigt.

Dort, wo das alte kanonische Recht die gewünschte
Legitimation nicht begründen konnte, wurde neues
geschaffen. Die Fastensynode (1095) modifizierte das
Recht, daß der Papst einmütig von Volk und Klerus
zu wählen sei, zugunsten der Kardinalbischöfe.

LINKE SEITE: Papst Urban II., selbst aus Cluny hervorgegangen, weiht den Hauptaltar der Peter-und-Pauls-Kirche in Cluny, der damals größten Kirche des Abendlandes (1095). Im Jahre 910 von Herzog Wilhelm von Aquitanien gestiftet, von fähigen und langlebigen Äbten geleitet – nur sieben in den ersten zweihundert Jahren –, umfaßte Cluny zu Beginn des 12. Jahrhunderts 1500 Klöster. Bischöflicher und weltlicher Gewalt entzogen, unterstellten sich die einzelnen Kongregationen dem straffen Regiment des jeweiligen Abtes von Cluny.

BILD LINKS: Franz von Assisi (1181 bis 1226). Zur Abwehr der Verweltlichung der Kirche schuf er eine neue Art des Ordenswesens, die Bettelorden. Im Gegensatz zu den Besitzorden, die lediglich das persönliche Eigentum ablehnten, verzichteten die Bettelorden auch als Gemeinschaft auf jeglichen Besitz. Durch Arbeit und Bettelei hatten sie ihren Lebensunterhalt zu bestreiten.

»Der heilige Franziskus betraute seine Mönche mit der Aufgabe, den franziskanischen Geist durch die ganze Welt zu tragen, und dazu brauchte er ihre Freizügigkeit. Der heilige Benedikt wollte neue, ganz auf sich gestellte religiöse Gemeinschaften ins Leben rufen, welche die zersprengten Atome einer sich auflösenden Gesellschaft mit magnetischer Kraft an sich ziehen sollten.« (Luigi Salvatorelli: Benedikt.)

BILD UNTEN: Klarissen im Chorgestühl. Klara von Assisi, eine Jugendfreundin Franz von Assisis, stiftete 1212 den Orden der Klarissen oder Armen Frauen. Neben und mit den Mönchsorden entstanden in fast ebenso großer Zahl auch weibliche Ordensgemeinschaften.

Später wurde das Recht der Papstwahl allein auf das Kardinalkolleg beschränkt.

»Nirgends wird deutlicher sichtbar als an der Papst- und Bischofwahl (hier wurden die Laien durch die Domkapitel ausgeschaltet), wie hierarchisch sich die Kirche seit ihrer Reform umbildete: aus Bischofs- und Eigenkirchen, die dem Königtum und Adel eng verbunden waren, zur unabhängigen Kirche eigenen Rechts.«

(H. Grundmann: Über die Welt des Mittelalters, in: Propyläen Weltgeschichte, Summa Historica)

276

DAS KLOSTER —
EINE KLEINE STADT

»Das Kloster war eine kleine Stadt. Mittelpunkt die
Kirche des Heiligen, an diese lehnten sich, durch besondere Umfriedung eingehegt, die Gebäude der
Klausur: Schlaf- und Vorratsräume der Brüder, ihre
Bibliothek, ihr Arbeitshaus, die innere Schule, der
ansehnliche Speise- und Beratungsraum mit Kreuz-
gang. Außerhalb der verbotenen Räume lag eine
ganze Welt von verschiedenartiger Tätigkeit eng
zusammengeschachtelt in niedrigen Gebäuden, welche oft nach antiker Weise kleine Hofräume um-
schlossen. Dort war die stattliche Abtswohnung als
Palast mit eigener Wirtschaft und Küche, dann die
Außenschule, Gasthäuser für reisende Brüder, für
Vornehme und für gewöhnliche Leute – ferner Kran-
kenhäuser, dabei die Wohnung und Apotheke des
Bruder Arztes. Dann die Werkstätten der Handwerker und Künstler, der Goldschmiede, Schwertfeger,
Sattler usw., sämtlich kleine Arbeitsräume mit Schlaf-
zellen daneben. Endlich die Gebäude einer großen
Landwirtschaft: Viehställe, Knechtwohnungen,
Scheuern, Brauerei, Vorratsräume, Hühner- und
Geflügelhöfe und Gärten für Blumen und Arznei-
kräuter und für Gemüse, als die gewöhnliche Kost
der Mönche, zuletzt der Kirchhof als Obstgarten.
Die Gebäude und einzelnen Anlagen waren durch
kleine Gassen und Stege, durch Hecken oder Mauern
geschieden; dieser ganze Wabenbau der geistlichen
Bienen nach außen eine viereckige, abgeschlossene
Anlage, mit Pfahlwerk und Graben, später auch mit
Mauern und Türmen kastellartig umschanzt. In dieser
Klosterstadt waren die Mönche nur kleine Minder-
zahl, aber auch Dienstleute, Arbeiter, Schüler, Knechte und Gäste mußten sich der strengen Ordnung fügen, welche außerhalb der Klausur galt. In der Nähe
endlich lag das Dorf mit pflichtigen Landleuten und
darin andere Handwerker und Diener des Klosters,
und unweit die Burg eines reisigen Dienstmanns,
welchem der nächste kriegerische Dienst und Schutz
seiner Patrone oblag. Er war vornehmen Brüdern
verwandt und ohne Zweifel einer der wohlhäbigsten
Landgenossen.«

(Gustav Freytag: Bilder aus der deutschen Vergangenheit)

LINKE SEITE: Der um 820 entworfene, auf Pergament gezeich-
nete Bauplan des Klosters St. Gallen, einer der berühmtesten
Pläne der Welt. Im Detail lassen sich alle Haupt- und Neben-
gebäude erkennen, die dem Leben einer großen Benediktiner-
gemeinschaft dienten.
BILD RECHTS: 1248 begonnen, wurde der Kölner Dom, die größte
gotische Kirche Deutschlands, zwar nach den Originalplänen,
aber erst 1880 vollendet und von Kaiser Wilhelm I. eingeweiht.
Die großen, in mühevoller Arbeit erbauten Kirchen sind immer
noch die eindrucksvollsten Monumente einer gläubigen Zeit.

BILD OBEN: Neben dem Bau und der Stiftung von Kirchen war die Pilgerfahrt ein weitverbreitetes Mittel, sich das Seelenheil zu erwerben. Aus Buße und Frömmigkeit zogen arm und reich an die heiligen Stätten.

Zur Zeit der Pestwellen im 14. Jahrhundert machte sich in der Geißlerbewegung eine besonders extreme Art des Pilgerwesens bemerkbar. Scharenweise durchzogen die Bußfertigen das Land. »Am Gürtel hatten sie das schauerliche Bußinstrument, die Geißel, hängen, welche aus einem Stab mit drei Strängen bestand, die in Knoten mit vier spitzigen eisernen Stacheln ausliefen.« Bei schlechtem Wetter nahmen sie ihre Geißlungen in den Kirchen vor. »Singend«, so berichtet der Chronist weiter, »gingen sie paarweise im Kreis herum und schwangen dabei die Geißeln mit solcher Heftigkeit, daß ihre Leiber sich über und

über mit Wunden bedeckten, das Blut über ihre Rücken herabrieselte und die Kirchenwände bespritzte.«

BILD OBEN: Thomas von Aquino (1225–1274), der bedeutendste Theologe und Philosoph der Scholastik. In seinem Hauptwerk, der »Summa theologica«, verknüpfte er die in erster Linie von Plato beeinflußte Lehre des heiligen Augustinus mit der erst damals über die Araber in ihrer Vollständigkeit bekanntgewordenen Philosophie des Aristoteles zu einem geschlossenen System christlicher Theologie. Ihm gebührt das Verdienst, die Berechtigung des Wissens neben dem Glauben – wenn auch dem Glauben untergeordnet – anerkannt zu haben. Wissenschaft und Bildung wurden im frühen und hohen Mittelalter in erster Linie vom Klerus gefördert.

GOTTESGEISSEL SCHWARZER TOD

»Im Jahre des Herrn 1348 brach in Florenz die todbringende Pest aus, die einige Jahre zuvor im Morgenlande ihren Anfang genommen und sich unaufhaltsam bis zum Abendland ausgebreitet hatte. Alle Mittel, die menschliche Einsicht erdenken konnte, wurden angewandt: Die Stadt wurde von besonders dazu bestellten Beamten von allem Schmutz reingehalten, jedem Kranken wurde der Eintritt in die Tore verwehrt, es wurde viel Rats erteilt, wie die Gesundheit am besten zu wahren sei, aber trotz den demütigsten Gebeten zu Gott, trotz Prozessionen hielt die Pest im Frühling des besagten Jahres auf furchtbare und seltsame Art ihren Einzug. Anders als im Morgenlande, wo dem Kranken als erstes verhängnisvolles Anzeichen das Blut aus der Nase drang, zeigten sich hier bei Männern und Frauen an den Weichen oder in den Armhöhlen Geschwülste von der Größe eines Apfels oder eines Eies, die im Volksmund als Pestbeulen bezeichnet wurden und sich binnen kurzem auf alle Körperteile ausbreiteten; im weiteren Verlauf bildeten sich dann an den Armen, an den Schenkeln und am ganzen Körper schwarze und blaue Flecke, gleich den Pestbeulen sichere Vorboten des nahen Todes. Kein ärztlicher Rat vermochte diese Krankheit zu heilen, keine Arznei tat irgendeine Wirkung, nur wenige kamen mit dem Leben davon, die meisten aber starben binnen drei Tagen nach den ersten Anzeichen.« (Giovanni Boccaccio: Gesammelte Werke)

BILD OBEN: Gegenwart des Todes: Porträt und Totenbildnis. – Die Angst vor dem Tode war ein Grundelement des mittelalterlichen Bewußtseins. Einer nahezu ohnmächtigen Medizin ohne Schmerzlinderung, einer barbarischen Chirurgie ohne Betäubung ausgesetzt, konnten Krankheit und Sterben jederzeit grauenvolle Qualen und fürchterlichen Schmerz bedeuten. Insbesondere der »Schwarze Tod«, die Pest, als Gottesgeißel empfunden, schreckte die Menschen. Vier große Pestwellen im 14. Jahrhundert verheerten Deutschland und darüber hinaus ganz West- und Mitteleuropa. Die Zahl derer, die der Tod hinwegraffte, wird von einem Drittel bis zur Hälfte der Gesamtbevölkerung geschätzt.

Trost fand der mittelalterliche Mensch in der Bibel, an deren Verheißung er im wörtlichen Sinne glaubte. Die Welt war von Gott erschaffen und würde – wie es die Johannesoffenbarung, die Apokalypse, prophezeite – mit der Schreckensherrschaft des Antichrists zugrunde gehen. Am Ende dieser Welt erwartete die Menschen Auferstehung und Jüngstes Gericht; nach Tod und Fegefeuer würden sie entsprechend ihrer guten und bösen Taten gerichtet werden und zum ewigen Leben gen Himmel fahren oder zur ewigen Verdammnis hinab in die Hölle. Krankheit und Seuchen, Hunger und Erdbeben sowie andere Zeichen des göttlichen Zorns wurden als Vorboten des kommenden Unheils gedeutet.

BILD OBEN: Juden mit ihrer charakteristischen Kopfbedeckung beim Geldgeschäft, Plastik vom Lettner des Naumburger Doms aus dem 13. Jahrhundert. Immer wieder waren es die Juden, die als Sündenböcke in schlechter Zeit seitens ihrer christlichen Mitmenschen Verfolgung und Tod zu erleiden hatten.

BILD RECHTS: Aufs Rad geflochtene Juden sterben den Feuertod. Religiöser Fanatismus und wirtschaftlicher Neid kümmerten sich nicht um das kaiserliche Schutzregal.

RECHTE SEITE: Schon im Mittelalter gab es Hexenverfolgungen. Doch erst im 16. und 17. Jahrhundert erreichte der Hexenwahn seinen Höhepunkt. Inquisition und Folter erpreßten Geständnisse, die »Schuldigen« wurden auf dem Scheiterhaufen verbrannt. Die letzte Hexenverbrennung im deutschen Sprachbereich fand 1782 zu Glarus in der Schweiz statt.

Ähnlich wie die Juden machte man auch die Hexen für eigenes Mißgeschick verantwortlich, insbesondere für Krankheit, Tod und Einbußen an materiellem Besitz. Als Wetterhexen zauberten sie Unwetter, Sturm, Gewitter und Hagel herbei. Hexen konnten sich in Tiere verwandeln, in Katzen, Kröten und dreibeinige Hasen. Auf Besen ritten sie durch die Lüfte, in der Walpurgisnacht feierten sie mit dem Teufel wilde Feste. Natürlich konnten die Anschuldigungen, insbesondere der Hauptanklagepunkt des sexuellen Verkehrs mit Teufeln und Teufelinnen, nicht bewiesen werden.

Dennoch, mindestens 300000 Menschen fielen in Deutschland dem Hexenwahn zum Opfer. Die abergläubische Phantasie unaufgeklärter Menschen kannte keine Grenzen.

JUDENVERFOLGUNG IN STRASSBURG

»Im Jahr 1349 war das größte Sterben, das je gewesen, es ging von einem Ende der Welt bis zum anderen, diesseits und jenseits des Meeres; in der Heidenschaft war das Sterben größer als in der Christenheit... Wegen dieser Pest wurden die Juden in der Welt verleumdet und bezichtigt, sie hätten es verursacht, indem sie Gift in das Wasser und die Brunnen getan, darum wurden die Juden von dem Meer bis nach Deutschland verbrannt, nur in Avignon beschützte sie der Papst. Zu Bern und Zofingen folterte man etliche Juden, die sagten aus, sie hätten viele Brunnen vergiftet. Da brannte man sie in vielen Städten und schrieb diese Geschichte nach Straßburg, Freiburg und Basel, damit sie dort auch ihre Juden verbrannten. Da meinten die Mächtigsten dieser drei Städte, die die Gewalt in Händen hatten, man solle den Juden nichts tun. In Basel zog das Volk auf das Richthaus und zwang die Ratsherren zu schwören, sie wollten die Juden verbrennen und zweihundert Jahre lang keinen mehr in die Stadt lassen.

Auf einer Tagung zu Benfeld kamen der Bischof von Straßburg, alle Landherren vom Elsaß und die Boten der drei genannten Städte zusammen. Die von Straßburg wurden befragt, was sie mit ihren Juden zu tun gedächten, sie antworteten, sie wüßten keine Bosheit von ihren Juden. Da sagte man zu den Straßburgern, warum sie dann ihre Brunnen verschlossen hätten und

die Eimer herabgenommen. Es entstand ein großer Lärm und Geschrei über die Straßburger. So kamen der Bischof, die Herren und die Reichsstädte überein, man solle die Juden beseitigen, sie wurden nun in vielen Städten verbrannt, etliche auch ausgetrieben, die wurden dann von den Bauern gefangen, erstochen oder ertränkt.

Als nun in Straßburg alles Volk über die Juden ergrimmt war, versperrte man die Judengasse und setzte bewaffnete Leute davor, damit man ihrer desto sicherer wäre, was man auch mit ihnen machen wolle... Am Freitag fing man auch die Juden in Straßburg, und am Samstag verbrannte man sie auf einem hölzernen Gerüst in ihrem Kirchhofe... Wer sich taufen lassen wollte, durfte am Leben bleiben, es wurden auch viele kleine Kinder aus dem Feuer gegen ihrer Eltern Willen genommen, um sie zu taufen. Was man den Juden schuldig war, galt als bezahlt, alle Pfänder und Schuldbriefe wurden zurückgegeben. Das Bargeld der Juden nahm der Rat und verteilte es unter das Handwerk. Das Geld war auch die Ursache, warum die Juden getötet wurden, wären sie arm und die Landesherren ihnen nichts schuldig gewesen, so hätte man sie nicht verbrannt. Als nun das Geld verteilt war, gaben etliche es an Unser Frauen Werk oder als Almosen nach dem Rat ihrer Beichtväter.

Im Jahre 1369 stellte der Rat schon wieder Schutzbriefe für sechs Judenfamilien aus, und nun siedelten sich in den folgenden Jahren wieder eine ganze Reihe Juden in der Stadt an.«

(Chronik des Jakob Twinger von Königshofen)

KREUZZÜGE

Unmittelbarer Anlaß für die Kreuzzüge waren die wiederholten Hilfegesuche des von den türkischen Seldschuken bedrohten Byzanz. Obwohl mit dem Ostkaiser zerstritten, beschloß Papst Urban II., ihm die Hilfe gegen die »Ungläubigen« nicht zu verweigern. Leidenschaftlich, propagandistisch äußerst geschickt rief er die abendländische Christenheit zum ersten Kreuzzug auf:

»Die euch und allen Gläubigen drohende Gefahr hat Uns hierher geführt. Von Unseren Vertrauensleuten aus Jerusalem und Konstantinopel kommt schreckliche Kunde... eine verfluchte Rasse, eine gänzlich von Gott abgewandte Rasse... hat die Länder jener Christen überfallen und deren Bewohner mit Feuer und Schwert ausgerottet.«

Dann prangerte er im einzelnen die Missetaten der Türken an. Bei Folterungen würden sie ihren Opfern »den Nabel durchbohren und ein Stück Eingeweide herausziehen, dieses an einen Stock binden und darauf das Opfer mit Schlägen so lange im Kreis herumjagen, bis die Eingeweide vollends heraustreten und das Opfer zusammenbricht«.

Dem Schüren des Hasses folgte die Aufforderung zur Rache: »An wem ist es nach alledem, diese Freveltaten zu rächen und das geschlagene Land zurückzugewinnen, wenn nicht an euch?... Macht euch auf zum Heiligen Grabe. Entreißt das Land den Verruchten und macht es euch selbst untertan.«

Daß materieller Gewinn in diesem Land zu finden sei, wurde nicht verschwiegen: Es sei ein Land, in dem »Milch und Honig fließen... wie in einem herrlichen Paradies«.

Die Stellung des Papstes als Stellvertreter Christi auf Erden, das kirchliche Monopol der Heilsvermittlung, blieb nicht ungenutzt: »Wenn ihr aber fragt, was ihr von Gott an sicherem Lohn für solche Mühen erhoffen dürft, so verspreche ich euch gewißlich: Es wird jeder, der das Zeichen des Kreuzes nimmt und reine Buße tut, jeglicher Sünde fortan ledig sein, und gleichgültig, an welchem Ort, zu welcher Zeit und durch welches Geschick er das gegenwärtige Leben

verlieren mag, er wird das ewige Leben gewinnen!«
Vier Expeditionskorps, Ritter und Fußvolk, Franzosen, Holländer, Deutsche und normannische Sizilianer, brachen getrennt auf zu Wasser und zu Lande. Gemeinsam schlugen sie den Feind. 1099 wurde Jerusalem erobert, die Kreuzfahrerstaaten Jerusalem, Edessa, Antiochia und Tripolis gegründet.

In den 200 Jahren, in denen der Kreuzzuggedanke lebendig war, kam es neben kleineren Unternehmen zu insgesamt sieben großen Kreuzzügen ins Heilige Land. Trotz schwerer Blutopfer konnte das Ziel der Kreuzzüge, die heiligen Stätten für immer zu gewinnen, nicht erreicht werden. 1291 räumten die Christen Akkon, ihre letzte Bastion in Palästina.

BILD LINKS: Umgeben von seinen Rittern, hinter ihm eine Prozession von Mönchen, verläßt König Ludwig IX. von Frankreich 1270 Paris, um zum zweitenmal an einem Kreuzzug teilzunehmen. Tunis, das Ziel dieses siebten und letzten Kreuzzuges, erreichte der König nicht. Schon acht Wochen nach seinem Aufbruch fiel er der Pest zum Opfer.

BILD OBEN: Modellaufnahmen von Crac des chevaliers, einer Kreuzfahrerburg in Syrien aus dem frühen 12. Jahrhundert. – Neben dem Ziel der dauernden Befreiung der heiligen Stätten waren die Motive der Initiatoren und Akteure der Kreuzzüge recht unterschiedlich. Der Papst sah in ihnen ein geeignetes Mittel, an die Spitze der christlichen Welt zu gelangen und das Christentum nach Osten zu verbreiten. Die Kreuzzügler lockten Abenteuer, Beute und neues Land. Die italienischen Seestädte erstrebten die Sicherung ihrer Handelsvorherrschaft im Orient. Trotz dieser weltlichen Interessen darf in dieser zutiefst gläubigen Zeit das religiöse Motiv der Kreuzzüge nicht unterschätzt werden sowie die damit verbundene Gewißheit, sich durch die Teilnahme an einem »heiligen Krieg« das ewige Leben zu verdienen und mit Sicherheit den Qualen der Hölle zu entrinnen.

EROBERUNG JERUSALEMS

»Sofort durchzogen der Herzog und die Seinen in geschlossenen Gliedern, die Schwerter zückend und mit Schilden und Helmen gedeckt, die Straßen und Plätze der Stadt; alle Feinde, die sie finden konnten, streckten sie mit der Schärfe des Schwertes nieder, ohne auf Alter oder Rang Rücksicht zu nehmen. Und es lagen überall so viele Erschlagene und solche Haufen abgehauener Köpfe umher, daß man keinen anderen Weg oder Durchgang mehr finden konnte als über Leichen... Sie drangen mit einer Menge von Reitern und Fuß-gängern hinein und stießen, was sie dort fanden, mit den Schwertern nieder, ohne jemanden zu schonen, und erfüllten alles mit Blut. Es geschah sicherlich nach gerechtem Urteil Gottes, daß die, welche das Heiligtum des Herrn mit ihren abergläubischen Gebräuchen entweiht und dem gläubigen Volk entzogen hatten, es mit ihrem eigenen Blut reinigen und den Frevel mit ihrem Tode sühnen mußten... Im Tempelbezirk sollen an die zehntausend Feinde umgekommen sein, wobei also die, welche da und dort in der Stadt niedergemacht wurden und deren Leichen in den Straßen und auf den Plätzen umherlagen, noch nicht gerechnet sind, denn ihre Zahl soll nicht geringer gewesen sein. Der übrige Teil des Heeres zerstreute sich in der Stadt, zog diejenigen, welche sich in engen und verborgenen Gassen versteckt hatten, um dem Tode zu entrinnen, wie das Vieh hervor und stieß sie nieder. Andere taten sich in Scharen zusammen und gingen in die Häuser, wo sie die Familienväter mit Frauen und Kindern und dem ganzen Gesinde herausrissen und entweder mit den Schwertern durchbohrten oder von den Dächern herabstürzten, daß sie den Hals brachen... Als endlich auf diese Weise die Ordnung in der Stadt hergestellt war, legten sie die Waffen nieder, wuschen sich die Hände, zogen reine Kleider an und gingen dann demütigen und zerknirschten Herzens, unter Seufzen und Weinen, mit bloßen Füßen, an den ehrwürdigen Orten umher, welche der Erlöser durch seine Gegenwart heiligen und verherrlichen mochte, und küßten sie in größter Andacht.«

(Wilhelm von Tyrus)

LINKE SEITE: Grabmahl des Kreuzfahrers Graf von Vaudemont und seiner Frau, die 16 Jahre lang auf die Rückkehr ihres Mannes warten mußte. Nie hatte sie die Hoffnung auf die Heimkehr des Totgeglaubten auf-gegeben.

BILD OBEN: Gefangennahme des englischen Königs Richard Löwenherz nach seiner Rückkehr vom dritten Kreuzzug (1190) durch Herzog Leopold V. von Österreich. Von diesem an Kaiser Heinrich VI. ausgeliefert, konnte er erst nach über einjähriger Gefangenschaft in seine Heimat zurückkehren. Zuvor hatte der englische König dem Kaiser ein hohes Lösegeld, das von der englischen Nation aufgebracht wurde, zu bezahlen und ihm den Lehnseid zu schwören.

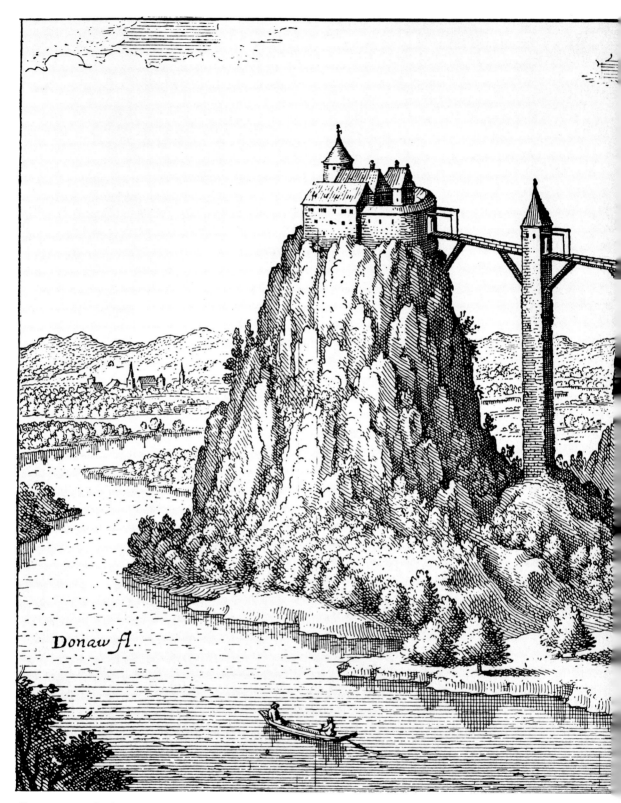

Donaw A.

BILD OBEN: Holzschnitt von Merian: Burg Wildenstein im oberen Donautal. Zur Beschaffung lebenswichtigen Wassers, auch im Falle einer Belagerung, war in Wildenstein ein Brunnenschacht durch den Felsen bis zum Grundwasser vorgetrieben worden. – Möglichst natürliche Vorteile ausnützend – steile Bergkegel oder günstige Gewässer bei den Wasserburgen –, mit Wall und Graben, Zugbrücken und Verteidigungstürmen versehen, boten die Burgen Herren und Volk Schutz in Zeiten der Gefahr. Von der Burg aus herrschten und richteten die Adligen über die Bauern der benachbarten Dörfer, erhoben sie den Zins und forderten den Frondienst. Die Burg war das Zentrum der Macht, der alle unterworfen waren. Adliger Schutz und Schirm gegen bäuerlichen Dienst, das war das fundamentale Rechtsverhältnis des Mittelalters.

286

RITTERTUM

Die Kreuzzüge förderten die Herausbildung eines auf gemeinsame Ideale aufgebauten europäischen Rittertums. Zucht und Maßhalten waren Kern der ritterlichen Ethik, eine sorgfältige körperliche und geistige Erziehung ging dem Ritterschlag voraus.

»Wer von seinen Eltern für Ritterschaft bestimmt war, der wurde gern als Knabe auf den Hof eines Edlen gebracht, um die Zucht zu lernen, welche den höfischen Mann von dem bäurischen unterschied. Hier tat er als Kind Pagendienst, bildete einen Teil des Gefolges, wartete dem Herrn oder der Frau auf bei Tische und in der Kammer und stand an großen Höfen mit seinen Altersgenossen unter einem Hüter... Die Zucht, welche der Knabe erlernte, war zunächst gesittetes Verhalten in Rede und Haltung, vor allem bei Essen und Trinken. Zahlreiche Lehren, welche zum größten Teil aus frühem Mittelalter stammen, wurden in Verse gefügt und auswendig gelernt. Die ›Tischzuchten‹ z. B. befahlen: Man soll hübsch die Nägel schneiden; man soll vor dem Essen sagen: ›Segne es Jesus Christ‹, soll am Tische nicht den Gürtel vom Bauch schnallen, nicht das Brot beim Schneiden an die Brust stemmen, nicht mit dem Fin-

BILD RECHTS: Minnesänger Tannhäuser (1205–1270) aus einem bayerischen Rittergeschlecht. – In der hohen Minne, einem Bestandteil der höfisch-ritterlichen Kultur, wird die Herrin, das Idealbild der Frau, verehrt. Diese Verehrung ist geistig-idealer Natur und steht im Gegensatz zur niederen Minne, die in der Vereinigung von Mann und Frau die geschlechtliche Befriedigung des Liebestriebes sucht.

ger in Senf, Salz und in die Schüssel stoßen, nicht schmatzen und rülpsen..., sich nicht über den Tisch legen, nicht krumm sitzen und sich nicht auf die Ellbogen stützen... Vor dem Trinken soll man den Mund wischen, nicht in den Trunk blasen, während dem Trunk nicht über den Becher sehen ... endlich die Zähne nicht mit dem Messer stochern.

War das Kind im Edeldienst herangewachsen, so wurde es Knecht eines ritterlichen Herrn; nicht im-

mer an demselben Hofe, wo der Glanz und Müßiggang vornehmen Dienstes verweichlichte, sondern bei einem festen und erprobten Lehrmeister. Jetzt ward der Knappe im Reiterhandwerk unterwiesen; dazu gehörte außer den alten Turnübungen: Steinstoß, Wurf, Sprung, vor allem Gebrauch der Waffen, dann die vornehme Jagd mit Falken und mit Winden, höfischer Tanz und ritterlicher Dienst bei Frauen durch Liederdichtung und Gesang. Der junge Knecht

nahm teil an den Fahrten seines Herrn und wartete ihm auf bei Spiel, Fehde und Krieg... Er turnierte eifrig mit seinen Gefährten, die Ritterschaft zu lernen um besondere Knechtspreise... Hatte sich der Knecht in Ritterschaft wacker geübt, stammte er von einem Vater, welcher selbst den Ritterschlag erhalten hatte, oder war er seinem Herrn besonders wert geworden, so erhielt er feierlich die Ritterwürde.«

(Gustav Freytag: Bilder aus der deutschen Vergangenheit)

BILD OBEN: Ritterturnier, dargestellt auf einer Elfenbeintafel. Links und rechts werden die Ritter von ihren Cœur-Damen gewappnet, ihren Helm ziert der Schleier, das Zeichen fraulicher Huld. In der Mitte stoßen zwei gepanzerte Ritter unter den erwartungsvollen Blicken der Zuschauer mit stumpfen Lanzen aufeinander. Ziel des Zweikampfes war es, den Gegner vom Pferd zu stoßen. Dem Sieger fielen Roß und Rüstung des Verlierers zu. So konnten geschickte Kämpfer, die als fahrende Ritter von Turnier zu Turnier reisten, nicht nur die Bewunderung der Damen und die Gunst des Publikums erringen, sondern auch ein beträchtliches Vermögen erwerben.

LINKE SEITE: Grausam waren die Strafen im Mittelalter: Verbrennen, Henken, Pfählen, Rädern, Blenden, Prügeln, Enthaupten und Handabhacken. Gottesurteil, Feuerprobe und Zweikampf waren als legitime Mittel gerichtlicher Entscheidung anerkannt.

BILDER OBEN: Gesellschaftliche Gliederung, dargestellt durch Figuren aus dem »Sachsenspiegel« um 1222: 1. Gott. – Geistliche Ordnung: 2. Papst, 3. Bischof, 4. Abt, 5. Äbtissin, 6. Priester. – Weltliche Ordnung: 7. Kaiser, 8. König, 9. Herzog, 10. Lehnsherr, 11. Lehnsrichter, 12. Landrichter, 13. Schöffe, 14. Bürgermeister, 15. Schultheiß, 16. Büttel, 17. Bauer, 18. Lehnsmann, 19. Frau und Mädchen, 20. Hirt, 21. Sachse, 22. Wende, 23. Wendin, 24. Jude. – Alle hatten ihre standesgemäßen Rechte und Pflichten.

GRUNDHERRSCHAFT

In jeder differenzierten, höher entwickelten Gesellschaft müssen bestimmte Gruppen »freigestellt« werden, freigestellt einerseits von dem unmittelbaren
Zwang, Lebensmittel und andere Bedarfsgüter selbst
zu produzieren, freigestellt andrerseits für Aufgaben
in Politik, Verwaltung, Rechtsprechung, Kriegführung sowie im Bereich des künstlerischen Schaffens.
Diese Freisetzung wurde in der Institution der Grundherrschaft verwirklicht, der bis zum Aufkommen der
Stadtwirtschaft alleinigen Quelle politischer und
wirtschaftlicher Macht. Voraussetzung war Herren-
eigentum an Land, das vom Grundherren nicht selbst
bewirtschaftet, sondern gegen Entgelt an Bauern aus-
gegeben wurde.

»Man kann die Grundherrschaft – selbst ein Bündel
unterschiedlicher Herrschaftsrechte – nur als eine
spezifische und zwar vielgestaltige Ausprägung des
Herrschafts-Begriffes verstehen, als Herrschaft über
Land und die darauf hausenden Menschen. Herrschaft tritt uns im germanisch-deutschen Recht in
mannigfacher Ausprägung entgegen, so als Hausherr-
schaft, Muntherrschaft, Leibherrschaft, Schutzherrschaft, Vogteiherrschaft, Gerichtsherrschaft, Dorf-
herrschaft, Stadtherrschaft, Landesherrschaft usw.
Gemeinsam ist allen diesen Sonderausprägungen der
Gedanke der Herrschaft im Sinne der Gewährung von
›Schutz und Schirm‹, dem auf der anderen Seite eine

Pflicht zur ›Folge‹ gegenübersteht; Herrschaft ist also
eine wechselseitige, sittliche, auf dem Treuegedanken
aufbauende personale Beziehung. Der Herr und der
›Holde‹ sind einander zugeordnet. Im ›Schwaben-
spiegel‹ fand Jahrhunderte später diese alte Idee einmal die vielleicht prägnanteste Formulierung: ›Wir
sullen den herrn darumb dienen, daz si uns beschirmen. Beschirmen si uns nit, so sind wir inen nichts
dienstes schuldig nach rechte...‹

(Friedrich Lütge: Deutsche Wirtschafts- und Sozialgeschichte)

292

LINKE SEITE: Szenen aus dem »Sachsenspiegel« um 1222: Wer sein Vieh abends von der Weide holt und aus Versehen fremdes Vieh mit in den eigenen Stall treibt, macht sich keiner strafbaren Handlung schuldig, wenn er es am nächsten Morgen wieder auf die Weide zurücktreibt. Damit war der Beweis erbracht, daß er wirklich irrtümlich und nicht aus böser Absicht gehandelt hat. – Ein Hirte deutet mit der einen Hand auf zwei Rinder seiner Herde, wobei das eine Rind das andere mit den Hörnern verletzt. Die andere Hand am Schwurstein, schwört er, welches Rind die Verletzung verursacht hat. Der Betroffene erhält daraufhin eine angemessene Entschädigung.

BILD OBEN: Belehnung Ludwigs, Herzog von Bayern, Pfalzgraf bei Rhein, durch Kaiser Sigismund. – Der Ursprung des Lehnswesens im 6. Jahrhundert liegt in der Verbindung von Dienstland und Dienstpflicht. Der Beliehene erhielt sein Lehen ursprünglich nicht gegen bäuerliche, sondern persönliche Leistungen bei gegenseitigem Treueverhältnis. Oberster Lehnsherr war der König, von dem sich in einer Stufenfolge über Fürsten, Grafen und Ritter der gesamte weltliche und geistliche Grundbesitz herleitete. Das Lehnswesen, der Feudalismus, war in Europa im frühen und hohen Mittelalter die Basis der aristokratisch-ständischen Gesellschaftsordnung.

293

STÄNDEWESEN

Aus der ehemals einfachen Gliederung der Gesellschaft in Adlige, Freie und Unfreie entwickelte sich die bunte Fülle hoher und niederer Stände, indem einzelne Gruppen, sozial und rechtlich abgesondert, verschiedene Funktionen übernahmen. Ab dem 12. Jahrhundert wurden die Bauern allgemein als besonderer Stand gekennzeichnet. Sie standen neben Adel, Ministerialien, Geistlichkeit und Bürgern.

»Dabei ergänzen sich diese einzelnen Sozialstände in ihren politischen, sozialen und wirtschaftlichen Funktionen im Rahmen der gesamten Gesellschaft. Eine solche Gesellschaftsordnung ist von dem Gedanken getragen, daß das Leben durch die Ungleichheit der einzelnen Gruppen als Träger bestimmter unterschiedlicher Funktionen geformt ist, während die Gleichheit aller Menschen nur gegeben ist in der gleichen Stellung vor Gott.

Nur von hier aus läßt sich wohl das Aufblühen einer an menschlichen Beziehungen wie an Kulturschaffen so reichen, zwar klar gegliederten und in aristokratischer Schichtung aufgebauten, aber doch nicht in sich zerfallenden Gesellschaft erklären, wie sie diese Epoche der deutschen und abendländischen Geschichte aufweist.«

(Friedrich Lütge: Deutsche Wirtschafts- und Sozialgeschichte)

BILD OBEN: »Das Milchmädchen muß treu sein, einen guten Ruf haben und auf Sauberkeit achten« (13. Jahrhundert).
BILD UNTEN: Säender Bauer. Sein Hund vertreibt eine Krähe, während eine andere sich direkt aus dem Kornsack bedient. Bedeutete der Einsatz eines ehemals Unfreien in eine grundherrliche Bauernstelle in jeder Beziehung einen Aufstieg, so war die Vergrundholdung der ehemals Freien nicht mit einer wirtschaftlichen Verschlechterung ihrer Lage verbunden. Bis ins 19. Jahrhundert blieb der Bauer zwar von politischer Mitwirkung ausgeschlossen, im Rahmen der Grundherrschaft aber hatte er neben festgelegten Pflichten auch Rechte, an die sein Grundherr gebunden war.

RECHTE SEITE: Erntearbeiten vor Schloß Saumur in Frankreich. – Die herrschende Bewirtschaftungsform war die Dreifelderwirtschaft, die bis ins 19. Jahrhundert hinein in Geltung blieb. Um eine vorzeitige Erschöpfung des Bodens zu verhindern, wurde das Ackerland im dreijährigen Wechsel von Wintersaat, Sommersaat und Brache bebaut.

BILD OBEN: Ein Zunftmeister überwacht die Arbeit eines Stein-
metzen und eines Zimmermanns. – Die Zünfte, in denen sich
die einzelnen handwerklichen Berufe organisierten, bildeten
sowohl eine wirtschaftliche als auch eine soziale, kirchliche und
militärische Gemeinschaft. Sie überwachten Preis und Qualität
der Waren und sorgten für eine strenge Berufsausbildung. Mit
Hilfe des Zunftzwanges beherrschten die Zunftmeister kartell-
artig ihren Berufsbereich zugunsten der eigenen Gruppen-
interessen. Gesellen mußten oft jahrelang warten, bis sie zu
Zunftmeistern aufsteigen konnten.

STÄDTE UND BÜRGER

Zumeist aus Handelsniederlassungen der Kaufleute entwickelten sich die Städte. In günstiger Lage angelegt, an Straßen, Flußübergängen und Anlagestellen, oft zum Schutz zu Füßen einer Burg, wurde aus einem Handelsplatz jedoch erst mit der Verleihung des Marktrechtes eine Stadt im rechtlichen Sinne.

Aus dem Marktrecht entwickelte sich das Stadtrecht, die Stadt als ein aus dem Landrechtsgebiet herausgehobener Rechtsbezirk.

Zunächst von ihren Stadtherren abhängig, erlangten die in Schwurverbänden zusammengeschlossenen Bürger in langen Auseinandersetzungen allmählich im Rahmen der Ratsverfassung das Recht der Selbstverwaltung. Ratsfähig war anfangs nur ein Kreis begüterter Bürger: die Patrizier, Ministeriale, ritterblütige Familien und Kaufleute. Im 14. Jahrhundert drängten die Zünfte, die Organisationen der Handwerker, in den Rat. Sie wollten nicht länger nur Träger der Lasten der Stadtverwaltung und Verteidigung sein, sondern gleichberechtigt mit den Patriziern über ihr Schicksal bestimmen. In Zunftrevolutionen wurden die Räte

BILD OBEN: Geldwechsler im Dienst. – Der Zerfall des königlichen Münzregals führte zu einer Vielfalt unterschiedlicher Münzsorten. Das Geschäft des Geldwechselns brachte Händlern und den Herren der Münzhoheit beträchtlichen Gewinn. Aus der Tätigkeit des Geldwechslers, des Bankiers, der auf Bänken die Münzsorten wechselte, bildete sich das Geldinstitut – die Bank – heraus. Das verstärkte Vordringen der Geldwirtschaft im späten Mittelalter erleichterte den Handel auch über weite Strecken und förderte die Weiterentwicklung der gesamten Wirtschaft.

teilweise vertrieben, doch kam es nur selten zur alleinigen Regierung der Zünfte. In der Regel wurde der Kreis der Ratsfähigen um die Zünfte erweitert, während Gesellen, Taglöhner, Torwächter, Stadtknechte sowie andere Angehörige der Unterschicht von politischer Mitbestimmung ausgeschaltet blieben.

STADTVIEH

»Wer am Morgen die Stadt betritt, der begegnet sicher zuerst dem Stadtvieh. Denn auch in den großen Reichsstädten treibt der Bürger Landbau auf Wiesen, Weiden, Äckern, Weinbergen der Stadtflur, die meisten Häuser, auch vornehme, haben in engem Hofraum Viehställe und Schuppen... Von außen sieht die Stadt aus wie der prächtige Steinpalast eines Riesenkönigs, von dem kleinen Platz am Binnentor wie ein großes Dorf, trotz der höheren Häuser. In den Gassen der Stadt traben die Kühe und Schafe... Große Tauben heben sich aus den Gassen, sie sind Lieblinge der Bürger, seltene Arten werden gesucht, einer sucht sie dem andern abzufangen, und der Rat hat zu schlichten. Noch mehr Mühe machen dem Rat die Borstentiere und ihr Schmutz, denn die Schweine fahren

298

durch die Haustüren in die Häuser und suchen auf dem Weg ihre unsaubere Nahrung, der Rat verbietet zuweilen Schweineställe an der Straße zu bauen – so 1421 in Frankfurt –, auch im reichen Ulm laufen die Schweine übelriechend auf den Straßen umher bis 1410, wo ihnen dies Recht auf die Mittagsstunde von 11–12 beschränkt wird. In den Flußarmen, welche durch die Stadt führen, hat das Vieh seine Schwemmen, dort brüllt und grunzt es und verengt den Weg für Menschen und Karren. Da fehlt auch der Mist nicht, auf abgelegenen Plätzen lagern große Haufen.«

(Gustav Freytag: Bilder aus der deutschen Vergangenheit)

BILD OBEN: Carcassonne in Südfrankreich zeigt in exemplarischer Weise die Anlage einer mittelalterlichen Stadt mit Burg, Stadtmauern und engen, winkligen Gassen. – Ein entscheidender Faktor für das Anwachsen und die damit verbundene wirtschaftliche Bedeutung der Städte war der Grundsatz »Stadtluft macht frei«. Unfreie, Knechte, dienst- und abgabepflichtige Bauern wurden nach Jahr und Tag persönlich frei, wenn sie während dieser Zeit in einer Stadt gelebt hatten; die Herrschaftsrechte ihrer Herren waren damit verjährt.

Die überwiegende Mehrheit (über 90 Prozent) der Städte im Mittelalter waren Kleinstädte mit weniger als 2000 Einwohnern; Orte mit mehr als 10000 Einwohnern galten als Großstädte. Der weitaus größte Teil der noch heute bestehenden deutschen Städte war bis etwa 1300 gegründet worden.

299

Von Lübeck ausgehend, schufen die Kaufleute der deutschen Hanse zwischen 1150 und 1250 einen Wirtschaftsraum, der von Brügge im Westen bis Nowgorod im Norden reichte. Im Kampf gegen Dänemark, das den Schiffahrtsweg durch den Sund beherrschte, gelang der deutschen Hanse und ihren Verbündeten ein entscheidender militärischer Sieg. Im Frieden von Stralsund (1370) mußte der Dänenkönig alle Forderungen billigen. Die deutsche Hanse hatte den politischen Höhepunkt ihrer Entwicklung erreicht, sie war die führende Macht im nördlichen Europa. Kontore wurden in allen wichtigen Handelsplätzen ihres Bereiches angelegt. Mit den Mitteln der Diplomatie, die auch politisch-militärischen Machteinsatz nicht scheute, suchte man die Monopolstellung im Nord-Ostseeraum. Zahlreiche Privilegien und eine unbestrittene kaufmännische Fähigkeit sicherten die wirtschaftliche Machtposition. Als im Zeichen des aufkommenden Merkantilismus der deutschen Hanse die Privilegien entzogen wurden, verfügte diese nicht über genügend Macht, den Untergang aufzuhalten.

Welche Städte mit welchen Waren sich hauptsächlich am Handel beteiligten, zeigt der althansische Spruch: »Lübeck ein Kaufhaus, Köln ein Weinhaus, Braunschweig ein Honighaus, Danzig ein Kornhaus, Magdeburg ein Backhaus, Rostock ein Malzhaus, Lüneburg ein Salzhaus, Stettin ein Fischhaus, Halberstadt ein Frauenhaus, Riga ein Hanfund Butterhaus, Reval ein Flachs- und Wachshaus, Krakau ein Kupferhaus, Wisby ein Pech- und Teerhaus.«

BILD OBEN: Älteste Ansicht der Hansestadt Lübeck. Unter Förderung Heinrichs des Löwen wurde es 1158 von westfälischen Kaufleuten neu begründet und 1226 von Kaiser Friedrich II. zur freien Reichsstadt erklärt. Von hier aus zogen deutsche Siedler nach Osten und gründeten neue Niederlassungen. Zur Zeit ihrer größten Ausdehnung zählte die deutsche Hanse, dieser Bund von Handelsstädten, über 90 Mitglieder, ohne daß Lübeck die Führung jemals aus der Hand gegeben hätte.

BILD UNTEN: Seit Mitte des 12. Jahrhunderts setzten die norddeutschen Kaufleute für ihre Handelsfahrten einen neuen Schiffstyp, die Kogge, ein. Das bauchige Schiff mit den großen Rahsegeln war seetüchtiger und verfügte vor allem über einen größeren Laderaum als die bis dahin dominierenden skandinavischen Langschiffe, die allmählich aus dem Frachtverkehr verdrängt wurden.

BILD OBEN: Angehörige des Deutschen Ritterordens im Ge-
fecht. – Unter ihrem Hochmeister Hermann von Salza eroberte
der Deutsche Ritterorden im 13. Jahrhundert Preußen. Kaiser
Friedrich II. übertrug dem aus der Kreuzzugsbewegung hervorgegangenen Orden alle landesherrlichen Hoheitsrechte in
den eroberten Gebieten.
Angehörige aller Stände, Geistliche, Ritter, Bürger und Bauern,
zogen nach Osten, bauten Burgen, gründeten Städte und länd-

liche Ansiedlungen. Im Rahmen der deutschen Ostkolonisation
im Südosten, im Mittelraum und im Nordosten erzielte das
deutsche Volkstum einen Zugewinn von 300 000 qkm.
An inneren Gegensätzen zerbrach der Orden und wurde 1409
bei Tannenberg von einer litauisch-polnischen Koalition geschlagen. Nach langem Kampf blieb ihm nur ein Teil Ostpreu-
ßens, das, unter Albrecht von Hohenzollern in ein weltliches
Herzogtum umgewandelt, zur Keimzelle Preußens wurde.

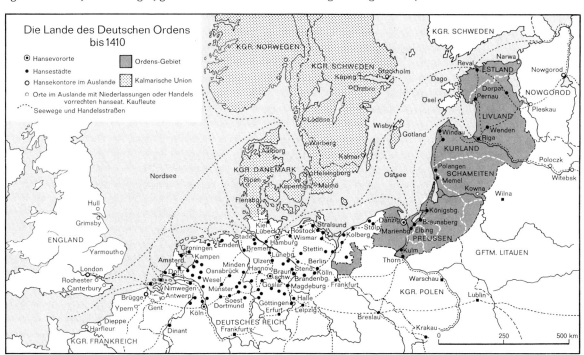

BILD OBEN: Ausschnitt aus dem Teppich von Bayeux. Ausführlich schildert dieser insgesamt 63 m lange Bildteppich die Eroberung Englands durch Herzog Wilhelm im Jahre 1066. Das angelsächsische Bauernheer, mit Wurfspeeren und Streitäxten ausgerüstet, war der normannischen Reiterei und den normannischen Bogenschützen unterlegen. König Harald, Führer der Angelsachsen, fiel in der Schlacht. Der englische Historiker E. A. Freeman beschrieb seinen Tod:

»Zuletzt traf ein anderer Pfeil, der schicksalsträchtiger als seine Vorgänger war, sein Ziel genauer. Wie ein Blitzstrahl fiel er vom Himmel und drang dem König in das rechte Auge ein; dieser griff krampfhaft nach dem Geschoß und brach den Pfeilschaft ab, die Streitaxt fiel ihm aus der Hand, und er sank in Qualen unter dem Banner nieder. Aber obwohl Harald kampfunfähig war, atmete er noch; vier Ritter stürzten sich auf ihn und töteten ihn durch zahlreiche Wunden... Ein Stoß durchbohrte den Schild des sterbenden Königs und drang ihm in die Brust; ein anderer Angreifer führte das Werk zu Ende, indem er ihm mit dem Schwert den Kopf abschlug. Aber selbst diese Rache war noch nicht genug. Ein dritter durchstach den Leichnam und streute die Eingeweide umher; der vierte, der offensichtlich zu spät kam, um zu dieser grausamen Rachetat noch wirkungsvoll beizutragen, schlug dem toten König das Bein ab.«

ENGLAND –
FRANKREICH

LINKE SEITE UNTEN: Eine dramatische Szene der Schlacht von Bouvines: König Philipp II. August von Frankreich, erkennbar an Krone und liliengeschmücktem Schild, stürzt vom Pferd. Dennoch behauptete Frankreich das Feld, der englische Lehnsbesitz in Frankreich blieb verloren.

BILD UNTEN: Magna Charta Libertatum: »Kein freier Mann soll verhaftet oder eingekerkert oder um seinen Besitz gebracht oder geächtet oder verbannt oder sonst in irgendeiner Weise ruiniert werden, und wir werden nicht gegen ihn vorgehen oder gegen ihn vorgehen lassen, es sei denn auf Grund eines gesetzlichen Urteils von Standesgenossen oder gemäß dem Gesetze des Landes.«

Ebenso wie in Deutschland zerfiel mit dem Reich Karls des Großen auch in Frankreich die Macht der Karolinger. Die Königsgewalt wurde beschränkt durch die Herrschaft der Großvasallen. Als die Karolinger in direkter Erbfolge ausgestorben waren, wählten die Großvasallen 987 keinen Karolinger mehr, sondern Hugo Capet zum französischen König. Als kleiner Wahlkönig, der von seinen Kurfürsten abhängig war, begründete er die Herrschaft der Kapetinger, die mit ihren Seitenlinien bis zur Französischen Revolution in Frankreich regierten. Das Glück der Kapetingerdynastie bestand darin, daß drei Jahrhunderte lang immer ein Königssohn den König überlebte, so daß ohne ausdrückliche Abschaffung des Wahlkönigtums sich in Frankreich die Erbmonarchie fest etablierte.

Noch Karl III. aus dem Geschlecht der Karolinger hatte durch die Belehnung des Normannenführers Rollo mit der Normandie 911 einen entscheidenden historischen Tatbestand geschaffen.

Von der Normandie aus wurde Sizilien erobert, bezwang Wilhelm der Eroberer in der Schlacht von Hastings (1066) das angelsächsische Königreich. Unter seiner Führung wurde es umgewandelt in einen zentralisierten, normannischen Feudalstaat. Die Kronvasallen waren verpflichtet, ihr Lehen an Untervasallen weiterzuverleihen. Diese wiederum mußten dem König direkt den Treueschwur leisten, um zu verhindern, daß sich die Großen mit ihnen gegen den König verbündeten. Die Stellung des Königs in England dem Lehnsadel gegenüber war weitaus stärker als die der übrigen abendländischen Herrscher.

Durch Heirat und Erbschaft vergrößerte sich der englische Lehnsbesitz in Frankreich. Unter Heinrich II. aus dem Hause Plantagenet war die Hälfte Frankreichs in englischem Besitz, der englische König in Frankreich mächtiger als der König von Frankreich. Nach dem Verlust der französischen Lehen und der Niederlage des englisch-welfischen Heeres im Kampf mit Frankreich in der Schlacht von Bouvines (1214) mußte König Johann ohne Land dem Drängen seiner Großvasallen nachgeben und 1215 die Magna Charta Libertatum unterzeichnen, die Grundlage der englischen Verfassungsentwicklung: keine Besteuerung ohne Zustimmung des Parlaments; kein Untertan sollte ohne faire Gerichtsverhandlung, sondern nur entsprechend den geltenden Gesetzen, an die auch der König gebunden war, eingesperrt werden; der König selbst wurde der Kontrolle von 25 Baronen unterstellt.

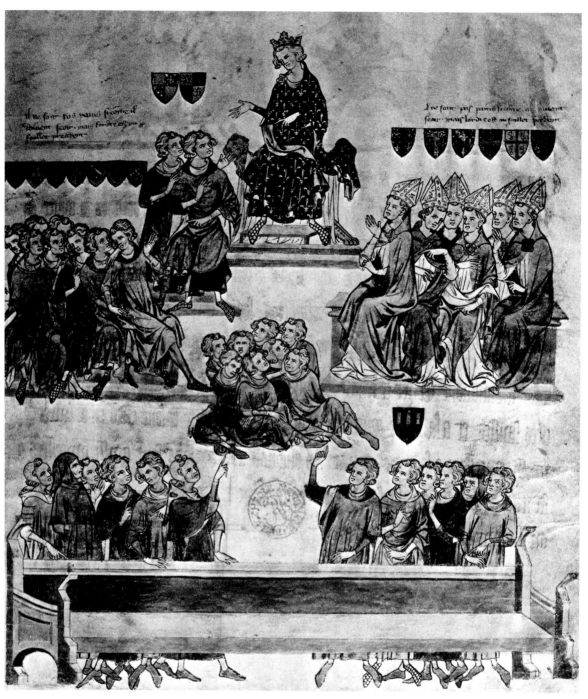

Als das Geschlecht der Kapetinger 1328 mit Karl IV. im Mannesstamm erlosch, konkurrierten zwei Hauptbewerber um den französischen Thron: Eduard III., König von England – über eine weibliche Linie mit den Kapetingern näher verwandt als sein Konkurrent, – und Philipp VI. von Valois. Gestützt auf die Generalstände des Landes, die ein weibliches Erbfolgerecht nicht anerkannten, bestieg Philipp VI. von Valois den Thron.

Für England war dies der Anlaß, seine Erbansprüche mit Gewalt durchzusetzen. Zwischen England und Frankreich kam es zum Hundertjährigen Krieg (1337–1453).

BILD OBEN: 1332, Prozeß gegen Robert III. von Artois, einen auf Englands Seite stehenden führenden französischen Rebellen, unter Vorsitz König Philipps VI.

RECHTE SEITE: 1346, Schlacht bei Crécy in der Nähe von Abbeville. Obwohl zahlenmäßig überlegen, mußten die Franzosen eine vernichtende Niederlage hinnehmen. Ihr feudales Reiterheer wurde geschlagen durch das mit Pfeil und Bogen bewaffnete englische Fußvolk. Die englischen Langbögen schossen weiter und etwa fünf- bis sechsmal so schnell wie die veralteten Armbrüste ihres Gegners.

ZENTRALGEWALT

»In Frankreich gelang es dem Königtum mit Mitteln des Lehnsrechts, die Krondomäne ständig zu erweitern und in den Lehnsfürstentümern Einfluß zu gewinnen; die Konzentration der staatlichen Gewalt, die in diesen bereits eingetreten war, kam schließlich gleichfalls der Zentralgewalt zugute. Die Präsumption »Nulle terre sans seigneur« unterstellte schließlich alles Land und alle Gerechtsamen dem Lehnsnexus und verschaffte dem König das Obereigentum; die Behauptung allodialen (freien) Besitzes wurde zumindest aufs äußerste erschwert. So bereitete die dingliche und persönliche Bindung des Lehnsrechts die volle Herrschaft über Land und Leute vor. Zugleich entstand die politische Grundlage für jene Einheit des Lebensgefühls, die den Zauber der französischen Kultur ausmacht.

In den Ländern der Mitte dagegen, Deutschland und Italien, entwickelte sich das Lehnsrecht immer mehr nach der Seite der Vasallen hin und verstärkte deren Position gegenüber der Zentralgewalt. An die Stelle der zentripetalen trat die zentrifugale Wirkung. Es gelang den großen Kronvasallen, sich selbst an die Spitze von Lehnspyramiden zu setzen und dadurch die Verbindung des Königs mit den Untervasallen zu durchbrechen, diese zu mediatisieren...

In den Staaten des Westens... hat sich der Adel... schließlich unter das Joch einer königlichen Verwaltung beugen müssen. Überall war es der Hof des Königs, der sie aus sich heraus erzeugt hat und von wo aus sie sich allen Widerständen des Adels zum Trotz immer wieder durchsetzte. Zugleich gelang es

dem Königtum, eine Lokalverwaltung aufzubauen, indem es breitere Kreise der Bevölkerung für die Teilnahme an den öffentlichen Geschäften gewann. In England und Sizilien waren es die Ritter, in Frankreich bürgerliche Legisten, die zu Vorkämpfern der neuen Staatsauffassung wurden...

In Frankreich... wirkte die königliche Gerichtsbarkeit in gleicher Richtung; die baroniale Justiz wurde ausgehöhlt und der königlichen Aufsicht unterworfen, ebenso die Ämter, soweit sie im 13. Jahrhundert noch Lehnsämter waren. Die Legisten griffen aber auch in die feudalen Beziehungen selbst ein; sie lieferten dem Königtum die Waffen zum Kampfe gegen die hohe Feudalität; schließlich glückte es ihm, die ungeordneten vasallitischen Verhältnisse zu regulieren und eine streng hierarchische Ordnung mit der Spitze im Königtum herzustellen, wie sie in England praktisch schon seit der normannischen Eroberung bestand. So wurde in beiden Ländern das Lehnsrecht zum Pionier der Staatseinheit...

All dies wurde wieder nur möglich dadurch, daß die königlichen Hofgerichte in Frankreich, England und Sizilien sowie auch im Norden dem hohen Adel aus den Händen gewunden und zu Zentralgerichten der ganzen Monarchie gemacht wurden.«

(Heinrich Mitteis: Der Staat hohen Mittelalters)

LINKS OBEN: Grabplastik des »Schwarzen Prinzen« in der Kathedrale von Canterbury. Unter Führung des englischen Prinzen
Eduard, des ältesten Sohnes Eduards III. – genannt der Schwarze Prinz, weil er eine schwarze Rüstung zu tragen pflegte –,
wurden die Franzosen 1356, zehn Jahre nach Crécy, bei Poitiers
abermals vernichtend geschlagen.

LINKS UNTEN: Seegefecht im Hundertjährigen Krieg.

BILD UNTEN: Ein Haus in Frankreich wird geplündert, »All-
tagsszene« aus dem Hundertjährigen Krieg. – Während französische und englische Söldner das Land verwüsteten und
Frankreich verarmte, führte der Krieg in England zunächst zu
einem wirtschaftlichen Aufschwung – Lebensmittellieferanten,
Waffenschmiede und Schiffsbaumeister machten gute Geschäfte.

BILD OBEN: Englische Belagerung von Orléans in den Jahren
1428–1429. Noch spielten die auf beiden Seiten eingesetzten
Kanonen keine entscheidende Rolle.

BILD UNTEN: Jeanne d'Arc vertreibt die Dirnen aus dem
Heer. – Als nach vorübergehenden Erfolgen die Franzosen
wieder in die Defensive gedrängt waren und die Engländer
Orléans, das Tor zum noch unbezwungenen Mittel- und Südfrankreich, belagerten, vernahm ein einfaches Bauernmädchen
aus Lothringen heilige Stimmen, die es aufriefen, Frankreich zu
retten. Es gelang ihr, bis zum König vorzudringen und ihn von
ihrer Mission zu überzeugen. Mit nur wenigen Truppen befreite sie Orléans. Schon bald darauf geriet sie, die »Retterin
Frankreichs«, in englische Hand, wurde in einem unkorrekten
Inquisitionsverfahren der Ketzerei für schuldig befunden und
auf dem Marktplatz von Rouen 1431 öffentlich verbrannt. Ihr
Patriotismus aber hatte das französische Heer beflügelt, die
Engländer wurden aus dem Land getrieben. Als der Hundertjährige Krieg 1453 ohne formellen Friedensschluß zu Ende ging,
besaß England auf dem Kontinent nur noch Calais.

DER HUNDERTJÄHRIGE KRIEG

»Vielleicht ist die Geschichte keines einzigen europäischen Krieges so voll tiefer Bedeutung, denn es handelte sich nicht nur um Kämpfe zwischen für die damalige Zeit gewaltigen Heeren oder um eine Folge von Schlachten, Siegen und Niederlagen. Der Hundertjährige Krieg war geradezu der Inbegriff einer ganzen Epoche, das Aufeinanderprallen zweier Welten, beide von inneren Widersprüchen zerrissen. Auf der einen Seite stand der englische König, der seinen Besitz auf dem Kontinent nicht aufgeben wollte und der sich in seinem Kampf um die Krone auf längst veraltete Prinzipien berief. Auf der anderen Seite der französische König, der den Krieg im Grunde in demselben Geist führte wie sein Gegner. Doch der Konflikt zweier Herrscher konfrontierte zugleich zwei Völker, verschärfte die bestehenden Spannungen in beiden Ländern und tauchte alle inneren Widersprüche der Auseinandersetzung in ein helles Licht. Erst von dem Augenblick an, da auf der französischen Seite der nationale Charakter des Krieges klar hervortrat, war der ihm anfänglich anhaftende Anachronismus überwunden. Frankreich erkannte sich in diesem Krieg wieder und wuchs zur Nation zusammen. England wurde durch die Niederlage zwangsweise zu einem umfassenden Erneuerungsprozeß geführt, zu einer Art dimensionaler Anpassung (man hat sehr richtig bemerkt, daß bis zum Ende des Hundertjährigen Krieges Englands Schwerpunkt außerhalb der Insel lag), die ihm später ermöglichen sollte, mit erneuter Kraft eine wichtige Rolle im europäischen Geschehen zu spielen.« (Fischer Weltgeschichte, Bd. 12: Grundlegung der modernen Welt)

BILD OBEN: Ludwig XI. (1461–1483), abgebildet auf einer französischen Medaille. Schon sein Vater Karl VII. hatte das vom Nationalismus erfaßte Frankreich nach dem Hundertjährigen Krieg fester organisiert. Gestützt auf ein stehendes Heer, ein straff ausgebautes Steuerwesen und ein Berufsbeamtentum, brach Ludwig die Macht der Großvasallen und legte den Grund zum unumschränkten französischen Königtum.

BILD UNTEN: Richard III. (1452–1485), der letzte König der Weißen Rose. – Nach der Niederlage im Hundertjährigen Krieg zerfleischte sich der englische Hochadel im Kampf um den Königsthron. Dreißig Jahre lang (1455–1485) massakrierten sich die Anhänger des Hauses York (weiße Rose) und Lancaster (rote Rose). Thronanwärter und Throninhaber wurden gefangengesetzt und ermordet, bis sich Heinrich VII. (1485–1509) aus dem Hause Tudor durchsetzen konnte. Mit ihm erstarkte die englische Monarchie, begann eine neue große Epoche der englischen Geschichte.

BILD OBEN: Britisches Parlament im 15. Jahrhundert. Auf dem Thron der König, neben ihm die weltlichen und geistlichen Großen, zu seinen Füßen Prälaten, Grundherren und Abgeordnete der Gemeinden. Obwohl die Bedeutung des Parlaments nach den Rosenkriegen zurückging, war es als Institution bereits so fest verankert, daß es nicht wie die französischen Generalstände verkümmerte, sondern ein fester Bestandteil des politischen Lebens blieb.

BILD OBEN UND BILD UNTEN: Gefesselt wird der tschechische Priester und Gelehrte Johannes Hus zum Scheiterhaufen geführt und verbrannt. Nachdem er sich standhaft geweigert hatte, seine Ansichten, die am kirchlichen Dogma rüttelten, zu widerrufen, wurde er, obwohl im Besitz eines kaiserlichen Geleitbriefes, vom Konzil in Konstanz als Ketzer zum Flammentod verurteilt. Die folgenden Hussitenaufstände konnte das Reich nur mit Mühe unterdrücken.

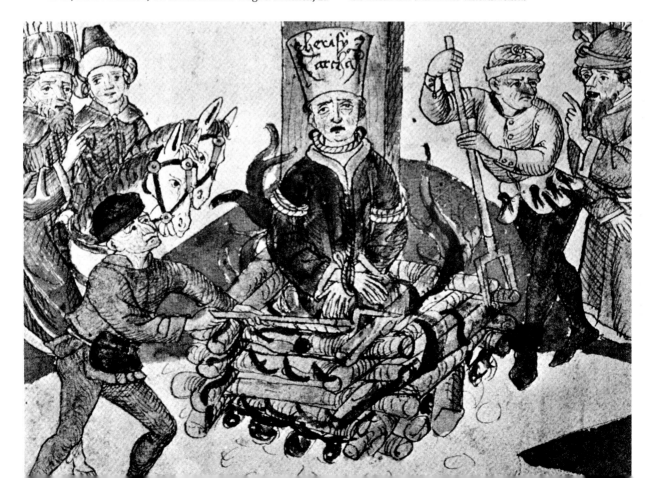

KONZIL VON KONSTANZ

Nach fast 200 jähriger Dauer endete mit dem Tod Kaiser Friedrichs II. der Kampf zwischen Kaisertum und Papsttum. Das Papsttum hatte gesiegt und war als einzige das Abendland umschließende universale Macht übriggeblieben. Konsequent strebte es nach der vollen Oberhoheit über die weltliche Gewalt.

Im Streit um die staatliche Besteuerung des französischen Klerus bannte Papst Bonifaz VIII. den französischen König Philipp IV. und formulierte in der Bulle »Unam sanctam« 1302 noch einmal in schärfster Form den päpstlichen Primat:

»Beide Schwerter hat die Kirche in ihrer Gewalt, das weltliche und das geistliche. Dieses aber ist für die Kirche zu führen, jenes von ihr. Jenes gehört dem Priester, dieses ist zu führen von der Hand der Könige und Ritter, aber nur wenn und solange der Priester es will. Ein Schwert aber muß dem anderen untergeordnet sein; die weltliche Macht muß sich der geistlichen fügen.«

König Philipp ließ daraufhin den Papst für unwürdig erklären und in seiner Residenz Anagni verhaften. Von seinen Anhängern befreit, verstarb Bonifaz wenige Tage später.

Die Residenz der nun vom französischen Königtum abhängigen Päpste wurde nach Avignon verlegt. Nach dieser »babylonischen Gefangenschaft der Kirche« (1309–1377) gelang es zwar Papst Gregor XI., nach Rom zurückzukehren, doch wählte das französische Kardinalskollegium kurz entschlossen einen zweiten Papst, der weiterhin in Avignon residierte. Im Zeichen des Schismas und des kirchlichen Verfalls gewann die konziliare Idee an Boden, wonach eine allgemeine Versammlung der Christenheit die Kirche zu erneuern hätte. Das Konzil von Pisa vergrößerte jedoch die Misere: Statt zwei Päpsten beanspruchten nun drei den Stuhl Petri. Erst dem von Kaiser Sigismund einberufenen Konzil von Konstanz (1414–1418) gelang es, die drei Päpste zu entfernen und die Wahl Martins V. zum alleinigen Papst durchzusetzen. In der kirchlichen Reform »an Haupt und Gliedern« wurde jedoch keine Einigung erzielt.

BILDER OBEN: Papst Johannes XXIII. (links) und der deutsche König (rechts) in Lodi bei Vorverhandlungen für das Konzil von Konstanz. Neben diesen nahmen am Konzil teil: je ein Vertreter der beiden anderen Päpste, 29 Kardinäle, etwa 300 Bischöfe und Prälaten, etwa 300 Doktoren der Universitäten und ungefähr 600 bis 700 weltliche Vertreter (Gesandte aller europäischen Königreiche, ausländische und deutsche Fürsten, Städte, Grafen und Herren).

MAXIMILIAN I.

Der Zerfall der staufischen Kaisermacht zog in Deutschland das Interregnum, die kaiserlose Zeit (1256–1273), nach sich, dem Interregnum folgten Könige aus verschiedenen Häusern, die von den Fürsten jeweils unter dem Aspekt der Stärkung der eigenen Machtposition gewählt wurden. Politische und soziale Kämpfe, zwischen König und Fürsten, zwischen Fürsten untereinander, zwischen Fürsten und Ständen, Adel und Städten, zwischen Patriziat und Zünften beherrschten die Zeit. Verarmte Ritter, sich auf das Fehderecht berufend, verunsicherten als Raub- und Strauchritter das Land.

Auf seine habsburgische Hausmacht gestützt, versuchte Maximilian I. (1493–1519), noch einmal das mittelalterliche Kaisertum zu verwirklichen.

Nach dem Vorbild Karls des Großen, Ottos des Großen und Friedrichs II. erstrebte er das »Imperium orbis«, die Universalherrschaft. Seine Bemühungen jedoch, dem Reich eine feste Organisation zu geben, scheiterten an der Ablehnung durch die Stände. Der Dualismus »Kaiser und Reich« – letzteres verkörperten die Reichsstände (Kurfürsten, Fürsten und Städte, Prälaten, Grafen und Herren) – wurde nicht überwunden. Zwar konnten 1495 auf dem Wormser Reichstag einige Fortschritte erzielt werden, doch eine wirksame Reichsgewalt ließ sich aus den verblichenen Rechten des Königtums nicht mehr entwickeln. Im Gegenteil, die Schweizer Eidgenossenschaft löste sich endgültig vom Reich, und auch das Gebiet des Deutschen Ordens ging verloren.

Glücklicher hingegen verlief die habsburgische Heiratspolitik. Durch seine Heirat mit Maria von Burgund gewann Maximilian deren Erbe, die Heirat seines Sohnes nach Spanien und seines Enkels nach Böhmen und Ungarn brachten gewaltige Erbansprüche und erhoben das Haus Habsburg zur ersten Großmacht Europas.

BILD LINKS: Jakob Fugger und sein Hauptbuchhalter Matthäus Schwarz im Augsburger Kontor. – Die kapitalistische Idee des Gewinnstrebens stand im Gegensatz zur christlichen Auffassung vom »gerechten Preis«, der »jedem das Seine«, nicht aber einen Handelsgewinn zu bringen habe. Dennoch setzte sich die Idee der Gewinnmaximierung durch und eroberte die Welt. Inbegriff des Frühkapitalismus ist J. Fugger (1459–1525). »Jener Jakob Fugger, der ›gewinnen wollte, dieweil er könne‹, zeigt noch einmal am Ausgang des Mittelalters wie im Hohlspiegel vergrößert ein Bild vom Aufstieg des städtischen Bürgertums. Erst sein Großvater war 1367 aus einem Lechfeld-Dorf nach Augsburg gezogen, vom Bauernsohn zum Weber geworden, der Bürgerrecht erwarb, seine Werkstatt zum Großbetrieb mit Eigenhandel weitete und dadurch wohlhabend wurde, als Schwiegersohn eines Zunftmeisters auch ratsfähig, nachdem die Handwerkszünfte sich Beteiligung am Stadtregiment errungen hatten. Seine beiden Söhne wechselten von der Weber- zur Kaufmannszunft, gründeten eine Handelsgesellschaft und konnten ins Patriziat einheiraten. Sein jüngster Enkel Jakob... trat mit zwanzig ins Familiengeschäft ein und wurde ... in knapp vier Jahrzehnten der reichste Mann der Welt.« (H. Grundmann)

RECHTE SEITE: Maximilian I., Gemälde von Albrecht Dürer. Maximilian, der »letzte Ritter«, zeigte bereits starkes Interesse an bürgerlicher Wirtschaft und Technik, förderte das Geschützwesen und trug als »Vater der Landsknechte« dazu bei, die militärische Bedeutung des Ritterwesens zurückzudrängen.

POTENTISSIMVS MAXIMVS ET INVICTISSIMVS CÆSAR MAXIMILIANV
QVI CVNCTOS SVI TEMPORIS REGES ET PRINCIPES IVSTICIA PRVDEN
MAGNANIMITATE LIBERALITATE PRÆCIPVE VERO BELLICA LAVDE ET
ANIMI FORTIDVDINE SVPERAVIT NATVS EST ANNO SALVTIS HVMANÆ
M·CCCC·LIX·DIE·MARCII·IX·VIXIT·ANNOS·LIX·MENSES·IX·DIES·XX
DECESSIT·VERO·ANNO·M·D·XIX·MENSIS·IANVARII·DIE·XII·QVEM·DEVS
OPT·MAX·IN·NVMERVM·VIVENCIVM·REFERRE·VELIT·

RENAISSANCE
GLAUBENSKÄMPFE
ABSOLUTISMUS

Die Kirchenväter des Mittelalters hatten die antiken Autoren herangezogen, um das Christentum zu untermauern und gegen die Heiden zu verteidigen. Augustinus stützte sich auf Platon, während der große Scholastiker Thomas von Aquin die Aristotelische Lehre im christlichen Sinn neu interpretierte und glaubte, die Offenbarungswahrheit der Bibel mit der Vernunft erklären und beweisen zu können. Wie Aristoteles ging auch Thomas von Aquin von der Erfahrung aus. Mit ihr könne die geringere, natürliche, vom Menschen zu gewinnende Wahrheit erkannt werden, die in der höheren, übernatürlichen, geoffenbarten Wahrheit der christlichen Theologie ihre Krönung fände. Das Mittelalter glaubte an eine Harmonie in der Welt. Einen Widerspruch zwischen Wissen und Glauben konnte es nicht geben.

Die Renaissancedenker wandten sich nun ab von dieser transzendentalen Auffassung und vertraten demgegenüber das irdische Prinzip. In allen Bereichen, in Politik und Kultur wurde die religiöse Bevormundung abgelehnt. Ein Jahrtausend lang hatte man sich gläubig der Autorität der Kirchenväter anvertraut, jetzt faszinierte die in ihrer ursprünglichen Reinheit wieder entdeckte dogmenfreie Welt der Antike, die autonome Wissenschaft ohne religiöse Fesseln und die freie, der eigenen Vernunft vertrauende Persönlichkeit. »O Jahrhundert, o Wissenschaft, es ist eine Lust, zu leben!« begeisterte sich Ulrich von Hutten.

Wissenschaftliche Fortschritte, Entdeckerfreude und wirtschaftliche Interessen veranlaßten die westeuropäischen Nationen, die Meere und die Erde zu erforschen. Die Kugelgestalt der Erde wurde durch die Weltumsegelung Magellans experimentell bewiesen. Die weltweite europäische Expansion nahm ihren Anfang.

Humanismus und Renaissance führten zu einer verstärkten Kritik an der Überlieferung und an den bestehenden kirchlichen Zuständen. Gegen die von der Renaissance geförderte Verweltlichung der Kirche wandte sich Martin Luther. Aus tiefer religiöser Überzeugung, hierin noch ganz dem mittelalterlichen Denken verhaftet, ging es ihm ursprünglich nur um die »reformatio« der Kirche, die »Wiederherstellung der ursprünglichen Gestalt«. Doch sein religiöses Anliegen führte im Zusammenspiel mit politischen Interessen zur Reformation und Gegenreformation, zu den Glaubenskämpfen des 16. und 17. Jahrhunderts, zur endgültigen Spaltung der Christenheit.

Mit der Ausbildung des nationalen Machtstaates folgte dem konfessionellen Zeitalter die Epoche des Absolutismus. Ständische Elemente und korporative Sonderrechte wurden zurückgedrängt. Die unumschränkte Staatsgewalt konzentrierte sich an der monarchischen Spitze des fürstlichen Absolutismus, der die volle Souveränität für sich beanspruchte, »die höchste, von jeder andern Macht unabhängige, dauernde, auf keinem Auftrag beruhende, sondern eigene, von den Gesetzen entbundene Gewalt über die Untertanen« (Jean Bodin). Nach außen betrieb der absolutistische Staat eine rücksichtslose Machtpolitik. Der Staatsraison des souveränen Fürsten hatten sich moralische und rechtliche Überlegungen zu beugen. Im Kampf um und gegen die Weltherrschaftsidee hatte sich der absolutistische Großstaat durchgesetzt, in Europa konsolidierte sich ein Gleichgewichtssystem der Großmächte.

LINKE SEITE: Zweimaster zur Zeit der Entdeckungsreisen, Detail aus Pieter Brueghels Landschaft mit dem Sturz des Ikarus.

ENTDECKUNGEN

Im Mittelalter führte der Handel aus dem Fernen Osten über den Landweg nach Europa. Araber und Venezianer beherrschten, durch ihre geographische Lage begünstigt, im Osthandel monopolartig den Markt.

Doch bereits im 15. Jahrhundert begannen die Portugiesen unter intensiver Förderung Heinrichs des Seefahrers (1438–1460), sich langsam und behutsam Schritt um Schritt an der afrikanischen Westküste vorzutasten und den Seeweg zu den Reichtümern des Fernen Ostens zu erschließen. 1486 umsegelte der Portugiese Bartolomeo Diaz das Kap der Guten Hoffnung. 1498 gelangte sein Landsmann Vasco da Gama auf dem Seeweg nach Ostindien. Im Kampf mit türkischen und arabischen Galeeren, mit Piraten und einheimischen Machthabern sicherte sich Portugal die Vormachtstellung an der gesamten Ostküste des Indischen Ozeans. Der Erkundung folgte die Eroberung. Mit nur wenigen Leuten, dafür aber technisch überlegen, verlief sie – wie auch die übrigen Eroberungen der Entdeckerzeit – äußerst brutal.

»Vasco da Gama beginnt auf seiner zweiten Fahrt (1502) die Jagd auf jeden arabischen Kauffahrer und zerstört mit der rücksichtslosen Gewalt des Tigers alle Schiffe, die ihm begegnen, mit Mann und Maus. Kein Flehen der Frauen, kein Geschrei der Kinder kann an sein Herz rühren. Die Grausamkeit aber ist wohl überlegt, sie ist nicht im tierischen Affekt begangen: denn allein durch den Schrecken kann die Handvoll Europäer über die Weite der asiatischen Welt und die Menge der ihnen entgegengeführten Menschen Herr werden...

Vor Kalikut kreuzte die Karavelle des Admirals, an den Rahen die toten Mitbürger, die zwischen den Segeln vom Winde bewegt wurden ... Des Nachts aber wurden die Körper abgeschnitten, Köpfe, Hände und Füße von den Leibern getrennt und in ein Boot geworfen, das nach dem Ufer trieb, wo die Harrenden die ihrigen zu erkennen suchten – und als Antwort kamen die Klagegesänge zu den harten Seeleuten an Bord.

Schrecken ausbreiten, erbarmungslos den Krieg führen, den Gegner völlig vernichten: damit wurde in wenigen Jahren die Herrschaft über den indischen Handel errungen.« (Adolf Rein: Die europäische Ausbreitung über die Erde)

Linke Seite, Bild oben: In spanischen Diensten stehend, entschloß sich der Genuese Christoph Kolumbus zu dem kühnen Unternehmen, Indien auf dem Seeweg nach Westen zu erreichen. Nach 36tägiger Fahrt landete er am 12. Oktober 1492 auf der mittelamerikanischen Insel Guanahani (heute San Salvador). Bis zu seinem Tode wußte Kolumbus nicht – er überquerte noch dreimal den Atlantik –, daß er einen neuen Kontinent entdeckt hatte. Er glaubte, Indien erreicht zu haben. Erst die Erdumsegelung durch den Portugiesen Magellan (1519 bis 1522) beseitigte den Irrtum.

Linke Seite, unten links: Den Beschlüssen Papst Alexanders VI. folgend, einigten sich die Konkurrenten Portugal und Spanien im Vertrag von Tordesillas (1494), die gesamte neuentdeckte Welt untereinander aufzuteilen. Spanien erhielt freie Hand im Osten, Portugal im Westen. Doch galt die päpstliche Autorität nicht viel. Schon bald entschied allein die Macht über Hegemonie und Monopole.

Linke Seite, unten rechts: Himmelsglobus. Fortschritte in der Kartographie, Navigationskunde (Kompaß) und im Schiffbau waren die technischen Voraussetzungen der großen Entdeckungsfahrten im 15. und 16. Jahrhundert. Handfeuerwaffen und Bordkanonen führten zu militärischer Überlegenheit, zu siegreicher Eroberung und Sicherung der Transport- und Handelswege.

Bild unten: Nach Amerigo Vespucci, einem florentinischen Kaufmann, der ausführlich über seine Entdeckungsfahrten berichtet hat, gab der deutsche Kartograph Martin Waldseemüller der Neuen Welt, die er 1507 auf einer Karte gemeinsam mit Vespucci darstellte, den Namen Amerika.

BILD OBEN: Macao, 1557 von Portugal an der chinesischen Süd-
küste gegründet, war dreihundert Jahre lang der wichtigste
Hafen für den europäischen Chinahandel. Das Geschäft mit Ge-
würzen rangierte hier an erster Stelle: Pfeffer, Zimt, Nelken,
Ingwer, Muskatnüsse. Aber auch mit Perlen, Korallen, Seide,
Teppichen, wohlriechenden Essenzen und Pelzen wurde gehan-
delt. Als die Kräfte der Portugiesen nicht mehr ausreichten, die
Vormachtstellung in Indien und China zu behaupten, traten
Niederländer, Engländer und Franzosen ihr Erbe an. Auch
nach den portugiesischen Pionierleistungen blieb der Ferne
Osten dem europäischen Handelssystem unmittelbar angeglie-
dert.

BILD OBEN: Auf dem Weg, eine Nordostpassage nach China zu finden, wurde das Schiff des holländischen Entdeckers Willem Barents 1596 vor der sibirischen Küste von den Eismassen eingeschlossen. Angehörige der Besatzung bei der Jagd auf Eisbären. – Könige und Kaufleute finanzierten die riskanten Unternehmungen. Gewinnsucht, Abenteuerlust, der Drang nach Ruhm und Eroberung sowie der Wunsch zur christlichen Missionierung waren die Motive der Entdecker. Unkalkulierbar waren die Gefahren. Skorbut, Unwetter, stürmische See, Piraten und feindliche Völker brachten Tod und Verderben. Von 625 zwischen 1497 und 1572 nach Hinterindien ausgelaufenen Schiffen kehrten nur 315 nach Lissabon zurück.

RENAISSANCE

Während portugiesische und spanische Entdecker den geographischen Horizont erweiterten, erstand dem Abendland in Renaissance und Humanismus eine neue Geistesrichtung. Im Rückblick auf Hellas und Rom besann man sich auf das griechisch-römische Erbe. Von Florenz ausgehend – hier errichtete Cosimo de' Medici 1441 die erste öffentliche, also nicht kirchliche Bibliothek – verbreitete sich, erleichtert durch die Erfindung des Buchdrucks, die neue Geistesrichtung in Europa. Humanismus und Renaissance waren ursprünglich nicht gegen die Kirche gerichtet, doch wurde durch sie ein diesseits gewandtes Menschenbild nach antikem Vorbild geprägt und der Eigenwert des Individuums wiederentdeckt. Doch in dieser Bejahung des Irdischen allein lag

nicht die große Bedeutung der Renaissance. Erst der sich aus ihr entwickelnde moderne Wissenschaftsbegriff sprengte das mittelalterliche Weltbild. Die kritische Intelligenz, in der Renaissance gefördert, entdeckte in logischer Konsequenz den Begriff der Erfahrung, und gepaart mit ihr als der einzigen Quelle der Wahrheit war das Schicksal der Scholastik besiegelt. Die Scholastik hatte versucht, die Offenbarungswahrheit mit der Vernunft zu erklären, die »autoritas« mit der »ratio« zu verbinden. Jetzt vertraute man nicht mehr blindlings der Autorität der Kirchenväter, sondern erhob den eigenen Verstand zum Maßstab der Erkenntnis. Die mittelalterliche Einheit von Wissen und Glauben mußte unweigerlich zerbrechen. Die vom Dogma befreite, praktische Aufgaben bewältigende Vernunft führte von ihren Anfängen in der Renaissance zur Weltherrschaft europäisch-amerikanischer Wissenschaft und Technik.

BILD OBEN: Eine menschliche Gestalt mit dem Gesicht auf der Brust, eine zweite mit einem riesigen Fuß und eine dritte mit nur einem Auge – recht phantasievoll stellte man sich die noch unbekannten Welten vor.

RECHTE SEITE: Galilei (1546–1642) im imaginären Gespräch mit Kopernikus und Ptolemäus. – Gestützt auf »viele und lange fortgesetzte Beobachtungen« und die Wiederaufnahme antiker Kenntnisse zertrümmerte Nikolaus Kopernikus (1473–1543) das seit einem Jahrtausend unbestritten gültige geozentrische Weltbild. Die Erde war nicht mehr die unbewegliche Weltmitte, um die sich alles drehte, sondern die Erde drehte sich um die

eigene Achse und war nur mehr einer unter vielen Planeten des zentralen Gestirns der Sonne. Angeregt durch Kopernikus, verkündete Giordano Bruno die Unendlichkeit des Weltalls, eine Behauptung, die er als Ketzer mit dem Feuertod büßen mußte. In exakter experimenteller Forschung vertiefte der Italiener Galilei die Erkenntnisse des Kopernikus und Giordano Brunos, indem er nicht nur die Welt der Gestirne, sondern auch die irdische Physik auf ihre Grundsätze hin untersuchte. Von der Inquisition bedroht, sah er – der Begründer der mechanischen Naturerkenntnis – sich genötigt, die Ergebnisse seiner wissenschaftlichen Forschung zu widerrufen.

DIE HERRSCHAFT DER MEDICI IN FLORENZ

»Lorenzo de' Medici war 43 Jahre alt, als er starb, und hatte 23 Jahre an der Spitze der Regierung gestanden… Und weil die Größe dieses Mannes einzigartig war und Florenz niemals einen Bürger gehabt hat, der ihm gleich gewesen wäre, auch sein Ruhm nach seinem Tode wie zeit seines Lebens weit verbreitet war, scheint es mir nicht unangebracht, seine Art und seinen Charakter näher zu bezeichnen…

Er verlangte nach Ruhm und Ansehen mehr als irgendein anderer. Man könnte ihn tadeln, daß er sich von diesem Wunsch selbst in den kleinsten Dingen in übertriebener Weise beherrschen ließ. Er duldete nicht, daß irgendein Mitbürger ihn in Versen, Lustspielen oder Aufsätzen parodierte oder imitierte, und war sehr aufgebracht, wenn dagegen verstoßen wurde. Ebenso aber auch in großen Dingen; wollte er doch in jeder Hinsicht mit allen Fürsten Italiens wetteifern und ihnen gleichstehen… Trotzdem war diese Ruhmsucht, aufs Ganze gesehen, lobenswert, bestand doch eine der Ursachen, warum sein Name und sein Ruhm allerorten, auch außerhalb Italiens, gefeiert wurden, in seinem Bestreben, Florenz an Künsten und Fähigkeiten über jede andere Stadt Italiens zu erheben. So vor allem auf dem Gebiet der Wissenschaft; er errichtete in Pisa wieder eine Hochschule der Rechtswissenschaft und der freien Künste, und als man ihm mit vielen Gründen darlegte, daß sie an Zahl der Studenten mit Padua und Pavia nicht wetteifern könne, gab er zur Antwort, es genüge ihm,

BILD OBEN: Blick auf Florenz, Holzschnitt aus dem Jahre 1486. Das Zentrum der ummauerten Stadt überragt die mächtige, von Brunelleschi erbaute Domkuppel. – Mit dem Ende der Stauferzeit zerfiel Norditalien in kleine, in sich und untereinander zerstrittene, meist von Despoten regierte Kleinstaaten. Neben dem Kirchenstaat kristallisierten sich Mailand, Venedig und Florenz als Hauptzentren heraus.

BILD LINKS: In der Mitte Lorenzo de' Medici, »Lorenzo il Magnifico« (1449 bis 1492), Inbegriff des Renaissancefürsten, ein begabter Gelehrter, Dichter und Kunstmäzen.

Aus einer Familie niedriger Abstammung, im Bankgeschäft aber zu großem Reichtum gelangt, hatte sein Vater Cosimo de' Medici mit Unterstützung des Volkes die Herrschaft der Medici in Florenz begründet. Trotzdem blieb die Regierungsgewalt in der Signoria, dem leitenden Rat in Florenz, wie zuvor in der Hand einer Clique begüterter Familien.

wenn der Lehrkörper besser sei als an den anderen Hochschulen. Deshalb holte er die ausgezeichnetsten und berühmtesten Männer Italiens dorthin, zahlte ihnen die höchsten Gehälter und scheute keine Kosten und keine Mühe, sie zu gewinnen... Dieselbe Gunst erwies er der Dichtkunst, Musik, Architektur, Malerei, Bildhauerei, allen reinen und angewandten Künsten, so daß die Stadt überreich war an Kultur... Was seinen Charakter mehr als alles andere belastete, war sein Mißtrauen. Das entsprang wohl weniger seiner Natur als dem Bewußtsein, eine freie Stadt zu beherrschen, in der die Geschäfte von den Regierenden gemäß den Gesetzen des Staates und unter dem Schein und in den Formen der Freiheit geführt werden mußten. Deshalb bemühte er sich anfangs, als er gerade erst Fuß zu fassen begann, soviel wie möglich solche Bürger heranzuziehen, von denen er wußte, daß sie wegen ihrer vornehmen Abkunft, ihres Reichtums, ihrer Macht oder ihres Rufes allgemein geachtet seien. Diesen wurden, wenn sie aus solchen Häusern und Familien stammten, die dem herrschenden System zuverlässig ergeben waren, die Gesandtschaften, Sonderaufträge und ähnliche Ehrenämter übertragen; gleichwohl traute er ihnen nicht, sondern ergänzte die Signoria mit Hilfe von Wahlen und Ämterkauf. Die geheimsten Sachen vertraute er nur solchen an, die ihm ihr Ansehen verdankten, damit sie ohne seine Unterstützung auf keinen Anhang zählen könnten...

Das gleiche Mißtrauen bewog ihn, dafür zu sorgen, daß nicht etwa die einflußreichen Männer sich untereinander verschwägerten. Es kam schließlich dahin, daß keine irgend bedeutsame Familienverbindung ohne seine Mitwirkung und Erlaubnis geschlossen werden konnte... Faßt man alles zusammen, so muß man abschließend sagen, daß unter ihm die Stadt ihre Freiheit verloren hat, wenngleich man keinen besseren und angenehmeren Tyrannen hätte finden können.«

(Francesco Guicciardini: Storie Fiorentine. Francesco Guicciardini [1483–1540] gilt als größter Historiker seiner Zeit. Seine Abhandlungen sind die ersten Werke moderner europäischer Geschichtsschreibung.)

BILD LINKS: Niccolo Machiavelli (1469 bis 1527). Ausgehend von den Erfahrungen seiner italienischen Heimat, die seit mehr als einem Jahrhundert von den Kämpfen ehrgeiziger und machthungriger Despoten und Parteiungen zerrissen wurde, und gestützt auf historische Forschungen schildert er in seinem Buch »Il Principe« – »Der Fürst« die Idealgestalt des politischen Herrschers. Nicht mehr an ethisch-religiös-moralischen Normen habe sich der Staatsmann zu orientieren, sondern allein am Erfolg, an der Staatsräson. Bei Gewinn und Behauptung der Macht seien alle Mittel erlaubt: Lug, Betrug, Wortbruch und Gewalt. Ausgehend vom Menschen, wie er wirklich sei, »undankbar, wankelmütig, heuchlerisch, feige und gewinnsüchtig«, wurde der Florentiner Machiavelli zum Begründer der modernen Staatslehre.

RECHTE SEITE: Verrocchios Reiterdenkmal des Condottiere Colleoni in Venedig. Bartolomeo Colleoni diente in den Kriegen zwischen Mailand und Venedig auf beiden Seiten und starb schließlich im Dienste Venedigs. – Condottieri, kompromißlose Söldnerführer, verdingten sich bei den italienischen Städten und Stadtherren, um deren Kriege für eigenen Gewinn und Beute zu führen.

MACHIAVELLI

»Jeder sieht ein, wie lobenswert es für einen Herrscher ist, wenn er sein Wort hält und ehrlich, ohne Verschlagenheit seinen Weg geht. Trotzdem sagt uns die Erfahrung unserer Tage, daß gerade jene Herrscher Bedeutendes geleistet haben, die nur wenig von der Treue gehalten und es verstanden haben, mit Verschlagenheit die Köpfe der Menschen zu verdrehen; und schließlich haben sie über die die Oberhand gewonnen, die ihr Verhalten auf Ehrlichkeit gegründet haben.

Ihr müßt euch nämlich darüber im klaren sein, daß es zweierlei Arten der Auseinandersetzung gibt: die mit Hilfe des Rechts und die mit Gewalt. Die erstere entspricht dem Menschen, die letztere den Tieren. Da die erstere oft nicht zum Ziele führt, ist es nötig, zur zweiten zu greifen...

Wenn sich also ein Herrscher gut darauf verstehen muß, die Natur des Tieres anzunehmen, soll er sich den Fuchs und den Löwen wählen; denn der Löwe ist wehrlos gegen Schlingen, der Fuchs ist wehrlos gegen Wölfe. Man muß also Fuchs sein, um die Schlingen zu wittern, und Löwe, um die Wölfe zu schrecken. Wer nur Löwe sein will, versteht seine Sache schlecht. Ein kluger Machthaber kann und darf

daher sein Wort nicht halten, wenn ihm dies zum Schaden gereichen würde und wenn die Gründe weggefallen sind, die ihn zu seinem Versprechen veranlaßt haben. Wären die Menschen alle gut, so wäre dieser Vorschlag nicht gut; da sie aber schlecht sind und das gegebene Wort (auch) nicht halten würden, hast auch du keinen Anlaß, es ihnen gegenüber zu halten. Auch hat es einem Herrscher noch nie an rechtmäßigen Gründen gefehlt, seinen Wortbruch zu bemänteln. Man könnte hier zahllose Beispiele aus unserer Zeit anführen, wie viele Friedensschlüsse, wie viele Versprechungen infolge der Treulosigkeit der Herrscher nichtig und vergeblich geworden sind. Wer am besten Fuchs zu sein verstanden hat, ist am besten gefahren! Doch muß man sich darauf verstehen, die Fuchsnatur gut zu verbergen und Meister in der Heuchelei und Verstellung zu sein. Die Menschen sind ja so einfältig und gehorchen so leicht den Bedürfnissen des Augenblicks, daß der, der betrügen will, immer einen findet, der sich betrügen läßt...

Ein Herrscher braucht also alle die vorgenannten guten Eigenschaften nicht in Wirklichkeit zu besitzen; doch muß er sich den Anschein geben, als ob er sie besäße. Ja, ich wage zu behaupten, daß sie schädlich sind, wenn man sie besitzt und stets von ihnen Gebrauch macht, und daß sie nützlich sind, wenn man sich nur den Anschein gibt, sie zu besitzen. So muß ein Herrscher milde, treu, menschlich, aufrichtig und fromm scheinen und er soll es gleichzeitig auch sein; aber er muß auch die Seelenstärke besitzen, im Fall der Not (necessità) alles ins Gegenteil wenden zu können, ... und im Notfall auch verstehen, Böses zu tun.

Ein Herrscher muß also sehr darauf bedacht sein, daß kein Wort über seine Lippen kommt, das nicht von den oben genannten fünf Eigenschaften zeugt, damit jeder, der ihn sieht oder hört, den Eindruck hat, als sei er die Milde, Treue, Redlichkeit, Menschlichkeit und Gottesfurcht in einer Person. Besonders notwendig ist es, den Eindruck zu erwecken, daß er gerade die letztere Tugend besäße. Die Menschen urteilen im allgemeinen mehr nach dem, was sie mit den Augen sehen, als nach dem, was sie mit den Hän-

den greifen; denn jedem wird es einmal zuteil, etwas in Augenschein zu nehmen; aber nur wenige haben Gelegenheit, etwas zu berühren. Jeder sieht, was du scheinst, und nur wenige fühlen, was du bist. Und diese wenigen wagen nicht, sich der Meinung der großen Masse entgegenzustellen, die die Majestät des Staates, der sie schützt, auf ihrer Seite hat. Die Handlungen aller Menschen und besonders die eines Herrschers, der keinen Richter über sich hat, beurteilt man nach dem Enderfolg. Ein Herrscher braucht also nur zu siegen und seine Herrschaft zu behaupten, so werden die Mittel dazu stets für ehrenvoll angesehen und von jedem gelobt. Denn der Pöbel hält sich immer an den Schein und den Erfolg; und in der Welt gibt es nur Pöbel...«

(Niccolo Machiavelli: Der Fürst)

REFORMATION

Die Konzile des 15. Jahrhunderts brachten nicht die notwendige Erneuerung der Kirche an Haupt und Gliedern. Am »Haupt« triumphierte die Selbstherrlichkeit der Päpste über die Bemühungen des Kardinalskollegiums, die päpstliche absolutistische Autorität innerhalb der Kirche und Kirchenverwaltung zu beschränken. Und nicht mehr die geistliche Führung der Christenheit lag diesen Päpsten in erster Linie am Herzen, sondern der Ausbau ihrer weltlichen Machtposition. Im Kirchenstaat, den sie straff organisierten und dessen Territorium sie vermehrten, herrschten und lebten sie wie weltliche Monarchen und vernachlässigten ihre geistlichen Aufgaben. In ganz Westeuropa verbreitete sich diese Verweltlichung der Kirche. Bischöfe trugen häufiger das Schwert als den Hirtenstab und widmeten sich ganz ihren Vergnügen und Neigungen.

»Sie errichten prächtige Residenzen, wo sie sich inmitten prunkvoller Gelage Orgien hingeben. Die Güter der frommen Stifter verschwenden sie für Bäder, Pferde, Hunde und gezähmte Jagdfalken«, konstatierte der zeitgenössische Chronist.

Die Diskrepanz zwischen kirchlichem Ideal und kirchlicher Wirklichkeit war eklatant, der Kontakt zu den Gläubigen ging mehr und mehr verloren. Die strenge Klosterzucht war dahin, Priester lebten im Konkubinat und mißbrauchten ihr Amt zu materieller

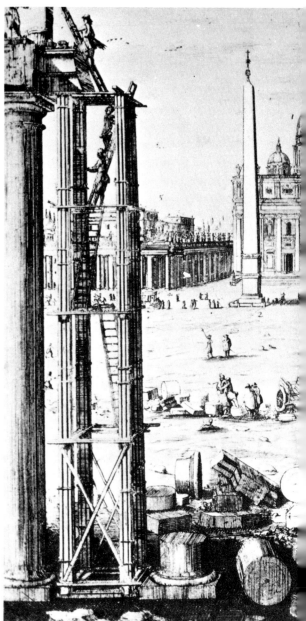

Bereicherung. Der Religiosität der Gläubigen, der tiefen allgemeinen Volksfrömmigkeit fehlten die ihrer biblischen Sendung bewußten Hirten. In diese Zeit allgemein verbreiteter tiefer kirchlicher Mißstände fiel das Wirken des Augustinermönches Martin Luther. Seine Bemühungen, die Kirche zu reformieren, endeten schließlich in der Glaubensspaltung.

BILD LINKS: Rodrigo Borgia, Papst Alexander VI. (1492–1503), berüchtigt wegen seiner Mätressen und seines unsittlichen Lebenswandels. 1498 ließ er den Dominikanermönch und Prediger Savonarola als Ketzer verbrennen, der sein sündhaftes Leben mit aller Schärfe kritisiert und ganz allgemein die kirchlichen Mißstände angeprangert hatte:
»Scheint dir nicht, daß die Prälaten heute ihren Verstand ver-

loren haben? Siehst du nicht, wie sie alles andere als ihre Pflicht tun? Sie haben kein Urteilsvermögen, können das Gute nicht vom Schlechten unterscheiden, das Wahre nicht vom Falschen, das Angenehme nicht vom Unangenehmen. Das Gute scheint ihnen schlecht, das Angenehme unangenehm, das Wahre falsch und umgekehrt... Du siehst heute Prälaten und Prediger der Welt zu ihren Werken völlig ergeben; die Seelsorge liegt ihnen nicht mehr am Herzen, es genügt, die Einkünfte sicherzustellen.«

BILD OBEN: Peterskirche und Petersplatz mit ovaler Kolonnade. – Das Ablaßwesen, Heilsvermittlung gegen Geldbeträge, gehörte zu den wichtigsten Einnahmequellen der Kirche. Die päpstliche Verordnung zugunsten des Baus der Peterskirche wurde für Luther zum Anlaß, 1517 seine 95 Thesen gegen den Ablaß und seinen Mißbrauch zu verkünden. Der Behauptung des berüchtigten Tetzel, der den Ablaß in Deutschland eintrieb, »Wenn das Geld im Kasten klingt, die Seele in den Himmel springt«, wurde widersprochen. Seiner Börse der Sündenvergebung, an der alles – Meineid, Schändung, Totschlag, falsches Zeugnis, Unzucht, Sodomie, Hexerei, Elternmord – seinen Preis hatte, bestritt Luther die theologische Begründung:

»27. Die predigen Menschentand, die da vorgeben, daß, sobald der Groschen in den Kasten geworfen klinget, von Stund an die Seele aus dem Fegefeuer fahre.

28. Das ist gewiß, alsbald der Groschen im Kasten klinge, daß Gewinnst und Geiz kommen, zunehmen und größer werden; die Hilfe aber oder die Fürbitte der Kirche steht allein in Gottes Willen und Wohlgefallen...

35. Die lehren unchristlich, die vorgeben, daß die, so die Seelen aus dem Fegefeuer oder Beichtbriefe wollen lösen, keiner Reu noch Leides bedürfen.

36. Ein jeder Christ, so wahre Reu und Leid hat über seine Sünden, der hat völlige Vergebung von Pein und Schuld, die ihm auch ohne Ablaßbriefe gehöret.«

MARTIN LUTHER

Persönliche Bedrängnis, quälende Gewissensnot, die Frage »Wie kann ich sündiger Mensch selig werden?« motivierten Luthers theologische Aktivität. Sein Glaube an die durch den Sündenfall durch und durch verderbte Natur des Menschen, an die totale Verdunklung seiner Vernunft ließen ihn allein die biblische Offenbarung als Heilswahrheit anerkennen.

Bereits die 95 Thesen enthielten seine Grundüberzeugung, daß nicht durch gute Werke, sondern allein durch das feste Vertrauen auf den barmherzigen Gott, durch den unerschütterlichen Glauben an seine erlösende Gnade der Sünder gerettet werden könne.

»Die Seele hat kein anderes Ding, weder im Himmel noch auf Erden, darin sie lebe, fromm, frei und christlich sei, denn das heilige Evangelium, das Wort Gottes, von Christo gepredigt.

Hier ist fleißig zu merken und immer mit Ernst zu behalten, daß allein der Glaube ohne alle Werke fromm, frei und selig macht. Denn kein gutes Werk hängt an dem göttlichen Wort so wie der Glaube, kann auch nicht in der Seele sein, sondern allein das Wort und der Glaube regieren in der Seele«, verkündete Luther in seiner reformatorischen Schrift »Von der Freiheit eines Christenmenschen«.

Jeder einzelne habe sich unmittelbar vor Gott zu verantworten und sei frei von jeder päpstlichen und priesterlichen Vermittlung. Jeder sei sein eigener Priester, lese die Bibel und halte sich allein an das Wort Gottes. Mit dieser Lehre wurde das biblische Interpretationsmonopol der Kirche gebrochen, ihre Maklerstellung der Heilsvermittlung zwischen Gott und den Menschen aufgehoben.

Luthers »Freiheit eines Christenmenschen« bezog sich dabei lediglich auf den religiösen Bereich des Glaubens und nicht auf den weltlichen Bereich der Politik. Hier, im Bereich weltlicher Herrschaft, den Gott nach dem Sündenfall geschaffen habe, um die Menschheit vor dem gänzlichen Verderben zu bewahren, regiere die von Gott eingesetzte Obrigkeit

BILD LINKS: Philipp der Großmütige von Hessen mit Martin Luther (links), Philipp Melanchthon (ganz rechts) und anderen Trägern der Reformation, Ausschnitt aus einem Gemälde von Lucas Cranach d. Ä. – Melanchthon hatte Philipp für die Reformation gewonnen. Auf Philipps Initiative hin trafen Luther und der Schweizer Reformator Ulrich Zwingli 1529 in Marburg zu einer Aussprache über ihre gegensätzlichen theologischen Auffassungen zusammen. In der besonders strittigen Abendmahlslehre – Luther vertrat die »objektive«, Zwingli die »symbolische« Gegenwart Christi im Sakrament – wie auch in anderen Fragen konnte man sich nicht einigen. Die Reformation spaltete sich in die »lutherische« und die »reformierte« Konfession, die sich gegenseitig noch erbitterter bekämpften als die Vertreter des alten Glaubens.

RECHTE SEITE: Auf der Wartburg seines Landesherren und Beschützers Kurfürst Friedrichs des Weisen von Sachsen fand der geächtete Luther 1521 sicheren Schutz. Hier begann Luther mit der Bibelübersetzung. Mit ihr und seinen deutschen Schriften und geistlichen Dichtungen hat er die Entwicklung der deutschen Sprache entscheidend beeinflußt.

mit dem Schwerte gegen Frevler und Friedensfeinde. Die Fürsten nannte Luther »Gottes Henker und Stockmeister«, die über »Schälke und böse Buben« gebieten. Dennoch gefalle es Gott, »daß wir seine Henker gnädige Herren heißen, ihnen zu Füßen fallen und mit aller Demut untertan seien, sofern sie ihr Handwerk nicht zu weit strecken, daß sie Hirten und Henker werden wollen«. Nur am »Hirtenamte« finde somit die staatliche Gewalt ihre Grenze.

Kein Wunder, daß Luther sich völlig mißverstanden fühlte, als sich im deutschen Bauernkrieg (1524–1525) die revolutionären Massen auf ihn beriefen und in der »Freiheit eines Christenmenschen« auch politische Freiheit sehen wollten.

»Dran, dran, dran, ...lasset euer Schwert nicht kalt werden von Blut...; es ist nicht möglich, weil sie (die Herren) leben, daß ihr der menschlichen Furcht sollt los werden.« Diesem Aufruf des radikalen Thomas Münzer (1489–1525), der Gleichheit und Gerechtigkeit, das Reich Gottes bereits auf Erden verwirklichen wollte, folgten die Bauern. Grauenvolle Gemetzel, Verwüstung, Raub und Plünderung kennzeichneten den Aufstand. Eindeutig und mit harten Worten stellte sich Luther mit seiner Schrift »Wider die mörderischen und räuberischen Rotten der Bauern« auf die Seite der Obrigkeit: »Darum soll hie zuschmeißen, würgen und stechen, heimlich oder öffentlich, wer da kann, und gedenken, daß nichts Giftigeres, Schädlicheres, Teuflischeres sein kann denn ein aufrührerischer Mensch. Gleich als wenn man einen tollen Hund totschlagen muß; schlägst du nicht, so schlägt er dich, und ein ganzes Land mit dir.«

Luther war und blieb ein religiöser Reformator, nichts lag ihm ferner als die Rolle des politischen Revolutionärs.

BILD OBEN: Luthers Schrift »Wider die Mordischen und Reubischen Rotten der Bawren« (1525). – »Als Adam grub und Eva spann, wo war denn da der Edelmann?« Dieses geflügelte Wort kennzeichnet eine Komponente der bäuerlichen Revolten, den Protest gegen die Ungleichheit und die Verteilung der sozialen Lasten zuungunsten der bäuerlichen Bevölkerung. Sich im Bauernkrieg auf das »alte Recht« und das »göttliche Recht« berufend, für mehr wirtschaftliche und politische Freiheit kämpfend, wurden die ungeordneten Bauernhaufen geschlagen, wurde die Macht der Fürsten weiterhin konsolidiert. Gerade weil man sich auf Gott berufen hatte, nahm man die schwere Niederlage auch als Gottesurteil hin.

BILD UNTEN: Reichsritter Götz von Berlichingen, im Bauernkrieg Anführer eines Bauernhaufens, dann im Waffendienst Kaiser Karls V. gegen die Türken und gegen Frankreich, ein durch Goethes Drama bekanntgewordener Vertreter des Rittertums in seiner Ausgangszeit. Auch die Ritterschaft wurde von den Landesherren unterworfen. In ihren Fürstentümern, gestützt auf ein eigenes Beamtentum und Söldnerheer, war kein Platz mehr für die reichsunmittelbaren Ritter; der Landsknecht übernahm seine militärische Funktion.

RECHTE SEITE: Der Reformator: Martin Luther. Gemälde von Lucas Cranach d. Ä., 1526.

GEGENREFORMATION

Der Ausbreitung der Reformation folgten vermehrt die Stimmen, ein allgemeines Konzil zur Erneuerung der bedrohten katholischen Kirche einzuberufen. Als man sich dann endlich im Konzil zu Trient (1545–1563) zusammenfand, war es jedoch zu spät, die Einheit des Glaubens wiederherzustellen. Doch besann sich die katholische Kirche, nicht ohne Selbstkritik geübt zu haben, erneut auf ihre geistliche Bedeutung, stellte die kirchliche Zucht und Sitte wieder her und wiederholte die Unfehlbarkeit des Papstes, dessen absolute Autorität bestätigt wurde:

»Und zur Verhütung aller Unordnungen und Verwirrungen verbiete er (der Papst) allen Menschen aller Stände, den Geistlichen sowohl als den Laien, über das Konzilium Kommentare, Glossen oder Anmerkungen zu schreiben... Wäre über eine dunkle oder zweifelhafte Stelle eine Erklärung oder Entscheidung notwendig, so solle sich ein jeder damit an den Apostolischen Stuhl wenden, der sich die Interpretation aller Schwierigkeiten... reserviere.«

BILD OBEN: Ignatius von Loyola, ein baskischer Edelmann und ehemaliger Offizier, gründete 1534 den Jesuitenorden, der 1540 vom Papst bestätigt wurde. Ursprünglich zur Heidenmission bestimmt, spielte dieser »Orden der Tat« mit seinem blinden Gehorsam in der Gegenreformation eine bedeutende Rolle.

BILD LINKS: Aus dem Konzil von Trient, das mit Unterbrechungen 18 Jahre lang tagte, ging die katholische Kirche innerlich und äußerlich gestärkt hervor. Die Ideen der Reformation wurden verworfen, ihre Anhänger als Ketzer verdammt. Mit der Inquisition verfügte die katholische Kirche über ein Instrument der Gewalt gegen die Ketzerei. Schon im 12. Jahrhundert eingeführt, wurde sie im 15. und 16. Jahrhundert im Kampf gegen kirchliche Frevler insbesondere in Spanien verstärkt eingesetzt. Denunzianten blieben anonym, Beschuldigten stand keine Verteidigung bei, hilflos waren sie der Willkür und den Folterqualen ausgeliefert. Erst 1859 wurde die Inquisition endgültig beseitigt.

LINKE SEITE: Aburteilung ketzerischer Albigenser durch ein Inquisitionsgericht.

Den 95 Thesen, die sich wie ein Lauffeuer in Deutschland verbreiteten, folgte 1519 die Leipziger Disputation mit Eck, in der Luther in Konsequenz seiner theologischen Einsichten zugeben mußte, das göttliche Recht des Papsttums zu leugnen. Vom Papst gebannt, verbrannte Luther die päpstliche Bannbulle in Wittenberg; der endgültige Bruch mit Rom war vollzogen.

Zur Durchführung des Bannes mußte sich ihm die Reichsgewalt ausdrücklich anschließen, und zu diesem Zweck wurde 1521 der Wormser Reichstag einberufen. Der junge Kaiser Karl V., erst 29 Jahre alt, stand dem 37jährigen Mönch und Theologieprofessor Martin Luther gegenüber. Gestützt auf das zugesicherte freie Geleit und das Wohlwollen des mächtigsten deutschen Fürsten, Friedrichs des Weisen von Sachsen, verteidigte Luther standhaft seine Lehre: Weil »mein Gewissen in Gottes Wort gefangen (ist), darum kann und will ich nichts widerrufen, weil gegen das Gewissen zu handeln gefährlich ist. Gott helfe mir! Amen!«

Als »verstockter Zertrenner« und »offenbarer Ketzer« wurde Luther im Wormser Edikt in die Reichsacht erklärt; es wurde angeordnet, daß keiner ihn »hauset, hofet, ätzt und tränket«. Das Schicksal Luthers und der Reformation hing nun von der Entscheidung der deutschen Fürsten ab. Statt Luther auszuliefern, gewährte ihm Friedrich der Weise Schutz

BILD OBEN: Karl V. (1519–1556), Gemälde von Tizian. Als Enkel Maximilians I. wurde er, unterstützt durch beträchtliche Gelder der Fugger und anderer Bankhäuser, von den deutschen Fürsten einstimmig zum Kaiser gewählt. Mit seinen spanischen Kolonien in Südamerika herrschte er über ein Reich, in dem die Sonne buchstäblich nicht unterging.

RECHTE SEITE: Kurfürst Georg, Markgraf von Brandenburg, Philipp, Landgraf von Hessen, Ernst und Franz, Herzöge von Braunschweig–Lüneburg, und Wolfgang, Fürst von Anhalt, deutsche Fürsten, die für die Reformation gewonnen wurden, unterschrieben 1530 die von Melanchthon verfaßte Augsburgische Konfession, die noch heute gültige Fassung der evangelisch-lutherischen Lehre. Nur die Unterstützung der Fürsten rettete die Reformation. Was Luther ursprünglich nicht beabsichtigt hatte, setzte sich durch: das Landeskirchentum. Die Organisation der Kirche wurde der staatlichen Obrigkeit übertragen, an die Stelle des Bischofs trat der Landesherr. Eindeutig dominierte in dieser engen Verbindung von Thron und Altar die weltliche Macht.

Georg Marg:graff zu Branden
burg

Philips Landgraff zu
Heßen

Ernst Hertzog zu Lünen
burg

Wo. Agania Furß zu Anhalt

Francißus Hertzog zu Lünen
burg

Laßet die

und ließ ihn vorübergehend auf der Wartburg in Sicherheit bringen.

Neben religiösen Motiven sahen die deutschen Fürsten in der Reformation ein geeignetes Mittel, ihre Stellung innerhalb ihres Territoriums durch Einziehung der Kirchengüter und damit gleichzeitig auch nach außen gegen den Kaiser zu stärken. Auf dem ersten Reichstag zu Speyer (1526) erklärten sie die Durchführung des Wormser Edikts für unmöglich. Außenpolitisch in kriegerische Ereignisse mit Frankreich verwickelt, war Karl V. zu Zugeständnissen gezwungen, die er dann aber auf dem zweiten Reichstag zu Speyer (1529) wieder rückgängig machen wollte. Dagegen protestierte eine Minderheit deutscher Fürsten – daher der Name Protestanten. Als auf dem Reichstag von Augsburg (1530) keine Einigung zwischen Katholiken und Protestanten erzielt werden konnte, schlossen sich letztere im Schmalkaldischen Bund zum Schutz des Evangeliums und der fürstlichen Libertät zusammen. Karl V. sah nun im Krieg gegen die protestantischen Landesfürsten das letzte Mittel, die Glaubenseinheit wiederherzustellen. Durch das Versprechen der Kurwürde und eines Teiles des Kurfürstentums Sachsen gelang es dem Kaiser, den protestantischen Herzog Moritz von Sachsen gegen seinen Vetter Johann Friedrich zu gewinnen. Die Schmalkaldener mußten weichen, Johann Friedrich von Sachsen wurde 1547 bei Mühlberg völlig geschlagen. Doch Moritz von Sachsen, nun Kurfürst, war keine verläßliche Stütze des Kaisers. Insgeheim

BILD RECHTS: Die Schlacht bei Mühlberg an der Elbe; links die protestantischen, rechts die katholischen Truppen, die einen glänzenden Sieg errangen. Karl V. stand im Reich auf dem Höhepunkt seiner Macht.

verbündete er sich mit den evangelischen Fürsten und dem französischen König gegen Karl V. Auch katholische Fürsten, die ihre fast souveräne Stellung vom Kaiser bedroht sahen, umfaßte die antihabsburgische Koalition. Als Moritz von Sachsen für den Kaiser ganz überraschend zum Angriff überging, mußte dieser aus Innsbruck fliehen und schließlich dem Ansturm der vereinten Kräfte nachgeben. Da Karl V. nicht zu Zugeständnissen bereit war, die er als Kaiser und Katholik nicht verantworten wollte, überließ er seinem Bruder Ferdinand die Beilegung des Konfliktes. Im Augsburger Religionsfrieden (1555) wurde die Lehre Luthers reichsrechtlich anerkannt: »Cuius regio, eius religio« – »Wessen Herrschaft, dessen Religion«. Der Landesherr bestimmte die Religion seiner Untertanen.

KARL V.

»Kaiser Karl V. stand einer unlösbaren Aufgabe gegenüber, denn große Konflikte lassen sich überhaupt nicht ›lösen‹. Der Gegensatz zwischen Protestantismus und Katholizismus ist bis heute – trotz aller Freundlichkeiten auf beiden Seiten – unüberbrückbar. Denn es stehen einander hier völlig verschiedene Konzeptionen gegenüber.

Die Art, wie Karl V. an diesem unlösbaren Konflikt gescheitert ist, zeigt seine volle weltgeschichtliche Größe. Sein Scheitern wirkt sich sowohl für den Katholizismus als auch für den Protestantismus nicht nur tragisch, sondern auch überaus fruchtbar aus. Das weltgeschichtliche Ereignis des Konzils von Trient ist ohne Karl V. ›undenkbar‹: Dem großen Schweizer Humanisten und liberalen Protestanten und Nicht-mehr-Christen Jakob Burckhardt stimmt der Jesuit Hubert Jedin in diesem Urteil zu. In immer wieder ›scheiternden‹ Verhandlungen und Religionsgesprächen mit den Theologen des Kaisers, jenen Gegnern, die ihnen Achtung abrangen, haben deutsche Protestanten sich selbst jenes Maß und jene Selbstdisziplin erkämpft, die ihnen den Aufbau eines evangelischen Körpers und dessen Einbau in das Reich ermöglichten. Auf der Flucht vor seinen Feinden sagt er zu seinem Kriegshauptmann Lazarus Schwendi: ›Ich habe es gut mit Deutschland gemeint, aber bei keinem Teil Dank verdient. Bei den Katholiken nicht, denn wenn ich es nach deren Gefallen hätte machen sollen, so hätte ich dem Kurfürsten (Moritz von Sachsen) den Kopf müssen abschlagen lassen und keine Festung im deutschen Land bleiben lassen dürfen; bei den Lutherischen auch nicht. Darum will ich sie Gott befehlen, er mag es gut machen.‹«

(Friedrich Heer: Das Heilige Römische Reich)

BILD OBEN: 1538, Waffenstillstand von Nizza zwischen Karl V. (rechts) und dem französischen König Franz I. (links), dazwischen als Vermittler Papst Paul III. – Als Karl V. an die mittelalterliche Kaiserpolitik anknüpfte, Oberitalien forderte und auch Erbschaftsansprüche auf Burgund stellte, geriet er in Konflikt mit dem Papst und dem französischen König. Sowohl Rom als auch Frankreich fürchteten die spanisch-habsburgische Umklammerung. Im Kampf gegen die habsburgischen Hegemoniebestrebungen scheuten sie sogar vor dem Bündnis mit den un-

gläubigen Türken nicht zurück, die die Ostgrenze des Habsburgerreiches bedrohten.

Die Notwendigkeit, die Türken im Osten abzuwehren, der Wille, sich in Oberitalien im Kampf gegen Frankreich endgültig zu behaupten, verbunden mit dem Ziel, die Einheit des Glaubens gegen die protestantischen Fürsten des Reiches wiederherzustellen, überforderten trotz großer Erfolge und unermüdlicher Anstrengungen die Kraft des Kaisers. Seiner Idee der Weltkirche und des Weltreiches standen die Partikularinteressen der territorialen Machthaber entgegen. Als der Kaiser mit seiner Lebensaufgabe, die abendländische Glaubenseinheit zu bewahren, gescheitert war, zog er sich ins Kloster zurück. Zuvor noch hatte er seinem Sohn Philipp II. die Niederlande und Spanien, seinem Bruder Ferdinand I. das Reich übertragen. Die Verbindung zwischen Deutschland und Spanien war beendet. Der französisch-habsburgische Gegensatz jedoch, der das ganze Leben Karls V. begleitet hatte, gehörte noch über zwei Jahrhunderte zum Grundthema der europäischen Politik.

BILD LINKS: »Ich würde es vorziehen, tausendmal das Leben zu verlieren, als eine einzige Änderung in Glaubensdingen zu gestatten«, formulierte Philipp II. von Spanien (1556–1598) seinen fanatischen Glaubenseifer. Der Kampf gegen die Reformation für die Weltherrschaft der Kirche und für seine Dynastie waren das unerbittliche, mit allen Mitteln, Krieg und Inquisition, angestrebte Ziel des mächtigsten Herrschers seiner Zeit.

BILD UNTEN: Die Börse von Antwerpen, das größte Handelszentrum des 16. Jahrhunderts. – Als Philipp II. nicht zuletzt wegen des wirtschaftlichen Reichtums der Holländer daranging, aus den Niederlanden eine spanische Provinz zu machen, erhoben sich Adlige und Bürger zum Widerstand gegen die spanische Fremdherrschaft. Zum Haß gegen die spanische Bevormundung und wirtschaftliche Ausbeutung gesellte sich der Glaubenshaß zwischen dem katholischen Spanien und dem Calvinismus der nördlichen niederländischen Provinzen. Um diese Ketzerei ein für allemal auszurotten, schickte Philipp II. Herzog Alba mit einer spanischen Armee nach Norden: »Viel besser ist es, ein Reich in verwüstetem, ja zugrunde gerichtetem Zustande durch einen Krieg für Gott und für den König zu behaupten, als unversehrt ohne Krieg für den Teufel und seine Anhänger, die Ketzer.« Entsprechend dieser Maxime wütete Herzog Alba in den Niederlanden. Dennoch scheiterte Philipp mit seiner Politik der gewaltsamen Unterwerfung. Spanien mußte sich schließlich dem niederländischen Freiheitskampf beugen.

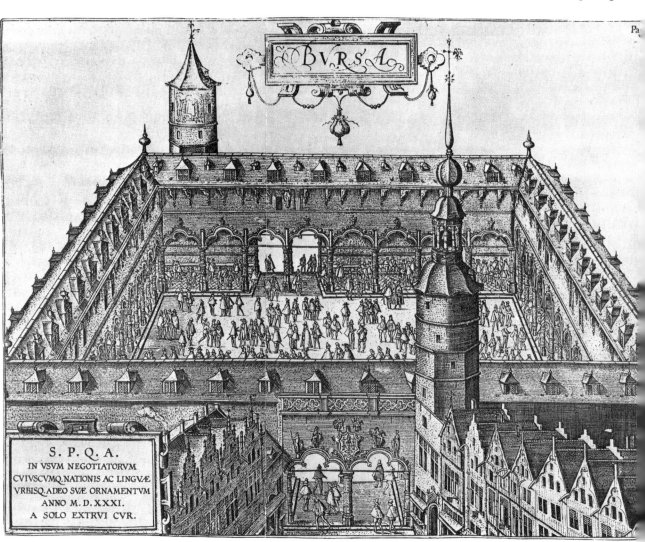

S. P. Q. A.
IN VSVM NEGOTIATORVM
CVIVSCVMQ. NATIONIS AC LINGVÆ
VRBISQ. ADEO SVÆ ORNAMENTVM
ANNO M. D. XXXI.
A SOLO EXTRVI CVR.

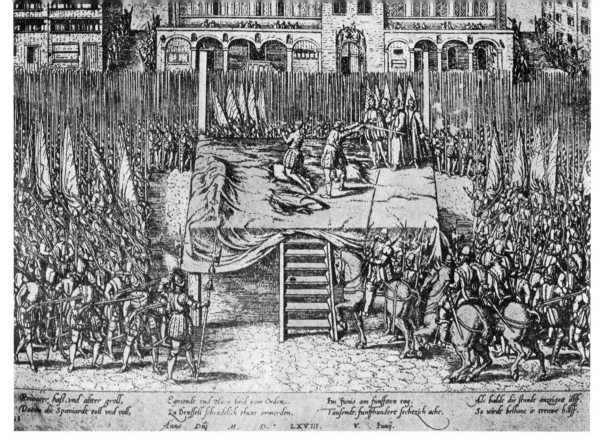

Reuiter, hass, vnd alter groll,
(Dardu die Spaniardt toll vnd voll,)

Egmondt vnd Horn seid von Orden.
Zu Brussell schendlich thunt ermorden,
Anno Dñi M. D. LXVIII.

Im Iunio am funffaten tag,
Tausendt, funffhundert sechtzich acht.
V. Iunij.

Als baldt die stunde anzeiget ilff,
So wirdt belohnt ir trewe hülff.

BILD OBEN: Hinrichtung der niederländischen Freiheitskämpfer Egmont und Hoorn. Die Schreckensherrschaft Albas ließ jedoch den Widerstand der Niederländer nur immer heftiger werden. Unter ihrem Führer Wilhelm von Oranien erklärten die sieben flämisch-calvinistischen Nordprovinzen der Niederlande ihre Unabhängigkeit von Spanien. Auch nach der Ermordung des geächteten Wilhelm von Oranien – seinen Mördern wurden von Philipp 25 000 Kronen in Gold versprochen – ging der Freiheitskampf weiter. Während die südlichen wallonisch-katholischen Provinzen bei Spanien blieben, konnte die nördliche Republik der Vereinigten Niederlande ihre Freiheit behaupten.

BILD UNTEN: Holländische Händler gehen an Land. – Trotz des Kampfes gegen die Spanier erlebte die Republik der Vereinigten Niederlande einen ungeheuren wirtschaftlichen Aufstieg. Unter dem Motto »Für uns die Freiheit, gegen andere das Monopol« betrieben die Niederländer eine rücksichtslose Handels- und Kolonialpolitik. Portugiesen und Spanier wurden aus ihren Positionen verdrängt, eigene Handelsplätze in aller Welt gegründet, in Nordamerika, Südamerika und im Fernen Osten. In der ersten Hälfte des 17. Jahrhunderts wurde Holland zur Weltmacht in Handel und Schiffahrt. Während der Wohlstand der südlichen Niederlande vernichtet war, wurde Amsterdam zur ersten Handelsstadt des Abendlandes.

BILD OBEN: Die Reformation in England hatte vornehmlich politische Gründe. Anlaß jedoch war der persönliche Wunsch Heinrichs VIII. (1509–1547), sich scheiden zu lassen, um das Hoffräulein Anna Boleyn zu heiraten. Als der Papst die Scheidung verweigerte, sagte sich der englische König von Rom los und erhob sich mit der Unterstützung des Parlaments, das ganz allgemein ein antiklerikales Ressentiment repräsentierte und vor allem den finanziellen Druck der Kurie abschütteln wollte, selbst zum Oberhaupt der englischen Kirche. In Glaubens-

fragen nahm er das Recht der letzten Entscheidung für sich in Anspruch. Opponenten seiner kirchlichen Suprematie, die die Ernennung von Bischöfen einschloß, wurden grausam verfolgt. Sein eigener Kanzler Thomas Morus, der ihm den Supremateid verweigerte, wurde enthauptet.

Die neu entstehende englische Staatskirche, die »High Church«, ist in ihrer Lehre protestantisch, hält aber mit der bischöflichen Verfassung und in der Form des Gottesdienstes an der katholischen Überlieferung fest.

UNTEN LINKS: Maria die Katholische, eine Tochter aus der ersten Ehe Heinrichs VIII. mit der spanischen Katharina von Aragon, verheiratet mit Philipp II., eine fanatische Katholikin, versuchte mit skrupelloser Konsequenz, den Katholizismus in England wieder einzuführen. Daher ihr Name »Bloody Mary« – »Blutige Maria«.

UNTEN RECHTS: Das »Scheidungsobjekt« Anna Boleyn. Unter der langjährigen Regierung ihrer Tochter Elisabeth I. (1558–1603) wurde der Bruch mit Rom endgültig vollzogen und die englische Staatskirche fest verankert.

BILD OBEN: Die Hinrichtung Maria Stuarts am 8. Februar 1587. Maria Stuart, katholische Königin von Schottland, von ihren calvinistischen Untertanen aus dem Lande gejagt, wurde von Elisabeth 19 Jahre in England unter Hausarrest gestellt. Da ihr Domizil zum Zentrum katholischer Verschwörungen wurde und sie überdies Erbansprüche auf den englischen Thron geltend machte, ließ Elisabeth sie beseitigen. Die Gegenreformation in England war endgültig gescheitert. Neben dem Luthertum und der reformierten Kirche bildet die anglikanische Kirche die dritte Hauptform des Protestantismus.

BILD OBEN: Die »unbesiegbare« Armada sticht von Lissabon aus mit 150 Schiffen, 2000 Kanonen und 30000 Mann gegen England in See. – Koloniale Rivalität, die englische Unterstützung des niederländischen Freiheitskampfes und die Hinrichtung der katholischen Maria Stuart ließen Philipp II. den Versuch wagen, mit einer ungeheuren Flotte England zu erobern.

BILD RECHTS: Sir Francis Drake, Seefahrer, Pirat und Korsar, ein leidenschaftlicher Feind der Spanier. Unter seiner Führung vernichtete die zahlenmäßig unterlegene englische Flotte 1588 die spanische Armada im Ärmelkanal. Drake revolutionierte die Seekriegführung. Statt wie bisher üblich auf den Enterkampf zu vertrauen, setzte er seine Hoffnung auf die Beweglichkeit der Schiffe und auf die Durchschlagskraft ihrer Kanonen. Mit seinen »Breitseiten« – die Kanonen wurden auf der Backbord- und Steuerbordseite der Schiffe postiert –, begünstigt durch für ihn vorteilhafte Windverhältnisse, bohrte er die spanische Armada in den Grund. Dieser Sieg welthistorischer Bedeutung stoppte die Gegenreformation, öffnete England den freien Weg auf die Weltmeere und schuf damit die Voraussetzung zum Ausbau seiner hegemonialen Machtstellung.

RECHTE SEITE: Das englische Flaggschiff »Ark Royal« zur Zeit des Kampfes gegen die Armada. – Schon immer war sich England seiner insularen Lage und damit der Bedeutung einer schlagkräftigen Flotte bewußt gewesen. In der Akte zur Erhaltung der Flotte von 1540 hieß es, daß »die Flotte sehr nützlich gewesen ist sowohl für den Verkehr und das Zusammenkommen von Kaufleuten ... als auch zu Schutz und Sicherheit in Kriegszeiten, zum Angriff sowohl wie zur Verteidigung«.

DIE NIEDERLAGE
DER ARMADA

»Nicht nur zwei Flotten, sondern zwei Flottenzeitalter ziehen jetzt (1588) gegeneinander zur See. Die Spanier verkörpern die alte und schwerfällige Enterflotte, die den Seekampf auf den Wellen selbst zu einem Landkampf umzugestalten vermag und der ihre Stoßkraft lediglich durch einige schwerbestückte, dafür aber auch an Wendigkeit mangelhafte Großkampfschiffe verstärkt. Die Engländer sind bereits die Vertreter des Artilleriefernkampfes zur See, den sie auf flinken Seglern dem Feinde nach Belieben aufzuzwingen vermögen. Im Nahkampf sind sie verloren, weil ihnen die Erfahrung der Entertechnik und die geschulte Schiffsinfanterie fehlen; darum vermeiden sie diese Art des Kräftemessens unter allen Umständen. Dagegen sind sie unerreichbar im Fernangriff und im Ausweichen, in der lockeren Beweglichkeit der Schlachtlinie und in der Ausnützung des Windes. Die Überlegenheit der englischen Artillerie vollends ist um jene Zeit so eindeutig, daß sie allein schon einen vollen Sieg zu verbürgen scheint... Die Engländer erwarten eine erfolgreiche Entscheidung einzig und allein von ihrer neuen Strategie... Ihre Kampfmethode hat zur Grundlage nicht die blockartige Häufung der Schiffe, sondern eine langgezogene und lichte Linie, weil diese Art des Aufmarsches bei größter Beweglichkeit zugleich auch die größte Dichte des Feuers gewährleistet. Sie richten ihre Geschosse nicht, wie das erst viel später die Franzosen tun werden, auf die Masten und das Takelwerk des Gegners, um ihn bewegungsunfähig zu machen und ihn so aus der Schlachtlinie hinauszudrängen; sie zielen vielmehr auf den Schiffsrumpf, und zwar in Höhe der Wasserlinie, um gefährliche Leckschüsse zu erreichen, oder sie jagen ihre Kugeln in die überfüllten Zwischendecks, um die feindlichen Batterien außer Kampf zu setzen. Zunächst und für den Anfang freilich, denn es muß sich ja alles erst erproben, zielen sie dorthin, wohin sie eben treffen. Nur eines vermeiden sie sorgfältig: jede Annäherung und jede Entergefahr ... Zwischen Lepanto (bei Lepanto besiegte 1571 Don Juan d'Austria die türkische Flotte im Enterkampf) und der Armada liegt der Wendepunkt von der mittelalterlichen zur neuzeitlichen Flottenstrategie, der Aufstieg der Engländer zur Herrschaft über die Meere, der Niedergang der spanischen Seegeltung für immer.«

(Ludwig Pfandl: Philipp II.)

CALVINISMUS

Neben Luther und Zwingli wurde Jean Calvin (1509 bis 1564) zum dritten großen Reformator. Er wurde in Nordfrankreich geboren, an der Sorbonne geschult und von Zwingli beeinflußt. Im Mittelpunkt seiner Theologie stand die Lehre von der Prädestination, von der vorherbestimmten göttlichen Gnade oder Verdammnis. Calvins Gott war nicht der barmherzige gnädige Gott Luthers, sondern der strafende Gott des Alten Testaments: »Christus will nicht, daß wir wähnen, er sei gekommen, Frieden zu bringen auf Erden, sondern das Schwert.« Während sich die lutherische Reformation in Deutschland mit Hilfe der fürstlichen Territorialgewalt durchsetzte, stand dem Calvinismus in Westeuropa die Staatsgewalt entgegen.

Von Genf aus, wo Calvin seinen Gottesstaat etabliert hatte, über den er mit aller Strenge als von der Gemeinde gewählter geistlicher Diktator regierte, breitete sich die neue Lehre besonders über Westeuropa aus, in Frankreich, den Niederlanden, Schottland und England. Die seefahrenden Völker brachten die Glaubensspaltung auch nach Übersee. Zur großen kämpferischen Auseinandersetzung zwischen den Calvinisten, die sich in Frankreich Hugenotten nannten, und Katholiken kam es in Frankreich. In den Hugenottenkriegen (1562–1598) versank das in zwei Lager gespaltene Land in einen mehr als dreißig Jahre dauernden Bürgerkrieg.

BILD LINKS: Erst unter Heinrich IV. (1589–1610) fand Frankreich zu geordneten Verhältnissen zurück. Als Haupt der reformierten Partei lautete sein Programm: »Friede, Friede, Friede unter den Franzosen!« Doch noch mehrere Jahre mußte er kämpfen, bis seine Thronfolge in ganz Frankreich anerkannt wurde. Das von Philipp II. unterstützte, von ihm belagerte Paris öffnete ihm die Tore erst, als er zum katholischen Glauben übertrat. »Paris ist eine Messe wert«, kommentierte er den Glaubenswechsel. Mit dem Edikt von Nantes 1598 konnte er die Religionskämpfe in Frankreich schließlich beenden. Auf der Basis der Toleranz gelang der Ausgleich der religiösen Gegen-

sätze. Den Hugenotten wurden gleiche bürgerliche Rechte und Glaubensfreiheit zugebilligt sowie die Unterhaltung von 200 militärischen Garnisonen im Land, die der König finanzieren mußte. Damit hatte Heinrich IV. zunächst die staatliche Einheit Frankreichs gerettet und die Grundlage für den französischen Absolutismus bereitet. Dieser nur halbe Sieg der Gegenreformation ließ den fanatischen Jesuiten Ravaillac zum Messer greifen. Am 15. Mai 1610 wurde der populäre König, der die zentrale Macht des Staates gestärkt und jedem Bauern sonntags »sein Huhn im Topfe« gewünscht hatte, von einem Katholiken ermordet.

BILD OBEN: Blutiger Höhepunkt der Hugenottenkriege war die Bartholomäusnacht vom 23. auf den 24. August 1572. Auf Befehl der französischen Königinmutter Katharina von Medici wurden in dieser Nacht der Anführer der Hugenotten, Admiral Coligny, und mit ihm über 2000 seiner Anhänger in Paris ermordet. »Alles, was man angetroffen, (wurde) erschossen, erstochen, erwürget« und die noch schliefen »aus den Betten geschleift, gemetzelt, zerhackt und dann nackend zu den Fenstern hinausgeworfen.« Das Ziel dieser grausigen Bluttat – in der Provinz fielen ihr noch über 20000 Hugenotten zum Opfer –, die Beendigung des Bürgerkriegs, wurde nicht erreicht.

30 JÄHRIGER KRIEG

BILD OBEN: Prager Fenstersturz am 23. Mai des Jahres 1618.

BILD UNTEN: Die Titelseite der ersten Ausgabe des Simplicissimus von Hans Jakob Christoph von Grimmelshausen. Grimmelshausen war während des Dreißigjährigen Krieges Musketier und Schreiber in mehreren Heeren. In seinem Roman Simplicius Simplicissimus wurde er zum großen realistischen Schilderer des Krieges.

Während die Kämpfe der Gegenreformation in Spanien, Frankreich, England und den Niederlanden die Herausbildung starker Nationalstaaten förderten, blieb Deutschland in zwei Lager gespalten. Zur Sicherung ihres Besitzstandes im Reich schlossen sich die protestantischen Fürsten 1608 zur »Union«, die katholischen 1609, unterstützt vom Haus Habsburg, im Gegenzug zur »Liga« zusammen. Eine unüberbrückbare Spannung herrschte zwischen den Parteien. An eine einheitliche Reichspolitik war nicht zu denken. Insbesondere die mächtigen Habsburger wollten die im Augsburger Religionsfrieden rechtlich sanktionierte Glaubensspaltung nicht endgültig anerkennen. Ihr Ziel war und blieb die Gegenreformation.

Als das kaiserliche Wien im Rahmen seines Programms der Rekatholisierung versuchte, das den böhmischen Protestanten zugesicherte Recht der freien Religionsausübung zu beseitigen, zogen die gewählten Vertreter der protestantischen Stände, zum Widerstand entschlossen, zur Prager Burg, dem Hradschin. Als dort die kaiserlichen Räte Slavata und Schmesanszki hartnäckig blieben, wurden sie samt Schmesanszkis Sekretär kurzerhand zum Fenster hinausgeworfen. Der Prager Fenstersturz von 1618 wurde zum Anlaß des Dreißigjährigen Krieges. Vom begrenzten religiösen Konflikt entwickelte er sich zum politischen Kampf der europäischen Mächte.

BILD OBEN UND FOLGENDE SEITE: »Unterschied zwischen der wahren Religion Christi und falschen Abgöttischen lehr des Antichrists in den fürnemsten stücken«, eins der Propaganda-flugblätter, wie sie zur Zeit der Reformation zu Tausenden verbreitet wurden. Das Bild zeigt Taufe und Abendmahl, die zwei Sakramente, die Luther von den sieben Sakramenten gelten ließ. Vom Heiligen Geist erleuchtet, weist Martin Luther, aus der Bibel lesend, den Weg der Erlösung über den Opfertod Christi, des Lammes Gottes, zum gnädigen Gott. (Zur Reformation und Gegenreformation siehe S. 308 ff.)

Abgöttischen lehr des Antichrists in den fürnemsten stücken.

BILD OBEN: Ein zorniger Gott und der heilige Franziskus blicken empört herab auf das sündige Treiben der römischen Kirche. Ein Priester verkündet die ihm vom Teufel eingegebene Wahrheit: »Sehet da habt ihr viel Römische Catholische und nicht Ketzerische Wege zur seligkeit. Ich meine in ihr könt leichtlich selig werden.« Rechts unten verkauft der Papst höchstpersönlich die Ablässe, vor ihm ein feister, aufs leibliche Wohl bedachter Mönch mit zwei Hühnern in der Hand. Im Hintergrund werden katholische Zeremonien und Sakramente, insbesondere das Besprengen mit Weihwasser verspottet.

BILD RECHTS: Das Pulver ist gezündet, donnernd fährt die Kugel aus dem Rohr. Bevor das Geschütz erneut geladen werden kann, werden mit Wasser die letzten Funken gelöscht. Ist die Kanone zu heiß geworden, muß sie mit nassen Tüchern abgekühlt werden. – Das im 17. Jahrhundert verstärkt aufkommende Artilleriewesen trug mit dazu bei, das Zerstörungspotential der Kriegführenden zu vergrößern. Kriegsentscheidend blieben jedoch zunächst die Landsknechte der Söldnerheere.

BILD UNTEN: Landsknechte im Zweikampf. – Der Söldner, der seine Kriegsdienste dem Meistbietenden zur Verfügung stellte, beherrschte die kämpferische Szenerie des Dreißigjährigen Krieges. Kaiser Ferdinand II., der sich als Hüter des wahren Glaubens verstand, mahnte seine Kriegsvölker zur Disziplin, »ohne welche Kriege nichts anderes sind als große Raubzüge«. Vornehmlich seien »die unrechtmäßigen Handlungen über dasjenige hinaus, was die tägliche Notdurft erfordert, wie auch das unchristliche Brennen, Sengen, Brandschatzen, Rauben, Schänden und Notzwengen ehrbarer Frauen und Jungfrauen durch scharfe exemplarische Bestrafung abzustellen«. Doch sanken die Söldnerhaufen bald zur Soldateska herab. Diszipliniert nur im Kampf, zogen die Landsknechte, gefolgt vom Troß der Dirnen, Weiber, Kinder und Knechte, durchs Land. Fressen, Saufen, Unzucht und Beutemachen gehörten zu ihrem Lebensgesetz. Im blinden Vertrauen zum einmal bewährten Feldherrn, ohne Bindung an Staat und Religion, grausam und voller Roheit praktizierten sie ihr blutiges Handwerk.

1 S. Michael. 2 Der Dom zu S. Mauriz. 3 S. Gangolf. 4 S. Sebaftia. 5 S. Nicola.
7 S. Anna. 8 zum h. Geift. 9 S. Virich. 10 S. Iohannes. 11 das Rathaus. 12 Barfüßer
14 S. Maria Magdalena. 15 Hunenthun. 16 S. Peter. 17 S. Iacob. 18 S. Augu
Rathaus. 21 S. Laurenz. 22 S. Peter und Paul. 23 Sudenburg. 24 Newftat.

MAGDEBURG.

ALBIS   FLVVIVS

SIEGE DER LIGA

Nach dem Sieg der Liga unter ihrem Anführer Tilly
im Kampf gegen das aufständische Böhmen wurde
das Land rücksichtslos rekatholisiert, tschechische
und deutsche Anführer wurden hingerichtet, ihr
Landbesitz an katholische Adlige vergeben. Mittelbar
unterstützt von gegenreformatorischen Kräften in
England und den Niederlanden, die wie Dänemark
ein Erstarken des Hauses Habsburg fürchteten, eröffnete nun Dänemarks König Christian IV. den
Krieg gegen den Kaiser. Rasch wurden er und seine
deutschen protestantischen Verbündeten von Wallenstein und Tilly zurückgeschlagen. Konsequent nutzte
der Kaiser den Sieg. Ohne Mitwirkung des Reichs-
tages erließ er 1629 das sogenannte Restitutionsedikt,
das die Herausgabe aller von den protestantischen
Fürsten in Besitz genommenen ehemals geistlichen
Länder sowie die Besetzung aller reichsunmittelbaren
Stifte und Bistümer mit katholischen Geistlichen for-

derte. Zur Durchführung des Edikts, das eine beträchtliche Schwächung der Fürsten zufolge gehabt
hätte, zog das kaiserlich-ligistische Heer nach Norden
und belagerte die ehemals erzbischöfliche Stadt
Magdeburg. Über Eroberung und Zerstörung der
Stadt berichtet der damalige Ratsherr und spätere
Bürgermeister Otto von Guericke:
»Als nun durch den (kaiserlichen) General Pappen-
heim eine ziemliche Anzahl Volkes auf den Wall bei
der Neustadt und da herum in die Gassen der Stadt
gebracht, auch der von Falckenberg erschossen und
das Feuer an allen Enden eingelegt worden, da war es
um die Stadt geschehen und aller Widerstand zu spät
und vergebens. Denn obgleich von Bürgern und Soldaten an einigen Orten noch Widerstand geleistet
wurde, haben doch die Kaiserlichen immer mehr und
mehr Truppen, auch viele Reiterei, zu Hilfe gekriegt,
endlich auch das Kröckentor geöffnet und also die
ganze Armee der Kaiserlichen und Katholischen Liga
von Ungarn, Kroaten, Polen, Heyducken, Italienern,
Spaniern, Franzosen, Wallonen, Nieder- und Ober-

deutschen usw. hier eingelassen. Da ist es geschehen, daß die Stadt mit allen ihren Einwohnern in die Hände und Gewaltsamkeit ihrer Feinde geraten ist. Da ist nichts als Morden, Brennen, Plündern, Peinigen, Prügeln gewesen. Insonderheit hat ein jeder von den Feinden nach vieler und großer Beute gefragt... Da haben sie angefangen zu prügeln, ängstigen, gedrohet zu erschießen, spießen, henken und so weiter, daß, wenn's gleich unter die Erde vergraben oder mit tausend Schlössern verschlossen gewesen, die Leute dennoch hervorsuchen und herausgeben müssen. Unter welcher währenden Wüterei dann, und da diese so herrliche, große Stadt, die gleichsam eine Fürstin im ganzen Lande war, in voller, brennender Glut und solchem großen Jammer und unaussprechlicher Not und Herzeleid gestanden, sind mit greulichem, ängstlichem Mord- und Zetergeschrei vieltausend unschuldige Menschen, Weiber und Kinder kläglich ermordet und auf vielerhand Weise erbärmlich hingerichtet worden, also daß es mit Worten nicht genugsam kann beschrieben und mit Tränen beweint werden.«

Bild links: 1631, Belagerung von Magdeburg durch die Truppen Tillys. Nach der fast vollständigen Zerstörung der etwa 40 000 Einwohner zählenden Handelsstadt blieb ihre Wirtschaftsmacht fortan gebrochen. Ähnlich wie Magdeburg erging es zahlreichen anderen deutschen Städten im Dreißigjährigen Krieg. Nicht nur Brandschatzung und Plünderung, Krieg und Schwert richteten ungeheuren Schaden an, noch fürchterlicher wüteten Krankheit und Hunger in den belagerten Städten. Pferde-, Hunde- und Katzenfleisch wurden verzehrt, manche kochten sogar Mäuse und Ratten.

Bilder oben: Von links nach rechts: Feldherrn des Dreißigjährigen Krieges: Johann Graf von Tilly, Heerführer der katholischen Liga, übernahm nach Wallensteins Tod den Oberbefehl über das kaiserliche Heer. – Christian von Halberstadt, der »tolle Christian«, kämpfte auf protestantischer Seite zunächst in niederländischen Diensten und seit 1625 als General im Dienst Christians IV. von Dänemark. – Bernhard von Sachsen-Weimar, General im schwedischen Heer, übernahm nach Gustav Adolfs Tod die Führung in der Schlacht bei Lützen und vollendete den Sieg der Protestanten. – Johann von Werth, Reitergeneral, berühmt durch seinen Einfall nach Frankreich, der ihn bis nahe vor Paris führte.

R. M. in Böhmen.   R. M. in Schweden.

GUSTAV ADOLF

Die kaiserlich-ligistischen Erfolge in Norddeutschland, das Auftauchen des Hauses Habsburg an der Ostseeküste führten zum Eingreifen des schwedischen Königs Gustav Adolf (1611–1632) auf dem europäischen Kriegsschauplatz. Sein Ziel, das »Dominium maris Baltici«, die Vorherrschaft im Ostseeraum, schien ernsthaft gefährdet. Sowohl politische als auch religiöse Gründe waren die Motive des protestantischen Schwedenkönigs: territorialer Gewinn

an Deutschlands Ostseeküste sowie die Zurückdrängung der ihm verhaßten Gegenreformation. Die Verhandlungen des schwedischen Reichstags ließen das Nebeneinander beider Motive in der Überschneidung politischer Interessen und religiöser Überzeugung deutlich hervortreten. Ganz das religiöse Moment betonte Gustav Adolf:

»Im Gefolge der kaiserlichen Sache zieht der Triumph des Katholizismus, dem besiegten Schweden wird der Glaube genommen werden, ihn aber gilt es zu verteidigen. Die Absicht der Katholischen ist allgemein kund und offenbar. Seit lange wollen sie nichts an-

deres als Ausrottung und Untergang der rechtgläubigen Evangelischen.«

In seiner Antwort argumentierte der schwedische Reichstag mit politischen Überlegungen:

»Man weiß, daß der Kaiser einen unauslöschlichen Haß gegen Schweden trägt, nicht allein in dem Fundamentalvorsatz aller Papisten, alle Evangelischen auszurotten, sondern auch in dem alten brennenden Verlangen des Hauses Österreich nach der Universalmonarchie... Will man mit Ehre und Reputation zu einem Vergleich kommen, so ist es besser, man begegnet dem Kaiser mit einer Armee an seinen eigenen Grenzen und traktiert mit ihm unter dem Helm, als daß man ihn hier in Schweden erwartet.

Es gibt keinen besseren Schutz für die Ostsee und folglich keine andere Sicherheit für Schweden als die Offensive. Denn erstlich kann man von Stralsund aus, das wie mit zwei Armen einen großen Teil der Ostsee umfaßt, wenn man dort nur ankommt und eine Flotte hält, die See auf beiden Seiten längs der ganzen deutschen Küste rein halten. Kann man sodann auch Wismar überwältigen und dazu ist keine geringe Hoffnung vorhanden, so ist die ganze Ostsee eingenommen, denn es ist dann kein bedeutender Hafen mehr übrig.«

Von Frankreich finanziell unterstützt, landete Gustav Adolf mit einem Heer 1630 an der pommerschen Küste. 1631, in der Schlacht bei Breitenfeld, konnte er Tilly entscheidend schlagen. Mit Hilfe der vorübergehend geeinten deutschen evangelischen Fürsten führte ihn sein Siegeszug nach Süddeutschland, München wurde besetzt, die habsburgischen Erblande waren unmittelbar bedroht.

BILD OBEN: 1632, Einzug der schwedischen Truppen in die Reichsstadt Nürnberg. In der Mitte ist König Gustav Adolf mit seinem Spitzbart zu erkennen. Seine Devise: Angriff ist die beste Verteidigung.

BILD RECHTS: König Gustav Adolf von Schweden. Mit seinem Tod in der Schlacht bei Lützen verlor Schweden seinen bedeutendsten Feldherrn und fähigsten Staatsmann, der Protestantismus einen politischen Führer, der sich auch aus religiöser Überzeugung am Dreißigjährigen Krieg beteiligt hatte.

BILD LINKS: Albrecht von Wallenstein (1583–1634), Herzog von Friedland, entstammte einer anfangs sehr reichen, dann aber verarmenden tschechisch-protestantischen Adelsfamilie. 1607 trat er zum katholischen Glauben über. Er heiratete eine sehr vermögende Witwe und führte auf deren Besitz die Gegenreformation durch, womit er sich auch die Gunst der Habsburger zu sichern wußte. Kaiser Ferdinand II., vom dänischen König bedroht, nahm das Angebot Wallensteins an, ein selbständiges Heer auf eigene Kosten auszurüsten, um nicht völlig von den Streitkräften der Liga abhängig zu sein. Wallenstein, ein hervorragender Geschäftsmann, Organisator und militärischer Stratege, trommelte ein großes Heer zusammen, das er durch ein rücksichtsloses Kontributionssystem aus den jeweils besetzten Ländern – gleichgültig, ob feindlich oder verbündet, ob evangelisch oder katholisch – ernähren und besolden ließ. Von seinen Soldaten bewundert und verehrt, den deutschen Fürsten jedoch zu mächtig geworden, wurde Wallenstein unter ihrem Druck vom Kaiser zunächst entlassen, doch als die Schweden seine Erblande bedrohten, wieder zurückgerufen und als General-Oberst-Feldhauptmann mit allen Vollmachten ausgestattet.

BILDER UNTEN: Die Ermordung Wallensteins und seiner Getreuen. Wallenstein, am Fenster seines Schlafzimmers stehend, wird von Hauptmann Devereux erstochen. Anschließend wurde seine Leiche »an den Fersen« hinausgeschleift, »so daß sein Kopf auf jede Stufe schlug«.

WALLENSTEIN

In dieser gefährlichen Situation gelang es Wallenstein, erneut mit dem Oberbefehl betraut, in kürzester Zeit ein Heer aufzubieten und Gustav Adolf aus Süddeutschland zu verdrängen. In der Schlacht bei Lützen (1632) blieben jedoch die Schweden Sieger, bezahlten diesen Sieg allerdings teuer mit dem Tod ihres Königs. Das »Kriegsglück« hielt sich nun die Waage.

Marodierende Söldnerhaufen ohne Oberbefehl, ohne militärisches Ziel durchstreiften mordend und brennend das Land. In dieser Lage nahm Wallenstein Geheimverhandlungen mit dem Gegner auf. Über den Kopf des Kaisers hinweg suchte er den Ausgleich mit Schweden und den protestantischen Fürsten. Im mißtrauischen Wien wurde dieses undurchsichtige Verhalten Wallensteins als Verrat empfunden und der Feldherr insgeheim seines Kommandos enthoben. Am 20. Februar 1634 erklärte Kaiser Ferdinand II. vor den versammelten österreichischen Ständevertretern Wallenstein für abgesetzt. Die kaiserlichen Offiziere und Soldaten wurden aufgefordert, ihm den Gehorsam zu versagen. Ein kaiserlicher Schutzbrief folgte für den, der Wallenstein dem Kaiser ausliefern würde, tot oder lebendig. Mit ihm ergebenen Truppen zog sich Wallenstein daraufhin nach Eger zurück, wo er am 25. Februar 1634 im kaiserlichen Auftrag ermordet wurde.

MORD IN EGER

»Nachdem der Herzog von Friedland am 24. Februar mit dem Feldmarschall Illo, den Grafen Tertzky und Kinsky, dem Obersten Butler, Rittmeister Neumann und anderen Offizieren, von Pilsen aus in Eger angekommen und des Abends zwischen vier und fünf Uhr dort eingezogen, haben alsbald der Kommandant daselbst, Oberstleutnant Johann Gordon und dessen Oberstwachtmeister Walther Lesley, alle beide Schottländer, zu denen sich auch nachmals der Oberst Butler geschlagen, einen Pakt miteinander gemacht, daß sie den Herzog von Friedland und die Offiziere seiner Umgebung aus dem Wege räumen wollten, weil sie verstanden, daß diese auf die evangelische Seite zu treten gesinnt wären: mit welcher Tat sie ihrer kaiserlichen Majestät einen Gefallen und guten Dienst zu leisten gedachten.

Am 25. haben Erstgemeldete Feldmarschall Illo, die beiden Grafen Tertzky und Kinsky, den Rittmeister Neumann und noch drei Offiziere auf die Burg zur Abendmahlzeit geladen, welche dann alle, weil sie sich nichts Arges versahen, willig erschienen sind. Als aber die Mahlzeit fast vorüber war, ist ein Trupp Butlerscher Dragoner, die Irländer gewesen, eingelassen worden; deren Offiziere sind mit entblößtem Degen eingetreten und haben gerufen: ›Wer ist gut kaiserlich?‹ Worauf Butler, Gordon und Lesley schnell geantwortet: ›Vivat Ferdinandus‹, zur Wehr gegriffen haben und auf eine Seite getreten sind. Die Irländer aber haben den Tisch über den Haufen geworfen, sind auf den Feldmarschall und die beiden Grafen eingedrungen und haben auf sie gestochen und geschlagen, daß Illo und Kinsky gleich anfangs tot geblieben; Graf Tertzky ist ins Vorhaus entkommen, aber dort von den Dragonern mit Musketen zu Tode geschlagen worden... Butler ist mit seinem Kapitän (Devereux) und ungefähr 12 Musketieren aus der Burg zu des Herzogs von Friedland Quartier geeilt. Und hat besagter Kapitän den Herzog, so im Hemd am Tische lehnend gestanden, aber als der Kapitän auf ihn zugeeilt, gegen das Fenster zu gewollt, mit einer Partisane durchstochen, daß er, ohne ein Wort zu sprechen, zur Erde gefallen und den Geist aufgegeben.«

(Theatrum Europaeum)

SCHWEDENTRUNK

»Das erste, was diese Reiter taten und in den Zimmern meines Knäns (Pflegevaters) anfingen, war, daß sie alle Pferde einställten; hernach hatte jeder seine sonderbare Arbeit zu verrichten, deren jede lauter Untergang und Verderben anzeigte... Etliche durchstachen Heu und Stroh mit ihren Degen, als ob sie nicht Schafe und Schweine zu stechen genug gehabt hätten; etliche schütteten die Federn aus den Betten und füllten hingegen Speck, andere dürres Fleisch und sonst Geräte hinein, als ob alsdann besser darauf zu schlafen wäre. Andere schlugen Ofen und Fenster ein, als hätten sie einen ewigen Sommer zu verkündigen. Kupfer und Zinngeschirr schlugen sie zusammen und packten die gebogenen und verderbten Stücke ein. Bettladen, Tische, Stühle und Bänke verbrannten sie, da doch viel Klafter dürres Holz im Hofe lag. Häfen und Schüsseln mußten endlich alles entzwei, entweder weil sie lieber gebraten aßen, oder weil sie bedacht waren, nur eine einzige Mahlzeit allda zu halten. Unsre Magd ward im Stall dermaßen tractiert, daß sie nicht mehr daraus gehen konnte, welches zwar eine Schande ist zu melden! Den Knecht legten sie gebunden auf die Erde, steckten ihm ein Sperrholz ins Maul und schütteten ihm einen Melkkübel voll garstiges Mistlachenwasser in den Leib; das nannten sie einen schwedischen Trunk, der ihm aber gar nicht schmeckte, sondern in seinem Gesicht sehr wunderliche Mienen verursachte; wodurch sie ihn zwangen, eine Abteilung anderwärts zu führen, allda sie Menschen und Vieh hinwegnahmen und in unsern Hof brachten, unter welchen mein Knän, meine Mutter und unsere Ursele auch waren.

Da fing man erst an, die Steine von den Pistolen und hingegen anstatt deren der Bauern Daumen aufzuschrauben und die armen Schelme so zu foltern, als wenn man hätte Hexen brennen wollen, maßen sie auch einen von den gefangenen Bauern bereits in den Backofen steckten und mit Feuer hinter ihm her waren, unangesehen er noch nichts bekannt hatte. Einem anderen machten sie ein Seil um den Kopf und drehten es mit einem Stock zusammen, daß ihm das Blut zu Mund, Nase und Ohren heraussprang. In Summa, es hatte jeder seine eigene Invention, die Bauern zu peinigen...

Von den gefangenen Weibern, Mägden und Töchtern weiß ich sonderlich nichts zu sagen, weil mich die Krieger nicht zusehen ließen, wie sie mit ihnen umgingen. Das weiß ich noch wohl, daß man teils hin und wieder in den Winkeln erbärmlich schreien hörte.«

Szenen wie diese, geschildert in Grimmelshausens »Simplicius Simplicissimus«, gehörten zum Alltag der vom Dreißigjährigen Krieg betroffenen Bevölkerung.

BILD OBEN: Treffend sah der Karikaturist den Dreißigjährigen Krieg nicht als Glaubenskampf, sondern als Mittel der Fürsten, sich zu bereichern. Geld und Silbergeschirr am Boden, im Hintergrund Städte, auf einem Speer aufgereiht Wappen, Kronen und Herzoggewänder – alles wohlfeil dem beutegierigen Zugriff. – Nach dem Tod Gustav Adolfs und Wallensteins, den hervorragenden Führerpersönlichkeiten des Dreißigjährigen Krieges, traten die religiösen Motive der kämpfenden Parteien noch weiter zurück und dienten schließlich nicht einmal mehr als Vorwand politischer Zielsetzungen. Protestantische und katholische deutsche Fürsten kämpften unter kaiserlicher Führung gemeinsam gegen protestantische Schweden. Das

katholische Frankreich verbündete sich daraufhin mit deutschen Protestanten und trat mit eigenen Truppen offen gegen Habsburg in den Kampf. Auf deutschem Boden rangen Europas Mächte um politische Positionen.

BILD UNTEN: Nach dem Friedensschluß wurde der vom leidgeprüften Volk herbeigesehnte Friede in ganz Europa verkündet. Über zerbrochenes Kriegsgerät reitet der Friedensbote durchs Land.

RECHTE SEITE: 1648, Friedensschwur im Rathaus von Münster in Westfalen. – Nach langjährigen Verhandlungen unter Beteiligung fast aller europäischen Mächte ging der Dreißigjährige Krieg mit dem Westfälischen Frieden zu Ende.

Im Westfälischen Frieden wurde der Religionsfrieden von Augsburg jetzt auch unter Einschluß der Calvinisten bestätigt, die Glaubensspaltung in Deutschland endgültig anerkannt und damit das Zeitalter der Konfessionskriege beendet. Politisch gesehen hatte nicht der Kaiser, nicht das Reich, auch nicht die katholische Sache gesiegt, sondern der französische Nationalismus. Unter Förderung Frankreichs erhielten die deutschen Fürsten das Recht, mit dem Ausland Bündnisse zu schließen, wurden über 350 größere und kleinere praktisch souveräne Herrschaftsgebiete an-

erkannt. Diese Zersplitterung im Innern und die damit verbundene Ohnmacht nach außen war der entscheidende Sieg Frankreichs, mit dem es seine Hegemonie in Europa für fast zweihundert Jahre sichern konnte. Die Macht Habsburgs wurde zurückgedrängt. Die Idee des Kaisertums, das formal zwar noch bis 1806 existierte, war mit dem Westfälischen Frieden für immer verschwunden.

Das europäische »Konzert der Mächte« trat endgültig auch für das Reich an die Stelle des universalen Kaisertums.

Nur Gott unmittelbar verantwortlich, nahm der absolute Herrscher uneingeschränkt die gesamte Staatsgewalt für sich in Anspruch. Theoretisch wurde die Lehre vom absolutistischen Staat, die Notwendigkeit seiner vollen Souveränität nach innen und außen zur Sicherung von Recht und Frieden, erstmals von Jean Bodin begründet: »Zum Wesen der Souveränität gehört, daß sie absolut ist und ewig unbeschränkt nach Macht, Aufgabe und Zeit.« Schon Richelieu hatte entsprechend der Theorie des Absolutismus die politische Macht der Hugenotten gebrochen und die Stände von politischer Mitwirkung ausgeschlossen. Mit einem zentralistisch organisierten Beamtenapparat regierte der König von Paris aus das Land. Gegen die »lettres de cachet«, die Haftbefehle im Namen des Königs, gab es keinen Schutz, eine höhere, den König kontrollierende Instanz war nicht vorhanden. Mit der Aufhebung des Toleranzedikts von Nantes versuchte Ludwig XIV. auch die Glaubenseinheit wiederherzustellen. Zu Tausenden verließen daraufhin die Hugenotten das Land. Den französischen Klerus ließ er bestimmen, daß die Entscheidungen des Papstes auch in Glaubensdingen der Zustimmung der französischen Kirche bedürften. Sein Ziel war die Allgewalt des in seiner Person verkörperten Staates: Un roi, une foi, une loi – Ein König, ein Glaube, ein Gesetz.

AUS DEM POLITISCHEN TESTAMENT RICHELIEUS

»Die öffentlichen Interessen müssen das einzige Ziel des Fürsten und seiner Minister sein, oder sie beide müssen sie sich wenigstens so angelegen sein lassen, daß sie sie allen Sonderinteressen vorziehen.

Wenn die Fürsten nicht alles tun, um die verschiedenen Stände ihres Staates in rechter Ordnung zu erhalten, wenn sie nachlässig in der Wahl eines guten Ministeriums sind, wenn sie dessen heilsame Ratschläge gering achten, ... wenn sie träge sind, die Herrschaft Gottes aufzurichten, die der Vernunft und der Gerechtigkeit zugleich, ... wenn sie nicht mächtig die Hand erheben, den Staat in jener Machtstellung, die ihm gebührt, aufzurichten, wenn sie nicht bei allen Gelegenheiten die Staatsinteressen den Sonderinteressen vorziehen, so mögen sie sonst einen guten Lebenswandel führen und doch schuldiger als jene sein, die mit der Tat die Gebote und Gesetze Gottes übertreten.«

LINKE SEITE: Allein nach dem Grundsatz der Staatsräson handelnd, ohne Rücksicht auf konfessionelle Überlegungen, hat Kardinal Richelieu (1585 bis 1642), allmächtiger Minister Ludwigs XIII., Frankreichs Politik im Dreißigjährigen Krieg bestimmt mit dem Ziel, gegen Habsburg die Vorherrschaft in Europa zu erringen. Innenpolitisch strebte er nach der absoluten Macht des Königs gegenüber jeder ständischen Opposition. Sein Nachfolger Kardinal Mazarin und Ludwig XIV. vollendeten die Herrschaftsform des Absolutismus.

BILD RECHTS: Finanzminister Ludwigs XIV., Jean Baptiste Colbert, tatkräftiger Förderer der Wirtschaft zur Machtsteigerung des absoluten Staates. Binnenzölle wurden beseitigt, Manufakturen angelegt, Straßen und Verkehrswege ausgebaut, Münzen, Maße und Gewichte vereinheitlicht. Ziel der vom Staat kontrollierten Wirtschaft des Merkantilismus war die aktive Handelsbilanz, ein möglichst großer Exportüberschuß, den die Schuldner mit Geld zu zahlen hatten.

ABSOLUTISMUS

Jacques Bossuet, Erzieher des jungen Ludwig, schrieb für diesen über das Selbstverständnis des absolutistischen Herrschers:

»Gott ist der absolute König der Welt. Anfangs hat Gott unmittelbar die Regierung der Menschen geübt. Er hat seinem Volke das Gesetz gegeben; er war sein Führer und Richter. Gott hat dann später Könige über die Juden gesetzt. In der Familie hat er ein Bild seiner Schöpfung gegeben. Die väterliche Gewalt des Hausherrn ist das väterliche Abbild der göttlichen Autorität und die erste Darstellung der menschlichen Herrschaft. Die Autorität des Siegers und des Eroberers ist die zweite.

Die Monarchie ist die älteste, regelmäßige und die natürlichste Staatsform, weil sie aus der väterlichen Gewalt hervorgegangen ist. Alle Menschen werden als Untertanen geboren, und die Herrschaft des Vaters, in dessen Gehorsam sie erwachsen, lehrt sie auch, nur ein Haupt zu verehren. Die Monarchie ist auch die beste Staatsform, weil sie die kräftigste Regierung ist und die Einheit des Staates am besten darstellt und am sichtbarsten schützt. Von allen Monarchien aber die beste ist die Erbmonarchie. So hat Gott selbst sie in dem Volke Israel eingerichtet.

Vier Eigenschaften sind wesentlich für die königliche

MERKANTILISMUS

Im Zeichen des Merkantilismus nahm Frankreich unter Colbert einen großen wirtschaftlichen Aufschwung. Über sein Wirken berichtete der venezianische Gesandte Giustiniani seiner Regierung:

»Monsieur Colbert will Frankreich jedem anderen Lande an Reichtum überlegen machen, so daß es an Waren Überfluß hat, an Kunstfertigkeiten reich und an Gütern aller Art fruchtbar ist, nichts entbehrt, aber den anderen Staaten abgeben kann... Er unterläßt nichts, um in Frankreich die Industrien der anderen Länder heimisch zu machen. Was vorzüglich in England hergestellt wird, was die Natur Seltenes dort hervorbringt, hat er sich bemüht, in das Königreich einzuführen. Für die Verfertigung von bestimmten Erzeugnissen ist man so weit gegangen, den aus England eingewanderten Handwerkern die Madrider Gesandtschaft einzuräumen, indem man so einen Palast in eine Werkstätte umwandelte. Er versucht auf englische Art die französischen Rinderhäute zu gerben, damit sie demselben Zweck dienen wie die englischen Felle und sie ersetzen. Holland hat man die Art der Tuchmacherei entlehnt, wie auch den Käse, die Butter und andere Besonderheiten. Deutschland hat man die Hutmacherei und die Fabrikation des Weißblechs und viele andere industrielle Arbeiten entnommen, Italien die Spitzen und die Spiegel. Fünf- oder sechstausend Frauen arbeiten hier in der Mehr-

Autorität: Heilig, väterlich, absolut und vernunft-
gemäß. Alle Macht kommt von Gott. Die Fürsten handeln also als Diener Gottes und sind seine Stellvertreter auf Erden. Durch sie übt er seine Herrschaft
aus. Daraus folgt, daß die Person des Königs heilig
ist, und wer sich an ihr vergreift, begeht eine Frevel-
tat... Gott hat die Großen geschaffen, um die Kleinen
zu schützen; er hat den Königen die Gewalt gegeben,
damit sie für das öffentliche Wohl sorgen.
Der Fürst hat niemand Rechenschaft abzulegen von
dem, was er anordnet. Ohne diese absolute Autorität
kann er weder das Gute tun noch das Böse vernichten. Seine Macht muß so groß sein, daß niemand sich
ihr entziehen kann. Der einzige Schutz des Privatmannes vor der öffentlichen Gewalt ist seine Unschuld.
Wenn der Fürst geurteilt hat, so gibt es kein höheres
Urteil mehr. Deshalb muß man dem Fürsten gehorchen wie der Gerechtigkeit selber, sonst gibt es weder
Ordnung noch ein Ende in den Streitigkeiten...
Daraus folgt, daß derjenige, der dem Fürsten nicht
gehorchen will, nicht zu einem anderen Gerichtshof
geschickt wird, sondern unweigerlich zum Tode verurteilt wird, als Friedensstörer und Feind der menschlichen Gesellschaft. Es gibt keine Zwangsgewalt gegen den Fürsten. Rechtmäßige Befehle kann allein der
Fürst geben; deshalb steht auch ihm allein die
Zwangsgewalt zu.«

zahl der Provinzen verteilt, und viele Werkmeisterin-
nen aus Venedig sind hierher gekommen. Man bemüht sich, die Blüte von allem zu nehmen, was die
ganze Welt hervorbringt. Man hat von Persien die
Teppicharbeit gelernt, und man stellt in Paris schon
sehr schöne und elegante her. Man führt ein und verkauft die schönsten Seltenheiten Indiens... Das Beste,
was man in allen Weltteilen hat, stellt man jetzt in
Frankreich her, und so groß ist die Beliebtheit dieser
Erzeugnisse, daß von allen Seiten die Bestellungen
einlaufen, um sich damit zu versehen... Um lästiges
Wechseln zu vermeiden, muß man Geld in das Königreich schicken, zu völliger Befriedigung Colberts, der
nur danach trachtet, die anderen Staaten dessen zu
berauben, um Frankreich damit zu bereichern.«

BILD OBEN: Schloß Versailles, von Ludwig XIV. erbaut, von
1682–1789 königliche Residenz. Mit seiner 475 Meter langen
Fassade war es das größte und prächtigste Gebäude, das je für
rein weltliche Zwecke errichtet wurde. Fünftausend Personen,
die Elite des französischen Adels, wohnten hier und weitere
fünftausend in den dazugehörigen Nebengebäuden. Glanzvoll
und aufwendig waren die Feste am Hofe Ludwigs XIV., im
Mittelpunkt der gottähnlich verehrte »roi de soleil«, der Sonnenkönig. Der politisch entmachtete Adel vertrieb sich mit
Sport, Spiel, Oper, Ballett, Tanz und Müßigkeit als Hofadel die
Zeit. Der Verfall der Sitten und das Mätressenunwesen – der
König selbst ging hier mit schlechtem Beispiel voran – nahmen
ebenso zu wie die materielle Verschwendungssucht. Glanzvoll
und luxuriös präsentierte sich der französische Absolutismus.
Versailles, unter Ludwig XIV. Mittelpunkt der europäischen
Kultur, wurde häufig bis in die kleinsten Einzelheiten Vor-
bild für Europas kleine und große absolutistisch regierende
Fürsten.

BILD OBEN: Die Zerstörung von Worms durch französische Truppen 1689.

BILD UNTEN: Die Universitätsstadt Heidelberg vor ihrer Zerstörung. Nach längerer Belagerung durch die Franzosen wurde die Stadt zweimal, 1689 und 1693, erobert und zerstört. – Gestützt auf ein schlagkräftiges Heer, das erste stehende Heer Europas, mit einer für damalige Zeiten außergewöhnlichen Friedenstärke von 279000 Mann unter strenger Disziplin und in einheitlicher Uniform, betrieb Luwig XIV. eine skrupellose Expansionspolitik: Kriege gegen die spanischen Niederlande, gegen Holland und gegen die Pfalz; mitten im Frieden wurde Straßburg annektiert, das Reich, durch die Türkengefahr gebunden, konnte nur protestieren. Im Spanischen Erbfolgekrieg (1701–1714) kam es dann zur großen europäischen Koalition – England, Holland, der Kaiser und Preußen – gegen Frankreich. Die französische Hegemonie über den Kontinent wurde gebrochen, erstmals setzte sich die englische Theorie vom Gleichgewicht der Kräfte durch.

RECHTE SEITE: Ludwig XIV. (rechts) empfängt Friedrich August von Sachsen. – Durch die ständigen Kriege Ludwigs XIV., die ungeheure Summen verschlangen, verarmte das französische Volk. Bei seinem Tode begleiteten Steinwürfe der Pariser Bevölkerung den Leichenzug. Die Schwägerin des Königs, Elisabeth Charlotte von der Pfalz, fand einen treffenden Vergleich für die Hohlheit der übersteigerten königlichen Macht: »Der großen Könige Pracht und Reputation gemahnt mich an die Maschine von der Oper: wenn man sie von weitem sieht, ist nichts Größeres und Schöneres, geht man aber hinter die Kulissen und besieht bei nahem alle Schnüren und Hölzer, so die Maschine gehen machen, ist oft nichts Gröberes und Häßlicheres.«

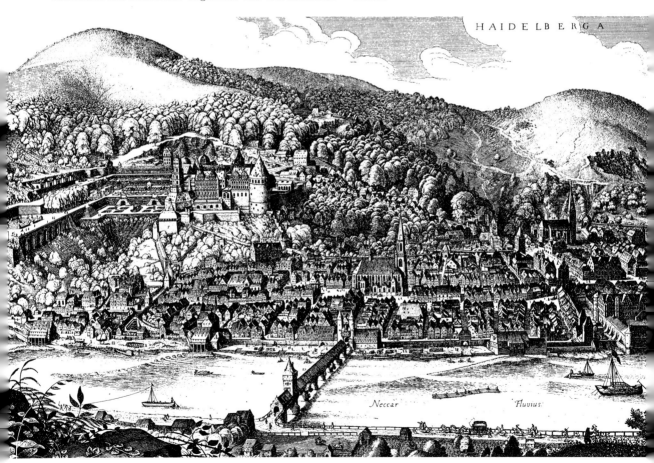

TÜRKENGEFAHR

1683 standen die Türken ein zweites Mal vor Wien und belagerten die Stadt. »Wenn ihr mir (Wien) übergebt, so werdet Ihr Alle von dem Kleinsten bis zum Größten ungehindert mit allem Eigentume abziehen und Jene, welche daselbst zurückzubleiben wünschen, im Besitze ihrer Güter geschützt werden. Weigert Ihr Euch, mir (Wien) zu übergeben, so werden wir Euch erstürmen und alles vom Kleinsten bis zum Größten über die Klinge springen lassen«, ließ der türkische Heerführer dem Wiener Stadtkommandanten Rüdiger Graf Starhemberg mitteilen. Doch kaiserliche, polnische und Reichstruppen kamen zu Hilfe und entsetzten die Stadt. In der Schlacht am Kahlenberg wurden die Türken vernichtend geschlagen. Ungarn wurde befreit und durch kaiserlichen Erlaß die Doppelmonarchie Österreich-Ungarn begründet. Siebenbürgen, Slawonien und Kroatien wurden der Krone angegliedert. Mit dem großen Sieg Prinz Eugens bei Zenta (1697) wurde die Macht der Türken entscheidend geschwächt. Sein Sieg in der Schlacht um Belgrad (1717) stoppte die Türkengefahr als eine nach Europa vordringende Ostmacht endgültig und legte die Grenze der habsburgischen Monarchie an der Karpaten-Donau-Save-Linie fest. Mit der Abwehr der Türken und dem räumlichen Ausgreifen auf dem Balkan war Österreich zu einer europäischen Großmacht geworden.

LINKE SEITE: Von Ludwig XIV. als Truppenführer abgelehnt, trat Prinz Eugen von Savoyen in kaiserliche Dienste, wo er zum überragenden Feldherrn seiner Zeit wurde. Mehrmals wurde Frankreich im Spanischen Erbfolgekrieg geschlagen, wobei die Siege Prinz Eugens um so höher zu bewerten sind, als ihm nur beschränkte finanzielle Mittel zur Verfügung standen. »Der Stand der Armeen und Garnisonen ist Eurer Majestät sattsam bekannt. Der meiste Teil der Soldaten ist nackt und bloß, dabei ohne Geld, und die Offiziere bettelarm. Viele sterben fast aus Hunger und Not, und wenn sie erkrankt sind, aus Mangel an Wartung. In keiner Festung ist der Verteidigungsvorrat, ja nicht einmal auf einige Tage das Erfordernis vorhanden. Nirgends befindet sich nur ein einziges Magazin. Niemand ist bezahlt, folglich aus diesem Grunde das Elend allgemein. Die Offiziere und Soldaten sind kleinmütig, und von allen Seiten werden nur Klagen und Ausdrücke der Verzweiflung gehört«, beklagte sich Prinz Eugen bei seinem Kaiser.

RECHTS OBEN: Allegorische Darstellung der Ländergewinne des Hauses Österreich durch Heirat und Eroberung.

RECHTS UNTEN: In der sogenannten Pragmatischen Sanktion – hier die erste Seite des Dokuments – bestimmte Karl VI. die Unteilbarkeit der habsburgischen Länder und die weibliche Thronfolge. Dieses Staatsgrundgesetz wurde von den ständischen Landtagen aller kaiserlichen Länder angenommen. Bis zum Zerfall des habsburgischen Reiches 1918 blieb die Pragmatische Sanktion die rechtliche Grundlage der Einheit der Donaumonarchie.

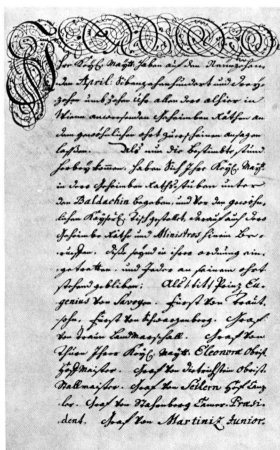

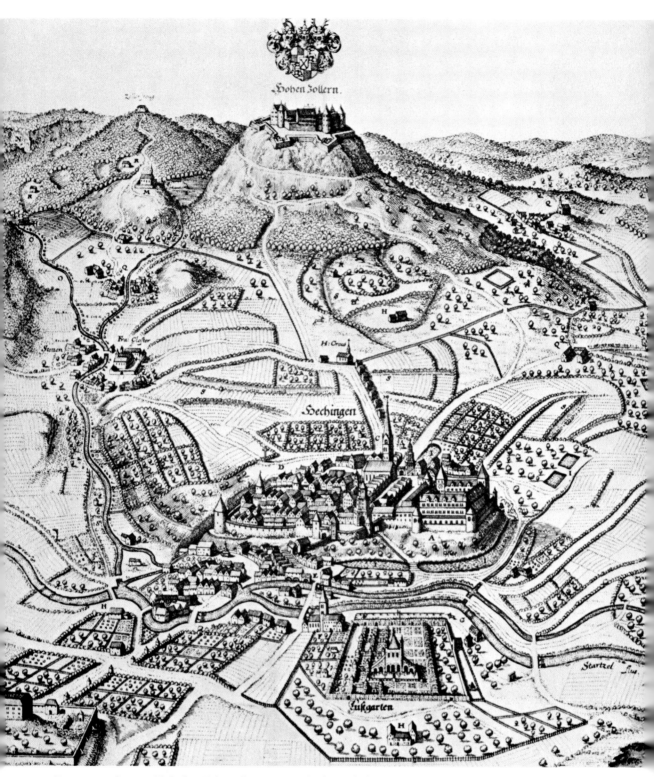

BILD OBEN: Stammschloß der Hohenzollern am Rande der Schwäbischen Alb südlich von Hechingen, wie es 1454 erneuert wurde. – Mit der Belehnung der Mark Brandenburg an den Burggrafen von Nürnberg, Friedrich von Zollern, 1417 durch Kaiser Sigismund wurde der Grund zum brandenburgisch-preußischen Staat gelegt. Nach den Wirren und Verwüstungen des Dreißigjährigen Krieges schuf Friedrich Wilhelm von Brandenburg (1640–1688), der Große Kurfürst, in zäher Aufbauarbeit unter Zurückdrängung des Einflusses der Stände, mit einem stehenden Heer, geordnetem Steuerwesen und einem geschulten Beamtentum die ersten Voraussetzungen für den einheitlich regierten, zur europäischen Großmacht aufsteigenden preußischen Staat. Der politischen Richtung des Großen Kurfürsten folgend, wurde dann König Friedrich Wilhelm I. (1713–1740) zum eigentlichen Begründer des brandenburgisch-preußischen Staates.

PREUSSEN

»Ich ruiniere die Junkers ihre Autorität; ich komme zu meinem Zweck und stabiliere die souveraineté wie ein rocher von bronce.« Zu diesem Zweck einer noch strafferen staatlichen Verwaltung schuf Friedrich Wilhelm I. 1723 die Institution des Generaldirektoriums. Selbst mit den preußischen Tugenden ausgestattet, Fleiß und Sparsamkeit, regelte der König alles bis in die kleinsten Einzelheiten, von den Grundsätzen der Staatsverfassung über Maßnahmen zur Förderung der Wirtschaft bis zu den Arbeits- und Mahlzeiten seiner Beamten. Das Ergebnis dieser Politik war, daß Preußen beim Tode Friedrich Wilhelms I. die »meisten Staaten Deutschlands, ja Europas, in der Ordnung der Finanzen und der Solidität der Verwaltung übertraf. Im Geschäftsgange herrschte eine nie wiederkehrende Pünktlichkeit; die Steuerverhältnisse waren geordnet, die städtischen Gemeinwesen reguliert, blühende Kolonien geschaffen, Industrie und Verkehr gehoben, der Ackerbau gefördert, in der Justiz das allgemeine Landrecht in Angriff genommen, die Sitten der Bevölkerung durch das Beispiel der königlichen Familie und durch strenge Verordnungen gebessert.« (Friedrich von Oppeln-Bronikowski: Der Baumeister des preußischen Staates)

BILD RECHTS: Eine besondere Vorliebe zeigte König Friedrich Wilhelm I., der »Soldatenkönig«, für die »langen Kerls«, seine in ganz Europa berühmte Riesengarde. – Bei seiner Thronbesteigung zählte das preußische Heer 38 000 Mann, bei seinem Tode mit über 80 000 Mann mehr als das doppelte, während Österreich mit seinem großen Ländergebiet nur 100 000 Mann und Frankreich 150 000 Mann unter den Waffen hielt. Damit war Preußen zur drittgrößten Militärmacht Europas aufgestiegen, während es an Gebietsgröße erst an zehnter, an Volkszahl gar an dreizehnter Stelle stand. Dennoch war diese gewaltige Rüstung nicht der Ausdruck blinder Soldatenpassion, sondern die logische Schlußfolgerung aus Preußens geographischer und politischer Lage. Noch Mirabeau schrieb 1786 im Hinblick auf den weit geschlosseneren und doppelt so großen Staat Friedrichs des Großen: »Hier, wo es keine Pyrenäen, keine Alpen, keine Meere und Flüsse als Schutzwälle gibt, braucht man bei sechs Millionen Einwohnern 200 000 Soldaten.«
Strengste Disziplin mit Prügelstrafe und Spießrutenlaufen, mechanisch-stumpfsinniger Drill sowie ein einheitliches, vom preußischen Adel gestelltes Offizierskorps hielten das Heer zusammen. »Mein Successor«, schrieb Friedrich Wilhelm I. in seinem politischen Testament, »muß das für eine Politik halten, …daß aus alle seine Provinzen und in Spezies Preußen die von Adel und Grafen in die armee amplogieren und die Kinder unter die kadets gesesset werden… mein lieber Successor wird den Vorteil haben, daß der ganze adel in euren diensten von jugend auf darin erzogen werden und keinen herrn kennen als Gott und den König von Preußen… wenn ihr lauter Offiziere habt aus euren landeskindern, so seid versichert, daß das eine beständige armee ist und beständige brave offiziere an sie haben werden…«

Henrich
Wilhelm Wagenführer
aus der Grafschaft Wiet.

Die Herausbildung der Großmächte Preußen und Österreich
führte zum österreichisch-preu-
ßischen Dualismus, zum Gegensatz zweier Staaten auf deutschem Boden. Der Tod Kaiser
Karls VI. war für Friedrich den
Großen, Nachfolger Friedrich
Wilhelms I., ein willkommener
Anlaß, mit seinem Heer mitten
im Frieden in Schlesien einzufal-
len und dieses Land in Besitz zu
nehmen. Die junge Kaiserin Maria Theresia nahm diesen Rechts-
bruch nicht hin und stellte sich
zum Kampf, mußte sich aber den
überlegenen preußischen Truppen beugen. Im Frieden von
Breslau (1742) wurde Friedrich II.
nahezu ganz Schlesien zugespro-
chen. Preußen war damit auch
zu einer europäischen Großmacht geworden.

Für diesen Verlust sann man in
Wien auf Rache. Der geschickten
Diplomatie des Fürsten Kaunitz,
Reichskanzler und Lenker der
österreichischen Außenpolitik,
gelang es, Rußland, Polen-Sach-
sen und Frankreich zu einem
Bündnis gegen Preußen zu gewinnen mit dem Ziel, es wieder
auf den Stand einer mittleren
deutschen Macht zurückzudrängen. Durch einen Neutralitäts-
vertrag mit England verbunden,
das mit Frankreich um Seegeltung und kolonialen Besitz in
Nordamerika kämpfte, sowie von
englischen Hilfsgeldern unterstützt, wagte Friedrich die Flucht
nach vorn. Zum Präventivkrieg
gezwungen, kämpfte er im Siebenjährigen Krieg (1756–1763)
um den Bestand des preußischen
Staates. Nach wechselvollen
Kämpfen, großen Siegen bei
Roßbach, Leuthen und Zorndorf
und schweren Niederlagen bei
Kolin, Hochkirch und Kunersdorf, nahezu am Ende seiner
Kraft, wurde mit dem Tod der
russischen Zarin Elisabeth (1762)
das feindliche Bündnis zer-
sprengt, Rußland verließ die

BILD OBEN: Als Vertreter des aufgeklärten Absolutismus verstand sich Friedrich der
Große als erster Diener seines Staates. Er schuf den preußischen Gesetzesstaat, in dem
alle Untertanen ohne Unterschied des Standes und der Konfession vor dem Gesetz
gleich waren. In religiösen Fragen tolerant, vertrat er die Auffassung, ein jeder solle
nach seiner eigenen Fasson selig werden: »Alle Religionen seindt gleich und guht,
wan nuhr die Leute, so sie profesieren, erliche Leute seindt, und wen(n) Türken und
Heiden kähmen und wolten das Landt pöplieren, so wollen wier sie Mosqueen
(Moscheen) und Kirchen bauen.«

BILD OBEN: Als tiefgläubige, christliche Frau war Maria Theresia ihren Untertanen eine gütige Landesmutter und als Herrschergestalt nicht weniger profiliert als ihr großer Gegenspieler Friedrich II. Im Privaten war sie ihren 16 Kindern eine vorbildliche Mutter. Es ging ihrer Politik darum, das Leben ihrer Völker zu verbessern und ihnen die Leiden des Krieges nach Möglichkeit zu ersparen. »Vergesset niemals«, mahnte sie ihren Sohn Kaiser Joseph, »besser ein mittelmäßiger Frieden als ein glücklicher Krieg.«

BILD UNTEN: Preußische Truppen stürmen vor im Angriff in der Schlacht bei Leuthen.

antipreußische Koalition. Im Frieden von Hubertusburg konnte Friedrich der Große den Besitzstand Preußens bewahren. In seinen Lebenserinnerungen »Dichtung und Wahrheit« schreibt Goethe über die starke Anteilnahme des gebildeten Bürgertums an den Kämpfen des Siebenjährigen Krieges:

»Aber kaum hatte ich am 28. August 1756 mein siebentes Jahr zurückgelegt, als gleich darauf jener weltbekannte Krieg ausbrach... Friedrich der Zweite, König von Preußen, war in Sachsen eingefallen... Die Welt, die sich nicht nur als Zuschauer, sondern auch als Richter aufgefordert fand, spaltete sich sogleich in zwei Parteien, und unsere Familie war ein Bild des großen Ganzen.

Mein Großvater, der als Schöff' von Frankfurt über Franz dem Ersten den Krönungshimmel getragen und von der Kaiserin eine gewichtige goldene Kette mit ihrem Bildnis erhalten hatte, war mit einigen Schwiegersöhnen und Töchtern auf österreichischer Seite. Mein Vater, von Karl dem Siebenten zum kaiserlichen Rat ernannt und an dem Schicksal dieses unglücklichen Monarchen gemütlich teilnehmend, neigte sich mit der kleineren Familienhälfte gegen Preußen. Gar bald wurden unsere Zusammenkünfte, die man seit mehreren Jahren Sonntags ununterbrochen fortgesetzt hatte, gestört. Man stritt, man überwarf sich... Nach einigen unangenehmen Szenen blieb mein Vater zuerst aus der Gesellschaft... Alles was zum Vorteil der Gegner angeführt werden konnte, wurde geleugnet oder verkleinert; und da die entgegengesetzten Familienglieder das gleiche taten, so konnten sie einander nicht auf der Straße begegnen, ohne daß es Händel setzte, wie in ›Romeo und Julie‹.«

BILD OBEN: Despotisch und willensstark modernisierte Peter der Große (1689–1725) nach westeuropäischem Vorbild das russische Reich. Brutal setzte er seine absolutistische Macht gegen die Großen des Reiches durch, brach er den Widerstand reformgegnerischer Traditionalisten.
BILD UNTEN: Selbst äußerlich hatten sich die Russen den Europäern anzugleichen. Dem russischen Geburtsadel, den Bojaren, wurden die traditionell langen Bärte auf ein »zivilisiertes« Maß zurechtgestutzt.

RUSSLAND

Im Nordischen Krieg (1700–1721) zwischen Schweden auf der einen und Dänemark, Polen und Rußland auf der anderen Seite wurde um die Vormachtstellung im Ostseeraum gekämpft. Nach anfänglichen Erfolgen unterlief dem Schwedenkönig Karl XII. der Fehler, eine Entscheidungsschlacht mit Rußland in der fernen Ukraine zu suchen. Ein vorhergegangener harter Winter hatte sein Heer bereits stark dezimiert, bevor es in der Weite des russischen Raumes in der Schlacht bei Pultava (1709) endgültig vernichtet wurde. Das Schicksal Schwedens als europäische Großmacht war damit besiegelt. 1710 eroberte Peter Estland, Livland, Ingermanland und Karelien, im Frieden von Nystadt wurde ihm der Besitz der ehemals schwedischen baltischen Provinzen bestätigt.

1703 hatte Peter der Große die neue Hauptstadt St. Petersburg, das »Fenster nach dem Westen«, gegründet; seine rigoros durchgeführten inneren Reformen überwanden das »russische Mittelalter«. Das bis dahin vom übrigen Europa abgeschlossene Rußland spielte fortan im europäischen Konzert der Mächte eine gewichtige Rolle. Die slawische, orthodoxe Großmacht Rußland, im Gegensatz zum übrigen germanisch-romanischen, katholisch-evangelischen Europa, bildete in Zukunft, ähnlich wie England im Westen, im Osten Europas eine Flügelmacht des kontinentalen Staatensystems.

Um seine Stellung als absoluter Fürst noch zu verstärken, beseitigte Peter der Große die selbständige Gewalt des Patriarchen von Moskau, des geistlichen Oberhauptes der russischen Kirche, und setzte an dessen Stelle den Heiligen Synod, eine völlig von ihm abhängige kirchliche Behörde. Damit war die höchste Gewalt sowohl in weltlichen als auch in geistlichen Dingen in seiner Hand vereinigt. Bis 1917 bestand in Rußland dieser Cäsaropapismus.

RECHTE SEITE: Zeitgenössischer satirischer Kupferstich über die Zerstückelung Polens durch Rußland, Österreich und Preußen. – Sowohl Friedrich der Große als auch Maria Theresia waren sich der Völkerrechtswidrigkeit ihrer Handlungsweise bewußt. Beiden ging es jedoch darum, eine vollständige Abhängigkeit Polens von Rußland und damit die Störung des politischen Gleichgewichts in Osteuropa zu verhindern. »Um dieses Gleichgewicht zwischen den nordischen Mächten einigermaßen aufrechtzuerhalten«, ergriff Friedrich die »Gelegenheit beim Schopfe, um sich Westpreußen einzuverleiben«. Maria Theresia beklagte ihr moralisches Dilemma – »mit welchem Recht einen Unschuldigen berauben?« –, beugte sich dann aber doch machtpolitischen Überlegungen. »Die Gefahr, in einem Krieg mit Preußen oder Rußland allein zu stehen, ... (hat) mich bewogen, in diese verhängnisvolle Verhandlung einzutreten.« Zweimal wurde Polen verkleinert, 1772 und 1793, bevor es 1795, in der dritten und letzten polnischen Teilung, vollständig aufgeteilt wurde.

La Situation de La Pologne en MDCCLXXIV.

Die Lage des Königreichs Pohlen im Iahr 1773.

ENGLAND

Der langen stabilen Regierung Elisabeths I. folgten
die Stuarts auf dem englischen Thron. Jakob I.
(1603–1625) und dann sein Sohn Karl I. (1625–1649)
stießen mit ihren absolutistischen Vorstellungen
königlicher Gewalt auf den energischen Widerstand
des englischen Parlaments. Zu diesem politischen
Gegensatz von Königtum und Parlament trat der
religiöse Konflikt zwischen anglikanischer Staatskirche und calvinistischem Puritanismus. Die Puritaner wollten das reine Evangelium verkünden und
es von allen irdischen Zutaten freihalten. Der hierarchischen anglikanischen Episkopatskirche stellten sie
ihre von der einzelnen Gemeinde ausgehende demokratische Kirchenverfassung entgegen. »Wenn ihr
eine solche Kirche haben wollt«, antwortete Jakob I.
den Puritanern, »dann werde ich eure Leute zwingen,
sich anzupassen und zu fügen, oder sie aus dem Lande
jagen.«

Anlaß zur großen englischen Revolution war die Auseinandersetzung zwischen Karl I. und dem Parlament
um das Recht der Steuerbewilligung. Nachdrücklich
ermahnten die privilegierten Stände den König:

»Die in dem Parlament versammelten geistlichen und
weltlichen Herren und Gemeinen berufen sich gegenüber ihrem souveränen Herrn, dem Könige, auf Bestimmungen der Magna Charta und die dadurch er-
erbten Freiheiten der Untertanen, die neuerdings vielfach verletzt worden sind, und bitten darum unter-
tänigst Ew. Majestät, daß niemand hinfort gezwungen werden solle, irgendeine Abgabe, ein Darlehen,
eine Leistung, Steuer oder ähnliche Last zu geben
ohne allgemeine Bewilligung durch Parlamentsbeschluß.«

Karl I. bewilligte zwar diese »Petition of Right«
(1628), setzte sich aber praktisch sofort wieder darüber hinweg, indem er das Parlament kurz entschlossen auflöste und elf Jahre lang, von 1629 bis 1640,
ohne Volksvertretung regierte.

Erst ein Aufstand der calvinistischen Schotten, die
sich gegen die Wiedereinführung der anglikanischen
Episkopatskirche wehrten, nötigte den König dazu,
das Parlament wieder einzuberufen. Doch die erwarteten Gelder für seinen Krieg gegen die Schotten
wurden ihm nicht bewilligt. Statt dessen verschärfte
sich der Konflikt. Der Versuch des Königs, die oppo-
sitionellen Anführer des Parlaments zu verhaften,
führte zum Bürgerkrieg (1642–1649). Auf der einen
Seite kämpften der König und hohe Adel, auf der
anderen der niedere Landadel, freie Bauern und Bürger, die unter Führung Oliver Cromwells die royalistischen Truppen Karls I. nach wechselvollen Kämpfen schließlich besiegten.

BILD LINKS: Dreifach-Porträt Karls I. von van Dyck. – Nach der Niederlage des Königs wurde er vom Parlament zum Tode verurteilt und die Monarchie durch Parlamentsbeschluß abgeschafft: »Da Karl Stuart, ehemaliger König von England, Irland und den dazugehörigen Ländereien und Herrschaften, durch die vom Parlament hergeleitete Macht hierdurch gesetzlich schuldig gesprochen, zum Tode verurteilt und hingerichtet ist für viele Verrätereien, Mordtaten und andere veruchte Verbrechen, durch welches Urteil er wegen Hochverrats als ehrlos erklärt ist, wodurch alle seine Nachkommen der genannten Kronen unfähig geworden sind, so sei durch das gegenwärtige Parlament verordnet, daß alle Völker von England und Irland von aller Lehnspflicht, Treue und Gehorsam, die von den Nachkommen des ehemaligen Königs beansprucht werden könnten, entbunden sind, und da es durch Erfahrung festgestellt ist, daß das Königsamt und die Vereinigung der Macht in einer Person unnötig, lästig und für Freiheit, Sicherheit und Wohlfahrt des Volkes gefährlich ist und daß von der Königsmacht meist nur Gebrauch gemacht ist, um die Untertanen zu unterdrücken, zu berauben und zu knechten, so wird vom Parlament verordnet, daß das Königsamt fortan von niemand mehr ausgeübt werden darf.« Damit wurde England zur Republik. Die Hinrichtung Karls I., der seinen Tod in monarchischer Würde hinnahm, war ein epochales Ereignis. Erstmals im Abendland hatte ein Volk seinem König den Prozeß gemacht und ihn anschließend aufs Schafott geführt.

BILD OBEN: Schlacht bei Naseby, die von Cromwell gewonnen wurde. Seine religiös fanatisierten Truppen erhielten von einem ihnen unterlegenen royalistischen General den Ehrennamen »Ironsides« – »Eisenseiten«, weil sie weder »gebrochen noch geteilt« werden konnten.

CROMWELL

Cromwell erkannte gleich zu Beginn des Bürgerkrieges die Hauptschwäche der zahlenmäßig so überlegenen Parlamentsarmee. Sie besaß gegenüber dem Ritterheer Karls I. und seiner adligen Gefolgschaft keine Reiterei, und was noch schwerer wog, sie besaß keinen ritterlichen Geist.

Im Rückblick hat Cromwell später in einer Parlamentsrede am 13. April 1657, die auch im Rhetorischen den Ton des großen Volksführers und Demagogen unübertrefflich festhält, das Geheimnis seiner Anfänge enthüllt: »Ich hatte damals einen trefflichen

Freund. Er war ein edler Mann, dessen Gedächtnis euch allen teuer ist, John Hampden. Als ich zum erstenmal hinauszog, sah ich, wie unsere Leute überall geschlagen wurden. Gewiß, so war es! Und ich bat ihn, unser Heer zu verstärken, und sagte ihm, ich würde ihm Leute bringen von einer Gesinnung, die etwas schaffen würde. ›Euere Reiter‹, sagte ich, ›sind größtenteils alte heruntergekommene Dienstleute, Schankwirte und ähnliches Pack. Ihre (der Royalisten) Reiter sind Söhne von Gentlemen und Personen von Stand. Glaubt ihr, so niedrige Leute könnten es an Ehrgefühl, Mut und Entschlossenheit mit Edelleuten aufnehmen?‹ Das habe ich ihm gesagt. Er war ein kluger und trefflicher Mann, und er

fand den Gedanken gut, aber unausführbar. Da sagte ich ihm, ich könnte wohl etwas dazu tun. Ja, und ich muß euch sagen, das Ergebnis war – schreibt es zu, wem ihr wollt –: Ich brachte die Leute auf, die die Furcht Gottes vor Augen hatten, und denen es ums Gewissen ging, was sie taten. Und von dem Tage an, sag' ich euch, sind sie nicht mehr geschlagen worden, sondern sie schlugen den Feind, wo sie ihn auch immer trafen.«

BILD OBEN: Oliver Cromwell, aus dem englischen Landadel hervorgegangen, überragende Führerpersönlichkeit und militärischer Stratege, radikaler Puritaner, fühlte sich in seiner politischen Mission als auserwähltes Werkzeug Gottes. Die allgemeine Gewissensfreiheit verkündete er als Haupterrungenschaft der Revolution: »Unser Brauch war es, der Nation zu zeigen, daß alle Sekten, die ruhig und friedlich leben, volle Gewissenfreiheit genießen sollen; wir dulden sie mit Liebe. Die aber, die Religion zu einem Deckmantel für Blut und Waffen, für Komplotte und Parteiungen machen, die werden wir mit Gottes Hilfe darniederhalten. Aber wer seinen Glauben bekennt, sei er Wiedertäufer, Independent oder Presbyterianer, ermutigt sie in Gottes Namen, fördert sie, laßt ihr Gewissen frei, denn dafür haben wir gekämpft! Alle, die an Christum glauben und diesem Glauben gemäß leben, sind Glieder Christi ünd der Apfel seines Auges. Wer den Glauben hat, dem stehe die Form frei, nur daß er selber vorurteilslos gegen andere Formen sei: das sind wir Gott und Christus schuldig, und wir werden es zu verantworten haben, wenn ein Christ seiner Freiheit entbehrt. Aber wenn ein Mann die Form eines anderen mit Füßen tritt, das werde ich nicht dulden. Gott lenkt Geister und Herzen, daß wir alle Formen gleichhalten. Das ist mein Streben.«

BILD LINKS: Cromwell, vor Ausbruch des englischen Bürgerkriegs Mitglied des Parlaments und Verfechter der Parlamentsrechte, treibt 1653 das Parlament auseinander: »Geht hinaus, ihr käuflichen Sklaven! Macht schnell und laßt uns nichts mehr mit euch zu tun haben! Im Namen Gottes – geht!« Dem radikal-revolutionären Angriff seiner eigenen Anhänger auf die historischen Eigentumsrechte trat der adlige Grundbesitzer Cromwell entschieden entgegen: Sie wären »hergefallen über Freiheit und Eigentum, sie wären so weit gegangen, daß sie den Besitzer von zwölf Kühen gezwungen hätten, diese mit seinem nichtbesitzenden Nachbarn zu teilen. Wer hätte noch sagen können, daß er etwas besitze, wenn sie ihre Tätigkeit fortgesetzt hätten?« Gestützt auf sein ihm treu ergebenes Heer regierte Oliver Cromwell von 1653 bis zu seinem Tode 1658 als Lordprotektor, als sittenstrenger Militärdiktator.

PARLAMENT

Nach dem Tode Cromwells konnte sich sein Sohn als Nachfolger nicht behaupten. Die Stuarts kehrten auf den englischen Thron zurück. Doch als Jakob II. (1685–1688) Absolutismus und Katholizismus in England einführen wollte, rief das englische Parlament dessen Schwiegersohn, den protestantischen Statthalter der Niederlande, Wilhelm von Oranien, ins Land. Ohne Blut zu vergießen – daher »Glorious Revolution« – brach die Macht der Stuarts endgültig zusammen. Als Wilhelm III. unterschrieb der vom Parlament auf den Thron erhobene König 1689 die »Declaration of Rights«:

»Da die geistlichen und weltlichen Herren und Gemeinen in Westminster versammelt, gesetzlich, vollkommen und frei alle Stände des Volkes dieses Reiches vertretend, in Gegenwart ihrer Majestäten Wilhelm und Maria, Prinz und Prinzessin von Oranien, eine bestimmte Erklärung in folgenden Worten abgegeben haben:

1. Daß Gesetze durch königliche Anordnung ohne Zustimmung des Parlaments außer Kraft zu setzen ungesetzlich ist.

4. Daß Geld zu erheben für den Gebrauch der Krone unter dem Anspruch königlichen Vorrechts ohne Genehmigung des Parlaments ungesetzlich ist.

6. Daß das Ausheben oder Halten eines stehenden Heeres innerhalb des Königreiches zur Friedenszeit, ausgenommen es geschähe mit Zustimmung des Parlaments, gegen das Gesetz ist.

7. Daß die protestantischen Untertanen, soweit es ihrem Stande angemessen und gesetzlich erlaubt ist, zu ihrer Verteidigung Waffen führen dürfen.

8. Daß die Wahl der Mitglieder des Parlaments frei sein solle.

9. Daß die Freiheit der Rede im Parlament nicht in irgendeinem Gerichtshof außerhalb des Parlaments angefochten werden darf.

Und sie verkünden und beanspruchen alle vorgenannten Punkte als ihre unbezweifelbaren Rechte.«

Die Staatsidee des Absolutismus war damit in England für immer gestorben. Schritt um Schritt hatte sich England zur ersten konstitutionellen Monarchie Europas entwickelt.

Die »Glorreiche Revolution« bedeutete jedoch noch keine Demokratisierung des politischen Lebens. Nach wie vor bleibt die Macht, die Kontrolle des Parlaments, beim hohen und niederen Adel sowie beim wohlhabenden Bürgertum. Erst die verschiedenen Wahlrechts- und Parlamentsreformen des 19. und 20. Jahrhunderts brachten den allmählichen Übergang zu demokratischen Verhältnissen und dem englischen Volk das allgemeine freie und gleiche Wahlrecht.

BILD OBEN: Sitzung des englischen Parlaments. – Noch bevor die Stuarts gestürzt wurden, hatte das englische Parlament im Kampf gegen die Willkürherrschaft Karls II. die Habeas-Corpus-Akte (1679) durchsetzen können (lat: »Du habest den

Körper«). In ihr wurden die Grundsätze der Magna Charta (1215) und der Petition of Rights (1628) weiterentwickelt, die Freiheit der Person rechtlich verankert und gesichert. Die Habeas-Corpus-Akte gewährleistete dem Bürger Schutz vor willkürlicher Verhaftung. Kein englischer Untertan durfte ohne gerichtliche Prüfung und Begründung inhaftiert werden. Im englischen und amerikanischen Bereich ist die Habeas-Corpus-Akte bis heute das Grundgesetz persönlicher Freiheit geblieben.

RECHTE SEITE: Titelblatt des »Leviathan«. Nach dem biblischen Seeungeheuer »Leviathan«, das ein anderes Ungeheuer, »Behemoth«, das den Bürgerkrieg symbolisiert, niederwirft, nannte Thomas Hobbes (1588–1679) sein grundlegendes staatsphilosophisches Werk. Ausgehend von der asozialen, selbstsüchtigen Natur des Menschen – »Homo homini lupus« – »Der Mensch ist des Menschen Wolf« – vertrat er die Allgewalt des Staates dem Volk gegenüber. Aus Untertanen zusammengesetzt, das Schwert in der Rechten, den Bischofsstab in der Linken, alle Gewalt, weltliche und geistliche, in der Person des Herrschers vereint, regiert der übermächtige Fürst, gegen den es kein Widerstandsrecht gebe, über Land und Leute, Städte und Dörfer. Als »irdischem Gott« sei dem Staat im Gesellschaftsvertrag die ungeteilte Macht unwiderruflich übertragen worden. Der Wirren des englischen Bürgerkrieges (1642–1649) eingedenk, wurde Hobbes zum rationalistischen Theoretiker der absoluten Monarchie.

BILD LINKS: Ausgehend von der ursprünglichen Freiheit und Gleichheit des von Natur aus guten, erst durch die Zivilisation geknechteten Menschen, verwarf Jean-Jacques Rousseau (1712 bis 1778) die Staatsform des Absolutismus. In seinem Hauptwerk »Contrat Social« – »Gesellschaftsvertrag« stellte er ihr die Auffassung der Volkssouveränität und die von allen Bürgern vertraglich vereinbarte Staatsform der Demokratie gegenüber. Unter fast wörtlicher Wiederholung seiner Thesen erklärten sich die englischen Kolonien Nordamerikas 1776 für unabhängig. Mit seinen Werken wurde Jean-Jacques Rousseau zum Theoretiker und geistigen Wegbereiter der Französischen Revolution von 1789.

BILDER UNTEN: Von dem Engländer John Locke (1632–1704), links, übernahm der Franzose Montesquieu (1689 bis 1755), rechts, die Idee der Gewaltenteilung: »Ist die gesetzgebende Gewalt mit der vollziehenden in einer Person oder in einem und demselben obrigkeitlichen Staatskörper vereint, so gibt es keine Freiheit, weil man fürchten kann, derselbe Monarch oder derselbe Senat werde tyrannische Gesetze geben, um sie tyrannisch zu vollziehen. Es gibt ferner keine Freiheit, wenn die richterliche Gewalt nicht von der gesetzgebenden und vollziehenden getrennt ist.« Seit der Französischen Revolution ist die Lehre von der Gewaltenteilung zur Verhinderung des Mißbrauchs staatlicher Macht ein Gemeingut demokratischer Staatsauffassung.

Non est potestas Super Terram quæ Comparetur ei Iob. 41. 24

LEVIATHAN

»Die Absicht und Ursache, warum die Menschen bei allem ihrem natürlichen Hange zur Freiheit und Selbstherrschaft sich dennoch entschließen konnten, sich gewissen Anordnungen, welche die bürgerliche Gesellschaft erfordert, zu unterwerfen, liegt in dem Verlangen, sich selbst zu erhalten und ein bequemes Leben zu führen, oder, mit anderen Worten, aus dem elenden Zustande eines Krieges aller gegen alle herauszukommen. Dieser Zustand ist aber notwendig wegen der menschlichen Leidenschaften mit der Freiheit des Naturzustandes solange verbunden, als keine Gewalt da ist, die die Leidenschaften durch Furcht vor Strafe zügelt und auf die Haltung der Naturgesetze und der Verträge bringt... Gesetze und Verträge können an und für sich den Zustand des Krieges aller gegen alle nicht aufheben, denn sie bestehen in Worten, und bloße Worte können keine Furcht erregen... Weder gegen auswärtige Feinde noch untereinander werden die Menschen sicher sein können, wenn sie nach dem Urteil vieler Personen handeln müssen. Denn bei der Uneinigkeit über Art und Weise, wie die Kräfte angewendet werden sollen, wird auch ihre ganze Macht gleichsam vernichtet werden. Um aber eine allgemeine Macht zu gründen, unter deren Schutz gegen auswärtige und innere Feinde die Menschen bei dem ruhigen Genusse der Früchte ihres Fleißes und der Erde ihren Unterhalt finden können, ist der einzig mögliche Weg hierzu, daß jedweder alle seine Macht oder Kraft einem oder mehreren Menschen übertrage, wodurch der Wille aller gleichsam in einem Punkte vereinigt wird... So entsteht der große Leviathan oder, wenn man lieber will, der irdische Gott, dem wir nächst dem ewigen Gotte allen Frieden und Wohlfahrt verdanken.«

(Thomas Hobbes: Leviathan)

KOLONIEN

Ob unter den Tudors und Stuarts, ob unter Cromwell oder Wilhelm von Oranien, außenpolitisch verfolgte England stets eine Politik kolonialer Expansion. Über die wenig humane Praxis dieser, wie auch ganz allgemein der europäischen Expansion schrieb Jonathan Swift in »Gullivers Reisen« (1726):
»Die Wahrheit zu sagen, so waren mir ein paar Zweifel inbetreff der Gerechtigkeit gekommen, die die Fürsten bei solchen Gelegenheiten walten lassen. Zum Beispiel: Durch einen Sturm wird eine Piratenbande irgendwohin getrieben, sie wissen selbst nicht, wohin; schließlich entdeckt ein Schiffsjunge vom Mastkorb aus eine Küste; sie gehen an Land, um zu rauben und zu plündern; sie finden ein harmloses Volk, werden freundlich bewirtet, geben dem Lande einen neuen Namen, ergreifen für ihren König förmlich Besitz von ihm, errichten als Gedenkzeichen eine verfaulte Planke oder einen Stein, ermorden zwei oder drei Dutzend der Eingeborenen, nehmen als Probe ein weiteres Paar gewaltsam mit, kehren nach Hause zurück und erhalten Pardon. Hier beginnt nun ein neues Kolonialreich, das erworben ist auf Grund des Anspruchs ›göttlichen Rechtes‹. Bei erster Gelegenheit werden Schiffe hingeschickt, die Eingeborenen werden vertrieben oder ausgerottet, ihre Fürsten gefoltert, damit sie ihr Gold preisgeben; allen Taten der Unmenschlichkeit und der Gier wird ein Freibrief ausgestellt, die Erde dampft vom Blute ihrer Bewohner; und diese abscheuliche Schlächterbande, die zu einer so frommen Expedition ausgeschickt wurde, ist eine ›moderne Kolonie, ausgesandt, um ein barbarisches und götzendienerisches Volk zu belehren und zu zivilisieren‹.«

BILD UNTEN: Grenzfarmen amerikanischer Pioniere. 1. Birkenrindenkanu, von einem Indianer gestakt 2. Birkenrindenkanu, von Indianerinnen gepaddelt 3. Indianerkind 4. Zaun aus Pfosten und Querhölzern 7. In Virginia üblicher Zaun 8. Wohnhaus mit Seitenflügeln 9. Schuppen oder holländische Scheune 10. Scheunen mit Schindeldächern 11. Winterschuppen für Vieh 12. Scheune zum Reinigen von Mais 13. Pferch zur Unterbringung des Viehs während der Nacht und zum Melken 14. Mit Borke bedecktes Blockhaus zum Wohnen 15. Ein Indianerhund.

BILD OBEN: Gemälde von Samuel Scott: Die alten Ostindien-
docks, eine Ansicht des Hafens von London um 1702. Auf dem
Kontinent praktizierte England die Politik des Gleichgewichts
der Kräfte und sicherte sich durch Niederhaltung der Konkurrenten einen bedeutenden wirtschaftlichen, kolonisatorischen
und seemilitärischen Vorsprung.

AMERIKA

Politisch nur wenig beeinflußt vom Mutterland, hatten sich die englischen Siedlungskolonien Nordamerikas den wirtschaftlichen Interessen des Kolonialherren unterzuordnen. Ganz im Sinne des Merkantilismus hatten sie die englische Wirtschaft zu stärken, nicht aber mit ihr in Konkurrenz zu treten. Schiffahrtsgesetze, die »Navigation Acts«, bestimmten, daß der Handel zwischen den Kolonien und dem Mutterland nur auf englischen Schiffen erfolgen und nur über englische Häfen abgewickelt werden dürfe. Die Herstellung von Fertigfabrikaten, die mit der englischen Güterproduktion in Wettbewerb hätten treten können, wurde beschränkt und verboten. Dieser Zustand einer wirtschaftlichen Ausbeutung und Bevormundung mußte für die erstarkenden, immer selbstbewußter werdenden, von einem sich allmählich herausbildenden »amerikanischen Nationalbewußtsein« geprägten Kolonien im Laufe der Zeit unerträglich werden.

Als England 1763 nach Beendigung des Siebenjährigen Krieges, den es dazu benutzt hatte, Kanada von Frankreich zu erobern, dazu überging, die englischen Kolonien zur Deckung der Kriegsschuld und zur Finanzierung seiner verstärkten militärischen Präsenz in Nordamerika mit Steuern zu belasten, protestierten die Siedler. Mit dem Schlachtruf »No taxation without representation« – »Keine Abgaben ohne Volksvertretung« wurde dem Mutterland, in dessen Parlament die Kolonien nicht vertreten waren, der Kampf angesagt. Bis auf die Teesteuer nahm England daraufhin die Steuern wieder zurück, doch ließ sich die Unruhe in den Kolonien damit nicht beseitigen. Im Frühjahr 1775 fielen die ersten Schüsse zwischen Engländern und »Amerikanern«. Am 4. Juli 1776 erklärten die dreizehn englischen Kolonien ihre Unabhängigkeit vom Mutterland. Die berühmten Worte der Einleitung dieser Unabhängigkeitserklärung wurden zum Glaubensbekenntnis der amerikanischen Demokratie: »Wir halten diese Wahrheiten für selbstevident, daß alle Menschen gleich geschaffen sind, daß sie von ihrem Schöpfer mit gewissen unveräußerlichen Rechten ausgestattet sind, daß darunter sind Leben, Freiheit und das Streben nach Glück, daß zur Sicherung dieser Rechte Regierungen unter den Menschen eingesetzt sind, die ihre gerechten Vollmachten von der Zustimmung der Regierten ableiten, daß, wenn immer eine Regierungsform für diese Zwecke schädlich wird, es das Recht des Volkes ist, sie zu ändern oder abzuschaffen...«

Noch weitere sieben Jahre mußten die amerikanischen Staaten kämpfen, bis England 1783 im Frieden von Versailles ihre Unabhängigkeit anerkannte.

BILD OBEN: George Washington, Oberkommandierender der amerikanischen Streitkräfte im Unabhängigkeitskrieg und von 1789–1797 erster Präsident der Vereinigten Staaten von Nordamerika.
LINKE SEITE: »4th of July«, Grußkarte zum Unabhängigkeitstag um die Jahrhundertwende. Damals war in den USA der Austausch solcher Erinnerungskarten am höchsten politischen Feiertag des Landes beinahe so weit verbreitet wie das Verschicken von Weihnachtskarten.

BILD OBEN: »The Folly of England and the Ruin of America« –
»Die Torheit Englands und der Ruin Amerikas«, Aufruhr und
Protest amerikanischer Siedler gegen die von England 1765
verfügte »Stamp Act«. Unter dem massiven Druck der empörten
Kolonisten – sie beschränkten ihren Import aus England –
mußte diese Stempelsteuer für offizielle Dokumente zur Mit-
finanzierung englischer Truppen in den amerikanischen Kolonien 1766 widerrufen werden. Ganz allgemein wollten die
Kolonisten ans Mutterland keine Steuern zahlen und im speziellen nicht für englische Truppen, da sie nach der französischen Niederlage in Kanada von hier aus keine Bedrohung
mehr zu fürchten hatten.

RECHTE SEITE, OBEN LINKS: Im Massaker von Boston vom
5. März 1770 kam es zwischen englischen Soldaten und Kolonisten zu Schießereien und Toten. Boston, Hochburg des Puritanismus – Selbstbestimmung und Widerstandsrecht waren hier
religiös verankert – bildete ein besonders aktives Zentrum des
antienglischen Widerstandes.
BILD UNTEN: Unterzeichnung der Unabhängigkeitserklärung
am 4. Juli 1776. – Das selbstbewußte Handeln der amerikanischen Kolonisten, ihr Erfolg im Unabhängigkeitskrieg gegen
England und die Anerkennung ihrer staatlichen Eigenständigkeit wurden Vorbild für die anderen europäischen Besitzungen
auf dem amerikanischen Kontinent.

OBEN RECHTS: 1781, Kapitulation der englischen Truppen bie Yorktown (Virginia) vor den Streitkräften Washingtons. Mit dieser großen englischen Niederlage war der militärische Ausgang des Unabhängigkeitskrieges praktisch entschieden. Unterstützt von Deutschen und Franzosen (Steuben und Lafayette) war Washington nach hartnäckigen Kämpfen gegen die Engländer, auf deren Seite auch nach Amerika verkaufte hessische Söldner teilnahmen, Sieger geblieben. Der Eintritt Frankreichs, Spaniens und Hollands in den Krieg gegen England und die damit verbundene Verzettelung der britischen Streitkräfte war ein entscheidender Grund für den Erfolg des amerikanischen Unabhängigkeitskrieges.

BILD UNTEN: »We the People of the United States« – »Wir, das Volk der Vereinigten Staaten« – das Prinzip der Volkssouveränität verwirklichend, wurde im Jahre 1787 die amerikanische Verfassung unterzeichnet. Allen weißen Staatsbürgern wurden die Menschenrechte garantiert. Folgende Grundfreiheiten standen ihnen zu: Freie Meinungsäußerung, Schutz vor willkürlicher Verhaftung, Recht auf Eigentum, ordentliches, öffentliches Gerichtsverfahren, Gleichheit vor dem Gesetz, Teilnahme an der Regierung sowie Religions- und Pressefreiheit. Durch Zusätze nur unwesentlich geändert, ist die amerikanische Verfassung von 1787, die erste demokratische Verfassung der modernen Welt, bis heute in Kraft geblieben.

REVOLUTION
NATIONALISMUS
IMPERIALISMUS

Anknüpfend an die Geisteshaltung der Renaissance erklärten die Philosophen der Aufklärung des 17. und 18. Jahrhunderts die menschliche Vernunft zum alleinigen Ausgangspunkt aller Betrachtungen. Immanuel Kant definierte in seiner 1784 erschienenen Schrift »Was ist Aufklärung?« die Aufklärung als den »Ausgang des Menschen aus seiner selbst verschuldeten Unmündigkeit. Unmündigkeit ist das Unvermögen, sich seines Verstandes ohne die Leistung eines anderen zu bedienen. Selbstverschuldet ist die Unmündigkeit, wenn ihre Ursache nicht am Mangel des Verstandes, sondern der Entschließung und des Mutes liegt, sich seiner ohne Leitung eines anderen zu bedienen. Sapere aude! Habe Mut, dich deines eigenen Verstandes zu bedienen! ist also der Wahlspruch der Aufklärung.«

Die Denker der Aufklärung waren fasziniert von den Fortschritten der Wissenschaft. Vor ihrem kritischen Rationalismus konnte sich keine Offenbarung, auch nicht die christliche, behaupten. Zwar glaubte der aufklärerische Deismus noch an ein höchstes Wesen, an einen Gott, der vor unendlichen Zeiten einmal die Welt erschaffen, sie dann aber ohne erneutes Eingreifen ihrer Eigengesetzlichkeit überlassen habe. Kopernikus, Kepler, Galilei und Newton hatten die mathematisch-mechanische Gesetzmäßigkeit aller Naturerscheinungen bewiesen. Auch das Zusammenleben der Menschen, die menschliche Gesellschaft sei von einem sinnvollen, vernünftigen Gesetz geregelt. Man müsse nur die Verdummung der Vergangenheit beseitigen, der »natürlichen Religion«, der »natürlichen Wirtschaft«, der »natürlichen Ethik«, dem »natürlichen Recht« zum Durchbruch verhelfen, um eine Weltordnung der Harmonie und Humanität herbeizuführen.

Verstand sich der absolutistische Staat als Selbstzweck, so wandte sich die Aufklärung gegen dessen Omnipotenz und sah in der Institution des Staates lediglich ein Mittel, um die Freiheit seiner Bürger zu gewährleisten. »Der Staat ist eine Vereinigung von Menschen, einzig und allein zu dem Zweck geschaffen, um ihre bürgerlichen Interessen zu vertreten, zu behaupten und zu entwickeln« (John Locke). Im Namen der Volkssouveränität, der Gleichheit und Freiheit aller Bürger kam es zur großen Französischen Revolution von 1789. Doch der Versuch, diese demokratischen Ideale zu verwirklichen, endete in der Schreckensherrschaft der Jakobiner, in der Diktatur Napoleons.

Der kühne Optimismus der Aufklärung scheiterte an der historischen Realität. Zu eklatant zeigte sich die Kluft zwischen propagiertem Ideal und praktizierter Politik. Zwar konnte die Stimme der Humanität nie ganz zum Schweigen gebracht werden, zwar haben sich liberale und demokratische Ziele in den langwierigen und wechselhaften Auseinandersetzungen des 19. und 20. Jahrhunderts durchsetzen können, doch die Schatten der egoistischen Kräfte des Nationalismus und des Imperialismus, der Diktatur und der Intoleranz verdüstern das Bild der Epoche. Auf dem Gebiet der Wissenschaft und Technik konnten Rationalismus und Empirismus ungeahnte Fortschritte erzielen. Im Bereich des Politischen hingegen hat das illusionäre Denken der Aufklärung einer nüchternen Betrachtungsweise weichen müssen. Der Glaube an die »automatische« soziale Harmonie der freigesetzten Vernunft wurde abgelöst von der historischen Erfahrung, daß eine humane, freiheitliche Gesellschaft nur als dauernde Aufgabe verantwortlicher Menschen zu verwirklichen ist.

LINKE SEITE: Die Guillotine, seit 1792 Hinrichtungsgerät der Französischen Revolution.

REVOLUTION

Bereits beim Tode Ludwigs XIV. befand sich Frankreich in finanziellen Schwierigkeiten. Die vier Kriege, die seine Nachfolger zwischen 1733 und 1783 führten, kosteten das Land fast 4 Milliarden Livres. 1788, am Vorabend der Revolution, beliefen sich die Staatsausgaben auf 630 Millionen Livres, wovon allein 318 Millionen, also etwas mehr als die Hälfte, für die Zinszahlung der Staatsschuld aufgewendet werden mußten. Eine völlig verfehlte Finanzpolitik hatte das Ancien régime dem finanziellen Ruin entgegengeführt.

König Ludwig XVI. (1774–1792) und seine verantwortlichen Berater wußten genau, daß nur eine Reform des veralteten Steuersystems Abhilfe schaffen konnte. Die beiden privilegierten Schichten, Adel und Geistlichkeit, erster und zweiter Stand, die von den direkten Steuern befreit waren, mußten unbedingt zur Finanzierung der Staatsausgaben herangezogen werden. Doch alle wohlmeinenden Reformvorschläge des Königs scheiterten am Widerstand der Aristokratie. In dieser Situation – kurz vor dem Staatsbankrott – wurden zum erstenmal seit 1614 die Generalstände einberufen, um mit ihnen über einen Weg aus der Finanzmisere zu beraten. Am 5. Mai 1789 traten sie in Versailles zusammen. Den rund 300 Abgeordneten

der beiden privilegierten Stände standen rund 600 Abgeordnete des dritten Standes gegenüber. An der entscheidenden Machtfrage entzündete sich sogleich der politische Konflikt. Sollte man nach Ständen oder nach Köpfen abstimmen?

Während Adel und Klerus den ersteren Wahlmodus, der ihnen eine dauernde Mehrheit garantiert hätte, befürworteten, beharrte der dritte Stand auf der für ihn allein akzeptablen Abstimmung nach Köpfen. Als der König dieser Forderung nicht nachkam, erklärte sich der dritte Stand kurz entschlossen zur Nationalversammlung, d. h. zur Vertretung der gesamten französischen Nation.

Der König verweigerte daraufhin den Abgeordneten des dritten Standes den Zugang zum Sitzungssaal, was diese jedoch nicht daran hinderte, sich im nahe gelegenen Ballhaus zu versammeln und den Schwur zu leisten, »sich niemals zu trennen..., bis die Verfassung auf solider Grundlage errichtet und befestigt wäre«. Nur der »Gewalt der Bajonette« wollte man weichen.

BILD OBEN: Versammlung der französischen Generalstände am 5. Mai 1789 in Versailles. Die privilegierte Aristokratie konnte sich gegen den dritten Stand nicht mehr behaupten, das während des Merkantilismus wohlhabend gewordene Bürgertum drängte unaufhaltsam zur politischen Mitbestimmung. Aus der feudalistischen Versammlung der Generalstände wurde die verfassunggebende Nationalversammlung des französischen Volkes.

BILD LINKS: Karikatur aus der Zeit der Französischen Revolution. Die privilegierten Stände Adel und Klerus lebten auf Kosten des dritten Standes. »Was ist der dritte Stand? Alles. Was bedeutet er? Nichts. Was will er? Daß er etwas bedeutet.« Diese berühmten Worte einer Flugschrift des Abbé Sieyès kennzeichneten in prägnanter Formulierung das Selbstverständnis des französischen Bürgertums.
BILD UNTEN: Sturm auf die Bastille. Dieser erste Ausbruch der revolutionären Gewalt am 14. Juli 1789 gilt als Geburtsstunde der Revolution und blieb bis heute der höchste nationale Feiertag Frankreichs.
»Zwei Jahrhunderte der Knechtschaft des Staats- und Familienlebens, zwei Jahrhunderte politischer und fiskalischer, feudaler und gerichtlicher Tyrannei, auf die Spitze getrieben durch eine abscheuliche Verschwörung, deren Andenken die Annalen verewigen werden: das hat das Volk gereizt!«

STURM AUF DIE BASTILLE

Doch vor dem Einsatz bewaffneter Truppen schreckte der König zurück. Er kapitulierte und befahl den Vertretern der privilegierten Stände, sich mit den Delegierten des dritten Standes zur verfassunggebenden Nationalversammlung zu vereinen.

In einem revolutionären Akt hatte sich der dritte Stand über den Willen des Königs und der Aristokratie hinweggesetzt, die absolute Königsgewalt hatte sich dem Anspruch der Volkssouveränität gebeugt. Nicht mehr nur die Regelung der Finanzen stand jetzt zur Debatte, sondern die grundsätzliche Neugestaltung der Staatsverfassung.

Die Vertreter des dritten Standes, in ihrer Mehrheit Advokaten, Notare, Beamte und Literaten, beherrschten das Geschehen. Und während sie in Versailles mit König und Adel über die neue Verfassung verhandelten, trat in Paris die zweite revolutionäre Kraft in Erscheinung: Der friedlichen Revolution der Rechtsgelehrten folgte am 14. Juli 1789 der blutige Sturm auf die Bastille. Die von Demagogen aufgewiegelte, von einer Verteuerung der Lebensmittel in ihrer Existenz bedrohte Pariser Masse stürmte das Staatsgefängnis, machte die Besatzung nieder und befreite die Gefangenen. Rasch verbreitete sich der Aufruhr über das ganze Land. Die Bauern rotteten sich zusammen, erstürmten und brandschatzten Schlösser und Kirchen, erschlugen Grundherren und weigerten sich, ihre feudalen Abgabe- und Dienstpflichten zu erfüllen.

In dieser Situation revolutionärer Anarchie beseitigten die Vertreter aller Stände, indem sie auf ihre Vorrechte verzichteten, die traditionelle Gesellschaftsordnung des Feudalismus. Am 26. August 1789 erfolgte die Erklärung der Menschen- und Bürgerrechte. »Freiheit, Gleichheit, Brüderlichkeit«, Volkssouveränität und Demokratie waren das Ziel. Mit der nach langen Beratungen endlich verabschiedeten Verfassung begann in Frank-

reich die konstitutionelle Monarchie. Die Macht des Königs wurde stark beschränkt und das von Montesquieu propagierte Prinzip der Gewaltenteilung eingeführt. Die Rousseausche Forderung auch nach der politischen Gleichheit wurde dagegen nicht verwirklicht. Das Wahlrecht nämlich war an den Zensus, an einen ziemlich hohen Steuersatz gebunden, so daß nur die wohlhabenden Bürger politischen Einfluß gewannen.

PARTEIEN

Diese unvollkommene Revolution führte in der gesetzgebenden Nationalversammlung zur Bildung verschiedener Parteien. Im wesentlichen standen sich hier neben den Royalisten auf der rechten Seite des Sitzungssaales auf der linken, der republikanischen Seite die Girondisten und die Jakobiner gegenüber. Die Girondisten – nach dem Departement Gironde benannt, aus dem ihre Führer stammten – vertraten die Interessen des gehobenen Bürgertums. Die Jakobiner – benannt nach ihrem Versammlungslokal, dem ehemaligen Kloster des hl. Jakobus und gekenn-

zeichnet durch die rote Mütze der Galeerensklaven – kämpften für die besitzlosen Städter. Während die Girondisten noch mit dem König zusammenarbeiten wollten, hetzten und schürten die Jakobiner in hemmungsloser Agitation gegen die Monarchie.

Nicht zuletzt um diese innere Zerrissenheit des Landes zu überwinden, trieben die Girondisten zum Krieg. Der gemeinsame Kampf gegen die äußere Bedrohung sollte das Volk zusammenschmieden und die Revolution konsolidieren. Der Warnung Österreichs und Preußens, die Revolution zu mäßigen, folgte die französische Kriegserklärung. Auch König und Adel waren, allerdings mit entgegengesetzter Zielsetzung, für den Krieg. Sie erwarteten die Niederlage des revolutionären Frankreichs und die Restauration der alten Ordnung.

Doch die Hoffnung der Royalisten erfüllte sich nicht. Das Vordringen der verbündeten Truppen wurde am 20. September 1792 in der Kanonade von Valmy gestoppt. Statt die Festung im Sturmangriff zu nehmen, begnügte man sich mit einem ergebnislosen Artilleriegefecht. Goethe, der dieses Ereignis als Augenzeuge miterlebte, fand die prophetischen Worte: »Von hier

BILD OBEN: Maximilien de Robespierre (1758–1794), die extremste Figur der Französischen Revolution. Ganz seinem Ideal der Rousseauschen absoluten Volkssouveränität verpflichtet, persönlich unbestechlich, ein Verächter von Reichtum und Genuß, haßte er aus vollem Herzen die Gleichheitsfeindlichkeit von Adel, Klerus und Bourgeoisie. Überzeugt davon, daß er und seine Gesinnungsgenossen den wahren Willen des Volkes verkörperten, war es sein Ziel, mit diktatorischen und terroristischen Mitteln die verderbte Gesellschaft zu reinigen. Allein von der »Tugend« sollte die von ihm angestrebte vollkommene Republik beherrscht werden. »Der Schrecken ist nichts anderes als die rasche Strenge, unbeugsame Gerechtigkeit; er ist also ein Ausfluß der Tugend, ... eine Folge des allgemeinen Prinzips der Demokratie in seiner Anwendung auf die dringendsten Bedürfnisse des Vaterlandes ... Die Regierung der Revolution ist der Despotismus der Freiheit im Kampf gegen die Tyrannei.«

RECHTE SEITE: Freiheit, Gleichheit, Brüderlichkeit, die großen Schlagworte der Französischen Revolution, stimulierten Idealismus, Terror, Intoleranz und Krieg. Im Kaisertum Napoleons (1768–1821) endete der große Aufbruch. Napoleon thront hier in voller Majestät mit den Insignien der Macht, die ihm anläßlich seiner Kaiserkrönung im Dom von Notre-Dame am 2. Dezember 1804 überreicht wurden.

und heute beginnt eine neue Epoche der Weltgeschichte.«

Schon zuvor hatte man den König in Paris gefangengesetzt, die Nationalversammlung aufgelöst und Neuwahlen ausgeschrieben. Im neuen, nun aus allgemeinen Wahlen hervorgegangenen Konvent dominierten die radikalen Republikaner unter ihren Führern Danton, Marat und Robespierre. Unter dem Druck der Straße wurde Ludwig XVI. vom Nationalkonvent des Hochverrats für schuldig befunden und der Vollzug der Todesstrafe beschlossen: »Der Nationalkonvent bestimmt, daß Ludwig Capet die Todesstrafe leiden soll.« Auf dem »Revolutionsplatz«, dem heutigen Place de la Concorde, fiel am 21. Januar 1793 das Haupt des Bourbonenkönigs unter dem Fallbeil der Guillotine. Einige Monate später erlitt seine Gemahlin, die Habsburgerin Marie-Antoinette, das gleiche Schicksal.

LA TERREUR

Zusehends radikalisierte sich die Revolution. »La terreur«, der Schrecken, wütete gegen alle echten und vermeintlichen Feinde der Jakobinerherrschaft. Adlige, Priester, Konstitutionelle, gemäßigte Republikaner und ganz allgemein die Besitzenden wurden verfolgt und enthauptet. Jegliche Opposition wurde erbarmungslos ausgemerzt. Ein Dekret gegen die Verdächtigen öffnete einer blutigen Terrorjustiz Tür und Tor. Ohne Zeugenverhör, ohne Verteidiger war jeder Verdächtige dem Revolutionstribunal ausgeliefert, das bei einem Schuldspruch nur eine Strafe kannte: die Guillotine.

Denunziation und Terror, das Fallbeil der Guillotine und politischer Massenmord unter dem Deckmantel des Rechts stabilisierten die Herrschaft der kleinen Clique der führenden Revolutionäre. Als Danton sich für einen Abbau der »terreur« aussprach, ließ ihn Robespierre durch die Guillotine enthaupten, die Revolution wandte sich gegen ihre eigenen Kinder. Robespierre, nun Alleinherrscher, verschärfte den Terror und endete schließlich selbst unter der Guillotine. Seine Anhänger, die seine fanatische Vernichtungspolitik fürchteten und sich selber nicht mehr sicher fühlten, brachten ihn aufs Schafott. Unter dem Jubel des Volkes fiel sein Kopf am 28. Juli 1794.

In der Direktorialverfassung von 1795 fand Frankreich zu einer vom wohlhabenden Bürgertum beherrschten gemäßigten Demokratie zurück. Doch die Regierung des Direktoriums war schwach und korrupt, sie konnte die dringendsten Probleme, Inflation und Hungersnot, nicht überwinden. Nach vier Jahren Mißwirtschaft war das Volk reif für den starken Mann. Gegen den Staatsstreich Napoleons vom 9. November 1799 erhob sich kein nennenswerter Widerstand.

NAPOLEON

Napoleon verdankte seinen Aufstieg den Kriegen der
Französischen Revolution. Bereits 1793 hatte Frank-
reich die Levée en masse, die Aushebung aller Waffen-
fähigen vom 18. bis zum 25. Lebensjahr, proklamiert.
Die übrige Bevölkerung wurde zur Arbeit für den
Krieg herangezogen. Selbst Frauen, Kinder und
Greise arbeiteten in Nähstuben, Hospitälern und Fabriken für den Sieg der Revolution. Das neugeschaffene französische Volksheer war den europäischen
Söldnerheeren nicht nur zahlenmäßig überlegen, sondern auch an Kampfgeist und leidenschaftlicher
Kriegsbereitschaft. Patriotismus und Nationalismus
betraten als neue Kräfte die politische Bühne.
Auch Napoleon wußte den nationalistischen Schwung
des französischen Volksheeres zu nutzen und stets
aufs neue zu aktivieren. Seine Vernichtungsstrategie
führte ihn und seine Truppen von Sieg zu Sieg, führte
zur französischen Hegemonie auf dem Kontinent.
Um England, seinen Hauptfeind, zu bezwingen, verkündete Napoleon 1806, nach der Niederlage Preußens, von Berlin aus die Kontinentalsperre: »Die britischen Inseln sind in Sperrzustand erklärt. Jeder
Handelsverkehr und jeder Briefwechsel mit den britischen Inseln ist untersagt.« Als Rußland, die einzige
auf dem Festland noch unabhängig gebliebene Großmacht, die Kontinentalsperre nicht rigoros genug

durchführte, marschierte Napoleon mit 600 000 Mann
nach Osten. Die Weite des russischen Raumes, Schnee
und Kälte, Hunger und Krankheit besiegten die
»große Armee«. Nur noch 30 000 Mann retteten sich
beim Rückzug über die Beresina.

BILD LINKS: Nelson vor seinem letzten Auslaufen gegen den Feind. Zwar gelang es dem englischen Admiral 1805 in der entscheidenden Seeschlacht bei Trafalgar, die französisch-spanische Flotte zu vernichten, doch wurde er dabei auf seinem Flaggschiff tödlich verwundet. Hundert Jahre sicherte dieser Sieg die britische Vorherrschaft zur See.

BILD OBEN: Um England in seinen Kolonien zu treffen, zog Napoleon nach Ägypten (1798/99). Er siegte bei den Pyramiden, die mit englischer Unterstützung von den Mamelucken verteidigte Festung Akkon konnte er jedoch nicht einnehmen. Schlechte Nachrichten aus Frankreich bewogen ihn schließlich, den ägyptischen Feldzug abzubrechen.

Napoleon, als Feldherr und Staatsmann eine überragende Führerpersönlichkeit, kennzeichneten eine beispiellose Leistungsfähigkeit sowie ein brennender Ehrgeiz nach Macht und Größe. Als siegreicher Feldherr gewann er die Gunst des französischen Volkes und die Bewunderung seiner Soldaten. Als Staatsmann brachte er Frankreich das, was es nach den Wirren der Französischen Revolution zutiefst herbeisehnte, Ruhe und Sicherheit unter einer stabilen Führung. Napoleons Vorbilder waren Alexander der Große, Cäsar und Karl der Große, sein eigentliches Ziel die Weltherrschaft. Daß er mit diesem Vorhaben scheiterte, lag nicht nur an seinem maßlosen Ehrgeiz, sondern auch an jener Kraft, die seine Kriege im Ausland entfesselte und deren Dynamik er nicht begriffen hatte: »Am Nationalismus der europäischen Völker,

besonders des deutschen. Was diese Völker – Deutsche, Italiener, Spanier, Russen – nicht von der Französischen Revolution gelernt hatten (der Geist von 1789 hatte sie nur wenig gestreift), das lernten sie von Napoleon: Nationalismus nicht als Vehikel persönlicher Freiheit, sondern als Anbetung einer kollektiven Macht.« (Hans Kohn: Von Machiavelli zu Nehru.)

BILD UNTEN: Hinrichtung der Schillschen Offiziere vor Wesel. Der preußische Offizier Ferdinand von Schill, der sich bei der Verteidigung von Kolberg gegen die Franzosen besonders ausgezeichnet hatte, verließ 1809 mit seinem Husarenregiment auf eigene Faust Berlin, um den preußischen König zum Aufstand gegen die verhaßte napoleonische Fremdherrschaft mitzureißen. Nach einem tollkühnen Sturm auf die Festung Magdeburg, der mißlang, fiel Schill in Stralsund im Straßenkampf, elf seiner Offiziere wurden von einem französischen Exekutionskommando standrechtlich erschossen.

Erklärung der Rechte des Menschen und des Bürgers

Präambel. Die als Nationalversammlung vereinigten Vertreter des Französischen Volkes betrachten die Unkenntnis der Menschenrechte, die Vergessenheit oder Mißachtung, in die sie geraten sind, als die einzigen Ursachen der öffentlichen Mißstände und der Verderbtheit der Regierungen. Daher haben sie beschlossen, in einer feierlichen Erklärung die angestammten, unveränderlichen und heiligen Rechte des Menschen darzulegen, damit diese Erklärung allen Gliedern der menschlichen Gesellschaft ständig vor Augen sei und ihm seine Rechte und Pflichten immer wieder ins Gedächtnis rufe; damit die Handlungen der gesetzgebenden und die der ausübenden Gewalt jederzeit am Endzweck jeder politischen Einrichtung gemessen werden können und um so mehr Achtung finden mögen; damit die Forderungen der Bürger, nunmehr auf klare und unerschütterliche Prinzipien gegründet, stets der Aufrechterhaltung der Verfassung und dem Wohle aller dienen.

So erkennt und verkündigt die Nationalversammlung, angesichts des Höchsten Wesens und unter seinen Auspizien, die Rechte des Menschen und des Bürgers wie folgt:

1. Artikel. Frei und gleich an Rechten werden die Menschen geboren und bleiben es. Die sozialen Unterschiede können sich nur auf das gemeine Wohl gründen.

2. Artikel. Der Zweck jeden politischen Zusammenschlusses ist die Bewahrung der natürlichen und unverlierbaren Menschenrechte. Diese Rechte sind Freiheit, Eigentum, Sicherheit und Widerstand gegen Bedrückung.

3. Artikel. Jegliche Souveränität liegt im Prinzip und ihrem Wesen nach in der Nation; keine Körperschaft und kein einzelner kann eine Autorität ausüben, die sich nicht ausdrücklich von ihr herleitet.

4. Artikel. Die Freiheit besteht darin, alles tun zu können, was anderen nicht schadet. Also hat die Ausübung der natürlichen Rechte bei jedem Menschen keine anderen Grenzen als die, den anderen Mitgliedern der Gesellschaft den Genuß der gleichen Rechte zu sichern. Diese Grenzen können nur durch das Gesetz bestimmt werden.

5. Artikel. Das Gesetz hat nur das Recht, Handlungen zu verbieten, die der Gesellschaft schädlich sind. Was nicht durch Gesetz verboten ist, darf nicht verhindert werden, und niemand kann gezwungen werden, etwas zu tun, was das Gesetz nicht befiehlt.

6. Artikel. Das Gesetz ist der Ausdruck des allgemeinen Willens; alle Bürger haben das Recht, persönlich oder durch ihre Vertreter an seiner Schaffung mitzuwirken. Es muß für alle das gleiche sein, mag es nun beschützen oder bestrafen. Alle Bürger sind vor seinen Augen gleich. Sie sind in der gleichen Weise zu allen Würden, Stellungen und öffentlichen Ämtern zugelassen, je nach ihrer Fähigkeit und ohne andere Unterschiede als ihre Tüchtigkeit und Begabung.

7. Artikel. Niemand kann angeklagt, verhaftet und gefangengehalten werden in anderen als den vom Gesetz festgelegten Fällen und in den Formen, die es vorschreibt. Wer Willkürakte anstrebt, befördert, ausführt oder ausführen läßt, ist zu bestrafen; aber jeder Bürger, der durch ein Gesetz gerufen oder erfaßt wird, muß augenblicklich gehorchen; durch Widerstand macht er sich schuldig.

8. Artikel. Das Gesetz darf nur unbedingt und offensichtlich notwendige Strafen festsetzen, und niemand darf bestraft werden, es sei denn kraft eines bereits vor seinem Delikt erlassenen, veröffentlichten und legal angewandten Gesetzes.

9. Artikel. Jeder wird so lange als unschuldig angesehen, bis er als schuldig erklärt worden ist; daher ist, wenn seine Verhaftung als unerläßlich gilt, jede Härte, die nicht dazu dient, sich seiner Person zu versichern, auf dem Gesetzeswege streng zu unterdrücken.

10. Artikel. Niemand darf wegen seiner Überzeugungen, auch nicht der religiösen, behelligt werden, vorausgesetzt, daß ihre Betätigung die durch das Gesetz gewährleistete öffentliche Ordnung nicht stört.

11. Artikel. Die freie Mitteilung seiner Gedanken und Meinungen ist eines der kostbarsten Rechte des Menschen. Jeder Bürger darf sich also durch Wort, Schrift und Druck frei äußern; für den Mißbrauch dieser Freiheit hat er sich in allen durch das Gesetz bestimmten Fällen zu verantworten.

12. Artikel. Die Sicherung der Menschen- und Bürgerrechte macht eine öffentliche Gewalt notwendig; diese Gewalt wird demnach zum Nutzen aller eingesetzt, nicht aber zum Sondervorteil derjenigen, denen sie anvertraut ist.

13. Artikel. Für den Unterhalt der öffentlichen Gewalt und für die Ausgaben der Verwaltung ist eine allgemeine Steuer vonnöten; sie ist gleichmäßig auf alle Bürger zu verteilen nach Maßgabe ihres Vermögens.

14. Artikel. Die Bürger haben das Recht, selbst oder durch ihre Vertreter die Notwendigkeit einer öffentlichen Auflage zu prüfen, sie zu bewilligen, ihren Gebrauch zu überwachen und ihre Teilbeträge, Anlage, Eintreibung und Dauer zu bestimmen.

15. Artikel. Die Gesellschaft hat das Recht, von jedem öffentlichen Beauftragten ihrer Verwaltung Rechenschaft zu fordern.

16. Artikel. Eine Gesellschaft, deren Rechte nicht sicher verbürgt sind und bei der die Teilung der Gewalten nicht durchgeführt ist, hat keine Verfassung.

17. Artikel. Da das Eigentum ein unverletzliches und heiliges Recht ist, darf es niemandem genommen werden, es sei denn, daß die gesetzlich festgelegte öffentliche Notwendigkeit es augenscheinlich verlangt, und nur unter der Bedingung einer gerechten und im voraus zu entrichtenden Entschädigung.

RECHTE SEITE: Die Erklärung der Menschen- und Bürgerrechte vom 26. August 1789 war eine verfassungspolitische Großtat ersten Ranges. Die Verwirklichung dieser Rechte ist und bleibt das Grundanliegen der freiheitlichen Demokratie.

RESTAURATION

»Mit Mann und Roß und Wagen hat sie der Herr geschlagen«, jubelte das Volk, als die letzten Reste der
»großen Armee« auf ihrem Rückzug aus Rußland in
Deutschland einmarschierten. Napoleon war seinen
geschlagenen Truppen schon längst nach Paris vor-
ausgeeilt, um ein neues schlagkräftiges Heer aufzustellen. Für ihn gab es nur Sieg oder Niederlage, ein
Kompromiß im Sinne europäischer Gleichgewichts-
politik kam nicht in Frage.

Die politisch-psychologische Landschaft Europas jedoch hatte sich gewandelt. Insbesondere die preußischen Reformer Karl Freiherr vom Stein, Hardenberg,
Scharnhorst und Gneisenau hatten die Konsequenzen
aus der preußischen Niederlage bei Jena und Auer-
städt gezogen. Sie mußten die große Überlegenheit
des französischen Volksheeres über das frideriziani-
sche Söldnerheer anerkennen. Eine größere aktive
Anteilnahme des Volkes am Staatsleben schien ihnen
für die Stärkung der Staatsgewalt unerläßlich: »Wir
müssen dasselbe von oben her machen, was die Franzosen von unten her gemacht haben.« Neben die
Reformen in Heer und Verwaltung trat der durch
Napoleons Fremdherrschaft hervorgerufene Nationalismus. Philosophen und Dichter beschworen Liebe
und Hingabe an Volk und Vaterland.

Unter dem Druck des Volkes verbündete sich Preußen mit Rußland gegen Napoleon. Österreich entschied sich ebenfalls gegen Frankreich. In der drei-
tägigen Völkerschlacht bei Leipzig vom 16. bis 19. Oktober 1813 stellte sich Napoleon der feindlichen Koalition. Nur mit knapper Not und unter Aufbietung
der letzten Kräfte gelang es ihm, der Einkreisung
durch den Gegner zu entgehen und den Rückzug
nach Frankreich anzutreten. Sein ungebrochener Wille
zum Kampf konnte jedoch die kriegsmüden Franzosen nicht mehr begeistern. Als Sieger besetzten die
Verbündeten Paris. Napoleon mußte abdanken und
nach Elba in die Verbannung gehen.

Dem Zusammenbruch der napoleonischen Herrschaft
folgte auf dem Wiener Kongreß (1814/15) die Neuordnung Europas im Sinne der Restauration, der Wiederherstellung der vorrevolutionären Zustände. Österreichs Außenminister Fürst Metternich, die große
Gestalt der Kongreßverhandlungen, leiteten zwei
Grundideen: das Prinzip des europäischen Gleichgewichts und das Prinzip der Legitimität, der Recht-
mäßigkeit der traditionellen Gewalten.

LINKE SEITE: Klemens Fürst von Metternich (1773–1859) war
nicht nur ein glänzender Diplomat, sondern auch – wenngleich
im Sinne des Konservatismus und des alten Europa – ein bedeutender Staatsmann. Sein Ausgangspunkt hieß nicht »Freiheit«, sondern »Ordnung«.

BILD OBEN: Blücher und Wellington nach dem Sieg von Waterloo. – Während die Mächte noch auf dem Wiener Kongreß um
die endgültige politische Landkarte Europas feilschten, landete
Napoleon am 1. März 1815 in Südfrankreich, um seine alte
Machtposition zurückzuerobern. Die ihm entgegengesandten
französischen Streitkräfte liefen zu ihm über. Zwar siegte der
Feldherr bei Ligny über Blücher, unterlag dann aber den vereinten Kräften des englischen Berufsheeres unter Wellington
und des preußischen Volksheeres unter Blücher in der Schlacht
bei Waterloo am 18. Juni 1815.

BILD UNTEN: Nach seiner Niederlage wurde Napoleon endgültig, diesmal nach St. Helena, in die Verbannung geschickt.
»Niemand ist schuld an meinem Fall als ich selber«, bekannte
der entthronte Kaiser. »Ich habe zuviel gewollt. Ich habe den
Bogen zu straff gespannt und mich allzusehr auf mein Glück
verlassen.«

BILD OBEN: Die Julirevolution, Gemälde von Delacroix. – Entsprechend dem Metternichschen Legitimitätsprinzip wurde nach dem Sturz Napoleons in Frankreich das bourbonische Königtum wiederhergestellt. Als Karl X., seinen absolutistischen Neigungen folgend, die von einer liberalen Mehrheit beherrschte Kammer auflöste, die Pressefreiheit aufhob und das Wahlrecht weiterhin einschränkte, gingen im Juli 1830 Studenten und Arbeiter auf die Barrikaden. Karl X. mußte fliehen. Mit einer überwältigenden Mehrheit wählten die Abgeordneten Ludwig Philipp von Orléans zum König. Das Prinzip der Legitimität war damit zugunsten der Volkssouveränität durchbrochen. Als »Bürgerkönig« – unter seiner Regierung war die französische Bourgeoisie der große Nutznießer – herrschte er »von Gottes Gnaden und durch den Willen des Volkes«. An die Stelle des bourbonischen Lilienbanners trat die blauweißrote Trikolore, die Fahne der Revolution. Von Frankreich ausgehend, förderte die französische Julirevolution in vielen Teilen Europas den Aufschwung nationaler und liberaler Ideen.

BILD LINKS: 18. Mai 1848, feierlicher Einzug der aufgrund des allgemeinen und gleichen Wahlrechts gewählten, aus allen Teilen Deutschlands stammenden Abgeordneten der »verfassunggebenden Nationalversammlung« in die Paulskirche in Frankfurt am Main. Ihr großes Ziel: die Verwirklichung nationaler Einheit und liberaler Freiheit im Rahmen einer von der deutschen Nation selbst geschaffenen nationalstaatlichen Verfassung.

um 18. und 19. März 1848. in Berlin. ——— Barrikade an der Kölnischen Wache in Berlin.

BILD OBEN: »Das merkwürdige Jahr 1848«, Neuruppiner Bilderbogen über die revolutionären Ereignisse in Berlin. Schon zuvor hatte Preußens König Wilhelm seine Ablehnung liberaler und demokratischer Gedanken unmißverständlich zum Ausdruck gebracht: »Es drängt mich zu der feierlichen Erklärung, daß es keiner Macht der Erde gelingen werde, Mich zu bewegen, das natürliche... Verhältnis zwischen Fürst und Volk in ein... konstitutionelles zu verwandeln, und daß Ich es nun und nimmer zugeben werde, daß sich zwischen unseren Herrgott im Himmel und dieses Land ein beschriebenes Blatt... eindränge, um uns mit seinen Paragraphen zu regieren.« Nach anfänglichen Zugeständnissen wurde Preußen eine Verfassung oktroyiert, die mit ihrem Dreiklassenwahlrecht bis 1918 in Kraft blieb.

nell' Anno 1848.

Als sich die verfassunggebende Nationalversammlung – sie war gespalten und zersplittert in politische Klubs und Grüppchen, in Liberale, Republikaner, Konservative, Großdeutsche und Kleindeutsche... – nach langwierigen Debatten schließlich auf eine Reichsverfassung im kleindeutschen Sinne, also unter Ausschluß Österreichs, geeinigt hatte, wählten die Abgeordneten König Wilhelm von Preußen zum deutschen Erbkaiser. Doch dieser vom Mittelalter schwärmende Romantiker ohne Verständnis für die neuen Ideen lehnte die ihm vom Volk dargebrachte Krone ab, dieses »Hundehalsband, das ihn an die Volkssouveränität« fesseln würde: »Einen solchen imaginären Reif, aus Dreck und Letten gebacken, soll ein legitimer König von Gottes Gnaden sich geben lassen?« Am Widerstand der herrschenden Gewalten, an innerer Uneinigkeit sowie am preußisch-österreichischen Gegensatz war die Schaffung eines deutschen Nationalstaates gescheitert.

BILD LINKS: »Nuovi Stati Costituzionali di Europa nell' Anno 1848«, italienische Karikatur zur europäischen Revolutionsbewegung von 1848: Die Monarchie versinkt, die keine Verfassung gewährenden italienischen Staaten Parma und Modena stürzen ins Meer; Polen versucht, sich von der Bevormundung Rußlands zu lösen; andere Staaten, darunter Napoli, Piemonte, Roma, Toscana, Baviera, Danimarca, Austria und Prussia streben zur Freiheit empor.

Wie die revolutionären Ereignisse von 1830 von Frankreich ausgingen, so auch die europaweite Revolutionsbewegung von 1848. In Frankreich wurde der wohlhabenden Bourgeoisie vom Kleinbürgertum sowie der aufkommenden Arbeiterschaft der Kampf angesagt und das allgemeine und gleiche Wahlrecht eingeführt. In den deutschen Klein- und Mittelstaaten wichen die reaktionären Regierungen dem Druck des Volkes ebenso wie in Wien und Berlin. Freiheitsforderungen der Tschechen, der Ungarn, Erhebungen in Oberitalien gegen die habsburgische Vorherrschaft drohten den Vielvölkerstaat Österreich zu sprengen. Das rücksichtslos eingesetzte Heer rettete Reich und Dynastie. Fürst Schwarzenberg räumte den nach Autonomie strebenden Nationalitäten des Habsburgerreiches keinerlei Zugeständnisse ein. Wie überall unterlagen die liberalen und demokratischen Kräfte.

ITALIEN

Der Wiener Kongreß hatte die aus dem Mittelalter überkommene Zersplitterung Italiens nicht beseitigt. Für Metternich war Italien lediglich ein »geographischer Begriff«; anders hingegen dachten die nationalen und liberalen Kräfte dieses Landes. Ihr Ziel war die staatliche Einigung des Vaterlandes. Die vom revolutionären Schwung getragene Erhebung gegen Österreich 1848/49 war an der eigenen militärischen Schwäche gescheitert. Im Dienste Piemont-Sardiniens stehend, des einzigen italienischen Staates, der von einer nationalen Dynastie beherrscht wurde, zog Camillo Cavour aus dem Scheitern der italienischen Freiheitsbewegung den realistischen Schluß, daß nur mit der Hilfe einer europäischen Großmacht die politische Zersplitterung Italiens zu überwinden sei. Diese Hilfe fand Cavour, der »Bismarck Italiens«, in Frankreich.

Aus der Französischen Revolution von 1848 war hier der Neffe des großen Napoleon als Napoleon III. zum neuen Kaiser der Franzosen emporgestiegen. Er strebte nach politischem Prestige, nach außenpolitischen Erfolgen und Landgewinn. Als »Schutzherr der lateinischen Rassen« und Verteidiger des »Selbstbestimmungsrechts der Völker« unterstützte er Italiens Freiheitskampf gegen Österreich. Bei Magenta und Solferino unterlagen die Österreicher den französisch-italienischen Truppen. Aus Angst vor dem Eingreifen Preußens schlossen Frankreich und Österreich Frieden, ohne das ursprünglich französisch-piemontische Kriegsziel – »Italien frei bis zur Adria« – erreicht zu haben. Der im Friedensvertrag vorgesehenen Schaffung eines losen Bundes der italienischen Staaten widersetzten sich die patriotischen Kräfte des Landes. Toskana, Parma, Modena und der nördliche Teil des Kirchenstaates vollzogen in Volksabstimmungen ihren Anschluß an Sardinien-Piemont. Der Revolutionär Garibaldi landete mit tausend Freischärlern auf Sizilien und beendete mit der Besetzung Neapels unter dem Jubel des Volkes die Herrschaft der Bourbonen im Königreich beider Sizilien. Der Süden schloß sich dem Norden an. Am 17. März 1861 konnte das Königreich Italien ausgerufen werden.

BILD RECHTS: »Saluto il primo Re d'Italia!« – »Ich grüße den ersten König Italiens!« ruft Garibaldi König Viktor Emanuel II. entgegen. – Als Dank für die Unterstützung Napoleons im Freiheitskampf mußte Italien Savoyen und Nizza an Frankreich abtreten. Durch die Eingliederung Venetiens und Roms im Gefolge der preußisch-deutschen Siege von 1866 und 1870 wurde die Einigung Italiens vollendet. Eine weitere Großmacht war fortan im europäischen Konzert der Mächte zu berücksichtigen.

BILD OBEN: 1864, österreichische Truppenparade in Berlin: Unter den Linden defiliert das 34. österreichische Infanterieregiment am preußischen König vorbei. – Der gemeinsame Kampf gegen Dänemark war für Bismarck nur ein Schritt zur preußischen Hegemonie in Deutschland:

»Ein Krieg mit Österreich wird früher oder später nicht zu vermeiden sein.«

BILD UNTEN: Angriff des preußischen Garde-Füsilier-Regiments auf St.-Marie-aux-Chênes. – Seite an Seite mit den Truppen des Norddeutschen Bundes erkämpften die Kontingente der süd-

BISMARCK

Unter dem Druck Napoleons hatten sich 1806 sechzehn west- und süddeutsche Fürsten, die ein Drittel des Reichsgebietes beherrschten, vom Reich losgesagt und im Rheinbund zusammengeschlossen. Kaiser Franz II. war daraufhin nichts anderes übriggeblieben, als die deutsche Kaiserkrone niederzulegen. Fortan nannte er sich nur noch »Kaiser von Österreich«. Das »Heilige Römische Reich Deutscher Nation« hatte auch rechtlich aufgehört zu existieren.

Den vom Patriotismus getragenen Freiheitskriegen gegen Napoleon, den siegreichen Kämpfen auf den Schlachtfeldern folgte der Sieg der Reaktion auf dem diplomatischen Parkett des Wiener Kongresses. Unter Führung Österreichs kam es im Deutschen Bund lediglich zu einer lockeren völkerrechtlichen Vereinigung 38 souveräner Fürsten und Freier Reichsstädte. Das idealistische Wollen der Nationalversammlung, die Einheit Deutschlands von unten, vom Volk aus, auf demokratischem Wege zu schaffen, scheiterte am Widerstand der traditionellen Gewalten. Einer nur an Ideen orientierten Politik wurde nun der Begriff der »Realpolitik« entgegengestellt. Nur die Berücksichtigung der real existierenden Mächte und Interessen könne den politischen Erfolg garantieren. In diesem Sinne handelte auch Otto von Bismarck:

»Preußens Grenzen, nach den Wiener Verträgen, sind zu einem gesunden Staatsleben nicht günstig. Nicht durch Reden und Majoritätsbeschlüsse werden die großen Fragen der Zeit entschieden – das ist der Fehler von 1848 und 1849 gewesen –, sondern durch Eisen und Blut.«

Eine dieser »großen Fragen der Zeit« war die »deutsche Frage«, die Einheit Deutschlands. Preußen, die deutschen Mittelstaaten und Österreich waren die unmittelbaren politischen Akteure.

Im Deutschen Bund dominierte Österreich, die Gleichberechtigung Preußens wurde nicht anerkannt, eine preußische Hegemonialpolitik in Deutschland nicht zugelassen. Die Überwindung des preußisch-österreichischen Dualismus war daher die notwendige Voraussetzung der staatlichen Einheit Deutschlands, wie sie von Bismarck beabsichtigt wurde, eine deutsche Einheit unter preußischer Führung.

In der Auseinandersetzung mit Dänemark um die Herzogtümer Schleswig und Holstein gelang es seiner geschickten Diplomatie, den machtpolitischen Rivalen Österreich an die Seite Preußens zu ziehen und die übrigen europäischen Mächte zu neutralisieren. Unter dem Jubel der deutschen Patrioten wurden 1864 im Krieg gegen Dänemark Schleswig und Holstein vom »dänischen Joch« befreit und die Stellung Bismarcks außen- und innenpolitisch entscheidend gefestigt.

deutschen Staaten unter der Führung des preußischen Generalstabschefs Helmuth von Moltke im Deutsch-Französischen Krieg von 1870/71 den Sieg. Wie im Krieg gegen Österreich bewährte sich die Kampfmoral seiner Truppen und seine Strategie der Umfassung und Vernichtung.

Schon zwei Jahre nach dem ersten Einsatz von »Eisen und Blut« kam es zur militärischen Auseinandersetzung mit Österreich. In der Schlacht bei Königgrätz vom 3. Juli 1866 fiel die Entscheidung zugunsten der von Moltke überlegen geführten preußischen Truppen. Preußen annektierte Schleswig-Holstein, Hannover, Kurhessen und Frankfurt (Main), vereinigte sich mit den Staaten nördlich des Mains zum Norddeutschen Bund und schloß mit den süddeutschen Staaten Schutz- und Trutzbündnisse ab, in denen man sich gegenseitig die territoriale Integrität garantierte. Der Deutsche Bund wurde aufgelöst, der preußisch-österreichische Dualismus um die Vorherrschaft in Deutschland endgültig zu Preußens Gunsten entschieden.

Der schnelle Kriegsausgang zwischen Preußen und Österreich war für Napoleon III. eine unangenehme Überraschung. Er hatte mit einer sehr viel längeren Dauer des Krieges gerechnet. Die Chance, als Vermittler im preußisch-österreichischen Konflikt eigenen Territorialgewinn zu erzielen, war ungenutzt vorübergegangen. Im politischen Spiel des preußischen Ministerpräsidenten um die Einheit Deutschlands fühlte sich Frankreich als Verlierer. Im Vertrauen auf die Überlegenheit der französischen Armee und überzeugt von der deutschen Uneinigkeit entschloß sich Napoleon III. am 19. Juli 1870 zum Krieg. Doch von Anfang an bewährten sich die Schutz- und Trutzbündnisse mit den süddeutschen Staaten. Mit dem Erfolg von Sedan war die entscheidende Schlacht geschlagen. Am 18. Januar 1871 wurde der preußische König Wilhelm auf französischem Boden im Spiegelsaal von Versailles zum deutschen Kaiser proklamiert. Unter Preußens Führung schlossen sich 25 deutsche Einzelstaaten zum zweiten deutschen Kaiserreich zusammen.

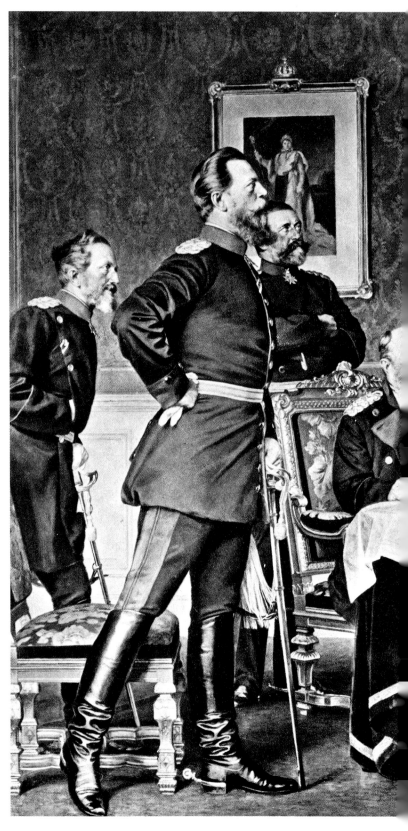

BILD OBEN: »Kriegsrat in Frankreich«, Gemälde von Anton Werner. Am Tisch sitzend, von links nach rechts: König Wilhelm I., Generalstabschef Moltke und Otto von Bismarck. Vor König Wilhelm stehend, Kronprinz Friedrich Wilhelm von

Preußen; hinter Bismarck Kriegs- und Marineminister Albrecht Graf von Roon.
Im Zuge der nationalen Begeisterung durch den siegreichen Feldzug gelang es Bismarck, auch die deutschen Fürsten zu bewegen, den König von Preußen als deutschen Kaiser und gemeinsames Staatsoberhaupt anzuerkennen.

Nachdem Napoleon III. bei Sedan in deutsche Gefangenschaft geraten war, wurde in Paris die Monarchie beseitigt und die »Republikanische Regierung der Nationalen Verteidigung« gebildet: »Heute, wie einst, bedeutet das Wort Republik: innige Vereinigung des Heeres und des Volkes zur Verteidigung des Vaterlandes.« Doch Frankreichs Verteidigungsanstrengungen blieben vergeblich. Alle Versuche, das belagerte Paris zu entsetzen, scheiterten. Die vom Hunger geplagte Stadt mußte kapitulieren. Im Frieden von Frankfurt hatte Frankreich die deutschen Bedingungen zu akzeptieren: eine Kriegsentschädigung von fünf Milliarden Francs und die Abtretung Elsaß-Lothringens einschließlich der Festung Metz.

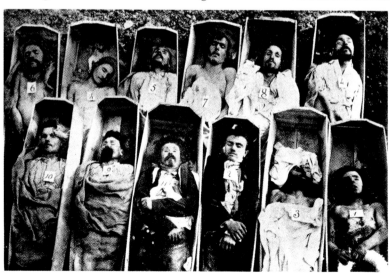

LINKS OBEN: »Vivre libre ou mourir!« – »Freiheit oder Tod!« lautete die kompromißlose Devise der Pariser »Kommune«. – Am 18. März 1871, nach dem Abzug der deutschen Truppen, erhoben sich Arbeiter, Kleinbürger und Angehörige der Nationalgarde der französischen Metropole gegen die eigene Nationalversammlung und eroberten die Macht in Paris. BILD OBEN: Kommunarden, darunter auch Frauen, erschießen »bürgerliche« Geiseln. Insgesamt forderte der Kampf zwischen den loyalen Truppen und der Kommune einschließlich der Opfer des Terrors und Gegenterrors 25000 Tote. BILD LINKS: Erschossene Kommunarden. Die Schreckensherrschaft der Kommune, die Angst vor der »roten Gefahr«, erschütterte die ganze Nation. Insbesondere das Bürgertum entwickelte ein tiefes Mißtrauen gegen jeglichen Sozialismus.

62 Tage herrschte die Kommune über Paris, bis sie durch republiktreue Truppen ihr blutiges Ende fand.

»Als ich auf dem breiten Damm der Allee zwischen Viroflay und Versailles entlangreite, kommt mir eine traurige, erbarmungswürdige Kolonne entgegen: die Gefangenen der Kommune. In Sechserreihen, die Arme untergehakt, und trotz allem mit einem stolzen Bewußtsein, wie mir scheint, ziehen sie vorüber. Unter ihnen sind viele Frauen, einige der feurigen Flintenweiber, die wir auf den Barrikaden gesehen haben, andere noch mädchenhaft, zart und schüchtern, die offenbar nur hier sind, weil auch ihre Eltern in der Kolonne marschieren. Alle sind barhäuptig und staubbedeckt, einige noch pulvergeschwärzt. Die Sonne knallt auf ihre ungeschützten Stirnen, und nicht nur die Sonne allein, sondern auch die Säbelhiebe der Chasseurs d'Afrique, die diese Unglücklichen eskortieren. Ihre Erfahrungen hätten ihnen eigentlich Anständigkeit gegenüber Gefangenen beibringen müssen, denn während ihres langen trostlosen Marsches von Sedan in die deutsche Gefangenschaft ist kein Säbel auf sie herniedergesaust; sie waren die Gefangenen von Soldaten. Aber sie sind nicht mehr in Gefangenschaft, sie tänzeln auf ihren sehnigen arabischen Hengsten hin und her und verprügeln, stolz auf ihren billigen Sieg, die Schurken der Kommune. Voraus marschieren dreihundert oder vierhundert Gefangene, die mit Stricken aneinandergebunden sind. Unter ihnen befinden sich nicht wenige Männer in roten Hosen, Deserteure, die man auf frischer Tat ertappt hat. Ich wundere mich, daß sie noch hier sind und nicht zertreten in den Gossen von Paris liegen.«

(Daily News, 26. Mai 1871)

LAISSEZ FAIRE—LAISSEZ PASSER

Bereits 1776 hatte Adam Smith seine »Untersuchung über die Natur und Ursachen des Volkswohlstandes« veröffentlicht, mit der die Lehre des liberalen Kapitalismus begründet wurde, einer Wirtschaftsform, die im 19. Jahrhundert zur vollen Entfaltung gelangte. Aus den Gedanken des Rationalismus und der Aufklärung wandte sich der wirtschaftliche Liberalismus gegen die absolutistische Politik des Merkantilismus. »Laissez faire, laissez passer« – »Laßt machen, laßt gehen« – hieß die Forderung der Zeit, Freiheit von jeglicher Einmischung des Staates in den autonomen Bereich des Wirtschaftslebens. Der freigesetzte Egoismus der Wirtschaftssubjekte, das freie Spiel der Kräfte führe naturnotwendig zu Wohlstand und wirtschaftlicher Harmonie.

»Denn«, so begründete Adam Smith seine Lehre, »ein jeder einzelne strebt beständig, die vorteilhafteste Verwendung für das ihm zustehende Kapital aufzusuchen. Hierbei hat er allerdings seinen eigenen Vorteil, nicht den der Gesellschaft im Auge; aber eben diese seine Bestrebung führt ihn von selbst oder vielmehr notwendig dahin, daß er diejenige Verwendung vorzieht, welche zugleich die vorteilhafteste für die Gesellschaft ist... Indem jeder einzelne versucht, sein Kapital tunlichst auf die Unterstützung des heimischen Gewerbe-

LINKS OBEN: Nach zahlreichen Vorarbeiten erfand der Schotte James Watt 1769 eine verbesserte Form der Dampfmaschine. Mit ihr begann die »industrielle Revolution«; schrittweise wurde die Dampfmaschine zur entscheidenden Kraftquelle der wirtschaftlichen Produktion. Sie wurde zunächst für den Betrieb von Pumpanlagen in Bergwerken verwandt, später in der Textil- und Eisenindustrie und dann ganz allgemein in den verschiedensten Gewerbezweigen. »Erst damit, also mit dem Einsatz in der Industrie, beginnt die industrielle Revolution, die volkswirtschaftlich gegeben ist durch eine wesentlich größere Leistungsfähigkeit des Faktors produzierte Produktionsmittel und damit zu einer Verschiebung in dem bisherigen Komplementaritätsverhältnis der Produktionsfaktoren führte.« (Friedrich Lütge: Deutsche Sozial- und Wirtschaftsgeschichte)

BILD LINKS: Kinderarbeit in einem englischen Kohlenbergwerk um 1850 – das frühkapitalistische Profitstreben kannte keine humanitären Rücksichten bei der Ausbeutung der menschlichen Arbeitskraft.

BILD OBEN: Qualmende Schornsteine kennzeichneten die im 19. Jahrhundert entstehenden Fabriken. Der arbeitsteilige zentralisierte Großbetrieb drängte die handwerklichen Produktionsformen in den Hintergrund.

fleißes zu verwenden, und zwar so, daß dieser einen möglichst großen Ertrag liefere, arbeitet er notwendig nach Kräften dahin, das Einkommen der Gesellschaft, soweit er kann, zu vermehren. In der Regel hat er dabei freilich weder die Absicht, das öffentliche Interesse zu fördern, noch weiß er, in welchem Maße er es tut; und er wird hier wie in so vielen Fällen von einer unsichtbaren Hand geleitet, um einen Zweck zu fördern, den er nicht beabsichtigte.

Der Staatsmann, welcher es versuchen wollte, Privatleuten Anleitung zu geben, wie sie ihre Kapitalien anzulegen hätten, würde sich nicht nur sehr unnötig bemühen, sondern sich eine Macht anmaßen, die man nicht nur keinem einzelnen, sondern selbst keinem Senat oder Staatsrat einräumen sollte, und die nirgends so gefährlich sein würde, wie in den Händen dessen, der so töricht wäre, sich einzubilden, daß er sie auszuüben verstände.

Die Erwägung des eigenen Gewinnes ist der alleinige Beweggrund, der den Besitzer irgendeines Kapitals zu bestimmen vermag, dasselbe im Landbau, in Fabriken oder in irgendeinem Zweige des Groß- oder Kleinhandels anzulegen.«

Die Theorie des wirtschaftlichen Liberalismus zusammen mit den technischen Errungenschaften der »industriellen Revolution« führten zu einer gewaltigen Entfaltung der Volks- und Weltwirtschaft.

Die »industrielle Revolution« führte zur Herausbildung des vierten Standes, der lohnabhängigen Arbeiterschaft. Den vom Kapitalismus profitierenden geldkräftigen Schichten stand das namenlose Elend der besitzlosen Proletarier gegenüber, deren Arbeitskraft ohne

BILD OBEN: Das von Edison 1882 in New York in Betrieb genommene erste öffentliche Elektrizitätswerk der Welt, das zunächst 400 elektrische Lampen mit Strom versorgte.

BILD UNTEN: Englischer Eisenbahnzug auf der Strecke von Liverpool nach Manchester. Auch das Verkehrswesen wurde durch die Erfindung der Dampfmaschine revolutioniert.

RECHTE SEITE: Blick auf den Kristallpalast der großen, am 1. Mai 1851 eröffneten Weltausstellung in London.

Der Sozialdemokrat

Organ der Sozialdemokratie deutscher Zunge.

Abonnements werden beim Verlag und beßer bekannten Agenten entgegengenommen, und zwar zum Voraus zahlbaren …

Erscheint wöchentlich einmal

London.

Verlag der German Cooperative Publishing Co. E. Bernstein & Co., London N.W. 114 Kentish Town Road.

№ 10.

8. März 1890.

20 Mandate im ersten Wahlgang, 17 in der Stichwahl.

1,341,587 sozialdemokratische Wähler — 567,405 Zuwachs

Im ersten Wahlgang:

Glauchau-Meerane:
J. Auer, Sattler (Schriftsteller) in München.

Hamburg I.:
A. Kebel, Drechslermeister (Schriftsteller) in Dresden.

Hamburg II.:
J. H. W. Dietz, Buchdrucker in Stuttgart.

Greiz:
C. Förster, Zigarrenarbeiter in Hamburg.

Altona:
Karl Frohme, Schlosser (Schriftsteller) in Hannover.

Leipzig-Land:
J. Grüer, Zigarrenarbeiter in Großenhain.

Nürnberg:
K. Grillenberger, Schlosser (Korrektor) in Nürnberg.

Barmen-Elberfeld:
J. Harm, Weber (Gastwirth) in Barmen.

Mülhausen i. Elsaß:
J. Hickel, Schreiner in Mühlhausen.

Berlin VI.:
W. Liebknecht, Schriftsteller in Borsdorf.

Hamburg III.:
Wilhelm Metzger, Spengler (Journalist) in Hamburg.

Chemnitz:
Max Schippel, Schriftsteller in Berlin.

Mittweida-Limbach:
A. Schmidt, Buchdrucker in Berlin.

Solingen:
Gg. Schumacher, Gerber in Solingen.

Schneeberg-Stollberg:
J. Seifert, Schuhmacher in Zwickau.

Berlin IV.:
P. Singer, Kaufmann in Dresden.

Zwickau-Crimmitschau:
W. Stolle, Gärtner (Gastwirth) in Gesau.

München II und Magdeburg:
G. Vollmar, Schriftsteller in München.

Gera:
C. Warm, Schriftsteller in Dresden.

In der Stichwahl wurden gewählt:

München I.:
J. Birk, Gastwirth in München.

Braunschweig:
W. Bios, Schriftsteller in Stuttgart.

Bremen:
J. Bruhns, Zigarrenarbeiter in Bremen.

Mannheim:
A. Dreesbach, Tischler (Kaufm.) Mannheim.

Calbe-Aschersleben:
Aug. Heine, Hutfabrikant in Halberstadt.

Naumburg a. Saale:
W. Hoffmann, Zigarrenarbeiter in Chemnitz.

Mainz:
Franz Jost, Tischler in Mainz.

Halle a. Saale:
Frih. Kunert, Lehrer (Redakteur) in Breslau.

Hannover:
H. Meister, Zigarren-Arbeiter in Hannover.

Ottensen-Pinneberg:
H. Molkenbuhr, Zig.-Arbeiter in Kellinghusen.

Frankfurt a. M.:
Wilh. Schmidt, Lithograph in Frankfurt.

Sonneberg:
P. Reikhaus, Schneider in Erfurt.

Königsberg i. Pr.:
Carl Schulze, Zigarrenarbeiter in Königsberg.

Lübeck:
Th. Schwartz, Koch (Gastwirth) in Lübeck.

Nieder-Barnim:
Arth. Stadthagen, Rechtsanwalt in Berlin.

Breslau-Ost:
Franz Zubeaur, Tischler in Berlin.

Offenbach-Dieburg:
Carl Ulrich, Schlosser (Redakteur) in Offenbach.

Siegreiche Stichwahlen:

	1890	1887	Stichwahl
München I	7,510	4,563	14,452
Braunschweig	13,621	10,656	15,000
Bremen	14,843	7,748	16,404
Mannheim	8,701	5,128	12,601
Calbe-Aschersleben	12,614	4,887	16,873
Naumburg	10,563	5,591	13,000
Mainz	8,000	5,526	10,000
Halle a. S.	12,618	6,590	14,500
Hannover	16,510	12,210	19,000
Ottensen	10,830	6,520	15,010
Königsberg	12,327	7,367	18,138
Frankfurt a. M.	12,454	8,040	18,000
Lübeck	6,285	3,254	7,516
Nieder-Barnim	13,633	5,580	15,400
Breslau-Ost	9,595	7,741	12,557
Offenbach	10,484	5,024	13,000
Sonneberg	7,215	4,855	10,000

Unser die Welt, trotz alledem!

1890 — 20. Febr.

Der erste Akt.

Das war vor der Entscheidungsschlacht
In rarem lager wüstes Lärmen!
Die Becher klangen durch die Nacht,
Musik, Geschrei und trunkenes Schwärmen,
Wir sahen euch im Tanze drehn
Durch eurer Lagerfeuer Qualmen
Und lieben und herüberwehn
Vom Wind die Melodie der Psalmen.

Da ward gebetet und gekracht,
Denn abseits von der tollen Rotte
Hat zitternd Trost und Schutz gesucht
Das Mucerthum bei seinem Gotte,
Und während auf der Knien lag
Mit Angstgeplärr der Troß der Pfaffen,
Schlich pfeilend für den "Ehrentag"
Der Uebermuth sich seine Waffen.

Ihr euch gebrüstet und geblaht,
Als ob sie keiner jemals schlage,
Die Garben liegen im gemäht
Nach diesem großen Ehrentage,
Und die voll Hochmuth uns gedroht,
Daß sie uns fesselten und bänden,
Kein Hund nimmt einen Bissen Brod
Nach diesem Tag aus ihren Händen.

So habt ihr, prahlend und verzagt
Und mit gebrochtem Vertrauen,
Die Nacht verschleit und verklagt,
Statt erst aufs gute Recht zu bauen,
Und während still das Dunkel wich
Dem Tag und seiner Strahlenkunst
Vollzog in finsterm Schweigen sich
Der Aufmarsch uns'rer Bataillone.

Vernehmlich liefen durch die Reih'n
Geflüsterte Kommandoworte,
Ein Jeder stand im Morgenschein
Geschlossen am bestimmten Orte.
Wir wußten, wo der Gegner stand,
Und konnten nicht im Wege irren,
Und wenn ein schwacher Laut entschwand,
So war's der Waffen leises Klirren.

Noch ihren stolzen Fahnen greift,
Die Hand des Niedrigsten und Lehten,
Durch Blut und Koth der Wahlstatt schleift
Er spöttisch singend die zerlegten,
Und was nur splitterte, nicht brach,
Entrann nicht rächenden Geschicken,
Denn unter dieser Last von Schmach
Wird es wie Rohr zusammenknicken.

Wohl krampfte zornig sich die Hand,
Wohl schlug das Herz im heißen Grimme,
Doch selbst die tiefste Wallung fand
In dieser Stunde keine Stimme,
Und kaum ein Lächeln ward getuscht
Von Freunden, wie ein ernstes Mahnen,
Wenn leicht im Morgenwind gerauscht
Die ehrenreichen rothen Fahnen.

Ein Wint, dann ein Trompetenstoß,
Ein Schrei des Hasses tausendstimmig —
Und furchtbar brach das Wetter los,
Blitzschlag, erhaben, aber grimmig!
Das war kein zierlich Lanzenspiel,
Das war ein Kampf auf Tod und Leben,
Und wer von uns'ren Hieben fiel,
Dem wurde kein Pardon gegeben.

Wir aber stehen stumm und dicht
In Waffen wieder und Kolonnen,
Wir sind die blöden Narren nicht,
Zu glauben, Alles sei gewonnen,
Das große Schauspiel hat gepackt,
Es lehrt mit einen Eisenbeien,
Doch A's, ihr Herr'n, der erste Akt
Des Trierdramas nur gewesen!

Und wie sie Reihe links und rechts
Brach wie der Sturm in ihre Glieder,
Wart rauh die derbe Faust des Knechts
Die zarten, seid'nen Herrlein nieder.
Der Sturm verstieb ihr Heer wie Schaum —
Sie suchten sich umsonst zu sammeln,
Und selbst die Frömmsten fanden kaum
Die Zeit, ihr Stoßgebet zu stammeln.

Wird deines Gleichen je gesehn,
Gewaltiger der Niederlagen?
Um die Armada ward's geschehn,
Bevor sie sich noch recht geschlagen,
Und mancher prahlerische Held
Geizte mit Federn und mit Ketten,
Jetzt jammern ruchtig übers Feld
Und sucht verzweifelnd sich zu retten.

R. L.

jede gesetzliche Beschränkung und moralische Skrupel ausgebeutet wurde.

Über das Kinderelend in den englischen Fabriken des Frühkapitalismus schreibt der zeitgenössische Publizist John Aikin:

»Die Erfindung und Verbesserung der arbeitersparenden Maschinen hat einen überraschenden Einfluß auf die Ausdehnung unserer Gewerbe gehabt und von allen Seiten Arbeitskräfte herangezogen...

In diesen Fabriken sind Kinder von sehr zartem Alter beschäftigt, von denen viele aus den Arbeitshäusern in London und Westminster gekommen sind und haufenweise als Lehrlinge zu Hunderte von Meilen entfernt wohnenden Fabrikherrn transportiert werden, wo sie unbekannt, ungeschützt und vergessen von denen, welchen nach der Natur oder nach den Gesetzen ihre Pflege obliegt, dienen. Diese Kinder sind gewöhnlich zu lange in engen Räumen beschäftigt, oft während der ganzen Nacht. Die Luft, die sie atmen, ist wegen des Öls usw., das bei den Maschinen angewendet wird, und wegen anderer Umstände schädlich. Auf ihre Reinlichkeit wird wenig achtgegeben, und häufiger Wechsel von einer warmen und dicken zu einer kalten und dünnen Atmosphäre erzeugt Krankheitsanlagen, namentlich zu epidemischen Fiebern, die man in diesen Fabriken so häufig antrifft. Es ist auch sehr fraglich, ob nicht die Gesellschaft Schaden erleidet durch die Art und Weise, in welcher die Kinder während ihrer frühesten Jahre beschäftigt sind. Sie sind in der Regel nicht sehr kräftig oder fähig, ein anderes Geschäft zu treiben, wenn ihre Lehrzeit einmal aufgehört hat.«

BILD OBEN: Karikatur auf den kapitalistischen Unternehmer: »Mann des Jahrhunderts«.
BILD UNTEN: »Wissen ist Macht«, Parole der Arbeiterbewegung aus dem 19. Jahrhundert.
LINKE SEITE: Rotgedruckte Sondernummer des »Sozialdemokraten« zum sozialistischen Wahlsieg vom 20. Februar 1890.

KOMMUNISTISCHES MANIFEST

»Die Geschichte aller bisherigen Gesellschaften ist die Geschichte von Klassen-kämpfen... Unsere Epoche, die Epoche der Bourgeoisie, zeichnet sich... dadurch aus, daß sie die Klassengegensätze vereinfacht hat. Die ganze Gesellschaft spaltet sich mehr und mehr in zwei große feindliche Lager, in zwei große einander direkt gegenüberstehende Klassen: Bourgeoisie und Proletariat...

Die Waffen, womit die Bourgeoisie den Feudalismus zu Boden geschlagen hat, richten sich jetzt gegen die Bourgeoisie selbst. Aber die Bourgeoisie hat nicht nur die Waffen geschmiedet, die ihr den Tod bringen; sie hat auch die Männer erzeugt, die diese Waffen führen werden – die modernen Arbeiter, die Proletarier... Diese Arbeiter... sind eine Ware wie jeder andere Handelsartikel und daher gleichmäßig allen Wechselfällen der Konkurrenz, allen Schwankungen des Marktes ausgesetzt...

Die Arbeiter beginnen damit, Koalitionen gegen die Bourgeois zu bilden; sie treten zusammen zur Behauptung ihres Arbeitslohnes...

Der Proletarier ist eigentumslos; sein Verhältnis zu Weib und Kindern hat nichts mehr gemein mit dem bürgerlichen Familienverhältnis... Die Gesetze, die Moral, die Religion sind für ihn ebenso viele bürgerliche Vorurteile, hinter denen sich ebenso viele bürgerliche Interessen verstecken...

Die Arbeiter haben kein Vaterland. Man kann ihnen nicht nehmen, was sie nicht haben... Die nationalen Absonderungen und Gegensätze der Völker verschwin-den mehr und mehr... Die Kommunisten unterstützen überall jede revolutionäre Bewegung gegen die bestehenden gesellschaftlichen und politischen Zustände... Sie erklären es offen, daß ihre Zwecke nur erreicht werden können durch den gewaltsamen Umsturz aller bisherigen Gesellschaftsordnungen. Mögen die herr-schenden Klassen vor einer kommunistischen Revolution zittern! Die Proletarier haben nichts in ihr zu verlieren als ihre Ketten. Sie haben eine Welt zu gewinnen. Proletarier aller Länder, vereinigt euch!«

(Manifest der Kommunistischen Partei)

BILD LINKS: Die Kehrseite des indu-striellen Fortschritts einer hemmungs-losen kapitalistischen Unternehmerwirt-schaft: das Elend der Arbeiterklasse. »Den neuen Reichtümern steht neuer Jammer gegenüber, Verkümmerung, Verwahrlosung der Arbeiter in einer Aus-dehnung und Intensität, wovon man frü-her keine Vorstellung gehabt.« (Brock-haus, 1875)

BILD RECHTS: Zum bedeutendsten der zahlreichen sozialistischen Kritiker des Kapitalismus wurde Karl Marx (1818 bis 1883). Im gemeinsam mit Friedrich Engels verfaßten, 1848 veröffentlichten »Manifest der Kommunistischen Partei« lassen sich die Grundzüge seiner mate-rialistischen Geschichtsauffassung er-kennen sowie die ihr entsprechende ge-schichtliche Entwicklung. Nach den Ge-setzen des historischen Materialismus führe diese Entwicklung naturnotwen-dig zum Sturz des Kapitalismus und zum Sieg des Sozialismus, einer Gesellschafts-form ohne Privateigentum an Produk-tionsmitteln, ohne Ausbeutung und Un-terdrückung, zu einer »Assoziation, worin die freie Entwicklung eines jeden die Bedingung für die freie Entwicklung aller ist«.

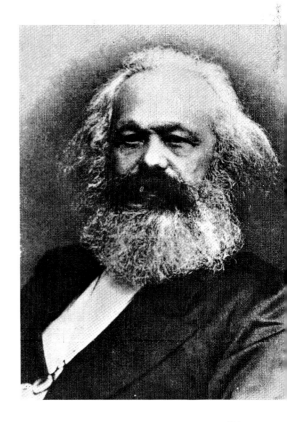

AMERIKA

Als Rußland, Österreich und Preußen daran dachten, im Freiheitskampf der Kolonien Süd- und Mittelamerikas zugunsten der Mutterländer Spanien und Portugal einzugreifen, wandte sich James Monroe, Präsident der Vereinigten Staaten von Nordamerika, 1823 mit einer besonderen Botschaft an den Kongreß. Darin wurde erklärt: »... daß die amerikanischen Kontinente, in Anbetracht der freien und unabhängigen Lage, die sie angenommen haben und aufrechterhalten, hinfort nicht als Gegenstände für zukünftige Kolonisation durch irgendwelche europäischen Mächte zu betrachten sind ... (Wir) würden jede Geneigtheit europäischer Mächte, diese Regierungen (der unabhängigen Staaten Süd- und Mittelamerikas) zu unterdrücken, als eine Bekundung der Unfriedlichkeit gegen die Vereinigten Staaten betrachten.«

Damit war die Monroedoktrin geboren, in der jeder Anspruch der europäischen Großmächte auf Einmischung in die amerikanischen Verhältnisse grundsätzlich zurückgewiesen wurde.

BILD OBEN: James Monroe (1758–1831). Vor den praktischen Folgen der Devise des amerikanischen Präsidenten »Amerika den Amerikanern«, vor einem »Südamerika den Nordamerikanern«, vor politischer und wirtschaftlicher Hegemonie der Vereinigten Staaten über Lateinamerika, warnte schon – und wie sich herausstellen sollte nicht zu Unrecht – Simon Bolivar (1783 bis 1830), der große Freiheitsheld der lateinamerikanischen Unabhängigkeitskämpfe:

»Die erstaunte Welt betrachtet mit Ehrfurcht die Wundertaten, welche Freiheitsliebe und Todesverachtung gegen Unterdrückung und Gewalt vollbringen.«

BILD RECHTS: An Bord eines Auswandererschiffes. Infolge der großen Auswanderungsströme hatte sich die Bevölkerung der USA von drei bis vier Millionen zur Zeit des Unabhängigkeitskrieges auf 30 Millionen Einwohner um 1860 erhöht.

BILD OBEN: 1840, Präsidentschaftswahlen in den Vereinigten Staaten von Nordamerika. Während sich hier das Prinzip einer freiheitlichen Demokratie fest etablieren konnte, riß die Kette der Revolutionen in Lateinamerika nach den Unabhängigkeits-kämpfen nicht ab. Ein Diktator folgte dem anderen. Die mit dem Militär verbündete Macht der wohlhabenden Großgrund-besitzer konnte nicht gebrochen werden. Die soziale Frage ist bis heute ungelöst geblieben.

BILD OBEN: Amerikanische Siedlerfamilie der »frontier« um 1860. – Von den Küstenebenen Neuenglands im Westen zogen die Siedler westwärts über die Appalachen, den Mississippi und die Rocky Mountains bis zur Pazifikküste nach Kalifornien. Schritt für Schritt wurde die »frontier«, die Grenze, vorgeschoben, die Indianer wurden rücksichtslos verdrängt und ausgerottet. Jäger, Fallensteller und Goldgräber bildeten die Vorhut. Viehzüchter und Farmer folgten. Sie bauten solide Blockhäuser, legten Brunnen an und rodeten das Land. War die Grenze eini-

germaßen gesichert, warfen Ackerbau und Viehzucht die nötigen Erträge ab, ließen auch andere Bevölkerungsgruppen nicht auf sich warten: Ärzte, Anwälte, Händler, Priester, Politiker und Spekulanten bereicherten bald das Leben der Siedlergemeinden.

»Im Jahre 1890 war die Grenze (im technischen Sinne ein Gebiet mit mehr als zwei und weniger als sechs Menschen pro Quadratmeile) verschwunden. Das meiste gut bebaubare Land lag zu dieser Zeit bereits unter dem Pflug ... Der Besiedlung

und der wirtschaftlichen Entwicklung folgte die Anerkennung als Staat ... Mit der verschwindenden Grenze ging ein Zeitalter der amerikanischen Geschichte zu Ende. Mehr als alles andere hatten das Vorhandensein einer riesigen Fläche unbesiedelten Landes und eine ständig in Bewegung befindliche Grenze die wirtschaftlichen Verhältnisse der Vereinigten Staaten grundlegend von denen Westeuropas unterschieden. Die Grenze war für rastlose Gruppen aus dem Osten ein Tor gewesen und für Millionen Einwanderer aus Europa eine Heimat. Sie hatte Um-

fang und Richtung des amerikanischen Außenhandels bestimmt und Art und Standort der einheimischen Industrie. Sie hatte dem amerikanischen Geldsystem und der Geschichte der Eisenbahnen in Amerika das Gepräge gegeben. Sie war nicht nur für die Wirtschaftsgeschichte Amerikas von erstrangiger Bedeutung gewesen, sondern hatte auch Rückwirkungen auf die soziale und politische Psychologie und hat die amerikanische Philosophie mitgeformt.« (Harold U. Faulkner: Geschichte der amerikanischen Wirtschaft.)

BILD OBEN: Eiserne Halsringe, Peitschen, Brandeisen, Handschellen, Fußfesseln, Ketten, Vorhängeschlösser – Instrumente zur Züchtigung und Knebelung der Negersklaven. Ganz der Lust und Laune ihrer Herren ausgesetzt, wurden sie für jede Widersetzlichkeit aufs härteste bestraft. Ein zeitgenössischer Berichterstatter schildert den jammervollen Zustand eines gezüchtigten Negersklaven: »Etwa neunzehn Jahre alt, völlig nackt, mit einem Halseisen, aus dem innen fünf lange Spitzen hervorstanden. Sein Körper war vorn und hinten von Wunden übersät, der Bauch und die Schenkel waren fast zerfleischt, überall hatte er Schwären. In einige der Schrunden hätte man einen Finger legen können. Er konnte sich nicht setzen, denn sein Gesäß war bereits brandig, und auch nicht niederlegen, weil sich sonst die Stacheln in seinen Hals gebohrt hätten.«

SKLAVENHANDEL

»Als ein Boot landete, um die in die Sklaverei verkauften Neger an Bord zu bringen«, schrieb ein bedauernswertes Opfer, »hörte man nichts als das Klirren von Ketten, das Klatschen von Peitschen und das Stöhnen und Gebrüll unserer Leidensgefährten. Einige wollten sich nicht vom Boden erheben, als sie auf die entsetzlichste Weise gepeitscht und geschlagen wurden. Ich habe den Namen jenes höllischen Forts vergessen, aber wir wurden von dem Schiff, das uns holte, zu einem anderen gebracht, das seeklar war, um von Cape Coast auszulaufen.«

Nach diesem Auftakt folgten die Schrecken der Atlantiküberquerung. Bei rauhem Wetter oder Sturm wurden in den Sklavendecks die Luken geschlossen. Der Gestank und die Luft unter Deck waren unerträglich.

Ein Schiffsarzt berichtete:

»Wegen des feuchten und windigen Wetters mußten die Luken geschlossen und die Gitter abgedeckt werden. Die Folge war, daß bei den Negern Ruhr- und Fieberanfälle ausbrachen. Da sie meine Hilfe brauchten, ging ich, wie es mein Beruf verlangt, oft zu ihnen hinunter, doch zuletzt war es in ihren Quartieren so stickig, daß man es dort nur ganz kurze Zeit aushielt. Aber die Bruthitze war nicht das einzige, was ihre Lage unerträglich machte. Das Deck, also der Boden ihres Laderaumes, schwamm dermaßen von Blut und dem Schleim, den sie infolge der Ruhr von sich gegeben hatten, daß es an ein Schlachthaus erinnerte. Die menschliche Vorstellungskraft vermag keine ärgeren Schreckensbilder auszumalen. Viele Sklaven, die das Bewußtsein verloren hatten, wurden auf das Oberdeck getragen, wo einige von ihnen starben, die übrigen wurden mit großer Mühe gesund gepflegt.«

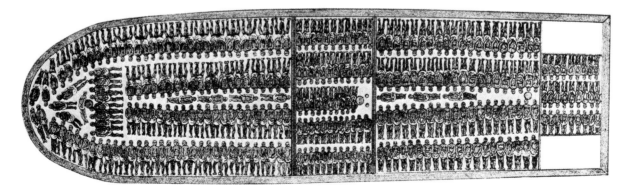

BILD OBEN: Lagerplan eines Sklavenschiffes. In oft nur 1,50 m hohen Laderäumen lagen die Sklaven je zwei und zwei zusammengekettet, »in zwei Reihen, eine über der anderen, entlang den beiden Schiffswänden, eng aneinandergepreßt wie Bücher auf einem Regal. Ich selbst sah Bretter, die so vollgepfercht waren, daß nicht ein einziger mehr darauf Platz gehabt hätte. Ich kannte einen Weißen, der zu den männlichen Sklaven hinuntergeschickt wurde, um sie am günstigsten in Reihen zu legen, damit sowenig Raum als möglich ungenützt blieb... Wahrscheinlich fand man jeden Morgen mehr als nur ein Paar,

bei dem ein Lebender mit einem Toten zusammengeschmiedet war«, heißt es in einem Augenzeugenbericht über die Zustände auf einem Sklavenschiff. Um ihnen die für »die Erhaltung ihrer Gesundheit« nötig erachtete Bewegung zu verschaffen, so schreibt ein anderer Chronist, wurde den Sklaven das Tanzen und Singen auf Deck befohlen. »Wenn sie widerwillig gehorchen oder sich nicht hurtig bewegen, werden sie ausgepeitscht. Zu diesem Zweck steht immer ein Mann mit der neunschwänzigen Katze neben ihnen. Zur musikalischen Untermalung bei diesen Anlässen dient eine Trommel... Häufig werden die armen Geschöpfe gezwungen, auch zu singen. Doch wenn sie es tun, sind ihre Lieder im allgemeinen, wie natürlich zu erwarten

ist, melancholische Klagegesänge über ihre Verbannung aus der Heimat.«

BILD OBEN: Eine Negersklavenfamilie vor ihrer Bretterhütte im Süden der Vereinigten Staaten. – In der Zeit des Sklavenhandels, die ungefähr 400 Jahre, bis ins 19. Jahrhundert, gedauert hat, wurden über fünfzehn Millionen Afrikaner, Männer, Frauen und Kinder, in die transatlantische Sklaverei verkauft; weitere neun Millionen gingen unter den unmenschlichen Bedingungen während der Überfahrt zugrunde.

Das große Geschäft mit dem »schwarzen Gold« gehört zu den moralisch verwerflichsten Kapiteln der Geschichte des »weißen Mannes«.

BÜRGERKRIEG

Mit der Expansion nach Westen verschärften sich die Spannungen zwischen dem Norden und dem Süden der Vereinigten Staaten. Zwei verschiedene Gesellschaftssysteme hatten sich allmählich entwickelt, deren Interessen mehr und mehr auseinandergingen. Im Süden herrschte eine Pflanzeraristokratie, auf ihren großen Baumwoll-, Zucker- und Tabakplantagen schufteten schwarze Sklaven. Der agrarische Süden war freihändlerisch eingestellt. Für den Erlös seiner landwirtschaftlichen Exporte wollte er Industrieprodukte möglichst billig importieren. Im Norden dagegen entstanden neue Fabriken. Hier brauchte man nicht den Sklaven, sondern den freien Arbeiter, nicht den Freihandel, sondern Schutzzölle für die eigene aufblühende Industrie.

Zum Konflikt der Wirtschaftsinteressen kam die Auseinandersetzung über die Sklaverei. Während die Süd-

staaten auf ihrem »Eigentumsrecht« beharrten, trat ihnen im Norden die Bewegung der »Abolitionisten« entgegen, die eine sofortige Aufhebung der Sklaverei forderte. Als der Republikaner Abraham Lincoln, ein überzeugter Gegner der Sklaverei, 1860 zum amerikanischen Präsidenten gewählt wurde, erfolgte der Bruch. Der Staat South Carolina verkündete seinen Austritt aus der Union. Andere Sklavenstaaten folgten, eine selbständige Konföderation wurde gebildet. Der demokratische Prozeß hatte im Rahmen des Gesamtstaates versagt. Einer von der demokratischen Partei getragenen Mehrheit im Süden stand die republikanische Mehrheit des Nordens gegenüber. Mit der Beschießung Fort Sumters am 12. April 1861 durch die Konföderierten begann der amerikanische Bürgerkrieg, der nach vierjährigen blutigen Kämpfen und großen Verwüstungen schließlich mit dem Sieg der Nordstaaten endete. Die Kriegsschäden waren bald überwunden, unaufhaltsam stiegen die USA nach ihrer schwersten Krise zur Weltmacht empor.

OBEN LINKS: Eine von Nordstaatlern provisorisch errichtete und gegen südstaatliche Sabotageakte bewachte Eisenbahnbrücke zur Zeit des amerikanischen Bürgerkrieges.

BILD OBEN: Mit schwerer Artillerie bestücktes Fort zur Verteidigung der Hauptstadt Washington gegen Angriffe konföderierter Truppen. – Obwohl beide Seiten an einen schnellen Sieg glaubten, war die Niederlage des Südens doch nur eine Frage der Zeit. Der Norden zählte 22 Millionen Menschen, der Süden dagegen nur neun Millionen, von denen etwa 3,5 Millionen Negersklaven waren. Die großen Industriebetriebe des Nordens produzierten Waffen, Munition und alles notwendige Kriegsmaterial, während der Süden auf kriegswichtige Importgüter angewiesen war. Der kriegsentscheidenden Wirtschaftsmacht des Nordens, der noch dazu die Häfen des Südens blockierte, hatten die Südstaaten nichts Gleichwertiges entgegenzusetzen.

BILD RECHTS: Noch vor dem Sieg über die Konföderation proklamierte Präsident Abraham Lincoln die Abschaffung der Sklaverei: »Ich erkläre, daß alle Sklaven... frei sind und hinfür frei sein sollen und daß die Exekutive der Vereinigten Staaten die Freiheit besagter Personen anerkennen und aufrechterhalten wird.« Zwei Jahre später, am 14. April 1865, fünf Tage nach der endgültigen Kapitulation der Konföderation, wurde Lincoln von einem fanatischen Südstaatler ermordet.

IMPERIALISMUS

Die stürmische Entwicklung der Industrie, das durch hygienische und medizinische Fortschritte bedingte sprunghafte Anwachsen der Bevölkerung – in Europa vermehrte sie sich zwischen 1800 und 1904 von 175 auf 460 Millionen –, ein übersteigerter Nationalismus, erhöhtes Macht- und Prestigedenken sowie ein missionarisches Sendungsbewußtsein kennzeichneten die Epoche des Imperialismus, das Bestreben, den eigenen Machtbereich über die nationalen Grenzen hinauszutragen und neue Großmachträume zu schaffen, sei es durch die Gewinnung von Kolonien oder durch die Angliederung benachbarter Territorien.

In den siebziger Jahren des 19. Jahrhunderts setzte ein verstärkter Wettlauf um die noch »freien« Gebiete der Erde ein. Die aufstrebende Industrie suchte nach sicheren Rohstoffquellen und Absatzmärkten. Nur ein gesicherter Export der eigenen industriellen Produktion, ein Überschuß im Außenhandel, ermöglichte die notwendige Einfuhr zur Ernährung der ständig anwachsenden Bevölkerung und damit den Bestand eines eigenen mächtigen Staates.

In England, dem Ausgangspunkt des Imperialismus, verlangte man nach einem weltumspannenden »Greater Britain« und propagierte die Kulturmission des Angelsachsentums. »Ich behaupte, daß wir die erste Rasse der Welt sind und daß es um so besser für die

BILD RECHTS: »Zwei Welten« auf einem Schiff. 1880 war das Verhältnis zwischen Segel- und Dampfschiffen noch ausgeglichen, zehn Jahre später übertraf die Zahl der Dampfer die der Segler fast um das Dreifache. Die Eroberung der Welt im 19. Jahrhundert durch Europa wäre ohne die Entwicklung der Dampfschiffahrt nicht denkbar gewesen.
BILD UNTEN: Nach zehnjähriger Bauarbeit unter Leitung des Franzosen Lesseps wurde 1869 der Suezkanal feierlich eröffnet.

Menschheit ist, je mehr wir von der Welt bewohnen«, erklärte der englische Kolonialpionier Cecil Rhodes. Frankreichs Imperialisten wollten die Zivilisation der »grande nation« über die Meere in Gebiete tragen, »die gestern noch barbarisch waren«. Italienische Imperialisten fühlten sich als Erben des römischen Imperiums und forderten die Herrschaft über das Mittelmeer, das »mare nostro«. Großrußland beanspruchte die Führerstelle über alle Slawen.

In Deutschland glaubten viele an Geibels Wort: »Und es mag am deutschen Wesen einmal noch die Welt genesen.« Amerikanische Imperialisten fühlten sich als: »Gottes auserwähltes Volk. An uns ist es, Land für die Freiheit und die Zivilisation zu retten.« Und auch Japan rechtfertigte seinen Expansionsdrang mit dem Anspruch, ein auserwähltes Volk zu sein.

Über die Praxis des auf diese Weise motivierten Imperialismus, den Kampf um neue Gebiete und Einflußsphären, über die Errungenschaften der europäischen

Zivilisation zwischen 1871 und 1898 schrieb der Engländer W. S. Blunt:

»Das alte Jahrhundert neigt sich dem Ende zu und läßt die Welt in einer netten Lage zurück. Das britische Empire spielt dabei die Rolle des Teufels wie kein Weltreich zuvor. Vielleicht werden wir seinen Sturz erleben. Alle Nationen Europas lassen auf Erden in China die Hölle los, massakrieren, plündern und schänden in den eroberten Städten ebenso abscheulich wie im Mittelalter. Der deutsche Kaiser gibt den Befehl zur Metzelei, und der Papst sieht zu und erklärt seine Zustimmung. In Südafrika brennen unsere Truppen unter Kitcheners Befehl die Farmen nieder, und die Königin, die beiden Häuser des Parlaments und die versammelten Bischöfe danken öffentlich Gott und bewilligen das Geld für dieses Werk. Die Amerikaner geben jährlich fünfzig Millionen für das Abschlachten der Philippinos aus. Der König von Belgien hat sein ganzes Vermögen im Kongo investiert,

wo er die Neger brutal ausbeutet, damit sie seine Taschen füllen. Die Franzosen und Italiener spielen im Augenblick keine so hervorragende Rolle bei dieser Schlächterei, aber ihre Untätigkeit macht ihnen Kummer. Die ganze weiße Rasse schwelgt ganz offen in Gewalttätigkeit, als habe sie niemals den Anspruch erhoben, christlich zu sein. Gottes Fluch auf sie alle gleichermaßen!«

BILD OBEN: Türkische Kanonen am Bosporus. – Nur durch die Rivalität der imperialistischen Mächte, insbesondere durch das Bestreben Englands, Rußland den Seeweg zum Mittelmeer zu versperren, konnte die innerlich ausgehöhlte Türkei, »der kranke Mann am Bosporus«, die Hoheit über die seestrategisch wichtige Meerenge behaupten.

BILD RECHTS: Mit Benjamin Disraeli (1804–1881) beschritt England in den siebziger Jahren entschlossen den Weg einer rücksichtslosen imperialistischen Politik. Durch den heimlichen Kauf der Aktienanteile des Khediven von Ägypten am Suezkanal leitete er 1875 die Beherrschung dieser für den Weg nach Indien so wichtigen Wasserstraße ein. Stolz teilte der gewiegte Politiker der Königin den Abschluß des Geschäfts mit: »Der Handel wurde soeben abgeschlossen. Die Aktien gehören Ihnen, Madame! Wir haben die französische Regierung überspielt... Vier Millionen Pfund! Und fast von heute auf morgen! Es gibt nur eine Firma, die das konnte – die Rothschilds. Sie haben sich glänzend verhalten, gaben das Geld zu niedrigem Zins, und der ganze Anteil des Khediven gehört jetzt Ihnen, Madame!« Ein Jahr später bewog er Königin Viktoria, den Titel einer »Kaiserin von Indien« anzunehmen.

BILD RECHTS: Rast einer britischen Ka-
vallerieeinheit im Burenkrieg (1899 bis
1902). – Das große Ziel der englischen
Imperialisten in Afrika war eine direkte
Landverbindung von Kapstadt nach
Kairo. Die freien Burenrepubliken Trans-
vaal und Oranjefreistaat standen diesem
Plan im Wege und mußten daher unterworfen werden. Einer rücksichtslosen
Kriegführung mit der Vernichtung ganzer Landstriche und der Internierung der
Zivilbevölkerung in Konzentrations-
lagern mußten die Buren nach hartnäk-
kigen Kämpfen unterliegen.

BILD UNTEN: Als es 1882 in Ägypten
zum Aufruhr gegen die von Benjamin
Disraeli eingeleitete finanzielle Abhängigkeit des Landes kam, schlug ein eng-
lisches Expeditionskorps den Aufstand
nieder. Mit der Errichtung einer dauernden britischen Schutzherrschaft über
Ägypten wurde ein altes Ziel des englischen Imperialismus verwirklicht: der
sichere Seeweg durch das Mittelmeer
nach Indien, Ostafrika, Australien, Neu-
seeland und Ostasien. Bei seinem weiteren Vordringen in den Sudan stieß
England mit Frankreich, das ganz Nordafrika für sich beanspruchte, zusammen.
In Faschoda mußte sich Frankreich beugen. Der weltpolitische englisch-franzö-
sische Gegensatz hatte sich gefährlich bis
an den Rand des großen Krieges zuge-
spitzt.

REVANCHE

Das patriotische Frankreich konnte die Annexion Elsaß-Lothringens von 1871 durch das neugeschaffene Deutsche Reich nicht verschmerzen. Eine unüberbrückbare Spannung herrschte zwischen den beiden Nationen. Es war daher die große außenpolitische Aufgabe Bismarcks, Frankreich zu isolieren und kein deutschfeindliches Bündnis entstehen zu lassen. »Unser Bedürfnis ist, von Frankreich in Ruhe gelassen zu werden und zu verhüten, daß Frankreich, wenn es uns den Frieden nicht halten will, Bundesgenossen finde. Solange es solche nicht hat, ist uns Frankreich nicht gefährlich.« Bismarck unterstützte Frankreichs koloniale Expansion, damit es die »Revanche« für 1871 vergessen möge. Doch nach seiner Entlassung und der Nichterneuerung des deutsch-russischen Rückversicherungsvertrages – im Falle des Angriffs einer dritten Macht waren beiden Staaten zu wohlwollender Neutralität verpflichtet – war der Weg frei für das von Bismarck so gefürchtete französisch-russische Bündnis. In einer Militärkonvention sicherten sich Rußland und Frankreich gegenseitige Hilfe zu.

BILD LINKS: Die immer bekränzte Statue der Stadt Straßburg in Paris. »Immer daran denken, nie davon sprechen«, lautete die prägnante Formel Léon Gambettas zum französischen Verlust von Elsaß-Lothringen.

RECHTS OBEN: Russischer Staatsbesuch in Frankreich. Zar Nikolaus II. und seine Gemahlin – ein Kosak hilft ihr aus der Kutsche – wohnten 1901 einer französischen Truppenparade in Betheny bei. Schon in der Militärkonvention von 1898 war man übereingekommen: »Die gegen Deutschland verfügbaren Kräfte werden auf französischer Seite 130000 Mann, auf russischer Seite 700–800000 Mann betragen.« 1894 hatte dieses militärische Abkommen die feste Form eines Bündnisses angenommen.

RECHTS UNTEN: In erstaunlich kurzer Zeit war Japan zur ersten Macht im Fernen Osten emporgestiegen. Im Russisch-Japanischen Krieg 1904/1905, im Kampf um Einflußsphären in Südkorea und der Mandschurei wurde die russische Flotte in der großen Seeschlacht von Tschuschima fast völlig aufgerieben. Durch die überraschende Niederlage im Fernen Osten wandte sich Rußland, abgestützt durch sein Bündnis mit Frankreich, wieder mehr seinen panslawistischen Zielen in Südosteuropa zu.
Die deutsche Möglichkeit, sich im Russisch-Japanischen Krieg nach der Nichtverlängerung des Rückversicherungsvertrages Rußland wieder anzunähern, blieb ungenutzt. Statt dessen verfeindete man sich auch noch mit Japan.
»Aber die durch nichts in unserm Benehmen berechtigte feindliche Haltung Deutschlands mußte uns als eine schwere, ja geradezu herausfordernde Beleidigung und als eine durch nichts zu rechtfertigende Einmischung in unsere eigenen Angelegenheiten erscheinen. Das kann Japan Deutschland so bald nicht vergessen.« (Der japanische Fürst Ito über die Intervention der Mächte.)

BILD OBEN: Seine markigen, lautstarken, oft unbedachten Äußerungen, seine Vorliebe, sich in alle weltpolitischen Ereignisse einzumischen, gaben den ausländischen Kritikern genügend Anlaß, Kaiser Wilhelm II. zum Typ des kriegslüsternen, brutalen und rücksichtslosen Draufgängers zu stempeln. Wilhelms besonderer Ehrgeiz galt dem Ausbau einer mächtigen Flotte, wodurch Deutschland zwangsläufig mit England in Konflikt geriet. Nicht in der von Großbritannien gewünschten Einschränkung des Flottenbaus sah man in Berlin den Weg zum Bündnis mit England, sondern ein verstärkter Ausbau der eigenen Flotte sollte eine deutsch-englische Verständigung erzwingen. Kaiser Wilhelm II.: »England kommt uns nicht trotz, sondern wegen meiner kaiserlichen Marine.« Dieser Tirpitzsche »Risikogedanke« entpuppte sich als folgenschwere Fehlkalkulation. Beim Ausbruch des Ersten Weltkrieges stand England im feindlichen Lager.

WELTPOLITIK

Den allgemeinen Argumenten des Imperialismus für die Erwerbung von Kolonien – Sicherung von Rohstoffquellen und Absatzgebieten – zeigte sich Bismarck durchaus nicht abgeneigt. Doch hielt er den Kritikern seiner »bescheidenen« Kolonialpolitik folgende einfache Überlegung entgegen: »Ihre Karte von Afrika ist ja sehr schön, aber meine Karte von Afrika liegt in Europa. Hier liegt Rußland und hier liegt Frankreich, und wir sind in der Mitte; das ist meine Karte von Afrika.« Immer hat Bismarck die deutsche Kolonialpolitik seiner Sicherheitspolitik untergeordnet. Nicht koloniale Expansion war sein Ziel, sondern die Bewahrung des »saturierten« Deutschen Reiches; wegen kolonialer Erwerbungen wollte er sich die großen Mächte nicht zu Feinden machen. Mit Bismarcks Entlassung durch Kaiser Wilhelm II. änderte sich das Bild. Der junge, erst 29 Jahre alte Kaiser wollte sich mit dem Erreichten nicht begnügen. »Weltpolitik« war das Ziel des »neuen Kurses«. Das bislang »zu kurz gekommene«, wirtschaftlich erstarkte Deutschland strebte lautstark nach dem »Platz an der Sonne«.

Bismarcks Warnungen vor einer Nichtverlängerung des Rückversicherungsvertrages mit Rußland stießen in Berlin auf taube Ohren. Sein Nachfolger, Reichskanzler Caprivi, vollzog bewußt die Abkehr von »jener Epoche, in der die Allianz mit Rußland das Evangelium der preußischen Politik« gewesen war. Und selbst als daraufhin das für Deutschland so gefährliche Bündnis zwischen Frankreich und Rußland abgeschlossen wurde, glaubte man in Berlin, weiterhin eine »Politik der freien Hand« praktizieren zu können. Die kolonialpolitischen Gegensätze zwischen England und Rußland einerseits und England und Frankreich

BILD OBEN: Die berühmte Karikatur des englischen »Punch« zur Entlassung Bismarcks: »Dropping the pilot« – »Der Lotse geht von Bord.« – Als die nachbismarcksche Weltpolitik der wilhelminischen Epoche schließlich zum Ersten Weltkrieg führte, fragte sich Reichskanzler von Bethmann-Hollweg entsetzt, wie das geschehen konnte: »Die früheren Fehler, gleichzeitig Türkenpolitik gegen Rußland, Marokko gegen Frankreich, Flotte gegen England, alle reizen und sich allen in den Weg stellen und keinen dabei wirklich schwächen. Grund: Planlosigkeit, Bedürfnis kleiner Prestigeerfolge und Rücksicht auf jede Strömung der öffentlichen Meinung.«

anderseits hielt man für so gravierend, daß ein Zusammengehen dieser drei Mächte gegen Deutschland undenkbar schien.

Die britischen Bündnisangebote, die allerdings eine Beschränkung des deutschen Flottenbaus nach sich gezogen hätten, wurden abgelehnt. Friedrich v. Holstein, Leiter der politischen Abteilung im Auswärtigen Amt: »Ich bin gegen den jetzigen Freundschaftssturm von Chamberlain und Genossen deshalb beson-

ders mißtrauisch, weil die angedrohte Verständigung mit Rußland und Frankreich so vollständiger Schwindel ist.«

Doch dem englischen Interessenausgleich mit Frankreich, der Entente cordiale von 1904, folgte 1907 auch die Einigung mit Rußland. Das, was die deutsche Diplomatie für unmöglich gehalten hatte, Bismarcks »Alptraum der Koalitionen«, war Wirklichkeit geworden, die Isolierung Deutschlands war besiegelt. Was

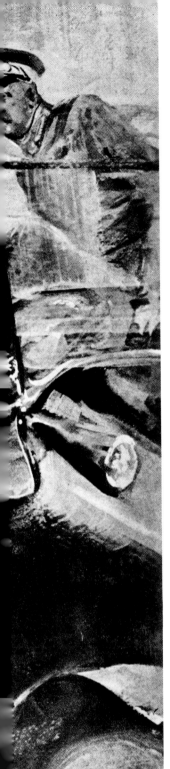

BILD LINKS: Kurz vor dem Ausbruch des Ersten Weltkrieges übermittelte Deutschlands Botschafter in Wien dem Auswärtigen Amt seine Bedenken über die enge Bindung an Österreich-Ungarn: »Wie oft lege ich mir in Gedanken die Frage vor, ob es wirklich noch lohnt, uns so fest an dieses in allen Fugen krachende Staatsgebilde anzuschließen.« Doch nach dem tödlichen Attentat großserbischer Extremisten auf den Thronfolger Erzherzog Franz Ferdinand von Österreich und seine Gemahlin am 28. Juni 1914 telegraphierte Berlin nach Wien, Österreich-Ungarn könne sich auf die unbedingte Bündnistreue Deutschlands verlassen. In Wien sah man in dieser Konstellation die beste Möglichkeit, durch einen siegreichen Krieg gegen Serbien den vom Zerfall bedrohten Vielvölkerstaat zu retten: Es müßte an Serbien ein Ultimatum mit Forderungen gestellt werden, »die eine Ablehnung voraussehen ließen, damit eine radikale Lösung im Weg militärischen Eingreifens angebahnt würde«. Der österreichisch-ungarischen Kriegserklärung an Serbien am 28. Juli 1914 folgte die russische Mobilmachung, womit ein strategisch bedingter militärischer Automatismus ausgelöst wurde, der zwangsläufig zum Weltkrieg führen mußte.

BILD UNTEN: »Rule Britain«, »Deutschland, Deutschland über alles«, »La Liberté, la France«, »Gott sei des Zaren Schutz«, »Gott erhalte Franz den Kaiser« – mit den patriotischen Hymnen auf den Lippen zog man 1914 begeistert in den Krieg.

XXIII. Jahrgang Nr. 33

Berliner

16. August 1914
Einzelpreis
10 Pfg.
oder 15 Heller.

Illuſtrirte Zeitung

Verlag Ullſtein & Co., Berlin   SW. 68

Drauf!

in Deutschland als eine feindliche »Einkreisung« empfunden wurde, war weit eher eine »Auskreisung«. Unter Ausschluß Deutschlands teilten sich England, Frankreich und Rußland die Objekte der Weltpolitik.

Mit der Mobilmachung Rußlands, das sich zuvor der französischen Unterstützung versichert hatte, befand sich
Deutschland in einer prekären
Situation. Bedingt durch seine
Mittellage war die Gefahr eines
Zweifrontenkrieges seit der
Reichsgründung 1871 ein Problem, mit dem sich sowohl die
politische als auch die militärische Führung des Reiches zu
beschäftigen hatte. Jetzt, nach
dem Versagen der politischen
Mittel, blieb Deutschland keine
andere Wahl, als den schon 1905
festgelegten Schlieffenplan in
die Tat umzusetzen.

Nach dem strategischen Konzept Graf Alfred von Schlieffens, von 1891 bis 1905 Chef
des Generalstabs, sollte die
Masse des deutschen Heeres
zuerst in einer schnellen Umfassungsschlacht Frankreich bezwingen und dann unter Ausnutzung des Vorteils der inneren Linie der »russischen
Dampfwalze« im Osten entgegentreten.

Sofort mit der Kriegserklärung
an Frankreich rollten daher die
Züge nach Westen. »Planmä
ßig« stürmten die deutschen
Truppen von Sieg zu Sieg.
Doch an der Marne wurden sie
zum Rückzug gezwungen. Der
deutsche Feldzugsplan im Westen, Frankreich in einem
»Über-Cannae« im ersten Anlauf vernichtend zu schlagen,
war damit gescheitert. Nach der
großen Flandernschlacht und
der Schlacht bei Ypern, die die
Entscheidung doch noch erzwingen sollte, erstarrte die
gesamte Westfront – wie ein
Jahr später auch die Ostfront –
im Stellungskrieg.

BILD RECHTS: Auf dem Höhepunkt
des Stellungskrieges im Oktober 1916
betrug die Gesamtlänge der Schützengräben rund 31000 Kilometer,
60 Millionen Kubikmeter Erde waren
ausgehoben worden.

BILD OBEN: Im Luftkampf: Zwei Flugzeuge stoßen zusammen. BILD UNTEN: Englische Panzer rücken vor. – Massenheere, Materialschlachten, Stellungskrieg, neues Kriegsmaterial, Maschinengewehre, Minen und Flammenwerfer, Handgranaten und Giftgase, Panzerwagen, Flugzeuge, Luftschiffe und U-Boote, dazu eine von beiden Seiten praktizierte, vom Haß getragene Kriegspropaganda prägten den Ersten Weltkrieg. Die Fortschritte in Wirtschaft und Technik führten zur Epoche des totalen Krieges.

RECHTS OBEN: Der Tod von Verdun. – Um die erstarrte Westfront wieder in Bewegung zu bringen, wollte man deutscherseits den Gegner durch einen großen Aufwand an Menschen und Material »ausbluten« lassen. Ein massiver Angriff auf den Eckpfeiler der französischen Front, die Festung Verdun, die Frankreich nicht aufgeben konnte, sollte den Gegner dazu zwingen, hier sein Material und seine Armee zu verschleißen. Mit einem achtstündigen Artilleriefeuer aus 1400 Geschützen begann am 2. Februar 1916 der mörderische Kampf.

»Verdun ist schrecklich…, weil hier der Mensch gegen Material kämpft, und mit dem Gefühl, auf die leere Luft einzuschlagen… Oh, wie ich die beneide, die mit aufgepflanztem Bajonett angreifen können, statt darauf zu warten, von einer Granate begraben zu werden…«, heißt es im Brief eines französischen Frontsoldaten. »Wenn man von ferne das Pfeifen hörte, so zog sich der ganze Körper zusammen, um der maßlosen Gewalt der Explosionswelle standzuhalten, und jede Wiederholung war ein neuer Angriff, eine neue Erschöpfung, ein neues Leiden…

Durch die Kugel zu sterben, scheint nicht schwer; dabei bleiben Teile unseres Wesens unversehrt; aber zerrissen, in Stücke gehackt, zu Brei zerstampft zu werden, ist eine Angst, die das Fleisch nicht ertragen kann, und darin liegt im Grunde das große Leiden unter Artilleriebeschuß…«
337000 deutsche und 377000 französische Soldaten mußten im Kampf um Verdun – Symbol der grauenhaften Materialschlachten des Ersten Weltkrieges – ihr Leben lassen. Ein entscheidender strategischer Vorteil konnte nicht erzwungen werden.

448

Nach den verlustreichen Materialschlachten des Jahres 1916 setzten sich in Deutschland diejenigen Kräfte der Obersten Heeresleitung durch, die im »uneingeschränkten U-Boot-Krieg« das entscheidende Mittel sahen, doch noch einen »Siegfrieden« zu erzwingen. Um England »auszuhungern«, wurde der Bruch mit den Vereinigten Staaten in Kauf genommen. Noch bevor sich das amerikanische Eingreifen auswirken könne, würde England innerhalb von sechs Monaten wirtschaftlich und politisch zusammenbrechen. Doch diese »letzte Karte« der OHL stach nicht. Statt dessen strömten mit der amerikanischen Kriegs-erklärung vom April 1917 noch stärker als zuvor Kapital, Rohstoffe, Waffen, Munition und Menschen aus Amerika ins Lager der Entente. Der materiellen und zahlenmäßigen Überlegenheit der alliierten und assoziierten Mächte mußten sich die Mittelmächte schließlich beugen.

LINKE SEITE: Amerikanisches Kriegsplakat. Die einseitig informierte Öffentlichkeit war davon überzeugt, gegen die »barbarischen Hunnen« einen Krieg für Freiheit und Demokratie zu führen.
BILD OBEN: Amerikanische Verstärkung für den europäischen Kriegsschauplatz.

OKTOBERREVOLUTION

»In der Stimmung der Arbeiterschaft und breiter Schichten der Bevölkerung ist das Fehlen jedes patriotischen Gefühls festzustellen... Die Parole ›Krieg bis zum Sieg‹ ist nur noch als Kampfparole der Kriegsindustrie übriggeblieben. Die Arbeiter und Arbeiterinnen, die Soldaten und die Kleinbürger sprechen offen ihre Unzufriedenheit über die Fortsetzung des Gemetzels aus. Überall hört man die Frage: ›Wann wird das alles ein Ende nehmen?‹... Die Lebensmittelteuerung hat einen katastrophalen Charakter angenommen. Die Preise haben sich im Vergleich zum Vorjahr auf das Fünf- bis Zehnfache erhöht... In den Monaten September und Oktober gab es bereits Tage, an denen in Arbeitervierteln kein Brot vorhanden war.«

Dieser Lagebericht aus Petrograd an Lenin vom Dezember 1916 schildert die verzweifelte innenpolitische Situation des zaristischen Rußlands. Kriegsmüdigkeit und Mißwirtschaft führten im März 1917 zum Sturz des Zaren und nach der Oktoberrevolution vom 7./8. November (25./26. Oktober des russischen Kalenders) zur Machtübernahme der Bolschewiki unter Lenins Führung.

LINKE SEITE: Nikolaus II. und Zarin Alexandra im Krönungs-ornat. Nach der kommunistischen Revolution wurde die ge-samte kaiserliche Familie zunächst unter Hausarrest gestellt, dann aber im Juli 1918 auf Geheiß der bolschewistischen Füh-rung ermordet.

BILD OBEN: Schießereien und panische Flucht beim Auf-standsversuch von über 30000 Arbeitern am 3. und 4. Juli 1917 in Petrograd.

UNTEN LINKS: Mit der Oktoberrevolution war die Macht der Bolschewiki noch längst nicht gefestigt. Erst die erfolgreichen Kämpfe der von Trotzki hervorragend organisierten »Roten Armee« gegen die Kräfte der Konterrevolution im russischen Bürgerkrieg (1917–1922) sicherten endgültig den Sieg des Kommunismus. Auf Anordnung Stalins, des Nachfolgers Lenins, wurde Trotzki am 21. August 1940 in seinem mexikani-schen Exil ermordet.

UNTEN RECHTS: Als die Bolschewiki in der Wahl zur verfassung-gebenden Versammlung im November 1917, der einzigen allge-meinen und freien Wahl, die Rußland jemals erlebt hat, nur ein Viertel der Stimmen erringen konnten, wurde das Parlament von Lenin (1870–1924) gewaltsam aufgelöst. »Die Auflösung der Konstituante bedeutet die vollständige und offene Beseiti-gung der Idee der Demokratie zugunsten des Gedankens der Diktatur.« Die »Diktatur des Proletariats«, in Wirklichkeit die Diktatur einer kleinen Parteielite, bestimmte fortan die Politik der Sowjetunion.

LENIN

»Was praktisch niemand abstreiten kann, ist, daß sich die bolschewistische Revolution ohne ›die machtvolle und ganz außergewöhnliche Persönlichkeit‹ von Lenin selbst niemals ereignet haben würde. Lenins revolutionäres Genie ist ein Faktor ersten Ranges, der nicht weggedacht werden kann. Daß es ihm gelang, ein Instrument zu schmieden, mittels dessen er, als die Stunde kam, in Rußland die Macht übernehmen konnte, ist auf seine doktrinäre Integrität zurückzuführen, auf der er auch noch beharrte, als die Einigung seiner Partei auf dem Spiel stand, ferner auf seine bedingungslose Ablehnung aller Kompromisse, auf seinen klaren Blick für das Wesentliche und vor allem auf seinen unbeugsamen revolutionären Willen. Niemand außer Lenin hätte im Juni 1917 jene berühmte Antwort auf Tseretelis Behauptung geben können, daß es in Rußland keine Partei gäbe, die es

wagen würde, allein die Verantwortung zu übernehmen: ›O ja, es gibt eine; unsere Partei ist jederzeit bereit, die ganze Macht zu ergreifen.‹ Es war Lenin persönlich zu verdanken, daß der russische Sozialismus aus dem Labyrinth spekulativer Reflexionen befreit wurde, die gegen Ende des neunzehnten Jahrhunderts seine Fähigkeit zum Handeln gelähmt hatten. Wie er im Jahre 1904 schrieb, ›hat das Proletariat in seinem Kampf um die Macht keine andere Waffe als die Organisation‹. Er tadelte den Marxismus der

Menschewiken mit ihrer Betonung der wissenschaftlichen und evolutionären Aspekte in Marx' Lehre als ›bürgerlich-intellektuellen Individualismus‹; der von Lenin geformte Bolschewismus dagegen bedeutete ›proletarische Organisation und Disziplin‹.«

(Geoffrey Barraclough: Tendenzen der Geschichte im 20. Jahrhundert)

BILD UNTEN: Am »Tag der Arbeit«, am 1. Mai 1919, spricht Lenin auf dem Roten Platz in Moskau zu den »werktätigen Massen«.

REPUBLIK

Nach dem Scheitern der letzten deutschen Offensive im Westen – zuvor war im Osten bereits der Friede von Brest-Litowsk abgeschlossen worden – blieb der OHL nichts anderes mehr übrig, als der Regierung zu empfehlen, einen Waffenstillstand herbeizuführen. Hindenburg am 9. November 1918: »Wir sind dem Diktat des Gegners preisgegeben.«

Am selben Tag verkündete der sozialdemokratische Politiker Philipp Scheidemann gegen den Willen seines Parteiführers Friedrich Ebert, der die Staatsform der konstitutionellen Monarchie beibehalten wollte: »Das Alte und Morsche, die Monarchie, ist zusammengebrochen. Es lebe das Neue! Es lebe die Deutsche Republik!«

Kaiser Wilhelm floh nach Holland ins Exil. Der sich von meuternden Matrosen in Kiel über weite Teile des Reiches ausbreitenden Revolution wichen die alten Gewalten ohne Widerstand. Das Kaiserreich war zusammengebrochen, in der neuen Republik befand sich die politische Macht in den Händen der Sozialisten. Die sozialistische Bewegung aber war in sich gespalten. Sozialdemokraten, Anhänger der radikalen USPD und der noch radikaleren Spartakisten stritten sich um die zukünftige politische Ordnung der Republik: parlamentarische Demokratie nach westlichem oder Diktatur des Proletariats nach russischem Vorbild.

Als sich die nach Berlin einberufene Reichsversammlung der Arbeiter- und Soldatenräte mit einer überwältigenden Mehrheit von 400 gegen 50 Stimmen für die Wahl einer verfassunggebenden Nationalversammlung entschied, beschritten die radikal-revolutionären Kräfte den Weg der Gewalt. Vom 5. bis zum 12. Januar 1919 erhoben sich die Spartakisten, die sich anfangs 1919 zur »Kommunistischen Partei Deutschlands« erklärt hatten, in Berlin gegen die Regierung Ebert-Scheidemann. Dieser blieb nun nichts anderes übrig, als mit Soldaten des alten Heeres unter kaiserlichen Offizieren den Aufstand niederzuschlagen. »Einer muß ja der Bluthund werden, ich scheue die Verantwortung nicht«, mit diesen Worten übernahm Gustav Noske die Führung zur Bekämpfung der kommunistischen Revolution. Etwas mehr als 3000 Mann genügten, um den Aufstand in Berlin niederzuschlagen. Der demokratischen Wahl einer verfassunggebenden Nationalversammlung stand nichts mehr im Wege.

BILD OBEN: Revolutionäre Unruhen in Berlin: Ein Maschinengewehr ist vor dem königlichen Schloß in Stellung gebracht.

BILD LINKS: Nach der Niederschlagung ihres Aufstands wurden die Anführer der Sparta-kisten, Karl Liebknecht und Rosa Luxemburg, auf dem Weg zum Untersuchungsgefängnis von Angehörigen der Regierungstruppen ermordet. Die Leiche von Rosa Luxemburg konnte erst nach Monaten gräßlich entstellt im Landwehrkanal gefunden werden.

LINKE SEITE: Deutschlands erster Reichspräsident Friedrich Ebert 1922 beim Abschreiten einer Ehrenformation. Hinter ihm Reichskanzler Josef Wirth und General Hans von Seeckt, der Schöpfer der Reichswehr. Gleich zu Beginn der deutschen Revolution war Ebert (1871 bis 1925) auf die Unterstützung des alten Heeres gegen die revolutionäre Gefahr von links angewiesen. Dem Oberkommando wurde als Gegenleistung die ausschließliche Befehlsge-walt bestätigt, wodurch die Ausbildung eines im Sinne der Republik absolut zuverlässigen Offizierskorps von vornherein verhindert wurde.

VERSAILLES

Ohne jede Chance, erfolgreich weiterkämpfen zu können, hatte Deutschland am 11. November 1918 im Walde von Compiègne die äußerst harten Waffenstillstandsbedingungen unterzeichnen müssen. Jetzt hoffte man auf eine gerechte Friedensregelung »ohne Sieger und Besiegte« im Sinne der vierzehn Punkte des amerikanischen Präsidenten Woodrow Wilson: Abschaffung der Geheimdiplomatie, Freiheit der Meere, allgemeine Abrüstung, ein Völkerbund zur Verhinderung weiterer Kriege und neue Grenzregelungen nur nach dem Nationalitätsprinzip im Rahmen des Selbstbestimmungsrechts der Völker.

Doch auf der Friedenskonferenz von Versailles hatten die idealistischen Visionen des amerikanischen Präsidenten keine Chance. Hier triumphierten eindeutig machtpolitische Interessen. Vor allem Frankreichs Ministerpräsident Clemenceau kannte nur ein Ziel:

»Sécurité« – »Sicherheit«. Den Warnungen Wilsons, »sich gegenüber Deutschland maßvoll zu verhalten«, ihm keine »triftigen Gründe zu geben, eines Tages Rache zu nehmen«, hielt Clemenceau die ungeheuren Blutopfer seines Landes entgegen und das tiefempfundene Gefühl in Frankreich, das Recht zu haben, auch gegen das Prinzip des Selbstbestimmungsrechts der Völker die deutsche Gefahr für immer zu bannen.

In Versailles mußte Wilson erleben, wie seine Grundsätze nur da opportun waren, wo sie sich zugunsten der Alliierten verwenden ließen, nicht aber, wo sie auch den besiegten Mittelmächten zugute gekommen wären. Die Donaumonarchie wurde aufgelöst, den Sudetendeutschen aber das Recht der Selbstbestimmung verweigert. Österreich wurde der Anschluß an Deutschland verboten, Gebietsverluste, extrem hohe Reparationsleistungen und die Reduzierung der deutschen Streitkräfte auf ein 100000-Mann-Heer kennzeichneten das Diktat von Versailles, das Deutschland am 28. Juni 1919 unterzeichnen mußte.

BILD OBEN: Im Spiegelsaal von Versailles, der Stätte von Bismarcks Kaiserproklamation, spricht Clemenceau (links stehend) zum Abschluß des Versailler Friedensvertrages. – Ganz abgesehen von moralischen und rechtlichen Überlegungen sollte dieser Vertrag auch rein politisch sein Ziel verfehlen. Er war zu schwach, um Deutschland für immer als Großmacht auszuschalten, und nicht hart genug, um Deutschland die Hoffnung zu nehmen, ihn einstmals überwinden zu können.

RECHTE SEITE: »Tanz in Baden-Baden«. Dieses Gemälde von Max Beckmann illustriert die Dekadenz und die »prosperity« der zwanziger Jahre. Während geschickte Geschäftemacher der Nachkriegsinflation ungeheure Spekulationsgewinne erzielten, verarmten auf der anderen Seite breite Schichten des Mittelstandes. Das gesamte Geldvermögen wurde entwertet. Die Inflation von 1923 trug bestimmt nicht dazu bei, das Vertrauen in die neue Staatsform der Republik zu festigen.

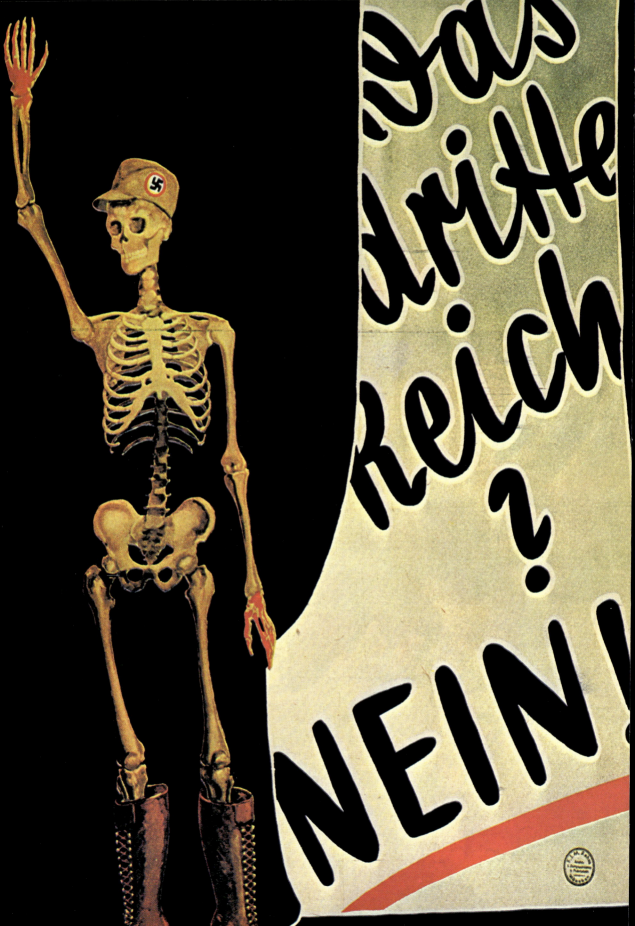

HABGIER UND INTRIGE

»Der Eindruck, den er (der Vertrag von Versailles) macht, ist enttäuschend, erweckt Bedauern und Niedergeschlagenheit. Die Friedensbedingungen erscheinen unsagbar hart und demütigend, während viele von ihnen mir unerfüllbar erscheinen... Man muß von vornherein zugeben, daß der Bund ein Werkzeug der Mächtigen ist, um das normale Wachstum nationaler Macht und nationaler Bestrebungen bei jenen aufzuhalten, die durch die Niederlage machtlos geworden sind. Prüft den Vertrag, und ihr werdet finden, daß Völker gegen ihren Willen in die Macht jener gegeben sind, die sie hassen, während ihre wirtschaftlichen Quellen ihnen entrissen und anderen übergeben sind. Haß und Erbitterung, wenn nicht Verzweiflung, müssen die Folgen derartiger Bestimmungen sein. Es mag Jahre dauern, bis diese unterdrückten Völker imstande sind, ihr Joch abzuschütteln, aber so gewiß, wie die Nacht auf den Tag folgt, wird die Zeit kommen, da sie den Versuch wagen... Der Völkerbund, wie er jetzt besteht, wird der Habgier und Intrige anheimfallen; und die Bestimmung der Einstimmigkeit im Rate, die eine Schranke hiergegen bieten könnte, wird durchbrochen werden oder die Organisation machtlos machen. Sie soll dem Unrecht den Stempel des Rechts aufdrücken.
Wir haben einen Friedensvertrag, aber er wird keinen dauernden Frieden bringen, weil er auf dem Treibsand des Eigennutzes gegründet ist.«

(Staatssekretär Lansing, Amerikas nomineller Führer der Friedensdelegation)

KÜNFTIGER KRIEG

»Ungerechtigkeit und Anmaßung, ausgespielt in der Stunde des Triumphes, werden nie vergessen und vergeben werden. Aus diesem Grund bin ich auf das schärfste dagegen, mehr Deutsche, als unerläßlich notwendig, der deutschen Herrschaft zu entziehen, um sie einer anderen Nation zu unterstellen. Ich kann kaum eine stärkere Ursache für einen künftigen Krieg erblicken, als daß das deutsche Volk, das sich zweifellos als eine der kraftvollsten und mächtigsten Rassen der Welt erwiesen hat, rings von einer Anzahl kleiner Staaten umgeben werden soll, von denen viele aus Völkern bestehen, die noch nie vorher eine selbständige Regierung aufgestellt haben, aber breite Massen von Deutschen umschließen, die die Vereinigung mit ihrem Heimatlande fordern. Der Vorschlag der polnischen Kommission, 2100000 Deutsche der Aufsicht eines Volkes von anderer Religion zu unterstellen, das noch nie im Laufe seiner Geschichte die

Fähigkeit der Selbstregierung bewiesen hat, muß meiner Beurteilung nach früher oder später zu einem neuen Kriege in Osteuropa führen... Von jedem Standpunkt aus, will mir daher scheinen, müssen wir uns bemühen, eine Ordnung des Friedens zu entwerfen, als wären wir unparteiische Schiedsrichter, die die Leidenschaften des Krieges vergessen haben.«

(Der englische Premierminister Lloyd George)

ZERSTÖRUNG

»Die Wortführer des französischen und des britischen Volkes haben das Wagnis unternommen, den Umsturz zu vollenden, den Deutschland begann, durch einen Frieden, dessen Verwirklichung das empfindliche, verwickelte, durch den Krieg bereits erschütterte und zerrissene System, auf Grund dessen allein die europäischen Völker arbeiten und leben können, noch weiter zerstören muß, statt es wiederherzustellen. Darin liegt die vernichtende Bedeutung des Pariser Friedens. Wenn der europäische Bürgerkrieg damit enden soll, daß Frankreich und Italien ihre augenblickliche siegreiche Macht dazu mißbrauchen, um Deutschland und Österreich-Ungarn, die jetzt am Boden liegen, zu zerstören, fordern sie auch ihren eigenen Untergang heraus; so tief und unlöslich sind sie durch geheime und wirtschaftliche Bande mit ihren Opfern verkettet.«

(J. M. Keynes: Die wirtschaftlichen Folgen des Friedensvertrages)

GEMEINSAMER HASS

»Was konnte man aus diesem Friedensvertrag von Versailles machen! Wie konnte dieses Instrument einer maßlosen Erpressung und schmachvollsten Erniedrigung in den Händen einer wollenden Regierung zum Mittel werden, die nationalen Leidenschaften bis zur Siedehitze aufzupeitschen! Wie konnte bei einer genialen propagandistischen Verwertung dieser sadistischen Grausamkeiten die Gleichgültigkeit eines Volkes zur Empörung und die Empörung zur hellsten Wut gesteigert werden! Wie konnte man jeden einzelnen dieser Punkte einbrennen, bis endlich in sechzig Millionen Köpfen bei Männern und Weibern die gemeinsam empfundene Scham und der gemeinsame Haß zu jenem einzigen feurigen Flammenmeer geworden wäre, aus dessen Gluten dann stahlhart ein Wille emporsteigt und ein Schrei sich herauspreßt: Wir wollen wieder Waffen! Jawohl, dazu kann ein solcher Friedensvertrag dienen!«

(Adolf Hitler: Mein Kampf)

STRESEMANN

Die Revision des Versailler Vertrages war das Ziel aller Parteien der Weimarer Republik. Doch während sich die Aktivität der »Rechten« in hemmungsloser Agitation erschöpfte, versuchten die in der Verantwortung stehenden demokratischen Kräfte, einen »realpolitischen« Weg zu gehen, der Deutschland allmählich aus den Fesseln des Vertrages befreien sollte. Gustav Stresemann, von 1923 bis zu seinem Tode sechs Jahre lang Reichsaußenminister und zentrale Figur der Weimarer Republik, beschwor seine politischen Gegner, Vernunft anzunehmen und zu erken-

nen, »daß wir in einer Übergangszeit leben«, in der Maximalforderungen nicht zu verwirklichen sind. Nicht mit Gewalt, über die das geschlagene Deutschland nicht verfügte, sondern in Einschätzung der realen Situation wollte er Deutschland durch Verhandlungen Schritt für Schritt wieder eine achtunggebietende Machtstellung in der Welt zurückerobern. Um zu einer Aussöhnung mit Frankreich zu gelangen, wurden 1925 die Locarno-Verträge unterzeichnet. Damit wurde der Status quo der Westgrenze, also auch die Abtretung Elsaß-Lothringens, anerkannt, aber das Ziel seiner Locarno-Politik, »die Erhaltung der Rheinlande und die Möglichkeit der Wiedergewinnung deutschen Landes im Osten«, hatte Stresemann er-

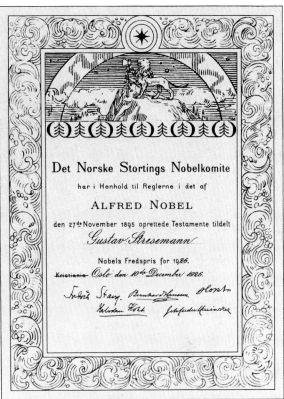

reicht. 1926 wurde Deutschland in den Völkerbund aufgenommen. Auch Erleichterungen in der Reparationsfrage wurden erzielt.

Doch alle diese Verbesserungen waren nicht spektakulär genug. In einem Interview mit einem englischen Journalisten ein halbes Jahr vor seinem Tod zeigte sich Stresemann verbittert und resigniert: »Wenn ihr mir nur ein einziges Zugeständnis gemacht hättet, würde ich mein Volk überzeugt haben... Können eure Diplomaten denn nicht sehen, daß mir hier der Boden unter den Füßen fortgleitet? Nun ja, jetzt bleibt nichts mehr übrig als die rohe Gewalt. Die Zukunft liegt in den Händen der jungen Generation. Und die Jugend Deutschlands, die wir für den Frie-

den und für das neue Europa gewinnen können, haben wir beide verloren. Das ist meine Tragik und eure Schuld.«

LINKS OBEN: Aristide Briand (links) und Gustav Stresemann (rechts), die »großen Zwei« der deutsch-französischen Annäherung. Als die deutsche Delegation zum erstenmal den Sitzungssaal des Völkerbundes in Genf betrat, sprach Frankreichs Außenminister Briand die Sprache der Versöhnung: »Weg die Kanonen! Platz für den Frieden!«

BILD OBEN: Gemeinsam mit Briand erhielt Gustav Stresemann 1926 den Friedensnobelpreis.

BILD UNTEN: »Locarno?« – Ausschnitt aus einem Plakat der Deutschnationalen Volkspartei gegen Stresemanns Außenpolitik. Gierig, mit aufgepflanztem Bajonett blickt der Feind über den Rhein.

WIRTSCHAFTSKRISE

Den unruhigen Jahren der Weimarer Republik mit ihren Putschversuchen von links und rechts folgte nach der Überwindung der Inflation eine Periode des politischen und wirtschaftlichen Aufschwungs. Bei den Wahlen im Mai 1928 erhielten die republikanischen Parteien eine solide Mehrheit. Die NSDAP brachte lediglich zwölf Abgeordnete ins Parlament. Mit dem Ausbruch der Weltwirtschaftskrise änderte sich das Bild. Deutschlands wirtschaftlicher Aufstieg während der Stresemann-Ära war nur mit ausländischen Krediten möglich gewesen. Selbst kurzfristig ausgeliehene Gelder wurden dabei in Deutschland zumeist für die Errichtung fester Anlagen verwendet, also langfristig festgelegt. Als diese kurzfristigen Kredite nun nicht mehr verlängert, sondern von den Geldgebern zurückgerufen wurden, stürzten die dadurch bedingten Bankzusammenbrüche die Republik in ihre tiefste Krise. Bei den vorzeitig ausgeschriebenen Reichstagswahlen am 14. September 1930 – es gab bereits über vier Millionen Arbeitslose – erzielte Hitlers NSDAP den entscheidenden Durchbruch. Statt mit zwölf war sie nun mit 107 Sitzen als zweitstärkste Partei nach der SPD im Reichstag vertreten. Während sich die Regierung redlich, aber vergeblich bemühte, mit einer Politik der Deflation, mit radikalen Sparmaßnahmen und Steuererhöhungen die Wirtschaft zu sanieren, kannten die extremen Parteien NSDAP und KPD nur das eine Ziel, das System der parlamentarischen Demokratie zu zerstören. Mit dem weiteren Anstieg der Arbeitslosigkeit radikalisierte sich die politische Auseinandersetzung. »Schlagt die Faschisten«, »Kampf der Kommune« – in Saal- und Straßenschlachten prallten die Radikalen in blutigen Zusammenstößen aufeinander. In den Sommerwahlen 1932 konnte die NSDAP ihren Stimmenanteil mehr als verdoppeln. 230 Nationalsozialisten und 89 Kommunisten, zusammen eine »negative« Mehrheit, lähmten das Parlament. Eine »positive« demokratische Willensbildung war nun unmöglich.

LINKE SEITE: 24. Oktober 1929, der »Schwarze Freitag« in New York: hektisches Treiben vor der New Yorker Börse. Vom Beginn der Weltwirtschaftskrise bis zu ihrem Tiefpunkt 1932 ging hier der Gesamtwert der Industrieaktien von neunzig Milliarden Dollar auf etwa fünfzehn Milliarden zurück.

BILD RECHTS: Liste der Parteien eines Berliner Wahlkreises zu den Reichstagswahlen 1932 mit 29 Wahlvorschlägen. Die durch das Wahlrecht der Weimarer Republik geförderte parteipolitische Zersplitterung erschwerte es, klare Mehrheitsverhältnisse herzustellen. Die Unfähigkeit der Parteien, stabile Regierungen zu bilden, sowie kleinliche Streitigkeiten der verschiedensten Interessen ließen das Vertrauen des Volkes in die parlamentarische Regierungsweise schwinden. Die schließliche Machtübernahme Hitlers wäre ohne dieses Versagen der demokratischen Parteien nicht möglich gewesen.

Nr.	Partei	Nr.	
1	Nationalsozialistische Deutsche Arbeiter-Partei (Hitlerbewegung) Dr. Goebbels – Graf zu Reventlow – Schumann – Dr. Fabricius	1	◯
2	Sozialdemokratische Partei Deutschlands Crispien – Aufhäuser – Frau Bohm-Schuch – Loß	2	◯
3	Kommunistische Partei Deutschlands Thälmann – Pieck – Torgler – Kaspar	3	◯
4	Deutsche Zentrumspartei Dr. Brüning – Dr. Kroer – Schmitt – Bernach	4	◯
5	Deutschnationale Volkspartei Loverenz – Bernat – Wildchröckel – Loch	5	◯
5a	Radikaler Mittelstand Mellius – Dr. Wörbhauer	5a	◯
6a	Interessengemeinschaft der Kleinrentner und Inflationsgeschädigten Plück – Steiniti – Joehans – Bicelow	6a	◯
7	Deutsche Volkspartei Dr. Mahler – Dr. Müller – Frau Haß – Mäller	7	◯
8	Deutsche Staatspartei Dr. Schreiber – Colasser – Dr. Goepel – Frau Beerensson	8	◯
9	Christlich-sozialer Volksdienst (Evangelische Bewegung) Hartwig – Frau Ulbrich – Türbte – Kegelheit	9	◯
9a	Deutsch-hannoversche Partei Meyer – Praße – Meier – Salfer	9a	◯
10	Reichspartei des deutschen Mittelstandes Meßlath – Loch – Gröger – Heinrich	10	◯
13	Deutsches Landvolk Dr. Henfid – Barder	13	◯
14	Volksrecht-Partei D. Dr. Graf Posadowsky-Wehner – Banzer – Brial – Mende	14	◯
15	Gerechtigkeits-Bewegung-Meßner Meißner – Brantz	15	◯
17	Sozial-Republikanische Partei Deutschlands (Dörfing-Bewegung für Arbeitsbeschaffung) Dörfing – Hauff – Dr. Hamburger – Kroktt	17	◯
18	Sozialistische Arbeiter-Partei Deutschlands Lebebour – Seydewitz – Dr. Zweiling – Dr. Sternberg	18	◯
19	Polenliste Kwietniewski – Labelli – Sierakowski – Stomiak	19	◯
21	Freiwirtschaftliche Partei Deutschlands (F.P.D.) Partei für krisenfreie Volkswirtschaft Gerals – Umzhaff – Loß – Miz	21	◯
25	Kampfgemeinschaft der Arbeiter und Bauern Müller – Gewrzimel – Hirschfeld – Röder	25	◯
26	Haus- und Landwirtepartei (Bund für Wirtschaftsreform) Stargemann – Berhert – Meisen – Sahlowski	26	◯
27	Kleinrentner, Inflationsgeschädigte und Vorkriegsgeldbesitzer Beer – Sielmann – Habel – Bungert	27	◯
28	Deutsche Bauernpartei (National-Republikanische-Partei) Cohen – Wift	28	◯
29	Radikaldemokratische Partei Cade – Frau Brinkmann – Dr. Danielewicz – Frau Strecker	29	◯
31	Enteigneter Mittelstand Krämer – Helwig – Herfert	31	◯
32	Handwerker, Handel- und Gewerbetreibende G. Herr – Röseler	32	◯
33	Für Hindenburg und Papen (Nationalistische Kampfbewegung) Preußkowl – Frau Tangermann – Bara	33	◯
35	Unitarier-Union Deutschlands (Einheitsbewegung aller Schaffenden) Linzt – Süßer – Wehmann – Gartsilla	35	◯
36	Mittelstands-Partei (Unitarier) Schacht – Kornezli – Knarr	36	◯

Als die demokratischen Parteien nicht in der Lage waren, die schwierige Situation der Weltwirtschaftskrise mit über sechs Millionen Arbeitslosen zu meistern, und auch die ihr folgenden, auf die Autorität des Reichspräsidenten gestützten Präsidialkabinette schließlich keinen anderen Ausweg mehr sahen als den Staatsstreich, entschloß sich der 85 jährige Reichspräsident von Hindenburg trotz aller Bedenken doch noch, den Führer der stärksten Partei, Adolf Hitler, zum Reichskanzler zu ernennen. Außer Hitler gehörten dem neuen, am 30. Januar 1933 vereidigten Kabinett neben neun Bürgerlich-Konservativen nur zwei weitere Nationalsozialisten an. Die »konservative Rechte«, mit deren Hilfe Hitler zur Macht gelangt war, glaubte, diesen als »Trommler« für die ihnen fehlende Massenbasis benutzen zu können, während sie selbst über die eigentliche Macht verfügen würde. »Was wollen sie denn?« prahlte Franz von Papen, »ich habe das Vertrauen Hindenburgs! In zwei Monaten haben wir Hitler in die Ecke gedrückt, daß er quietscht.«

Doch wie so viele, und nicht nur Konservative, irrte

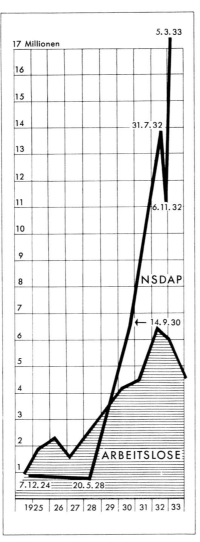

LINKE SEITE: Januar 1923: Adolf Hitler spricht zu seinen Anhängern in München, ein Bilddokument aus der Frühzeit der NSDAP. – Aus den kleinsten Anfängen führte Adolf Hitler, der wortgewaltigste Demagoge seiner Zeit, seine »Bewegung« zur herrschenden Macht in Deutschland.

BILD LINKS: Entwicklung der Arbeitslosigkeit im Verhältnis zum Stimmenanstieg der NSDAP. – »Der Unbeteiligte«, schrieb Reichstagspräsident Löbe über die Auswirkungen der Krise, »kann sich nur schwer vorstellen, was es heißt, zweihundert- bis dreihundertmal im Jahre vergeblich aufs Arbeitsamt zu gehen oder ans Fabriktor zu klopfen und sozusagen um Arbeit zu betteln, was es heißt, ebensooft nach Hause zur Familie zu kommen mit dem Resultat, es war wieder vergeblich, welche Reibungen sich daran oft genug zwischen Mann und Frau ergaben, wie verheerend sich der Müßiggang des Vaters auf die heranwachsenden Kinder auswirken mußte – nur wer selbst darunter gelitten hat, wird das verstehen.«

BILD UNTEN: Der »historische« Händedruck zwischen Hindenburg und Hitler anläßlich der feierlichen Reichstagseröffnung in der Potsdamer Garnisonkirche am 21. März 1933. Dieser »Tag von Potsdam« war bewußt als Schauspiel inszeniert worden, um dem deutschen Volk eine vermeintliche Versöhnung zwischen alter preußisch-nationaler-christlicher Tradition und neuem Nationalsozialismus einprägsam vor Augen zu führen. Als Hindenburg ein Jahr später, am 2. August 1934, starb, vereinigte Hitler das Amt des Reichspräsidenten mit dem des Reichskanzlers. Als »Führer und Reichskanzler« ließ er noch am selben Tage die Reichswehr auf seine Person vereidigen. Die Alleinherrschaft stand ihm nun offen.

auch Franz von Papen. Hitler ließ sich nicht manipulieren. Im Gegenteil: In kürzester Zeit und Schlag auf Schlag, ohne jegliche Skrupel, beseitigte er alle demokratischen Einrichtungen der Weimarer Republik. An ihre Stelle trat die Diktatur des Dritten Reiches.

GEWALT UND PROPAGANDA

Bereits die erste Gelegenheit, den Reichstagsbrand
vom 27. Februar 1933, der von den Nationalsozialisten als Fanal eines kommunistischen Aufstandes propagandistisch ausgeschlachtet wurde, nahm Hitler
zum Anlaß, sich vom Reichspräsidenten die Notverordnung »zum Schutz von Volk und Staat« unterzeichnen zu lassen. Mit dieser Notverordnung, in der
wesentliche Grund- und Freiheitsrechte außer Kraft

BILD RECHTS: SS, die stets einsatzbereite Exekutive des Führer-
willens. – Nach Goebbels gab es zwei Methoden, die einmal
eroberte Macht zu behaupten und die nationalsozialistische
Revolution zu verwirklichen: »Einmal den Gegner so lange mit
Maschinengewehren zusammenzuschießen, bis er die Überlegenheit dessen erkennt, der im Besitz dieser Maschinengewehre ist«, oder »durch eine Revolution des Geistes die Nation
umgestalten und damit den Gegner nicht zu vernichten, sondern zu gewinnen.«
BILD UNTEN: Durch die Propagierung des Volksempfängers,
eines billigen Radioapparates guter Leistungsfähigkeit, stieg
die Anzahl der Rundfunkhörer rapid in die Höhe. Immer größere Volksmassen konnten in der eigenen guten Stube die
Stimme des Führers hören. – Während Himmlers SS den
Terror, ein konstitutives Element des Dritten Reiches, praktizierte, waren Hitler und Goebbels echte Meister einer machia-
vellistischen Propaganda. Ohne Rücksicht auf die Wahrheit,
ohne jegliche Konkurrenz propagierten sie immer das, was der
Führung gerade paßte.

gesetzt wurden, hörte Deutschland auf, ein Rechtsstaat zu sein. Bis 1945, bis zum Untergang des Dritten Reiches, diente sie der »legalen« Rechtfertigung jeder willkürlichen Verhaftung eines jeden echten und vermeintlichen Gegners des Regimes.

Rechtsstaatliche und demokratische Prinzipien, Grundrechte, Mehrheitsentscheidungen, Gewaltenteilung und Kontrolle der staatlichen Gewalt hatten keinen Platz in Hitlers Diktatur. An die Stelle der Weimarer Verfassung trat der Wille des Führers:

»Der Führer vereinigt in sich alle hoheitliche Gewalt des Reiches; alle öffentliche Gewalt im Staat wie in der Bewegung leitet sich von der Führergewalt ab... Die Führergewalt ist umfassend und total; sie vereinigt in sich alle Mittel der politischen Gestaltung; sie erstreckt sich auf alle Sachgebiete des völkischen Lebens; sie erfaßt alle Volksgenossen, die dem Führer zu Treue und Gehorsam verpflichtet sind. Die Führergewalt ist nicht durch Sicherungen und Kontrollen, durch autonome Schutzbereiche und wohlerworbene Einzelrechte gehemmt, sondern sie ist frei und unabhängig, ausschließlich und unbeschränkt.«

So definierten deutsche Juristen des Dritten Reiches das von Hitler proklamierte Führerprinzip.

Um den letztlich entscheidenden Führerwillen durchzusetzen, schuf sich Hitler in Geheimer Staatspoli-

BILD RECHTS: »Si, Si, Si...« – »Ja, Ja, Ja...«, und in der Mitte der Duce, der Führer Benito Mussolini. Diese Propagandafassade italienischer Faschisten kennzeichnet die Idee des Faschismus in prägnanter Weise. Die Führung faschistischer Regime hat immer recht, das Volk hat Ja zu sagen und als Objekt der omnipotenten Staatsgewalt zu gehorchen. Als Reaktion auf die Ideen des Liberalismus, Imperialismus, Kapitalismus und Sozialismus wurde der Faschismus nach 1914 eine epochale Erscheinung, auch wenn er sich nur in zwei europäischen Großmächten, in Deutschland und Italien, durchsetzen konnte.

468

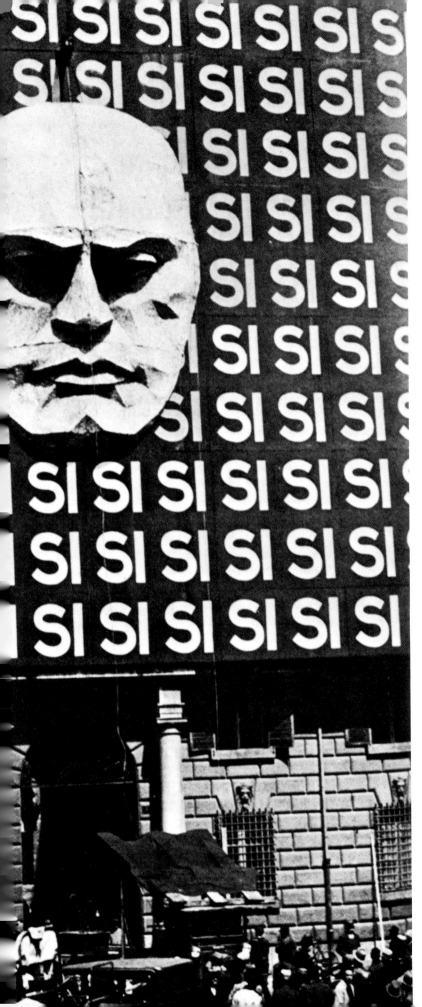

zei und SS das entsprechende Machtinstrument.

»Die Geheime Staatspolizei hat die Aufgabe, alle staatsgefährdenden Bestrebungen im gesamten Staatsgebiet zu erforschen und zu bekämpfen«, hieß es im preußischen Gestapogesetz vom 10. Februar 1936. Von der politischen Polizei demokratischer Länder unterschied sie sich allerdings dadurch, daß sie dort als defensives Mittel einer kontrollierten Staatsgewalt zur Abwehr von Anschlägen und Verschwörungen gegen den Staat verwendet wird, während sie in der Diktatur Adolf Hitlers als offensives Mittel den durch nichts beschränkten Führerwillen zu verwirklichen hatte, und zwar gegen jeden, der es wagte, sich diesem Führerwillen zu widersetzen.

Das deutsche Volk, von einer zielstrebigen und virtuos gehandhabten Propaganda während des Dritten Reiches völlig einseitig beeinflußt, sollte erst nach dem Zusammenbruch des Nationalsozialismus erfahren, was es bedeutete, seine Freiheitsrechte und die eigene demokratische Verantwortung zugunsten eines »starken Mannes« aufzugeben.

TAKTIK

»Wenn wir heute unter unseren verschiedenen Waffen von der Waffe des Parlamentarismus Gebrauch machen«, propagierte Hitler, »so heißt das nicht, daß parlamentarische Parteien nun für parlamentarische Zwecke da sind. Für uns ist ein Parlament nicht ein Selbstzweck, sondern ein Mittel zum Zweck... Wir sind nur zwangsweise eine parlamentarische Partei, und was uns zwingt, ist die Verfassung... Denn die Bewegung ist antiparlamentarisch, und selbst ihre Beteiligung an einer parlamentarischen Institution kann nur den Sinn einer Tätigkeit zu deren Zertrümmerung besitzen.«

469

»Ihr werdet jetzt vor die Welt treten, mit mir und hinter mir, und feierlich erklären: Wir wollen nichts anderes als den Frieden, wir wollen nichts anderes als Ruhe, wir wollen nichts anderes als uns unseren Aufgaben widmen«, verkündete Adolf Hitler anläßlich der Reichstagswahlen im November 1933 dem deutschen Volk. Schon zuvor aber, gleich bei seiner ersten Besprechung mit den Befehlshabern der Reichswehr am 2. Februar 1933, hatte er sich über sein Programm ganz anders geäußert:

»Ziel der Gesamtpolitik allein: Wiedergewinnung der politischen Macht...«

Daher: »Im Innern: völlige Umkehrung der gegenwärtigen innenpolitischen Zustände in Deutschland.

Keine Duldung der Betätigung irgendeiner Gesinnung, die dem Ziel entgegensteht. Wer sich nicht bekehren läßt, muß gebeugt werden...« und:

»Nach außen: Kampf gegen Versailles...«

Aber dieser Kampf gegen »Versailles«, der auch von allen Regierungen der Weimarer Zeit geführt worden war, war nicht das letzte Ziel:

»Wie soll politische Macht, wenn sie gewonnen, gebraucht werden? Jetzt noch nicht zu sagen. Vielleicht Erkämpfung neuer Exportmöglichkeiten, vielleicht – und wohl besser – Eroberung neuen Lebensraumes im Osten und dessen rücksichtslose Germanisierung...« Und Hitler sah auch, welche Schwierigkeiten zu überwinden waren:

ÖFFENTLICHE INVESTITIONEN IN DEUTSCHLAND

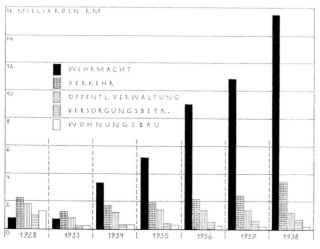

LINKS OBEN: »Wir wollen heim ins Reich«, lautete die Parole vieler Millionen Deutscher, denen das Selbstbestimmungsrecht im Versailler Vertrag vorenthalten worden war. Für Hitler war das Großdeutsche Reich – eine politische Zielsetzung, die ihm keiner hätte verübeln können – jedoch nur ein Zwischenziel seiner imperialistischen Ambitionen.

LINKS UNTEN: Was das deutsche Volk an Hitler neben seinen außenpolitischen Erfolgen am meisten beeindruckte, war die von der nationalsozialistischen Propaganda als »Wunder« gepriesene Beseitigung der Arbeitslosigkeit. Das Schaubild über die öffentlichen Investitionen in Deutschland zeigt allerdings, wie stark die Rüstungsausgaben an diesem »Wunder« beteiligt waren. In seiner geheimen Denkschrift zum zweiten Vierjahresplan von 1936 brachte Hitler zum Ausdruck, was er von der deutschen Wirtschaft erwartete: »1. Die deutsche Armee muß in vier Jahren einsatzfähig sein; 2. die deutsche Wirtschaft muß in vier Jahren kriegsfähig sein.«

BILD OBEN: März 1936, Einmarsch deutscher Truppen in die entmilitarisierte Zone des Rheinlandes. Hitler über sein damaliges Risiko: »Wären die Franzosen ins Rheinland einmarschiert, hätten wir uns mit Schimpf und Schande wieder zurückziehen müssen.« Die schwache Reaktion der Westmächte bestätigte Hitler in seinem Vorurteil von der Dekadenz der Demokratien und ermunterte ihn zu weiteren Schritten.

BILD UNTEN: Als Hitler nach dem Anschluß Österreichs drohte, die Sudetendeutschen mit Gewalt dem Deutschen Reich einzugliedern, kam es am 29. September 1938 zur Konferenz von München. VON LINKS NACH RECHTS: Chamberlain, Daladier, Hitler, Mussolini und Mussolinis Schwiegersohn Ciano. Angesichts der drohenden Kriegsgefahr stimmten auch Frankreich und England den Forderungen Hitlers zu. Die Tschechoslowakei wurde gezwungen, die sudetendeutschen Gebiete an Deutschland abzutreten. Noch einmal, zum letztenmal, erzielte Hitler einen friedlichen außenpolitischen Triumph.

»Gefährlichste Zeit ist die des Aufbaus der Wehrmacht. Da wird sich zeigen, ob Frankreich Staatsmänner hat, wenn ja, wird es uns Zeit nicht lassen, sondern über uns herfallen...«

Doch diese »Staatsmänner« hatte Frankreich nicht. Sie und mit ihnen der gesamte Westen fielen der Hitlerschen Verschleierungstaktik zum Opfer. Nach außen hin redete Hitler nämlich immer nur vom »großdeutschen Reich«, vom »Kampf gegen Versailles«. Von seinem eigentlichen Ziel, »Lebensraum im Osten« zu erobern, ließ er nichts an die Öffentlichkeit dringen. Nichtsdestoweniger wurde seine gesamte Politik – Außenpolitik, Wirtschaftspolitik und Militärpolitik – folgerichtig und systematisch auf dieses Ziel hin koordiniert.

Unter offenem Bruch des Versailler Vertrages verkündete Hitler am 16. März 1935 die Wiedereinführung der allgemeinen Wehrpflicht. Nur wenige Monate später gelangte er mit England, ebenfalls unter Bruch des Versailler Vertrages, zu einem Flottenabkommen. Abermals unter Bruch des Versailler Vertrages ließ er 1936 die Wehrmacht ins Rheinland einmarschieren. 1938 erfolgte der Anschluß Österreichs, und auch die Sudetendeutschen wurden »heim ins Reich« geholt.

Bis dahin ließ sich Hitlers Außenpolitik als Revisionspolitik legitimieren. Erst mit der Zerschlagung der »Resttschechei« überschritt er die Grenzen des deutschen Volkstums. England und Frankreich waren jetzt zu ernsthaftem Widerstand bereit. Polen, dem nächsten potentiellen Opfer einer Hitlerschen Aggression, wurde von England die politische Unabhängigkeit und territoriale Unverletzlichkeit zugesichert. Doch nach dem überraschenden Abschluß des deutsch-sowjetischen Freundschaftsvertrages wagte Hitler den Krieg. Mit seinem Angriff auf Polen löste Hitler den Zweiten Weltkrieg aus. England und Frankreich erklärten Deutschland den Krieg.

RAUM IM OSTEN

»Wir Nationalsozialisten (müssen) unverrückbar an unserem außenpolitischen Ziele festhalten, nämlich dem deutschen Volke den ihm gebührenden Grund und Boden auf dieser Erde zu sichern... Staatsgrenzen werden durch Menschen geschaffen und durch Menschen geändert. Die Tatsache des Gelingens eines unmäßigen Bodenerwerbs durch ein Volk ist keine höhere Verpflichtung zur ewigen Anerkennung desselben. So wie unsere Vorfahren den Boden, auf dem wir heute leben, nicht vom Himmel geschenkt erhielten, sondern durch Lebenseinsatz erkämpfen mußten, so wird auch uns in Zukunft den Boden und damit das Leben für unser Volk keine göttliche Gnade zuweisen, sondern nur die Gewalt eines siegreichen Schwertes... Wenn wir aber heute in Europa von neuem Grund und Boden reden, können wir in erster Linie nur an Rußland und die ihm untertanen Randstaaten denken.« (Adolf Hitler: Mein Kampf)

BILD RECHTS: Reichsaußenminister von Ribbentrop bei der Unterzeichnung des deutsch-russischen Freundschafts- und Nichtangriffspaktes vom 23. August 1939. Im Hintergrund Außenminister Molotow (links) und Rußlands Diktator Stalin. Auch die Westmächte hatten sich um ein Bündnis mit der Sowjetunion bemüht. Rußland sollte sich dazu bereit erklären, die von Hitler bedrohten Staaten Osteuropas mitzugarantieren. Doch bevorzugte Stalin die Hitlersche Offerte, die Gebiete kurzerhand in deutsche und russische Einflußsphären aufzuteilen. Nationalsozialismus und Bolschewismus standen zur Verblüffung der Weltöffentlichkeit auf einmal im selben Lager.
BILD OBEN: Nach einem von den Deutschen fingierten »polnischen« Überfall auf den deutschen Sender Gleiwitz fallen am 1. September 1939 im Reichstag die folgenschweren Worte: »Seit 5.45 Uhr wird zurückgeschossen.«

In 18 Tagen wurde Polen im ersten »Blitzkrieg« der Geschichte von den weit überlegenen deutschen Streitkräften besiegt. Als Frankreich und England nach der polnischen Niederlage Hitlers Friedensangebot ablehnten, befahl Hitler zunächst die Besetzung Dänemarks und Norwegens, um die kriegswichtigen Erzzufuhren aus Narvik zu sichern, und dann, am 10. Mai 1940, die große Offensive im Westen. Mit Panzern schnell über die Ardennen vorstoßend, gelang es den deutschen Truppen in der unglaublich kurzen Zeit von nur 43 Tagen, Frankreich zur Kapitulation zu zwingen. Die große Militärmacht Frankreich besiegt, Holland, Belgien und Luxemburg von Deutschland besetzt, England vom Kontinent vertrieben – für Hitler war das ein großer, ein triumphaler Erfolg.

Abermals wandte er sich mit einem Friedensangebot an Großbritannien. Doch Churchill, der anläßlich seiner Regierungsübernahme am 13. Mai 1940 dem Volk nichts als »Blut, Mühsal, Tränen und Schweiß« in Aussicht gestellt und den »Sieg um jeden Preis« gefordert hatte, lehnte ab. Daraufhin ließ Hitler das »Unternehmen Seelöwe«, die Eroberung Englands, vorbereiten. Als Voraussetzung für eine Invasion der Insel mußte zunächst die englische Lufthoheit gebrochen werden. In der entscheidenden »Schlacht um England« aber konnten Englands Jagdflieger den Kampf für sich entscheiden. In einem selbstmörderischen Entschluß wollte Hitler nun England über die Vernichtung Rußlands niederringen: »Englands Hoffnung ist Rußland... Ist aber Rußland zerschlagen, dann ist Englands letzte Hoffnung getilgt. Der Herr Europas und des Balkans ist dann Deutschland.« Als Hitler am 22. Juni 1941 Rußland überfiel, glaubte er, in einem weiteren »Blitzkrieg« die Sowjetunion in kürzester Zeit vernichten zu können.

BILDER LINKS: Die Filmaufnahmen zeigen Hitler nach dem Sieg über Frankreich, unmittelbar nach dem Eintreffen der Nachricht, daß Frankreich die Waffenstillstandsbedingungen in Compiègne unterzeichnet hat. Mit einem wahren Freudentanz erheitert er sich und seine Umgebung im Führerhauptquartier. Der englische Hitlerbiograph Allan Bullock würdigt Hitlers militärischen Triumph: »Der ehemalige Agitator, der 1920 zur Masse gesagt hatte, er werde nicht ruhen, bis der Vertrag von Versailles zerrissen sei, hatte sein Versprechen gehalten: die Demütigung von 1918 war gerächt.« Voraussetzung für diesen Sieg war in erster Linie die Kühnheit des deutschen Angriffsplanes. Das von Hitler akzeptierte Offensivkonzept des Blitzkriegs, das Zusammenspiel selbständig operierender großer Panzerverbände mit der Luftwaffe, war der französischen Defensivstrategie weit überlegen.

RECHTE SEITE: Die deutschen Panzer waren nicht stärker bewaffnet als die französischen, und ihre Zahl war geringer. Ihr massiver Einsatz jedoch erzwang die Entscheidung.

474

BILD LINKS: Hitler im Würgegriff der Alliierten, eine russische Karikatur aus dem Jahre 1942.

BILD UNTEN: Deutsche Panzer stoßen vor, russische Kriegsgefangene fluten zurück – ein vertrautes Bild zu Beginn des Rußlandfeldzuges. Vier Jahre später, nach harten und verlustreichen Kämpfen an den weiten Fronten des Zweiten Weltkriegs, mußte Deutschland bedingungslos kapitulieren.

LINKE SEITE: Als »fliegende Artillerie« waren die Stukas an Hitlers Blitzkriegen maßgeblich beteiligt.

JAPAN

BILD OBEN: Als Amerika zusammen mit England und den Niederlanden den japanischen Expansionsdrang im Fernen Osten mit einer völligen Handelssperre beantwortete, gewann in Tokio allmählich die japanische Kriegspartei die Oberhand. Durch den Überraschungsangriff auf Pearl Harbor am 7. Dezember 1941 konnte Japan einen beträchtlichen Teil der amerikanischen Schlachtflotte ausschalten und eine vorläufige Überlegenheit im Pazifik erringen. Zwei Jahre später aber sah sich

der Aggressor völlig in die Defensive gedrängt. Von Inselgruppe zu Inselgruppe springend, kämpften sich die US-Streitkräfte in blutigen Kämpfen an das Mutterland Japan heran. Um das Leben weiterer Soldaten zu schonen, entschied sich Präsident Truman für den Einsatz der Atombombe. Nach den fürchterlichen Verwüstungen in Hiroshima und Nagasaki (6. und 9. August 1945) mußte Japan kapitulieren.

BILDER RECHTS: Die Atombombe von Nagasaki und ihr gewaltiger Explosionspilz. Neben der ungeheueren direkten Zerstörungskraft ist die Atombombe mit ihrer radioaktiven Strahlung eine besonders heimtückische Waffe.

»Die von uns aufgenommenen Verwundeten sahen grauenhaft aus: Ihre versengten Haare waren gekräuselt, die Kleidungsstücke in Fetzen gerissen, die Haut der unbedeckten Körperteile fast ganz verbrannt, die Wunden entsetzlich verschmutzt. Die meisten der Verwundeten waren durch zahllose Glassplitter, Holzstückchen oder Eisenteilchen, die sich in Gesicht und Rücken gebohrt hatten, derart entstellt, daß sie nicht leicht als Menschen zu erkennen waren. Die Größe der Glassplitter schwankte zwischen der eines Sandkorns und der einer Daumenkuppe. Später stellten wir fest, daß manchen Patienten so viele Glasstückchen in die Lunge gepreßt worden waren, daß wir bei stethoskopischen Untersuchungen jedesmal ein Knirschen vernahmen, wenn sie atmeten... Ein neunzehnjähriger Arbeiter war einen Kilometer vom Explosionszentrum entfernt gewesen und wurde an beiden Händen verbrannt. Seine Brandwunden besserten sich zusehends. Nach fünfzehn Tagen verließ er das Lazarett. Aber einen halben Monat später begann er zu fiebern. Er klagte über schlechten Appetit, allgemeines Müdigkeitsgefühl und Haarausfall. Unter der Haut tauchten blaue Flecken auf, unstillbare Darmblutungen kamen hinzu, und nach kurzer Zeit starb der Patient.«

(Dr. Masao Shiocuki, Dr. Nubuo Kusano und Dr. Sugi Jamamoto: Wir können nicht schweigen)

WIDERSTAND

Während der Widerstand gegen den Nationalsozialismus in Deutschland nur von einer kleinen Elite getragen wurde und gegen die große Mehrheit des totalitär beherrschten Volkes gewagt werden mußte, konnten sich die Widerstandskämpfer in den von Hitler besetzten europäischen Ländern auf weite Teile der eigenen Bevölkerung verlassen. Überall gab es zahlreiche Widerstandsgruppen, Nachrichtendienste, Sabotageaktionen und bewaffnete Widerstandskräfte. In Holland kam es bereits im Februar 1941 zu einem Massenstreik gegen die unwürdige Behandlung der jüdischen Mitbürger; in Paris erhob man sich noch vor dem Einmarsch der Befreier; Norwegen widersetzte sich geschlossen der Nazifizierung des Landes; der Hafen von Antwerpen konnte durch belgische Widerstandskämpfer gerettet werden; ein Generalstreik in Dänemark legte das gesamte Transportwesen

lahm; Tito wandelte sich vom harten Stalinisten zum erfolgreichen Partisanenführer; italienische Partisanen machten den deutschen Soldaten das Leben zur Hölle, kontrollierten weite Teile ihres Landes und töteten »ihren« Duce Benito Mussolini; polnische Juden wagten den Verzweiflungsaufstand im Warschauer Getto, und tschechische Widerstandskämpfer töteten Reinhard Heydrich, den Chef des Sicherheitsdienstes und der Gestapo und stellvertretenden Reichsprotektor in Böhmen und Mähren.

BILD UNTEN: Hinrichtung polnischer Partisanen in Ursynow bei Warschau im Juni 1940. – In Polen, das gleich nach dem Einmarsch der deutschen Truppen unter der nationalsozialistischen Vernichtungspolitik zu leiden hatte, wurden von der Sicherheitspolizei bereits im Mai 1941 »alle Polen zur Widerstandsbewegung im weiteren Sinne« gerechnet. Mit allen Mitteln sollte der Widerstand im Osten gebrochen werden. »Die Truppe ist berechtigt und verpflichtet, in diesem Kampf (gegen die Partisanen) ohne Einschränkung auch gegen Frauen und Kinder jedes Mittel anzuwenden, wenn es nur zum Erfolg führt«, heißt es in einer »Geheimen Kommandosache« vom 16. Dezember 1942.

»Der Vernichtungsvorgang verlief in Auschwitz wie folgt: Die zur Vernichtung bestimmten Juden wurden möglichst ruhig – Männer und Frauen getrennt – zu den Krematorien geführt. Im Auskleideraum wurde ihnen durch die dort beschäftigten Häftlinge des Sonderkommandos in ihrer Sprache gesagt, daß sie hier nun zum Baden und zur Entlausung kämen, daß sie ihre Kleider ordentlich zusammenlegen sollten und vor allem den Platz zu merken hätten, damit sie nach der Entlausung ihre Sachen schnell wiederfinden könnten. Die Häftlinge des Sonderkommandos hatten selbst das größte Interesse daran, daß der Vorgang sich schnell, ruhig und reibungslos abwickelte. Nach der Entkleidung gingen die Juden in die Gaskammer, die, mit Brausen und Wasserleitungsrohren versehen, völlig den Eindruck eines Baderaumes machte. Zuerst kamen die Frauen und Kinder hinein, hernach die Männer... Die Tür wurde nun schnell zugeschraubt und das Gas sofort durch die bereitstehenden Desinfektoren in die Einwurfluken durch die Decke der

Gaskammer in einen Luftschacht bis zum Boden geworfen. Durch das Beobachtungsloch in der Tür konnte man sehen, daß die dem Einwurfschacht am nächsten Stehenden sofort tot umfielen. Man kann sagen, daß ungefähr ein Drittel sofort tot war. Die anderen fingen an zu taumeln, zu schreien und nach Luft zu ringen. Das Schreien ging bald in ein Röcheln über und in wenigen Minuten lagen alle. Nach spätestens zwanzig Minuten regte sich keiner mehr...«

(Aus dem Bericht des Kommandanten von Auschwitz, Rudolf Höß)

BILD UNTEN: SS-Arzt Dr. Klein, der in Belsen mit den Häftlingen rücksichtslos medizinische Experimente durchgeführt hatte, vor einem Massengrab jüdischer KZ-Opfer.

Die systematische Ermordung Millionen jüdischer Mitmenschen, die aus dem gesamten besetzten Europa in die Vernichtungslager transportiert wurden, war die fürchterlichste Konsequenz aus Hitlers rassistischer Geschichtsauffassung. Dieses Hitlersche Verbrechen, das in seinem vollen Ausmaß erst nach 1945, nach dem Zusammenbruch der nationalsozialistischen Herrschaft, bekannt wurde und die ganze Weltöffentlichkeit entsetzte, dieser millionenfache Mord wird für immer mit dem Namen Deutschlands verbunden bleiben.

»Und wenn die britische Luftwaffe 2000 oder 3000 oder 4000 Kilogramm Bomben abwirft, dann werden wir jetzt in einer Nacht 150000, 180000, 230000 und 400000 werfen. Und wenn sie erklären, sie werden bei uns Städte in großem Ausmaß angreifen – wir werden ihre Städte ausradieren«, prahlte Hitler zu Beginn des Krieges. In Wirklichkeit kam es genau umgekehrt. Um die Moral der Zivilbevölkerung zu

brechen, gingen die Alliierten 1942 dazu über, die deutschen Städte »flächig« zu bombardieren. Nach 1945 war Deutschland buchstäblich ein Trümmerfeld. Über 500 000 Zivilisten starben im Bombenkrieg.

BILD OBEN: Dem verbrecherischen Angriff auf Dresden im Februar 1945, der keine militärisch-strategische Bedeutung hatte, fielen nach vorsichtigen Schätzungen 135 000 Menschen zum Opfer. Die Stadt wurde durch 650 000 englische Brandbomben völlig zerstört.

BILD RECHTS: Von links nach rechts: Die »Großen Drei«, Churchill, Roosevelt und Stalin, stellen sich während der Konferenz von Jalta im Februar 1945 den Photographen. Auf dieser Konferenz von welthistorischer Bedeutung versuchte Roosevelt durch eine entgegenkommende Haltung, Stalin zum Mitspieler einer künftigen dauernden Friedensordnung zu gewinnen.

»Wir glaubten im Herzen wirklich, ein neuer Tag sei angebrochen«, berichtete Roosevelts Vertrauter Harry Hopkins. »Wir waren absolut überzeugt, den ersten großen Friedenssieg errungen zu haben.«

Im Kräftespiel eines naiv-optimistischen Roosevelt und eines raffinierten, taktisch geschickten Stalin konnte sich die warnende, skeptische Haltung Churchills nicht genügend durchsetzen. Statt der von Roosevelt erwarteten »einen Welt« des Friedens, des Wohlstands und der Gerechtigkeit führte Jalta zur tiefsten Spaltung der Welt, zur härtesten Konfrontation zwischen Ost und West.

BILD UNTEN: Eine der letzten Aufnahmen Adolf Hitlers. Der letzte Satz seines politischen Testaments lautete: »Vor allem verpflichte ich die Führung der Nation und die Gefolgschaft zur peinlichen Einhaltung der Rassengesetze und zum unbarmherzigen Widerstand gegen den Weltvergifter aller Völker, das internationale Judentum.« Bis zu seinem Ende, bis zu seinem Selbstmord im Bunker der Reichskanzlei am 30. April 1945 in den Trümmern der Reichshauptstadt Berlin, ist Hitler der Rassenfanatiker geblieben, der er von Anfang an gewesen war.

BILD RECHTS: Nachdem Generaloberst Jodl die Kapitulation vor den Westalliierten am 7. Mai 1945 in Reims vollzogen hatte, unterzeichnete einen Tag später Generalfeldmarschall Keitel (Mitte) die Kapitulation vor den Russen in Berlin. »Wir, die hier Unterzeichneten, handelnd in Vollmacht für und im Namen des Oberkommandos der deutschen Wehrmacht, erklären hiermit die bedingungslose Kapitulation aller am gegenwärtigen Zeitpunkt unter deutschem Befehl stehenden oder von Deutschland beherrschten Streitkräfte auf dem Lande, auf der See und in der Luft gleichzeitig gegenüber dem Obersten Befehlshaber der alliierten Expeditionsstreitkräfte und dem Oberkommando der Roten Armee.«

BEDINGUNGSLOSE KAPITULATION

Nach dem japanischen Überraschungsangriff auf Amerikas Pazifikflotte in Pearl Harbor hatte Deutschland am 11. Dezember 1941 den Vereinigten Staaten den Krieg erklärt. Roosevelt konnte nun ganz offen und mit einer geschlossenen nationalen Front an die Seite der Alliierten treten. Unter der Devise »Germany first« – »Deutschland zuerst« arbeitete die mächtig angekurbelte amerikanische Kriegsindustrie zugunsten der Gegner Deutschlands.

»Das Land«, schrieb Roosevelts Nachfolger, Präsident Truman, in seinen Memoiren, »lieferte an Rußland, Großbritannien, China, Australien und alle seine Verbündeten Kanonen, Panzer, Flugzeuge und Lebensmittel in unerhörten Mengen, es baute, bewaffnete und führte in den Kampf die größte Flotte aller Zeiten; es schuf die mächtigste und wirksamste Luftwaffe, die man bis dahin kannte.«

Nach der ersten großen deutschen Niederlage bei Stalingrad am 30. Januar 1943 propagierte Goebbels den totalen Krieg. »Ich frage euch: Seid ihr und ist das deutsche Volk entschlossen, wenn der Führer es befiehlt, zehn, zwölf, und wenn nötig, vierzehn und sechzehn Stunden täglich zu arbeiten und das Letzte herzugeben für den Sieg? ... Ich frage euch: Wollt ihr den totalen Krieg? Wollt ihr ihn, wenn nötig, totaler und radikaler, als wir ihn uns heute überhaupt noch vorstellen können?« Unter frenetischem Beifall wurde Goebbels in seiner berühmten Sportpalastrede das Ja der Massen entgegengeschrien. Propaganda aber konnte die fehlenden materiellen Ressourcen nicht ersetzen. Trotz größter Willensanstrengung des ganzen deutschen Volkes war Hitlers Drittes Reich zum Untergang verurteilt. Nach Stalingrad gab es, abgesehen von einigen Zwischenerfolgen, nur mehr Niederlagen bis zur bedingungslosen Kapitulation.

SIMPLICISSIMUS

Jahrgang 1956, Nummer 20   Herausgegeben von Olaf Iversen   München, den 19. Mai 1956

Das Veto der Bombe

Zeichnung: H. M. Brockmann

„Es wird hier dauernd vom Frieden gesprochen — meine Herren, der Friede bin ich!"

DIE WELT NACH 1945

55 Millionen Tote kostete der Zweite Weltkrieg, die größte kriegerische Auseinandersetzung der Weltgeschichte. Doch die Sehnsucht der Menschheit nach einer friedlichen Welt erfüllte sich nicht. Die Kriegskoalition zerbrach. In Moskau und Washington standen sich in erbitterter Feindschaft zwei grundverschiedene Weltanschauungen gegenüber, von denen jede im Prinzip die Vernichtung der anderen forderte. Der revolutionär-expansiven Komponente des Kommunismus schob Präsident Truman mit seiner Politik der Eindämmung einen energischen Riegel vor. Im militärischen Konflikt in Korea erreichte der Kalte Krieg seinen Höhepunkt, wurde in den USA ernsthaft erwogen, mit Atomwaffen das kommunistische China anzugreifen und über die Politik des Containments hinauszugehen.

Doch die Existenz der Atombombe hatte die verantwortlichen Staatsmänner in Moskau und Washington gezwungen, ihre Einstellung zum Krieg völlig neu zu überdenken. Mit dem Anwachsen des atomaren Vernichtungspotentials in Ost und West und der Entwicklung der Interkontinentalraketen ist die nationale Sicherheit auch der beiden Supermächte dahingeschwunden. Wer den ersten Schlag führt, hat nur einen geringen Vorteil. Der Gegenschlag würde ihn unweigerlich treffen, die Vernichtung beider Staaten wäre die Folge. Das »Gleichgewicht des Schreckens« hat bis jetzt den großen Krieg verhindern können. Heute ist in Moskau wie in Washington die Einsicht stärker denn je, daß die Katastrophe des Dritten Weltkriegs unter allen Umständen verhindert werden muß.

Dem harten Gegeneinander des Kalten Krieges folgte die von Chruschtschow nachhaltig propagierte Politik der »friedlichen Koexistenz« und jetzt, in den 70er Jahren, im Rahmen der von Nixon eingeleiteten neuen Weltpolitik die angestrebte »kooperative Koexistenz« der beiden Supermächte. Fünfundzwanzig Jahre nach Verkündigung der Truman-Doktrin traf Richard Nixon im Mai 1972 als erster amerikanischer Präsident in Moskau ein, um sich mit der Sowjetunion über die Sicherung des Status quo zu einigen. Schon drei Monate vorher hatte Nixon nach zwanzigjähriger erbitterter Feindschaft Peking besucht und das kommunistische China völkerrechtlich anerkannt. Damit wurde das nach 1945 entstandene System der Bipolarität ersetzt durch das neue weltpolitische Dreieck Washington–Moskau–Peking.

»Es ist nicht wenig«, schreibt Theo Sommer über das Entscheidungsjahr 1972 in der ZEIT, »daß im Verhältnis der machtpolitisch heute ebenbürtigen Supermächte das Gemeinsame zum erstenmal seit einem Menschenalter größer geschrieben wird als das noch immer vorhandene Trennende. Dennoch muß man sich vor Illusionen hüten. Sowenig sich der Kalte Krieg in einer großen, alles vernichtenden Explosion entlud, sowenig wird die neue Phase der kooperativen Koexistenz in einen Zustand münden, der sich als eitel Frieden bezeichnen ließe. Auch nach Nixons Rückkehr aus Moskau wird die Politik weitergehen. Politik aber heißt: Wettbewerb, Rivalität, Reibung. Es wäre schon viel, wenn alledem hinfort gemeinsame Spielregeln zugrunde gelegt würden.«

Präsident Harry S. Truman, Nachfolger des am 12. April 1945 verstorbenen Roosevelt, glaubte zunächst, die Rooseveltsche Politik eines Ausgleichs mit der Sowjetunion fortsetzen zu können. Als die expansiven Tendenzen des Kommunismus jedoch immer offenkundiger wurden, die osteuropäischen Staaten eine rücksichtslose Bolschewisierung erdulden mußten und die Türkei und Griechenland unmittelbar bedroht waren, sah sich Truman dazu gezwungen, die Politik der Vereinigten Staaten entscheidend zu ändern. In seiner weltpolitisch bedeutenden Rede vom 12. März 1947 verkündete Amerikas Präsident die nach ihm benannte Truman-Doktrin:

»In einer Reihe von Ländern sind in jüngster Zeit gegen den Willen der betroffenen Völker totalitäre Regime zur Macht gekommen. Die Regierung der Vereinigten Staaten hat häufig gegen den Zwang und die Einschüchterung protestiert, die unter Verletzung der Abmachungen von Jalta in Polen, Rumänien und Bulgarien geschehen sind. Auch in einer Reihe anderer Länder ist es zu ähnlichen Entwicklungen gekommen. Im gegenwärtigen Augenblick der Weltgeschichte muß nahezu jede Nation zwischen zwei grundverschiedenen Ordnungen ihrer staatlichen und gesellschaftlichen Existenz wählen. Die eine soziale Ordnung basiert auf dem Willen der Mehrheit und

TRUMAN-DOKTRIN

LINKE SEITE: Der Krake Stalin greift mit seinen Fangarmen nach der kommunistischen Weltherrschaft, die amerikanische Axt hat ihn daran zu hindern. Mit dieser holländischen Karikatur läßt sich Amerikas Moskaubild der 50er Jahre treffend charakterisieren. Demnach war und blieb der internationale Kommunismus eine heimtückische Verschwörung, eine von Moskau aus zentral gelenkte Einheit. Insbesondere John Foster Dulles, Außenminister unter Präsident Eisenhower, der die von Truman eingeleitete Politik des Containment weiterführte, sah die Weltpolitik ganz unter dem Zeichen des Ost-West-Gegensatzes. Die Drohung, mit der geballten militärischen Kraft der freien Welt unter Führung der Vereinigten Staaten kommunistischer Aggression zu begegnen, gehörte zur nie revidierten Grundprämisse seiner Politik.

BILD RECHTS: 1947, Harry S. Truman spricht, das Wappen des Präsidenten der Vereinigten Staaten am Rednerpult, zur Lage der Nation. Ohne seine entschiedene Haltung in der Auseinandersetzung mit der Sowjetunion wäre eine weitere kommunistische Expansion nicht zu stoppen gewesen.

ist durch freie Institutionen, eine repräsentative Regierung, freie Wahlen und die Garantie persönlicher Freiheit, der freien Rede und Religionsausübung gekennzeichnet. Ihre Alternative ruht auf dem Willen einer Minderheit, die mit Gewalt die Mehrheit beherrscht. Sie muß sich auf Terror und Unterdrükkung stützen; sie muß Presse und Rundfunk kontrollieren und Wahlen sowie persönliche Freiheiten manipulieren. Ich bin der Überzeugung, daß wir freien Völkern helfen müssen, wenn sie über ihre Geschicke selbst bestimmen wollen. Es ist meine Überzeugung, daß unsere Hilfe primär durch solche wirtschaftliche und finanzielle Mittel geschehen muß, die

die wirtschaftliche Stabilität und geordnete politische Verhältnisse herzustellen geeignet sind.«

Um dieses Ziel zu erreichen, wurde der nach dem damaligen amerikanischen Außenminister General George C. Marshall benannte Marshall-Plan (»European Recovery Program«) beschlossen. Eine großzügige Dollarspritze sollte dem darbenden Nachkriegseuropa wieder auf die Beine helfen, seine Wirtschaft ankurbeln und seine Bevölkerung dem Kommunismus gegenüber immun machen. Zur Verteidigung des Westens, zur Eindämmung des Kommunismus wurde am 4. April 1949 der Nordatlantikpakt (NATO) geschlossen.

BILD LINKS: Als sich die Kommunistische Partei Chinas 1921 konstituierte, gehörte der junge Mao Tse-tung zu ihren Gründungsmitgliedern. 28 Jahre später, nach den harten, blutigen und langwierigen Auseinandersetzungen des Partisanenkrieges, konnte er am 1. Oktober 1949 vom Söller des »Tors zum Himmlischen Frieden« in Peking die Volksrepublik China proklamieren. Während Präsident Truman in Europa gegen den Kommunismus einen festen Standpunkt bezog, nahm er in der Fernostpolitik eine abwartende Haltung ein. Er konnte sich weder dazu entschließen, Tschiang Kai-schek mit amerikanischen Truppen zu unterstützen, noch dazu, dessen völlig korruptes System eindeutig fallenzulassen. Vielmehr ließ er den chinesischen Nationalisten eine materielle Hilfe zuteil werden, die zwar ausreichte, sich Mao Tsetung zum erbitterten Feind zu machen, nicht aber, um die Niederlage Tschiang Kai-scheks abzuwenden. Diese schwankende Haltung der USA förderte in China den Eindruck, die Vereinigten Staaten würden sich in Asien nicht militärisch engagieren. Dies wiederum stimulierte Nordkorea, den Angriff auf Südkorea zu wagen. Erst jetzt wurde die zunächst auf Europa beschränkte Politik des Containment zur weltweiten Strategie Amerikas, einer Strategie, die sich im großen und ganzen zum Vorteil der freien Welt bewährte und den Kommunismus in seine Schranken verwies.

BILD RECHTS: General Marshall zusammen mit dem Delegierten Tschiang Kai-scheks, Tschang Tschun (links), und dem Vertreter der Kommunisten, Tschou En-lai, 1946 in Tschungking. Truman: »Ich hatte Marshall nach China gesandt mit dem Auftrag, den dortigen blutigen Auseinandersetzungen wenn möglich Einhalt zu gebieten und einer Koalitionsregierung der Nationalisten und Kommunisten den Weg zu ebnen.« Von den Kommunisten verdächtigt, die Nationalisten zu unterstützen, scheiterte Marshalls Mission in erster Linie an der Weigerung Tschiang Kai-scheks, soziale Reformen durchzuführen und in ernsthafte Verhandlungen mit den Kommunisten einzutreten. Überzeugt davon, Mao Tse-tung vernichten zu können, setzte Tschiang Kaischek gegen die Warnungen der USA auf Sieg und verlor. 1949 mußte er mit dem Rest seiner Truppen nach Formosa fliehen.

JOHN F. KENNEDY

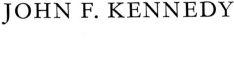

Unter der Regierung Eisenhower, der außenpolitischen Ära Dulles, vertraute Amerika ganz auf sein weltweites militärisches Bündnissystem und die »massive Vergeltung« seines atomaren Vernichtungspotentials. Diesem Konzept, das nach Dulles die Entschlossenheit der USA enthielt, jederzeit das »Duell am Abgrund« zu wagen, hielt John F. Kennedy die Strategie der »flexiblen Reaktion« entgegen.

Seine Überlegungen gingen dahin, daß mit dem Anwachsen des atomaren Vernichtungspotentials der Sowjetunion die Drohung mit der massiven Vergeltung zusehends an Glaubwürdigkeit verloren habe. Wer würde es im Ernst für möglich halten, daß sich die beiden Supermächte wegen kleinerer Konflikte gegenseitig vernichten? Aber gerade in diesen kleineren Konflikten, in den von Moskau und Peking propagierten Befreiungskriegen auf der südlichen Hälfte des Globus, in Asien, Lateinamerika, Afrika und dem Nahen Osten, sah Kennedy das neue Schlachtfeld zwischen Ost und West. Die wahrscheinlichste Bedrohung sei nicht die große atomare Auseinandersetzung, sondern seien »begrenzte Kleinkriege, indirekte, verhüllte Aggressionen, Einschüchterung und Unterwanderung, Revolution ..., Vorstöße, die sich schwer erkennen lassen und denen schwer zu begegnen ist«. Trotz aller Bemühungen, mit der kommunistischen Welt zu einer Entspannung, zu einem erträglichen, weniger bedrohlichen Modus vivendi zu gelangen, unterschätzte und verharmloste Kennedy niemals deren Gefährlichkeit. Während der Kubakrise 1962 zeigte Kennedy das taktische Geschick und die feste Entschlossenheit des verantwortlichen Realpolitikers.

BILD OBEN: Präsident Eisenhower und sein Nachfolger John F. Kennedy. – Nach einem brillant geführten Wahlkampf ging Kennedy mit neuem Elan dazu über, die stagnierende Entwicklung der Innen- und Außenpolitik wieder in Bewegung zu bringen. »Meine amerikanischen Mitbürger: Fragt nicht, was euer Land für euch tun wird; fragt, was ihr für euer Land tun könnt. Meine Mitbürger in der Welt: Fragt nicht, was Amerika für euch tun wird, sondern fragt, was wir zusammen für die Freiheit der Menschen tun können.« Diese Worte seiner Inaugurationsrede kennzeichneten den neuen Stil der Kennedyschen Politik. Vom amerikanischen Volk wie von Amerikas Verbündeten verlangte er, die Rüstungsaufwendungen zu erhöhen. Eine neue Konzeption der Entwicklungshilfe sollte die unterprivilegierten Völker veranlassen, dem Vorbild der freien Welt nachzueifern und deren politische Institutionen zu übernehmen, eine großzügige Sozialpolitik die Armut im eigenen Land und damit auch die amerikanische Rassenfrage überwinden. Doch Kennedy konnte von seinen großen Plänen nur wenig verwirklichen. Am 22. November 1963 fiel er, von dem sich Amerika und die Welt so viel erhofften, in Dallas/Texas den Schüssen eines Attentäters zum Opfer.

BILD OBEN: Fidel Castro und Nikita Chruschtschow demonstrieren Hand in Hand Freundschaft und Solidarität auf dem Roten Platz in Moskau. – Als Castro mit seinen Rebellen 1959 den brutalen Militärdiktator Batista aus Kuba vertrieb, wurde seiner »demokratischen« Revolutionsbewegung auch in den USA Sympathie entgegengebracht. Als Kuba sich dann aber rasch in einen kommunistischen Einheitsstaat verwandelte und ins politische Fahrwasser Moskaus geriet, war es mit dieser Sympathie wieder vorbei. Ein kommunistischer Stützpunkt in der westlichen Hemisphäre, nur 90 Meilen von Florida entfernt, war dem amerikanischen Selbstverständnis unerträglich. Nach dem von Kennedy zu verantwortenden Debakel in der Schweinebucht – von der CIA ausgebildete, auf Kuba gelandete Exilkubaner scheiterten hier bei ihrem Versuch, das Castro-Regime zu beseitigen – wurde die Lage auf einmal für die ganze Welt bedrohlich, als Chruschtschow daranging, Castros Kuba zu einem sowjetrussischen Raketenstützpunkt auszubauen und die USA entschlossen waren, diese Bedrohung zu verhindern.

Raketen-Erektor   Kabel

Schutzzelt für Raketen

Raupenschlepper

Sauerstoff-Tankwag

Treibstoff-Tankwagen

KRISENMANAGEMENT

Dreizehn Tage dauerte die spannungsgeladene Auseinandersetzung der Kubakrise, bis Kennedys Politik der verhaltenen Gewaltanwendung schließlich zum Erfolg führte, sich Chruschtschow bereit erklärte, seine Offensivwaffen aus Kuba abzuziehen.

Aus der Raketenkrise – »Die Vernichtung der Menschheit stand dem Präsidenten immer vor Augen« – ergab sich, so schrieb Robert Kennedy, eine entscheidende Lehre: »wie wichtig es ist, daß wir uns in die Lage anderer Länder versetzen. Während der Krise verwendete Präsident Kennedy mehr Zeit darauf, sich über die Wirkung einer Maßnahme auf Chruschtschow oder die Russen klarzuwerden, als auf irgendeinen anderen Aspekt seiner Entschlüsse. Richtlinie bei allen seinen Überlegungen war das Bestreben, Chruschtschow nicht zu demütigen, die Sowjetunion nicht zu erniedrigen, bei den Russen nicht das Gefühl hervorzurufen, daß sie zu einer Eskalation schreiten mußten, weil ihre nationale Sicherheit, ihr nationales Interesse sie dazu verpflichtete. Deshalb zögerte er so lange, ein russisches Schiff anhalten und durchsuchen zu lassen; deshalb war er so sehr dagegen, die Raketenstellungen zu bombardieren. Er war überzeugt, daß die Russen auf solche Aktionen militärisch reagieren müßten.

Dem gleichen Bestreben entsprang unser Entschluß, lieber eine Quarantäne zu verhängen als anzugreifen; unser Entschluß, die (rumänische) ›Bukarest‹ passieren zu lassen; unser Entschluß, zuerst an Bord eines nichtrussischen Schiffes zu gehen: alle diese Entscheidungen wurden in der Absicht getroffen, auf die Sowjetunion zwar Druck auszuüben, aber sie nicht öffentlich zu demütigen.

Fehlberechnung und Mißverstehen und Eskalation auf einer Seite lösen eine Gegenreaktion aus. Keine Aktion gegen einen mächtigen Widersacher entsteht in einem Vakuum. Regierungen oder Völker, die sich dieser Einsicht verschließen, bringen sich selbst in größte Gefahr. Denn auf diese Weise beginnen die Kriege – Kriege, die keiner will, keiner beabsichtigt und keiner gewinnt.

Bei jeder Entscheidung, die Präsident Kennedy traf, war er sich dieser Tatsache bewußt. Immer wieder fragte er sich: Können wir sicher sein, daß Chruschtschow versteht, was wir als unser lebenswichtiges nationales Interesse betrachten? Hat die Sowjetunion genügend Bedenkzeit gehabt, um auf diese und jene unserer Maßnahmen nüchtern zu reagieren? Jeder Schritt wurde danach beurteilt – das Anhalten eines bestimmten Schiffes, das Anordnen der Tiefflugaufklärung, das Abgeben einer öffentlichen Erklärung. Präsident Kennedy verstand, daß die Sowjetunion keinen Krieg wollte, und sie ihrerseits verstand, daß wir einen bewaffneten Konflikt zu vermeiden suchten. Falls Feindseligkeiten ausbrechen sollten, so konnte es nur deshalb sein, weil unsere nationalen Interessen kollidierten – was in Anbetracht ihrer begrenzten Interessen und unserer bewußt begrenzten Ziele kaum wahrscheinlich war – oder weil sie oder wir die Ziele der anderen Seite mißverstanden.«

(Robert Kennedy: Dreizehn Tage)

BILD LINKS: Tiefflugaufnahme der amerikanischen Luftwaffe, die den Ausbau eines Raketenstützpunktes auf Kuba eindeutig erkennen läßt. Die amerikanischen Experten kamen aufgrund des Aufklärungsmaterials zu dem Schluß, daß die Raketen auf bestimmte amerikanische Städte gerichtet seien und man wenige Minuten nach ihrem Einsatz mit 80 Millionen toten Amerikanern zu rechnen habe.

BILD RECHTS: 22. Oktober 1962, 7 Uhr abends Washingtoner Zeit, einer der dramatischsten Augenblicke der Nachkriegszeit. Über die Fernseh- und Rundfunkanstalten des Landes verurteilt John F. Kennedy das Verhalten der Sowjetunion, auf Kuba Raketenbasen aufzubauen, er verkündet die Blockade der Insel und fordert Moskau auf, seine Offensivwaffen aus der westlichen Hemisphäre abzuziehen.

BILD OBEN: Trotz aller technischen Überlegenheit und selbst mit der Entsendung von mehr als 500000 Mann amerikanischer Bodentruppen konnte der von den Kommunisten nach den Regeln des Guerillakampfes geführte Vietnamkrieg von den USA militärisch nicht gewonnen werden. Politisch haben der Vietcong und Hanoi den Krieg in den Bergen, Wäldern und Reisfeldern für sich entschieden. Mit den militärischen Mitteln, die Amerika glaubte einsetzen zu können ohne das Risiko einer Gefährdung des Weltfriedens auf sich zu nehmen, war das Agrarland Vietnam bisher nicht zum Nachgeben zu zwingen.

BILD RECHTS: »Wir waren die Schiedsrichter über Tod und Leben von anderen Männern. Nichts dabei hatte mit Recht und Unrecht, Gerechtigkeit, Moralität, Demokratie, Freiheit oder Liebe zu tun. Die Entscheidungen wurden mechanisch getroffen, und später war ich tief beunruhigt, wie mechanisch ich zu denken fortfuhr«, schrieb Ronald Duncan, ein ehemaliger Angehöriger der »Green Berets«. Terror gegen Soldaten und Zivilbevölkerung gehören zu den grausamen Begleiterscheinungen des Guerillakrieges. In einem Krieg ohne Fronten, in dem Freund und Feind nicht klar zu unterscheiden sind, ist der

VIETNAM

Als Präsident Truman 1950 anordnete, »den militärischen Beistand für die Streitkräfte Frankreichs und der assoziierten Staaten in Indochina zu intensivieren und so bald wie möglich eine Militärmission zur engeren Zusammenarbeit mit diesen Streitkräften zu entsenden«, ging es ihm darum, seiner Politik des Containment auch in Südostasien zum Erfolg zu verhelfen. Nach der französischen Niederlage billigte Eisenhower zwar die Teilung Vietnams, war aber fest entschlossen, den Süden nicht in die Hände der Kommunisten fallen zu lassen. Für ihn und seine Nachfolger Kennedy und Johnson galt uneingeschränkt die Dominotheorie, nach der ganz Südostasien kommunistisch würde, wenn ein Stein aus dem Spiel herausfiele.

Als Kennedy 1963 den Schüssen von Dallas zum Opfer fiel, befanden sich 16000 amerikanische »Berater« in Vietnam. Verteidigungsminister McNamara stellte optimistische Zukunftsprognosen, in einem Jahr werde der Krieg militärisch gewonnen sein. Doch zwei Jahre später hatte sich die Lage katastrophal geändert. »Im Winter und im Frühjahr 1965 weiteten die Nordvietnamesen den Krieg aus, indem sie Tausende von Kampfgruppen vom Norden her durch Laos, Kambodscha und die demilitarisierte Zone herunterschickten. Sie holten offensichtlich zum Todesstoß aus«, beschrieb Johnson seine Lage. »Angesichts dieser Situation erhielt ich von meinen Beratern Mitte Juli 1965 folgende Lagebeurteilung: Für unser Vorgehen in Südvietnam haben wir unter drei Möglichkeiten zu wählen:

1. Wir können uns mit unseren Verlusten abfinden und uns unter den bestmöglichen Bedingungen zurückziehen – Bedingungen, die mit größter Wahrscheinlichkeit für die Vereinigten Staaten demütigend sein und unser künftiges Wirken auf der Weltbühne empfindlich schädigen werden.

Hauptleidtragende die zivile Bevölkerung. »Wir brannten jede Hütte, deren wir ansichtig wurden, nieder«, schrieb ein amerikanischer Soldat. »Die Bevölkerung sieht entsetzt zu, während wir ihre Habseligkeiten und Nahrungsmittel verbrennen... Jawohl, wir verbrennen den ganzen Reis und erschießen alles Vieh.«

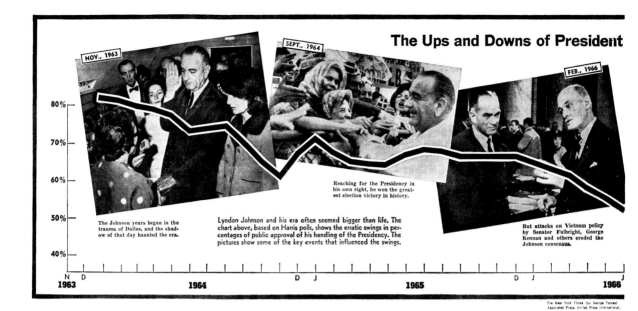

The Ups and Downs of President

NOV., 1963

SEPT., 1964

FEB., 1966

The Johnson years began in the trauma of Dallas, and the shadow of that day haunted the era.

Lyndon Johnson and his era often seemed bigger than life. The chart above, based on Harris polls, shows the erratic swings in percentages of public approval of his handling of the Presidency. The pictures show some of the key events that influenced the swings.

Reaching for the Presidency in his own right, he won the greatest election victory in history.

But attacks on Vietnam policy by Senator Fulbright, George Kennan and others eroded the Johnson consensus.

The New York Times (by George Tames)
Associated Press. United Press International.

2. Wir können ungefähr den gegenwärtigen Stand beibehalten, unter Beschränkung der US-Streitkräfte auf 75 000 Mann weiterkämpfen und auf eine günstige Entwicklung warten, wobei uns klar sein muß, daß unsere Lage sich vermutlich verschlechtern wird.

3. Wir können den militärischen Druck der Vereinigten Staaten auf den Vietcong im Süden und die Nordvietnamesen im Norden beträchtlich verstärken und gleichzeitig im politischen Bereich einen energischen Vorstoß zur Aufnahme von Verhandlungen machen.

Wir beschlossen, das Gewicht unserer Luftwaffe gegen Nordvietnam in die Waagschale zu werfen und unsere eigenen Truppen im Erdkampf einzusetzen.«

BILD OBEN: Das Auf und Ab der Popularität Präsident Johnsons. Nicht zuletzt die ausweglose Situation in Vietnam ließ Johnson auf eine erneute Kandidatur verzichten. BILD UNTEN: Präsident

Nixon (mit Außenminister Henry Kissinger, rechts) zog die amerikanischen Truppen aus Vietnam zurück, was zwangsläufig zu einem kommunistischen Sieg in Vietnam führen mußte.

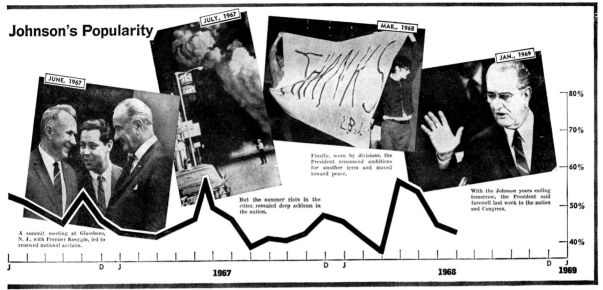

Johnson's Popularity

JUNE, 1967

JULY, 1967

MAR., 1968

JAN., 1969

A summit meeting at Glassboro, N. J., with Premier Kosygin, led to renewed national acclaim.

But the summer riots in the cities revealed deep schisms in the nation.

Finally, worn by divisions, the President renounced ambitions for another term and moved toward peace.

With the Johnson years ending tomorrow, the President said farewell last week to the nation and Congress.

80%
70%
60%
50%
40%

J   D J   1967   D J   1968   D J 1969

United Press International, Associated Press
The New York Times (by William E. Sauro).

Johnson und seine Berater setzten ganz auf die militärische Karte. Zunächst müsse der Feind besiegt werden, und erst dann könne mit dem wirkungsvollen Aufbau eines demokratischen Südvietnams begonnen werden. Doch Johnsons Politik der Eskalation brachte nicht den gewünschten Erfolg. Alle Prognosen stellten sich als falsch heraus. Über den Krieg in Vietnam spaltete sich die amerikanische Nation. Die öffentliche Meinung wandte sich gegen Johnson, so daß diesem schließlich nichts anderes übrigblieb, als eine Politik der Deeskalation einzuleiten und einen Verhandlungsfrieden anzustreben. Johnson selbst verzichtete auf eine Wiederwahl und hinterließ »das bittere Erbe« seinem Nachfolger Richard Nixon.

BILD UNTEN: Auch nach Beendigung des Vietnamkrieges ist der südostasiatische Raum nicht befriedet. Ein nicht abreißender Strom von Flüchtlingen zeigt das Elend der betroffenen Bevölkerung. Auf ihrem Weg in eine ungewisse Zukunft zeigen die Nachbarstaaten trotz weltweiter Proteste wenig Humanität. Nirgends sind die Flüchtlinge willkommen.

ENTSTALINISIERUNG

Während der Machtwechsel in freiheitlichen Demokratien in der Regel friedlich und reibungslos verläuft, ist die Nachfolge in totalitären Systemen weitaus problematischer. Als Stalin am 5. März 1953 starb,

hielten seine Getreuen noch gemeinsam die Totenwache. Marschall Woroschilow wurde zunächst Staatsoberhaupt, dann aber von Chruschtschow als Mitglied der »parteifeindlichen Gruppe« bezeichnet, zur Ablegung eines öffentlichen Schuldbekenntnisses und zum Rücktritt gezwungen. Von dem Dreimännerkollegium, das nach Stalins Tod die Macht

BILD UNTEN: Alexander Solschenizin, 1946 als Häftling eines Moskauer Straflagers. Im Hintergrund symbolisieren Wachtürme die über ganz Rußland verstreuten Arbeitslager. Für sein

Werk »Archipel Gulag«, in dem er den Terror der stalinistischen Straflager schonungslos darstellte, erhielt Solschenizin 1970 den Nobelpreis für Literatur. Erst vier Jahre später, als ihn Moskau

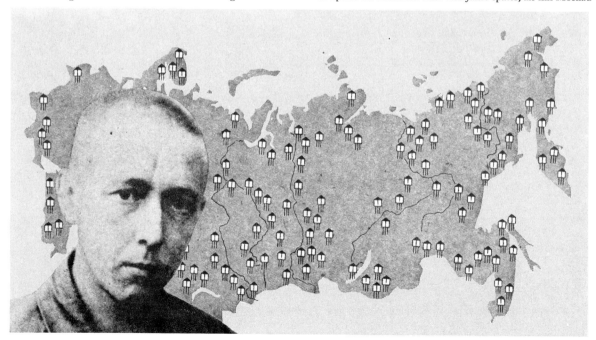

übernahm, wurde der berüchtigte Chef der Geheimpolizei, Berija, 1953 hingerichtet, Malenkow 1955 abgesetzt und Stalins alter Kampfgefährte Molotow 1956/57 entmachtet. Wie Molotow unterlag auch Kaganowitsch im Machtkampf mit Chruschtschow. 1957 wurde er aller Partei- und Regierungsämter enthoben und als Leiter einer Fabrik in den Ural abge

schoben. 1958 mußte auch Bulganin weichen. Als erster kommunistischer Diktator seit Stalins Tod vereinigte Chruschtschow die Führung von Partei und Staat wieder in einer Hand.
Doch auch Chruschtschow konnte sich nicht behaupten. 1964 wurde er von seinen Nachfolgern Breschnew und Kossygin gestürzt.

des Landes verwies, konnte er aus der Hand des schwedischen Königs den Nobelpreis entgegennehmen (Bild unten). Solschenizin und mit ihm eine wachsende Schar russischer Regimegeg

ner sind nicht müde, das Sowjetsystems anzuprangern, das auch nach der von Chruschtschow eingeleiteten »Entstalinisierung« sich noch immer über die Menschenrechte hinwegsetzt.

17. JUNI 1953

Nach Stalins Tod im März 1953 propagierte sein Nachfolger Malenkow den »neuen Kurs«. Investitionen im Bereich der Schwerindustrie sollten zugunsten einer besseren Versorgung mit Konsumgütern zurückgestellt werden. Doch in der DDR verschlechterte sich die wirtschaftliche Lage. Als dann noch die Arbeitsnormen erhöht wurden, legten am 16. Juni zunächst die Bauarbeiter auf den Baustellen der Stalin-Allee in Ostberlin spontan die Arbeit nieder. Am Morgen des 17. Juni wurde der Protest der Arbeiter gegen diese Normerhöhung zum Aufstand des deutschen Volkes gegen das SED-Regime. Die Unruhen in Ostberlin griffen zunächst auf die Städte Magdeburg, Halle, Merseburg, Erfurt und Leipzig über, erfaßten schließlich fast alle Städte und zahlreiche Dörfer und wurden zu einer elementaren Demonstration, der ersten im Bereich des Ostblocks.

BILD LINKS: Steine gegen Panzer – ein Dokument der Ohnmacht der Bevölkerung im Machtbereich sowjetischer Truppen. Über die Zahl der Toten liegen keine verläßlichen Zahlen vor. Bis zum Oktober 1957 wurden 1152 Verurteilte mit einer Strafsumme von insgesamt über 4000 Jahren registriert. Nur das Eingreifen sowjetischer Panzer ließ das Ulbricht-Regime am 17. Juni überleben.

BILD OBEN: Russische Soldaten in Budapest. Als sich im Zusammenhang mit Chruschtschows Politik der »Entstalinisierung« und »friedlichen Koexistenz« die Fronten auch innerhalb
des Ostblocks zu lockern begannen, zeigte sich beim Aufstand
der Ungarn 1956 wie schon zuvor bei der Erhebung der Arbeiter in Ostdeutschland, daß die Sowjetunion bereit war, einmal

unter ihre sozialistische Kontrolle gebrachte Territorien mit allen Mitteln zu behaupten. Sowjetische Panzer retteten 1953 das Ulbricht-Regime; unter sowjetischen Panzern brach der ungarische Aufstand, die bisher größte das ganze Volk umfassende Erhebung gegen das kommunistische Herrschaftssystem in Osteuropa, zusammen.

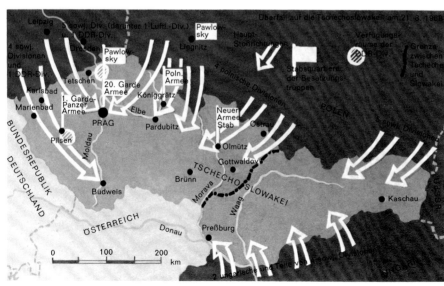

Überfall auf die Tschechoslowakei am 21. 8. 1968

Leipzig
5 sowj. Div. (darunter 1 Luftl.-Div.)
und 1 DDR-Div.
Pawlow-
sky
Haupt-
stoßrichtungen
Verfügungs-
räume der
DDR-Div
4 sowj.
Divisionen
und
1 DDR-Div.
Dresden
Pawlow-
sky
Liegnitz
1 polnische Divisionen
Grenze
zwischen
Tschechei
und
Slowakei
Tetschen
Poln.
Armee
Stabsquartiere
der Besatzungs-
truppen
Karlsbad
20. Garde-
Armee
Königgrätz
POLEN
Marienbad
1. Garde-
Panzer-
Armee
Elbe
Neuer
Armee-
Stab
Ostrau
5 sowj. Divisionen
BUNDESREPUBLIK
Pilsen
PRAG
Pardubitz
Olmütz
UdSSR
DEUTSCHLAND
Moldau
Gottwaldov
TSCHECHO-
Budweis
Brünn
SLOWAKEI
Morava
Kaschau
ÖSTERREICH
Waag
Donau
Preßburg
0   100   200 km
2 ungarische und Teile von 5 sowj. Divisionen

BILD OBEN: In ihrer Hauptstadt Prag werfen junge Tschechen in ohnmächtiger Wut Steine gegen sowjetische Panzer. Zwölf Jahre nach den Ereignissen von Ungarn scheiterte im August 1968 das Experiment der tschechischen Reformer, einen freiheitlicheren Sozialismus einzuführen, am militärischen Machteinsatz der Sowjetunion und ihrer Verbündeten des Warschauer Paktes DDR, Ungarn und Polen. Breschnew proklamierte die nach ihm benannte Breschnew-Doktrin von der nur »beschränkten Souveränität« der sozialistischen Staaten, die tschechische Reformpolitik als »Konterrevolution«.

MANGELNDE FREIHEIT

Zwei Monate vor dem Einmarsch in die ČSSR kritisierte der berühmte sowjetische Atomwissenschaftler Andrej D. Sacharow in einer geheimen Schrift die mangelnde Freiheit in der UdSSR:

»Kehren wir zu den Gefahren und Forderungen des heutigen Tages zurück, zur Notwendigkeit geistiger Freiheit, die dem Volk und der Intelligenzschicht die Möglichkeit zur Kontrolle und öffentlichen Prüfung der leitenden Gruppe gibt... Nach 50 Jahren ungeteilter Herrschaft über die Gedanken eines ganzen Landes scheint unsere Führung schon die Andeutung einer solchen Diskussion zu fürchten...

Ist die Verfolgung im Stil von Hexenjagden gegen Dutzende von Vertretern sowjetischer Intelligenz, die gegen die Willkür von Justiz- und psychiatrischen Organen aufgetreten waren, der Versuch, ehrliche Menschen zum Unterschreiben von erlogenen, heuchlerischen Widerrufen zu zwingen, die Entlassung aus Arbeitsstellungen mit Eintragung in die ›Schwarze Liste‹, die Beraubung junger Schriftsteller, Redakteure und anderer Intellektueller aller Existenzmittel – ist das alles nicht eine Schande?

Wir sind überzeugt, daß die kommunistische Weltöffentlichkeit sich gegenüber allen Versuchen einer Wiederaufrichtung des Stalinismus in unserem Land ablehnend verhält, denn sie wäre ein furchtbarer Schlag gegen die Anziehungskraft der kommunistischen Ideen... Heute liegt der Schlüssel für eine fortschrittliche Entwicklung des Regierungssystems zum Wohl der Menschheit in der Freiheit des Geistes. Das ist insbesondere von den Tschechoslowaken verstanden worden.«

WEST-POLITIK

Für Konrad Adenauer, den ersten Kanzler der Bundesrepublik Deutschland, stand die außenpolitische Orientierung von vornherein fest: »Wir befanden uns durch unsere geographische Lage zwischen zwei Machtblökken, die völlig gegensätzliche Lebensideale verfochten.

Es gab für uns nur einen Weg, unsere politische Freiheit, unsere persönliche Freiheit, unsere Sicherheit, unsere in vielen Jahrhunderten entwickelte Lebensform, die die christlich-humanistische Weltanschauung zur Grundlage hat, zu retten: fester Anschluß an die Völker und Länder, die in ihrem Wesen die gleichen Ansichten über Staat, Person, Freiheit und Eigentum hatten wie wir. Wir mußten hart und entschlossen Widerstand leisten gegenüber jedem weiteren Druck vom Osten her. Grundvoraussetzung hierfür war meines Erachtens ein klares Bekenntnis zum Westen.«

(Konrad Adenauer: Erinnerungen 1945–53)

BILD LINKS: General de Gaulle an Bord der De Grasse, anläßlich seines Algerienbesuchs 1958. – Die zwei großen Nachkriegsverdienste de Gaulles waren, den 1954 ausgebrochenen Algerienkrieg nach achtjähriger Dauer beendet und damit Frankreich von seinem »Kolonialbesitz« erlöst zu haben sowie die konsequente Weiterverfolgung der Aussöhnung mit Deutschland.
RECHTE SEITE: Ein Gottesdienst in Reims nach Inkrafttreten des deutsch-französischen Freundschaftsvertrages im Juni 1963 krönte das Lebenswerk der beiden Europäer Adenauer und de Gaulle.

OST-
POLITIK

Nach der erfolgreichen Westpolitik Adenauers konzentrierte sich der erste sozialdemokratische Kanzler der Bundesrepublik, Willy Brandt, verstärkt auf die Ostpolitik. Der Aussöhnung mit dem Westen sollte die Verständigung mit dem Osten folgen. »Die Bundesregierung«, umriß Brandt 1970 seine Ostpolitik, »geht mit dem Wunsch nach einer möglichst positiven Entwicklung in die Verhandlungen mit der Sowjetunion, mit Polen und der DDR und mit anderen.« Sie sei sich darüber im klaren, daß »sie sich über die Schwierigkeiten dieser Verhandlungen keine falschen Hoffnungen macht; daß sie bei den festen Positionen, die sie hat und haben wird, nicht ausschließen kann, daß diese Bemühungen scheitern, obwohl sie das gewiß nicht wünscht. Aber die Bundesregierung unterwirft sich selbst und die anderen genannten Regierungen dem Test der Ernsthaftigkeit der Bemühungen um Entspannung und Frieden.«

BILD LINKS: Dezember 1970. Von Erschütterung übermannt, ist Willy Brandt am Ehrenmal für die jüdischen Toten in Warschau in die Knie gegangen.
BILD RECHTS: Die heiteren Mienen von DDR-Ministerratsvorsitzendem Willi Stoph und Willy Brandt können über die ernsten Spannungen zwischen den beiden deutschen Staaten nicht hinwegtäuschen. Nach den Treffen 1970 in Erfurt und Kassel konnte für eine weitere Begegnung auf Regierungsebene kein Termin gefunden werden.

ENTKOLONIALISIERUNG

»Wir sind heute dabei, unsere Welt von Grund auf umzubauen. Was in Asien und Afrika, zum Teil auch in Südamerika, vor sich geht, steht der Veränderung zu Beginn der Neuzeit nicht nach. Die Welt wird sozusagen zum zweiten Male entdeckt – und, wenn man so will, neu verteilt. Die bisherigen Grenzziehungen, z. T. willkürlich vorgenommen oder das Ergebnis der kolonialen Machtkämpfe europäischer Kabinettpolitik, können sinnvollerweise nicht mehr aufrechterhalten werden, wenn eine eigenständige organische Entwicklung zum Zuge kommen soll. Fast hat es den Anschein, als ob die Auflösung der europäischen Kolonialreiche noch schwieriger und gefährlicher sei als ihre Errichtung. In dem breiten Gürtel der Entwicklungsländer, der von Marokko bis Korea reicht, ist eine ungeheure Umwälzung im Gange. Über eine Milliarde Menschen, die um ein freies und menschenwürdiges Dasein ringen, treten erst jetzt in die Geschichte ein. Ihre tragenden politischen Kräfte sehen sich vor einen neuen Anfang gestellt. Sie suchen nach neuen Wegen, die gewiß anders sind, als die der Vergangenheit und die wohl auch anders sein werden, als die einstigen Herren oder die jetzigen Führer es wahrhaben möchten. Welten stürzen zusammen und erstehen neu. Jeder hört den Lärm, jeder sieht die Spuren, wir alle erleben und erleiden den Kampf alter und neuer Kräfte in seiner Grausamkeit. Wer die Zeichen der Zeit wie

BILD LINKS: Unter Mahatma Gandhi (1869–1948), der sich von 1914 an für die Freiheit seines Landes einsetzte, wurde die indische Freiheitsbewegung gegen die britische Herrschaft zur Massenbewegung. Seiner hinduistischen Überzeugung entsprechend predigte er nicht die Gewalt, sondern den gewaltlosen Widerstand des zivilen Ungehorsams gegen englische Gesetze und Verwaltungsakte sowie den Boykott englischer Waren. »Non-cooperation« und »non-violence« wurden die Kernpunkte seiner Befreiungsstrategie.
»Ich bin davon überzeugt«, hieß es in einer Rede Gandhis aus dem Jahr 1924, »daß die gewaltlose Nicht-Zusammenarbeit dem Volk das Bewußtsein seiner Stärke gegeben hat. Sie hat dem Volk die verborgenen Kräfte des Widerstandes durch Leiden

zum Vorschein gebracht. Sie hat ein Erwachen der Massen verursacht, wie es vielleicht keine andere Methode vermocht hätte. Obwohl uns die gewaltlose Nicht-Zusammenarbeit noch nicht die Freiheit gebracht hat, bin ich doch der Meinung, daß sie als Mittel zur Erlangung der Freiheit von dauerndem Wert ist und selbst ihr teilweiser Erfolg uns der Selbstregierung näher gebracht hat. Es kann keinen Zweifel geben, daß die Fähigkeit, um einer Sache willen zu leiden, dem Fortschritt dieser Sache dienen muß.« Mit dem passiven Widerstand ging Gandhi seinem Volk mit großem und bewundernswertem Beispiel voran. Achtmal, insgesamt fünfeinhalb Jahre, wurde er ins Gefängnis gesperrt, um dann im Jahr 1947 doch noch sein großes Ziel, die Unabhängigkeit Indiens, zu erreichen.

BILD OBEN: Eine »heilige Kuh« und ein halbverhungerter Hindu im heutigen Indien. – Das traditionelle Denken und die damit verbundene psychische Grundstruktur sind ein wesentliches Hemmnis für die Modernisierung unterentwickelter Völker. Schon Gandhi, der kein radikaler Neuerer war, sondern am Hinduismus grundsätzlich festhalten wollte, verwandte sich für die »Unberührbaren«, die unterste Schicht der indischen Gesellschaftsordnung. Die Grundsätze der indischen Verfassung – für uns eine Selbstverständlichkeit – sind daher für Indien ein bedeutsamer Fortschritt: »Der Staat darf keinen Bürger benachteiligen aus Gründen seiner Zugehörigkeit zu einer bestimmten Religion, Rasse oder Kaste oder seines Geschlechts oder seiner Geburtsstellung.«

alles Werdende versteht, der wird begreifen und wissen, daß alle Turbulenz unserer Tage, aller Glanz der Siege, der rasch verblaßt, wenn der erste Rausch der Freiheit verflogen, aller Jammer unserer Zeit, Not und Tod und alle Begierden der aufsteigenden Massen, die noch in Armut und Elend leben, nur den einen unausweichlichen Sinn haben, Geschichte zu werden. Heute handelt es sich nicht mehr wie zu Beginn des 19. Jahrhunderts um den Wandel eines Systems und seiner Methoden, sondern wir stehen am Ende des kolonialen Zeitalters selbst. Die Kategorien der Macht, der Eroberung und Ausbeutung haben keine Geltung mehr. Die Ausschließlichkeit, mit der die

weißen Völker seit Jahrhunderten so selbstbewußt und selbstverständlich das Schicksal der Welt beeinflußten und bestimmten, ist endgültig vorbei. Europa war einst die Mitte – die wirtschaftliche, politische und geistige Mitte – der Welt. Es war der entscheidende Akteur der Weltgeschichte. Diese Rolle ist ausgespielt, und wir müssen uns damit abfinden. Unausweichlich bereitet sich ein Neues vor, um das Vakuum, das der Zusammenbruch der europäischen Weltordnung hinterließ, auszufüllen. Die koloniale Welt ist heute im Begriff, sich aus der jahrhundertelangen Bevormundung zu befreien. Dazu gehört auch die Suche nach einer eigenständigen Lebensform, die

BILD LINKS: »Uhuru, Uhuru« – »Freiheit, Freiheit« war das Zauberwort der Entkolonialisierung Schwarzafrikas. Den großen Erfolgen der 50er und frühen 60er Jahre folgte alsbald die Ernüchterung. Heute ist verständigen Beobachtern klargeworden, daß der Ausbau einer unabhängigen Nation mindestens genauso schwer ist – wenn nicht noch schwerer – wie die Erlangung der Unabhängigkeit. Das Bildungswesen der unterentwickelten Länder liegt hoffnungslos im argen. Unübersehbar ist die Anzahl der Stämme und Sprachen, die nun in den willkürlichen, von den ehemaligen Kolonialmächten gezogenen Grenzen zu modernen Staaten zusammenfinden sollen. Die Kräfte des Nationalismus und Partikularismus erweisen sich allenthalben stärker als die Notwendigkeit zu überstaatlicher Kooperation.

Gegenüber dem Afrikaexperten der Süddeutschen Zeitung, Werner Holzer, machte ein hochqualifizierter togolesischer Wirtschaftsfachmann seinem Unmut mit den bitteren Worten Luft: »Wir werden alle gemeinsam vor die Hunde gehen, ehe es besser wird. Erst die nächste Generation in Afrika wird vielleicht vernünftiger sein und über diese lächerlichen Grenzen hinweg zusammenarbeiten. Bisher sind alle regionalen, über die Staatsgrenzen hinweggreifenden Entwicklungsprojekte gescheitert. Uns selbst steht inzwischen unser neuer, künstlicher Nationalismus im Weg. Wir müssen ja alle unsere Präsidenten, Parlamentarier, Botschafter und Generale haben, obwohl wir uns diesen Aufwand gar nicht erlauben können. Aber jeder afrikanische Staatschef, der sich dagegenstellen würde, würde gestürzt oder ermordet werden.«

Es liegt mit an der Haltung der Industrienationen, durch Gewährung einer sinnvollen Entwicklungshilfe den unterentwickelten Nationen den Weg in die Zukunft zu erleichtern.

BILD UNTEN: Über dreißig Monate lang, vom Juli 1967 bis zum Januar 1970, dauerte der blutige Bürgerkrieg Nigerias gegen die abtrünnige Provinz Biafra. Hunderttausende starben den Hungertod, insbesondere die Kinder Biafras.

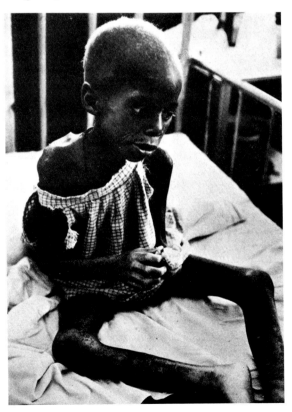

aber den Erfordernissen der modernen Welt entspricht. An dieser Neugestaltung der Welt maßgeblich mitzuwirken, bleibt eine Aufgabe Europas und eine für seine Zukunft. Deswegen ist es ein grundlegendes Interesse Europas, am Ende der Expansion durch die Hinwendung zur Intensität in der Einheit des Kontinents seine Kraft und sein Eigengewicht zu stärken, gleichzeitig aber sich die Welt offen zu halten und auch sich selbst der Welt gegenüber aufgeschlossen zu erweisen, indem es von der Epoche der Kolonisation das Wesentliche bewahrt, was nicht auf Macht beruht: die Partnerschaft der ganzen Welt!«

(Matthias Schmitt: »Die befreite Welt«.)

»Kaum jemand redet heute noch von den ›jungen‹ Völkern Afrikas. Die Forschung hat inzwischen die Erkenntnis erbracht, daß auf dem schwarzen Kontinent eine uralte Menschheit beheimatet ist, ein Zweig unserer Gattung, der in mancher Beziehung wie Erosionsgestein wirkt und an dessen Evolution gemessen die Weißen als barbarische, aber robuste Spätkömmlinge erscheinen. Wahrscheinlich hat Frobenius – bei aller notwendigen Sympathie, die er für die schwarze Menschheit weckte – doch eine Idyllisierung der Urzustände gefördert und damit manchem Fehlurteil im Zeitalter der Entkolonisierung Vorschub geleistet. Afrika befand sich keineswegs im Zustand paradiesischer Unschuld, ›als die Weißen kamen‹. Die Barbarei ist keine Erfindung der Neuzeit. Der schwarze Erdteil war von Seuchen heimgesucht, durch Stammeskriege der partiellen Ausrottung nahe, von Hungersnöten geplagt und von einer überdimensionalen Natur bedrängt, was sich in den düsteren Abwehrriten des Fetischismus äußerte...

Um die Machtintrigen, die Schreckensherrschaft gewisser Despoten des heutigen Afrikas, zu erklären, sollte man Vergleiche mit der europäischen Antike oder dem Mittelalter zu Rate ziehen. Die fränkischen Merowinger, so sagen manche französischen Ethnologen, hätten recht gut in die jetzige afrikanische Landschaft gepaßt...

Wer sich natürlich von der Unabhängigkeitsbewegung Afrikas eine weltweite Erneuerung im Sinne einer höheren politischen Gesittung erhofft hatte, der steht vor den Trümmern seiner Utopie. Schon der erste schwarze Staatschef der Neuzeit, der ›Empereur‹ von Haiti, Toussaint-Louverture, gebärdete sich seinen schwarzen Untertanen gegenüber wie jener blutige Ogoun Feraille, der im Voudou-Ritus als eine Art Kriegsgott verehrt wird.

Foto: SIPA

Heute hat Präsident Macias Nguema im ehemals spanischen Äquatorial-Guinea unter dem Schutz seiner kubanischen Leibgarde eine Herrschaft von maßloser Willkür errichtet. Marschall Bokassa in der Zentralafrikanischen Republik hat sich kurzerhand selbst zum ›Kaiser‹ ausgerufen. Allzu viele dieser Staatschefs, deren Hybris nicht frei ist von Tragik, erinnern an den ›Emperor Jones‹, den der Amerikaner Eugene O'Neill beschrieb.

Selbst ein so begabter und verheißungsvoller Politiker wie Sékou Touré von Guinea – aus großer Mali-Sippe stammend und im Geist des französischen Syndikalismus erzogen – ließ fast alle Gefährten seines verdienstvollen Unabhängigkeitskampfes hinrichten. Die Emanzipation vom Kolonialismus hat Afrika die Unabhängigkeit, nicht aber die Freiheit gebracht. Eine Heilsbotschaft ist von diesen angeblich jungen Völkern, die mit dem Kampf um Johannesburg und

BILD OBEN: Irgendwo in Afrika liegen massakrierte Einwohner auf einem Dorfplatz. Die Freiheit von der weißen Herrschaft brachte Afrika keine dauernde Stabilität. Die Zersplitterung der einzelnen Staaten in verschiedene Stämme und die Rivalität der einzelnen Stämme untereinander sowie ideologische und wirtschaftliche Interessen von Ost und West lassen den schwarzen Kontinent nicht zur Ruhe kommen.

Kapstadt in eine neue dramatische Phase ihrer Geschichte eintreten, kaum zu erwarten. So wie aus den Trümmern des römischen Imperiums sich nach und nach jedoch die neuen Staats- und Gesellschaftsformen des germanischen Mittelalters herauskristallisierten, so muß Afrika, im Gefolge der Kolonisierung durch Europa, seine eigenen Lebens-Normen entwickeln.«

(Peter Scholl-Latour in: Frankfurter Allgemeine Zeitung vom 8. Januar 1977.)

ISRAEL

»›Ein Land ohne Menschen für die Menschen ohne Land‹ – der berühmte Slogan des Israelis Zangwill beruht auf falschen Voraussetzungen. Weil nämlich nicht alle Kinder Abrahams von dort vertrieben worden waren, ist das Land der Propheten seit einem halben Jahrhundert der Schauplatz eines erbitterten Kampfes, in welchem dem gequältesten aller Völker eines der am andauerndsten gekränkten und gedemütigten Völker gegenübersteht. Die Tragödie liegt im Aufeinanderprallen zweier Rechte, die unverjährbar sind und als solche empfunden werden.

Als die hebräischen Soldaten, kaum der Schlacht entronnen, die Klagemauer küßten und einen Vers des Jesaija anstimmten, herrschte in ihnen das Gefühl, daß nach zweitausend Jahren vergeblichen Bemühens endlich Gerechtigkeit geschehen sei. Vor mir liegt jedoch der Brief eines arabischen katholischen Priesters, der an demselben Tag ganz in der Nähe geschrieben wurde, und dieser Brief ist ein einziger Schmerzensschrei dagegen…«, schreibt der jüdische, aber nicht zionistische Autor Jean Lacouture.

1948, gleich nach der Staatsgründung, 1956 und 1967 sowie 1973 kam es zum offenen Kampf zwischen Arabern und Israelis. Ein Friede zwischen den feindlichen Brüdern schien lange Zeit völlig ausgeschlossen. An-

BILD OBEN: Ein junger Jude, in der Hand die zionistische Flagge mit dem Davidstern, nach der Befreiung des Konzentrationslagers Buchenwald.
BILD RECHTS: Nach dem Sechstagekrieg im Juni 1967, israelische Fallschirmjäger vor der Klagemauer in Jerusalem. »Wir sind zurückgekehrt zu den heiligsten unserer Stätten, um sie nie wieder zu verlassen« (Moshe Dajan).

erkennung und Existenzberechtigung eines jüdischen Staates wurden von arabischer Seite stets kategorisch verneint. Der emotional geschürte Haß gegen die Israelis, die Terroranschläge der Palästinenser und das harte Durchgreifen jüdischer Ordnungskräfte schienen eine Atmosphäre geschaffen zu haben, in der an friedliche Verhandlungen nicht zu denken war. Dennoch wagte Ägyptens Präsident Sadat im November 1977 den entscheidenden Vorstoß. »Wer hätte je gedacht, daß der Präsident des größten arabischen Landes, welches die größte Last und höchste Verantwortung für die Sache von Krieg und Frieden im Nahen Osten trägt, sich entschließen würde, ins Land des Gegners zu kommen, während noch der Kriegszustand andauert und wir alle noch unter den Folgen von vier mörderischen Kriegen leiden, die innerhalb von 30 Jahren stattgefunden haben.« Mit seiner spektakulären Reise nach Israel, womit Ägypten Israel faktisch anerkannte, war der erste Schritt getan, die zwischen den beiden Staaten bestehenden Probleme friedlich zu regeln.

BILD LINKS: Trauriger Tribut einer dreißigjährigen Geschichte: Klagend liegt eine Mutter neben dem Grab ihres gefallenen Sohnes auf einem israelischen Soldatenfriedhof. Mahnmale wie dieser Friedhof sind über das ganze Land verstreut. Sie sind bleibende Zeugen für den hohen Preis, den Israel für die Behauptung des eigenen Staates entrichten mußte.

MADE IN USA

Unter dieser Schlagzeile kommentierte die in New York erscheinende jüdische Zeitung »Aufbau« die Vereinbarungen von Camp David:
»Der Ursprungsstempel ›Made in USA‹ ist unverkennbar, auch wenn Präsident Carter das israelisch-ägyptische Friedensabkommen offiziell nicht als Vertragskontrahent, sondern nur als Zeuge unterzeichnet hat. Daß der erhebende Schlußakt, bei dem das voll-

endete Werk auf seinen gefahrvollen Weg in die Weltgeschichte geschickt wurde, nicht in Jerusalem oder Kairo stattfand, unterstrich und dokumentiert für alle Zeiten die unbestreitbare Tatsache, daß es die Einschaltung Amerikas war, die den langwierigen, mühsamen und oft hoffnungslos erscheinenden Friedensprozeß ermöglichte und das Unwahrscheinliche geschehen ließ.
Carter hatte schon am Tage vor der Unterzeichnung, in Dallas, mit vollem Recht gesagt, daß der Unterschied zwischen der Situation, wie sie noch vor eini-

gen Monaten bestand, und wie sie sich jetzt darbietet, ›fast unvorstellbar‹ sei. Seine weitere Bemerkung, man werde ›in fünfzig oder hundert Jahren‹ den Frieden von 1979 ›wahrscheinlich als das bedeutendste Ereignis meiner Amtsperiode‹ ansehen, war mehr als selbstgefällige Lobpreisung der gelungenen Tat, mehr als theatralische Pose eines nach Anerkennung dürstenden Staatsmannes und Politikers. Sie sollte auch der Rechtfertigung seines riskanten persönlichen Einsatzes und der von ihm im Namen der amerikanischen Nation übernommenen Verpflichtungen die-

BILD OBEN (VON LINKS): Ägyptens Ministerpräsident Sadat, Amerikas Präsident Jimmy Carter und Israels Ministerpräsident Menachem Begin beim Unterschreiben der Erklärungen von Camp David. Nach mühsamen Verhandlungen war es dem amerikanischen Präsidenten im September 1978 gelungen, beide Seiten zu verpflichten, innerhalb von drei Monaten Frieden zu schließen.

nen, der politischen, moralischen – und finanziellen. Von den viereinhalb Milliarden Dollar sind Israel drei Milliarden in Aussicht gestellt worden, einschließlich 800 Millionen als Amerikas Beitrag zum Bau von neuen Militärflugfeldern, die an die Stelle der im Sinai errichteten und vertragsgemäß demnächst von Israel zu räumenden Einrichtungen treten sollen. Die restlichen Israel zugedachten 2,2 Milliarden Dollar sowie die Ägypten in Aussicht gestellten 1,5 Milliarden sollen in Form von langfristigen Darlehen gewährt werden, für deren Tilgung eine zehnjährige Karenzzeit.

Der israelische Außenminister Moshe Dayan erklärte in einem Fernsehinterview, das Memorandum gehe zwar nicht so weit, wie man sich gewünscht hätte, sei aber dennoch zufriedenstellend. Die amerikanischen Unterhändler hätten zwar nicht klipp und klar erklärt, Washington bürge sich für Kairos wort- und sinngetreue Befolgung der niedergelegten Bestimmungen. Es enthalte jedoch diesbezügliche amerikanische ›Zusicherungen‹, die ›zufriedenstellend‹ seien. Daß diese

Zusicherungen sich auf die ›politische Unterstützung‹ Israels im Falle einer ägyptischen Vertragsverletzung beschränken, wird allerseits zugegeben, ebenso wie die besonders in amerikanischen Regierungskreisen wiederholt hervorgehobene Tatsache, daß es sich dabei keinesfalls um einen militärischen Verteidigungsvertrag handeln könne.

Aber weder diese noch andere, auch nach der Unterzeichnung des Washingtoner Vertrages bestehenden ›grauen Zonen‹ im nahöstlichen Gesamtbild können die Tatsache erschüttern, daß die durch das Zustandekommen des ägyptisch-israelischen Friedensabkommens dokumentierte, im Vertrag vorgesehene Anerkennung des Staates Israel seitens der stärksten arabischen Militärmacht eine neue Situation geschaffen hat, die dem Frieden eine Chance einräumt, die bislang gefehlt hat.«

BILD OBEN: Am 14. Mai 1973 wurde das bislang größte kosmonautische Gefährt, das amerikanische Himmelslabor »Skylab«, in den Weltraum geschossen. 11 Tage später folgte eine 3köpfige Mannschaft in einer Apollo-Kapsel. In den folgenden 8 Monaten nahmen 2 weitere Astronauten-Mannschaften ihre Arbeit im Skylab auf. Und obwohl ihre Tätigkeit erfolgreich war, ist die Weltraumeuphorie der 60er und frühen 70er Jahre einer realistischen Betrachtungsweise gewichen. Wirtschaftlich-wissenschaftliche Nutzung sowie die militär-strategischen Möglichkeiten stehen im Vordergrund.

RECHTE SEITE: Die amerikanische Saturn-5-Rakete mit dem Raumschiff Apollo 11 beim Start in Kap Kennedy und Neil Armstrong, der am Montag, den 21. Juli 1969 als erster Mensch den Mond betrat. Armstrong: »Für einen Menschen ist dies nur ein kleiner Schritt, aber für die Menschheit ein gewaltiger Sprung.«

UNO

Neben ihrem Auftrag, den Frieden zu sichern, gehört es zu den vordringlichsten Aufgaben der 1945 gegründeten UNO, die weltweite Einhaltung der Menschenrechte zu fordern. Doch trotz aller Lippenbekenntnisse der führenden Staatsmänner ist die humanitäre Bilanz eher bedrückend. Anläßlich des 30. Jahrestages der UN-Menschenrechtsdeklaration vom 10. Dezember 1948 meinte UN-Generalsekretär Kurt Waldheim, es wäre falsch, an diesem Tag nicht zugeben zu wollen, »wie weit wir noch davon entfernt sind, die gleichen und unveräußerlichen Rechte aller Mitglieder der Menschenfamilie zu garantieren.«

BILD RECHTS: Als das Jahr 1979 von der UNO zum »Jahr des Kindes« erhoben wurde, mußte die Weltorganisation feststellen, daß alljährlich noch immer zwölf Millionen Kinder an Hunger und Krankheiten sterben.

BILD LINKS: Sitz der Vereinten Nationen in New York. »Wir, die Vereinten Nationen, sind entschlossen, die nachfolgenden Generationen von der Geißel des Krieges zu bewahren, der zweimal zu unseren Lebzeiten unsagbares Elend über die Menschen gebracht hat, und den Glauben an die fundamentalen Menschenrechte, an die Würde und den Wert der menschlichen Person und an die gleichen Rechte von Männern und Frauen und der großen wie der kleinen Völker erneut zu bekräftigen und Verhältnisse herzustellen, unter denen Gerechtigkeit und Achtung vor den Verpflichtungen aufrechterhalten werden können, die sich aus Verträgen und anderen Quellen des Völkerrechts ergeben«, heißt es in der Gründungsurkunde von 1945.

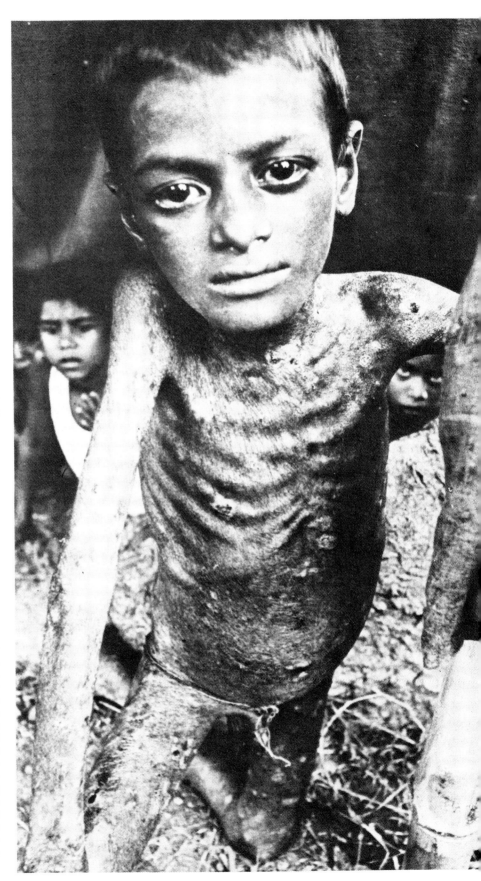

FOLTER

»Die Internationale der Repression marschiert. Kommunisten machen Jagd auf Antikommunisten, Antikommunisten machen Jagd auf Kommunisten. Wer eine andere Meinung hat als die Obrigkeit, lebt in Ost und West, Nord und Süd gefährlich. Falsche Religion, falsche Überzeugung, falsche Hautfarbe, Herkunft oder Sprache bedeuten für Tausende Haft, Erniedrigung oder gar das Todesurteil, oft erst vollstreckt nach langem, sadistischem Quälen. Am 10. Dezember 1948 hatten die Vereinten Nationen feierlich eine Allgemeine Erklärung der Menschenrechte verabschiedet. Unter dem damals noch frischen Eindruck der systematischen Ausrottungspolitik der Nationalsozialisten hatte sich die Weltgemeinde geschworen: ›Alle Menschen sind frei und gleich an Würde und Rechten geboren...‹ (Artikel 1)

Heute sieht die Wirklichkeit so aus: Noch nie seit 1948 setzten so viele Staaten so viele politisch Andersdenkende hinter Schloß und Riegel wie jetzt... Die Vereinten Nationen, eigentlich dazu berufen, Anwalt der Entrechteten und Gefolterten zu sein, haben es bisher bei deklamatorischen Bekenntnissen bewenden lassen. Zwar werden jährlich etwa 54 000 Verstöße gegen die Menschenrechte bei den Vereinten Nationen registriert. Aber damit hat es sein Bewenden. Ein einziges Mal lediglich konnte sich die Vollversammlung der UNO auf die Verurteilung eines Landes einigen. Ihr öffentlicher Bannstrahl traf Pinochets Chile, das sich geweigert hatte, eine Kommission der Vereinten Nationen ins Land zu lassen.

Daß die Vereinten Nationen sich im übrigen verhielten wie fernöstliche Symbol-Affen – nichts sehen, nichts hören, nichts sagen – ist systemimmanent: Im Halbrund des Völkerparlaments haben – unvermeidlich – jene Staaten die Mehrheit, die ständig selbst gegen die Menschenrechts-Charta verstoßen.«

(Peter Koch, Reimar Oltmanns: Die Würde des Menschen – Folter in unserer Zeit.)

BILDER LINKS: Unter Lebensgefahr wurden diese Bilder in der Nähe von Riga gefilmt. Auf Armeelastwagen werden, hinter Drahtgittern eingesperrt und von Soldaten und Hunden bewacht, sowjetische Häftlinge zum Arbeitseinsatz gebracht.

RECHTE SEITE: Folterszene aus Uruguay. Gefesselt sitzt der Gefangene nackt auf einer Eisenstange. Seine Beine können den Boden nicht berühren. Wenn das vor Schmerzen ohnmächtig gewordene Opfer zu Boden fällt, wird es, wieder zu sich gekommen, bis zu einem Geständnis erneut den Folterqualen ausgesetzt.

ÖKOLOGIE

Nachdem in Amerika weite Landstriche durch Boden-erosion, die dem Raubbau folgte, von Ackerland zur Wüste wurden, nachdem große Gebiete durch Ab-holzen verkarstet und unzählige nützliche Tierarten ausgestorben sind, sind diese Tatsachen allmählich aufs neue erkannt worden, vor allem deshalb, weil große industrielle Unternehmungen der Agrikultur, der Fischerei und des Walfanges ihre Auswirkungen in kommerzieller Hinsicht schmerzlich zu spüren bekamen. Allgemein anerkannt und ins Bewußtsein der Öffentlichkeit gedrungen sind sie indessen noch immer nicht...

Indem die zivilisierte Menschheit die lebende Natur, die sie umgibt und erhält, in blinder und vandalischer Weise verwüstet, bedroht sie sich mit ökologischem Ruin. Wenn sie diesen erst einmal ökonomisch zu fühlen bekommt, wird sie ihre Fehler vielleicht er-kennen, aber sehr wahrscheinlich wird es dann zu spät sein. Am wenigsten aber merkt sie, wie sehr sie im Verlaufe dieses barbarischen Prozesses an ihrer Seele Schaden nimmt. Die allgemeine und rasch um sich greifende Entfremdung von der lebenden Natur trägt einen großen Teil der Schuld an der ästhetischen und ethischen Verrohung der Zivilisationsmenschen. Woher soll dem heranwachsenden Menschen *Ehr-furcht* vor irgend etwas kommen, wenn alles, was er um sich sieht, Menschenwerk, und zwar sehr billiges und häßliches Menschenwerk ist? Selbst der Blick auf das gestirnte Firmament ist dem Städter durch Hoch-

häuser und chemische Atmosphärentrübung verhüllt. So nimmt es denn kaum wunder, wenn das Vordringen der Zivilisation mit einer so bedauernswerten Verhäßlichung von Stadt und Land einhergeht. Man vergleiche sehenden Auges das alte Zentrum irgendeiner deutschen Stadt mit ihrer modernen Peripherie oder auch diese sich schnell ins umgebende Land hineinfressende Kulturschande mit den von ihr noch nicht angegriffenen Ortschaften. Dann vergleiche man ein histologisches Bild von irgendeinem normalen Körpergewebe mit dem eines bösartigen Tumors: Man wird erstaunliche Analogien finden...

Das histologische Bild der völlig uniformen, strukturarmen Tumorzellen hat eine verzweifelte Ähnlichkeit mit einer Luftaufnahme einer modernen Vorstadt mit ihren Einheits-Häusern, die von kulturverarmten

BILD OBEN: Die Kehrseite des Fortschritts. Industriequalm, giftige Abgase und schädliche Chemikalien verseuchen Luft, Landschaft und Gewässer.

Architekten ohne viel Vorbedacht und in eiligem Wettbewerb entworfen wurden. Die alles nivellierende Mode führt dazu, daß an allen Stadträndern aller zivilisierten Länder Massenbehausungen zu Hunderttausenden entstehen, die nur an ihren Nummern voneinander unterscheidbar sind und den Namen »Häuser« nicht verdienen, da sie bestenfalls Batterien von Ställen für Nutzmenschen sind, um dieses Wort einmal in Analogie zu der Bezeichnung »Nutztiere« zu prägen.

Leghornhennen in Batterien zu halten gilt mit Recht als Tierquälerei und Kulturschande. Analoges Men-

schen zuzumuten wird als völlig erlaubt angesehen, obwohl gerade der Mensch eine solche im wahrsten Sinne des Wortes menschenunwürdige Behandlung am allerwenigsten verträgt. Die Selbstbewertung des normalen Menschen fordert mit vollem Recht die Behauptung seiner Individualität. Der Mensch ist nicht, wie eine Ameise oder eine Termite, von seiner Phylogenese so konstruiert, daß er es erträgt, ein anonymes und durchaus austauschbares Element unter Millionen völlig gleichartiger zu sein...

Ästhetisches und ethisches Empfinden sind offenbar sehr eng miteinander verknüpft, und Menschen, die unter den eben besprochenen Bedingungen leben müssen, erleiden ganz offensichtlich eine Atrophie beider. Schönheit der Natur und Schönheit der menschengeschaffenen kulturellen Umgebung sind offensichtlich beide nötig, um den Menschen geistig und seelisch gesund zu erhalten. Die totale Seelenblindheit für alles Schöne, die heute allenthalben so rapide um sich greift, ist eine Geisteskrankheit, die schon deshalb ernst genommen werden muß, weil sie mit einer

Unempfindlichkeit gegen das ethisch Verwerfliche einhergeht.

Bei denen, die darüber zu entscheiden haben, ob eine Straße, ein Kraftwerk oder eine Fabrik gebaut wird, wodurch die Schönheit eines ganzen, weiten Landstriches für immer zerstört wird, spielen ästhetische Erwägungen überhaupt keine Rolle. Vom Gemeinderatsvorsteher einer kleinen Ortschaft bis zum Wirtschaftsminister eines großen Staates besteht völlige Einheit der Meinung darüber, daß der Naturschönheit keine wirtschaftlichen – oder gar politischen – Opfer gebracht werden dürfen. Die wenigen Naturschützer und Wissenschaftler, die offene Augen für das hereinbrechende Unglück haben, sind völlig machtlos. Einige der Gemeinde gehörige Parzellen oben am Waldrand erhalten erhöhten Verkaufswert, wenn eine Straße zu ihnen führt, also wird das reizende Bächlein, das sich durchs Dorf schlängelt, in Röhren gefaßt, und schon ist aus einer wunderschönen Dorfstraße eine scheußliche Vorstadtstraße geworden.

(Konrad Lorenz: Die acht Todsünden der zivilisierten Menschheit)

BILD OBEN: »Habitat«, ein aus vorfabrizierten Einheiten zusammengesetztes Wohnmodell auf der Weltausstellung in Montreal 1967. Individuelles Wohnen in rationell gefertigten Bauten bei optimaler Flächennutzung lautet die aktuelle Aufgabenstellung für den Planer.

BILD UNTEN: Zur Entwicklung moderner Wohnanlagen gesellt sich der immer stärker werdende Trend, alte Häuser und ganze Stadtviertel zu sanieren. Gebäude, die vor Jahrzehnten noch bedenkenlos abgebrochen wurden, werden heute mit beträchtlichem finanziellem Aufwand zur Bereicherung des städtischen Lebens restauriert.

GEWALT

»Gewalt führt immer tiefer in die Gewalt hinein. Und die gewaltsamen Revolutionen töten die Revolutionäre und verderben ihre Ideale. Die Überlebenden sind nur die, welche die tüchtigsten Spezialisten im Überleben sind.

Was eine Linksrevolution mit Sicherheit hervorbringen würde, das ist den Verlust der Freiheit zu kritisieren, Opposition zu machen. Ob die resultierende Diktatur eine Rechtsdiktatur ist oder eine Linksdiktatur, das hängt teilweise vom Zufall ab und ist hauptsächlich ein Unterschied in der Nomenklatur. Ich behaupte, daß wir nur in einer Demokratie, in einer offenen Gesellschaft, die Möglichkeit haben, Übel abzustellen. Wenn wir diese Gesellschaftsordnung durch eine gewaltsame Revolution zerstören, dann sind wir nicht nur schuldig an den schweren Opfern der Revolution, sondern wir werden einen Zustand herbeiführen, der die Abschaffung von sozialen Übeln, von Ungerechtigkeit und Unterdrükkung unmöglich macht. Ich bin für individuelle Freiheit, und ich hasse wie nur irgendeiner die Staatsgewalten, den Übermut der Ämter. Aber leider ist der Staat ein notwendiges Übel; ganz ohne Staat geht es nicht. Und leider gilt: je mehr Menschen, desto mehr Staat. Durch Gewalt kann man die Menschheit sehr leicht vernichten. Was nötig ist, ist für eine vernünftigere Gesellschaft zu arbeiten, in der mehr und mehr Konflikte rational ausgetragen werden. Ich sage ›vernünftiger‹! Es gibt nämlich keine vernünftige Gesellschaft, aber es gibt immer eine, die vernünftiger ist als die bestehende, und die wir deshalb anstreben sollen. Das ist eine realistische Forderung und keine Utopie!«

(Karl Popper in: Revolution oder Reform? Herbert Marcuse und Karl Popper – eine Konfrontation.)

Bild links: Photomontage von Schlagzeilen und Bildern der New York Times zur Gewalttätigkeit in den Vereinigten Staaten. Gewalt gegen Personen, Gewalt gegen Sachen, Gewalt durch verbrecherische Einzelgänger und Banden im kriminellen und politischen Bereich, die Hinwendung jugendlicher Protestgruppen zu gewalttätigen Ideologien, die ganze Problematik der Aggression ist zu einem beherrschenden Thema unserer wissenschaftlichen, intellektuellen und politischen Auseinandersetzung geworden. Daß zur Lösung dieser aktuellen Problematik der Ruf nach »law and order«, nach »Gesetz und Ordnung«, nicht ausreicht, darüber sind sich die meisten Kritiker einig, nicht aber darüber, was konkret unternommen werden müßte. Die Aggressionsforschung hat hier noch ihren Beitrag zu leisten, um den verantwortlichen Politikern brauchbare Entscheidungshilfen an die Hand zu geben.

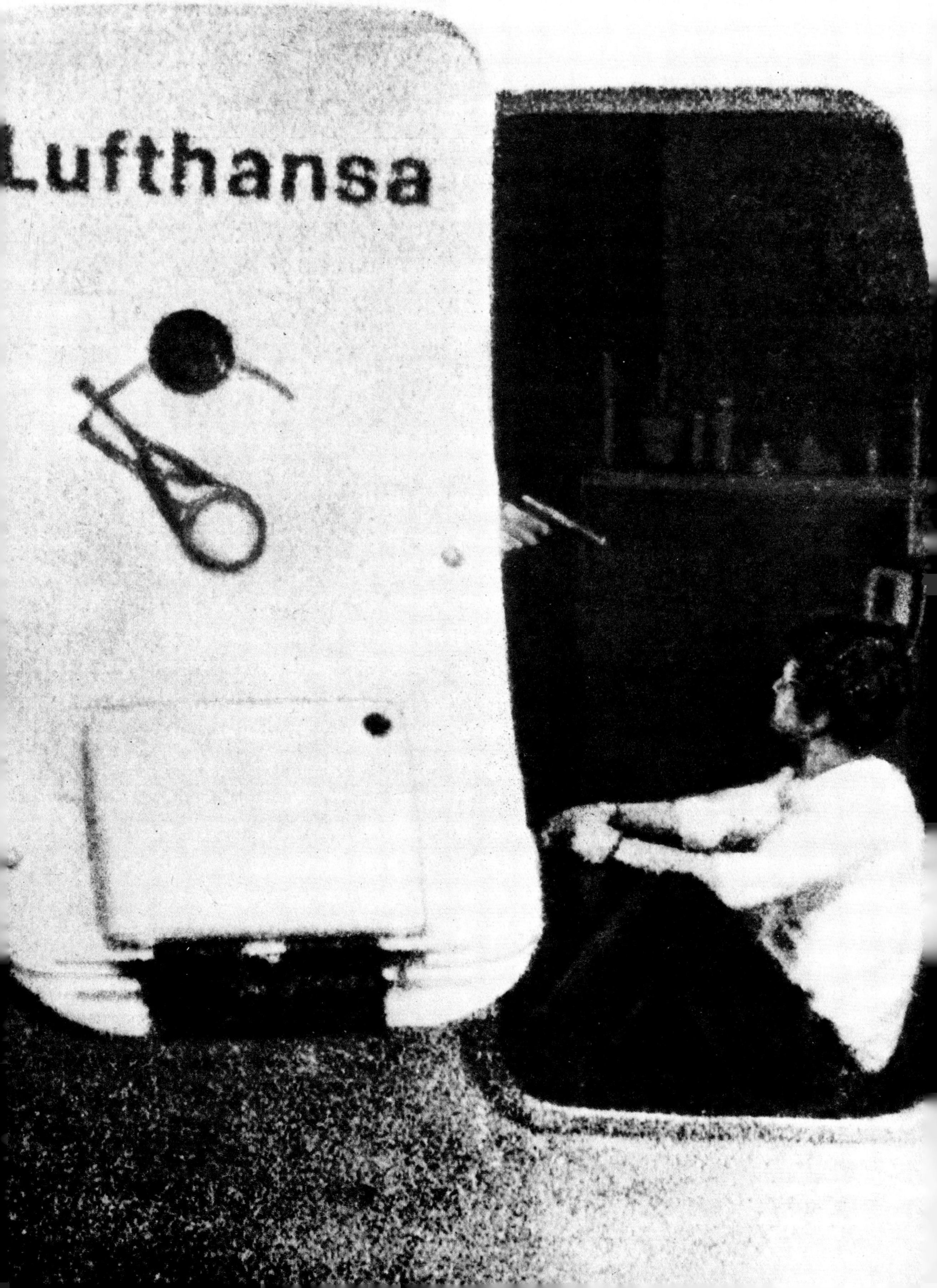
Lufthansa

TERRORISMUS-BEKÄMPFUNG

Neben den gesetzgeberischen und polizeilichen Maßnahmen zur Bekämpfung des Terrorismus betonte Justizminister Hans-Jochen Vogel in einer Rede auf der Internationalen wissenschaftlichen Konferenz über Terrorismus am 18. November 1978, die geistig-politische Auseinandersetzung nicht zu vernachlässigen.

»Bei der geistig-politischen Auseinandersetzung geht es nicht um die Diskussion mit den Terroristen, da diese in aller Regel nicht mehr dialogfähig sind. Vielmehr geht es darum, vor allem gegenüber den potentiellen Adressaten terroristischer Ideologie und Propaganda den Nachweis zu führen, daß der Ausgangspunkt des Terrorismus wirklichkeitsfremd und seine Mittel menschenverachtend sind. Diese Einsicht können wir den jungen Menschen aber nur dann wirksam vermitteln, wenn wir wissen, wie der den Terrorismus kennzeichnende Realitätsverlust entsteht und warum gerade junge, lebensunerfahrene Menschen ihm besonders leicht zu erliegen scheinen.

Bei der geistig-politischen Auseinandersetzung mit dem Terrorismus sind Klischees und Pauschalierungen gefährlich: noch gefährlicher ist der Versuch wechselseitiger parteipolitischer Anklagen und Beschuldigungen. Die geistigen Wurzeln des Terrorismus sind vielfältig: zahlreiche Komponenten müssen zusammenkommen, bis sich ein Mensch, der mitten unter uns aufgewachsen ist, auf diesen Weg verirrt. Daß unter den Quellen solcher Entwicklungen auch mißbrauchter, auf schreckliche Ziele gerichteter Idealismus steckt, wird niemand leugnen können – das ist nicht anders als bei dem bedrückenden Phänomen des Nationalsozialismus. Gerade in diesem Bereich liegen jedoch die Ursachen dafür, daß es Anfang der siebziger Jahre ein nicht völlig irrelevantes Verständnis für die Terroristen gab. Gerade hier wird aber auch eine geistige Auseinandersetzung ansetzen müssen, die diesen Namen verdient. Wer bei der Ursachenforschung nur die eigene vorgefaßte Meinung bestätigt sehen möchte, sollte sich von diesem Feld fernhalten. Da ist es schon redlicher, sich selbst zu fragen, ob nicht die eine oder andere der vielen Quellen auch von eigenen Fehlern oder Versäumnissen mitgespeist worden ist.«

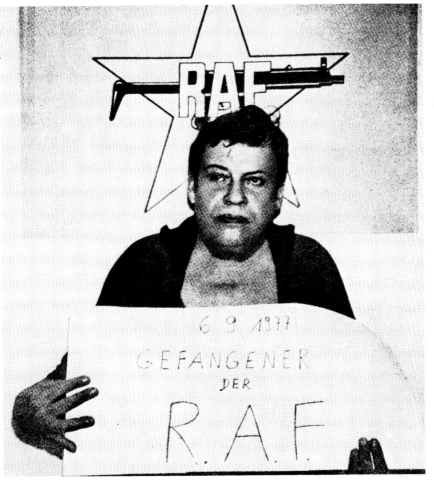

BILD LINKS: Hanns Martin Schleyer als Gefangener der »Roten Armee Fraktion« (RAF). Durch einen Überfall am 5. September 1977, bei dem der Fahrer und drei Leibwächter getötet wurden, hatten deutsche Terroristen den Arbeitgeberpräsidenten in ihre Gewalt gebracht. Nach erfolglosen Verhandlungen wurde Schleyer 44 Tage später ermordet aufgefunden.

LINKE SEITE: Nach der Entführung der Lufthansamaschine »Landshut« stürmte eine Kompanie der Grenzschutzspezialtruppe am 18. Oktober 1977 auf dem Flughafen von Mogadischu die Maschine. Alle 82 Passagiere konnten gerettet werden. Bei einer Zwischenlandung in Aden war zuvor der Flugkapitän Schumann erschossen worden.

10. JUNI 1979

WAHL ZUM EUROPÄISCHEN PARLAMENT

EUROPA

BILD OBEN: In seiner berühmten Zürcher Rede vom 19. September 1946 forderte Winston Churchill nicht weniger als die »Vereinigten Staaten von Europa«. Angesichts der Bedrohung durch den Kommunismus und der Erschöpfung durch den Zweiten Weltkrieg gelte es, »die europäische Völkerfamilie wieder zusammenzufassen und ihr eine politische Struktur zu geben, unter der Europa in Frieden, Sicherheit und Freiheit leben kann«. An dieser Zielsetzung der europäischen Integration hat sich bis heute nichts geändert. Der ersten Konkretisierung der europäischen Einigung, dem Schumanplan von 1950, folgten Schritt um Schritt weitere wirtschaftliche Vereinbarungen (EWG, EURATOM, EG), bis nach zähem Ringen und nicht ohne Rückschläge mit den ersten Direktwahlen zum Europäischen Parlament im Juni 1979 auch ein entscheidender Durchbruch der politischen Integration Europas erzielt wurde.

BILD LINKS: Staatsbesuch in Deutschland. Bundeskanzler Helmut Schmidt und Frankreichs Staatspräsident Giscard d'Estaing beim Abschreiten einer Ehrenformation der Bundeswehr. Die nach 1945 von beiden Seiten angestrebte Aussöhnung zwischen Frankreich und Deutschland schuf die Voraussetzungen einer stabilen gemeinsamen Europapolitik.

ENERGIE

Nach seiner Rückkehr vom Wirtschaftsgipfel in Tokio (vom 28./29. Juni 1979) erklärte Bundeskanzler Helmut Schmidt vor dem Deutschen Bundestag:
»Die Unfallrisiken der friedlichen Nutzung der Kernenergie wurden durch Harrisburg erneut jedermann ins Bewußtsein gehoben. Die Unfallrisiken der Kohle sind ebenfalls hoch – ich werde dazu nachher noch eine Zahl nennen, die wohl erschrecken wird. Es handelt sich nicht um eine theoretische Kalkulation, sondern um sehr bittere tatsächliche Verluste an Menschenleben.

Durch die Verfeuerung von Kohle, Öl und Gas sind die Umweltbelastungen insgesamt zunehmend gestie-

BILD LINKS: Die Staats- und Regierungschefs der wichtigsten westlichen Industrieländer auf dem Wirtschaftsgipfel in Tokio. Von links: Premierminister Joe Clark (Kanada), US-Präsident Jimmy Carter, Ministerpräsident Ohira (Japan), Bundeskanzler Helmut Schmidt, Staatspräsident Valery Giscard d'Estaing (Frankreich), Premierministerin Margaret Thatcher (Großbritannien) und Italiens Ministerpräsident Guilio Andreotti.

1. Wir müssen unsere Energieversorgung auf eine möglichst breite Basis stellen und alle verfügbaren Energieträger und -quellen nutzen, um die Risiken zu streuen und zu mischen.

2. Die Einzelrisiken jedes der Energieträger müssen so weit wie möglich herabgesetzt werden.

Viele Risiken können dadurch eingeschränkt werden, daß wir Energie sparen. Es darf aber nicht beim guten Willen bleiben, sondern unser Verhalten muß sich ändern. Das entlastet übrigens auch den Geldbeutel. Unsere deutsche Sparpolitik beim Öl ist seit 1973 schon sehr erfolgreich. Unsere Öleinfuhren waren im Jahre 1978 immer noch niedriger als 1973, obwohl unser Sozialprodukt seither um real neun Prozent gewachsen ist.

Aber dies genügt nicht. Wir müssen davon ausgehen, daß Energie langfristig teurer wird. Deshalb können energiesparende Investitionen, die sich heute noch nicht rentieren, schon sehr bald in der Zukunft wirtschaftlich werden. Energiepolitik muß aber vernünftigerweise langfristig angelegt werden. Lassen Sie mich das am Beispiel Auto ausführen: Wir wollen auf das Auto sicherlich nicht verzichten. Also müssen wir auf lange Sicht ein völlig neues Automobil entwickeln, das energiesparend und umweltfreundlich ist. Dazu gehören neue Antriebstechniken, wie elektrische Batterie oder Wasserstoffmotor.

Die deutschen Automobilunternehmen haben mit dem Bundesminister für Wirtschaft bereits eine Abrede zur Benzineinsparung per 1985 vereinbart. Diese Abrede wurde vor den jüngsten OPEC-Preiserhöhungen und den Öleinsparverpflichtungen der Industrieländer in Straßburg und Tokio getroffen. Deshalb appelliere ich heute an die Automobilindustrie, diesen Zeithorizont zu verkürzen. Es sollte mich sehr wundern, wenn dies nicht möglich wäre. Die steigenden Treibstoffpreise werden jedenfalls die Mehrzahl der Autokäufer zukünftig zu sorgfältigen Auswahlentscheidungen führen.

Wenn wir über Kohle reden, so haben wir daran zu denken, daß die Kohle in schwerer und gefahrvoller Arbeit von Menschen aus dem Berg geholt wird. In den deutschen Revieren haben in den Jahren von 1949 bis 1978 15 500 Bergleute ihr Leben verloren. Wer so tut, als ob der Energieträger Kohle ohne Gefahren für Menschen genutzt werden könnte, der begeht eine böse Gedankenlosigkeit. Wir haben Grund,

gen. In den letzten dreißig Jahren haben sich die Emissionen von Kohlendioxyd verdreifacht.

Die möglichen Konsequenzen für Klima und Lebensbedingungen sind noch nicht sicher abzuschätzen, zumal in den trockenen Zonen. Sie müssen aber bei den langfristigen energiepolitischen Entscheidungen berücksichtigt werden. Aus all diesen Risiken folgt:

den deutschen Bergleuten – und auch ihren türkischen und anderen ausländischen Kollegen – Dank und Anerkennung zu sagen. Ohne ihre Leistung wäre der Wiederaufbau unseres Landes nicht möglich gewesen. Wir brauchen diese Leistung aber auch weiterhin.

Ohne Kernenergie, ich sagte es schon, lassen sich nach gemeinsamer Tokioter Einsicht für die Weltwirtschaft als Ganzes weder Wachstum noch höhere Beschäftigung verwirklichen. Ende 1978 wurden in der Welt 230 Kernkraftwerke betrieben. In den Vereinigten Staaten sind 69 Kernkraftwerke in Betrieb, 92 in Bau und 58 bestellt. Von Ministerpräsident Kossygin weiß ich, daß die Sowjetunion westlich des Urals zur Deckung des wachsenden Strombedarfs nur noch Kernkraftwerke bauen wird. Beide Staaten verfügen in großem Maße über eigene Öl- und Erdgasquellen. Frankreich beabsichtigt, 1990 zwei Drittel seines Strombedarfs durch Kernenergie zu decken.

Auch die Bundesrepublik kann auf absehbare Zeit, das heißt in den nächsten Jahrzehnten, nicht ohne Kernenergie auskommen. Ich füge aber hinzu: Wir sind auch heute keineswegs für einen bedingungslosen Ausbau der Kernkraft. Ihre weitere friedliche Nutzung kann nur verantwortet werden, wenn die Sicherheit aller Kernkraftwerke und kerntechnischen Einrichtungen gewährleistet ist.«

BILD OBEN: Eine Bohrinsel wird in der Nordsee durch einen Schleppzug an ihren Einsatzort gebracht. Insbesondere England erwartet sich von den bedeutenden Erdöl- und Erdgasvorräten der Nordsee eine spürbare Verbesserung der wirtschaftlichen Lage.

BILD UNTEN: Wo immer es in der Bundesrepublik um Kernkraftwerke geht – unser Bild zeigt die Anlage in Esersharm an der Weser –, ist mit Widerstand zu rechnen. Berechtigte Sorgen sowie eine mangelnde Aufklärungsarbeit haben die Öffentlichkeit verunsichert.

RECHTE SEITE: Explosion einer Wasserstoffbombe. Mit der Sprengkraft unzähliger Megatonnen kann sich die Menschheit mit der Atomenergie selbst vernichten, aber in Zukunft auch die größten technischen Vorhaben des friedlichen Fortschritts vorantreiben und verwirklichen.

全世界人民行动起来迫使美国

QI LAI PO SHI MEIGUOQIN LÜEZHE CONG YUE NAN GUN CHU QU

RECHTE SEITE: »Provokatorische Demonstrationen an der sowjetischen Grenze, drohende Ausrufe der Maoisten, die schließlich ihre Zitatenbändchen mit Maschinenpistolen vertauschten … und über sowjetische Grenzsoldaten herfielen«, heißt es zu diesen Bildern in der russischen Zeitschrift »Sowjetunion«. Trotz dieser militärischen Reibereien des Jahres 1969 und der

Forderung Pekings nach einer Neugliederung der chinesisch-russischen Grenzen, die China zur Zeit der »ungleichen Verträge« vom zaristischen Rußland »aufgezwungen« worden seien, ist eine große militärische Auseinandersetzung der beiden Atommächte aus wohlverstandenem Eigeninteresse nicht wahrscheinlich. Nach einem Jahrzehnt heftigster Polemik hieß es im

MOSKAU UND PEKING

Mit der berühmten Rede Chruschtschows 1956 auf dem XX. Parteitag der KPdSU begann sich der Konflikt zwischen Moskau und Peking anzubahnen, der 1961 offen zum Ausbruch kam. Der ideologische Streit entzündete sich an der unterschiedlichen Interpretation des Marxismus-Leninismus über den Weg zum weltweiten Endsieg des Sozialismus.

»Es ist durchaus wahrscheinlich, daß die Formen des Überganges zum Sozialismus immer mannigfaltiger werden. Dabei ist es nicht unbedingt notwendig, daß die Verwirklichung dieser Formen unter allen Umständen mit einem Bürgerkrieg verbunden sein wird... Die Eroberung einer stabilen parlamentarischen Mehrheit, die sich auf die revolutionäre Massenbewegung des Proletariats der Werktätigen stützt, würde für die Verhältnisse einer Reihe kapitalistischer und ehemals kolonialer Länder die Voraussetzungen schaffen, um grundlegende soziale Umgestaltungen durchzuführen.«

Von den Chinesen wurde dieser Chruschtschowschen Auffassung, die erstmals den friedlichen parlamentarischen Weg im Rahmen der kommunistischen Revolutionstheorie akzeptierte, als »Verrat an der Weltrevolution« auf das heftigste widersprochen. Der Kommunismus könne nur siegen durch den bewaffneten Aufstand und den revolutionären Krieg. Mao Tse-tung: »Die Macht mit Waffengewalt zu ergreifen, den Erfolg durch Krieg zu begründen, dies ist die zentrale Aufgabe der Revolution...«

Während Chruschtschow – und daran halten auch seine Nachfolger fest – die Hauptauseinandersetzung zwischen Moskau und Washington sah und im Rahmen der friedlichen Koexistenz alles zu vermeiden suchte, was zu einer globalen atomaren militärischen Auseinandersetzung der beiden Supermächte hätte führen können, vertraten die chinesischen Genossen eine entgegengesetzte Auffassung: »Der hauptsächliche Widerspruch unserer Zeit ist ... nicht der Widerspruch zwischen dem Sozialismus und dem Kapitalismus, sondern der zwischen der nationalen Befreiungsbewegung und dem Imperialismus.« In den weiten Gebieten Asiens, Afrikas und Lateinamerikas würde sich das Schicksal des Imperialismus entscheiden, und daher gelte es, hier nationale Befreiungskriege aufs nachhaltigste zu fordern und zu unterstützen. Die Zurückhaltung Moskaus in dieser Hinsicht und die Propagierung des parlamentarischen Weges zum Sozialismus aus der Besorgnis heraus, ein lokaler Konflikt könne sich zum Atomkrieg ausweiten, sei nichts als ein Vorwand, die Tatsache der längst aufgegebenen Weltrevolution zu verschleiern: »Die Führer der KPdSU betrachten den Sieg des Sozialismus in einem Land oder in einigen Ländern in Wirklichkeit als das Ende der proletarischen Weltrevolution. Sie fordern die Unterordnung der nationalen Befreiungsrevolution unter ihre sogenannte Generallinie der friedlichen Koexistenz und die nationalen Interessen ihres Staates. Sie meinen, daß die geknechteten Massen und unterdrückten Nationen gar nicht zu kämpfen brauchen, sich nicht zur Revolution zu erheben, sondern daß die unterdrückten und ausgebeuteten Sklaven auf der ganzen Welt nur ruhig abwarten müssen, bis die Sowjetunion im Produktionsniveau und Lebensstandard die höchstentwickelten kapitalistischen Länder überflügelt haben wird, worauf sie zusammen mit ihren Unterdrükkern in den Kommunismus eingehen werden.«

In der Frage der Weltrevolution und anderer ideologischer Fragen sind Moskau und Peking auch nach dem Tod Mao Tse-tungs heute hoffnungslos zerstritten. Eine Überwindung des Schismas ist nicht in Sicht.

chinesischen Glückwunschtelegramm zum 53. Jahrestag der Oktoberrevolution: »Die prinzipiellen Differenzen zwischen China und der Sowjetunion sollen die zwei Länder nicht daran hindern, normale Staatsbeziehungen auf der Grundlage der fünf Prinzipien der friedlichen Koexistenz aufrechtzuerhalten.« LINKE SEITE: Um die Macht der bürokratisch verhärteten Führungsschicht der Kommunistischen Partei Chinas und des Gewerkschaftsbundes zu brechen, inszenierte Mao Tse-tung die von den Roten Garden getragene »Große Proletarische Kulturrevolution«. Als sich die Roten Garden über die bessere Auslegung der Lehre Maos zerstritten und zum Kampf gegeneinander übergingen, setzte die Armee ihrem Treiben ein Ende.

DYNASTIEN

LINKE SEITE: Unter großer Anteilnahme der Bevölkerung feierte Großbritannien 1978 das 25jährige Jubiläum der Inthronisierung von Königin Elisabeth II. Trotz aller Krisen und wirtschaftlicher Schwierigkeiten, das englische Königshaus bleibt ungefährdet.

BILD OBEN: Nach dem Tode des spanischen Staatschefs General Franco wurde 1975 in Spanien die Monarchie wieder eingeführt. Dem Wunsch des verstorbenen Diktators entsprechend bestieg König Juan Carlos I. den Thron. Unser Bild zeigt den spanischen Monarchen mit seiner Familie nach der Krönung im spanischen Parlament, zu seinen Füßen die Symbole der Macht: Zepter und Krone.
BILD LINKS: Die Hochzeit der ehemaligen Münchner Olympiahosteß Silvia Sommerlath mit dem schwedischen König Carl XVI. Gustav im Juni 1976 wurde insbesondere in Deutschland mit viel Sympathie und Resonanz aufgenommen. Wo immer in Europa noch Dynastien herrschen, zeigt sich kein Trend, die überkommene Institution abschaffen zu wollen.

WASHINGTON — MOSKAU — PEKING

Als Eisenhowers Vizepräsident der 50er Jahre, Richard Nixon – damals noch Vertreter einer harten Haltung gegenüber Moskau – 1968 als Präsident der Vereinigten Staaten ins Weiße Haus einzog, hatte sich die weltpolitische Lage entscheidend gewandelt. In seiner Botschaft über die amerikanische Außenpolitik für die 70er Jahre vom 18. Februar 1970 umriß Nixon die Situation:

»In den letzten 25 Jahren wurde die militärische Macht ihrem Wesen nach revolutioniert. Tatsächlich hat es eine ganze Reihe von Transformationen gegeben – von der Atomwaffe zur thermonuklearen Waffe, vom strategischen Bomber zur interkontinentalen ballistischen Rakete, von der Raketenabschußrampe an der Oberfläche zum unterirdischen Silo und

zum raketentragenden Unterseeboot, vom Einzel- zum Mehrfach-Gefechtskopf und von der Flugzeugabwehr zur Raketenabwehr. Wir stehen jetzt an der Schwelle einer Ära, in der die Kompliziertheit und Zerstörungskraft von Waffen uns hinsichtlich unserer strategischen Position vor ungeheure und überaus komplizierte Probleme stellt.

In den letzten 25 Jahren hat sich auch ein wichtiger Wandel im relativen Gleichgewicht der strategischen Macht vollzogen. Von 1945 bis 1949 waren wir die einzige Nation in der Welt, die ein Arsenal von Atomwaffen besaß. Von 1950 bis 1966 besaßen wir die überragende Überlegenheit auf dem Gebiet der strategischen Waffen. Von 1967 bis 1969 hielten wir noch immer eine bemerkenswerte Überlegenheit aufrecht. Heute ist die Sowjetunion im Besitz einer starken und technisch hochstehenden strategischen Streitmacht, die unserer eigenen nahekommt. Wir müssen auch bedenken, daß das kommunistische China eigene

interkontinentale Raketen im kommenden Jahrzehnt einsatzbereit haben wird und damit neue und komplizierte Faktoren in unsere strategische Planung und in unsere Außenpolitik hineinbringt.«

Was sei nun angesichts dieser Situation »schicksalsträchtiger Veränderung« zu tun? Müsse der Rüstungswettlauf unvermindert weitergehen, das Schaffen ungeheurer Overkill-Kapazitäten die Staatshaushalte immer weiter belasten ohne den Beteiligten dafür mehr Sicherheit bieten zu können? Könnte die technische Entwicklung der Waffensysteme nicht zu einem vorübergehenden einseitigen Vorsprung einer der beiden Mächte führen, damit das Gleichgewicht des Schreckens empfindlich beeinträchtigen und die Kriegsgefahr erhöhen?

»Ich bin mir bewußt, daß Entscheidungen über die Gestaltung unserer strategischen Macht wohl zu den kompliziertesten und schicksalhaftesten gehören, vor denen wir stehen. Die Beantwortung dieser Fragen

wird weitgehend darüber entscheiden, ob wir zu einer verstärkten Installierung gezwungen werden, um die sowjetische Bedrohung der Angemessenheit unserer Abschreckung wettzumachen, oder ob wir

Linke Seite: Historischer Händedruck am 21. Februar 1972 zwischen Präsident Nixon und dem Führer des kommunistischen China, Mao Tse-tung. Die überraschende Reise des amerikanischen Präsidenten durchbrach die 20jährige chinesisch-amerikanische Konfrontation und veränderte die Grundpositionen im Spiel der Weltmächte. Das System der Bipolarität wurde ersetzt durch das neue weltpolitische Dreieck Washington–Moskau–Peking. Nixon: »Auf lange Sicht ist keine stabile und dauerhafte internationale Ordnung ohne den Beitrag dieser Nation von mehr als 700 Millionen Menschen denkbar.«

Bild oben: Höhepunkt des Nixon-Besuchs in Moskau: Austausch der SALT-Dokumente zwischen Nixon und dem sowjetischen Parteichef Leonid Breschnew unter den ernsten Blicken des russischen Ministerpräsidenten Alexej Kossygin.

und die Sowjetunion zusammen aus einer Ära der
Konfrontation in eine Ära der Verhandlungen schreiten können, ob wir gemeinsam eine verantwortungs-
bewußte, nicht herausfordernde Politik auf dem Gebiet der strategischen Waffen verfolgen können, die
auf dem Begriff der Angemessenheit als einem beider-
seits akzeptierten Ziel beruht, oder ob das Wettrüsten
in eine neue Runde tritt.«

Daher entschloß sich die Nixon-Administration, der
Sowjetunion auf der Grundlage des nuklear-strategi-
schen Status quo Verhandlungen anzubieten mit dem
Ziel, diesen Status einzufrieren und damit das Wettrüsten einzudämmen. 1969/70 wurden die amerikanisch-sowjetischen Gespräche über die »Begrenzung
der strategischen Waffensysteme« (SALT = Strate-
gic Arms Limitation Talks) eingeleitet und nach
langwierigen Verhandlungen mit dem Besuch Präsident Nixons in Moskau 1972 erfolgreich beendet.

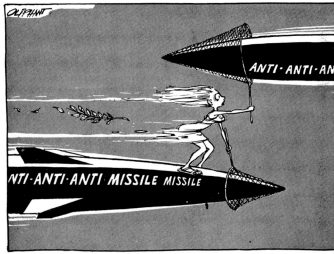

BILD OBEN: »Anti-missile-missile« – »Anti-Raketen-Rakete«,
Karikatur auf den amerikanisch-sowjetischen Rüstungswettlauf.
Mit der Unterzeichnung des Vertrages »über die Begrenzung
von Systemen zur Abwehr ballistischer Raketen« und des
Interimsabkommens »über bestimmte Maßnahmen hinsichtlich
der Begrenzung von strategischen Offensivwaffen« 1972 in
Moskau zwischen den USA und der Sowjetunion wurden die
ersten Schritte unternommen, das Wettrüsten der beiden Supermächte einzuschränken.

BILD LINKS: Ein ballistischer Polaris-Flugkörper wird von
einem US-Unterseeboot abgefeuert. Trotz der SALT-Abkom-
men beruht Amerikas Friedensstrategie immer noch auf dem
Gleichgewicht des Schreckens. Nixon: »Die schwerste Verantwortung, die ich als Präsident der Vereinigten Staaten trage,
ist die für die Sicherheit des Landes. Unsere nuklearen Streitkräfte schützen nicht nur uns, sondern auch unsere Verbündeten. Die zwingende Notwendigkeit, daß unsere nukleare Abschreckung über jeden Zweifel erhaben ist, erfordert, daß die
Vereinigten Staaten jetzt Schritte unternehmen, um sicherzustellen, daß unsere strategischen Vergeltungsstreitkräfte nicht für
einen sowjetischen Angriff verwundbar werden.«

MENSCHENRECHTE

Wenn wir vor uns selbst bestehen wollen, müssen wir vor anderen bestehen. Wir dürfen uns draußen im Ausland nicht so benehmen, daß wir unsere hier im eigenen Lande geltenden Regeln und Normen verletzen, denn wir wissen, daß das Vertrauen, das unsere Nation sich erwirbt, wesentlich ist für unsere Stärke. Die Welt wird heute von einem neuen Geist beherrscht. Größere und politisch bewußtere Völker fordern heute ihren Platz an der Sonne – nicht nur um ihres eigenen leiblichen Wohlergehens willen, sondern um der Grundrechte des Menschen willen. Das leidenschaftliche Streben nach Freiheit wächst. Von diesem neuen Geist ausgehend, kann es an diesem Tage eines Neubeginns keine noblere und großartigere Aufgabe für Amerika geben, als zur Gestaltung einer gerechten und friedlichen Welt beizutragen, die wahrhaft menschlich ist. Wir sind eine starke Nation, und wir werden eine Stärke aufrechterhalten, die so groß ist, daß sie erst gar nicht im Kampfe erprobt zu werden braucht.

Wir sind eine Nation, die stolz ist auf ihren Idealismus, aber möge niemand unseren Idealismus mit Schwäche verwechseln. Eben weil wir frei sind, können wir gegenüber dem Schicksal der Freiheit anderswo niemals gleichgültig sein. Unsere moralische Einstellung zwingt uns zu einem eindeutigen Vorzug derjenigen Gesellschaften, die mit uns einen tiefen Respekt vor den Menschenrechten des einzelnen teilen. Wir wollen keine Angst wecken, aber es liegt auf der Hand, daß in einer Welt, wo andere ungestraft dominieren können, wenig Raum für Anstand und Würde und eine Bedrohung des Wohlergehens aller Menschen gegeben wäre.

(Aus der Ansprache des Präsidenten der Vereinigten Staaten, Jimmy Carter, anläßlich seiner Amtseinführung am 20. Januar 1977 in Washington.)

LINKE SEITE: Im Rennen um die amerikanische Präsidentschaft konnte Jimmy Carter seinen republikanischen Gegner Präsident Gerald Ford, den Nachfolger des wegen der Watergateaffaire zurückgetretenen Richard Nixon, besiegen. Der ehemalige Erdnußfarmer und Gouverneur des Südstaates Georgia wurde am 20. Januar 1977 als 39. Präsident der Vereinigten Staaten vereidigt. Erstmals richtete ein US-Präsident unmittelbar nach seiner Amtseinführung eine Botschaft an die Völker der Welt, in der er insbesondere die weltweite Gültigkeit der Menschenrechte betonte.

BILD LINKS: Karikatur zu den sowjetisch-amerikanischen Abrüstungsverhandlungen, die schließlich zu der Unterzeichnung der SALT-II-Vereinbarungen durch Präsident Carter und Staatschef Breschnew führten. Trotz dieses Abkommens ist der Wahnsinn des Wettrüstens nicht ernsthaft gebremst worden. Von seinem Ziel, der »Beseitigung der Nuklearwaffen auf dieser Erde«, ist Amerikas Präsident und mit ihm eine vom Atomtod bedrohte Welt weiter entfernt denn je.

Trotz aller Bemühungen der Entspannungspolitik zieht sich Ulbrichts am 13. August 1961 erbaute Mauer noch immer quer durch Berlin. Für die Berliner eine traurige Realität der Trennung, für die Welt sichtbarstes Symbol der Spaltung in Ost und West. Auch nach der Ratifizierung der Ostverträge durch den deutschen Bundestag und dem Inkrafttreten des Viermächte-Abkommens über Berlin ist das, was Egon Bahr 1963 formulierte, noch immer aktuell: »Wir haben gesagt, daß die Mauer ein Zeichen der Schwäche ist. Man könnte auch sagen, sie war ein Zeichen der Angst und des Selbsterhaltungstriebes des

kommunistischen Regimes. Die Frage ist, ob es nicht Möglichkeiten gibt, diese durchaus berechtigten Sorgen dem Regime graduell so weit zu nehmen, daß auch die Auflockerung der Grenzen und der Mauer praktikabel wird, weil das Risiko erträglich ist... Ich bin fest davon überzeugt, daß wir Selbstbewußtsein genug haben können, um eine solche Politik ohne Illusionen zu verfolgen, die sich außerdem nahtlos in das westliche Konzept der Strategie des Friedens einpaßt, denn sonst müßten wir auf Wunder warten, und das ist bestimmt keine Politik.«

CHRISTUS WAR KEIN POLITIKER ODER REVOLUTIONÄR

»Es gibt heute – und dies Phänomen ist nicht neu – an vielen Orten gewisse ›Neuinterpretationen‹ des Evangeliums, die mehr auf theoretischen Spekulationen beruhen als auf einem echten Überdenken des Wortes Gottes und auf wahrhafter Treue zur Heiligen Schrift. Diese verursachen Verwirrung, wenn sie die zentralen Kriterien für den Glauben der Kirche außer acht lassen und ihre Deutungen leichtfertig in der Form einer Katechese den christlichen Gemeinschaften vortragen.

In einigen Fällen verschweigt man die Gottheit Christi oder bedient sich tatsächlich Interpretationsweisen, die zum Glauben der Kirche in Widerspruch stehen. Christus sei nur ein ›Prophet‹, ein Verkünder des Reiches und der Liebe Gottes, sei aber nicht der wahre Sohn Gottes noch überhaupt der Mittelpunkt und der Gegenstand der Botschaft des Evangeliums. In anderen Fällen bemüht man sich darum nachzuweisen, daß Jesus politisch engagiert gewesen sei, gegen die römische Herrschaft und die Mächtigen gekämpft habe und sogar in einen Klassenkampf verwickelt gewesen sei. Dieses Verständnis von Christus als Politiker, Revolutionär und Umstürzler von Nazareth läßt sich mit der Katechese der Kirche nicht in Einklang bringen.

ZERBRECHLICHE HYPOTHESEN
Gegen solche ›Neuinterpretationen‹ also und gegen die vielleicht brillanten, jedoch zerbrechlichen und unbeständigen Hypothesen, die sich von ihnen herleiten, kann die ›Evangelisation in der Gegenwart und Zukunft Lateinamerikas‹ nicht davon abgehen, den Glauben der Kirche zu festigen: Jesus Christus, das ewige Wort und Gottes Sohn, wird Mensch, um sich dem Menschen zu nähern und ihm kraft seines Geheimnisses die Rettung, Gottes großes Geschenk, anzubieten.

Das ist der Glaube, der Eure Geschichte prägt und den kostbarsten Wert Eurer Völker gebildet hat und der weiterhin mit seiner ganzen Kraft Antrieb für seine Zukunft sein soll. Das ist der Glaube, der die Berufung zur Eintracht und Einheit enthält, der die Gefahren des Krieges aus diesem Kontinent der Hoffnung verbannen muß, in dem die Kirche bisher ein

RECHTS: Mit dem Erzbischof von Krakau, Karol Wojtyla, wurde erstmals seit dem 16. Jahrhundert ein Nichtitaliener zum Papst gewählt. Als Johannes Paul II. ist er schnell und nachhaltig populär geworden. Seine schlichte Menschlichkeit und sein klarer Blick für die Aufgaben unserer Zeit können ihm auch verbitterte Kirchengegner nicht absprechen.

so mächtiger Faktor der Integration gewesen ist. Das ist der Glaube schließlich, den die Gläubigen Lateinamerikas in ihrer Religiosität oder Volksfrömmigkeit mit soviel Lebenskraft und auf so verschiedene Weise ausdrückten.

Aus diesem Glauben an Christus und aus der Mitte der Kirche heraus sind wir in der Lage, dem Menschen und unseren Völkern zu dienen, mit dem Evangelium ihre Kultur zu durchdringen, die Herzen umzuformen sowie Systeme und Strukturen zu vermenschlichen. Jedes Schweigen, jedes Vergessen, jede Verkümmerung oder jede unangemessene Überbetonung der vollständigen Geheimnisse Jesu Christi, alles, was abweicht vom Glauben der Kirche, kann nicht gültiger Bestandteil der Evangelisation sein.

Verkürzte Humanismen

Angesichts vieler anderer Humanismen, die häufig ihre Sicht vom Menschen auf den wirtschaftlichen, biologischen oder psychischen Bereich beschränken, hat die Kirche das Recht und die Pflicht, diese Wahrheit vom Menschen, die sie von ihrem Meister Jesus Christus erhalten hat, zu verkünden. Oh, wäre sie doch durch keinerlei äußere Einschränkungen daran gehindert! Aber vor allem ist zu wünschen, daß sie selbst nie verfehle, diese Lehre vorzutragen, daß sie sich davon nicht abhalten lasse durch Bedenken oder Zweifel, aus Mangel an Vertrauen auf ihre ursprüngliche eigene Botschaft, oder etwa, weil sie sich von anderen Humanismen hat anstecken lassen.

Wenn also ein Hirt der Kirche klar und ohne Zweideutigkeit die Wahrheit vom Menschen verkündet, wie sie von dem offenbart worden ist, der ›weiß, was im Menschen steckt‹ (Joh. 2, 25), der soll voll Zuversicht wissen, daß er dem Menschen keinen größeren Dienst als diesen erweisen kann.

Diese vollständige Wahrheit vom Menschen macht das Fundament der Soziallehre der Kirche aus, sie ist gleichzeitig die Grundlage einer wahrhaften Befreiung. Im Lichte dieser Wahrheit ist der Mensch nicht ein den ökonomischen und politischen Prozessen unterworfenes Wesen, sondern diese Prozesse sind auf den Menschen hingerichtet und ihm unterworfen.

Einsatz für Gerechtigkeit

Die Kirche hat auf diesen und anderen Seiten der Frohen Botschaft begriffen, daß ihr Auftrag der Evangelisation als unentbehrlichen Bestandteil auch den Einsatz für die Gerechtigkeit und die Aufgaben der Förderung des Menschen enthält und daß zwischen Evangelisation und Forderung des Menschseins sehr starke Bindungen in anthropologischer, theologischer und karitativer Hinsicht bestehen. Dies ist in der Weise der Fall, als die Evangelisation nicht vollkommen wäre, wenn sie nicht dem Umstand Rechnung tragen würde, daß sich im Laufe der Zeit das Evangelium und das konkrete, persönliche und gemeinschaftliche Leben des Menschen gegenseitig fördern. Andererseits denken wir daran, daß der Einsatz der Kirche auf Gebieten wie denen der Förderung des Menschseins, der Entwicklung, der Gerechtigkeit, der Rechte der Person immer mehr Menschen dienen möchte, dem Menschen, so wie die Kirche ihn in der christlichen Auffassung der Anthropologie sieht, die sie sich zu eigen macht. Sie hat es folglich nicht nötig, bei Systemen und Ideologien Zuflucht zu suchen, um die Befreiung des Menschen zu lieben, zu verteidigen und mitzuverwirklichen: Im Zentrum der Botschaft, deren Hüter und öffentlicher Verkünder die Kirche ist, findet sie die Motivierung, um für die Brüderlichkeit, die Gerechtigkeit, den Frieden und gegen alle Beherrschungssysteme, Versklavungen, Diskriminierungen, Gewalttaten, Anschläge auf die Religionsfreiheit, Angriffe gegen den Menschen und gegen das Leben einzutreten.

Die Frage des Eigentums

Diese Stimme der Kirche, die ein Echo der Stimme des menschlichen Gewissens ist, die nicht aufhörte, sich durch die Jahrhunderte hindurch inmitten der verschiedensten Systeme und sozial-kulturellen Bedingungen zu erheben, verdient es, auch in unserer Zeit gehört zu werden. Dies muß sogar so sein, wenn der wachsende Reichtum einiger weniger einhergeht mit dem wachsenden Elend der Massen.

In diesem Fall erhält die Lehre der Kirche einen dringlichen Charakter, nach der auf allem Privateigentum eine soziale Hypothek lastet. Unter Berücksichtigung dieser Lehre hat die Kirche einen Auftrag zu erfüllen: Sie muß predigen, die Personen und Gemeinschaften erziehen, die öffentliche Meinung bilden, die Verantwortlichen der Völker beraten. Auf diese Weise wird sie zum Wohl der Gesellschaft arbeiten, in der dieses christliche und biblische Prinzip dazu führen soll, Früchte einer gerechteren und gleichmäßigeren Verteilung der Güter hervorzubringen, nicht nur im Innern einer jeden Nation, sondern auch ganz allgemein im internationalen Bereich, indem es verhindert, daß die stärkeren Länder ihre Macht zum Schaden der Schwächeren mißbrauchen.

Diejenigen, die die Verantwortung für das öffentliche Leben in den Staaten und Nationen tragen, werden begreifen müssen, daß der innere und der internationale Frieden nur gesichert werden können, wenn ein soziales und ökonomisches System in Kraft tritt, das auf Gerechtigkeit aufbaut.

Christus blieb nicht gleichgültig angesichts dieses weiten und anspruchsvollen Imperativs der Sozialmoral. Ebensowenig kann es die Kirche sein.

(Aus der Grundsatz-Rede des Papstes vor den lateinamerikanischen Bischöfen vom 28. Januar 1979.)

FRIEDEN
UND SICHERHEIT

Nach Theodor Heuss, Heinrich Lübke, Gustav Hei-
nemann und Walter Scheel wurde Karl Carstens zum
fünften Präsidenten der Bundesrepublik Deutschland
gewählt. Auszüge aus seiner Antrittsrede vom 3. Juni
1979 verdeutlichen die Lage der geteilten Nation.
»Die letzten zehn Jahre haben nicht nur eine Veränderung in den Beziehungen zwischen den beiden
deutschen Staaten mit sich gebracht, sondern haben

im Zuge der Entspannungspolitik auch ein vielfäl-
tiges Netz bilateraler und multilateraler Vereinbarungen zwischen der Bundesrepublik Deutschland und
den osteuropäischen Staaten entstehen lassen. Auch
diese Entwicklung ist zu begrüßen. Sie hat ihre Wurzeln in der Zeit vor 1969, aber sie ist seitdem bedeu-
tend verstärkt worden. Die Besuche und Kontakte,
die dadurch mit den Regierungen, mit den Parlamenten, mit einzelnen Menschen in der Sowjetunion,
in Polen, in Ungarn, in Bulgarien, in Rumänien und
in der Tschechoslowakei möglich geworden sind,
ebenso wie der Ausbau der wirtschaftlichen Beziehungen, stellen einen begrüßenswerten Fortschritt
dar.
Diese Feststellung mindert allerdings nicht unsere
Sorge um die Spannungen, die besonders als Folge
der Rüstungsentwicklung fortbestehen, eine Sorge,
die durch die Unterzeichnung des SALT II-Abkom-
mens in Wien hoffentlich gemindert, aber sicher nicht
beseitigt wird.
Die freiheitliche Entwicklung und die ökonomische
Stabilität in unserem Lande beruhen zu einem wesentlichen Teil auf den festen Bindungen, die wir mit
unseren Partnern innerhalb der Europäischen Gemeinschaft eingegangen sind, mit Frankreich, Großbritannien, Italien, mit Belgien, den Niederlanden und
Luxemburg, mit Dänemark und Irland. Trotz erheb-
licher Schwierigkeiten, die sich der Lösung einzelner
Fragen entgegenstellen, wachsen diese Staaten mehr
und mehr zusammen. Ihre Politik ist schon jetzt in
wichtigen Bereichen gleichgerichtet.
Mir liegt daran, an dieser Stelle ein besonders herzliches Wort des Grußes an unsere große westliche
Nachbarnation, an Frankreich, zu richten, mit der wir
vor 29 Jahren den Prozeß der europäischen Einigung
begonnen haben und zu der heute vielfältige enge
wirtschaftliche, politische und persönliche Verbin-
dungen bestehen.
Unsere militärische Sicherheit beruht nach wie vor
auf dem Atlantischen Bündnis, das die europäischen
Staaten mit den USA und Kanada verbindet. Die enge
Zusammenarbeit mit den Vereinigten Staaten von
Amerika war von Anfang an ein wesentliches Merkmal der Politik unseres Landes. Die Vereinigten
Staaten tragen auch heute noch die schwerste Bürde
bei der Abwehr von Gefahren für Frieden und Sicherheit. Ich möchte ihnen dafür auch ein herzliches Wort
des Dankes sagen.«

GESCHICHTSATLAS

Die Entwicklung des Islam

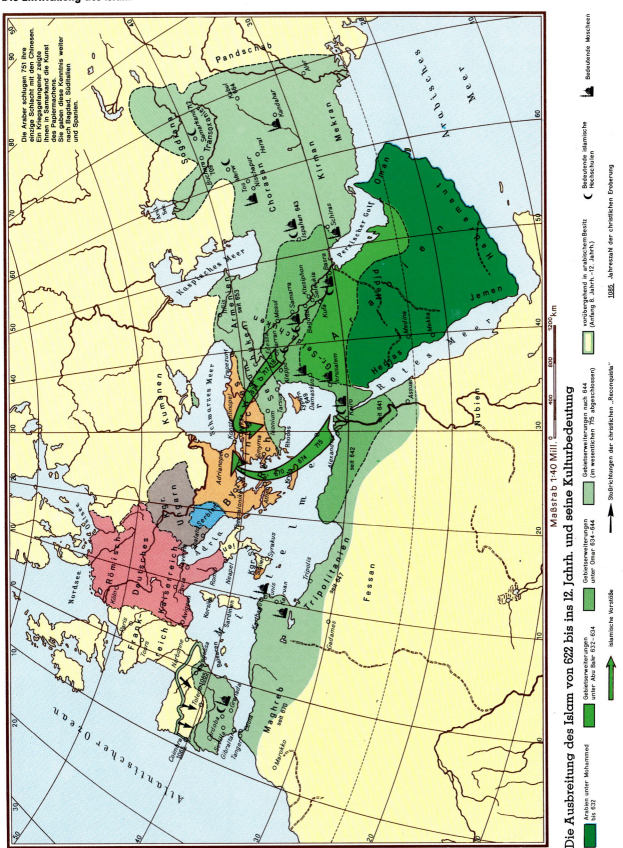

Die Araber schlugen 751 ihre einzige Schlacht mit den Chinesen. Ein Kriegsgefangener zeigte ihnen in Samarkand die Kunst des Papiermachens. Sie gaben diese Kenntnis weiter nach Bagdad, Süditalien und Spanien.

Pandschab

Sogdiana

Transoxanien

Buchara O   O Samarkand 712
709

Merw

Toos O   O Nischapur   Herat

Choraßan

Kirman

Mekran

Kabul
654

Kandahar

Oman

Arabisches Meer

Kaspisches Meer

Armenien

Thus

Trapezunt

Urmia See

Van See

Seldschuken

Ekbatana

Ispahan 643

Schiras

Basra

Persischer Golf

Arabien

Jemen

Hedschas

Mekka

Medina

Rotes Meer

Schwarzes Meer

Konstantinopel

Adrianopel

Byz.

Ikonium

Smyrna

Athen

Korinth

Rhodos

Thessaloniki

Nicäa 674

Kreta 670

717/718

715

716

Alexandria

seit 642

seit 641

Assuan

Nubien

Kumanen

Ungarn

Serbien

Adria

Byzanz

Zara

Ravenna

Rom

Neapel

Korsika

Sardinien

Sizilien

Syrakus

Tunis

Kairuan

Tripolis

Tripolitanien

Fessan

Nordsee

Römisch-Deutsches Kaiserreich

Frankreich

Köln

Paris

Tours

Narbonne

Avignon

Poitiers

Toledo 1085

Barcelona

Saragossa

Córdoba   O Granada

Sevilla

Gibraltar

Tanger

O Marokko

Maghreb   seit 670

Gadames

Atlantischer Ozean

Die Ausbreitung des Islam von 622 bis ins 12. Jahrh. und seine Kulturbedeutung

Maßstab 1:40 Mill.

0   400   800   1200 km

Arabien unter Mohammed bis 632

Gebietserweiterungen unter Abu Bakr 632-634

Gebietserweiterungen unter Omar 634-644

Gebietserweiterungen nach 644 (im wesentlichen 715 abgeschlossen)

vorübergehend in arabischem Besitz (Anfang 8. Jahrh.-12. Jahrh.)

islamische Vorstöße

Stoßrichtungen der christlichen „Reconquista"

1085   Jahreszahl der christlichen Eroberung

Bedeutende islamische Hochschulen

Bedeutende Moscheen

561

Asien um 1294

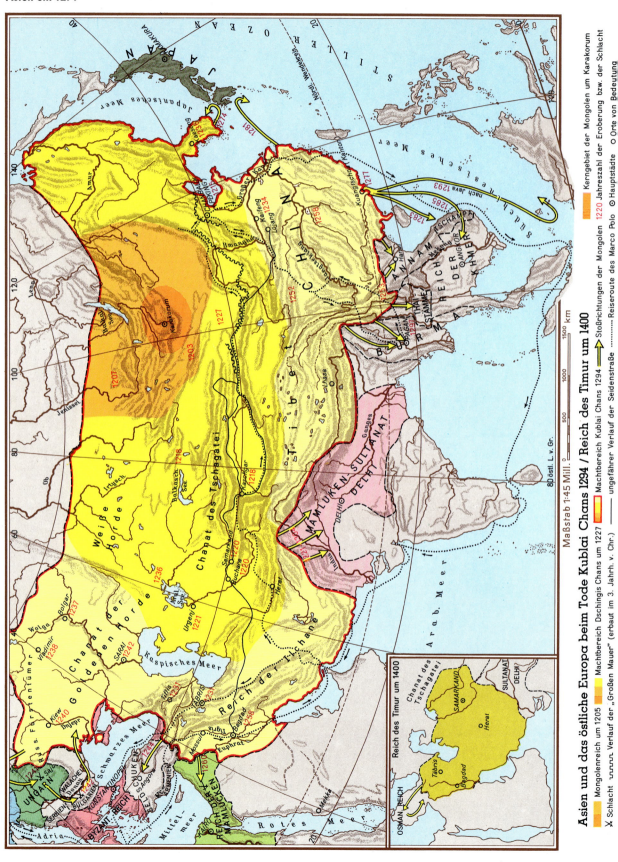

Asien und das östliche Europa beim Tode Kublai Chans 1294 / Reich des Timur um 1400

Maßstab 1:45 Mill.

Legende:
- Kerngebiet der Mongolen um Karakorum
- Mongolenreich um 1205
- Machtbereich Dschingis Chans um 1227
- Machtbereich Kublai Chans 1294
- 1220 Jahreszahl der Eroberung bzw. der Schlacht
- ✕ Schlacht (1227, 1260 usw.)
- → Stoßrichtungen der Mongolen
- ungefährer Verlauf der Seidenstraße
- ······· Reiseroute des Marco Polo
- ⊙ Hauptstädte ○ Orte von Bedeutung
- ⌇⌇⌇⌇ Verlauf der „Großen Mauer" (erbaut im 3. Jahrh. v. Chr.)

0   500   1000   1500 km

80 östl. L. v. Gr.

Reich des Timur um 1400 (Nebenkarte)
- Chanat des Tschagatai
- SAMARKAND
- Herat
- Tabris
- Bagdad
- OSMAN. REICH
- SULTANAT DELHI

Hauptkarte Beschriftungen (Auswahl):

STILLER OZEAN · JAPAN · Japanisches Meer · KAMTSCHATKA · Nördl. Wendekreis · Ostsibirisches Meer

CHINA · TIBET · Lhasa · Hwangho · Kaifeng · Kiang · Ljang 1234 · PEKING · Kanton · Kuangschau 1211 · Großer · 1275 · 1279 · 1281 · 1214

Karakorum · Baikal See · Jenissei · 1207 · 1203 · 1227 · 1252 · 1258

Weiße Horde · Chanat des Tschagatai · Balkasch See · Ob · Irtysch · 1218 · 1236

Chanat der Goldenen Horde · Wolga · Bolgar · Wladimir 1238 · 1237 · SARAI 1242 · Kaspisches Meer · Kiew 1240 · Dnjepr

Reich der Ilchane · Samarkand 1220 · Buchara 1220 · Herat · Kaschgar · Urgendsch 1221 · Tiflis 1231 · TABRIS · Mossul · Bagdad 1258 · Tigris · Euphrat · 1243

MAMLUKEN-SULTANAT DELHI · Gauges · Indus · Arab. Meer · Rotes Meer

ANNAM · TSCHAMPA · REICH DER KHMER · ANGKOR · BURMA · THAI STÄMME · Mekong · nach Java 1293 · Südchinesisches Meer · 1283 · 1285 · 1291

UNGARN · WALACHE · SERBIEN · BULGAREN · Donau · Schwarzes Meer · KONSTANTINOPEL · BYZANT. REICH · REICH DER MAMLUKEN · SELDSCHUKEN · ARMENIEN · 1241 · 1260 · Adria · Mittelmeer

562

Die Europäer entdecken die Erde 1000 — 1550 n. Chr.

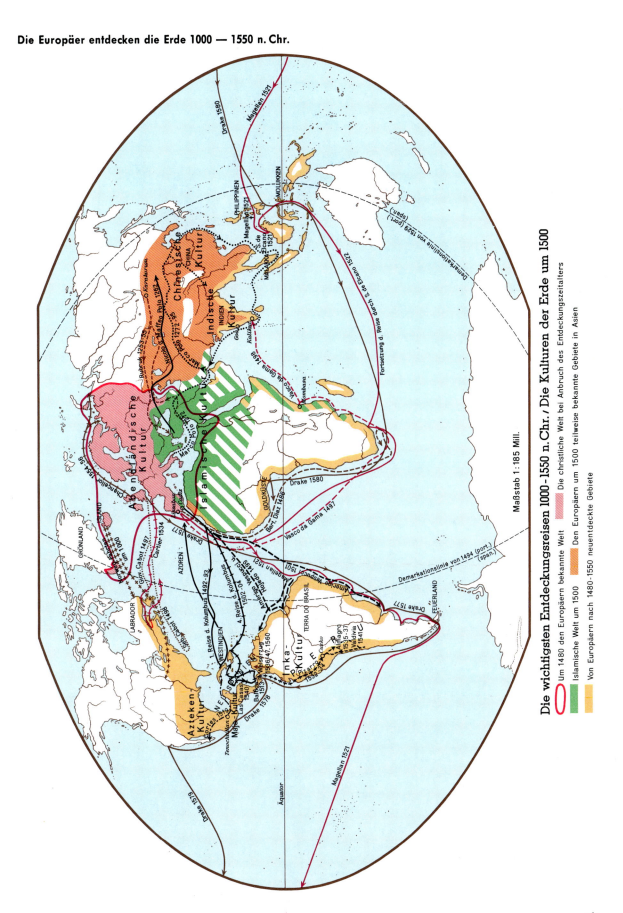

Die wichtigsten Entdeckungsreisen 1000-1550 n.Chr. / Die Kulturen der Erde um 1500

Maßstab 1 : 185 Mill.

○ Um 1480 den Europäern bekannte Welt

Islamische Welt um 1500

Von Europäern nach 1480-1550 neuentdeckte Gebiete

Die christliche Welt bei Anbruch des Entdeckungszeitalters

Den Europäern um 1500 teilweise bekannte Gebiete in Asien

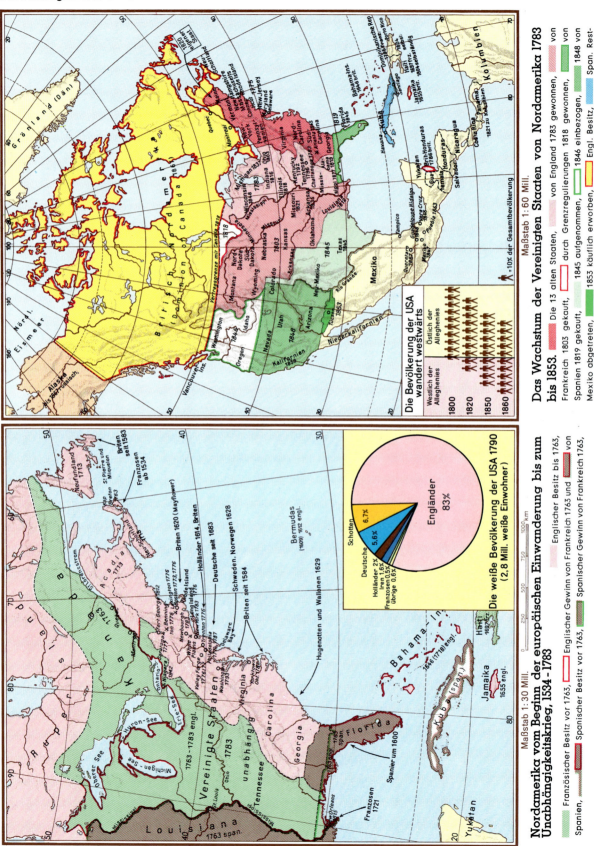

Das Vordringen Rußlands in Asien

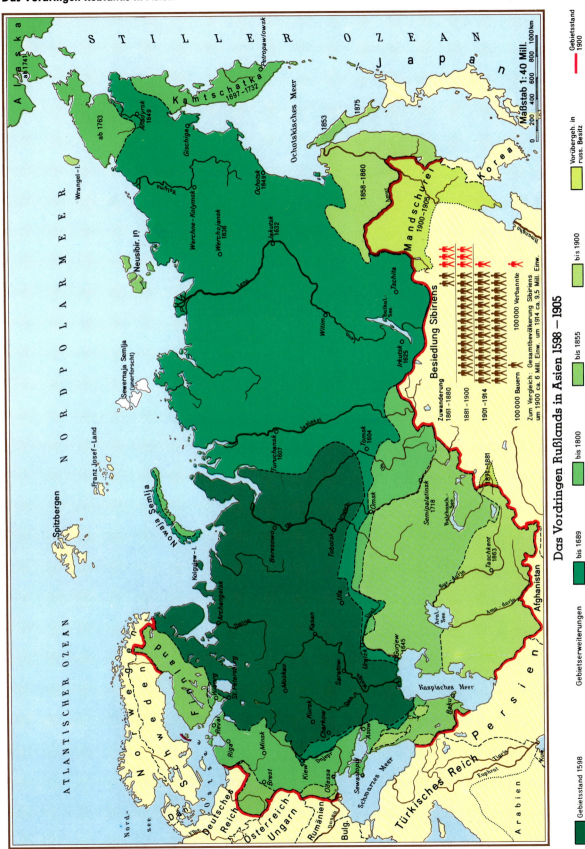

Das Vordringen Rußlands in Asien 1598–1905

Gebietsstand 1598

Gebietserweiterungen

bis 1689

bis 1800

bis 1855

bis 1900

Vorübergeh. in russ. Besitz

Gebietsstand 1900

Besiedlung Sibiriens

Zuwanderung
1861–1880

1881–1900

1901–1914

100 000 Bauern   100 000 Verbannte

Zum Vergleich: Gesamtbevölkerung Sibiriens
um 1900 ca. 6 Mill. um 1914 ca. 9,5 Mill. Einw.

Maßstab 1:40 Mill.

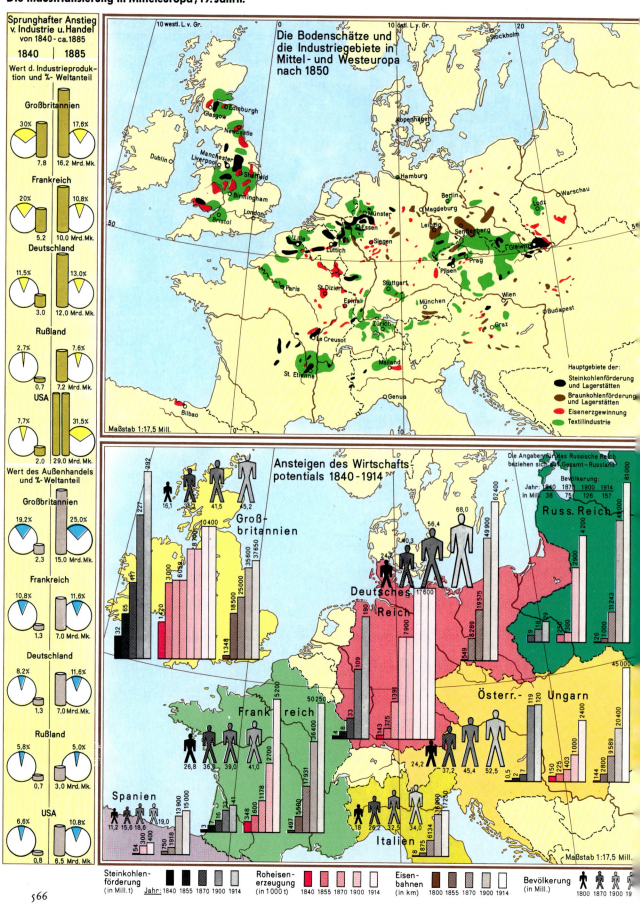

Die Industrialisierung in Mitteleuropa, 19. Jahrh.

Sprunghafter Anstieg v. Industrie u. Handel von 1840 - ca. 1885

1840	1885

Wert d. Industrieproduktion und %-Weltanteil

Großbritannien
30% | 17,6%
7,8 | 16,2 Mrd. Mk.

Frankreich
20% | 10,8%
5,2 | 10,0 Mrd. Mk.

Deutschland
11,5% | 13,0%
3,0 | 12,0 Mrd. Mk.

Rußland
2,7% | 7,6%
0,7 | 7,2 Mrd. Mk.

USA
7,7% | 31,5%
2,0 | 29,0 Mrd. Mk.

Wert des Außenhandels und %-Weltanteil

Großbritannien
19,2% | 25,0%
2,3 | 15,0 Mrd. Mk.

Frankreich
10,8% | 11,6%
1,3 | 7,0 Mrd. Mk.

Deutschland
8,2% | 11,6%
1,3 | 7,0 Mrd. Mk.

Rußland
5,8% | 5,0%
0,7 | 3,0 Mrd. Mk.

USA
6,6% | 10,8%
0,8 | 6,5 Mrd. Mk.

Die Bodenschätze und die Industriegebiete in Mittel- und Westeuropa nach 1850

Maßstab 1:17,5 Mill.

Hauptgebiete der:
- Steinkohlenförderung und Lagerstätten
- Braunkohlenförderung und Lagerstätten
- Eisenerzgewinnung
- Textilindustrie

Ansteigen des Wirtschaftspotentials 1840 - 1914

Die Angaben für das Russische Reich beziehen sich auf Gesamt-Rußland

Bevölkerung:
Jahr: 1840 1870 1900 1914
in Mill. 38 75 126 157

Großbritannien

Deutsches Reich

Frankreich

Österr.-Ungarn

Russ. Reich

Spanien

Italien

Maßstab 1:17,5 Mill.

Steinkohlenförderung (in Mill. t) Jahr:	1840	1855	1870	1900	1914

Roheisenerzeugung (in 1000 t)	1840	1855	1870	1900	1914

Eisenbahnen (in km)	1800	1855	1870	1900	1914

Bevölkerung (in Mill.)	1800	1870	1900	19

566

Die Welt um 1914

Die Ergebnisse der Kolonialpolitik auf allen Kontinenten bis 1914. ▇ Deutsches Reich u. Kolonialgebiete, ▇ Großbritannien mit Kolonialreich, ▇ Frankreich mit Kolonien, ▇ Spanien mit Kolonien, ▇ Portugal mit Kolonien, ▇ Belgien mit Kolonien, ▇ Holland mit Kolonialbesitz, ▇ Dänemark mit Besitzungen, ▇ Rußlands Ausdehnungen bis 1914, ▇ USA mit Kolonialbesitz, ▇ Japanisches Reich, ▇ Italien mit Kolonialbesitz, ▇ Staaten ohne kolonialpolitische Interessen.

Maßstab 1:185 Mill.

Politische Mächtegruppen und Krisenherde seit 1945

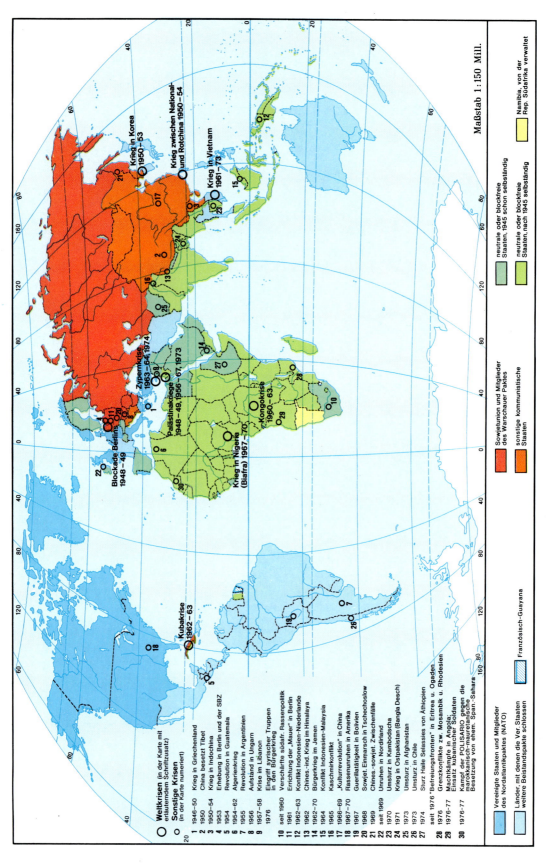

Maßstab 1:150 Mill.

Krieg in Korea 1950–53

Krieg zwischen National- und Rotchina 1950–54

Krieg in Vietnam 1961–73

Zypernkrise 1963–64, 1974

Palästinakriege 1948–49, 1956–67, 1973

Kongokrise 1960–63.

Krieg in Nigeria (Biafra) 1967–70

Blockade Berlin 1948–49

Kubakrise 1962–63

Weltkrisen (in der Karte mit erläuterndem Schriftzusatz)

Sonstige Krisen (in der Karte numeriert)

1 1946–50 Krieg in Griechenland
2 1950 China besetzt Tibet
3 1950–54 Krieg in Indochina
4 1953 Erhebung in Berlin und der SBZ
5 1954 Revolution in Guatemala
6 1954–62 Algerienkrieg
7 1955 Revolution in Argentinien
8 1956 Aufstand in Ungarn
9 1957–58 Krise im Libanon
10 1976 Eingriff Syrischer Truppen in den Bürgerkrieg
11 seit 1960 Verschärfte südafr. Rassenpolitik
12 1961 Errichtung der „Mauer" in Berlin
13 1962–63 Konflikt Indonesien-Niederlande
14 1962 Chines.-ind. Krieg im Himalaya
15 1962–70 Bürgerkrieg im Jemen
16 1964 Konflikt Indonesien-Malaysia
17 1966–69 „Kulturrevolution" in China
18 1967–70 Rassenunruhen in Amerika
19 1967 Guerillatätigkeit in Bolivien
20 1968 Sowjet. Einmarsch in Tschechoslow.
21 1969 Chines.-sowjet. Zwischenfälle
22 seit 1969 Unruhen in Nordirland
23 1970 Umsturz in Kambodscha
24 1971 Krieg in Ostpakistan (Bangla Desch)
25 1973 Umsturz in Afghanistan
26 1973 Umsturz in Chile
27 1974 Sturz Haile Selassies von Äthiopien
28 seit 1976 "Befreiungsfronten" in Eritrea u. Ogaden
29 1976 Grenzkonflikte zw. Mosambik u. Rhodesien
30 1976–77 Machtkämpfe in Angola; Einsatz kubanischer Soldaten
30 1976–77 Kampf der POLISARIO gegen die marokkanisch-mauretanische Besetzung von ehem. Span.-Sahara

Vereinigte Staaten und Mitglieder des Nordatlantikpaktes (NATO)

Länder, mit denen die Ver. Staaten weitere Beistandspakte schlossen

Französisch-Guayana

Sowjetunion und Mitglieder des Warschauer Paktes

sonstige kommunistische Staaten

neutrale oder blockfreie Staaten, 1945 schon selbständig

neutrale oder blockfreie Staaten, nach 1945 selbständig

Namibia, von der Rep. Südafrika verwaltet

CHRONOLOGIE

v. Chr.

4. Jahrt.	Sumerer, vermutlich aus dem Osten kommend, besiedeln Ufer des Euphrat.
um 3100	Erfindung der ersten sumerischen Schrift.
um 3000	Entwicklung des Kalenders und der Hieroglyphenschrift in Ägypten. Unter- und Oberägypten durch Menes-Narmer vereinigt.
ca. 2750–2250	Altes Reich in Ägypten.
um 2500	Pyramiden von Gizeh. Sumerischer Königsfriedhof von Ur.
um 2300	König Sargon von Akkad begründet semitisches Großreich, erstes Weltreich der Geschichte.
ca. 2250–2030	Erste Zwischenzeit in Ägypten.
2233–2130	Fremdherrschaft der Gutäer in Babylonien.
ca. 2030–1785	Mittleres Reich in Ägypten.
1793–1750	Hammurabi von Babylon.
ca. 1785–1570	Zweite Zwischenzeit in Ägypten. Herrschaft der Hyksos.
1600–1200	Zeitalter der mykenischen Kultur in Griechenland.
1595	Plünderung und Eroberung Babylons durch die indogermanischen Hethiter.
ca. 1570–1085	Neues Reich in Ägypten.
1400–1200	Jüngeres Hethiterreich.
1375–1358	Amenophis IV. (Echnaton). Religiöser Reformversuch in Ägypten.
1198–1166	Ramses III. Abwehr der Libyer und Seevölker.
1085–341	Spätdynastische Zeit in Ägypten.
um 1000	»Dorische Wanderung«. Griechische Besiedlung der kleinasiatischen Westküste. Blütezeit des jüdischen Königreiches unter David und Salomon.
884–859	Assurnasirpal II. Assyrisches Großreich.
um 850	Etrusker wandern in Italien ein.
776	Beginn der Olympiaden in Griechenland.
753	Sagenhaftes Datum der Gründung Roms.
750–550	Griechische Kolonisation am Mittelmeer und Schwarzen Meer.
746–727	Tiglatpilesar III. Assyrisches Weltreich.
671	Assarhaddon erobert Ägypten. Größte Ausdehnung des assyrischen Reiches.
669–627	Assurbanipal. Bibliothek in Ninive.
612	Zerstörung Ninives. Ende der assyrischen Macht.
612–539	Chaldäisches (Neubabylonisches) Reich in Babylonien. Höchste Blüte unter Nebukadnezar II. (605 bis 562).
um 600	Gründung der griechischen Kolonie Massilia (Marseille).
587	Nebukadnezar zerstört Jerusalem. »Babylonische Gefangenschaft« der Juden.
um 560	Sparta begründet Peloponnesischen Bund.
553–539	Die indoeuropäischen Perser erobern unter Kyros II. Vorderasien.
545	Unterwerfung Ioniens durch die Perser.
539	Eroberung Babylons durch Kyros II. Ende des Neubabylonischen Reiches.
529	Kyros' Sohn, Kambyses II., erobert Ägypten.
um 500	Vertreibung des etruskischen Königsgeschlechts aus Rom. Rom wird Republik.
500–494	Ionischer Aufstand gegen die Perserherrschaft.
494	Sieg der persischen Flotte vor Milet.
um 493	Bündnis Roms mit den Latinerstädten.
490	Persische Expedition nach Griechenland. Sieg der Athener unter Miltiades bei Marathon.
486	König Dareios' Tod. Xerxes König von Persien. Rüstungen gegen Hellas.
482	Sieg der Flottenpartei unter Themistokles.
480	Heldentod des Spartanerkönigs Leonidas und seiner 300 Spartiaten am Thermopylenpaß. Griechischer Seesieg bie Salamis. Persische Flotte vernichtend geschlagen.
479	Niederlage der Perser bei Platää durch die verbündeten Hellenen unter Führung des Spartaners Pausanias.
479/478	Befreiung der ionischen Städte in Kleinasien.
477	Gründung des attisch-delischen Seebundes.
461	Sieg der radikalen Demokratie in Athen. Erstes Auftreten des Perikles. Bau der »langen Mauern«. Lösung des Bündnisses zwischen Athen und Sparta.
454	Verlegung der Kasse des attisch-delischen Seebundes von Delos nach Athen.
um 450	Kämpfe zwischen Athen und Sparta.
448	Kalliasfriede. Ende der Perserkriege.
447	Baubeginn des Parthenon auf der Akropolis.
446	Dreißigjähriger Friede zwischen Athen und Sparta. Blüte der klassischen Kultur Griechenlands.
431–404	Peloponnesischer Krieg. Entscheidungskampf um Hegemonie in Griechenland zwischen Athen und Sparta.
429	Pest in Athen. Tod des Perikles.
424	Die »Ritter« des Aristophanes verhöhnen den leitenden Staatsmann Kleon.
415–413	Auf Anraten des Alkibiades Kriegszug nach Sizilien gegen Syrakus.
412	Bündnis Persiens mit Sparta.
406	Seeschlacht bei den Arginusen. Letzter Seesieg Athens.
405	Lysander vernichtet die attische Flotte bei Ägospotamoi am Hellespont.
404	Fall Athens. Ende des attischen Seebundes.
399	Prozeß und Tod des Sokrates. Aufschwung der sokratischen Schule.
um 387	Gründung der Akademie durch Platon.
387	Einnahme und Zerstörung Roms (außer dem Kapitol) durch die Gallier.
377	Athen gründet zweiten attischen Seebund. Beseitigung der spartanischen Seemacht.
371	Landfriede zwischen Athen und Sparta. Sieg der Thebaner über Sparta bei Leuktra.
369	Bündnis Sparta–Athen gegen Hegemoniestreben Thebens.
359–336	König Philipp von Makedonien.
seit 350	Aufstieg Roms zur Herrschaft über Italien im Kampf gegen Latiner und Samniten.
338	Auflösung des latinischen Bundes durch Rom. Schlacht bei Chäronea. Sieg Philipps über Athen und Theben.

166–175	Markomannenkrieg. Sicherung der Donaugrenze. Ansiedlung von Germanen innerhalb der Grenzen mit Pflicht zur Heeresfolge.
212	Verleihung des römischen Bürgerrechts an alle freien Provinzialen.
250	Erste allgemeine, staatlich angeordnete Christenverfolgung durch Decius.
260	Aufgabe des germanischen Limes. Erneuerung der Rheingrenze.
276–282	Abwehrkämpfe an Rhein und Donau gegen Franken, Alemannen, Burgunder, Vandalen. Aufnahme germanischer Soldtruppen.
284–305	Diokletian, Schöpfer einer neuen Reichsverfassung.
303	Letzte und größte Christenverfolgung.
306–337	Constantin der Große.
312	Constantins Sieg an der Milvischen Brücke (»In hoc signo vinces«).
325	Erstes ökumenisches Konzil zu Nicäa.
352	Westgoten übernehmen Grenzschutz an der unteren Donau.
um 375	Einfall der Hunnen. Unterwerfung der Ostgoten. Beginn der »Völkerwanderung«.
379–395	Theodosius der Große. Christentum wird Staatsreligion.
395	Endgültige Teilung des Reiches in Ost- und Westrom.
401	Einfall der Westgoten unter Alarich in Italien.
407	Burgunder überschreiten den Rhein.
410	Alarich plündert Rom. Augustinus beginnt seinen »Gottesstaat« (»De civitate dei«).
418	Begründung des Westgotenreiches in Südgallien und Spanien.
451	Schlacht auf den Katalaunischen Gefilden. Niederlage des Hunnenführers Attila (433–453).
476	Absetzung des letzten weströmischen Kaisers Romulus Augustulus durch Odoaker.
486	Der Merowinger Chlodwig (481–511) erobert das Reich des letzten römischen Statthalters Syagrius in Gallien.
493–526	Theoderich der Große. Ostgotenreich in Italien.
496	Chlodwigs Sieg über die Alemannen. Übertritt zum katholischen Glauben.
507	Niederlage der Westgoten durch Chlodwig. Ausdehnung der fränkischen Herrschaft.
511	Nach Chlodwigs Tod Teilung des fränkischen Reiches unter seine vier Söhne.
527–565	Kaiser Iustinian. Blüte des weströmischen Reiches. Rechtssammlung des Corpus Iuris. Bau der Hagia Sophia (Einweihung 563).
529	Benedikt von Nursia gründet Kloster Monte Cassino. Ordensregeln für abendländisches Mönchstum. Akademie in Athen als heidnisches Überbleibsel von Iustinian geschlossen.
533	Belisar erobert Vandalenreich.
535–553	Vernichtungskrieg Iustinians gegen die Ostgoten.
um 550	Gründung des osttürkischen Reiches.
561–613	Innere Kämpfe im Frankenreich zwischen den Mitgliedern der Merowingerdynastie.
590–604	Gregor der Große erster Mönch auf dem päpstlichen Stuhle.
594	Bischof Gregor von Tours, Geschichtsschreiber der Franken, gestorben.
596	Beginn der christlichen Mission in England.
um 600	Irische Mönche bei Franken und Alemannen. Gründung des Klosters St. Gallen (614).

622	Mohammeds Flucht aus Mekka nach Medina. Beginn der islamitischen Zeitrechnung.
seit 633	Eroberung Syriens, Palästinas, Mesopotamiens, Persiens durch islamische Araber. Rascher Rückgang des Christentums im Orient.
687	Der Karolinger Pippin der Mittlere wird Major domus des ganzen Frankenreiches.
711	Vernichtung des Westgotenreiches in Spanien durch die Araber. Eroberung Spaniens bis zu den Pyrenäen.
716/17	Araber vor Byzanz von Kaiser Leo III. abgewehrt.
719	Aussendung des Angelsachsen Bonifatius (Winfried) zur Bekehrung der heidnischen Germanen. 754 Märtyrertod.
732	Karl Martell besiegt Araber bei Tours und Poitiers.
750–1258	Kalifat der Abbasiden in Bagdad. Blüte der islamischen Kultur.
751	Pippin der Kurze schickt letzten merowingischen König ins Kloster und läßt sich zum König der Franken erheben.
754	»Pippinische Schenkung«.
768–814	Karl der Große.
774	Karl d. Gr. erobert Langobardenreich.
772–804	Kämpfe gegen die Sachsen unter Herzog Widukind. Sachsen gewaltsam dem Frankenreich eingegliedert und christianisiert.
782	Der gelehrte Angelsachse Alkuin ins Frankenreich berufen. Karls Hof Mittelpunkt der gelehrten Bildung.
788	Karl d. Gr. zieht Bayern ein. Herzog Tassilo abgesetzt.
796	Die Avaren in Ungarn durch Karl den Großen besiegt. Avarische Mark und Mark Krain. Kolonisierung mit bayerischen Siedlern.
800	Kaiserkrönung Karls d. Gr. in Rom durch Papst Leo III. Errichtung des abendländischen Kaisertums.
827	Sammlung des fränkischen Reichsrechts, der »Kapitularien«.
831	Sarazenen erobern Palermo.
834	Plünderungszüge der Normannen im Loiregebiet und in Friesland.
842	Straßburger Eide in altfranzösischer und althochdeutscher Sprache.
843	Vertrag von Verdun: Reichsteilung (Lothar, Ludwig der Deutsche, Karl der Kahle).
845	Normannen zerstören Hamburg.
um 850	Eindringen der Waräger in Rußland.
870	Vertrag zu Mersen. Ludwig der Deutsche und Karl der Kahle teilen das außeritalienische Gebiet Lothars: Deutschland und Frankreich.
871–899	Alfred der Große von England. Siegreicher Kampf gegen Dänemark.
896	Vorstöße der Magyaren bis nach Bremen, ins Rhônetal und in die Lombardei.
899–911	Ludwig das Kind, letzter Karolinger im Ostfrankenreich. Verfall der karolingischen Dynastie. Innere Kämpfe und Fehden.
910	Gründung des Klosters Cluny. Mittelpunkt einer streng kirchlichen Richtung.
911–918	König Konrad I. Herausbildung der Herzogtümer Sachsen, Schwaben, Bayern und Lothringen.
919–1024	Deutsche Könige aus dem sächsischen Hause.
919–936	Heinrich I. Anlage von Burgen. Schaffung eines Reiterheeres.

936–973	Otto der Große. Geistliche Fürsten Hauptstütze der Reichsverwaltung
955	Entscheidender Sieg Ottos über die Magyaren auf dem Lechfeld bei Augsburg.
962	Krönung Ottos zum Kaiser in Rom: Heiliges Römisches Reich Deutscher Nation. Abhängigkeit der Päpste vom Kaiser.
968	Gründung des Erzbistums Magdeburg. Mittelpunkt der Missionierung der nordöstlichen Slavengebiete.
987	Hugo Capet begründet nach Aussterben der westfränkischen Karolinger das Haus der Kapetinger (bis 1328).
988	Übertritt des Großfürsten Wladimir von Kiew zur Ostkirche.
997	Der heilige Adalbert findet unter den Preußen den Märtyrertod.
992–1025	Polnisches Großreich unter Boleslaw Chrobry.
um 1000	Seldschuken nehmen in Persien den Islam an.
1000	Errichtung des polnischen Erzbistums Gnesen.
1001–1038	Stephan der Heilige von Ungarn. Christianisierung Ungarns.
1002–1024	Heinrich II. (der Heilige). Gründet Bistum Bamberg (1007).
seit 1006	Mohammedaner setzen sich in Nordwestindien fest.
1016–1035	Knut der Große vereinigt England und Norwegen mit Dänemark.
um 1020	Normannen in Süditalien.
1024–1125	Fränkische (salische) Könige in Deutschland.
1030	Grundsteinlegung des Doms zu Speyer.
1033	Königreich Burgund mit dem Reich vereinigt.
1039–1056	Heinrich III. Hohe Machtstellung des Kaisertums. Kaiserliche Unterstützung der cluniazensischen Kirchenreform.
1042–1066	Regiment der angelsächsischen Könige wiederhergestellt.
1054	Endgültiger Bruch zwischen römischer und griechischer Kirche.
1066–1087	Wilhelm der Eroberer König von England.
1073–1085	Papst Gregor VII. Fordert Durchführung des Zölibats, verbietet Simonie (Kauf kirchlicher Ämter) und Laieninvestitur. Sucht Papsttum über Kaisertum zu erheben.
1076	Reichssynode zu Worms: Absetzung des Papstes. Heinrich vom Papst gebannt.
1077	Heinrichs Gang nach Canossa, um Buße zu tun und sich vom Bann zu lösen.
1096–1291	Kreuzzüge. 1099 Eroberung Jerusalems. Gründung der Kreuzfahrerstaaten.
1122	Wormser Konkordat: Vorläufige Beendigung des Investiturstreites.
1125–1137	Kaiser Lothar von Sachsen. Beginn der deutschen Ostkolonisation.
1138–1254	Könige aus dem Hause der Hohenstaufen.
1152–1190	Friedrich I. Barbarossa. Italienpolitik. Abhängigkeit der Reichskirche.
1154–1399	Haus Anjou-Plantagenet in England.
1155–1227	Dschingis-Khan. Große Eroberungszüge der Mongolen.
1162	Zerstörung Mailands durch Friedrich Barbarossa.
1184	Glänzender Reichstag zu Mainz. Kaisertum auf der Höhe seiner Macht.
1190	Eroberung von Akkon. Deutscher Ritterorden gegründet.
1190–1197	Heinrich VI. Vereinigt Deutschland und fast ganz Italien.
1198–1216	Papst Innozenz III. Machtsteigerung der Kurie.
1199–1216	Johann ohne Land König von England.
1210–1239	Hermann von Salza Hochmeister des Deutschen Ordens.
1213	England wird päpstliches Lehen.
1214	Schlacht bei Bouvines. Weltstellung des Papsttums.
1215	Magna Charta Libertatum in England. Großes Laterankonzil Innozenz III.
1215–1250	Friedrich II. Kampf gegen Papst um Herrschaft in Italien und päpstlichen Weltherrschaftsanspruch über weltliche Fürsten.
1220	Privileg zugunsten der geistlichen Fürsten.
1225–1274	Thomas von Aquino (»Summa theologica« 1273).
1226	Privileg für Deutschen Ritterorden. Erhebung Lübecks zur Reichsstadt.
1232	Statut zugunsten der Fürsten.
1239–1250	Endkampf zwischen Kaisertum und Papsttum.
1239	Mongolen vernichten Großfürstentum Kiew.
1241	Mongolenschlacht bei Liegnitz.
1242	Mongolenteilreich der Goldenen Horde an der unteren Wolga.
1256–1273	Interregnum in Deutschland. Ausbildung der Landeshoheit. Aufblühen der Städte.
1273–1291	Rudolf I. von Habsburg. Innere Auflösung des Reiches.
1278	Schlacht auf dem Marchfelde: Österreich und Steiermark fallen an Habsburg.
2. Hälfte des 13. Jhs.	Herausbildung der Hanse und Führerstellung Lübecks im Städtebund.
1282	Sizilianische Vesper: Peter von Aragon König von Sizilien.
1291	Ewiger Bund der Eidgenossen.
1309–1377	Aufenthalt der Päpste in Avignon.
1315	Sieg der Schweizer bei Morgarten über Leopold von Österreich.
1327–1377	Eduard III. von England. Trennung des Parlaments in Ober- und Unterhaus.
1328–1498	Haus Valois in Frankreich (Nebenlinie der Kapetinger).
1337–1453	Hundertjähriger Krieg zwischen Frankreich und England.
1338	Kurverein zu Rense: Rechtmäßig gewählter deutscher König braucht keine päpstliche Bestätigung, um kaiserliche Rechte auszuüben.
1346	Sieg der Engländer über Frankreich bei Crécy. Erste Verwendung von Kanonen.
1348	Gründung der ersten deutschen Universität in Prag.
um 1350	Pestepidemien in Europa. Judenverfolgungen.
1356	Goldene Bulle Karls IV. Reichsgrundgesetz. Weitgehende Bevorzugung der sieben Kurfürsten.
1370	Friede von Stralsund. Machthöhe der Hanse.
1378–1417	Schisma der Kirche: Rom und Avignon.
1396	Türken besiegen König Sigismund von Ungarn.
um 1400	Haus Medici gelangt mit Cosimo in Florenz zu führendem Ansehen.
1410	Niederlage des Deutschen Ritterordens bei Tannenberg durch Polen und Russen.
1414–1418	Konzil zu Konstanz. Drei Päpste abgesetzt. Hus als Ketzer verbrannt.
1415	Hohenzollern erlangen Mark Brandenburg und Kurwürde.
1429	Auftreten von Jeanne d'Arc, der Jungfrau von Orléans. 1431 in Rouen verbrannt.
1450	Erfindung der Buchdruckerkunst durch Johann Gutenberg.
1453	Eroberung von Konstantinopel durch die Türken. Ende des Oströmischen Reiches.

1455–1485	Bürgerkrieg in England. Haus York (weiße Rose) gegen Haus Lancaster (rote Rose).
1459–1525	Jakob Fugger, der Reiche.
1461–1483	Ludwig XI. von Frankreich bricht Macht der großen Vasallen.
1478	Iwan III. von Moskau erobert Nowgorod.
1479–1516	Ferdinand von Aragon vereinigt Aragon mit Kastilien.
um 1480	Iwan III. von Moskau schüttelt Mongolenherrschaft ab.
1486	Der Portugiese Bartolomeo Diaz umsegelt Kap der Guten Hoffnung.
1492	Christoph Kolumbus entdeckt Amerika. Spanier erobern Granada.
1493–1519	Maximilian I., der »letzte Ritter«.
1494	Vertrag von Tordesillas: Teilung der Neuen Welt zwischen Spanien und Portugal.
1495	Reichstag zu Worms: Ewiger Landfriede.
1498	Entdeckung des Seewegs nach Ostindien durch den Portugiesen Vasco da Gama.
1499	Schweizer Krieg (tatsächliche Trennung der Schweiz vom Reich).
1500	Portugiesen entdecken Brasilien.
1509–1547	Heinrich VIII. Trennung der englischen Kirche vom päpstlichen Stuhle (1531).
1513	Machiavellis »Il Principe« – »Der Fürst«.
1517	Luthers 95 Thesen »Über die Kraft des Ablasses«.
1519–1556	Karl V.
1519–1521	Eroberung von Mexiko durch Fernando Cortez. Untergang der altmexikanischen Kultur.
1519–1522	Erste Erdumsegelung durch den Portugiesen Magellan
1519	Disputation Luthers gegen Dr. Eck in Leipzig. Bruch mit Rom.
1520	Luthers reformatorische Schriften: »An den christlichen Adel deutscher Nation«, »Von der babylonischen Gefangenschaft der Kirche«, »Von der Freiheit eines Christenmenschen«.
1521	Reichstag zu Worms: Luther in Reichsacht erklärt. Zuflucht auf der Wartburg Friedrichs des Weisen. Beginn der Bibelübersetzung.
1521–1526	Erster Krieg Karls V. gegen Franz I. von Frankreich (1525 Schlacht bei Pavia).
1523	Beginn der Reformation in Schweden unter Gustav Wasa.
1524/1525	Bauernkrieg in Deutschland. Thomas Münzer.
1525	Hochmeister Albrecht von Brandenburg. Preußen weltliches Herzogtum unter polnischer Lehnshoheit.
1526–1532	Türkenkriege (1529 Belagerung Wiens).
1526–1598	Hugenottenkriege in Frankreich (Bartholomäusnacht 1572).
1526	Ferdinand I. von Österreich wird König von Ungarn und Böhmen. Erster Reichstag zu Speyer.
1526–1529	Zweiter Krieg Karls V. gegen Franz I. von Frankreich.
1529	Zweiter Reichstag zu Speyer (Protestanten!).
1530	Reichstag zu Augsburg. Augsburger Konfession, verfaßt von Melanchton.
1531	Schmalkaldischer Bund der Protestanten.
1532–1535	Pizarro zerstört Inka-Reich.
1533–1584	Zar Iwan IV., der Schreckliche, in Rußland.
1534	Jesuitenorden, gestiftet von Ignatius von Loyola, durch Papst bestätigt.
1536–1538	Dritter und vierter Krieg Karls V. gegen Franz I.
1541	Reformation in Genf durch Johann Calvin.
1545–1563	Konzil zu Trient. Abstellung kirchlicher Mißstände.
1546/1547	Schmalkaldischer Krieg zwischen Katholiken und Protestanten (1547 Schlacht bei Mühlberg).
1546	Anfänge des Puritanismus in England.
1549	Ankunft der ersten Jesuitenmission in Südamerika.
1553–1558	Maria die Katholische Königin von England. Ehefrau Philipps II. von Spanien. Blutige Förderung der Gegenreformation.
1555	Augsburger Religionsfriede. »Cuius regio, eius religio«.
1556–1598	Philipp II. König von Spanien. Schutzherr der katholischen Kirche. Blutige Verfolgung der Protestanten durch Inquisition.
1558–1603	Elisabeth Königin von England. Entwicklung des englischen Handels und der englischen Seemacht.
1568–1648	Freiheitskampf der Niederlande gegen Spanien.
1570	Gründung der Börse in London.
1571	Türkische Flotte bei Lepanto durch Spanien vernichtet. Spanische Vorherrschaft im Mittelmeer.
1577	Jean Bodin: Lehre von der Souveränität des Fürsten.
1579	Utrechter Union. Zusammenschluß der 7 nördlichen Provinzen der Niederlande (1581 Lossagung von Spanien).
1584	Gründung der ersten englischen Kolonie in Nordamerika (Virginia).
1587	Hinrichtung der Königin Maria Stuart von Schottland.
1588	Untergang der spanischen Armada. Beginn der Seegeltung Englands.
1589–1610	Heinrich IV. von Frankreich. Edikt von Nantes (1598): Gleichberechtigung von Hugenotten und Katholiken.
1600	Gründung der englischen Ostindienkompanie.
1603–1649	Haus Stuart. Personalunion zwischen England und Schottland.
1608	Protestantische »Union«, 1609 katholische »Liga« gegründet.
1611–1632	Gustav Adolf von Schweden.
1612	Holländer gründen Neu Amsterdam (New York).
1618–1648	Dreißigjähriger Krieg.
1620	Pilgerväter gründen Neuengland.
1624–1642	Kardinal Richelieu leitender Staatsmann Frankreichs.
1625–1649	Karl I. von England. »Petition of Rights« (Steuerbewilligungsrecht, Schutz gegen willkürliche Verhaftung).
1632	Schlacht bei Lützen: Gustav Adolf siegt und fällt.
1634	Ermordung Wallensteins zu Eger.
1640–1688	Friedrich Wilhelm I. von Brandenburg, der Große Kurfürst.
1642–1649	Bürgerkrieg in England. 1649 Hinrichtung Karls I. England Republik.
1643–1775	Ludwig XIV. von Frankreich. Mazarin Minister bis 1661.
1648	Westfälischer Friede zu Münster und Osnabrück. Ende des Dreißigjährigen Krieges.
1653–1658	Cromwell Lordprotektor von England auf Lebenszeit. Navigationsakte gegen holländischen Zwischenhandel (1651).
1661–1683	Colbert französischer Wirtschaftsminister (Merkantilismus).
1667/1668	Erster Eroberungskrieg Ludwigs XIV. gegen Spanien.
1672–1678	Zweiter Eroberungskrieg Ludwigs XIV. gegen Holland.

1679	Habeascorpusakte zum Schutz persönlicher Freiheit vom englischen Parlament durchgesetzt.
um 1680	Entstehung der englischen Parteien Wigs und Tories.
1681	Franzosen besetzen Straßburg.
1683	Belagerung Wiens durch die Türken. Entsatzschlacht am Kahlenberg.
1688–1697	Dritter Eroberungskrieg Ludwig XIV. gegen die Pfalz.
1689–1702	Wilhelm III. von England. »Glorious Revolution« und »Declaration of Rights«.
1689–1725	Peter der Große, Begründer des russischen Staates als Großmacht.
1699	Friede zu Karlowitz zwischen Österreich und der Türkei.
1700–1721	Nordischer Krieg zwischen Schweden, Rußland, Polen und Dänemark.
1713	Pragmatische Sanktion: Unteilbarkeit der österreichischen Monarchie (weibliche Erbfolge). Ende des spanischen Erbfolgekrieges. Philipp V. als König von Spanien anerkannt.
1713–1740	König Friedrich Wilhelm von Preußen.
1717	Prinz Eugens Türkensieg bei Belgrad.
1740–1786	Friedrich II. der Große.
1740–1780	Maria Theresia von Österreich.
1740–1742	Erster Schlesischer Krieg zwischen Österreich und Preußen.
1744/1745	Zweiter Schlesischer Krieg.
1756–1763	Dritter Schlesischer Krieg (Siebenjähriger Krieg). Gleichzeitig See- und Kolonialkriege zwischen England und Frankreich.
1769	Erfindung der Dampfmaschine durch James Watt.
1772	Erste, 1793 zweite und 1795 dritte Teilung Polens.
1776	4. Juli: Unabhängigkeitserklärung der 13 Staaten von Nordamerika. Adam Smith: »Natur und Ursachen des Volkswohlstandes« (Theorie des wirtschaftlichen Liberalismus).
1781	Kants »Kritik der reinen Vernunft«.
1783	Friede zu Versailles. Unabhängigkeit der Vereinigten Staaten von England anerkannt. George Washington erster Präsident.
1789	Beginn der Französischen Revolution. Sturm auf die Bastille (14. Juli). Erklärung der Menschen- und Bürgerrechte.
1790	Demokratisch-konstitutionelle Monarchie in Frankreich. Abschaffung der Privilegien von Adel und Geistlichkeit.
1792–1797	Erster Koalitionskrieg Österreichs und Preußens gegen Frankreich. Nach Hinrichtung Ludwigs XVI. (1793) Beitritt Englands, Hollands, Spaniens und des Deutschen Reiches zur Koalition.
1793/1794	Schreckensherrschaft in Frankreich. 1794 Robespierre guillotiniert.
1794	Allgemeines Landrecht in Preußen.
1795–1799	Direktorialregierung in Frankreich.
1796	Siegreicher Feldzug Napoleons nach Italien.
1797–1840	Friedrich Wilhelm III. von Preußen.
1798/1799	Napoleons Zug nach Ägypten.
1799	Staatsstreich Napoleons. Konsulatsverfassung.
1799–1802	Zweiter Koalitionskrieg gegen Frankreich.
1803	Reichsdeputationshauptschluß zu Regensburg.
1804–1815	Napoleon I. Kaiser der Franzosen.
1805	Dritter Koalitionskrieg gegen Frankreich. Nelson besiegt spanische und französische Flotte bei Trafalgar. Napoleons Sieg in Dreikaiserschlacht bei Austerlitz.

1806	Errichtung des Rheinbundes. Kaiser Franz legt römische Kaiserwürde nieder. Ende des Heiligen Römisches Reiches Deutscher Nation. Napoleons Siege über Preußen bei Jena und Auerstädt. Einzug in Berlin. Verkündung der Kontinentalsperre gegen England.
1807–1810	Reformpolitik in Preußen durch die Freiherrn vom Stein und von Hardenberg.
1807	Fultons (USA) Dampfschiff auf dem Hudson.
1808	Fichte: »Reden an die deutsche Nation«.
1809	Krieg zwischen Frankreich und Österreich. Erhebung der Tiroler unter Andreas Hofer gegen Bayern. Zug des Majors von Schill.
1812	Krieg Napoleons gegen Rußland. Preußen und Österreich zwangsweise mit Napoleon verbündet. Konvention von Tauroggen.
1813/1814	Deutsche Befreiungskriege. Friedrich Wilhelm III. »Aufruf an mein Volk«. Völkerschlacht bei Leipzig. Rückzug Napoleons nach Frankreich.
1813–1824	Abfall der südamerikanischen Kolonien von Spanien (Simon Bolivar).
1814	Schlacht bei Paris. Einzug der Verbündeten in Paris. Napoleon auf Elba.
1814/1815	Wiener Kongreß: Neuordnung Europas.
1815	Rückkehr Napoleons nach Frankreich. Niederlage Napoleons bei Waterloo durch Wellington und Blücher. Verbannung Napoleons nach St. Helena. Rußland, Österreich und Preußen schließen »Heilige Allianz«. »Große Allianz« zwischen England, Österreich, Preußen und Rußland gegen Bonapartismus und revolutionäre Bewegungen. Deutscher Bund (Metternich).
1817	Deutsche Burschenschaft (gegr. 1815) feiert Wartburgfest. Farben: Schwarz, Rot, Gold.
1819	Karlsbader Beschlüsse. Demagogenverfolgung. Erstes Dampfschiff von Amerika nach Europa.
1820	Missouri-Kompromiß: Grenzziehung zwischen freiem und Sklavengebiet in den USA.
1820–1823	Aufstände in Spanien von Frankreich, in Italien von Österreich niedergeschlagen.
1821–1829	Griechischer Befreiungskampf gegen Türkei.
1823	Monroedoktrin: »Amerika den Amerikanern«.
1824	Bildung von Gewerkschaften in England und Gewährung des Streikrechts für die Arbeiter.
1824	England erwirbt Singapur.
1830	Julirevolution in Frankreich. Erste Eisenbahn zwischen Liverpool und Manchester.
1830–1848	Louis Philippe von Orléans König der Franzosen (Bürgerkönig).
1830–1847	Frankreich erobert Algerien.
1831	Verfassungen in deutschen Mittel- und Kleinstaaten. Mazzini gründet »Das Junge Italien«.
1832	Hambacher Fest: Kundgebung des süddeutschen radikalen Liberalismus.
1833	Sklavenbefreiung in den englischen Kolonien. Telegraph durch Gauß und Weber. Gründung des deutschen Zollvereins (Friedrich List).
1834	China verschließt seine Häfen dem europäischen Handel.
1837–1901	Königin Viktoria von England. Zunehmende Bewegung für den Freihandel.
1838	Daguerre (Frankreich) erfindet Photographie.
1839	Kinderarbeitsverbot und Zehnstundentag für Jugendliche in Preußen.

1839–1842	Opiumkrieg Englands gegen China. England erwirbt Hongkong (1842). Beginn der »Ungleichen Verträge« mit China.
1840–1861	Friedrich Wilhelm IV. König von Preußen.
1844	Erster Arbeiterkonsumverein in England.
1845	Friedrich Engels: »Die Lage der arbeitenden Klasse in England.«
1845–1848	Krieg zwischen den USA und Mexiko. Texas, Kalifornien, Neumexiko an die USA.
1846	Aufhebung der Kornzölle in England (Übergang zum Freihandel).
1848	Karl Marx (1818–1883) und Friedrich Engels (1820–1895): »Kommunistisches Manifest«. Gründung der unabhängigen Negerrepublik Liberia. Februarrevolution in Frankreich. Allgemeines und gleiches Wahlrecht. Erste deutsche Nationalversammlung in der Paulskirche zu Frankfurt. Aufstände in Italien, Ungarn und Böhmen.
1849	Friedrich Wilhelm IV. lehnt von Nationalversammlung angebotene Kaiserwürde ab. 1850 »Oktroyierte« Verfassung: Dreiklassenwahlrecht in Preußen.
1851	Erste Weltausstellung in London.
1852–1870	Napoleon III. Kaiser der Franzosen.
1854	Bessemerverfahren zur Stahlgewinnung. Japan den Fremden geöffnet.
1859	Charles Darwin: »Ursprung der Arten durch natürliche Zuchtwahl.«
1860/1861	Einigung Italiens (Cavour und Garibaldi). Victor Emanuel II. König von Italien.
1861–1865	Amerikanischer Sezessionskrieg. Präsident Abraham Lincoln (1860–1865).
1862	Otto von Bismarck Ministerpräsident von Preußen.
1863	Ferdinand Lassalle gründet Allgemeinen Deutschen Arbeiterverein.
1864	Krieg Österreichs und Preußens gegen Dänemark.
1866	Preußisch-österreichischer Krieg. Preußischer Sieg bei Königgrätz unter General von Moltke. Kampf um Vorherrschaft in Deutschland entschieden.
1867	Norddeutscher Bund unter Preußens Führung. Österreichisch-ungarischer Ausgleich (Doppelmonarchie). USA kaufen Alaska von Rußland.
1868	Gründung der Sozialdemokratischen Arbeiterpartei in Eisenach.
1869	Eröffnung des Suezkanals.
1870/1871	Deutsch-Französischer Krieg und Gründung des Deutschen Reiches. Kaiser Wilhelm I. (–1888). Reichskanzler Otto von Bismarck (–1890).
1874	Disraeli englischer Ministerpräsident.
1875	Annam und Tongking französisches Protektorat. Rußland besetzt Sachalin, Japan die Kurilen. Gründung des Weltpostvereins.
1878	Berliner Kongreß. Sozialistengesetz in Deutschland.
1879	Zweibund zwischen Deutschland und Österreich. Übergang Deutschlands zur Schutzzollpolitik.
1881	Dreibund zwischen Deutschland, Österreich-Ungarn und Italien. Tunis französisches Protektorat. Rockefeller (USA) gründet Standard Oil Company.
1881–1889	Sozialgesetzgebung in Deutschland. Kranken-, Unfall-, Invaliden-, Altersversicherung.
1884	Gründung deutscher Kolonien in Afrika.
1885	Kongokonferenz in Berlin. Deutschland erwirbt Kolonien auf Südseeinseln. Daimler und Benz: Kraftwagen mit Benzinmotoren.
1888–1918	Kaiser Wilhelm II.
1890	Entlassung Bismarcks. Rückversicherungsvertrag mit Rußland nicht erneuert.
1891	»Rerum novarum«, Rundschreiben Papst Leos XIII. zur sozialen Frage.
1891–1893	Russisch-französisches Bündnis.
1894/1895	Chinesisch-japanischer Krieg. Formosa an Japan.
1896	Erste Olympische Spiele der Neuzeit in Athen.
1897	Erster Zionistenkongreß in Basel (Theodor Herzl).
1898	Erstes, 1900 zweites Flottengesetz zur Verstärkung der deutschen Kriegsflotte (Tirpitz).
1898	Konflikt zwischen Frankreich und England in Afrika (Faschodakrise).
1899	Deutschland erhält Konzession für Bau der Bagdadbahn.
1899–1902	Burenkrieg.
1900/1901	Boxeraufstand.
1902	Englisch-japanisches Bündnis.
1903	Spaltung der russischen Arbeiterpartei in Menschewiki (Plechanow) und Bolschewiki (Lenin, Trotzki).
1904	Entente cordiale zwischen England und Frankreich.
1904/1905	Russisch-japanischer Krieg.
1905	Revolution in Rußland.
1907	Englisch-russische Entente.
1912/1913	Balkankriege: Aufteilung der europäischen Türkei. Verschärftes Wettrüsten.
1912	China Republik (Sun Yat-sen).
1914	Ermordung des österreichischen Thronfolgers Franz Ferdinand. Ausbruch des Ersten Weltkrieges. Bewegungskrieg im Westen und Osten (Marneschlacht und Tannenberg). Kriegseintritt Japans und der Türkei.
1915	Kriegseintritt Italiens.
1917	Kriegseintritt der Vereinigten Staaten und Krise des U-Boot-Krieges.
1917	Oktoberrevolution: Herrschaft Lenins und der Bolschewiki in Rußland.
1918	Friede von Brest-Litowsk. Zusammenbruch der Mittelmächte. Waffenstillstand und Revolution in Deutschland.
1919	Weimarer Nationalversammlung. Ebert Reichspräsident (–1925). Vertrag von Versailles.
1922	Washingtoner Abkommen: Begrenzung der Seerüstung. Rapallo-Vertrag zwischen Rußland und Deutschland. Walter Rathenau ermordet. Mussolinis Marsch auf Rom. Herrschaft des Faschismus in Italien.
1923	Einmarsch französischer und belgischer Truppen ins Ruhrgebiet. Passiver Widerstand. Inflation. Hitlerputsch.
1924	Stalin an der Spitze der Sowjetunion (–1953).
1925	Wahl Hindenburgs zum Reichspräsidenten. Locarnopakt (Briand-Stresemann).
1926	Eintritt Deutschlands in den Völkerbund.
1929	Zusammenbruch der Börsenkurse in New York. Beginn der Weltwirtschaftskrise.
1930–1932	Präsidialkabinette Brüning in Deutschland.
1932	Über 6 Millionen Arbeitslose in Deutschland.

1933	Hitler Reichskanzler. Austritt Deutschlands aus dem Völkerbund. Ermächtigungsgesetz. Auflösung der Parteien. Amtsantritt des Präsidenten Roosevelt in den USA.
1934/1935	Langer Marsch der Kommunisten in China unter Mao Tse-tung nach Shensi.
1935	Abstimmung an der Saar. Einführung der allgemeinen Wehrpflicht in Deutschland. Deutsch-englisches Flottenabkommen.
1935/1936	Italienisch-abessinischer Krieg.
1936–1939	Spanischer Bürgerkrieg (Franco).
1936	Beginn der großen Säuberung in der Sowjetunion. Aufhebung der entmilitarisierten Zone im Rheinland durch Hitler.
1937	Beginn des chinesisch-japanischen Krieges.
1938	Anschluß Österreichs. Münchner Konferenz: Eingliederung der sudetendeutschen Gebiete in das Reich. Judenpogrom (Reichskristallnacht).
1939	Besetzung der restlichen Tschechoslowakei. Reichsprotektorat Böhmen und Mähren. Deutsch-russischer Nichtangriffspakt. Kriegsausbruch mit Polen (1. September), England und Frankreich.
1941	Deutscher Angriff auf die Sowjetunion. Überfall der Japaner auf Pearl Harbor. Kriegserklärung Italiens und Deutschlands an die Vereinigten Staaten.
1943	Kapitulation der deutschen Stalingradarmee.
1944	Invasion der Amerikaner und Briten in Frankreich. Attentat auf Hitler (20. Juli).
1945	Konferenz von Jalta. Selbstmord Hitlers und bedingungslose Kapitulation des Deutschen Reiches. Gründung der Vereinten Nationen (UNO). Abwurf amerikanischer Atombomben auf Hiroshima und Nagasaki. Kapitulation Japans.
1945–1947	Flucht und Vertreibung der Deutschen aus den deutschen Ostgebieten und Ostmitteleuropa.
1947	Trumandoktrin: Politik der Eindämmung des Kommunismus. Marshall-Plan zum Wiederaufbau Europas. Unabhängigkeit Indiens.
1948	Blockade Berlins, Luftbrücke. Kommunistischer Staatsstreich in der Tschechoslowakei.
1948	Gründung des Staates Israel. Währungsreform in Deutschland.
1949	Bonner Grundgesetz. Bundesrepublik Deutschland (Regierung Adenauer bis 1963). Deutsche Demokratische Republik. Sieg des Kommunismus in China. Explosion der ersten russischen Atombombe. Gründung des Nordatlantikpaktes (NATO).
1950–1953	Krieg in Korea.
1951	Europäische Gemeinschaft für Kohle und Stahl (Montanunion).
1953	Wiedergutmachungsabkommen der Bundesrepublik mit Israel. Tod Stalins. Volkserhebung in Ostberlin und der DDR (17. Juni).
1954	Teilung Indochinas in Nord- und Südvietnam.
1954–1962	Französisch-algerischer Krieg.
1955	Konferenz asiatischer und afrikanischer Staaten in Bandung gegen Kolonialismus. Eintritt der Bundesrepublik in die NATO. Wiederherstellung der Souveränität Westdeutschlands. Abschluß des Warschauer Paktes. Unterzeichnung des österreichischen Staatsvertrages.

1956	Allgemeine Wehrpflicht in der Bundesrepublik. Beginn der Entstalinisierung durch Chruschtschow. Volksaufstand in Ungarn gegen die sowjetische Herrschaft. Suezkrise (Israel, Frankreich, England gegen Ägypten).
1957	Unterzeichnung der Römischen Vertäge: Gründung von EWG und EURATOM. Erste Raumfahrt des russischen Sputnik.
1958	5. Republik in Frankreich. 1959 de Gaulle Staatspräsident. Revolution in Kuba (Fidel Castro). Tibetanischer Aufstand gegen China.
1960	Der größte Teil der europäischen Kolonialgebiete in Afrika wird selbständig.
1961	Schließung der Grenze von Mittel- nach Westdeutschland durch die Mauer in Berlin (13. Aug.).
1962	Kubanische Raketenkrise.
1963	Ermordung des amerikanischen Präsidenten John F. Kennedy.
1964	Sturz Chruschtschows durch die obersten Parteiorgane der Sowjetunion. Explosion der ersten chinesischen Atombombe.
1965	Verschärfung des Krieges in Vietnam. Einsatz amerikanischer Bodentruppen.
1967	Nahostkrieg: Israel–Araberstaaten.
1967–1970	Biafra-Krieg in Nigerien.
1968	Einmarsch russischer und Warschauer-Pakt-Truppen in die Tschechoslowakei.
1969	Sowjetisch-chinesische Grenzzwischenfälle am Ussuri. Neil Armstrong (USA) erster Mensch auf dem Mond.
1971	Unterzeichnung des Viermächte-Abkommens über Berlin (1972 Inkrafttreten).
1972	Amerikas Präsident Nixon in Peking und Moskau (SALT-Abkommen). Unterzeichnung der EWG-Beitrittsverträge durch England, Dänemark, Norwegen und Irland.
1972	Grundvertrag zwischen BRD und DDR über die Regelung gleichberechtigter Beziehungen.
1973	KSZE-Sicherheits-Konferenz in Helsinki. »Jom-Kippur-Krieg«: Israel wird von Ägypten und Syrien überfallen.
1974	Rücktritt des US-Präsidenten Richard Nixon. PLO-Chef Arafat spricht vor der UNO-Vollversammlung.
1975	Bedingungslose Kapitulation in Südvietnam. Juan Carlos erster König von Spanien seit 44 Jahren.
1976	Mao Tse-tung, Schöpfer der Chinesischen Volksrepublik, stirbt. Eskalation des Guerillakrieges in Rhodesien. Jimmy Carter zum 39. Präsidenten der Vereinigten Staaten von Amerika gewählt.
1977	Moskau erkennt erstmals Europäische Gemeinschaft als Verhandlungspartner an. Ägyptens Staatspräsident Anwar el-Sadat reist zu einem dreitägigen Besuch nach Israel.
1978	Karol Wojtyla, Erzbischof von Krakau, wird zum Papst gewählt (Johannes Paul II.). Friedens- und Freundschaftsvertrag zwischen Japan und China.
1979	Abdankung von Schah Mohammed Reza Pahlevi. Iran wird islamische Republik. Unterzeichnung von SALT II durch US-Präsident Carter und Staatschef Breschnew in Wien.

HUNDERT WICHTIGE PERSÖNLICHKEITEN

Die Formulierung »wichtige« wurde absichtlich gewählt; von den »wichtigsten« zu sprechen wäre vermessen, denn das hieße ganz subjektiv werten und riefe nur berechtigten Widerspruch hervor. Daß die im folgenden kleinen Lexikon porträtierten Personen für den Verlauf der Weltgeschichte wichtig waren, wird indes niemand bestreiten. Die Artikel sind nicht aus optischen Gründen gleich lang, sondern zur Vermeidung von »Wichtigkeitsberechnungen«. Die Auswahl wurde nach formalen und inhaltlichen Kriterien getroffen:

1. Lebende Persönlichkeiten wurden nicht aufgenommen. Sie sind uns meist noch zu nah, als daß ein abschließendes Urteil möglich wäre. Selbst wenn bei einem Mann wie z.B. Tito schon jetzt sehr wahrscheinlich ist, daß er einmal in den Kreis gehören wird, muß mit neuen Erkenntnissen gerechnet werden, die jeden Text vorzeitig veralten ließen.

2. Personen, die ihren Ruhm fast ausschließlich künstlerischer Tätigkeit verdanken, fehlen. Nach so großen Namen wie Beethoven oder Shakespeare, Dürer oder Dante wird man daher vergeblich suchen. Das ist nicht Mißachtung der Kunst, sondern bewußte Ausklammerung eines Bereichs, der mehr noch als andere von Vorlieben und Abneigungen geprägt ist. Künstler, die dagegen auch auf anderen Gebieten hervorgetreten sind, werden porträtiert, so der Dichter und Naturwissenschaftler Goethe oder der Maler und Forscher Leonardo da Vinci.

3. Trotz Bemühung um Ausgewogenheit dominieren natürlich europäische Größen und unter diesen wieder die Politiker. Unser Blickwinkel ist nun einmal europäisch, und Europa war ja bis vor wenigen Jahrzehnten auch das Zentrum der politischen Welt, so wie die Politiker der Motor der Weltgeschichte.

4. Mancher wesentlichen politischen oder weltanschaulichen Bewegung fehlte der unbestrittene Führer. In solchen Fällen wurde ein Repräsentant ausgewählt, der stellvertretend für eine ganze Anzahl gleich bedeutender Personen steht. Das gilt beispielsweise für den deutschen Widerstand gegen Hitler. Wenn hier nur Stauffenberg erwähnt wird, dann sollen die anderen Kämpfer und Gruppen nicht abgewertet werden.

5. Verzichtet wurde auf Personen, die primär für die Geschichtswissenschaft und weniger für die Geschichte von Bedeutung waren. Als der junge Pharao Tutanchamun starb, hatte er wenig Entscheidendes leisten können. Wichtig an ihm ist nur der Zufall, dem wir die unversehrte Überlieferung seines Grabes verdanken. Er fehlt also im Lexikon.

Eine Biographiensammlung wie die vorliegende scheint den problematischen Satz »Männer machen Geschichte« zu stützen. Das wäre allerdings ein Mißverständnis, denn es geht hier um ein Namen- und Datengerüst, das dem historischen Wissen Halt verleihen soll. Erinnerung funktioniert nämlich personal, und in Personen verdichtet sich Geschichte.

ADENAUER
Konrad

Deutscher Politiker, * 5.1.1876 in Köln, † 19.4.1967 in Rhöndorf. Mit 70 Jahren begann der katholische Jurist seine zweite politische Karriere. Seine erste hatten die Nazis 1933 abrupt beendet, als sie den Kölner Oberbürgermeister alle Ämter enthoben. Der CDU-Mitbegründer und -Vorsitzende Adenauer wurde am 15.9.1949 erster Bundeskanzler der zweiten deutschen Republik, nachdem er als Präsident des Parlamentarischen Rates maßgeblich an der Formulierung des Grundgesetzes mitgewirkt hatte. Getragen vom sogenannten Wirtschaftswunder siegte er in den nächsten Wahlen unangefochten. Außenpolitisch steuerte er unbeirrbar Westkurs (Wiederbewaffnung, NATO, europäische Integration, Aussöhnung mit Frankreich, Wiedergutmachung). Obwohl starrer Antikommunist war er Realist genug, auch den Ausgleich mit dem Osten zu suchen (1955 diplomatische Beziehungen mit der UdSSR). Am 15.10.1963 trat Adenauer zurück.

ALEXANDER
der Große

Makedonischer König, * Herbst 356 in Pella, † 13.6.323 in Babylon. Erzogen von Aristoteles und erfüllt von der Sendung des Griechentums nutzte der junge König die vom Vater 336 ererbte wohlentwickelte Militärmacht zum »panhellenischen Rachefeldzug« gegen den persischen Großkönig Dareios III. In einer Reihe glanzvoller Siege (334 am Granikos, 333 bei Issos, 331 bei Gaugamela) eroberte er das ganze Perserreich. 327–25 drang er sogar bis Indien vor. Zur Konsolidierung seines Weltreiches suchte er nach einer Symbiose von Griechentum und Persertum: Er zwang seine militärischen Führer zu Ehen mit einheimischen Frauen und übernahm große Teile des Hofzeremoniells des persischen Gottkönigtums. Damit schuf er in den eigenen Reihen erhebliche Unruhe, legte aber auch die Grundlage einer hellenistischen »Weltkultur« in den Nachfolgestaaten, in die sein Reich nach seinem plötzlichen Tode rasch zerfiel.

ARISTOTELES

Griechischer Philosoph, * 384 in Stagira (Thrakien), † 322 bei Chalkis (auf Euböa). Schüler Platons, an dessen Athener Schule er später auch lehrte. 342 wurde er an den makedonischen Hof berufen, wo er den Prinzen Alexander erzog. Sein Einfluß auf den späteren Welteroberer wird deutlich an dessen Forscherdrang und dem Gleichheitsideal, das er seiner Politik zugrunde legte. Aristoteles kehrte 335 nach Athen zurück und widmete sich seinen wissenschaftlichen Arbeiten, die zu einem erheblichen Teil überliefert sind. Im Mittelalter wurde er zur absoluten wissenschaftlichen Autorität. Seine Logik gilt bis heute, seine Poetik beeinflußte ganze Dichtergenerationen, Staatsphilosophie, Ethik, Metaphysik sind ohne aristotelische Grundlegung kaum denkbar. Neben aller zeitbedingten Begrenztheit ist sein Werk Zeuge der Reife des antiken griechischen Weltbildes, das nach ihm für lange Jahrhunderte verloren ging.

ARMINIUS

Fürst der Cherusker, * etwa 18 v.Chr., † 19 oder 21 n.Chr. Der oft fälschlich Hermann genannte germanische Heerführer wuchs in Rom auf und erwarb das Bürgerrecht. Gründlich militärisch geschult, begann er nach seiner Heimkehr gegen die römischen Besatzer zu arbeiten. Als diese unter Varus einen Aufstand niederschlagen wollten, wurde ihr etwa 20000 Mann starkes Heer 9 n.Chr. im Teutoburger Wald von den Germanen unter Arminius vernichtet. Auch der zur Wiedereroberung Germaniens ausgesandte Germanicus konnte ihn trotz mancher Erfolge nicht schlagen, so daß Kaiser Tiberius den Eroberungsplan aufgab. 17–19 konnte Arminius auch den Rom-Anhänger und Markomannenfürsten Marbod besiegen. Trotz aller Erfolge endete er tragisch. Seine Frau Thusnelda geriet mit seinem Sohn in römische Gefangenschaft, aus der sie nicht wiederkehrten. Er selbst fiel einem Mordkomplott neidischer Verwandter zum Opfer.

ATTILA

König der Hunnen, * um 395, †453. »Etzel«, wie er im Nibelungenlied heißt, regierte das vom Kaukasus bis zum Rhein reichende Hunnenland seit 434, zuerst gemeinsam mit seinem Bruder Bleda, den er 445 ermordete. Seine Reiterheere galten als unbezwingbar, selbst der Oströmische Kaiser war ihm tributpflichtig. Westrom erwartete voller Angst seinen Angriff, der 451 gegen Gallien losbrach. Doch erstmals war das Waffenglück gegen ihn. Gestützt auf germanische Hilfsvölker, vor allem die Westgoten, die durch die Hunnenangriffe ins römische Reich gedrängt worden waren, schlugen ihn die Römer unter Aetius auf den Katalaunischen Feldern. Ergrimmt wandte er sich gegen Italien, tauchte vor Rom auf, das vermutlich vernichtet worden wäre, wenn Attila nicht in der Hochzeitsnacht mit Ildiko einem Blutsturz erlegen wäre. Unter seinen Söhnen löste sich sein Reich so schnell auf, wie es gekommen war.

AUGUSTINUS
Aurelius

Römischer Theologe, * 13.11.354 in Tagaste (Nordafrika), †28.8.430 in Hippo Regius. Der Sohn einer frommen Mutter, die ihn christlich erzog, und eines heidnischen Vaters war glänzend begabt und, mild gesagt, lebenslustig. Als Rhetorik-Lehrer kam er 383 nach Mailand, wo er die Predigten des großen Ambrosius hörte. Hier erlebte er seine Bekehrung und erkannte die Leere seines ausschweifenden Lebens (beschrieben in den »Confessiones« 398), ließ sich 387 taufen und wurde 396 Bischof von Hippo Regius in Afrika. Er entwickelte eine rege schriftstellerische Tätigkeit, die sich gegen Zeitströmungen wie Pelagianismus, Manichäismus u.a. wandte. Seine Schriften über den Gottesstaat (»De civitate dei«, 410) und zur Bibelauslegung (»De doctrina christiana«) wurden Grundlagen der gesamten mittelalterlichen Theologie. Der später heilig gesprochene Bischof starb während der Belagerung Hippos durch die Vandalen.

AUGUSTUS

Römischer Kaiser, ursprünglich Gaius Octavius, * 23.9.63 v.Chr. in Velitrae, †19.8.14 n.Chr. in Nola. Nach der Ermordung seines Großonkels Caesar, der seit 44 Alleinherrscher gewesen war, machte sich Octavius im Bündnis mit Roms einflußreichsten Männern, Antonius und Lepidus, an die Verfolgung der Mörder. Im Oktober 42 wurden sie gestellt und vernichtet. Im folgenden Machtkampf setzte Octavius 36 Lepidus ab und besiegte 31 Antonius bei Actium. Trotz Rückgabe seiner Sondervollmachten blieb er oberste politische Macht: 27 Verleihung des Beinamens Augustus (= der Erhabene). Unter ihm war dem Reich eine lange Friedenszeit beschert; diese »pax augusta« führte zu reicher kultureller und wirtschaftlicher Blüte. Nach außen wurde nur die Nordgrenze bis an die Donau vorgeschoben, eine rechtsrheinische Expansion scheiterte 9 n. Chr. im Teutoburger Wald. Zu seinem Nachfolger bestimmte er seinen Adoptivsohn Tiberius.

BISMARCK
Otto
Fürst von B.-Schönhausen

Deutscher Politiker, * 1.4.1815 in Schönhausen, †30.7.1898 in Friedrichsruh. Der »Eiserne Kanzler« war eigentlich gar kein besonderer Eisenfreund; Krieg war für ihn nur das zuweilen Unumgängliche. Nach Diplomatenjahren wurde Bismarck am 23.9.1862 zum preußischen Ministerpräsidenten berufen. Als konsequenter Royalist regierte er ganz im Interesse der Krone und zwang 1866 Preußen den unpopulären Bruderkrieg gegen Österreich und nach dem Sieg einen maßvollen Frieden auf. Fürs Königshaus provozierte er 1870 auch die französische Kriegserklärung und lancierte nach dem Sieg die Wahl Wilhelms I. zum Deutschen Kaiser (18.1.71 in Versailles). Er selbst schwenkte als erster Reichskanzler ganz auf Friedenssicherung ein, was ihm außenpolitisch brillant gelang, innenpolitisch aber trotz fortschrittlicher Sozialgesetze weitgehend scheiterte. Das führte letztlich zu seiner Entlassung durch Wilhelm II. am 18./20.3.1890.

BOLIVAR
Simón

Südamerikanischer Politiker und General, * 24.7.1783 in Caracas, † 17.12.1830 in Santa Marta (Kolumbien). Beteiligte sich als Anhänger der Befreiungsbewegung 1810 am Aufstand gegen die spanische Herrschaft, mußte aber nach der Niederlage gegen die Royalisten flüchten. Bolívar sammelte ein neues Heer, befreite 1813 Caracas, unterlag aber wenig später erneut den Spaniern. Erst sein nächster Anlauf gegen die durch Unruhen im Mutterland geschwächte spanische Herrschaft 1817–20 war endgültig erfolgreich. 1819 wurde er Präsident von Groß-Kolumbien (aus Venezuela, Neu Granada, Kolumbien, Ecuador). Mit einem Freiwilligenheer zog er weiter nach Peru und brachte 1823 den Spaniern bei Ayacucho die entscheidende Niederlage bei. Er begründete die Staaten Peru und Ost-Peru, das sich nach ihm Bolivien nannte. 1826 nach Caracas zurückgekehrt, mußte der gefeierte Befreier des Kontinents ohnmächtig zusehen, wie Groß-Kolumbien zerfiel.

BONIFATIUS
ursprünglich:
Winfried

Angelsächsischer Missionar, * um 673 in Wessex, † 5.6.754 bei Dokkum (Friesland). Der »Apostel der Deutschen« begann als Benediktinermönch, verließ 718 England und wurde in Rom von Papst Gregor II. 719 mit der Germanenmission beauftragt. Friesland, Thüringen und Hessen wurden seine ersten Missionsgebiete. Seit 721 Bischof und seit 723 mit einem Schutzbrief Karl Martells ausgestattet, gründete er Klöster (u.a. Fulda 744) und kämpfte gegen heidnische Kultstätten (z.B. Fällung der sog. Donar-Eiche bei Fritzlar). Bei seinem Bestreben, die fränkische Kirche zu reformieren, stieß er allerdings bei Karl Martell und den fränkischen Geistlichen auf wenig Gegenliebe. 732 wurde er Erzbischof, gründete verschiedene Bistümer und übernahm 746 das Bistum Mainz. Als 80jähriger nahm er die Friesenmission wieder auf. Er fiel am Pfingstsonntag 754 einem Mordanschlag heidnischer Friesen zum Opfer.

BUDDHA
eigentlich:
Siddhartha Gautama

Indischer Religionsstifter, * um 560, † um 480 in Kusinara. Der »Erleuchtete« (Buddha) stammte aus reicher nordindischer Adelsfamilie und wuchs im Wohlleben auf. Mit 29 Jahren verließ er nach schicksalhaften Begegnungen Familie und Heimat und wandte sich als Bettelmönch der Askese zu. Doch auch hier fand er keine Befriedigung. Nach sechs Jahren erlebte er die Erleuchtung, entsagte der Askese und lehrte von nun an die »vier heiligen Wahrheiten« von der Überwindung des Leidens und den »achtfachen Pfad« zur Befreiung von der Wiedergeburt (Seelenwanderung), den Weg zum »Nirwana« (dem Verlöschen). Diese auf Meditation gegründete im Wortsinn »gottlose« Religion fand rasch Anhänger. Mönchs- und Nonnenorden schlossen sich dem Buddha an, der die letzten vierzig Jahre seines Lebens als Prediger verbrachte. Bereits wenige Jahrhunderte danach hatte sich der Buddhismus fast über ganz Asien ausgebreitet.

CAESAR
Gaius Julius

Römischer Feldherr und Politiker, * 13.7.100 in Rom, † (ermordet) 15.3.44 ebd. Mit ihm endet eigentlich die römische Republik, denn die republikanischen Neuansätze nach seinem Tod mündeten bald ins Kaisertum seines Großneffen Augustus. Zur Macht gekommen durch ein Privatbündnis mit dem reichsten Römer, Crassus, und dem erfolgreichen Feldherrn Pompeius (1. Triumvirat 60), schuf sich Caesar (Konsul 59) in den Folgejahren durch Eroberung ganz Galliens 58–51 – beschrieben in seiner Propagandaschrift »De bello Gallico« – ein unvergleichliches Machtinstrument, sein treu ergebenes Heer. Mit ihm marschierte er auf Rom, wo Pompeius sich nach Crassus' Tod (53) als Herrscher aufspielte, verfolgte und besiegte ihn am 9.8.48 bei Pharsalos. Von seiner Diktatur, während der er eine radikale Verwaltungs- und Kalenderreform vornahm, zur Monarchie fehlte nur ein Schritt. Dagegen bildete sich eine Adelsverschwörung, der er zum Opfer fiel.

CHLODWIG I.

Fränkischer König, *466, †511 in Paris. Wenn sonst nichts über ihn zu sagen wäre, der Übertritt des fränkischen Stammeskönigs zum Katholizismus (498) hätte ihm allein einen hervorragenden Platz in den Geschichtsbüchern gesichert. Er schuf damit im Gegensatz zu den arianischen Goten die Möglichkeit einer Symbiose zwischen Germanentum und Römertum, die sich als äußerst fruchtbar erweisen sollte. Doch dem tatkräftigen König (seit 481) gelang weit mehr: 486 beseitigte er die Reste der Römerherrschaft in Nordgallien, eroberte das Pariser Becken, schlug 496/97 die Alemannen, drang an die Alpen vor, besiegte 507 die Westgoten und dehnte sein Reich bis zur Garonne aus. Unterstützt von der Kirche und von den unterworfenen, aber nicht unterdrückten Galliern akzeptiert, konnte er dem fränkischen Reich die dauerhafte Grundlage geben, die den anderen Germanenreichen auf römischem Reichsboden versagt blieb.

CHRUSCHTSCHOW
Nikita

Sowjetischer Politiker, *17.4.1894 in Kalinowka, †11.9.1971 in Moskau. Der Arbeitersohn schloß sich 1918 den Bolschewiken an, wurde 1935 ZK- und 1939 Politbüro-Mitglied. Dank kluger Zurückhaltung überstand er die Säuberungen Stalins. Im 2. Weltkrieg politischer Kommissar, danach 1. Sekretär der Ukrainischen Parteiorganisation, wurde er erst 1949 von Stalin ins Zentrum der Macht geholt. Nach dem Tod des Diktators setzte er sich im Kampf um die Nachfolge durch (1953 1. Sekretär des ZK, 1958 Ministerpräsident). Auf dem XX. Parteitag der KPdSU brach er 1956 mit dem Stalinismus. Dem »Tauwetter« folgten Erschütterungen im ganzen Ostblock. Die Rote Armee mußte den Ungarn-Aufstand niederschlagen. Dem Westen gegenüber verfolgte Chrustschow trotz vieler Krisen (Berliner Mauer 1961, Kuba-Affäre 1962 u.a.) einen Kurs der »friedlichen Koexistenz«, der zum Bruch mit China führte. Am 14.10.1964 wurde er gestürzt.

CHURCHILL
Sir Winston

Englischer Politiker, *30.11.1874 in Blenheim Palace, †24.1.1965 in London. Wenn ein Politiker den Literaturnobelpreis bekommt, dann denkt man an einen versponnenen Idealisten. Das Gegenteil war bei Churchill (Preis 1953 für seine Memoiren) der Fall: Nach erster politischer Karriere, die 1929 abrupt endete, erinnerte man sich erst wieder des unbequemen Warners vor Hitler, als England in höchste Not geriet, als die deutsche Wehrmacht Frankreich überrollte und zum Sprung auf die Insel ansetzte. Am 10.5.1940 wurde er Regierungschef, widerstand allen deutschen Friedensangeboten, verbündete sich mit Stalin und gehörte dank US-Hilfe zu den Siegern des 2. Weltkriegs. Als kleinerer Partner zwischen USA und UdSSR konnte er aber nicht verhindern, daß die Sowjetunion bis zur Elbe vorrückte. 1945 abgewählt, war er 1951–55 nochmals Premierminister, der die Liquidation des Empire, das er hatte retten wollen, abwickeln half.

CICERO
Marcus Tullius

Römischer Politiker und Schriftsteller, *106, †7.12.43 bei Formiae. Seinen politischen Aufstieg erkämpfte sich der Sohn eines »Ritters« durch unermüdliche Rednertätigkeit. Die Verschwörung des Catilina, die er verhindern konnte, brachte ihm das Konsulat (63) und den Ruf eines unerschrockenen Verteidigers der Republik ein. Der Aufstieg Caesars schränkte indes seinen politischen Spielraum immer weiter ein, so daß er sich resignierend seinen schriftstellerischen Arbeiten widmete. Nach Caesars Ermordung sah er nochmals Chancen, die Republik zu retten, und kämpfte dafür in den »Philippischen Reden«. Das brachte ihm die Feindschaft des Marcus Antonius ein, dessen Schergen ihn auf der Flucht ermordeten. Als Politiker gescheitert, leuchtet umso heller sein literarisches Werk, in dem er die griechische Kultur den Römern vermittelte. Sein glänzender Stil hat die Kunstprosa bis in unsere Zeit nachhaltig beeinflußt.

CONSTANTIN
der Große

Römischer Kaiser, *27.2. um 285 in Naissus, †22.5.337 bei Nicomedia. Der Sohn Constantius I. mußte um seine Thronansprüche lange kämpfen. Nach erfolgreichen Jahren als Heerführer brach er gegen Rom auf. In der Nacht vor der Schlacht gegen den West-Kaiser Maxentius soll er im Traum das Christus-Zeichen ☧ gesehen und eine Stimme gehört haben: »In diesem Zeichen wirst du siegen!« Er ließ das Zeichen auf seiner Standarte anbringen und siegte am 28.10.312 an der Milvischen Brücke. Nach Jahren der Konsolidierung im Westen (313 Toleranzedikt, Heeresreform u.a.) brach der Konflikt mit dem Ost-Kaiser Licinius wegen dessen Christenverfolgungen aus. Nach dem Sieg 324 bei Adrianopel war Constantin Alleinherrscher. Er gründete 330 bei Byzanz seine neue Reichshauptstadt Konstantinopel. Das Christentum, um dessen Einheit sich der erst auf dem Totenbett getaufte Kaiser rastlos bemühte (325 Konzil von Nicäa), wurde quasi Staatsreligion.

CORTEZ
Hernando

Spanischer Konquistador, *1485 in Medellín (Estremadura), †2.12. 1547 bei Sevilla. Als Abenteurer 1504 nach Hispaniola (heute Santo Domingo) gegangen, machte Cortez rasch Karriere und wurde 1519 mit einer Expedition gegen das Aztekenreich in Mexiko beauftragt. Kaiser Montezuma II. begriff zu spät die wahren Absichten der Spanier. Bei einem Aufstand kamen er selbst und die meisten Spanier ums Leben. In der sog. »noche triste« (= traurige Nacht) am 30.6./1.7.1520 floh Cortez, kam aber mit neuem Heer wieder und zerstörte die Hauptstadt am 13.8.1521. Nach der Eroberung des ganzen Aztekenreiches reiste er 1528 nach Spanien. Es gelang ihm, seine heimischen Neider auszustechen. Wieder in Mexiko fiel er dann wegen seiner Brutalität gegen die Indianer und aufgrund von Hofintrigen in Ungnade. Sein Name wird mit dem blutigen Untergang eines großen Kulturvolkes unlösbar verbunden bleiben.

CROMWELL
Oliver

Englischer Politiker, *25.4.1599 in Huntingdon, †3.9.1658 in London. Erst mit über 40 Jahren wurde der Landedelmann als Organisator des Parlamentsheeres gegen König Karl I. bekannt, der zum militärischen Angriff gegen die Verfassung ausholte. Mit seiner Privat-Reiterei, den gepanzerten »Eisenseiten«, besiegte Cromwell die königlichen »Kavaliere« 1644 bei Marston Moor und 1645 bei Naseby, 1648 nahm er den König gefangen und ließ ihn vom Parlament zum Tode verurteilen und 1649 hinrichten. Er selbst wurde Vorsitzender des Staatsrates der neuen Republik und 1653 Lord-Protector (eine Art Militär-Diktator). Königstreue Aufstände der Iren (1649) und Schotten (1650) unterdrückte er blutig. Dem Thronfolger Karl II. schlug er 1651 bei Worcester. Große Erfolge in den Seekriegen gegen Holland (1653/54) und Spanien (1657) stabilisierten sein Regime, das unter seinem Sohn allerdings bald wieder der Stuart-Monarchie wich.

DARWIN
Charles Robert

Englischer Naturforscher, *12.2.1809 in Shrewsbury, †19.4.1882 bei Beckenham. Eine wissenschaftliche Revolution bahnte sich an, als der junge Biologe auf einer Weltumsegelung 1831–36 seine Beobachtungen machte. Er stellte, v.a. auf den Galapagos-Inseln, fest, daß dieselbe Vogelart in verschiedenen Formen vorkam, daß sich Tierarten der Umwelt anpassen. Die Theorie von der Konstanz der Arten geriet ins Wanken. Nach zahlreichen weiteren Studien veröffentlichte Darwin 1859 sein bahnbrechendes Werk »Über den Ursprung der Arten durch natürliche Zuchtwahl«. Seine Evolutionstheorie genannte Lehre, die er immer weiter ausbaute, wurde heftig bekämpft. Erst in den letzten Jahrzehnten ist sie überall anerkannt worden, zu groß war der Schock der Vorstellung, »Gottes Ebenbild«, der Mensch, stamme vom Affen ab. Seine Theorie ist später als sog. Sozialdarwinismus unzulässig aufs menschliche Zusammenleben übertragen worden.

DIOCLETIAN(US)
Gaius Aurelius Valerius

Römischer Kaiser, *um 243 in Dalmatien, †316 in Aspalathos (heute Split). Mit ihm endet die Reihe der 26 Soldatenkaiser des 3. Jahrhunderts, von denen nur einer eines natürlichen Todes gestorben war, und es beginnt eine Zeit der inneren Reorganisation und äußeren Stabilisierung. Als Führer der kaiserlichen Leibgarde beim Tode Numerians 284 zum Augustus ausgerufen, teilte er bald seine Macht unter einen weiteren Augustus (Maximian) und zwei Caesares auf, um die Kontrolle über das Reich beweglicher zu gestalten. Die sog. Tetrachie bewährte sich in erfolgreichen Parther- und Germanenkriegen. Verwaltungsreform, Neugliederung des Reiches in 101 Provinzen, Höchstpreisedikt, Steuerreform machten das Staatsschiff wieder flott. Bei seinem Bemühen um Neubelebung der alten Reichsidee waren ihm die Christen im Wege, die er seit 303 blutig verfolgen ließ. Auf dem Höhepunkt seiner Macht trat er 305 zurück.

DSCHINGIS KHAN

Mongolischer Herrscher, *1155, † im August 1227 bei Ninghsia. Bei seinem Tod reichte das Mongolenreich vom Chinesischen Meer bis an die Grenzen Europas. Dabei hatte er ganz klein angefangen: Aus einer Adelsfamilie eines mongolischen Steppenvolkes setzte er sich in zahlreichen Stammesfehden durch und konnte so allmählich die vielen zerstrittenen Stämme unter seiner Führung einen, so daß er sich zu Beginn des 13. Jahrhunderts sogar gegen die türkische Oberherrschaft wenden konnte. Sein Sieg machte ihn 1206 zum Herren der ganzen Mongolei. Rasch dehnte er nun das Reich, gestützt auf seine schnellen Reitertruppen, nach allen Seiten aus. 1215 eroberte er Peking, 1219 Korea. Er drang bis in die Südukraine vor und besiegte 1223 die Russen an der Kalka. Das Reich wurde unter seinen Söhnen geteilt und hielt sich durch kluge Zurückhaltung der Eroberer in religiösen und kulturellen Fragen noch lange.

EBERT
Friedrich

Deutscher Politiker, *4.2.1871 in Heidelberg, †28.2.1925 in Berlin. Vom Sattler zum Reichspräsidenten: diese erstaunliche Karriere Eberts war nur in einer Zeit des Umbruchs denkbar. Schon mit 18 Jahren war der Handwerkerssohn zur SPD gekommen, wurde 1893 Redakteur, 1905 Sekretär des Parteivostandes, 1912 Reichstagsabgeordneter, 1913 als Bebels Nachfolger Parteivorsitzender und 1916 Fraktionschef. In den Tagen des Zusammenbruchs im November 1918 wurde ihm als Führer der stärksten Partei die Reichskanzlerschaft übergeben. Im Bündnis mit den Militärs konnte er eine Revolution verhindern, nicht aber den Sturz der Monarchie. Am 11.2.1919 wählte ihn die Weimarer Nationalversammlung zum ersten Präsidenten der jungen Republik, ein Amt, in dem er bis 1925 bestätigt wurde. Eher Pragmatiker als Ideologe suchte er einen Weg der Mitte und der Abwehr der Radikalen. Seine Lauterkeit sicherte ihm auch den Respekt seiner Gegner.

EDISON
Thomas Alva

Amerikanischer Erfinder, *11.2.1847 in Milan (Ohio), †18.10.1931 in West Orange (N.J.). Wie viele große Amerikaner begann der technische Tüftler als Zeitungsjunge. Danach wurde er Telegrafist und sann bald auf eine Verbesserung der Nachrichtenübermittlung. 1877/78 entwickelte er das Kohlekörnermikrophon, durch das das ein Jahr zuvor erfundene Telefon auch für größere Entfernungen einsetzbar wurde. 1878 ließ er sich den Walzen-Phonographen patentieren, der erstmals die Tonkonservierung möglich machte. Ein Jahr später leuchtete die erste brauchbare Glühlampe, die er mit Kohlefaden entwickelt hatte. Bald darauf setzte er das erste öffentliche Elektrizitätswerk in Betrieb. Unter seinen zahllosen weiteren Erfindungen sind zu nennen: elektrischer Lokantrieb, Verbundmaschine, Nickel-Eisen-Akkumulator, ein Kinetograph genanntes Filmaufnahmegerät, Betongießverfahren u.a. Er besaß insgesamt über 1000 Patente.

EINSTEIN
Albert

Deutscher Physiker, *14.3.1879 in Ulm, †18.4.1955 in Princeton (N.J.). 50000 Mark setzten die Nazis 1933 auf die Ergreifung des Begründers des modernen Weltbilds. Was sie als »jüdische Physik« brandmarkten, war die größte wissenschaftliche Leistung seit Kopernikus. Als junger Angestellter des Berner Patentamtes hatte Einstein 1905 die spezielle Relativitätstheorie entwickelt und damit die Vorstellungen von Raum und Zeit revolutioniert. Er fand das Äquivalenzgesetz von Masse und Energie $E = mc^2$ (Energie = Masse mal Quadrat der Lichtgeschwindigkeit). 1914/15 begründete er die Allgemeine Relativitätstheorie und lieferte bedeutende Beiträge zur Quantentheorie, wofür er 1921 den Nobelpreis erhielt. 1913–33 war er Professor in Berlin. Danach emigrierte er in die USA und wurde 1940 US-Bürger. Neben seiner wissenschaftlichen Tätigkeit hat er in Reden und Aufsätzen unermüdlich für den Frieden gearbeitet.

ELISABETH I.

Englische Königin, *7.9.1533 in Greenwich, †24.3.1603 in Richmond. Als die Tochter Heinrichs VIII. 1558 den Thron bestieg, stand England vor dem Bürgerkrieg und lief Gefahr, unter fremde Herrschaft zu geraten. Als sie starb, war Englands Weltgeltung unbestritten und das Land im Innern stabilisiert. Elisabeth machte die katholische Restauration rückgängig, versöhnte aber die Katholiken durch Entgegenkommen. Die innere Opposition um ihre Thronkonkurrentin Maria Stuart konnte sie ausschalten; ihre Gegnerin ließ sie 1587 hinrichten. Nach außen trat sie den spanischen Machtansprüchen energisch entgegen: 1588 wurde die spanische Armada vernichtet. Elisabeth förderte die Übersee-Entdeckungen (z.B. Virginia) und unterstützte den heimischen Handel gegen die Hanse. Im gesicherten Klima des »Elisabethanischen Zeitalters« blühten Kultur und Wissenschaft; dafür stehen die Namen Shakespeare und Bacon.

ENGELS
Friedrich

Deutscher sozialistischer Theoretiker und Politiker, *28.11.1820 in Barmen, †5.8.1895 in London. Seinen Hauptruhm erlangte der Fabrikantensohn als Kapitalgeber für den Autor der Sozialistenbibel »Das Kapital«, seinen Freund Karl Marx. Er lernte ihn 1844 kennen, schloß sich mit ihm dem »Bund der Kommunisten« an, beeinflußte ihn durch die auf eigenen Erfahrungen basierende Schrift »Die Lage der arbeitenden Klasse in England« (1845), verfaßte mit ihm das »Kommunistische Manifest« (1848), war mit ihm zusammen bei der »Neuen Rheinischen Zeitung« und unterstützte ihn, 1850–69 wieder Fabrikant in Manchester, bis ans Lebensende. In einer Schrift gegen den Philosophen Dühring (sog. Anti-Dühring, 1878) gelang ihm eine Popularisierung des Marxismus, die auf die deutsche Sozialdemokratie und auf Lenin erheblichen Einfluß hatte. 1885 und 1894 gab er aus Marx' Nachlaß die Bände II und III des »Kapital« heraus.

EUGEN
Prinz von Savoyen

Österreichischer Feldherr und Politiker, *18.10.1663 in Paris, †21.4.1736 in Wien. Prinz Eugen, »der edle Ritter«, begann seine Karriere mit einer Niederlage: die französische Armee lehnte ihn ab. Er kam im österreichischen Heer unter und avancierte dank außergewöhnlicher Fähigkeiten rasch. 1697 erhielt er den Oberbefehl im Türkenkrieg. Sein Sieg bei Zenta brachte den Österreichern Ungarn und Siebenbürgen ein. Kaiser Leopold I. machte ihn zum Vorsitzenden des Geheimen Staatsrats und folgte seiner Anregung, Frankreichs Expansion zu bremsen. Bei Höchstädt (1704) und Malplaquet (1709) schlug der einst Verschmähte die Strategen des Sonnenkönigs und wies Frankreichs Hegemonialpolitik in die Schranken. Innenpolitisch taktierte er eher zögernd, da er das Mißtrauen des Wiener Hofes gegen den Fremden nie ganz überwinden konnte. Das Schloß Belvedere erinnert an seinen erlesenen Geschmack als Förderer der Künste.

FRANKLIN
Benjamin

Amerikanischer Schriftsteller und Politiker, *17.1.1706 in Boston, †17.4.1790 in Philadelphia. Als gelernter Buchdrucker gründete er 1730 die »Pennsylvania Gazette« und gab seit 1732 den »Poor Richard's Almanack« heraus. Darin verkündete er seine Lebensphilosophie des Erfolgs durch Disziplin und Sparsamkeit. Bekannt wurde er durch seine elektrischen Experimente (um 1750: Erfindung des Blitzableiters). Die Jahre 1757–85 verbrachte er großenteils in Europa. Zuerst als Vertreter Pennsylvanias und anderer Kolonien in London, später als Unterhändler für ein amerikanisch-französisches Bündnis in Paris. Seit 1775 hatte er sich nämlich auf die Seite der Befreiungsbewegung geschlagen, gehörte 1776 zu den Unterzeichnern der Unabhängigkeitserklärung und war 1783 nach Englands Niederlage maßgeblich am Zustandekommen des Pariser Friedens beteiligt. Seit 1785 war er Gouverneur von Pennsylvania.

FRANZ I.

König von Frankreich, *12.9.1494 in Cognac, †31.3.1547 in Rambouillet. Außenpolitisch prägte der Gegensatz zu Karl V. seine ganze Regierungszeit, innenpolitisch die Stärkung der Krone gegen den Adel. Er begann verheißungsvoll: 1516 nahm er Mailand und stärkte seine innere Stellung durch ein Konkordat (1516) mit Leo X., das ihm die Besetzung aller kirchlichen Pfründen in Frankreich sicherte. Daher hatte er auch nie Interesse an der Reformation. 1519 unterlag er Karl V. bei der Wahl zum deutschen Kaiser. 1525 geriet er bei Pavia in Gefangenschaft, aus der er sich nur durch Verzicht auf alle italienischen Ansprüche befreien konnte. Der Kampf gegen den großen Habsburger endete trotz seiner Bündnisse mit Türken und Protestanten 1544 mit einem unentschiedenen Frieden. Der großzügige Förderer der Künste (u.a. Louvre) bürdete mit Kriegen und Hofhaltung dem Volk maßlose Steuerlasten auf.

FRANZ JOSEPH I.

Kaiser von Österreich, König von Ungarn, *18.8.1830 in Wien, †21.11.1916 ebd. Als der 86jährige mitten im 1. Weltkrieg starb, ging ein Beben durchs Habsburger Reich. Erstmals regten sich Zweifel an der Dauerhaftigkeit des Reiches selbst. Der dieses Beben auslöste, hatte eigentlich nicht viel Glück mit seiner Regierung gehabt: Nach absolutistischen Anfängen (1848 Thronbesteigung) mußte er sich einer Verfassung beugen, 1859 Fiasko im italienischen Feldzug, 1866 Niederlage gegen Preußen. Dennoch hatte der Vielvölkerstaat Österreich seinen Bestand der außergewöhnlichen Integrationskraft dieses populären Herrschers zu verdanken. Schwere Schicksalsschläge – Erschießung seines Bruders Maximilian 1867, Selbstmord des Sohnes Rudolf 1889, Ermordung seiner Frau Elisabeth 1898 und des Thronfolgers Franz Ferdinand 1914 in Sarajewo – umgaben den vereinsamten Monarchen mit tragischem Glanz.

FRIEDRICH I.
BARBAROSSA

Deutscher Kaiser, * um 1125, † 10.6.1190 in Kleinasien. Um den »Rotbart« rankt sich die Kyffhäuser-Sage, nach der er im Berge auf seine Wiederkehr wartet. Diese Volkstümlichkeit des Staufer-Kaisers ist auf seine Politik der starken Königsmacht und der Selbständigkeit gegenüber Rom zurückzuführen. 1152 einstimmig zum König gewählt, arrangierte er sich mit den deutschen Fürsten und grenzte die Interessen zur Kurie ab (1155 Kaiserkrönung). Trotz Scheiterns seiner Norditalien-Politik (1162 Zerstörung Mailands) und des Dauerkonflikts mit dem neuen Papst Alexander III. (1167 Eroberung Roms, 1176 Niederlage bei Legnano) festigte er seine Stellung durch Heiraten (1156 Ehe mit Beatrix von Burgund, 1186 Heirat seines Sohnes Heinrich mit Konstanze von Sizilien) und Entmachtung seines Rivalen Heinrich des Löwen (1181). 1177 machte er seinen Frieden mit dem Papst und führte 1189 den 3. Kreuzzug an.

FRIEDRICH II.

Deutscher Kaiser, *26.12.1194 in Lesi bei Ancona, †23.12.1250 in Fiorentino. In Deutschland ist der Enkel Barbarossas nur selten gewesen. Meist hielt er sich im Königreich Sizilien auf, das er seit 1198 unter der Vormundschaft Papst Innozenz III. straff zentralistisch regierte. Der baute ihn auch zum Gegenkönig gegen Kaiser Otto IV. auf, den er nach der Schlacht bei Bouvines (1214) verdrängte. 1229 erhielt er die Kaiserkrone. Deutschland ließ er von seinem Sohn Heinrich (VII.) regieren, der sich 1235 empörte und 1237 seinem Bruder Konrad IV. weichen mußte. Friedrichs Macht war derweil so gewachsen (1229 König von Jerusalem, 1237 Sieg über den Lombardenbund), daß es zum Konflikt mit dem Papst kam, der ihn 1239 bannte und 1245 für abgesetzt erklärte. Der geniale Organisator und Freund von Kunst und Wissenschaft konnte sich aus dem Bann nicht mehr befreien. Nach seinem Tod brach die Staufermacht zusammen.

FRIEDRICH II.
der Große

König von Preußen, *24.1.1712 in Berlin, †17.8.1786 in Potsdam. Sein Vater, »Soldatenkönig« Friedrich Wilhelm I., drillte den musisch begabten Thronfolger so, daß der Sohn 1730 zu fliehen versuchte. Erst spät begriff er die Aufbauleistung des Vaters, der ihm 1740 einen geordneten Staat und ein schlagkräftiges Heer hinterließ. Er nutzte es gleich zur Annexion Österreichisch-Schlesiens, das er in drei Kriegen behauptete. Der letzte, der Siebenjährige Krieg (1756–63), führte Preußen an den Rand des Untergangs, den König aber auf den Gipfel des Ruhms, nachdem er sich in glänzenden Siegen (Roßbach und Leuthen 57) und trotz katastrophaler Niederlagen (Kolin 57, Kunersdorf 59) hatte halten können. 1772 gewann er in der 1. polnischen Teilung Westpreußen. Innenpolitisch sah sich der »Alte Fritz« als »ersten Diener des Staates« und regierte im Sinn des aufgeklärten Absolutismus und religiöser Toleranz.

FUGGER
Jakob II.,
der Reiche

Deutscher Kaufmann, *6.3.1459 in Augsburg, †30.12.1525 ebd. Der bedeutendste Repräsentant der reichen Händlersfamilie übernahm 1485 die Fuggersche Faktorei in Innsbruck. Früh erkannte er, daß ein weiterer Aufstieg nur im Bündnis mit der großen Politik möglich war. Gestützt auf den von ihm geförderten späteren Kaiser Maximilian I. konnte er eine beherrschende Stellung im ungarischen Bergbau und im Tiroler Finanzwesen gewinnen. Seit 1511 Alleininhaber der Firma, dehnte er das Handelsgeschäft (u.a. Ostindien- und Amerika-Verbindungen) weiter aus. Seiner Hilfe hatte es 1519 Karl V. zu verdanken, daß die Kurfürsten, gelockt von 850000 Dukaten, ihn bei der Kaiserwahl dem französischen König Franz I. vorzogen. 1525 bei Pavia rettete Fugger-Geld für den Kaiser den Schlachtensieg. Jakob Fugger betätigte sich auch als Kunstmäzen und gründete Stiftungen wie die »Fuggerei«, eine Siedlung für mittellose Bürger.

GALILEI
Galileo

Italienischer Naturwissenschaftler, *15.2.1564 in Pisa, †8.1.1642 in Arcetri. Wenn es auch Legende ist, daß der von der Inquisition in Haft genommene Forscher die trotzigen Worte gesprochen habe: »Und sie (die Erde) bewegt sich doch!«, – so hat er doch dem heliozentrischen Weltbild zum Sieg verholfen. Auf vielen Gebieten arbeitend, fand der Mathematik-Professor die Pendel- und Fallgesetze, entwickelte die Lehre von der Dynamik und formulierte das Trägheitsgesetz. 1609 baute er das erste astronomische Fernrohr, entdeckte damit 1610 die Jupitermonde, Sonnenflecken, Venusphasen u.a., schloß aus seinen Entdeckungen auf die Eigenbewegung der Erde um die Sonne und forderte die Theologen auf, diese Realität anzuerkennen. 1633 wurde er zum Widerruf gezwungen, sein Werk aber war nicht zu unterdrücken, der Sturz des ptolemäischen Weltbildes nur eine Frage der Zeit.

GANDHI
Mohandas Karamchand, genannt: Mahatma (= Große Seele)

Indischer Politiker, * 2.10.1869 in Porbandar, † (ermordet) 30.1.1948 in Neu-Delhi. Der junge Jurist ging 1893 nach Südafrika, wo er bald Führer der indischen Minderheit wurde und zum Durchsetzen politischer Ziele die Taktik des passiven Widerstands entwickelte. Seit 1914 wieder in Indien setzte er sich die Befreiung des Landes von den Engländern zum Ziel. Er kämpfte mit den Mitteln des Ungehorsams und der Arbeitsverweigerung. Als er zum Boykott britischer Waren aufrief, wurde er eingesperrt. Doch auch aus dem Gefängnis übte der mittlerweile weltweit bekannte und verehrte Mahatma durch Hungerstreiks Druck auf London aus. Zwischen zahlreichen Verhaftungen trieb er seinen gewaltlosen Kampf weiter (z.B. Brechung des britischen Salzmonopols). Als die Briten am 15.8.1947 Indien schließlich freigaben, konnte aber auch er den Zerfall in einen islamischen und einen Hindu-Staat nicht verhindern.

GARIBALDI
Giuseppe

Italienischer Politiker, * 4.7.1807 in Nizza, † 2.6.1882 in Caprera. Als Anhänger des Freiheitskämpfers Mazzini mußte der Marineoffizier 1834 fliehen. 1848 erst kehrte er aus amerikanischem Exil zurück, kämpfte gegen die Österreicher in Norditalien und gegen die Franzosen im aufständischen Rom. 1849 erneut geflüchtet und 1853 zurückgekehrt, unternahm er 1859 im legendären »Zug der Tausend« einen Angriff auf die süditalienische Stellung der Bourbonen und eroberte Sizilien und Neapel. Vergeblich hingegen waren seine Bemühungen um eine Befreiung Roms (1862 und 1867). Dennoch gab er in seinen – politisch nicht immer gut abgesicherten – Kämpfen gegen die verschiedenen Fremdherrschaften in Italien dem Risorgimento, der italienischen Einigungsbewegung, entscheidende Impulse. Seine mitreißende Art als Führer der Freischaren machten ihn zum Volks- und Freiheitshelden Italiens.

GAULLE
Charles de

Französischer Politiker und General, * 22.11.1890 in Lille, † 9.11.1970 in Colombey-les-deux-Églises. Der Militärschriftsteller und Panzerstratege hatte vergeblich gewarnt: Im Juni 1940 überrollte die deutsche Wehrmacht Frankreich. Von London aus baute de Gaulle den Widerstand auf und wurde nach dem Kriege (25.6.44 Einzug in Paris) erster Präsident der neuen Republik. 1946 zurückgetreten, wurde der Ruf nach ihm in der Algerienkrise 1958 wieder laut. Eine neue Verfassung mit verstärkter Exekutive begründete die V. Republik, deren Präsident er wurde. Seine Politik zielte auf Liquidierung des Algerien-Problems (1962), die Aussöhnung mit Deutschland (Freundschaftsvertrag 1962) und Eigenständigkeit Frankreichs (NATO-Austritt, eigene Atomwaffen), die die europäische Integration hemmte (Verweigerung der britischen EWG-Mitgliedschaft). Am 28.4.1969 trat er nach einem gescheiterten Referendum zurück.

GOETHE
Johann Wolfgang von

Deutscher Dichter, * 28.8.1749 in Frankfurt a.M., † 22.3.1832 in Weimar. Der wohl bedeutendste Dichter Deutschlands teilte nicht das Schicksal vieler großer Künstler: Er war schon zu Lebzeiten berühmt, im Alter geradezu ein Denkmal. Mit dem Briefroman »Die Leiden des jungen Werthers« weithin bekannt geworden, folgte er einem Ruf an den Weimarer Hof, wo er hoher Beamter wurde und 1788 Schiller kennenlernte. Von seinem umfangreichen Werk haben vor allen der Entwicklungsroman »Wilhelm Meisters Lehrjahre« (1795), die Dramen »Egmont« (1788), »Iphigenie« (1787) und »Torquato Tasso« (1790), der Eheroman »Die Wahlverwandschaften« (1809), die Autobiographie »Dichtung und Wahrheit« (1829), die Gedichte des »West-östlich Divans« (1819) und sein Hauptwerk »Faust« (2. Teil 1831) größte Wirkung gehabt. Daneben zeugen seine naturwissenschaftlichen Arbeiten von der unerreichten Universalität seines Geistes.

GREGOR VII.
ursprünglich:
Hildebrand

Papst, * etwa 1021 in Soana (Toskana), † 25.5.1085 in Salerno. Sein Pontifikat (seit 1073) bezeichnet den Höhepunkt des Investiturstreits, der Auseinandersetzung zwischen Papst und Kaiser um das Recht zur Einsetzung von Bischöfen. Geprägt vom Geist der cluniazensischen Reform verkündete Gregor gleich nach Regierungsantritt, Priesterehe, Ämterkauf (Simonie) und eben Laieninvestitur für unzulässig (»Dictatus papae«) und reklamierte den Primat der Kirche über die weltliche Macht. Als König Heinrich IV. dennoch italienische Bischöfe ernannte, bannte ihn der Papst. Gefährdet durch die deutsche Fürstenopposition mußte der König Abbitte tun. Nach seinem Bittgang nach Canossa löste ihn Gregor 1077 vom Bann. Ein erneuter Bann 1080 hatte keinen Erfolg. Heinrich stellte einen Gegenpapst auf, eroberte 1084 Rom, ließ sich zum Kaiser krönen und Gregor vertreiben. 1606 wurde Gregor VII. heilig gesprochen.

GUSTAV II. ADOLF

Schwedischer König, * 9.12.1594 in Stockholm, † 6.11.1632 bei Lützen. Mit 17 Jahren 1611 zur Macht gekommen, suchte der militärisch begabte König, die schwedische Großmachtstellung zu festigen. Er einigte sich 1613 mit den Dänen, zwang 1617 Rußland zur Herausgabe Ingermanlands und Kareliens und nahm 1629 den Polen Livland ab. 1630 landete er in Vorpommern und warf sich zum Beschützer des von der katholischen Liga bedrohten deutschen Protestantismus auf. Finanziell von Frankreich unterstützt, von den evangelischen Reichsfürsten nur halbherzig gefördert, besiegte er 1631 die Liga unter Tilly bei Breitenfeld und 1632 unter Wallenstein bei Lützen, wo er fiel. Mit ihm starb Schwedens Hoffnung auf die Kaiserkrone, sein Sieg aber rettete den deutschen Protestantismus. Innenpolitisch war Gustav Adolf ein eifriger Reformer. Er förderte den schwedischen Handel und die Wissenschaften (z. B. Universität Uppsala).

HANNIBAL

Karthagischer Feldherr, * 247, † 183 in Bithynien. Der Schreckensruf der Römer »Hannibal ante portas!« (Hannibal vor den Toren [Roms]) ist bis heute geflügeltes Wort und zeugt von dem ungeheuren Schock, den das Auftauchen eines punischen Heeres in Italien auslöste. Nach einer römischen Kriegserklärung (218) hatte Hannibal sein in Spanien stehendes Heer durch Südgallien und über die Alpen geführt, was in Rom niemand für möglich gehalten hatte. Am Ticinus, an der Trebia (218) und am Trasimenischen See (217) vernichtete er die konsularischen Heere und marschierte nach seinem Sieg in der Umfassungsschlacht bei Cannae (216) auf Rom. Von jedem Nachschub abgeschnitten geriet er jedoch bald in die Defensive und mußte 203 nach Afrika zurück, das von Scipios Armee bedroht wurde. 202 unterlag er bei Zama den Römern, mußte 195 fliehen und konnte sich schließlich der drohenden Auslieferung an Rom nur durch Freitod entziehen.

HEINRICH IV.

Französischer König, * 13.12.1553 in Pau, † 14.5.1610 in Paris. Der »gute König« war ursprünglich Calvinist, sah nach der Thronbesteigung (1589) jedoch bald ein, daß die Staatsraison seine Konversion erfordere (»Paris ist eine Messe wert«), mit der er 1593 die Glaubenskämpfe in Frankreich beendete. Im Edikt von Nantes (1598) sicherte er den Hugenotten Gewissensfreiheit zu. Heinrich erkannte die Nowendigkeit innerer Reformen, seine aktive Sozialpolitik (»Sonntags ein Huhn im Topf«) machte ihn populär. Außenpolitisch verfolgte er eine antihabsburgische Linie, konnte sich 1598 im Frieden von Vervins gegen Spanien behaupten und versuchte eine Koalition gegen die österreichisch-spanische Hegemonialmacht zusammen zu bringen. Der Jülisch-Clevesche Erbfolgestreit (1609) bot günstige Gelegenheit, doch wurde der König mitten in den Kriegsvorbereitungen von dem katholischen Fanatiker Ravaillac erstochen.

HEINRICH VIII.

Englischer König, *28.6.1491 in Greenwich, †28.1.1547 in West-minster. Einer der wichtigsten Mitarbeiter des Herrschers (seit 1509) war der Henker: Zwei seiner sechs Ehefrauen und seine beiden engsten Berater endeten auf dem Schafott. Als sich der Papst weigerte, die Ehe des Tudor-Königs mit Katharina von Aragonien zu scheiden, trennte Heinrich die anglikanische Kirche von Rom (1535), machte sich selbst zum Kirchenoberhaupt und lehnte sich an den Protestantismus an. Vom Kaiser hatte er sich schon 1511 in den Krieg mit Frankreich (1513 Sieg bei Guinegate) ziehen lassen, den er 1522–25 und 1543–46 auf Seiten Karls V. wieder aufnahm und der ihm Boulogne und erhebliche Schulden einbrachte. Im Norden dämmte er die schottische Macht ein und erwarb 1542 den irischen Königstitel. Seine Innenpolitik, eine Herrschaft der dosierten Grausamkeiten, sicherte er beim Parlament ab, das unter ihm an Gewicht gewann.

HERZL
Theodor

Jüdischer Schriftsteller und Politiker, *2.5.1860 in Budapest, †3.7. 1904 in Edlach. Erst 1949 fand er die Heimat die er zu Lebzeiten uner-müdlich propagiert hatte: Seine Gebeine wurden nach Israel überführt. Der Sohn einer assimilierten Judenfamilie wurde früh mit antisemiti-schen Strömungen konfrontiert. So konnte er z.B. in Österreich nicht Richter werden. Doch erst der Dreyfus-Prozeß, den er in Paris als Journalist miterlebte, überzeugte ihn von der Notwendigkeit einer nationalen »Heimstätte für das jüdische Volk in Palästina«. Mit seinem Buch »Der Judenstaat« wurde er 1896 Begründer des politischen Zionis-mus, veranstaltete 1897 in Basel den ersten »Zionistischen Weltkon-greß« und organisierte den Landkauf durch Juden in Palästina. Vergeb-lich warb er um Unterstützung führender Politiker Europas, u.a. auch des deutschen Kaisers. 1902 schilderte in seinem Roman »Altneuland«, wie er sich den Judenstaat vorstellte.

HINDENBURG
Paul von Beneckendorff und von H.

Deutscher Feldherr und Politiker, *2.10.1847 in Posen, †2.8.1934 in Neudeck. Der Mann, der am 30.1.33 den »böhmischen Gefreiten«, so bezeichnete er Hitler, zum Kanzler ernannte, verdankte seine Populari-tät seinen militärischen Erfolgen im 1.Weltkrieg. 1911 bereits als Ge-neral verabschiedet, wurde er am 22.8.1914 in höchster Not zum Ober-befehlshaber der 8.Armee, später der ganzen Ostfront berufen und besiegte die Russen bei Tannenberg und an den Masurischen Seen. Am 29.8.1916 wurde er Chef der Obersten Heeresleitung, konnte das Kriegsglück im Westen jedoch nicht mehr wenden und zog sich nach der Niederlage 1918 zurück. 1925 wurde er zum Reichspräsidenten ge-wählt. Obwohl gewiß kein Republikaner, übte er sein Amt verfas-sungstreu aus. Mit Präsidialregierungen versuchte er seit 1930 die ge-fährdete Demokratie zu retten, die er schließlich doch dem erfolgrei-chen Massenagitator Hitler ausliefern mußte.

HITLER
Adolf

Deutscher Politiker, *20.4.1889 in Braunau, † (Selbstmord) 30.4.1945 in Berlin. Der österreichische Zöllnerssohn machte eine der erstaun-lichsten Karrieren der Weltgeschichte: vom namenlosen Gefreiten des 1.Weltkriegs zum »Führer« des »Großdeutschen Reiches«. Begabt mit einem ungewöhnlichen Rednertalent, machte Hitler seine Partei, die NSDAP nach einem gescheiterten Putsch (1923) im Zeichen der Weltwirtschaftskrise zur stärksten politischen Kraft in Deutschland. Seine Kanzlerschaft (30.1.33) nutzte er zur Zerschlagung der Demo-kratie und des Versailler Systems (35 Wehrpflicht, 38 Anschluß Öster-reichs). Innenpolitische Erfolge (v.a. Überwindung der Arbeitslosig-keit) überdeckten sein Terrorregime, das am 1.9.39 den 2.Weltkrieg entfesselte. Seine Vision vom »Lebensraum« und die Wahnidee von der »jüdischen Weltverschwörung« führten zum Völkermord und, nach großen Anfangserfolgen, zum Zusammenbruch Deutschlands 1945.

IGNATIUS
von Loyola,
ursprünglich:
Inigo Lopez de Loyola

Spanischer Mönch, *1491 auf Schloß Loyola, †31.7.1556 in Rom. Nach einer Verwundung bei der Belagerung Pamplonas am 20.5.1521 kam während der Genesung die entscheidende Wende im Leben des jungen Offiziers: Er erkannte, daß in asketischer, religiöser Lebensführung ein Sinn liege, begann Theologie zu studieren, reiste nach Palästina und gelobte gemeinsam mit Gleichgesinnten, einen Orden zur Wiedergewinnung der von der Reformation der katholischen Kirche verloren gegangenen Christen zu gründen. 1540 erreichte er vom Papst die Anerkennung seiner »Gesellschaft Jesu«, die nach dem Prinzip absoluten Gehorsams und strenger Askese aufgebaut war. Bei der straffen Gliederung des Ordens griff er als erster »General« der Jesuiten auf militärische Vorbilder zurück. Das brachte die Jesuiten später oft in Konflikt mit der staatlichen Gewalt, die sie der Geheimbündelei und des Verschwörertums verdächtigte.

INNOZENZ III.

Papst, *1160/61 in Agnani, †16.7.1216 in Perugia. Als der erst 37jährige 1198 gewählt wurde, konnte er gleich die Thronwirren im Reich zur Stärkung des Papsttums nutzen. Gegen den Staufer Philipp unterstützte er den Welfen Otto IV., dem er, als er ihm zu mächtig wurde, wiederum den Staufer Friedrich II., dessen Vormund er war, erfolgreich entgegenstellte. Der junge König erkannte die Erweiterungen des Kirchenstaates, die Innozenz vorgenommen hatte, an und verzichtete auf die Eingliederung seines Königreiches Sizilien ins Deutsche Reich. Der Papst erlangte die Lehnshoheit über Aragonien und England und führte die Kirche auf den Gipfel ihrer weltlichen Macht (Laterankonzil 1215). Der zunehmenden Kritik an dieser weltlichen Verstrickung begegnete er mit der päpstlichen Anerkennung der Bettelorden der Franziskaner und Dominikaner, während er andere Orden, wie z.B. die Waldenser, als häretisch verfolgen ließ.

JEANNE D'ARC
genannt:
Jungfrau von Orléans

Französische Nationalheilige, *um 1412 in Domrémy-la-Pucelle, †30.5.1431 in Rouen. Mit 13 Jahren begann die Bauerntochter Stimmen zu hören, die sie aufriefen, im Namen Gottes Frankreich von den Engländern zu befreien. Ein Baron aus ihrer Heimat verschaffte ihr 1429 eine Audienz bei König Karl VII., den sie von ihrer Mission überzeugen konnte. Er vertraute ihr eine kleine Truppe an, mit der sie am 8.5.1429 den englischen Belagerungsring um Orléans sprengte und nach einem weiteren Sieg bei Patay die Königskrönung Karls am 17.7.1429 in Reims ermöglichte. Durch Neider am Hof beiseite gedrängt, geriet sie nach einigen Schlappen am 23.5.1430 in burgundische Gefangenschaft, wurde an die Engländer ausgeliefert und nach einem Ketzerprozeß verbrannt. Die Akten des Prozesses bezeugen ihre tiefe Gläubigkeit, die ihre erstaunlichen Taten möglich machten. 1456 wurde sie rehabilitiert, 1894 selig und 1920 heilig gesprochen.

JESUS
von Nazareth,
genannt: Christus
(= der Gesalbte)

Jüdischer Religionsstifter, * zwischen 7 und 4 v.Chr. in Bethlehem (?), † um 30 n.Chr. in Jerusalem. Seine Geburt gilt fast aller Welt als Zeitenwende, auch wenn sie durch einen Datierungsfehler im 6. Jahrhundert nicht ganz richtig festgelegt wurde. Von seinem historischen Leben ist nur wenig bekannt. Etwa um 28/29 begann Jesus in Galiläa zu predigen. Er verkündete das nahe Reich Gottes, als dessen Sohn er auf die Welt gekommen sei, sie zu erlösen. Die ständig wachsende Anhängerschaft um ihn und seine 12 Apostel erschien den Herrschenden als gefährliches Aufruhrpotential. Bei einem Besuch in Jerusalem wurde er verhaftet und nach Bestätigung des Todesurteils durch den römischen Procurator Pontius Pilatus gekreuzigt. Sein Kreuzestod wird von den Christen als stellvertretende Sühne der Sünden der Welt verstanden, seine im »Neuen Testament« berichtete Auferstehung als Verheißung des ewigen Lebens.

KANT
Immanuel

Deutscher Philosoph, *22.4.1724 in Königsberg, †12.2.1804 ebd. Daß ausgerechnet ein Sattlerssohn, der in seinen 80 Lebensjahren nie aus seiner Vaterstadt herauskam, zum wohl bedeutendsten Philosophen der Neuzeit wurde, gehört zu den Kuriosa der Geistesgeschichte. Erst spät, 1781, trat der Logik- und Metaphysik-Professor mit seiner »Kritik der reinen Vernunft« aus den traditionellen Bahnen der Philosophie. Er entwickelte darin seine Erkenntnistheorie: Der menschliche Erkenntnisapparat – konstituiert durch die »reinen Anschauungen« (Raum und Zeit), die Verstandeskatagorien und die »transzendentale Apperzeption« (ich-Bewußtsein) – melde nichts über die »Dinge an sich«, sondern liefere nur durch ihn gefilterte »Erscheinungen«. In der Ethik (»Kritik der praktischen Vernunft«, 1788) forderte er ein Handeln, dessen »Maxime« jederzeit allgemeines Gesetz werden könne (kategorischer Imperativ).

KARL
der Große

Fränkischer König und Kaiser, *2.4.742, †28.1.814 in Aachen. Deutsche und Franzosen haben ihn sich immer streitig gemacht. Doch der große Franke ist Ahne beider: Germanisierer des Westens und Christianisierer Mitteleuropas. 768 zur Macht und 771 zur Alleinherrschaft im Frankenreich gekommen, eroberte er 773/4 das Langobardenreich und übernahm allmählich alle Rechte des Römischen Kaisers, zu dem er am 25.12.800 vom Papst gekrönt wurde. War ihm noch die Unterwerfung des Bayernherzogs, die Befriedung der Awaren (805) und Sorben (806) leicht gelungen, so nahm der Kampf gegen die Sachsen fast die ganze Regierungszeit in Anspruch. In schweren Kriegen seit 772 gelang erst 804 die Eingliederung und die endgültige Christianisierung. Im Innern beschnitt Karl die Rechte des Adels, kontrollierte durch kaiserliche Boten die örtlichen Regenten und pflegte an seinem Hof im »neuen Rom« Aachen Kunst und Wissenschaften.

KARL V.

Deutscher Kaiser, *24.2.1500 in Gent, †21.9.1558 in San Jeronimo de Yuste. Sein Reich war so groß, daß darin »die Sonne nicht unterging«. Doch selbst der Erbe Spaniens und des Deutschen Reiches (Sieg in der Kaiserwahl 1519) stieß oft an die Grenzen seiner Macht. Seine Vision vom universalen Imperium scheiterte am Protestantismus, der sich trotz der Niederlage im Schmalkaldischen Krieg 1546/47 im Reich behaupten konnte (1555 Augsburger Religionsfriede). Außenpolitisch kollidierten Karls Interessen immer wieder mit denen Frankreichs, das er in drei schweren Kriegen nur mühsam aus Italien verdrängen konnte (1544 Frieden von Crépy). Auch die Türkengefahr konnte er nur vorübergehend bannen. Seine Kriege verschlangen einen großen Teil der in Amerika (1521 Mexiko, 1533 Peru) erbeuteten Reichtümer. 1556 trat er zurück. Die spanischen Erblande erhielt sein Sohn Philipp II., die Kaiserkrone sein Bruder Ferdinand I.

KENNEDY
John F(itzgerald)

Amerikanischer Politiker, *29.5.1917 bei Boston, † (ermordet) 22.11. 1963 in Dallas. Aus reicher Familie (»Kennedy-Clan«) wurde der Weltkriegs-Offizier schon mit 30 Jahren Abgeordneter des Repräsentantenhauses, mit 36 Senator von Massachusetts und mit 43 Präsident der Vereinigten Staaten. Der jugendliche Schwung seiner politischen Ideen (»New Frontier«) machte den ersten katholischen US-Präsidenten zum Idol der Jugend der Welt. Sozialreformen, Kampf gegen die Rassentrennung, verstärkte Auslandshilfe, Ausgleich mit dem Osten waren die Grundlinien seiner Politik. Innenpolitisch erntete erst sein Nachfolger die Früchte, nach außen konnte er durch dosierte Härte gegenüber der UdSSR (Kuba-Krise 1962) den Frieden sicherer machen, auch wenn sein Engagement in Vietnam später böse Folgen haben sollte. Unter ihm entwickelte sich, trotz der Berliner Mauer 1961, ein betont herzliches deutsch-amerikanisches Verhältnis.

KEPLER
Johannes

Deutscher Astronom, *27.12.1571 in Weil der Stadt, †15.11.1630 in Regensburg. Während seines Studiums kam der Theologe mit den Lehren des Kopernikus vom heliozentrischen Weltbild in Berührung und begann sich für Astronomie zu interessieren. Durch eine erste kosmologische Schrift lernte er Tycho Brahe kennen und wurde 1601 in Prag nach dessen Tod sein Nachfolger als Hofastronom Kaiser Rudolfs II. Brahes äußerst genaue Planetenberechnungen wurden Grundlagen der drei Keplerschen Gesetze. Sie formulierten die Ellipsenförmigkeit der Planetenbahnen und setzten Bahngeschwindigkeit und Sonnenentfernung in Beziehung. Aus ihnen folgerte Newton später das Gravitationsgesetz. Damit erst war die kopernikanische Wende abgeschlossen. Kepler verfaßte zahlreiche astronomische und physikalische Schriften (z.B. über Lichtbrechung) und entwickelte das astronomische Fernrohr. Er starb auf einer Reise im Dienste Wallensteins.

KOLUMBUS
Christoph

Genuesischer Seefahrer, *1451 in Genua, †20.5.1506 in Valladolid. Auch wenn schon vor ihm Europäer Amerika erreicht haben, muß der aus Genua über Portugal nach Spanien gekommene Seemann als Entdecker Amerikas angesehen werden. Erst mit seiner Landung am 12.10.1492 auf der Bahama-Insel Guanahani tritt der Doppelkontinent in unsere Geschichte. Kolumbus, der zeitlebens meinte, die eurasische Ostküste (»Westindien«) erreicht zu haben, mußte lange um die Genehmigung zu einer Fahrt nach Westen kämpfen. Erst im April 1492 erhielt er vom spanischen Königspaar die notwendige Unterstützung, entdeckte auf der ersten Fahrt noch Kuba und Haiti und auf drei weiteren (1493–96, 1498–1500, 1502–04) Jamaika, Puerto Rico, die Orinoko-Mündung und Panama. Er wurde zum Vizekönig der neuentdeckten Gebiete ernannt. Zeitweise in Ungnade, starb er, nur unzureichend rehabilitiert, in völliger Unkenntnis der Tragweite seiner Entdeckungen.

KONFUZIUS
(chinesisch: Kung-[fu-]tse)

Chinesischer Philosoph, * etwa 551 in Lu (Prov. Schantung), † etwa 479. Nach kurzer Beamtenlaufbahn wurde der Sohn eines verarmten Adligen verbannt und kehrte erst nach langem Wanderleben in die Heimat zurück, wo sich viele Schüler um ihn sammelten. Diesen Verehrern verdanken wir die Überlieferung seiner Werke, da er selbst nichts niedergeschrieben hat. In den »Analekten« ist sein Gedankengebäude festgehalten, das auf der Annahme einer ewigen Weltordnung und ewiger Autoritäten wie Gott, Kaiser, Gatte in allen Lebensbereichen beruht. Die Abhängigen haben sich den Autoritäten bedingungslos zu fügen, doch erwirbt man Adel und Autorität nicht durch Geburt sondern durch moralische Integrität. Seit etwa 200 v.Ch. bis 1905 Staatsreligion in China, hat der Konfuzianismus einerseits zur eigentümlichen Starre des chinesischen Systems, andererseits zur Rechtfertigung zahlloser Umstürze beigetragen.

KOPERNIKUS
Nikolaus

Deutscher Astronom, *19.2.1473 in Thorn, †24.5.1543 in Frauenburg. Obwohl der ermländische Domherr sein Manuskript mit dem brisanten Inhalt schon 1514 weitgehend abgeschlossen hatte, ließ er es erst kurz vor seinem Tod veröffentlichen und widmete es sicherheitshalber dem Papst. Seine »Sechs Bücher über die Kreisbewegungen der Weltkörper« verbannten nämlich die Erde aus dem Zentrum des Universums und stuften sie zu einem von vielen Trabanten der Sonne herab. So etwas konnte leicht, wie später oft geschehen, zu einem Ketzerprozeß mit tödlichem Ausgang führen. Der in Italien auf vielen Gebieten ausgebildete Doktor der Kirchenrechte (seit 1503) und Kanzler des Domkapitels zu Frauenburg (seit 1512) erzielte zwar mit seiner Theorie bessere Ergebnisse, eindeutige Beweise aber fehlten. Die brachten erst Gallilei, Kepler und Newton bei, die damit die »kopernikanische Wende« unseres Weltbildes vollendeten.

LEIBNIZ
Gottfried Wilhelm

Deutscher Philosoph, *1.7.1646 in Leipzig, †14.11.1716 in Hannover. Der vielseitige Gelehrte ging nach einigen Reisen, auf denen er internationale wissenschaftliche Kontakte knüpfte, 1676 als Bibliothekar nach Hannover. Hier blieb er bis zu seinem Tode in den Diensten der Welfen-Herzöge. Neben seiner Korrespondenz und zahlreichen Abhandlungen gibt sein Hauptwerk »Essais de théodicée« (1710) sein philosophisches Gedankengebäude, die sog. Monadenlehre, wieder. Danach besteht die Welt aus unendlich vielen seelischen Kraftzentren (Monaden), deren Miteinander durch von der obersten Monade (Gott) gesetzte »prästabilierte Harmonie« bestimmt ist. Unsere Welt ist »die beste aller möglichen«, das Böse gehört notwendig zum System. Beachtung gebührt auch seinen mathematischen Arbeiten, vor allem der Begründung der Integral- und Differentialrechnung. Von seinen Erfindungen ist z.B. die Rechenmaschine zu erwähnen.

LENIN
Wladimir Iljitsch,
eigentlich: W.I. Uljanow

Sowjetischer Politiker, *22.4.1870 in Simbirsk, †21.1.1924 in Gorki. Die Hinrichtung seines Bruders 1887 wegen angeblicher Verschwörung zerriß schon im Schüler Uljanow (seit 1901 Lenin) jedes Band zum zaristischen System. Als Advokat in Petersburg wurde er wegen revolutionärer Umtriebe 1896–99 nach Sibirien verbannt. In der folgenden Emigration 1900–05 war er rastlos bemüht, die russische Sozialdemokratie zu stärken. 1903 übernahm er die Führung der Bolschewiki (Mehrheitsfraktion), die 1912 eigene Partei wurden. Nach der Revolution 1905 erneut im Exil, kam er mit deutscher Hilfe im 1.Weltkrieg 1917 nach Rußland und übernahm nach der Oktoberrevolution die Staatsführung. Erfolgreich bestand er Invasionsversuche und Bürgerkrieg. Seine diktatorisch durchgesetzte sozialistische Politik basierte auf seiner Weiterentwicklung des Marxismus, wie sie noch heute herrschende Lehre im Ostblock ist.

LEONARDO
da Vinci

Italienischer Künstler und Naturforscher, *15.4.1452 bei Florenz, †2.5.1519 auf Schloß Cloux bei Amboise. Der Schöpfer des wohl berühmtesten Gemäldes der Welt, der »Mona Lisa« (um 1504), und anderer bedeutender Bilder (Abendmahl, 1497; Felsengrottenmadonna, 1511; Hl. Anna selbdritt, um 1500) sah sich selbst nicht in erster Linie als Maler. In überlieferten Bewerbungsschreiben bot er seine Dienste primär als Ingenieur und Baumeister an. Auf diesem Gebiet ist fast alles Planung geblieben, wenn auch großartige (z.B. Umleitung des Arno, Brücke übers Goldene Horn, Kanalbauten). Auch manche Gemälde blieben unvollendet (Schlacht von Anghiari); umfangreich dagegen ist sein zeichnerisches Werk, das nahtlos zu den Illustrationen seiner wissenschaftlichen Arbeiten über Festungswesen, Hydrologie, Anatomie, Vogelflug hinführt. Kunst und Wissenschaft verbinden sich bei ihm zu nie wieder erreichter Harmonie der Weltsicht.

LINCOLN
Abraham

16.Präsident der USA, *12.2.1809 in Hardin (Ky.), †15.4.1865 in Washington. Aus armer Grenzerfamilie stammend, schlug sich der unausgebildete junge Mann als Gelegenheitsarbeiter durch. In eifrigem Selbststudium brachte er es bis zum Rechtsanwalt (1836), war 1834–1841 Parlamentsmitglied in Illinois und 1847–49 im Bundeskongreß. Als Mitbegründer der Republikanischen Partei (1854) setzte er sich für die allmähliche Abschaffung der Sklaverei in den Südstaaten ein. Aufgrund der Spaltung der Demokratischen Partei gelang ihm 1860 ein knapper Sieg in den Präsidentschaftswahlen, der den Abfall der Südstaaten und den Bürgerkrieg auslöste. Trotz anfänglicher Schlappen siegten die Nordstaaten. Lincoln, der den Krieg um die Erhaltung der Union entschlossen geführt hatte, konnte die Versöhnungspolitik nach seiner Wiederwahl 1864 noch einleiten, bevor er den Kugeln eines fanatischen Südstaatlers zum Opfer fiel.

LUDWIG XIV.
genannt: Sonnenkönig
(Roi Soleil)

Französischer König, * 5.9.1638 in Saint Germain-en-Laye, † 1.9.1715 in Versailles. Wenn auch sein Ausspruch »L'état c'est moi« (= der Staat bin ich) Legende ist, trifft er doch das Selbstverständnis und letztlich die Selbstüberschätzung des markantesten Herrschers des Absolutismus. Als Fünfjähriger auf den Thron und mit 23 zur Alleinherrschaft gekommen, nutzte er das vorzüglich ausgebaute Machtpotential Frankreichs zu drei Eroberungskriegen (1667–97), die seinen Machtbereich erweiterten, gleichzeitig aber eine gegnerische Koalition hervorbrachten, die ihn im Spanischen Erbfolgekrieg 1701–14 zur Zurücknahme der meisten Erfolge zwang. Nach anfänglicher wirtschaftlicher und kultureller Blüte führte sein zunehmend willkürlich-brutaler Zentralismus und die skandalös pompöse Hofhaltung zur Entfremdung vom Volk, das in Hungerrevolten (z. B. 1709) ahnen ließ, welches Ende dem ancien régime blühte.

LUTHER
Martin

Deutscher Reformator, * 10.11.1483 in Eisleben, † 18.2.1546 ebd. Um Haaresbreite dem Tod durch Blitzschlag entgangen, gelobte der Bergmannssohn, ins Kloster zu gehen. Als Augustinermönch und Dozent für Theologie machte er schwere Glaubenskrisen durch, genährt durch das weltliche Treiben des Klerus (Romreise 1510/11). Der Ablaßhandel gab den letzten Anstoß: Am 31.10.1517 veröffentlichte Luther 95 Thesen gegen das Geschäft mit dem Glauben. Er lehrte, daß der Mensch nicht durch gute Werke, sondern nur durch Gottes Gnade und den Glauben erlöst werden könne. Vom Papst 1521 als Ketzer gebannt und von Kaiser 1522 in die Acht erklärt, löste er sich ganz von Rom, heiratete und gründete eigene Gemeinden. Durch seine geniale Bibelübersetzung, die Grundlage der neuhochdeutschen Schriftsprache wurde, und von vielen Fürsten gefördert, breitete sich die Reformation schnell aus und zerstörte die Einheit der Kirche.

MACHIAVELLI
Niccolò

Italienischer Staatstheoretiker, * 3.5.1469 in Florenz, † 22.6.1527 ebd. Sein Name ist als Schimpfwort Allgemeingut geworden; Friedrich der Große fühlte sich gar bemüßigt, einen »Antimachiavell« zu schreiben. Die Grundlagen für die Theorien, die ihn in dieses schiefe Licht gebracht haben, erwarb der Jurist als Florentiner Staatsbeamter. Auf zahlreichen Gesandtschaften zu den Höfen Europas lernte er die skrupellosen politischen Praktiken kennen, auf die er auch die von ihm gehaßte Fremdherrschaft über Italien zurückführte. In seiner bekanntesten Schrift »Il principe« (= Der Fürst), stellte er 1513 dar, daß ein Herrscher aus Gründen der Staatsräson auch unethisch handeln dürfe. Diese Ausnahmeerlaubnis, die Machiavelli streng an das Gebot zur Erhaltung des Staates und seiner Einheit band, hat ihm den Ruf der Machtvergötterung eingetragen und wurde oft zur Rechtfertigung von Staatsverbrechen mißbraucht.

MAO TSE-TUNG

Chinesischer Politiker, * 26.12.1893 in Shaoshan (Prov. Hunan), † 8.9.1976 in Peking. Als Junglehrer wurde der Bauernsohn 1921 Mitbegründer der Kommunistischen Partei Chinas, 1923 Mitglied des ZK und des Politbüros. Nach zeitweiliger Kooperation mit der Kuomintang Tschiangkaicheks 1924–27 (erneut nach dem japanischen Angriff 1937) und mehrmaliger Kaltstellung in der Partei wurde er auf dem »Langen Marsch«, der Einheit und Macht der chinesischen Kommunisten endgültig etablierte, zum unbestrittenen Führer. Nach Ende des 2. Weltkriegs brach der Konflikt mit der Kuomintang verschärft aus und führte zu Maos Sieg im Bürgerkrieg (1949 Volksrepublik China). Als zeitweiliges Staatsoberhaupt und Dauer-Parteichef bestimmte er den Weg Chinas aus der sowjetischen Vormundschaft zur Weltmacht. Seine Weiterentwicklung des Marxismus-Leninismus wurde zur Leitideologie vieler Befreiungsbewegungen.

MARCO POLO

Venezianischer Reisender, * um 1254 in Venedig, †8.1.1324 ebd. Mit 17 Jahren begleitete der Kaufmannssohn seinen Vater und dessen Bruder auf einer Reise auf dem Landweg nach China, das sie nach knapp drei Jahren erreichten. Der junge Mann gewann das Vertrauen des Mongolenherrschers Khubilai. Der ließ ihn für sich in diplomatischen Missionen reisen, so daß er detaillierte Kenntnisse über den Fernen Osten erwarb, der damals den Europäern so gut wie unbekannt war. Reich beschenkt entließ der Khan seinen europäischen Freund 1292, der 1295 Venedig wieder erreichte, nachdem er fast ganz Südostasien umsegelt hatte. In genuesischer Kriegsgefangenschaft diktierte er 1298/99 einem Mitgefangenen seine Erlebnisse. Diese Berichte erweiterten das mittelalterliche Weltbild beträchtlich und dienten den späteren Entdeckern zur Orientierung, auch wenn die geschätzten Zahlenangaben oft erheblich verzerrt sind.

MARIA THERESIA

Österreichische Königin, * 13.5.1717 in Wien, † 29.11.1780 ebd. Ihre 16 Kinder, die sie in 19 Ehejahren gebar belegen eindringlich, daß Weiblichkeit nicht Opfer der Macht werden muß. Durch sog. Pragmatische Sanktion 1740 als Frau auf den Thron gekommen und durch ihren Mann Franz I. 1745 deutsche Kaiserin, behauptete sie sich gegen eine feindliche Umwelt. Ihre Machtübernahme löste den österreichischen Erbfolgekrieg aus, der mit der Festigung ihrer Macht bei einigen Gebietsabtretungen endete. Den schmerzlichen Verlust mußte sie 1748 hinnehmen, als sie Schlesien endgültig an Friedrich den Großen verlor, das sie auch im Siebenjährigen Krieg 1756–63 nicht wieder erobern konnte. Die Gebietsgewinne durch die 1. Polnische Teilung 1772 entstanden gegen ihren Willen. Ihre Popularität erleichterte innenpolitisch eine umfangreiche Reformtätigkeit, die ihr Sohn, Kaiser Joseph II., entfaltete.

MARX
Karl (Heinrich)

Deutscher Philosoph und Politiker, * 5.5.1818 in Trier, †14.3.1883 in London. Der Wohlstand seines jüdischen Elternhauses ermöglichte Marx 1835–41 ein relativ sorgloses Jura- und Philosophie-Studium. Danach begann ein unstetes Leben als Journalist und Gesellschaftstheoretiker, das erst nach mehrfachen Ausweisungen und polizeilichen Verfolgungen durch die materielle Unterstützung durch seinen Freund, den Fabrikantensohn Engels, im Londoner Exil zur Ruhe kam. Als Student mit der Gedankenwelt Hegels vertraut geworden, entwickelte er seine Geschichtstheorie des Historischen Materialismus. Sein politischer Einfluß auf die sozialistischen Strömungen der Zeit war groß (1848 mit Engels »Kommunistisches Manifest«; seit 1864 Führer der 1. Internationale), größer die politische Nachwirkung seines Hauptwerkes »Das Kapital« (Bd. 1, 1867), das zur Basis aller kommunistischen und sozialistischen Ideologien wurde.

METTERNICH
Klemens Wenzel Fürst von

Österreichischer Politiker, * 15.5.1773 in Koblenz, † 11.6.1859 in Wien. Den einen Inbegriff der Reaktion, den anderen Garant des inneren Friedens hat Metternich wie kein zweiter die europäische Politik der ersten Hälfte des 19. Jahrhunderts beherrscht. Seit 1797 in kaiserlichen Diensten wurde er 1806 Botschafter in Paris, trug zur Erhebung gegen Napoleon bei und wurde nach der Niederlage 1809 Außenminister. Durch rechtzeitige Wendung gegen Napoleon wurde er nach dessen Niederlage 1815 auf dem Wiener Kongreß Schiedsrichter Europas. Die Heilige Allianz 1821 mit Zar und Preußenkönig und der Deutsche Bund dienten ihm zur Zementierung der dynastischen Legitimität gegen die liberalen Zeitströmungen. Seit 1821 Staatskanzler, sicherte er dem Absolutismus durch geschickte Kabinettspolitik sowie Zensur und Polizeistaat eine Schonfrist, bevor sein System von der Revolution 1848 hinweggefegt wurde.

MOHAMMED
ursprünglich: Abul Kasim
Muhammad Ibn Abd Allah

Arabischer Religionsstifter, * etwa 570 in Mekka, † 8.6.632 in Medina.
Persische, christliche, römisch-byzantinische und jüdische Einflüsse
kreuzten sich in Arabien, als der Sproß einer führenden Sippe in Mekka
aufwuchs. Seine religiösen Offenbarungen, die er mit etwa 40 Jahren
erlebte, verbanden Traditionelles (zentrales Heiligtum die Kaaba in
Mekka) und Christlich-jüdisches Gedankengut; sie sind im Koran
(= Verkündigung) niedergelegt. Mohammed, der sich als letzten der
biblischen Propheten bezeichnete und den einzigen allmächtigen Gott
(Allah) predigte, fand mehr Gegner als Anhänger. Daher wanderte er
622 nach Medina aus (sog. Hedschra), wo er bald Führer zahlreicher
arabischer Stämme wurde. 630 eroberte er Mekka und machte es zum
Zentrum seiner islamischen (Islam = Ergebung in Gottes Willen)
Religion, die unter seinen Nachfolgern, den Kalifen, eine erstaunliche
Stoßkraft entwickelte.

MOSES

Jüdischer Gesetzgeber des 13. vorchristlichen Jahrhunderts. Historisch
ist der Neubeleber und Gestalter der Jahwe-Religion der Israeliten als
Einzelperson nicht faßbar. Die Legendengestalt vereinigt wohl die Erinnerung an verschiedene Führerpersonen beim historisch gesicherten
Auszug der Israeliten aus Ägypten nach Kanaan (um 1230 v.Chr.), dem
»gelobten Land«. Der als Findelkind am ägyptischen Hof aufgewach-
sene Moses erhielt von Jahwe (Jehova) im brennenden Dornbusch den
Auftrag, »die Kinder Israel« aus Ägypten zu führen. Auf der Wanderung
gab ihm Gott auf dem Berge Sinai (Horeb) die Zehn Gebote und andere
Gesetze für sein »auserwähltes Volk«. Nach weiterer vierzigjähriger
Wanderschaft, einer Art Nomadendasein, starb Moses der Legende
nach auf dem Berge Nebo kurz vor Erreichen des »gelobten Landes«,
sprich: Eroberung Palästinas. Die mosaischen Gesetze wurden zur
Grundlage des jüdischen Glaubens.

MUSSOLINI
Benito

Italienischer Politiker, * 29.7.1883 in Predappio (Prov. Forlí), † 28.4.
1945 in Giulino (Prov. Como). Ursprünglich Sozialist verließ der Dorf-
schullehrer 1914 die Partei und gründete nach dem 1.Weltkrieg die
»Fasci di combattimento«, die durch Mussolinis Rednergabe bald zur
Massenpartei wurden. Nach dem »Marsch auf Rom« 1922 mit der Re-
gierungsbildung beauftragt, errichtete er als »Duce« (Führer) des
Faschismus ein diktatorisches Regime, trieb nach innen eine polizei-
staatlich durchgesetzte, anfänglich erfolgreiche Reformpolitik (Parole:
»Credere, obedire, combattere« = glauben, gehorchen, kämpfen) und
schlug außenpolitisch einen imperialistischen Kurs ein; u.a. 1935/36
Eroberung Abessiniens. Das trieb ihn in Hitlers Arme und damit in den
für Italien katastrophalen 2.Weltkrieg. Am 25.7.1943 verhaftet, am
12.9.1943 von deutschen Soldaten befreit, wurde er gegen Kriegsende
auf der Flucht von Partisanen erschossen.

NAPOLEON I.
ursprünglich:
Napoleone Buonaparte

Kaiser der Franzosen, * 15.8.1769 in Ajaccio (Korsika), † 5.5.1821 auf
Sankt Helena. In den Wirren der Revolutionszeit schon als 23jähriger
zum General befördert, erhielt der korsische Advokatensohn 1796/97
den Oberbefehl im italienischen Feldzug. Seine glänzenden Siege sicherten ihm eine Popularität, die auch durch Schlappen (1799 Ägypten-
Expedition) nicht zu ruinieren war und die er am 9.11.1799 zum Staatsstreich nutzte. 1802 zum Konsul auf Lebenszeit gewählt (u.a. Code
civil, 1804), krönte er sich 1804 selbst zum Kaiser und verfolgte eine
expansive Politik: Italien, Spanien, Holland annektierte er, Preußen
und Österreich wurden nach vernichtenden Schlägen (1805 u. 1806)
seine Vasallen. Er scheiterte 1812/13 im Kampf gegen Rußland und
mußte 1814 zurücktreten. Noch einmal kam er für 100 Tage zurück,
bevor die Niederlage bei Waterloo (1815) sein Schicksal besiegelte.
Er starb in der Verbannung.

NEWTON
Isaac

Englischer Naturwissenschaftler, *4.1.1643 bei Grantham (Lincoln), †31.3.1727 in Kensington. Fast anderthalb Jahrhunderte nach dem revolutionären Werk des Kopernikus über das heliozentrische Weltbild lieferte der englische Physiker, seit 1672 Mitglied, seit 1703 Präsident der Royal Society, den letzten Baustein dazu. 1687 erschien seine Schrift über die »Mathematischen Grundlagen der Naturwissenschaft«, in der die Entdeckungen des Kopernikus, Gallileis und Keplers zusammengefaßt und auf bewiesene Grundlagen gestellt wurden. Newton wurde mit der Formulierung des Gravitationsgesetzes und der Axiome der theoretischen Mechanik zum Begründer der neuzeitlichen Physik. Seine Arbeiten zur Lichtbrechung (Konstruktion eines Spiegelteleskops) und Farbenlehre hatten weitreichende Wirkung. Außerdem entwickelte er die Infinitesimalrechnung, wobei ihm allerdings die Priorität von Leibniz streitig gemacht wurde.

OTTO I.
der Große

Deutscher Kaiser, *23.11.912, †7.5.973 in Memleben. 936 nach dem Tode seines Vaters Heinrich I. zum deutschen König gewählt, sah sich Otto an die Spitze eines politisch auseinanderstrebenden Reiches gestellt. Die Besetzung wichtiger Positionen durch Verwandte erwies sich als schlechtes Gegenmittel. Erst die Bedrohung von außen (10.8. 955 Sieg über die Ungarn auf dem Lechfeld) half dem König, die Kräfte des Reiches zu bündeln. Mehr und mehr stützte er sich dabei auf die Bischöfe gegen die nicht selten unbotmäßigen Stammesherzöge. Durch das innere Einigungswerk gelang ihm auch die Neuordnung Italiens (951 Übernahme der lombardischen Krone) und die Regelung des Verhältnisses zum Papsttum (962 Kaiserkrönung, Mitspracherecht bei der Papstwahl). Sicherung der Ostgrenze und Anerkennung seines Kaisertums durch Byzanz machten ihn vollends zu dem »Großen«, als den ihn schon die Zeitgenossen verehrten.

PAULUS
jüdisch: Saul

Jüdischer Theologe, * kurz n. Chr., † etwa 63 in Rom. Sohn orthodoxer Eltern war der gelernte Zeltmacher zum Pharisäer bestimmt und wurde bald nach Jesu Tod als Spitzel zu verschiedenen Christengemeinden geschickt. Seine Bekehrung zum Christen vor Damaskus, in Kunst und Literatur oft dargestellt, machte ihn zum Missionar und Apostel. Von der Urgemeinde in Jerusalem bestätigt, predigte er auf vielen Reisen Christi Lehre, entfaltete eine rege Korrespondenz zur Klärung von theologischen Problemen, besuchte Gemeinden in Kleinasien und Europa und erreichte auf dem sog. Apostelkonzil (etwa 48) die Zustimmung zur Heidenmission. Von seinem einstigen Glaubensgenossen erbittert verfolgt, wurde er 58 verhaftet und 60 nach Rom geschickt, wo er nach wenigen Jahren der Lehrtätigkeit den Märtyrertod erlitt. Seiner Tätigkeit sind die entscheidenden Impulse zur Verbreitung des Christentums zu verdanken.

PERIKLES

Athenischer Politiker, * um 500, †429 in Athen. Der Aristokratensohn trat gegen Ende der 60er Jahre als radikaler Vertreter der Demokraten hervor und kämpfte für die Erweiterung der politischen Rechte der ärmeren Bevölkerung. Außenpolitisch verfolgte er mit seiner letztlich erfolglosen offensiven Seekriegführung gegen Persien und Sparta die Festigung des Attischen Seebundes und der Seeherrschaft Athens. Der Friede mit Persien 449 und mit Sparta 446/45 verschafften dem jährlich wiedergewählten Strategen und damit eigentlichen Staatslenker eine Atempause für den von ihm früh vorausgesehenen Endkampf mit Sparta. Schon 460 hatte er den Bau der »Langen Mauer« angeregt, der Athen und Piräus schützen sollte und sich im 430 ausbrechenden Peloponnesischen Krieg bewährte, bevor eine Pestepedemie die athenischen Kräfte lähmte. Das perikleische Zeitalter gilt als Gipfel der altgriechischen Kultur.

PETER I.
der Große

Russischer Zar, *9.6.1672 in Moskau, †8.2.1725 in St. Petersburg.
Als 10jähriger auf den Thron und mit 17 Jahren zur Macht gekommen,
ließ sich der junge Zar wesentlich von ausländischen Beratern leiten.
Nach einer Westeuropareise 1697/98, auf der er inkognito Schiffbau
studierte (danach die Lortzing-Oper »Zar und Zimmermann«), setzte
er ganz auf die Europäisierung Rußlands, regelte das Behörden- und
Justizwesen neu, verordnete westliche Mode, reformierte die Kirchenverfassung und das Militär. Sein Kampf gegen Türken (1696 Eroberung Asows) und vor allem Schweden (1701 Niederlage bei Narwa,
1709 Sieg bei Poltawa), der erst 1721 endete, brachte ihm die erstrebte
europäische Großmachtstellung (seit 1721 Kaisertitel). Seine unter
ungeheuren Menschenopfern seit 1703 gebaute neue Residenzstadt
Petersburg dokumentiert das Selbstbewußtsein des Zaren, der Rußland in die Moderne führte.

PHILIPP II.

König von Spanien, *21.5.1527 in Valladolid, †13.9.1598 bei Madrid.
Unter dem Sohn Kaiser Karls V. erreichte Spanien 1580 (Übernahme
der portugiesischen Krone) die größte territoriale Ausdehnung. Doch
seine Macht sank unaufhaltsam. Seit 1543 Regent und 1556 König,
mühte sich Philipp zäh, sein riesiges Erbe – außer Spanien und Spa-
nisch-Amerika die Niederlande, Mailand, Burgund, Neapel, Sizilien
und Sardinien – zu konsolidieren. Seine Ehepolitik konnte aber nur
zeitweilig die englische (2.Frau Maria I. Tudor 1554–58 und französische (3.Frau Elisabeth von Valois 1559–68) Feindschaft neutralisieren. Letztlich kostete sein Kampf gegen England (1588 Untergang der
Armada) Spanien die Seegeltung, sein scharfer Antiprotestantismus die
Niederlande. Auch gegen Frankreich konnte er sich nicht durchsetzen.
Innenpolitisch führte seine intolerante Politik zum wirtschaftlichen
Verfall (hohe Auswanderungsquoten).

PLATO(N)

Griechischer Philosoph, *427 in Athen, †347 ebd. Acht Jahre lang
ging der athenische Aristokratensproß bei Sokrates in die Schule. Erschüttert vom erzwungenen Freitod seines Lehrers (399) entsagte er
politischer Tätigkeit und begann nach einigen Reisen an der von ihm
387 gegründeten »Akademie« zu lehren. Seine in Dialoge gefaßte
Ideenlehre mit einem geradezu modernen erkenntnistheoretischen
Ansatz (die Dinge als Abbilder von Ideen) und die daraus resultierende
Ethik und Metaphysik wirken bis heute nach. Wichtig wurde auch
seine Staatstheorie: Drei Klassen sollen den Staat tragen, die erkennen-
de (Herrschaft), die mutvolle (Krieger, Beamte) und die nährende
(Bauern, Handwerker). An der Spitze sah er den Philosophen, für
Frauen forderte er Gleichberechtigung, Privateigentum verneinte er.
Sein umfangreiches, guterhaltenes Werk umfaßte auch physikalische
und medizinische Arbeiten.

RAMSES II.

Ägyptischer König (etwa 1292–1225). Der dritte König der 18.Dyna-
stie setzte das Konsolidierungswerk seiner beiden Vorgänger fort. Sie
hatten die durch den »Ketzerkönig« Echnaton und dessen Schwiegersohn Tutanchamun erschütterte Königsmacht erneut gefestigt, hinterließen aber Ramses ein durch die Hethiter im Nordosten bedrohtes
Reich. Der Pharao suchte die Entscheidung, unterlag aber 1287 bei
Kadesch. Doch der Sieg hatte auch die Hethiter so geschwächt, daß sie
ihn nicht nutzen konnten. 1262 schloß man daher ein Bündnis, das
durch die Heirat Ramses' mit einer hethitischen Prinzessin bekräftigt
wurde. Doch schon zeichneten sich weitere Bedrohungen durch die
sog. Seevölker ab. Die Prachtbauten des Pharao wie Abu Simbel,
Ramesseum, Tempel in Karnak und Luxor erschöpften die Staatsfi-
nanzen, schwächten damit die Macht des Hofes und täuschten über den
zunehmenden inneren Zerfall des Reiches hinweg.

RICHELIEU
Armand Jean du Plessis,
Herzog von R.

Französischer Kardinal und Politiker, *9.9.1585 in Paris, †4.12.1642 ebd. Mit 21 Jahren zum Bischof gewählt, erlangte der ehrgeizige Sproß einer verarmten Adelsfamilie 1607 die päpstliche Anerkennung. 1622 als Kardinal an den Hof Ludwigs XIII. berufen, bestellte ihn der König 1624 zum leitenden Minister. Der geniale Taktiker überstand zahllose Intrigen und festigte seine Stellung durch politische Erfolge: 1628 Fall von La Rochelle und damit der politischen Macht der Hugenotten, 1631 und 1632 Niederschlagung von Revolten und zunehmende Entmachtung des Adels, 1632 Bündnis mit Gustav II. Adolf von Schweden gegen die Habsburger, deren Vorherrschaft er erfolgreich eindämmte. Seinem zentralistischen Denken entsprang auch die Gründung der Académie Française (1635). Durch kluge Ausnutzung der Gegensätze im Dreißigjährigen Krieg begründete er die französische Vormachtstellung in Europa.

ROBESPIERRE
Maximilien de

Französischer Politiker, *6.5.1758 in Arras, †28.7.1794 in Paris. »Der Unbestechliche« war von Jugend auf ein Tugendbold von unnachgiebiger Härte und eiserner Disziplin. 1789 war er Mitglied der Generalstände als Vertreter des Dritten Standes, 1792 wurde er aufgrund seiner kompromißlosen Haltung zum Führer der Jakobiner (»Bergpartei«) im Konvent, betrieb die Hinrichtung des Königs und war maßgeblich am Sturz der gemäßigten Girondisten im Juli 1793 beteiligt. Als Präsident des »Wohlfahrtsausschuß« genannten Regierungsgremiums erlangte er diktatorische Vollmachten, die er zu blutigen Säuberungen (Hinrichtung von Gegnern wie Danton und zahllosen angeblichen »Verrätern«) nutzte. Gegen seine Schreckensherrschaft kam es zur Revolte, die zu seinem Sturz am 27.7.1794 (9. Thermidor im Revolutionskalender) führte. Tags darauf ging er den Weg, auf den er so viele geschickt hatte, den Weg zur Guillotine.

ROOSEVELT
Franklin D(elano)

32. Präsident der USA, *30.1.1882 in Hyde Park (N.Y.), †12.4.1945 in Warm Springs (Ga.). 1933 fast gleichzeitig mit Hitler zur Macht gekommen versuchte der Jurist aus reicher Familie mit einer Politik des »New Deal« (=Neuverteilung) die Wirtschaftskrise zu meistern. Trotz neutralistischer öffentlicher Meinung schwenkte er nach der Wiederwahl 1936 auf Rüstungskurs ein und setzte – 1940 zum dritten Mal gewählt – die militärische Unterstützung Englands und 1941 der UdSSR gegen Hitlerdeutschland durch. Seiner totalen Mobilisierung der gewaltigen US-Wirtschaftskraft nach dem japanischen Angriff und der deutschen Kriegserklärung (Dez. 1941) verdankten die Alliierten den Sieg im 2. Weltkrieg, den er jedoch teuer mit dem Vordringen der Sowjets an die Elbe erkaufte. Auf ihn, 1944 erneut gewählt, ging auch die fatale Forderung nach »bedingungsloser Kapitulation« zurück, die dem NS-Regime den Kampf bis zum Untergang erleichtert.

ROUSSEAU
Jean-Jacques

Französischer Schriftsteller, *28.6.1712 in Genf, †2.7.1778 bei Paris. Der Dichter des »Émile« (1762), eines Erziehungsromans von großer Wirkung, steckte seine eigenen fünf Kinder ins Findelhaus. Der Philosoph des gedeihlichen Zusammenlebens aller Menschen (»Contrat social«, 1762) verkrachte sich mit allen Freunden und Gönnern und konnte Ansätze von Verfolgungswahn nie ganz verleugnen. So gebrochen seine Persönlichkeit war, schonungslos selbstzergliedert in den »Confessions« (postum 1781), so widerspruchsvoll ist sein Werk, das vielleicht gerade deshalb so mächtig gewirkt hat. Die Anführer der Französischen Revolution 1789, gleich welcher Schattierung, haben sich alle auf ihn berufen, der die »volonté générale«, den Willen der Gemeinschaft, absolut setzte und die totale Demokratie lehrte. – Wegen solcher Lehren mußte er zeitweilig ins Exil. 1794 wurden seine Gebeine ins Pantheon überführt.

SOKRATES

Griechischer Philosoph, *469 in Athen, †399 ebd. Der angehende Bildhauer hörte die Lehren der Sophisten und begann nun selbst, sich in philosophische Betrachtungen zu vertiefen. Er verkündete seine Lehren auf den Straßen und unterrichtete die vornehme Jugend Athens, bei der er großen Einfluß gewann. Zu großen Einfluß, meinten manche und ließen ihm den Prozeß wegen »Einführung neuer Götter und Verführung der Jugend« machen. Das Todesurteil nahm er gelassen hin, lehnte Flucht und Widerruf ab und trank den Giftbecher. Was ihn den Herrschenden wohl so gefährlich erscheinen ließ, war seine Ethik, nach der Tugend Selbsterkenntnis ist. Er verlegte damit die oberste moralische Instanz ins Individuum und weg von Sitte, Staat, Religion. Ein revolutionärer Ansatz, der uns durch Plato überliefert ist, da Sokrates keine Aufzeichnungen machte. Seine Wirkung auf die abendländische Philosophie ist unabsehbar.

STALIN
Josef Wissarionowitsch, ursprünglich: Dschugaschwili

Sowjetischer Politiker, *21.12.1879 bei Tiflis, †5.3.1953 in Moskau. Der Schusterssohn wurde 1898 Sozialdemokrat und 1904 Vertreter der bolschewistischen Mehrheitsfraktion. Nach der Revolution 1917 Regierungsmitglied, siegte er im Kampf um die Nachfolge Lenins (†1924) über seinen Rivalen Trotzki, brachte durch brutale Verfolgungen aller Opponenten und zahlloser eingebildeter Gegner (»Säuberungen«) die KPdSU in seine Hand und regierte seit 1928 als Diktator. Der faschistischen Gefahr von außen begegnete er 1939 durch ein Bündnis mit Hitler. Die dabei erworbenen Gebietserweiterungen konnte er nach dem unter ungeheuren Opfern abgewehrten deutschen Überfall (1941) behaupten und seinen Machtbereich 1945 bis zur Elbe ausdehnen. Nach dem Krieg schaltete er auf Konfrontation mit dem Westen um (»Kalter Krieg«). Die Weltmachtstellung der unter ihm zum Industriestaat gewandelten Sowjetunion konnte er ausbauen.

STAUFFENBERG
Claus Graf Schenk von

Deutscher Offizier, *15.11.1907 in Jettingen, †20.7.1944 in Berlin. Erst im Kriege ging dem Nachkommen Gneisenaus der verbrecherische Charakter des Nationalsozialismus auf. Seit 1942 sann er auf Mittel, das Regime, d.h. Hitler, zu beseitigen, und schloß sich der militärischen Widerstandsbewegung an. Nach einer schweren Verwundung an der nordafrikanischen Front (April 44) wurde er am 1.7.44 Stabschef des Befehlshabers des Ersatzheeres. Damit war endlich die Möglichkeit persönlicher Kontakte mit Hitler, Voraussetzung für ein Attentat, gegeben. Am 20. Juli nahm er in einer Aktentasche eine Bombe mit ins Führerhauptquartier, deponierte sie im Besprechungsraum und flog, ohne den Erfolg der Detonation abzuwarten, nach Berlin zurück, um dort im Glauben, Hitler sei tot, den Umsturz zu leiten. Der Plan scheiterte, da Hitler das Attentat leicht verletzt überstand. Stauffenberg wurde standrechtlich erschossen.

STRESEMANN
Gustav

Deutscher Politiker, *10.5.1878 in Berlin, †3.10.1929 ebd. Mit dem noch recht jungen Reichsaußenminister (seit 1923) starb die Hoffnung auf eine friedliche Revision des Friedensdiktats von 1918. Als Nationalliberaler hatte Stresemann im Reichstag während des 1.Weltkrieges noch starr die Position des Siegfriedens um jeden Preis verfochten. Nach der Niederlage führte er dann seine Deutsche Volkspartei von der Ablehnung der Republik über die Tolerierung bis zur aktiven Unterstützung des neuen Systems. 1923 hundert Tage lang Reichskanzler schlug er Putschversuche (darunter den Hitler-Putsch) nieder, beendete die Inflation und gab den passiven Widerstand gegen die französische Ruhrbesetzung auf. Als Außenminister setzte er diese Linie fort, schloß 1925 den Locarnovertrag mit den Westmächten, führte Deutschland in den Völkerbund (1926) und mühte sich um eine Aussöhnung mit Frankreich (1926 Friedensnobelpreis).

THEODERICH
der Große

König der Ostgoten, * um 456 in Pannonien, † 26.8.526 in Ravenna. Als Kind verbrachte der gotische Königssohn zehn Jahre (461–70) als Geisel am oströmischen Kaiserhof in Byzanz und lernte Verwaltung und Kultur des römischen Reiches kennen. 471 wurde er König der in Pannonien als Heervolk des Reiches ansässigen Ostgoten, erhielt 488 den Auftrag, den weströmischen Statthalter Odoaker in Italien zu bekämpfen, besiegte ihn und wurde nach dessen eigenhändiger Ermordung 493 selbst Stellvertreter des Kaisers und damit de facto Alleinherrscher des Westreiches. Durch Trennung seiner arianischen Goten, denen das Wehrwesen vorbehalten blieb, von den Italienern (Eheverbot) und Bewahrung der überkommenen Strukturen sicherte er den inneren Frieden. Bündnisse mit den germanischen Anrainerstaaten bescherten dem Land Ruhe und wirtschaftliche Blüte. Als Dietrich von Bern lebt der Gotenkönig in der Sage fort.

THOMAS
von Aquin

Italienischer Theologe und Philosoph, * 1225 auf Burg Roccasecca, † 7.3.1274 in Fossanova. Gegen erhebliche Widerstände mußte der junge Adlige seinen geistlichen Weg gehen. Seine Familie versuchte ihn gar durch einjährige Haft davon abzubringen. Doch er ließ sich nicht beirren, wurde 1243 Dominikaner, studierte bei Albertus Magnus in Paris und Köln und begann 1252 seine Lehrtätigkeit, die ihn an verschiedene Universitäten führte. In seinen Hauptwerken »Summa contra gentiles« (1269) und »Summa theologica« (1267–73) griff er das damals über Arabien nach Europa dringende Gedankengut des Aristoteles auf und versöhnte den naturwissenschaftlichen Ansatz mit der Theologie. Er bejahte den Staat, der vielen als Frucht der Sündhaftigkeit des Menschen galt, als notwendige Organisationsform, die sich jedoch auch wandeln könne. Seine Ethik verankerte er in der Naturrechtslehre. 1323 wurde er heiliggesprochen.

TRAIAN(US)
Marcus Ulpius

Römischer Kaiser, * 18.9.53 in Italica (Spanien), † 8.8.117 in Kilikien. Unter dem ersten Römer aus der Provinz auf dem Kaiserthron erreichte das auch nach heutigen Begriffen schon riesige Römische Reich seine größte Ausdehnung: In zwei Feldzügen gegen die Daker (101/02 und 105/06) gewann er mit der Provinz Dakien eine wertvolle Pufferzone gegen die von Nordosten andrängenden Steppenvölker. 106 verleibte er dem Reich das nabatäische Arabien ein und führte 114–17 gegen den Hauptfeind Roms, die Parther, einen Feldzug, bei dem er bis nach Ktesiphon vorstieß. Armenien, Assyrien und Mesoptotamien wurden Provinzen. Die reiche Beute vor allem der Daker-Kriege sanierte den Staatshaushalt, so daß Traian durch Steuererleichterungen, Unterstützung der Armen, Straßen- und Kanalbauten eine wirtschaftliche Blütezeit einleiten konnte. Systematische Christenverfolgungen lehnte er ab und sicherte so auch den inneren Frieden.

TROTZKI
Leo,
ursprünglich:
Leib Bronschtein

Sowjetrussischer Politiker, * 7.11.1879 in Iwanowka, † 21.8.1940 in Mexiko. Erst als der Eispickel des gedungenen Mörders Trotzki traf, konnte Stalin aufatmen, denn trotz seines Sieges im Machtkampf um Lenins Nachfolge und die Ausweisung (1929) des Rivalen bedrohte dessen publizistische Tätigkeit seinen Führungsanspruch. Trotzki war 1897 zu den Revolutionären gestoßen, war bis 1902 nach Sibirien verbannt und von 1906–17 im Exil. Im Mai 1917 tauchte er wieder in Petersburg auf und wurde neben Lenin zum Motor der Oktoberrevolution. Als Außenkommissar führte er die russische Delegation bei den Friedensverhandlungen von Brest-Litowsk (1917/18) und schuf als Verteidigungskommissar (1918–24) die Rote Armee, mit der er den bolschewistischen Sieg im Bürgerkrieg ermöglichte. Er unterlag schließlich dem Taktiker Stalin, gegen den er sein Konzept von der permanenten Revolution nicht durchsetzen konnte.

ULBRICHT
Walter

Deutscher Politiker, *30.6.1893 in Leipzig, †1.8.1973 in Berlin. Der gelernte Tischler trat 1919 der KPD bei, wurde 1927 ZK-Mitglied und war 1928–33 Reichstagsabgeordneter. Während der NS-Zeit im sowjetischen Exil, kehrte er 1945 nach Deutschland zurück und baute die sowjetische Besatzungszone zu einem kommunistischen Satellitenstaat der Sowjetunion, der Deutschen Demokratischen Republik (DDR), aus. 1946 organisierte er die Fusion von KPD und SPD zur SED, deren Führung er seit 1950 innehatte. Seine ungewöhnliche Flexibilität, die ihm schon bei Stalins Säuberungen gerettet hatte, half ihm auch, den Volksaufstand vom 17. Juni 1953 und die Entstalinisierung (1956) zu überstehen. Nach dem Mauerbau (1961) gelang dem zum Staatsratsvorsitzenden (1960) avancierten Ulbricht die wirtschaftliche Konsolidierung und allmähliche internationale Anerkennung der DDR. 1971 trat er zurück.

VOLTAIRE
eigentlich:
François Marie Arouet

Französischer Schriftsteller, *21.11.1694 in Paris, †30.5.1778 ebd. Der spottlustige Bürgerssohn aus reicher Familie wurde früh bekannt und büßte seine Angriffe auf die Herrschenden 1717 mit einem Jahr Haft in der Bastille und 1726–29 mit einem Exil in England. 1734–49 lebte er auf dem Landsitz einer Freundin, wurde 1746 Mitglied der Académie Française und kam 1750 an den Hof Friedrichs des Großen nach Berlin. Die beiden großen Spötter vertrugen sich schlecht, 1753 reiste er wieder ab und ließ sich nahe Genf in Südwestfrankreich nieder. Unermüdlich kämpfte er von hier aus gemäß seiner deistischen Gesinnung für religiöse Toleranz und Menschenwürde, gegen jeglichen Mystizismus. Sein umfangreiches Werk (Dramen, Romane, Essays, Geschichtswerke, Flugschriften u.a.) weist ihn als Vertreter der Aufklärung aus. Die Revolutionäre von 1789 griffen vielfach auf seine Schriften zurück. 1791 überführten sie seine Gebeine ins Panthéon.

WALLENSTEIN
Albrecht von

Österreichischer Feldherr, *24.9.1583 in Hermanitz, †25.2.1634 in Eger. Der protestantische Adlige aus Böhmen trat 1604 in habsburgische Dienste und aus Karrieregründen 1607 zum Katholizismus über. Konfiszierte Güter, die er in Böhmen aufgekauft hatte, erhob der Kaiser 1624 zum Herzogtum Friedland. Mit einem eigenen Söldnerheer trat er im Dreißigjährigen Krieg auf des Kaisers Seite, wurde Oberbefehlshaber aller kaiserlichen Truppen, besiegte 1626 Ernst II. von Mansfeld und vertrieb die Dänen vom Festland. Mit dem Herzogtum Mecklenburg und dem Fürstentum Sagan belohnt, mußte er auf Druck der Kurfürsten zurücktreten (1630). Als man ihn 1632 gegen die Schweden wieder brauchte, nutzte er die neuen Vollmachten zu eigenmächtigen Verhandlungen mit den Feinden. Erneut abgesetzt, fiel er einem Attentat zum Opfer. Bis heute ist der geniale Feldherr eine der umstrittendsten Personen der Weltgeschichte.

WASHINGTON
George

Amerikanischer General und 1. Präsident der USA, *22.2.1732 in Wakefield (Va.), †14.12.1799 in Mount Vernon (Va.). Der reiche Pflanzer sammelte erste militärische Erfahrungen als Milizführer im Kampf gegen Indianer und Franzosen 1753–58. Nach politischer Karriere erhielt er 1775 den Oberbefehl im amerikanischen Befreiungskampf und konnte dank großer Tatkraft und ausländischer Hilfe nach vielen Rückschlägen die Briten 1781 bei Yorktown zur Kapitulation zwingen. Maßgeblich an der Formulierung der Verfassung der Vereinigten Staaten beteiligt, wurde er 1789 einstimmig zum Präsidenten gewählt. Es gelang ihm, dieses Amt mit Autorität gegenüber den Einzelstaaten zu erfüllen und durch eine fast isolationistische Außenpolitik sowie strikte Einhaltung der Verfassung den jungen Staat zu festigen. 1797 lehnte er eine dritte Amtszeit ab; das begründete eine Tradition, die nur einmal, durch Roosevelt, durchbrochen wurde.

POLITISCH-HISTORISCHE BEGRIFFE

Die auf den folgenden Seiten zusammengestellten Artikel über die großen Ideologien, Zeitströmungen, Herrschaftsformen und zu historischen Fachbegriffen sind eine Auswahl aus dem unerschöpflichen Fundus der Ismen und der Fachterminologie. Eine subjektive, versteht sich. Sie ist von dem Prinzip getragen, möglichst umgreifende Begriffe zum Stichwort zu machen und so wenige Fundstellen, aber ausführlichere Beiträge zu ermöglichen. Das fördert die Lesbarkeit und reduziert die im Alphabet unvermeidliche Zerstörung von Zusammenhängen auf diesen wenigen Seiten auf ein vertretbares Maß.

Sucht man daher Erläuterungen zu spezielleren Begriffen, dann überlege man den nächsthöheren Oberbegriff und man findet zu erheblich mehr Bereichen Erläuterungen, als Stichworte aufgenommen wurden. So steht der Merkantilismus beim Absolutismus, der Maoismus bei Marxismus und Kommunismus, die Despotie und Tyrannei bei Absolutismus und Diktatur, die Grundrechte bei Menschenrechten und die Verwaltung unter Gewaltenteilung usw.

Auf die Darstellung von Religionen und rein philosophischen Systemen wurde verzichtet. Sie hätten die Stichwortzahl vervielfacht und damit die möglichen Erläuterungen über Gebühr verknappt.

ABSOLUTISMUS (von latein. absolutus = losgelöst), Herrschaftsform, die von einem unumschränkten, über den Gesetzen stehenden Regenten geprägt ist. Von Despotie, Tyrannei und Totalitarismus unterscheidet sie sich jedoch durch die Bindung des Herrschers an moralisches und religiöses Recht. – Im engeren Sinn versteht man unter A. die auf dem Gottesgnadentum beruhenden monarchischen Regime auf dem europäischen Kontinent im 17. und 18. Jahrhundert. Sie entstanden durch die Steuerprivilegien und die stehenden Heere der Monarchen. Damit brachen sie die Macht der Stände, des Adels und des Klerus, wenn auch deren Vorrechte nicht angetastet wurden. Die Lasten der immer prunkvolleren Hofhaltung und der Rüstung trugen daher die unteren Schichten allein. Zur Steigerung ihrer Wirtschaftskraft, sprich: Steuerergiebigkeit, entwickelte man das System des Merkantilismus, das durch Drosselung der Importe auf optimale Nutzung der nationalen Möglichkeiten abzielte. Unter dem Einfluß der Aufklärung wandelte sich das Selbstverständnis der absoluten Monarchen. So verstand sich Preußenkönig Friedrich der Große als »ersten Diener des Staates«, der für das Wohl seiner Untertanen, freilich ohne deren Mitwirkung, regiert. Dieser »aufgeklärte« A. verschwand wie die anderen Spielarten mit der französischen Revolution 1789 und den bürgerlichen Revolutionen des 19. Jahrhunderts.

ANTISEMITISMUS heißt eigentlich Semitengegnerschaft, meint aber nur die Juden, die durch jahrtausendelange Zerstreuung über alle Welt schon lange nicht mehr als Semiten (Angehörige vorderasiatischer Steppenvölker) zu bezeichnen sind. Der A. hat eine lange Tradition: Wo immer Juden, v. a. nach der Zerstörung Jerusalems 71 n.Chr., in anderen Ländern siedelten, riefen sie durch ihren Anspruch, das »auserwählte Volk« zu sein, Abneigung hervor. Vor allem in christlicher Umwelt wurden sie als »Christusmörder« angefeindet. Das ging in Zeiten religiösen Fanatismus bis zu blutigen Verfolgungen. Außerdem sperrte man ihnen viele Berufe, und überließ ihnen die Zinsgeschäfte, die Christen verboten waren. Das trug ihnen später den Vorwurf des Wuchers ein. Nach vorübergehender Besserung während der Aufklärung formierten sich im 19. Jahrhundert die Judengegner unter neuer Fahne: Das religiöse Feindbild wurde durch ein pseudowissenschaftliches biologisches ersetzt. Man wollte in den Juden eine Rasse sehen mit minderwertigen, »kulturzersetzenden« Eigenschaften. Dieses Wahnbild wurde von den Nationalsozialisten durch das Schreckgespenst der »jüdischen Weltverschwörung« angereichert und zum Vorwand für die Entrechtung und schließliche Ermordung von Millionen Juden im deutschen Herrschaftsbereich im 2. Weltkrieg genommen. Seitdem ist der A. geächtet, aber keineswegs erloschen, wie die gesellschaftliche Diskriminierung der Juden in manchen Ländern beweist.
(Siehe auch Zionismus und Rassismus)

ARISTOKRATIE (griech. = Herrschaft der Besten), Bezeichnung gleichermaßen für die Herrschaftsform in der eine privilegierte Gruppe (Adel, Patriziat, Priestertum) die Macht ausübt, wie für eben diese Gruppe selbst. Aristokratische Systeme bestimmten die Frühzeit fast aller Kulturen und existieren bis heute in den verschiedensten Mischformen, so z. B. als Erste Kammer, Oberhaus oder Herrenhaus in konstitutionellen Monarchien oder auch Demokratien. Verdeckt bestimmen in fast allen Systemen mehr oder minder stabile Eliten das politische Geschehen. Man spricht daher auch ganz verallgemeinernd z. B. von A. des Geistes oder von A. des Geldes.

AUTARKIE (griech. = Selbstgenügsamkeit), wirtschaftspolitischer Begriff für einen Staat, der nicht am internationalen Warenaustausch teilnimmt, weil er alles, was er braucht, selbst besitzt und produziert. In reiner Form gibt es A. nirgendwo. Aus militärischen Gründen wird aber immer wieder eine möglichst weitgehende A. angestrebt.

BOLSCHEWISMUS, auf die Spaltung der russischen Sozialdemokraten auf dem 2. Parteikongreß 1903 zurückgehender Begriff für die Mehrheitsfraktion (russ. Bolschewiki = Mehrheitler) unter Lenin. Seit der Machtergreifung der Bolschewisten 1917 in Rußland trug die Kommunistische Partei bis 1952 den Begriff als Beinamen: KPdSU(B). Er wurde zum Synonym für die Umprägung des Marxismus durch Lenin und Stalin und für das System, das sie allen anderen kommunistischen Parteien aufzwangen. War nach Marx die Revolution nur dort möglich, wo ein Massenproletariat ihr Träger sein kann, geht der B. davon aus, daß der Übergang zum Sozialismus (s. d.) unabhängig davon erreicht werden könne unter der Diktatur einer zentralistisch organisierten kommunistischen Partei.

BOURGEOISIE, französische Bezeichnung für den Stand zwischen Adel und Bauerntum. In seiner Hand konzentrierte sich seit Beginn der Neuzeit Finanz- und Produktivkapital. Durch die französische Revolution an die Macht gekommen, wurde die B. zum Träger des kapitalistischen Wirtschaftssystems. Sie fungiert daher im Marxismus als Ausbeuterklasse. In dieser ideologischen Färbung fand das Wort Eingang ins Deutsche.

DEMOKRATIE (griech. = Volksherrschaft), im Gegensatz zu Monarchie (s. d.) und Aristokratie (s. d.) ein politisches System, in dem alle Macht vom Volk ausgeht. Man unterscheidet zwischen direkter D. wie in den Stadtstaaten der Antike, bei der die Vollversammlung des Volkes die politischen Entscheidungen trifft, und der repräsentativen D., wie sie bei den bevölkerungsreichen Flächenstaaten der Moderne üblich ist; hier lenken die Geschicke des Staates immer wieder neu zu wählende Abgeordnete in Parlamenten nach dem Mehrheitsprinzip. – In der Antike entwickelte sich die D. in Athen zu voller Blüte, wenn auch zeitbedingt, wie später in der römischen Republik, Frauen und Sklaven an der politischen Willensbildung nicht mitwirken konnten. Lange von monarchistischen Systemen verdrängt, tauchten demokratische Ansätze erst in den italienischen Stadtstaaten des Mittelalters und später in England wieder auf. Den Durchbruch aber brachte erst der Liberalismus des 18. und 19. Jahrhunderts. Heute gilt die D. allgemein als die einzig menschenwürdige Regierungsform. Selbst totalitäre Regime bemänteln die Ohnmacht ihrer Völker mit scheindemokratischen Verfassungen oder nennen sich gar Volksdemokratien wie die Staaten des Ostblocks, denen als entscheidendes Wesensmerkmal der D. z. B. die Wahlmöglichkeit zwischen mehreren Parteien fehlt und in denen die Menschenrechte (s. d.) nicht garantiert sind.

DIKTATUR, lateinische Bezeichnung für die unbeschränkte Herrschaft eines einzelnen oder einer Gruppe. Auch die Einrichtung stammt aus lateinischer Zeit: In Fällen des Staatsnotstandes konnte im alten Rom die gesamte staatliche Macht unter Aussetzung der Grundrechte für befristete Zeit einem Einzelnen, einem Diktator, übertragen werden. Diese temporäre D. ist heute in den meisten Verfassungen der demokratischen Staaten verankert, wenn sie auch selten D., sondern Notstandsrecht o. ä. genannt wird. – Im Gegensatz dazu steht die unbefristete D., die sich oft aus der verfassungsmäßigen per Staatsstreich entwickelt. Gestützt auf eine privilegierte Schicht (Adel, Militär o. ä.) übernimmt ein einzelner die Macht, meist unter manipulierter Zustimmung der Massen. Diese D. ist trotz zahlreicher Vorläufer eine typische Erscheinung des 20. Jahrhunderts. Der Sturz der Monarchien (s. d.) nach dem 1. Weltkrieg in Europa ließ in vielen Staaten ein Machtvakuum entstehen, das sich einzelne oder Gruppen (z. B. Bolschewisten) zunutze machten. Nach dem 2. Weltkrieg läßt sich eine ähnliche Entwicklung in den von wirtschaftlicher Not bedrängten Staaten der Dritten Welt feststellen.

FASCHISMUS, Eigenbezeichnung des politischen Systems in Italien unter Mussolini (1922–45). Das Wort kommt vom italienisch fascio

(= Bund) und knüpft bewußt an die Fasces (= Rutenbündel) im alten Rom an, die Zeichen der staatlichen Amtsgewalt waren. Der Begriff wurde verallgemeinert für alle politischen Bewegungen nach dem 1. Weltkrieg, die sich durch totalitäre, antidemokratische, antikommunistische und extrem nationalistische Haltung auszeichneten. Der Sturz der alten Autoritäten im 1. Weltkrieg ließ ein zutiefst beunruhigtes Bürgertum zurück, dessen Ängste der F. mit seinen Versprechungen von Recht und Ordnung, starker Staatsmacht und nationaler Größe ansprach. Wenn auch der F. nur in Italien, Deutschland und Spanien an die Macht kam, so gab es doch in nahezu allen europäischen Ländern starke faschistische Strömungen. Gemeinsam war ihnen neben der Befürwortung polizeistaatlicher Methoden Führerprinzip und Minderheitenhetze, die sich im deutschen F., dem Nationalsozialismus (s. d.), bis zum Völkermord an den Juden steigerte. Mit dem Zusammenbruch der faschistischen Zentralmächte, Deutschland und Italien, 1945 verschwand der F. keineswegs. In vielen Staaten, v. a. der Dritten Welt, ist er ungebrochen. Neofaschistische Aktivitäten sind in Europa ebenfalls festzustellen, wenn auch das Wort F. oft vorschnell zur Abqualifizierung politischer Gegner mißbraucht wird.

FEUDALISMUS (latein. feudum = Lehen), Gesellschaftsform, die sich durch Privilegierung einer Oberschicht durch den Herrscher auszeichnet, der sie mit Grundbesitz und militärischen, politischen, richterlichen Sonderrechten versieht (belehnt). Durch dieses Lehnswesen bildet sich eine hierarchisch gegliederte, wenig durchlässige Gesellschaft, die vom Herrscher über den Adel bis hinab zu den Leibeignen reicht. Der F. war das vorherrschende, vor allem auf dem Grundbesitz basierende politische System vom spätantiken Rom bis ins 18./19. Jahrhundert. Er zog seine Kraft aus den besonderen Treuebeziehungen zwischen den einzelnen Gliedern der Hierarchie, die von unten nach oben Gehorsam, Abgaben und Dienstleistungen verlangte und von oben nach unten Schutz, Fürsorge und Hilfe versprach. Allzu oft entartet und zur nackten Ausbeutung mißbraucht, geriet der F. mit dem Aufkommen des Bürgertums in die Krise und wurde seit der französischen Revolution 1789 und den liberalen Strömungen im 19. Jahrhundert in Europa zunehmend vom Kapitalismus abgelöst. Bis heute existieren feudale Systeme noch in manchen Ländern der Dritten Welt.

FÖDERALISMUS (latein. foedus = Bündnis), politisches Ordnungsprinzip. Gruppen, Stämme, Vereine, Stände, Länder und Staaten können sich föderativ zusammenschließen, wobei nach innen die Selbständigkeit der Mitglieder, nach außen die Geschlossenheit betont wird. Der Grad des Zusammenschlusses kann erheblich schwanken, von loser Konföderation über Staatenbund bis zum Bundesstaat wie der Bundesrepublik Deutschland. Dabei ist im F. das einigende Element der zentrale Gedanke, im Gegensatz zu Partikularismus, der sich vom Ganzen abkapselt, oder gar Separatismus, der die Einheit sprengen will. Der moderne politische F. betont gern, daß durch ihn u. a. die kulturelle Vielfalt gefördert werde. Oft sollen mit solchen Argumenten aber nur eigene Positionen gesichert werden, die bei einer Zentralisierung wegfielen.

GEWALTENTEILUNG, verfassungsrechtliches Prinzip, nach dem die drei Staatsgewalten Legislative (Gesetzgebung), Exekutive (Regierung und Verwaltung) und Jurisdiktion (Rechtsprechung) nur von getrennten Organen wahrgenommen werden dürfen. G. soll vor Machtkonzentration in wenigen Händen schützen; sie ist in modernen demokratischen Verfassungen fest verankert und kann nur in Notsituationen vorübergehend ausgesetzt werden. Kommunistische Regime lehnen die G. ab, weil sie eine Verschleierung der Klassenherrschaft der Bourgeoisie sei. – Schon in der Antike skizziert, hat das Prinzip der G. erst im 18./19. Jahrhundert seine endgültige Ausprägung erfahren. Als ihr Vater gilt der französische Philosoph Montesquieu, der 1748 in seinem Werk »Esprit des lois« (Geist der Gesetze) die Forderung nach getrennten, sich gegenseitig kontrollierenden Gewalten aufstellte.

IDEOLOGIE (griech.-franz. = Lehre von den Ideen), in der französischen Aufklärung geprägtes Wort zur Bezeichnung von geschlossenen Gedankengebäuden zur Welterklärung und politischer Handlungsanleitung. Heute findet der Begriff inflationäre Anwendung auf alle weltanschaulichen Strömungen und politischen Theorien und hat negativen Beigeschmack. Man unterscheidet liberale, konservative, faschistische und kommunistische I.-Typen. Sie dienen meist als Waffe im politischen Kampf und zur Disziplinierung der Anhänger. Sie können sich bis zum Religionsersatz steigern.

IMPERIALISMUS (latein. imperium = [staatliche] Befehlsgewalt, später auch das Gebiet, in dem diese Gewalt ausgeübt wird), Streben eines Staates, seinen Machtbereich auf Kosten anderer auszudehnen. Imperiale Systeme gab es immer: Vom Reich Alexander des Großen über die Kreuzfahrer, spanischen Konquistadoren, Hitlers Lebensraumpolitik bis zum heutigen Sowjet-I. Seine klassische Phase erlebte der I. nach Abschluß der überseeischen Entdeckungen in den beiden Jahrhunderten vor dem 1. Weltkrieg. Besonders hervorgetan haben sich dabei die Briten mit der Eroberung eines ganzen Weltreiches und die Franzosen unter Napoleon I. auf dem europäischen Kontinent sowie unter Napoleon III. in Übersee. Mit einiger Verspätung folgten Deutschland und die USA. Der I. stellte sich in dieser Phase vornehmlich als Kolonialismus dar, hinter dem Rohstoffsorgen und militärische Erwägungen standen. Nach 1918 wurde die koloniale Phase zunehmend von hegemonialen Bestrebungen abgelöst. Das nationalsozialistische Deutschland zielte auf ein Europa unter deutscher Führung, das faschistische Italien erstrebte die Herrschaft im Mittelmeerraum, Japan dominierte ganz Südostasien. Seit dem Zusammenbruch dieser Staaten 1945 wird der I. vor allem durch die expansive US-Wirtschaftspolitik und durch das sowjetische Satellitensystem repräsentiert.

KAPITALISMUS (italien. capitale = Hauptgeld), vorherrschendes Wirtschaftssystem der Neuzeit. Es ist gekennzeichnet durch das Privateigentum an Produktionsmitteln, Gewinnstreben sowie den Gegensatz zwischen Kapital und Arbeit. Das Wort wird meist mit negativem Unterton benutzt, da es auch zuerst von den Kritikern des K. wie Marx verwendet wurde. Man unterscheidet gern zwischen Früh-, Hoch- und Spät-K. In der Frühzeit, etwa seit dem ausgehenden Mittelalter, beginnt staatlicher Geldbedarf auf ergiebigere Steuerquellen zu sinnen und die nationalen Manufakturen zu fördern. Zum Hoch-K. wurde das System, als sich der Staat unter dem Einfluß des Liberalismus (s. d.) wieder zurückzog und den Markt dem reich gewordenen Bürgertum und seinem Gewinnstreben überließ. Das führte zu Kapitalkonzentration, wachsender Mechanisierung und entsprechend steigender Verelendung der arbeitenden, aber besitzlosen Massen. Dennoch trat der von Marx prophezeite Untergang des K. nicht ein. Dem etwa mit dem 1. Weltkrieg einsetzenden Spät-K. gelang es nämlich, manchmal nur auf dem Umweg über den Faschismus (s. d.), den Konflikt zwischen Kapital und Arbeit zu dämpfen: Der Staat schaltete sich als Umverteiler des Einkommens und als Sozialgesetzgeber immer stärker ausgleichend ein. Diese Entwicklung gilt indes nur für wenige Industriestaaten, während sich in anderen, v. a. Entwicklungsländern, die Lage eher noch verschärft hat.

KOMMUNISMUS (latein. communis = gemeinschaftlich), sowohl Sammelbegriff für alle politisch-ideologischen Bewegungen, die auf die materielle Gleichstellung aller Menschen abzielen, als auch Bezeichnung der Theorien des 19. Jahrhunderts, die sich gegen das Privateigentum richteten, sowie (Eigen-)Bezeichnung der politischen Systeme, die nach sowjetischem Vorbild seit 1917 auf der Basis des Marxismus (s. d.) begründet wurden. Zunächst gleichbedeutend mit Sozialismus (s. d.), gewann der K. seit der Spaltung der Sozialdemokratie eine eigene Bedeutung als Theorie des notfalls gewaltsamen Sturzes der kapitalistischen Gesellschaftsordnung (siehe Revolution). – Kommunistische Theorien kannte man seit der Antike. Im Urchristentum und in einigen christlichen Orden gab es Ansätze zu kommunistischer Praxis. Mit dem Aufkommen des Kapitalismus (s. d.) und der zunehmenden Kluft zwischen arm und reich wurden immer neue Theorien des K. entwickelt, deren Ziel die Befreiung des Menschen in einer Gütergemeinschaft aller Menschen ist. Erfolgreichste Lehre wurde der Marxismus (s. d.), der nach dem siegreichen Klassenkampf gegen die Bourgeoisie (s. d.) und nach einer Übergangsphase der Diktatur des Proletariats (s. d.) den K. in einer klassenlosen Gesellschaft mit absterbendem Staat sieht. Auf Marx berufen sich alle kommunistischen Parteien und Staaten der Gegenwart vom Sowjet-K. bis zum jugoslawischen Modell der Arbeiterselbstverwaltung (sozialistische Marktwirtschaft), vom tschechischen Reform-K. bis zum Maoismus der permanenten Revolution. Verwirklicht ist K. nirgendwo, sieht man von Kleinmodellen wie den israelischen Kibbuzim ab.

LEGITIMITÄT (latein. legitimus = rechtmäßig), Berechtigung eines Herrschaftssystems. Häufig haben Herrscher ihren Machtanspruch durch Vergöttlichung untermauert. Üblicher wurde im christlichen Mittelalter die Berufung auf die Einsetzung durch »Gottes Gnaden«, die in den letzten beiden Jahrhunderten der demokratischen L. weichen mußte, nach der alle Macht vom Volke ausgeht. Diese L. beanspruchen meist auch Diktatoren und demonstrieren sie durch Scheinabstimmungen.

LIBERALISMUS (latein. liber = frei), Weltanschauung, in deren Zentrum die Freiheit des Einzelnen steht. Liberale Theorien und Bestrebungen, die sich gegen die Machtfülle der Monarchen wandten, regten sich zuerst im England des 17. Jahrhunderts, kamen in Montesquieus Theorie der Gewaltenteilung (s. d.) zum Ausdruck und wurden in der amerikanischen Verfassung (1787) sowie 1789 in der Erklärung der Menschenrechte (s. d.) während der französischen Revolution geschichtsmächtig. Der L. erwies sich als Ideologie des aufkommenden Bürgertums und seines kapitalistischen Wirtschaftssystems. Seine politisch hehren Ziele wie Gleichheit aller Menschen vor dem Gesetz, Mitwirkung an der politischen Willensbildung, Verhinderung von Machtkonzentrationen, Kontrolle der Mächtigen u. a. entpuppten sich in der ökonomischen Wirklichkeit als ihr Gegenteil. Denn mit seiner Verankerung des Privateigentums im Katalog der Grundrechte zementierte der L. die Verelendung und damit de facto Unfreiheit der arbeitenden Massen. Daher verlor der L. nach dem 1. Weltkrieg an Boden, als andere politische Richtungen seine Freiheitsforderungen übernahmen, sich aber entschiedener der sozialen Frage annahmen. Erst wieder durch die bitteren Erfahrungen der totalitären faschistischen und bolschewistischen Systeme erhielt der L. im Westen nach 1945 neue Nahrung, allerdings zumeist als Links-L.

MARXISMUS, Gesamtheit der von Karl Marx und Friedrich Engels im vorigen Jahrhundert entwickelten Theorien. Sie gehen aus von der Erkenntnis, daß menschliche Geschichte eine Geschichte der Klassenkämpfe sei, in denen sich Unterdrückte gegen Unterdrücker in Revolutionen durchsetzen, zuletzt das Bürgertum gegen den Adel. Die neue herrschende bürgerliche Klasse stützt sich auf das Privateigentum an Produktionsmitteln und beutet die Arbeitskraft der besitzlosen Massen aus. Dieser Zustand muß mit dem letzten Klassenkampf beseitigt werden, in dem die Arbeiterschaft die Macht übernimmt (»Diktatur des Proletariats«), die Produktionsmittel vergesellschaftet und die klassenlose Gesellschaft erstrebt (siehe Kommunismus). Auf den M., der auf einer genauen Analyse des Kapitalismus (s. d.) basiert (»wissenschaftlicher Sozialismus«), berufen sich alle kommunistischen Parteien und Staaten trotz zahlloser Varianten v. a. auf dem Gebiet der marxistischen Theorie der

Revolution. Der Begriff M. wird heute unter Einschluß solcher Weiterentwicklungen verwendet.

MENSCHENRECHTE (Grundrechte), unveräußerliche, vorgesetzlich allen Menschen kraft ihres Mensch-Seins zustehende Rechte. Zu ihnen gehören Freiheit, Gleichheit vor dem Gesetz, körperliche Unversehrtheit, Glaubens- und Meinungsfreiheit. Die M. wurzeln in der aus der Antike stammenden, christlich überformten und später wissenschaftlich gefaßten Naturrechtslehre. Zunächst v. a. zu Sicherung von Standesrechten (z. B. Magna Charta 1215) formuliert, wurden sie in England des 17. Jahrhunderts erstmals als angeborene Rechte des Einzelnen definiert. Sie fanden Aufnahme in die Verfassung der Vereinigten Staaten (1776/87) und die Erklärung der M. 1789 während der französischen Revolution. Heute sind sie Bestandteil der Verfassungen aller demokratischen Staaten sowie der Charta der Vereinten Nationen und damit des Völkerrechts.

MONARCHIE (griech. = Alleinherrschaft), Herrschaft eines einzelnen, meist Kaisers oder Königs, die aber im Gegensatz zu Tyrannei, Despotie oder Diktatur durch über ihr stehende Rechte (siehe Menschenrechte) und religiöse Bindungen eingeschränkt ist. Sie war, meist als Erb-M., die häufigste Regierungsform in Europa während des Mittelalters und der Neuzeit und bezog ihre Legitimität (s. d.) aus dem Gottesgnadentum, was in Salbung und Krönung, Krone und Szepter zum Ausdruck kam. Ihre Blütezeit erlebte sie im Zeitalter des Absolutismus (s. d.), verlor aber bald schon an Boden, als sich das erstarkende Bürgertum Mitwirkung an der politischen Führung erkämpfte. Wie schon zuvor in England entstand so nach der französischen Revolution in ganz Europa die sog. konstitutionelle M., in der gewählte Parlamente gesetzgeberisch und kontrollierend tätig wurden. In England und Frankreich längst gestürzt, endete in Deutschland diese Form der M. erst mit dem 1. Weltkrieg. Seitdem hat sich die Zahl der monarchischen Systeme in Europa drastisch verringert. Die noch vorhandenen beschränken überdies den Monarchen auf repräsentative Rechte und Pflichten. In dieser sog. parlamentarischen M. bestimmten gewählte Volksvertreter die Politik. Nur in wenigen außereuropäischen Staaten hat sich die M. als echte Herrschaftsform erhalten.

NATIONALISMUS, politische Ideologie, die den Wert der eigenen Nation und Kultur überbetont. Der N. ging Hand in Hand mit dem Aufstieg des Bürgertums und seiner Mitwirkung am politischen Entscheidungsprozeß seit Ende des 18. Jahrhunderts. Die Heere der Revolution und Napoleons I. trugen den erwachten französischen N. durch ganz Europa und mobilisierten damit allenthalben gegnerischen N., so daß man von da an das Zeitalter des N. datiert. Er zeichnete sich durch Bemühung um innere Geschlossenheit und machtvolle Darstellung nach außen aus. Er ließ sich bei Bedarf bis zum Chauvinismus, der Verachtung und Abwertung anderer Nationen, steigern und so bei kriegerischen Verwicklungen nutzen. Im Faschismus (s. d.) und Nationalsozialismus (s. d.) diente er als Motor für die imperialistische Politik. Heute ist er durch die internationalen Verflechtungen in den Industriestaaten zurückgedrängt, in anderen Ländern aber weiterhin mächtig.

NATIONALSOZIALISMUS, irreführende Eigenbezeichnung der rassistisch-faschistischen Hitlerbewegung in Deutschland nach dem 1. Weltkrieg. Die im Namen zum Programm erhobene Versöhnung von Nationalismus (s. d.) und Sozialismus (s. d.) wurde spätestens mit Hitlers Machtergreifung 1933 zugunsten des ersteren liquidiert. Trotz starker staatlicher Eingriffe blieb nämlich die kapitalistische Produktionsweise unangetastet. Der N. bediente sich ihrer Effizienz zur Erreichung seiner imperialistischen Ziele, die zunächst in der Revision des Versailler Vertrages und seit 1939 in der gewalttätigen Eroberung von »Lebensraum« bestanden. Seine Appelle an völkische Ressentiments, sein Anti-Individualismus (»Du bist nichts, dein Volk ist alles«) und die konsequente Durchsetzung des Führerprinzips sollten eine »Volksgemeinschaft« schmieden, die völlig gleichgeschaltet nach einem Willen gelenkt werden konnte. Nach diesem Willen, formuliert in Hitlers »Mein Kampf«, sollten die Juden eine Rasse und obendrein eine minderwertige sein, die eine Weltverschwörung gegen die Arier anzettele. Dieser biologistische Antisemitismus führte zur fortschreitenden Entrechtung und schließlich Ermordung der Juden im deutschen Herrschaftsbereich. Der imperialistische Rassismus (s.d.) des N. entfesselte den 2. Weltkrieg und führte zum Zusammenbruch Deutschlands 1945. Damit verschwand der N. Ansätze von Neo-N. blieben bedeutungslos.

OLIGARCHIE (griech. = Herrschaft von Wenigen), Fehlentwicklung der Aristokratie (s.d.), aus deren Reihen eine kleine Clique die Macht an sich gebracht hat. In der Antike und in den Reichsstädten des Mittelalters häufig, droht in neuester Zeit die Gefahr einer anderen Art von O.: die Herrschaft der (politischen) Experten, die allein noch die immer verwickelteren Zusammenhänge durchschauen können. Aus O. ist nicht selten Diktatur (s.d.) geworden.

PLURALISMUS (latein. pluralis = Mehrzahl), Gesellschaftstheorie, die sich gegen den aristokratischen oder monarchischen Staatsbegriff genauso abgrenzt wie gegen kommunistische Herrschaftsformen. P. bedeutet die Mitwirkung aller Gruppen eines Staates im demokratischen Willensbildungsprozeß. Er gesteht den Gruppen weitgehende Autonomie zu (z.B. Tarifparteien). Im Gegensatz zum Ständestaat stützt er sich auf freiwillig begründete Gruppen.

PROLETARIAT, im Marxismus (s.d.) die Klasse, die vom Verkauf ihrer Arbeitskraft leben muß und von der besitzenden Bourgeoisie (s.d.) ausgebeutet wird. Das Wort stammt aus dem Lateinischen und bezeichnete im alten Rom die Gruppe der wegen Armut nicht steuerpflichtigen Bürger. Es entwickelte einen negativen Beigeschmack (vgl. Prolet). Nach Marx wird das P. nach erfolgreichem Klassenkampf eine Diktatur des P. errichten und die klassenlose Gesellschaft verwirklichen.

RASSISMUS, übersteigerter Geltungsanspruch aufgrund der Zugehörigkeit zu einer angeblich wertvolleren Menschenrasse. Als mit der Aufklärung die christliche Selbstverständlichkeit der Unterjochung fremder Völker in Frage gestellt wurde, entstanden Ersatztheorien zur Aufrechterhaltung kolonialer Herrschaft. Menschen anderer Hautfarbe, also meist Nicht-Weiße, wurden mindere Fähigkeiten, ja Verwandtschaft zum Tier angedichtet. Diese »Verwissenschaftlichung« der eigenen Überlegenheit explodierte förmlich mit der Veröffentlichung von Darwins Evolutionstheorie. Man sah in den Rassen mehr oder minder erfolgreiche Zuchtergebnisse, das Recht des Stärkeren übertrug man ungefiltert aufs Zusammenleben der Völker (siehe Sozialdarwinismus). Auftrieb gab das auch dem Antisemitismus (s.d.), der die Juden kurzerhand zu einer Rasse ernannte, die minderwertig und daher zu eliminieren sei. Diese biologische Wahnidee erhob der Nationalsozialismus (s.d.) zur Staatsideologie und rechtfertigte damit den Mord an Millionen Juden. Der R. dient oft zur Ablenkung eigener Schwierigkeiten (Sündenbock-Strategie) und zur Begründung imperialistischer Politik. Neuerdings beobachtet man eine Art Gegen-R. der bisher von den Weißen rassistisch abgewerteten Gruppen und Völker.

REPUBLIK (latein. res publica = Gemeinwesen), nicht-monarchische Staatsform. Nicht jede R. ist indes eine Demokratie (s.d.), sie kann, wie in Antike und Mittelalter häufig, auch auf aristokratisch-feudalem System aufbauen, kann obligarchische oder plutokratische Formen annehmen oder aber als sozialistische (Räte-/Volks-) R. konstruiert sein. Gemeinsames Merkmal ist neben der Abwesenheit eines Monarchen die, wenigstens formale, zeitliche Befristung der Machtübertragung.

REVOLUTION (latein. = Umwälzung), Begriff aus dem 17./18. Jahrhundert für meist gewaltsamen Umsturz der Herrschaftsverhältnisse in einem bestimmten Gebiet. Heute ist das Wort so abgenutzt, daß es alle (vermeintlich) grundlegenden Änderungen bezeichnen kann (R. der Kunst, Mode-R. u.ä.). Historisch-politisch ist R. eine Erscheinung der letzten Jahrhunderte, in denen sich drei R.-Typen, Bauern-R., bürgerliche R. und proletarische R., entwickelten. Blieben die Bauern-Aufstände im 16. Jahrhundert noch im Stadium von Revolten stecken, so verwandelten die bürgerlichen Kämpfe gegen Absolutismus (Glorious R. 1688) und Feudaladel (französische R. 1789 und die Erhebungen 1830 und 1848) die politische Welt grundlegend. Der durch sie besiegelte Aufstieg des Besitz-Bürgertums provozierte die R.-Theorie des Marxismus (s.d.), nach der als nächster Klassenkampf die proletarische R. gegen die Bourgeoisie folgen mußte. In Ansätzen geschah das in der russischen Oktober-R. 1917 und in der chinesischen R. 1946–49, blieb aber in den eigentlichen kapitalistischen Staaten aus. – Alle R.en kündigen sich durch zunehmende soziale Spannungen an, setzen ein revolutionäres Bewußtsein der die R. tragenden Schicht voraus, kommen gewöhnlich von unten und brechen nicht selten dann aus, wenn das alte Regime der R. durch Reformen zuvorzukommen sucht.

SOUVERÄNITÄT (franz. = Unabhängigkeit), Hoheitsgewalt des Staates nach innen und außen. Der Begriff wurde erst in der Neuzeit für das Recht jeden Staates geprägt, ohne Einmischung anderer seine Regierungsform und die gesetzliche Gestaltung des Zusammenlebens seiner Bürger selbst zu bestimmen sowie nach außen unabhängig zu sein. Einschränkungen unterliegt die äußere S. durch Völkerrecht und Bindung an Bündnisse, die innere durch die Menschenrechte (s.d.).

SOZIALISMUS, seit etwa 1830 verbreiteter Begriff für theoretische und praktische Gegenmodelle zum Kapitalismus (s.d.). Die durch die Industrialisierung und Kapitalkonzentration erzeugte Verelendung der arbeitenden Bevölkerung im 19. Jahrhundert provozierte Theorien, die alle im Kern auf die Milderung der Auswüchse oder gar auf die revolutionäre Abschaffung des Privateigentums abzielten. Dieser Früh-S. genannten Phase folgt der sog. wissenschaftliche S. des Marxismus (s.d.), der den Zusammenbruch des Kapitalismus als geschichtsnotwendig prophezeite. In seiner Abwandlung durch Lenin heißt S. die Zeit nach der Machtergreifung des Proletariats, das Durchgangsstadium zur klassenlosen Gesellschaft, dem Kommunismus. Von den radikalen Verfechtern der Vergesellschaftung aller Produktionsmittel spalteten sich Reformisten und Revisionisten ab. Sie glauben an die evolutionäre Veränderbarkeit des Kapitalismus. Dieser sog. demokratische S. wird z.B. von den Sozialdemokraten Westeuropas verfochten. Kein S. ist hingegen der Nationalsozialismus (s.d.) gewesen.

SOZIALDARWINISMUS, Gesellschaftstheorie, die Darwins Evolutionstheorie über die Entstehung der Arten auf die Menschheit anwendet. Durch natürliche Zuchtwahl seien unterschiedliche, verschieden wertige Individuen, Stämme, Völker und Rassen entstanden. Daraus folge die hierarchische Gliederung aller Gesellschaften. Dieser in der zweiten Hälfte des 19. Jahrhunderts aufkommende Biologismus rechtfertigte die überkommenen gesellschaftlichen Ungleichheiten und diente zur »wissenschaftlichen« Absicherung des Antisemitismus (s.d.) und des Rassismus (s.d.). Der S. wurde zu einem Kernstück des Nationalsozialismus (s.d.).

STAAT, Gesamtheit der Einrichtungen eines Gemeinwesens zur Regelung des Zusammenlebens im Inneren und zur Vertretung seiner Interessen nach außen. Zum St. gehören Staatsgebiet, Staatsgewalt und Staatsvolk. Die Staatsform richtet sich nach der Ausübung der Staatsgewalt; liegt sie in einer Hand oder wird von wenigen ausgeübt, dann handelt es sich um eine absolute Monarchie (s.d.), Oligarchie (s.d.) oder Diktarur; geht sie vom ganzen Volk aus, spricht man von Demokratie (s.d.). Die Staatsgewalt besteht aus den Komponenten Legislative, Exekutive und Judikative (siehe Gewaltenteilung). Das Staatsvolk umfaßt alle von der Staatsgewalt betroffenen Individuen (ohne Ausländer), die entweder rechtlich ungleich gestellt sind wie im Feudal-St. oder aber gleich wie im Rechts-St. Das Staatsgebiet ist ein fest umgrenzter Teil der Erdoberfläche, der unter ihr lagernden Bodenschätze, des darüberliegenden Luftraums und der zugehörigen Wasserflächen. Mit dem idealen St. beschäftigt sich die Philosophie seit der Antike: Die Entwürfe reichen von Platos Modell mit dem Philosophen an der Spitze und ständischer Aufgabenverteilung über die christlichen Visionen eines Gottes-St.s bis zur klassenlosen Gesellschaft des Marxismus (s.d.), in der der St. absterben soll.

SYNDIKALISMUS, Strömung in der Arbeiterbewegung des ausgehenden 19. Jahrhunderts. Seine Anhänger lehnten den Weg der Sozialdemokratie über Parlamente als von der Gefahr der Anpassung begleiteten Umweg beim Klassenkampf ab und forderten direkte Aktionen der in Syndikaten gewerkschaftlich organisierten Arbeiterschaft. Sie wollten den Klassenfeind sozusagen vor Ort in den Betrieben treffen. Dem Anarchismus nahestehend lehnt der S. eine staatliche Zentralgewalt ab und baut auf die freie Kooperation von Arbeitergenossenschaften. Elemente des S. finden sich in der sog. sozialistischen Marktwirtschaft Jugoslawiens. Ansonsten ist der S. weitgehend von Sozialdemokratie oder Kommunismus aufgesogen worden.

THEOKRATIE (griech.=Gottesherrschaft), Staatsform, in der religiöser Kult und Staatsgewalt von einer Person oder Gruppe gemeinsam ausgeübt werden. Das trifft auf Staaten zu, in denen ein absoluter Monarch selbst als Gott verehrt wird oder in denen die Priesterschaft eine Oligarchie (s.d.) ausübt. In der Antike und in Altamerika häufig, hielt sich eine Th. in Tibet bis 1950.

TOLERANZ (latein. tolerare=ertragen), Duldsamkeit. T. als grundsätzliche Bereitschaft, andere Meinungen gelten zu lassen, ist die Grundvoraussetzung für ein Zusammenleben in einer pluralistisch-demokratischen Gesellschaft. Sie ist eine recht späte Errungenschaft: Der Ausschließlichkeitsanspruch der meisten Religionen forderte die Ausstoßung oder gar Ausmerzung Andersgläubiger und führte zu mörderischen Bekehrungsfeldzügen (z.B. Christen- und Judenverfolgungen der Antike, Christianisierung der Sachsen im 8. Jahrhundert, Missionierung der Indianer im neuentdeckten Amerika). Reformation und Aufklärung erst brachten grundlegen-

de Änderung. T. wurde einerseits als Achtung vor dem Gewissen des wenn auch irrgläubigen Mitmenschen verstanden, andererseits aus der Erkenntnis abgeleitet, daß jeder Mensch irren könne. Sie wurde in den Verfassungen vieler Länder verankert und in die »Erklärung der Menschenrechte« der Vereinten Nationen von 1948 aufgenommen.

VERFASSUNG (Konstitution), im weiteren Sinne die – nicht unbedingt schriftlich – festgelegten Grundsätze einer Staatsform. Im engeren (modernen) Sinne meint V. den, fast immer schriftlich fixierten, Katalog von Rechtsnormen, die Struktur und Funktionen des Staates sowie die Grundrechte des Staatsbürgers definieren. V.en kennt man erst seit dem 17./18. Jahrhundert. Früher gab es allenfalls Einzelverträge zwischen Monarch und Ständen, die gewisse Bereiche bei sonst nicht beschränkter Macht der Krone regelten (z.B. Magna Charta 1215). Die erste schriftliche V. war die der Vereinigten Staaten von 1787, es folgte die französische V. der Revolution 1791. Erst mit großer Verspätung rang das Bürgertum in Deutschland den Monrachen V.en ab, in Preußen gar erst 1850, als der König eine V. von oben verordnete (oktroyierte V.). Heute haben so gut wie alle Staaten V.en, die allerdings erheblich differieren. So kennen z.B. die sozialistischen Staaten das im Westen tragende Prinzip einer V., die Gewaltenteilung (s.d.), nicht. Auch die in fast allen V.en enthaltenen Menschenrechte (s.d.) stehen in vielen Staaten nur auf dem Papier und sind nie V.wirklichkeit geworden. Die notwendig allgemein gehaltenen Formulierungen in V.en bedürfen nämlich der Auslegung. So wird die Verfassung der Bundesrepublik Deutschland, das Grundgesetz, vom Bundesverfassungsgericht ausgelegt und so V.wirklichkeit.

ZIONISMUS, Bestrebung von Juden seit Mitte des vorigen Jahrhunderts, einen eigenen Staat zu gründen. Der Namen stammt von der Burg Zion, dem späteren Jerusalem, das Mittelpunkt des religiösen und politischen Lebens im alten Israel war und es nach Willen des Z. wieder werden sollte. Spätestens mit Aufkommen des biologistischen Antisemitismus (s.d.) und den blutigen Verfolgungen der Juden in Rußland 1881 und 1905 wurde vielen Juden klar, daß ihre Emanzipations- und Assimilationshoffnungen gescheitert waren. Ihr Wortführer wurde Theodor Herzl, der 1897 den 1. Zionistischen Weltkongreß nach Basel berief. Durch Landkauf in Palästina und politische Aktivitäten erreichten die Juden eine immer stärkere Durchdringung des Landes, so daß sie nach Scheitern eines UN-Teilungsplanes 1948 den Staat Israel ausrufen konnten. Der Z. ist noch heute wirksam als Motor der Einwanderung von Juden nach Israel.

REGISTER

Kursive Ziffern beziehen sich auf Bildunterschriften

BILDNACHWEIS

Ägyptisches Museum, Kairo. Alte Pinakothek, München. Altertumsmuseum, Mainz. Anton, Ferdinand. Archäologisches Museum, Ankara. Archäologisches Museum, Olympia. Archivo General de Indias, Sevilla. Archäologisches Museum, Istanbul. Bayerische Staatsbibliothek, München. Bayerische Staatsgemäldesammlung, München. Berliner Illustrirte Zeitung. Bernisches Historisches Museum. Bibliothèque Nationale, Paris. blauel Kunst-Dias, München. British Museum, London. Dänisches Nationalmuseum, Kopenhagen. Deutsche Presse-Agentur GmbH, Frankfurt/Main. Ehrich, Manfred, Düsseldorf. Elseviers Weekblad. Epigraphisches Museum, Athen. Galleria Sabauda, Turin. Gallery of Fine Arts, Yale University, New Haven. Giraudon, Paris. Grandes Chroniques de France. Harry Shaw Newman, The Old Print Shop, New York. Historisches Uhren-Museum, Wuppertal-Elberfeld. Höpker, Thomas, München. Irakisches Museum, Bagdad. Institut für Vor- und Frühgeschichte der Universität, Tübingen. Itsuo-Kunstmuseum, Osaka. Kapitolinisches Museum, Rom. Konservatorenpalast, Rom. Kupferstichkabinett der Staatl. Museen, Berlin-Dahlem. Kungl. Husgerådskammaren, Stockholm. Kupferstichkabinett, München. Kunsthistorisches Museum, Wien. Landesbibliothek, Fulda. Landesbildstelle Württemberg, Stuttgart. Landesmuseum, Braunschweig. Landesmuseum »Joanneum«, Graz. Landesmuseum Schleswig. Library of Congress, Washington. »L'Illustration«. Merian: Theatrum Europaeum. Musée Archéologique, Châtillon-sur-Seine. Musée Cantonal des Beaux-Arts, Lausanne. Musée Condé, Chantilly. Musée de l'Armée, Paris. Musée de l'Homme. Musée de Versailles. Musées Royaux des Beaux-Arts de Belgique, Brüssel. Musei Vaticani, Rom. Museo Borghese, Rom. Museo Civico, Foligno. Museo del Castello Sforzesco, Mailand. Museo Nazionale delle Terme, Rom. Museo Nazionale, Neapel. Museo Nazionale, Ravenna. Museo Ostiense, Ostia. Museum für Altertumskunde, Oslo. Museum für Kunst und Gewerbe, Hamburg. Museum of Fine Arts, Boston. Museum von Reims. National Maritime Museum, Greenwich. Nationalmuseet, Kopenhagen. Nationalmuseum, Neu-Delhi. National Palace Museum, Taipei. National Portrait Gallery, London. Neuruppiner Bilderbogen. New York Historical Society, New York City. New York Public Library. Niedersächsisches Landesmuseum, Hannover. Ny Carlsberg Glyptotek, Kopenhagen. Österreichische Nationalbibliothek, Wien. Palazzo Vecchio, Florenz. Rijksmuseum, Amsterdam. Rosgarten Museum, Konstanz. Seida: Denkwürdigkeiten der Französischen Revolution. S. Pandis, München. Staatliche Antikensammlungen, München. Statens Historiska Museet, Stockholm. Staatliche Museen, Berlin. Staatl. Münzkabinett, Berlin. Staatsarchiv, Düsseldorf. Staatsarchiv, Koblenz. Stiftsbibliothek St. Gallen. Süddeutscher Verlag Bilderdienst, München. Südwest Verlag, München. The Associated Press GmbH, Frankfurt/Main. »Travels through the Interior Inhabited Parts of North America« von Patrick Campbell, 1793. Ullstein Bilderdienst, Berlin. United States Navy. Universitätsbibliothek, Basel. Universitätsbibliothek Leiden. Universitätsbibliothek, Leipzig. Universitetets Oldsaksamling, Oslo. USIS (United States Information Service). Victoria & Albert Museum, London. Walker Art Gallery, Liverpool.